AtV

ANNA BERGMANN, geboren 1953, studierte 1975 bis 1980 Politische Wissenschaften an der Freien Universität Berlin. Von 1981 bis 1988 war sie Lehrbeauftragte an der FU Berlin. 1988 promovierte sie zum Dr. phil. am Institut für Politische Wissenschaften und Geschichte der Medizin der Freien Universität Berlin. 1990 bis 1995 arbeitete sie als Wissenschaftliche Mitarbeiterin am Institut für Soziologie der FU, Abteilung Kultursoziologie und Anthropologie. Seit 1990 lehrt sie an der Universität Innsbruck am Institut für Erziehungswissenschaft und Politische Wissenschaft. Zur Zeit forscht sie am Institut für Kulturwissenschaft der Humboldt-Universität zu Berlin über die Enttabuisierung des Todes in der Geschichte der modernen Medizin. Das Buch wird im Jahr 2000 beim Aufbau-Verlag erscheinen.

Hinter der Formel von der »Rationalisierung der Fortpflanzung«, die um 1910 aufkam, verbarg sich ein eugenisches Programm, das sowohl weibliche als auch männliche Sexualität medizinischen Normen und dem Konzept des »Volkskörpers« unterwarf. Die Frauen als potentielle Gebärerinnen sowie jede Art von Andersartigkeit, die man unter den Begriffen »Minderwertigkeit« oder »Entartung« faßte, schienen für die bislang unbeherrschbare »Natur« zu stehen. Diese galt es nunmehr wissenschaftlicher Rationalität anzupassen oder – wenn das nicht möglich war – aus dem »Volkskörper« gänzlich zu eliminieren.

Anna Bergmann untersucht, wie zu Beginn dieses Jahrhunderts die wissenschaftliche Front gegen die weibliche und männliche Sexualität aufgebaut wird, und beschreibt die politischen Folgen der von rechten und linken Lagern vertretenen Idee des »reinen Volkskörpers«: die Anfänge der Rassenhygiene, die Legitimierung von Zwangssterilisation und »Zuchtwahl« noch vor dem Nationalsozialismus sowie die verstärkte Ächtung der privaten Abtreibung bei gleichzeitigem Prestigegewinn der ärztlichen Abtreibung und Sterilisation. Erst heute, am Ende des 20. Jahrhunderts, hat sich dieses eugenische Konzept in unserem Verhältnis zu Körper und Sexualität etabliert.

Anna Bergmann

Die verhütete Sexualität

Die medizinische Bemächtigung des Lebens

Aufbau Taschenbuch Verlag

Dieses Buch erschien 1992 unter dem Titel *Die verhütete Sexualität: Die Anfänge der modernen Geburtenkontrolle* im Rasch und Röhring Verlag, Hamburg.

ISBN 3-7466-1394-9

1. Auflage 1998

Umschlaggestaltung Preuße / Hülpüsch Grafik Design unter Verwendung einer Fotomontage von The Image Bank
Druck Clausen & Bosse, Leck
Printed in Germany

Inhalt

Vorwort zur Taschenbuchausgabe

Kurz vor der Jahrtausendwende häufen sich Erfolgsmeldungen aus der medizinischen Wissenschaft, die zwar verführerische Erlösungsbotschaften für die Zukunft verkünden, nur hinkt unser ethisches Empfinden weit hinter den medizinischen Techniken her: So gelang es kürzlich dem britischen Gentechnologen Jonathan Slack von der Universität Bath, Froschembryonen ohne Kopf zu züchten.[1] Auf den Menschen angewandt, soll diese Technik langfristig die mit einer Reihe sogenannter »Nebenwirkungen«[2] behafteten Organtransplantationen effektivieren. Die Xenotransplantation sucht mit einer anderen Methode nach derselben Lösung. Hier handelt es sich um ein Projekt, das durch die Überwindung der Artgrenze das Schwein zum »optimalen Organspender«[3] für den Menschen erklärt und durch aufwendige Genmanipulation von Menschen- und Schweinezellen das Problem der Organabstoßung verhindern soll.

In demselben Forschungszusammenhang steht das klonierte Schaf »Dolly«, das unter der Leitung von Ian Wilmut vom Roslin Institute Edinburgh entwickelt wurde. Seine Erfinder benannten es nach der vollbusigen Countrysängerin Dolly Parton, da das von ihnen ge-

[1] Vgl. Frankfurter Rundschau, »Neues aus aller Welt« vom 20. 10. 1997; FAZ, Nr. 245 vom 22. 10. 1997, S. 13. Slack zerstörte im Froschembryo Gene, die für die Bildung des Kopfes maßgeblich sind. Das Ziel dieses Verfahrens – so Slack – sei die Züchtung menschlicher Embryonen ohne Kopf, um über Organe zu verfügen, die nicht wieder abgestoßen werden. (Vgl. ebda.)

[2] Solche als »Nebenwirkung« klassifizierten Symptome wirken nicht selten auch tödlich, da die Organabstoßung und die gegen sie verabreichten Immunsuppressiva zu doch relativ geringen sogenannten »Funktions-Überlebensraten« führen oder zumindest im Leben eines transplantierten Menschen einen immer höheren Bedarf an neuen Organen in Gang setzen und mehrere Transplantationen erforderlich machen. Vgl. Feuerstein, G.: Das Transplantationssystem. Dynamik, Konflikte und ethisch-moralische Grenzgänge, Weinheim – München 1995, S. 77 ff. Vgl. auch Wellendorff, E.: Seelische Aspekte der Organtransplantation, in: Herrmann, U. (Hg.): Die Seele verpflanzen, Gütersloh 1996, S. 56–68.

[3] Vgl. Lanza, R.P./Cooper, D.K.C./Chick W.I.: Xenotransplantation, in: Spektrum der Wissenschaft (9/1997), S. 74.

züchtete Schaf von dem Zellkern einer weiblichen Brustzelle stammt.[4] Wie der Wissenschaftsjournalist Michael Emmrich betont, geht es beim Klonen nicht um die serielle Vervielfältigung eines Menschen zur Verhinderung seines individuellen Todes, denn – wie man auch von eineiigen Zwillingen weiß – »genetisch identisch heißt noch lange nicht persönlich identisch« Vielmehr markiert auch Dolly den im Frühjahr 1997 ersten an die Weltöffentlichkeit preisgegebenen Tierversuch, der dazu verhelfen soll, eines Tages »menschliche Klone als Organ-Ersatzteillager und lebende Gewebe-Banken«[5] therapeutisch zu verwenden.

So wie die Gentechnologie über das Leben verfügt und es in seiner Integrität entgegen allen bisher gültigen, kulturellen Vorstellungen verletzbar gemacht und aufgebrochen hat, so wurde im gleichen Zuge die medizinische Bemächtigung des Todes in Angriff genommen und auch gesetzlich legitimiert. Das Sterben ist zunehmend aus dem familiären und privaten Umkreis in die Institution des Krankenhauses[6] – der Kampfplatz gegen den Tod par excellence – verlegt, so daß das Sterben durch die Maschinisierung und Hygienisierung seine Intimität und Würde verloren hat. Darüber hinaus fällt neuerdings durch die Einführung einer neuen Todessemantik der als »hirntot« diagnostizierte Mensch auf dem Sterbebett nicht nur mental einem dubiosen, auf das Hirn zentrierte Menschenbild zum Opfer, indem er in sein als »tot« definiertes Gehirn einerseits und seinen – wie von einem Organtransplantationsmediziner formuliert – »noch überlebenden übrigen Körper«[7] andererseits zerstückelbar geworden ist. Während sein Herz noch schlägt, seine Lungen mit technischer Hilfe atmen, er in seinem warmen und durchbluteten Status von einem anderen, sich im Koma befindenden Patienten mittels unserer Sinne nicht zu unterscheiden ist, schließlich wie ein lebendiger Mensch

[4] »Dolly«. Eine Materialsammlung über klonierte und genmanipulierte Tiere, hrsg. v. Gen-ethisches Netzwerk e. V., Berlin 1997, S. 7.

[5] Emmrich, M.: Hitler und Einstein kommen nicht wieder. Ist der geklonte Mensch denkbar?, in: Dr. med. Mabuse 107 (1997), S. 54, 55.

[6] Während die Zahl der Krankenhäuser tendenziell abnimmt, erhöht sich die Zahl der dort sterbenden Menschen kontinuierlich. Nikolaus Heim stellt fest: »1994 ereigneten sich in den zirka 2400 Krankenhäusern 48,1 Prozent (425 000) der 885 000 Sterbefälle.« Heim, N.: Die toten Körper der Medizin, in: Universitas 52 (1997), Nr. 608, S. 133,

[7] Spittler, J. F.: Der Hirntod – Tod des Menschen, in: Ethik in der Medizin 7 (3/1995), S. 130.

genährt und gepflegt wird – in der Regel sogar privilegiert – ist er als »Hirntoter« dem chirurgischen Messer preisgegeben und darf im Falle einer sogenannten Multiexplantation bis in 56 Teile zergliedert werden, um anderen Menschen das Leben eventuell zu retten. Aber nicht nur sogenannte »Kadavernieren«[8] werden gewonnen, um den Tod anderer Menschen temporär hinauszuschieben. Auch arbeiten Wissenschaftler in Australien, den USA und Europa daran – wie eine Überschrift des *Spiegel* meldete – das »Leben in der Leiche«[9] mit technogenen Mitteln zu gebären, in einer schwangeren »hirntoten« Frau oder in der transplantationsmedizinischen Mentalität ausgedrückt: in einer »Frau ohne Kopf«.

Während all diese wissenschaftlichen Neuerzeugungen in ihrer Entwicklung auf Hochtouren laufen, wurde parallel dazu die medizinische Tötung in der Anfang der 90er Jahre geführten »Euthanasie«-Debatte nach dem Nationalsozialismus auf ein Neues enttabuisiert. Hier haben Philosophen, Mediziner und Journalisten[10] gezeigt, daß es für ein Euthanasieprogramm keiner Diktatur bedarf, sondern lediglich eines auch demokratisch hergestellten medikalisierten Menschenbildes – einer medizinischen Mentalität, die im Nationalsozialismus erstmals unter der eugenischen Prämisse dieses totalitären Regimes per »Erbgesundheits«-Gesetz zum Zuge kam und zu einem organisierten Patientenmord und einer beinahe halben Million zwangssterilisierter Menschen führte. Die »Euthanasie« begründete sich auf einem eugenischen Menschenbild, in dem das Hirn als materieller Ausdruck des Geistes zum Index für die Personalität eines Menschen avancierte, diese diente schließlich als Gradmesser für ein menschliches Lebensrecht.[11]

[8] Vgl. Geisler, L. S.: Warme Leichen und kalte Embryonen, in: Frankfurter Rundschau, Nr. 191 vom 17. 8. 1996, S. 14.

[9] DER SPIEGEL (43/1992), S.320–325.

[10] Vgl. Singer, P.: Praktische Ethik, Stuttgart 1984; Rainer, B.: Euthanasie – Zu den Folgen eines harmoniesüchtigen Weltbildes, Wien 1995; Klee, E.: »Durch Zyankali erlöst«. Sterbehilfe und Euthanasie heute, Frankfurt/a. M. 1990.

[11] Vgl. die erste Schrift, in der die »Euthanasie« programmatisch entworfen wurde und die als Grundlage für die Durchführung der »Vernichtung lebensunwerten Lebens« im Nationalsozialismus diente: Binding, H./Hoche, A.:Die Freigabe der Vernichtung lebensunwerten Lebens – ihr Maß und ihre Form, Leipzig 1920. Vgl. dazu genauer: Bergmann, A.: Historisch-philosophische Hintergründe des Erlanger Experiments an Marion Ploch, in: Einigl, M./Perthold, S. (Hg.): Der weibliche Körper als Schlachtfeld, Wien 1993, S. 14ff. Euthanasie heute, Frankfurt/a. M. 1990.

In derselben Logik argumentiert der Protagonist des aktuellen »Euthanasie«-Konzepts, Peter Singer – Professor der Philosophie und seit Anfang der 80er Jahre Leiter des Instituts Human Bioethics der Monash Universität in Australien, die auf dem Gebiet der Embryonenforschung weltweit führend ist. Nicht nur institutionell, sondern ebenso in der Normierung des Menschenbildes treffen sich hier »Euthanasie«, Embryonenforschung, Reproduktionsmedizin und die Organtransplantation mit ihrer zugrundegelegten »Hirntod«- Definition. Singer rief zum ärztlichen Mord von mißgebildeten Säuglingen auf, die der medizinischen Prophetie nicht standhalten können, wenn sie in dem Status des »human vegetable« (menschliches Gemüse) niemals über »Eigenschaften wie Rationalität, Autonomie und Selbstbewußtsein« verfügen werden: »Die Tötung eines behinderten Säuglings ist nicht moralisch gleichbedeutend mit der Tötung einer Person. Sehr oft ist sie überhaupt kein Unrecht.« Singer folgert daraus, »daß das Leben eines Wesens, das keine bewußten Erlebnisse hat, über keinen Wert an sich verfügt«.[12] In den Niederlanden ist die »Euthanasie« mittlerweile legalisiert, so daß inzwischen in Krankenhäusern jährlich etwa 140 Patienten und Patientinnen ohne ihr Wissen und ohne ihren Willen medizinisch getötet werden.[13]

Seitdem ich dieses Buch geschrieben habe, sind beinahe zehn Jahre vergangen. Die eben angesprochenen medizinischen Entwicklungen dieses Jahrzehnts haben meine Thesen auf eine Weise konkretisiert, wie ich es in meiner Phantasie nicht zu ahnen vermochte. Zwei Thesen des Buches möchte ich im folgenden resümieren. Der erste Aspekt betrifft den Epochenwandel, der um die Jahrhundertwende mit der Etablierung der darwinistischen Rassenhygiene und Eugenik in die medizinische Wissenschaft als praxisorientierter Disziplin eingeleitet worden ist und eine grundsätzlich neue Dimension unseres Menschenbildes in seinem Verhältnis von Natur, Kultur, Gesellschaft, Wissenschaft und Politik eröffnet hat. Eugenik, Rassenhygiene und

[12] Singer (Anm. 10), S. 104, 188, 179.

[13] Vgl. Thoemmes, M.: Nur keine Sentimentalitäten, in: FAZ, Nr. 251 v. 29. 10. 1997, S. 15; vgl. genauer Spaemann, R./Fuchs, T. (Hg.): »Töten oder sterben lassen?« Worum es in der Euthanasiedebatte geht, Basel – Wien 1997, S. 39ff.

die heutige Humangenetik, Reproduktions- oder Organtransplantationsmedizin repräsentieren keine isolierten Bereiche mit jeweils eigenen voneinander getrennten Epistemen, sondern vereinen eine spezifische Mentalität in ihrer Beziehung zu Leben, Geburt und Tod, die sich durch deren Enttabuisierung am Objekt des Körpers mit der Technik der anatomischen Zerstückelung und der anschließenden Neuzusammensetzung aus toten, lebendigen, tierischen sowie menschlichen Genen, Zellen, Embryonen und Organen zu realisieren versucht. Eine solche der Materie gegenüber zerstörungsorientierte Wissenschaft, deren Ziel die Neuschöpfung eines von Krankheit, Leiden und der menschlichen Sterblichkeit befreiten Menschen ist, hat ihren Ursprung nicht – wie viele Kritiker der Gentechnologie meinen – in der Postmoderne[14], die das Prinzip der Willkürlichkeit verfolgt, und sie ist auch kein Spezifikum des Nationalsozialismus. Ein neues Zeitalter begann vor hundert Jahren mit der rassenhygienischen und vererbungswissenschaftlichen Vision vom »Neuen Menschen«. Diese eugenische Utopie versuchte man ganz praktisch mittels medizinischer Techniken und chirurgischem Know-how in Krankenhäusern, auf gynäkologischen Stationen und in Irrenanstalten durch Zwangssterilisation und Zwangsabtreibung dem Konzept der »sexuellen Selektion« folgend bereits am Ende des 19. Jahrhunderts auf internationaler Ebene[15] zu übersetzen. Die von Darwin festgeschriebene Selektion als Gesetz im Evolutionsprozeß wurde zum Grundprinzip der eugenischen und rassenhygienischen Wissenschaft erhoben. Somit war der Zusammenhang von »Heilen« durch Vernichten von vornherein strukturell in diese Wissenschaftskultur eingeschrieben.

Der »Tod als Züchter des Lebens« – wie von dem ersten Lehrstuhlinhaber der Rassenhygiene in Deutschland und dem bis zu seiner Emeritierung im Jahre 1955 Professor für Humangenetik an der Göttinger Universität, Fritz Lenz (1887–1976), erklärt – figurierte als oberste Prämisse. Während das Prinzip der Selektion von der Gentechnologie nicht einmal semantisch aufgegeben wurde – z. B. ist von

[14] Vgl. z. B. Kollek, R.: Metaphern, Strukturbilder, Mythen. Zur symbolischen Bedeutung des menschlichen Genoms, in: Trallori, L. N. (Hg.): Die Eroberung des Lebens. Technik und Gesellschaft an der Wende zum 21. Jahrhundert, Wien 1996, S. 146ff.

[15] Vgl. Kühl, S.: Die Internationale der Rassisten. Aufstieg und Niedergang der internationalen Bewegung für Eugenik und Rassenhygiene im 20. Jahrhundert, Frankfurt/a. M. 1997.

der »negativen und positiven Auslese«[16], von »unschädlich machen«[17], »Defektträgern«[18] usw. die Rede –, sind andere Metaphern wiederum, etwa die des »Volkskörpers« durch die des »Genpools« ersetzt.

Auf alle Fälle hat sich aber die eugenische Krankheits- und Gesundheitsvorstellung in das allgemeine Bewußtsein eingeschrieben und ist auf unser Körperbild übergegangen – etwa, wenn dem Laien oder Kindern im Biologieunterricht das sogenannte Immunsystem wissenschaftlich erklärt wird: Das 1987 von dem linksliberalen Verlag Rasch und Röhring herausgegebene Buch *Eine Reise in das Innere unseres Körpers*[19], verfaßt von dem weltberühmten Fotografen Lennart Nilsson, bringt den menschlichen Körper als einen einzigen Kriegsschauplatz dem öffentlichen Bewußtsein nahe. Hier herrsche »ein Kampf um Leben und Tod zwischen Angreifern und Verteidigern, der mit einer Rücksichtslosigkeit tobt, die sonst nur aus totalen Kriegen bekannt ist«. Eine Verletzung »verwandelt sich in ein Schlachtfeld, auf dem die bewaffneten Streitkräfte des Körpers sich den eindringenden Mikroorganismen entgegenwerfen, sie zerdrücken und vernichten. Niemand wird geschont, und Gefangene werden nicht gemacht, obwohl Bruchstücke der eindringenden Bakterien, Viren, Parasiten und Pilze zu den Lymphknoten weitergeleitet werden, um die eigentlichen Bluthunde des Abwehrsystems, die sogenannten Killerzellen, noch einmal rasch zu trainieren«.[20] Weiter heißt es, daß Moleküle »die ›Ausweispapiere‹ einer Zelle« darstellen, und das Immunsystem als »körpereigene Polizei« agiere. Sie sei schließlich »so programmiert, daß sie zwischen unbescholtenen Bürgern und illegalen Ausländern unterscheiden kann«.[21]

Der menschliche Körper wird hier als ein System vorgeführt, das in allererster Linie den Kampf zwischen Leben und Tod reguliert. In diesem Körpersystem herrscht eine Moral, denn es handelt sich um

[16] Vgl. Capecchi, M. R.: Gezielter Austausch von Genen, in: Spektrum der Wissenschaft (2/1997), S. 68.

[17] Lanza u. a. (Anm. 3), Abb. 2, S. 73.

[18] Beardsley, T./Hoefer, I.: Entschlüsseltes Leben, in: Spektrum der Wissenschaft (2/1997), S. 26.

[19] Nilsson, L.: Eine Reise in das Innere unseres Körpers: Das Abwehrsystem des menschlichen Organismus – 250 einzigartige elektromikroskopische Farbaufnahmen, Hamburg 1987.

[20] Ebda., S. 20

[21] Ebda., S. 21.

einen Kampf zwischen Gut und Böse, wobei sich das Gute auf dem Boden der staatlichen Ordnung und das Böse auf dem des Illegalen, des Fremden in der Person des Ausländers bewegt. Der Körper wird in zwei Prinzipien aufgespalten, er repräsentiert eine Auseinandersetzung mit dem Fremden gegen den Tod, der in dieser Konstruktion besiegbar wird. Als Gegenprinzip zum »Gesunden« ist das tödliche Prinzip im Rahmen des Kampfes lebendig, denn es gibt ausschließlich Agierende im Sinne von Siegern und Besiegten – beide Prinzipien sind subjektiviert, während parallel dazu der Körper einer Objektivierung unterworfen wird. Das leibliche Erleben ist stillgelegt und in eine Negation getrieben, es verliert gegenüber der medizinisch hergestellten Realität jegliche Geltung. Der reale Tod dagegen, der sterbliche Leib, ist vergessen gemacht. Nicht nur der von dem nationalsozialistischen Reichsminister für Volksaufklärung und Propaganda Joseph Goebbels ausgerufene »totale Krieg«, auch das nationalsozialistische Konzept des »Blitzkrieges«[22] wird metaphorisch in unseren Körper als ein wissenschaftliches Faktum eingeschrieben. Und schließlich machen die »Freßzellen« »mit altem, totem und verbrauchtem Material im Körper«[23] Schluß – sie dienen dem »Reinigungssystem«, das im »Immunsystem« verankert ist. Ein Verteidigungssystem in Gestalt von Killer-, Suppressor- und Freßzellen waltet nach Plan in all unseren Körpern – es kann mit dem Arsenal einer gut ausgerüsteten Armee den Tod töten. Der diesem Körpermodell immanente Dekonstruktionsversuch des Todes erfolgt durch seine kriegerische Verlebendigung und mündet in einem Gesundheitsideal, das die Überwindungsstrategie des Todes in der Moderne schlechthin repräsentiert.[24] Die Darwinischen Selektionsprinzipien, die man angewandt auf das sogenannte Immunsystem auch auf Beipackzetteln von Halstabletten lesen kann[25], werden in unserem Körperbild verankert, und sie sind uns somit immer näher gerückt, während im gleichen Zuge unsere leiblichen, sinnlichen

[22] Ebda., S. 24.

[23] Ebda., S. 20.

[24] Wie Hygiene und das Gesundheitsparadigma als Strategien zur Überwindung der menschlichen Sterblichkeit fungieren, hat der Soziologe Zygmunt Bauman hervorragend analysiert. Vgl. ders.: Tod, Unsterblichkeit und andere Lebensstrategien, Frankfurt/a. M. 1994, S. 197ff.

[25] Vgl. z. B. Dorithricin Halstabletten.

Empfindungen immer weniger gegenüber der Wirklichkeitsmacht abstrakter Mikrosysteme bestehen können. Krankheit wird auf ein Gen, eine Bakterie etc. reduziert, Menschen auf »Träger von Defekten«, aus denen »tödliche Materie« zu eliminieren ist. Organe, Zellen, Gene, das Genom – der Logik dieser maschinellen Lebensvorstellung zufolge wird radikal alles aus dem Lebenszusammenhang herausgerissen und voneinander getrennt, um schließlich eine Therapie anzusetzen, die ohne das Prinzip der »Nebenwirkung« nicht auskommt – ein Prinzip, das allerdings jede echte Maschine in den Kollaps treibt und als Reparaturlogik in der Maschinenwelt niemals gesellschaftlichen Konsens erreichen könnte. Man stelle sich nur vor, man ließe ein Auto am Auspuff reparieren und bekäme von der Werkstatt eine Auflistung der möglichen Nebenwirkungen mitgeliefert: »Gelegentlich können Stockungen des Motors, Störungen des Anlassers, höherer Benzinverbrauch ... auftreten – in äußerst seltenen Fällen Totalschaden«.

So wie »Krankheit« als ein zu bekämpfender Fremdling aus einem Ganzen herausgerissen wird, so isoliert man den zu heilenden Menschen gleich mit. Der Psychoanalytiker Mario Erdheim hat darauf aufmerksam gemacht, wie in sogenannten primitiven Kulturen der Medizinmann seine heilenden Kräfte darauf verwendet, den Kranken in die Gemeinschaft zu reintegrieren.[26] Unsere auf dem Maschinenkonzept basierende Medizin verfährt genau umgekehrt. Dazu ein extremes Beispiel aus den USA: einer Frau, die über den Gentest erfahren hat, daß sie zu den fünf Prozent erblich bedingter Brustkrebsrisikogruppen gehöre, wird »vorsichtshalber zu einer beidseitigen Brustamputation (ge)raten – ihr Risiko, vor dem 50. Lebensjahr ebenfalls Brustkrebs zu bekommen, liegt bei vielleicht 60 und das auf die ganze Lebensspanne bezogen eventuell 85 Prozent«.[27] Aus statistischen Durchschnittswerten und aus einer nicht heilungkompetenten Präventivmedizin[28] wird eine jetzt noch gesunde und vielleicht niemals an Brustkrebs erkrankende Frau brustamputiert und,

[26] Vgl. Erdheim, M.: Therapie und Kultur. Zur gesellschaftlichen Produktion von Gesundheits- und Krankheitsvorstellungen, in: Ethnopsychoanalyse 3 (1993), S. 75–89.
[27] Beardsley/Hoefer (Anm. 18), S. 26.
[28] Im Jahre 2000 soll die Hälfte aller chirgurischen Behandlungen aus Transplantationen und der Einpflanzung von (Mikro-)Prothesen bestehen. Vgl. Geisler (Anm. 8).

durch medizinische Destruktivität für immer gezeichnet, in ein einsames Schicksal getrieben.

Das Genom-Projekt, an dem Wissenschaftler aus aller Welt mit besten finanziellen Mitteln ausgestattet arbeiten, will die Gesamtheit der Gene entschlüsseln, um eine solche prädiktive Medizin zu perfektionieren. Die Gentechnologen selbst bilanzieren ihre »Ergebnisse bislang (als) enttäuschend«[29], da gerade einmal drei Prozent von den etwa 100 000 Genen bekannt sind. Die restlichen 97 Prozent tituliert man im kolonialen Esprit als »Terra incognita«[30]. Dagegen verbuchen Gentechnologen in der Züchtung von Monstrositäten –die Methode zur Aufschlüsselung des »unbekannten Landes« –um so mehr Erfolge, zum Beispiel »Knock-out-Mäuse« und ähnliches. So der Professor für Humangenetik an der Medizinischen Fakultät der Universität Utah in Salt Lake City, Mario R. Capecchi: »Die funktionellen Einheiten sind die Gene. Will man etwa die Vermutung prüfen, ein bestimmtes Gen sei an der Entwicklung des Gehirns beteiligt, dann lassen sich Mäuse-Embryonen erzeugen, bei denen es ausgeschaltet, gewissermaßen k. o. geschlagen ist – daher auch die Bezeichnung Knock-out-Mäuse. Kämen die Tiere beispielsweise mit einem mißgebildeten Kleinhirn zur Welt, wüßte man, daß das Gen für die Ausbildung eben dieses Bereiches wesentlich ist.«[31] Die Biologin und auch Lehrstuhlinhaberin Regine Kollek weist auf den mythologischen Charakter der gentechnologischen Verheißung hin, die »zwar die Kontrolle der Vererbung verspricht, die meisten (...) vollbrachten Schöpfungen aber solche Monstren wie arthritische Schweine, Krebsmäuse oder nicht faulende Tomaten sind«.[32] Spätestens hier zeigt sich, daß eine auf dem Prinzip der Zerstückelung beruhende Medizin die Therapeutik zwangsläufig aus dem Blick verlieren muß, denn sie ist primär von dem Impuls geleitet, Leben und Tod mit technodarwinistischen[33] Methoden

[29] Beardsley/Hoefer (Anm. 18), S. 27. Vgl. auch Kevles, D. J./Hood, L. (Hg.): Der Supercode. Die genetische Karte des Menschen, München 1993.

[30] Ebda.

[31] Capecchi (Anm. 16), S. 62.

[32] Kollek (Anm. 14), S. 148.

[33] Linus S. Geisler kennzeichnete die High-Tech-Medizin als »eine Art Technodarwinismus«. (Geisler, Anm. 8)

nach dem – wie von Claudia von Werlhof gekennzeichneten alchemistischen – Prinzip[34] »Zerstören und Neuschöpfen« zu bemächtigen. Die gentechnologische Kreativität begründet sich auf der Fragmentierung des tierischen und menschlichen Leibes, die es schließlich möglich macht, »Organ-Ernten« oder »Eier-Ernten« in der auch für die alte Rassenhygiene typischen Gärtnermentalität[35] einer Fortpflanzungs- und Organverpflanzungsmedizin zu verbuchen. Der Körper ist – wie der Chefarzt am St. Barbara Hospital in Gladbeck, Linus S. Geisler sagt – »beliebig zergliederbar geworden«. Und er resümiert: »Daß ein menschliches Herz innerhalb von zwei Wochen durch Reimplantation in drei verschiedenen Körpern schlägt, ist schon keine Sensation mehr. Bei der ›Domino-Transplantation‹ werden überzählige Organe des Empfängers, wie beispielsweise bei en-bloque-Einpflanzung eines Herz-Lungen-Transplantats das ›alte Herz‹, einem anderen Empfänger implantiert«.[36] Daß diese Medizin alle Energien darauf verwendet, die menschliche Sterblichkeit zu überwinden und in ein und demselben Atemzug auf eine so »todes«abhängige Therapeutik zurückgreift, wie sie die Organtransplantationsmedizin repräsentiert, scheint ebenso paradox wie einst Rassenhygieniker eine leidfreie Gesellschaft anstrebten, indem sie im Rahmen medizinischer Diagnostik wiederum ganz konkrete Menschen als »nicht lebenswert« denunzierten und sie für ihre Heilversprechen zu opfern trachteten.

Ich habe in meinem Buch die Rassenhygiene und Eugenik als säkularisierte Theologie gekennzeichnet, weil in ihnen eine christliche Erlösungsbotschaft steckt, die auf dem Opfer von medizinisch diagnostizierten »Minderwertigen« beruht, deren gemeinsames »Symptom« die fehlende Geistesfähigkeit war – übrigens das gemein-

[34] Vgl. Werlhof von, C.: »Schöpfung aus Zerstörung?« Die Gentechnik als moderne Alchemie und ihre ethisch-religiöse Rechtfertigung, in: Baier, W. R. (Hg.): Genetik. Einführung und Kontroverse, Graz 1997, S. 79–115.

[35] Zygmunt Bauman hat in seiner Theorie des Holocaust den Genozid nicht als barbarischen Ausrutscher, sondern im Gegenteil als eine mögliche Konsequenz der Moderne analysiert, wobei er die Vernichtungslogik des Nationalssozialismus als »gärtnerähnliche Gesellschaftspflege« kennzeichnet. Die Utopie einer perfekten Welt werde mit der »Vision des Gärtners« verfolgt: »Dieser Gärtner haßt das Unkraut, das Häßliche inmitten des Schönen, die Unordnung inmitten der Ordnung.« (Ders.: Dialektik der Ordnung. Die Moderne und der Holocaust, Hamburg 1992, S. 106.)

[36] Geisler (Anm. 8).

same Signum des heutigen »Hirntoten« und einer Patientinnengruppe, die für die »Euthanasie« in Betracht gezogen ist. Auch diese These wurde im Verlauf des letzten Jahrzehnts durch die gentechnologische Entwicklung noch klarer. Regine Kollek hat den mythologischen Charakter der Gentechnologie herausgearbeitet.[37] So avancierte der Gral zum Symbol des Genom-Projekts. Walter Gilbert – ein Protagonist dieses Projekts – bezeichnete die Sequenz des menschlichen Genoms als »Heiligen Gral der Humangenetik«[38]. Der Gral – eine Schale der spätmittelalterlichen christlichen Symbolik – enthält den Trank der Unsterblichkeit. In ihm ist die Unsterblichkeit »mit dem Blut Christi und seiner lebenbringenden Kraft verbunden«.[39] Unsterblichkeit konstituiert sich im Christentum über das Opfer des Leibes Christi. Die säkularisierte Theologie hat das Opfer auf den Leib von diagnostizierten »Hirntoten«, auf Embryonen und eines Tages auf klonierte Menschen ohne Kopf erweitert und sozialisiert,[40] denn das irdische Projekt der Unsterblichkeit braucht in seiner Materieabhängigkeit Fleisch. Während zu diesem Zweck der menschliche Leib einer gründlichen Entsakralisierung unterworfen wurde, fand umgekehrt dazu eine um so radikalere Resakralisierung der neuen medizinischen Zeugungstechnologien statt, die dazu verhilft, die blutrünstige Opferkultur dieses Projekts zu verdecken, ihr Legitimität zu verschaffen und schließlich das Phantasma der Unsterblichkeit zu nähren.

Anna Bergmann
Februar 1998

[37] Vgl. Kollek (Anm. 14), S. 137–153.

[38] Zit. n. ebda., S. 139.

[39] Heinz-Mohr, G.: Lexikon der Symbole, München 1992, S. 252.

[40] Vgl. genauer zur »medizinischen Opferlogik«: Bergmann, A.: Töten, Opfern, Zergliedern und Reinigen in der Entstehungsgeschichte des modernen Körpermodells, in: metis (11/1997), S. 45–64.

Einleitende Bemerkungen

In den Jahrzehnten vor dem Ersten Weltkrieg haben Ärzte, Politiker und Bevölkerungswissenschaftler sich daran gemacht, die gesellschaftliche Bedeutung von »Schwangerschaft« umzustülpen: die Idee einer »Rationalisierung der Fortpflanzung« entstand. In Dutzenden von Aufsätzen wurde das Geschehen in den Ehebetten in ein neues Licht gerückt und was dort geschah, einer neuen Wertschöpfung unterzogen. Dieser Vorgang birgt wichtige und bisher kaum beleuchtete historische Brüche. Anna Bergmann beschreibt auf verschiedenen Ebenen, was Foucault eine »epistemologische Bruchlinie« nennen würde, denn mit der Neu-definition der *Fortpflanzung* wurde die »Geschlechterordnung der bürgerlichen Gesellschaft des 19. Jahrhunderts« auch in eine »modernisierte Weiblichkeitsauffassung« transformiert: ein neuer »Körper« entstand, eine »neue Frau«, eine neue Funktion der Professionellen und ein neues Verschmelzen von wissenschaftlicher Begriffsbildung, rechtlicher Legitimierung und politischem Zwang. Knapp hundert Jahre später lese ich Anna Bergmanns Darstellung dieses Vorgangs mit Gruseln, denn sie beschreibt die Soziogenese der Vergangenheit, in deren Zukunft Frauen heute schwanger werden. Gewiß, das Vokabular eines Hegar oder Ploetz erscheint uns heute fremd. Niemand spricht mehr von »Ausmerzung« oder von »sexueller Selektion«, wenn von Keimzellen die Rede ist. Kaum wer darf es sich erlauben, unverblümt Tierzuchtterminologie von sich zu geben, wenn Frauen gemeint sind. Und doch ist es schwer, Anna Bergmanns Untersuchung nicht unweigerlich vor dem Hintergrund von Humangenetik und Embryonenforschung, Schwangerschaftsvorsorge, § 218 und Reproduktionstechnologien wahrzunehmen – ein Effekt des Buches, den die Autorin suchte, denn sie will mit dem Besteck der Geschichte ein politisches Argument bilden: »Meine Untersuchung soll auch die Tradition der deutschen Humangenetik und Reproduktionsgynäkologie historisieren.«(S. 15) Die Darstellung setzt um das Jahr 1910 ein. Damals entstand eine Debatte um ein neues, an Statistiken ablesbares Phänomen: den Geburtenrückgang. Frauen brachten weniger Kinder zur Welt. Frauen befanden sich im »Gebärstreik«. Die Zahl der Einwohner ging deshalb nicht zurück, man sorgte sich also nicht um einen Schwund an künftigen Soldaten oder dienstbaren Händen. Der Stein des Anstoßes war die massenhaft praktizierte, private »Geburtenkontrolle«, und besonders die Schere zwischen den seltener werdenden Geburten durch Frauen wohlhabender Familien und der sogenannten relativen bis absoluten »Überfruchtbarkeit« armer Frauen. Die wissenschaftliche und politische Verarbeitung dieses Phänomens ist Gegenstand des Buches.

Traditionell hatte »Bevölkerungspolitik« seit dem späten 18. und im 19. Jahrhundert versucht, Menschen in ihren Handlungen zu reglementieren: das Alter ihrer Eheschließung hochzuschrauben, unerwünschten Heiraten generell Schranken zu setzen und so fort. Jetzt aber entstand ein neues Objekt für Politik: was überwacht, geregelt und verwaltet werden sollte, waren nicht mehr »Menschen« einer »Bevölkerung«, sondern Einheiten in einem »Volkskörper«. Die »Bevölkerung« ging auf in der Substanz einer »biologischen Masse«, deren Eigenschaften in »Keimzellen« mit bestimmten »Erbwerten« weitergegeben wurden. *Geburtenpolitik* hieß in diesem Denkstil dann der Versuch, die Produktion zukünftiger Partikel des Volkskörpers präventiv nach Qualitätsgesichtspunkten zu steuern. Mit dem Blick des Züchters sollte »bewertet« und verbessert, »ausgelesen« und wenn nötig ausgemerzt werden.

Diese schubweise begriffliche Austilgung von Menschen im Deutschen Reich – erst als die statistische Größe einer »Bevölkerung« mit quantitativ meßbaren Attributen für den »Fortpflanzungsprozeß«, dann als die Bio-Masse und Substanz eines fiktiven Gesamtkörpers – schuf ein nie dagewesenes Operationsfeld für politische Intervention: in der Ferne waren zwar noch Personen auszumachen, Kranke, Sieche, solche mit Tuberkulose, schiefen Augen und Trinker, doch die Sprache dieser neuen Profession von Bevölkerungspolitikern und Sozialhygienikern hatte sie in Träger abstraktester Biologie und Ökonomie umgemünzt und *deren* Behandlung beherrschte das Feld. Im Rahmen dieses Denkstils fiel der Medizin eine entscheidende Funktion zu, denn die Steuerung jener Abstrakta von »Keimzelle«, »Erbwert« der »Erbmasse« stellte sich als Gesundheitspolitik und Sozialhygiene dar. Die Medizin war wie keine andere Instanz berufen und legitimiert, die Einschnitte und Kuren am Volkskörper nicht nur zu diagnostizieren, sondern sie auch vorzunehmen. Erbarmungslose Grausamkeit am Einzelnen war umgewendet in einen Dienst an der Gattung, am unsterblichen Teil des Volkskörpers, der Rasse. Anna Bergmann nennt dies ein »Opferungsritual« und ordnet es in die Geschichte männlicher Naturbeherrschung ein als einen »historischen Höhepunkt in der Herrschaftsbeziehung von Geist und Natur.«

Den Argumentationsgang des Buches zeichnet das einleitende Kapitel. Ich habe der Autorin drei wichtige Einsichten vor allem zu verdanken: Ihre detailreiche, dichte Beschreibung eines entscheidenden Umbruches in der Position der Bio-Wissenschaften als der Instanz, die politisch handlungsleitend wurde, läßt genauer verstehen, wie die Fiktion eines »Lebens im Bauch« als Objekt medizinischer Überwachung und staatlicher Gesetzgebung entstand. Es ist der Beginn jener zuvor nie dagewesenen Zuständigkeit der Medizin für »Leben«, wodurch der Arzt vom »Heiler« von Personen zum Manager eines biologischen Prozesses transformiert wurde. Am Ende stehen heute die sogenannten Ethik-Kommissionen, um dem Ganzen den Anschein von »Ethik« zu verleihen. Noch einen anderen Aspekt habe ich durch das Buch besser verstanden: in eindrucksvoller Weise beschreibt Anna Bergmann eine Umstülpung in der Geschichte des Abtreibungsverbotes: Jetzt wird erstmals das, was Frauen an sich und anderen Frauen tun, kriminalisiert, während die medizinische »Indikation« den Arzt für die gleichen Handlungen, ja für Zwangshandlungen an Frauen in eine Rechtsstellung versetzt (Kap. IV). Und schließlich wird mir die Transformation eines wissenschaftlichen Denkstils deutlich: wie die Sprache von »Volkskörper« und »Keimplasma« einerseits zeitgeschichtlich gebunden ist, und doch andererseits die Axiome eines solchen biologistischen und eugenischen Denkstils in das heutige Alltagsbewußtsein eingegangen sind – denn wer denkt heute nicht, daß die Qualitäts-Kontrolle des Ungeborenen sinnvoll und richtig sei? Die »Notwendigkeit einer vernünftigen Zuchtwahl..., d. h. der Hygiene der lebendigen Vererbungssubstanz, des ›Ideoplasmas‹ oder ›Keimplasmas‹ ... den weitesten Kreisen zum Bewußtsein [zu] bringen«, wollten die Wissenschaftler mit der Dresdner Hygiene-Ausstellung 1911 (S. 463). »Gute« und »schlechte« Gene gehören zum Allgemeinverständnis der Wirklichkeit ebenso wie der darin implizite Glaube an die Reichweite und Aussagekraft von »Biologie«. Anna Bergmanns Buch untersucht eine Schnittstelle in der Entstehung dieses Denkstils, und es ist ihr Verdienst, daß sie dabei zeigen kann, wie der Bruch im späten 19. Jahrhundert ansetzt – und nicht erst in der Nazi-Zeit.

Barbara Duden

Einleitung

> »Leben haben zu wollen, ohne geboren zu werden und zu sterben, das geht halt nicht. Eigentlich ganz einfach.«[1]

Was Christel Neusüß zur Crux der modernen Naturwissenschaften erklärte, kennzeichnete auch eine wesentliche Fiktion der naturwissenschaftlich begründeten rassenhygienischen und eugenischen Idee – nämlich die Utopie überwundener Natur: Leben wurde hier den Prinzipien der Linearität unterworfen, wodurch eine neuartige Kontinuität, eine irdische Ewigkeit in Aussicht gestellt wurde, die nun nicht mehr an göttliche, sondern an biologische Kräfte der »Vererbung« gebunden war. Der von Rassenhygienikern gern zitierte Professor für Zoologie und prominente Vererbungsforscher August Weismann (1834–1914) – selbst Ehrenmitglied der 1905 gegründeten *Gesellschaft für Rassenhygiene* – brachte seine Erkenntnis folgendermaßen auf den Punkt: »Es ist nöthig hier zu unterscheiden zwischen der sterblichen und unsterblichen Hälfte des Individuums, dem Körper (Soma) im engeren Sinne und den Keimzellen; nur der erstere ist dem natürlichen Tode unterworfen, die Keimzellen aber sind potentia unsterblich«.[2] Den »unsterblichen« Teil, die »Keimzelle«, herauszufiltrieren, sie zu manipulieren, sie neu zu gestalten, um Ewigkeit zu zeugen – das waren Ziel und Inhalt des eugenischen und rassenhygienischen Programms, das in seiner Metaphorik der »Rasse«, des »Blutes«, der »Keimzelle« und der »Vererbung« aufging und gleichzeitig als geburtenpolitische Strategie konzipiert war.

Rassenhygiene und Eugenik hatten sich international im ausgehenden 19. Jahrhundert formiert. Ausgelöst durch den Geburtenrückgang, entzündete sich in Deutschland etwa 1910 die erste große geburtenpolitische Debatte auf der Ebene staatlicher, wissenschaftlicher und politischer Foren. Diese Diskussion, aus der ein neues Konzept moderner Geburten-, Familien- und Sozialpolitik hervorging, in der man erstmals die Frage nach Quantität und »Qualität« von Bevölkerung aufwarf, war vom rassenhygienischen und eugenischen Diskurs beeinflußt.

Schien noch bis ins späte 19. Jahrhundert hinein die sogenannte Bevölkerungsexplosion ein triftiges Sujet nationalökonomischer Theorien, in denen weibliche Fruchtbarkeit als die Todesmetapher par excellence verhandelt wurde, so drehte man im beginnenden 20. Jahrhundert den Spieß einfach um: Das apokalyptische Gebärverhalten wurde jetzt auf die rückläufige Geburtenziffer bezogen. Den nun prognostizierten »Rassentod« wollte man mit Hilfe eines Konzepts, das eine »richtige« Balance von Quantität und »Qualität« vorschrieb, in den Griff bekommen. Frauen gebaren in den Augen von Experten und Politikern nun paradoxerweise einerseits zu viele und gleichzeitig wiederum zu wenige Kinder. Ganz gleich, wie viele Geburten realiter zu verzeichnen waren, es ging in dem Programm »Qualität-Quantität« um die Herstellung der »richtigen« Gebärweise in dem Sinne, daß weibliche Fruchtbarkeit gesellschaftspolitisch in toto kontrollierbar wurde. Dieses Konzept hatte mehr oder weniger eine symbolische Funktion für die Geschlechterordnung: Es ging um die gesellschaftspolitische Beherrschbarkeit weiblicher Fruchtbarkeit. Das Gebären wurde weiblicher Willkür, Sexualität und des »weiblichen Chaos« entledigt und statt dessen zu einem Akt instrumenteller Vernunft transponiert und umdefiniert. Im Rahmen solcher Vereinnahmung des Gebärens durch handlungsanweisende Institutionen (Jurisprudenz und Medizin) war »Fortpflanzung« von nun an selbstredend fortschrittsträchtig. Unter dem Begriff der »Fortpflanzung« avancierte dieser Logik zufolge Zeugung in dem Programm »Quantität-Qualität« zu einer Zauberformel für kulturellen Aufschwung. Dieses Konzept wurde zu Beginn des 20. Jahrhunderts entlang dem Phänomen des Geburtenrückgangs und an der Entwicklung von modernen Geburtenkontrolltechniken entworfen, und es hat bis heute weder innenpolitisch noch international (im Verhältnis zur »Ersten« und Dritten Welt) an bevölkerungspolitischer Brisanz eingebüßt. Ich habe mich in diesem Buch mit den Anfängen solcher Politik, die Gebärverbote und Gebärzwänge miteinander kombinierte, beschäftigt und versucht herauszufinden, in welcher Weise sich Politik und Wissenschaft in der Ausarbeitung und Durchsetzung neuer geburtenpolitischer Strategien einigten und welche geschlechter- und ordnungspolitischen Normierungen die Bevölkerungspolitik im Deutschland der Vorkriegsjahre zu etablieren versuchte.

Das Faktum, daß Frauen es sind, die Leben gebären, hatte in der nach Naturbeherrschung strebenden westlichen Zivilisation, in der Frauen eben wegen dieser Fähigkeit als »Natur« stigmatisiert waren, für die Konzeptualisierung einer staatlichen Geburtenpolitik ganz eigene Konsequenzen. Solche Politik berief sich implizit und explizit auf eine jahrtausendalte Denktradition, in der »Natur« und »Kultur« als gegensätzliche Prinzipien für das »Weibliche« und das »Männliche« standen und spätestens seit Francis Bacon (1561–1626) in eine feindliche Beziehung gestellt wurden – nämlich in ein Herrschaftsverhältnis zwischen dem als männlich identifizierten formierenden Geist und der als weiblich statuierten stofflichen Natur, die es in ihrer Eigenschaft als Materie zu bearbeiten galt.[3] Schon in der Antike findet sich eine grundlegende Polarisierung von männlicher und weiblicher »Natur« im Verständnis von der »geschlechtlichen Fortpflanzung«. Der Vater repräsentierte das zeugende, die Mutter das stoffliche Prinzip – das Gefäß der männlichen Schöpfung. Während über Jahrhunderte hinweg die männliche leibliche Zeugung – in der Kinder*zahl* materialisiert – ihre gesellschaftliche Anerkennung einholte, wurde sie in der gesellschaftlichen Wertigkeit seit der späteren Neuzeit zunehmend von der geistig-intellektuellen Zeugung abgelöst.[4] Das 19. Jahrhundert markiert mit seinem radikalen Aufstieg der Naturwissenschaften einen historischen Höhepunkt in der Herrschaftsbeziehung von Geist und Natur.

Mich hat die Frage interessiert, wie diese Tradition auf die Konzipierung der Geburtenpolitik am Wendepunkt zum 20. Jahrhundert gewirkt hat. Nimmt man das Gebären von Leben als Kristallisationsmoment, in dem sich menschliche Natur am radikalsten artikuliert – denn kaum ein anderer gesellschaftlicher Bereich erinnert so elementar an den sinnlich-sexuellen Aspekt menschlichen Daseins, an das Eingebundensein in den Kreislauf von Leben und Sterben –, dann wird Geburtenpolitik in einer Kultur, die sich darauf verpflichtet hat, Natur (inklusive die eigene) beherrschbar zu machen, zu einem Kampfbegriff. Und genau eine Elimination dieser Erinnerung an die Zyklizität von Leben, Gebären und Sterben zugunsten eines linearen Zeugungsprinzips strebte eine solche Kampfansage schließlich an.

Die immanente Maxime dieser Politik erfüllte sich vollends in der Formel der »Rationalisierung der Fortpflanzung«. Sie war die eugenische Konkretion eines geburtenpolitischen Entwurfs, der in Deutschland seit 1910 im medizinisch-naturwissenschaftlichen Kontext aufkam und eine staatlich legitimierte »Fortpflanzungsauslese« unter naturwissenschaftlicher Regie anvisierte. Galt der »Muttertrieb« noch bis ins 20. Jahrhundert hinein als die Verkörperung – gesellschaftlich allerdings ausgegrenzter – unbeherrschbarer »Natur«, so wurde er in diesem Konzept mit dem Versprechen gesellschaftlicher Integration von Frauen in rationalisierbare »Natur« transformiert. Auch in dieser historisch neuen Zeugungsvorstellung blieben Frauen dem herkömmlichen Objekt- und Gefäßstatus verhaftet. Zunächst könnte man meinen, daß sich die »Rationalisierung der Fortpflanzung« von dem geistig-intellektuellen Zeugungsprinzip loslöste und sich neu auf die leibliche Zeugung berief. Letztlich stellte sie sich aber als ein radikales geistiges Schöpfungsprinzip dar, denn man versuchte sie keineswegs in der Zeugung von lebendigen Kindern zu realisieren, sondern in einem Abstraktum – der »Keimzelle« und in ihrer Verlängerung, der »Rasse«. Das kreierende Subjekt war nach wie vor und mehr denn je der naturwissenschaftliche Geist. Er setzte die Maßstäbe, definierte, berechnete und selektierte den »Keimzellenwert«, die »Erbmasse« – erzeugte »unsterbliche, reine Natur«. Christina von Braun würde diesen Prozeß als »Mutterwerdung des Logos« bezeichnen.[5] Zu solcher Mutterschaft gehörte die fundamentale Reinigung der »Zeugung« von weiblichem (Menstrual-)Blut und die Inbesitznahme des Blutbegriffs im Sinne des unendlichen abstrakten »Erbstroms«. Das Paradigma der Rationalität, dem »Fortpflanzung« neu zu unterwerfen war, schuf einen modifizierten, man kann sagen, einen modernen Naturbegriff: Menschliche »Natur« schien durch Selektion produzierbar, an gesellschaftliche Effizienz anpaßbar, indem bestimmte Aspekte bislang unbeherrschbarer Natur medizinisch-technisch ein für alle mal wegzurationalisieren waren.

Thema meines Buches ist die Frage, inwiefern die »Rationalisierung der Fortpflanzung« auf einen generellen Überwindungsversuch von menschlicher Triebhaftigkeit im Zeugungsprozeß aller leiblich Beteiligten hinauslaufen sollte und welche politischen Konsequenzen diese naturwissenschaftliche Rationalisierungsabsicht auf die Entwicklung staatlicher Geburtenpolitik in Deutschland hatte. Schon der Begriff »Fortpflanzung« spiegelt die Abspaltung von jeder sinnlichen Erfahrung in der menschlichen Zeugung wider.[6] Die Zerstückelung des vielfältigen Prozesses von der Entstehung menschlichen Lebens implizierte von vornherein potentielle Vernichtung. Ob Frauen, als diejenigen, die das Körperliche per se repräsentierten, ob Männer, die nicht den gesellschaftlich erforderten Triebverzicht leisteten, oder ob Rassen, die »inferiore« Triebhaftigkeit und gesellschaftliche Devianz verkörperten, sei es real oder projektiv – sie alle konnten lebendige Angriffsobjekte der »rationalisierten Fortpflanzung« werden. Rationalisierung und Vernichtung waren daher von Anfang an miteinander gepaart, weil es um die Verhinderung gesellschaftlich unangepaßter menschlicher Existenz ging, und zwar auf dem geburtenpolitischen Weg.

Dieser Zusammenhang erfuhr seine Zuspitzung im Vernichtungsprogramm der Nazis, aber darüber hinaus ist er bis in die heutige Reproduktionsmedizin und Humangenetik tradiert. Diese Wissenschaften berufen sich nicht nur wieder auf das Selektionsrecht der Medizin, um menschliches Leiden, um »erbkranken Nachwuchs« zu verhindern, sondern haben auch zur Zeit noch ähnliche Legitimationsprobleme wie die Rassenhygiene und Eugenik in der Kaiserzeit. Meine Untersuchung soll auch die Tradition der deutschen Humangenetik und Reproduktionsgynäkologie historisieren. Denn die Entfaltung beider wissenschaftlichen Erkenntnis- und Anwendungsbereiche setzte vor allem drei historische Prozesse voraus:

Erstens: die fundamentale Medikalisierung der weiblichen Fruchtbarkeit und ihre entsprechende Vergesetzlichung durch die Paragraphen 218–220 von 1871, die Einführung von Indikationen sowie die Formulierung einer dazugehörigen Ethik; *zweitens:* die medizinische Definitionsmacht über »richtiges« und »falsches« Leben zu etablieren sowie die Verallgemeinerung von eugenischen Normen; *drittens:* die Entwicklung des technologischen Instrumentariums zur Medikalisierung und Eugenisierung weiblicher Fruchtbarkeit wie operative Abtreibung und Sterilisation, Pille und Spirale.

Mich haben die ersten historischen Schritte zu dieser Entwicklung interessiert. Sie stellen sich als ein komplexes Zusammenwirken aus Wissenschafts- (Medizin, Biologie) und Sozialgeschichte (Politik, Recht, Geschlechterverhältnis) dar und waren grundlegend von dem allgemeinen Säkularisierungsprozeß geprägt. Die Rationalisierung beziehungsweise die Entmystifizierung der weiblichen Fruchtbarkeit und Sexualität kann man als einen elementaren Aspekt der spezifischen Industrialisierung der Frau auffassen.

In Kapitel I habe ich die ersten staatlichen und statistischen Wahrnehmungen des Geburtenrückgangs im Deutschen Kaiserreich rekonstruiert. Da Preußen hinsichtlich sinkender Geburtenziffern und der politischen Reaktionen auf dieses Phänomen eine Vorreiterrolle spielte, habe ich mich in diesem Teil wesentlich auf Akten der Preußischen und der Reichsministerien gestützt. Auf eine statistische und soziologische Untersuchung des Geburtenrückgangs habe ich gänzlich verzichtet. Vorliegende neuere Forschungen haben sich auf Fragen nach regionalstatistischen Unterschieden und mentalen Einflüssen, die sich im Geburtenrückgang widerspiegeln, konzentriert (z. B. Konfession, Urbanisierung, Schichtenzugehörigkeit, etc.).[7] In diesem Kapitel habe ich einzig die damals zeitgenössische, politisch-wissenschaftliche Diskussion über die Faktoren dieser neuartigen Erscheinung nachgezeichnet, in der es um eine Erklärung des Geburtenrückgangs zum Zwecke politischer Einflußnahme ging. Den Dialog zwischen staatlichen Instanzen und wissenschaftlichen Experten habe ich daher in den Mittelpunkt gestellt.

In Kapitel II illustriere ich die Konsolidierung der Rassenhygiene und Eugenik jeweils in ihrem Doppelcharakter als naturwissenschaftliche und sozialpolitische Bewegungen. Der Konnex von wissenschaftlicher Erkenntnis und politischer Forderung war für diese Strömungen wesentlich.

Charakterisierungen, wonach Rassenhygiene und Eugenik sich als »Pseudowissenschaften« erwiesen hätten, lassen sich nicht aufrechterhalten, weil es sich um anerkannte und qualifizierte Wissenschaftler handelte – häufig waren sie als Universitätsprofessoren tätig, die aus dem wissenschaftlichen Kontext heraus mit den entsprechenden Methoden als Forscher und Ärzte die rassenhygienische Theorie entwickelt hatten.[8] Die These, Rassenhygiene sei »durch und durch unwissenschaftlich«[9] gewesen, bagatellisiert nicht nur die naturwissenschaftlichen Ursprünge dieser Bewegung, sie trägt darüber hinaus zur Verklärung von naturwissenschaftlicher Erkenntnis bei. Das Axiom der Objektivität, das paradigmatisch beinahe zu jeder wissenschaftlichen Selbstdarstellung gehört, suggeriert »wahrhafte« und »falsche« Wissenschaft und leugnet seine Herkunft als eine historisch bedingte und sich immer wieder neu verändernde Denkweise, die mit dem jeweils herrschenden Weltbild verquickt ist. Abgrenzungen und Verbindungen zur Rassenanthropologie, Sozialhygiene und Sexualwissenschaft sowie die Verbreitung des eugenischen und rassenhygienischen Denkens in der Medizin habe ich hier behandelt.

In Kapitel III befasse ich mich mit der Ideengeschichte der Rassenhygiene und Eugenik. Weil Darwin von Rassenhygienikern so häufig als der »Vater« ihrer Theorie gewürdigt wurde, habe ich anhand der von ihnen immer wieder zitierten Textstellen aus Darwins beiden Hauptwerken versucht nachzuvollziehen, warum der Darwinismus in der rassenhygienischen Philosophie ein solch enormes Gewicht bekam. Dabei bin ich zu der Ansicht gelangt, daß drei Aspekte der Evolutionstheorie für die Rassenhygiene in der Tat instruktiv waren: Darwin sprach der »Fortpflanzung« in der Evolution eine fortschrittsträchtige Rolle zu. Im Prozeß der »Höherentwicklung« – bereits linear gedacht – fungierte sie als zentrales Medium. Damit zusammenhängend war im Darwinismus weibliche Gebärfähigkeit als ein für die »Höherentwicklung« unbrauchbares Attribut abqualifiziert, wohingegen »Fortpflanzung« explizit zu einem kreativen männlichen Prinzip und als solches zum Motor der Evolution erhoben wurde. Und schließlich hatte Darwin dazu beigetragen, was gar nicht in seiner Absicht lag, das religiöse Weltbild in Frage zu stellen und es durch eine Naturordnung ohne Gott zu ersetzen. Diesem nun auf Gesetzen der Natur beruhenden Ordnungsmodell lag eine neuartige Moral über Leben und Tod zugrunde, die sich in den Prinzipien des Daseinkampfes und der natürlichen Selektion als eine genauso rationale, wenn auch von der Natur vorgegebene, wie grausame Gesetzlichkeit präsentierte. Diese Moral wurde für die ethische Begründung des Menschenopfers im rassenhygienischen Selektionsprogramm vorbildlich: Im Darwinismus war der Tod von Menschen, Tieren und sogar ganzer Gattungen, wie Günther Anders sagt, als »Sieb des Lebens« gedeutet. Dem Tod wurde nämlich »das Amt übertragen«, »dem stärkeren (und ›deshalb‹ legitimeren) Leben zu seinem Alleinrecht zu verhelfen, und zwar dadurch, daß er das schwächere (und ›deshalb‹ lebens-unwertere) Leben durch seine Sieblöcher fallen ließ. Das heißt: Da der Darwinismus das Negativum ›Tod‹ in einen Beitrag zu dem Positivum ›Aufstieg des Lebens‹ ummünzte, erfüllte er die Aufgabe, eine naturalistische Theodizee für den Fortschritt in der Natur beizustellen«.[10] Rassenhygieniker transformierten solche naturalistische Theodizee in eine menschengemachte. Die von Darwin zum Naturgesetz erklärte (Menschen-)Opferung im Prozeß der »Höherentwicklung« wurde in der rassenhygienischen Theorie der Selektion in einen naturwissenschaftlich begründeten Sachzwang umdefiniert und ethisch als Beitrag zur »Erlösung« gerechtfertigt. Daß Rassenhygiene und Eugenik beides waren, nämlich strenge Naturwissenschaft und säkularisierte Theologie, ist eine Grundthese dieses Kapitels.

Auch wenn es mir häufig schwerfiel, habe ich versucht, das Hauptmotiv der Rassenhygieniker und Eugeniker – nämlich die Leidensvermeidung – ernst zu nehmen. Ich bin dabei zu dem Schluß gekommen, daß es im wahrsten Sinne des Wortes todernst, nämlich ehrlich gemeint war. Erst dann konnte ich mir die Frage stellen, warum der Versuch der Leidensvermeidung quasi als »Nebenprodukt« in einer grausamen Vernichtungslogik münden mußte. Dabei habe ich festgestellt, daß die Rassenhygiene retrospektiv keineswegs als ein »enfant terrible« von der Medizin- und Wissenschaftsgeschichte abgespalten werden kann, sondern, daß sie eine zeitgemäße, ja sogar höchst moderne Auseinandersetzung mit dem Thema der *Differenz* im Rahmen eines sich immer subtiler formierenden allgemeinen gesellschaftlichen Rationalisierungs- und Maschinisierungsprozesses darstellte. Widersprüche versuchte man durch ihre Pathologisierung aus der Gesellschaft herauszulösen mit dem Ziel einer funktionierenden harmonischen Volksgemeinschaft. So stammte auch die zentrale Begrifflichkeit des eugenischen Selektionsprogramms nicht originär aus dieser Bewegung, sondern hatte ihre Vordenker und auch Praktiker im psychiatrischen Bereich, also in einer medizinischen Institution, in der Menschen versammelt wurden, die als gesellschaftlich nicht anpassungsfähig galten und als solche pathologisiert wurden. In diesem Kontext waren im Zuge der psychiatrischen Krankheitslehre schon seit Mitte des 19. Jahrhunderts die Kategorien der »Entartung« und »Minderwertigkeit« vorgefertigt. Die Degenerationslehre war vom darwinistischen Zeitgeist beeinflußt: Man ging von den Prinzipien des Daseinskampfes und der »natürlichen Selektion« aus und schlußfolgerte eine Krankheitsgruppe: die Nicht-Angepaßten, nämlich die Gruppe der »Entarteten« und »Minderwertigen«. Die Genese dieser Lehre habe ich im dritten Kapitel nachgezeichnet, weil sie die Rassenhygiene und Eugenik ideengeschichtlich unmittelbar berührte.

In Kapitel IV befasse ich mich mit der staatlichen und wissenschaftlichen Koalition in der Durchsetzung des geburtenpolitischen Programms. Daß Wissenschaft auch politischer Akteur war und nicht erst im Nationalsozialismus für politische Interessen instrumentalisiert wurde, ist ein Befund dieses Kapitels. Ausgehend von der staatlichen Politik gegen den Geburtenrückgang habe ich die Konsequenzen rekonstruiert, die aus der Kooperation von staatlichen mit medizinischen Instanzen im Zuge der Konzipierung geburtenpolitischer Strategien erwuchsen. Diese Allianz mündete in die Verfolgung der privaten Abtreibung und führte allmählich auch zur staatlichen Legitimierung der wissenschaftlichen Geburtenkontrolle. Es handelte sich hier um den Anfang der Indikationsdebatte über operative Sterilisation und Abtreibung.

In Kapitel V erörtere ich die sexual- und geschlechterpolitische Dimension der »Rationalisierung der Fortpflanzung«. Die Kategorie der »Entartung« mit ihren normativen Inhalten von Geschlechtlichkeit lieferte die Grundlage für das rassenhygienische und eugenische geburtenpolitische Modell. Ordnungs-, geschlechter- und sexualpolitische Vorstellungen standen in einer inneren Beziehung. Dieser Zusammenhang spitzte sich in der »Rationalisierung der Fortpflanzung« zu. Meine These lautet, daß dieses Konzept auf eine vollständige Negation von Geschlechtlichkeit und Sexualität zugunsten einer maschinisierten, linearen Fortpflanzungsvorstellung hinauslief, aus der ein »neuer Mensch«, eine geschlechtslose Maschine ohne Schmerz und Leid hervorgehen sollte. Meine Analyse von »Entartung«, Geschlecht und »Fortpflanzung« basiert auf der psychiatrischen Entartungsliteratur und den Klassikern der eugenischen und rassenhygienischen Publikationen.

Die Geschichte der »Gebärstreikdebatte«in der Sozialdemokratie habe ich anhand von Polizeiberichten und Zeitungsmeldungen zurückverfolgt.[11] Sowohl die eugenische als auch die geschlechterpolitische Brisanz, die in dieser Debatte offenbar wurden, sind in der bisherigen Geschichtsschreibung der »Gebärstreikdebatte« ausgeblendet gewesen. Meine Darstellung illustriert den historischen Umbruch von der Geschlechterordung der bürgerlichen Gesellschaft des 19. Jahrhunderts zu einer modernisierten Weiblichkeitsauffassung in ihrer Verknüpfung zur eugenischen Idee. Ich habe in dieser Debatte noch einmal das gesamte Argumentationsspektrum der damaligen geburtenpolitischen Diskussion aufgefächert vorgefunden.

Auch wenn in diesem Buch kaum von Frauen erzählt wird, verstehe ich es dennoch als einen Beitrag zur Frauengeschichte. Mir ging es besonders um eine Historisierung der Entstehungsbedingungen der modernen Geburtenkontrolle, die uns heutzutage mental und in unserem Körper so selbstverständlich wie geschichtslos geworden ist. Das heißt, ich wollte in diesem Buch einen Prozeß beschreiben, der heute in seinem Endresultat als

Vorbedingung weiblicher Emanzipation gesehen wird. Eine Emanzipation, die sich als Autonomie vom Körper durch dessen geistige, und wenn notwendig auch technologische Beherrschung zu erfüllen scheint. Die Rassenhygiene und Eugenik waren genau solche Strömungen, die sich als Protagonisten der modernen Geburtenkontrolle und damit einhergehend einer solchen Frauenbefreiung profiliert hatten. Dieser Geschichte der modernen Geburtenkontrolle wollte ich auf den Grund gehen. Dabei mag man es als Manko dieses Buches auffassen, daß über die Konflikte, Gefühle, Nöte, Sehnsüchte und auch Freuden von Frauen, die in dieser Geschichte verborgen sind, so wenig gesagt ist. Die mir verfügbaren Quellen, aber auch mein Anliegen haben es nicht erlaubt, darüber Auskünfte zu geben.

Dieses Buch habe ich im Frühjahr 1988 als Dissertation am Fachbereich für Politische Wissenschaft der Freien Universität Berlin bei Elmar Altvater und Johanna Bleker eingereicht. Ihnen möchte ich an dieser Stelle meinen herzlichen Dank für ihren Zuspruch und ihre Hilfe aussprechen.

Ganz besonderem Dank bin ich Gabriele Czarnowski und Cornelie Usborne verpflichtet. Sie versorgten mich in freundschaftlichem Kontakt mit Informationen und Quellen. Gabriele Czarnowski hat mich durch Gespräche immer wieder neu inspiriert.

Neben den vielen Menschen, die mich in der Zeit des Schreibens ermutigt und mir liebevolle, emotionale Unterstützung gegeben haben, möchte ich vor allem Betti Böhmer, Marianne Breiden, Monika Grajek, Ursula Grell und Yves Legros danken. Danny L. Lewis und Ralph Mohnhaupt haben mit viel Geduld das Manuskript hergestellt. Leider konnte Ralph das Erscheinen dieses Buches nicht mehr erleben.

In großer Verbundenheit danke ich meiner Mutter und meinem Vater, weil sie nie an dem Ende dieser Arbeit gezweifelt und mich großzügig unterstützt haben.

Der *Verein zur Förderung kritischer Sozialforschung e. V.* war mir eine große Hilfe mit einer finanziellen Überbrückung. Besonders aber verdanke ich dem *Hamburger Institut für Sozialforschung* viel, weil es mir durch die Gewährung eines großzügigen Stipendiums ermöglichte, mir die notwendige Zeit zum Forschen und Schreiben dieses Buches zu nehmen. Auch hat es die Herausgabe dieses Buches unter dem hervorragenden Lektorat von Barbara Hoffmeister ermöglicht.

Zwischen der Abgabe der Dissertation und dem Erscheinen dieses Buches liegt eine lange Zeit. Ich habe es zwar geringfügig gekürzt und verändert, auch wurde der Ausblick erst ein Jahr nach der Einreichung von mir verfaßt –, aber ich habe es mir erspart, die große Palette der seither neu erschienenen Literatur in den Text einzuarbeiten. Es wäre daraus sicherlich ein ganz anderes Buch geworden. Interessierte Leser und Leserinnen verweise ich daher auf den Anhang am Ende der Literaturliste. Inszwischen sind aber nicht nur eine Reihe neuer Bücher zu diesem Thema geschrieben worden, die veränderten politischen Verhältnisse haben zu einer ganz neuen Forschungssituation und Archivlage geführt. Auch die im Text benutzten Archivalien der ehemaligen DDR wurden mittlerweile umbenannt.[12]

Kapitel I
Das politische Gespenst Geburtenrückgang

»Wir waren gewohnt, den Bevölkerungsüberschuß zu fürchten, der uns alljährlich zuwächst, Betrachtungen darüber anzustellen, ob für ihn überhaupt ›der Tisch gedeckt‹ sei; neuerdings aber fesselt immer mehr unseren Blick der geradezu unaufhaltsame Geburtenrückgang, der sowohl absolut als relativ immer drohender anwächst und an Stelle des Menschenüberschusses, des Bevölkerungsgewimmels der Zukunft, die bevorstehende Menschenleere, den Rassentod uns ahnen läßt.«[1]

Der Demograph des Preußischen Statistischen Landesamtes Carl Ballod – also ein Mann vom Fach – sah kurz vor Beginn des Ersten Weltkriegs in der neuen Geburtentwicklung einen sich ankündigenden »Rassentod«. Die sinkende eheliche Geburtenziffer – in allen Industrienationen seit Ende des 19. Jahrhunderts registriert – wurde von Politikern jeder Couleur, von Staatswissenschaftlern, Ökonomen, Medizinern, Repräsentanten der sozialistischen Arbeiterbewegung, kurzum von der gesamten politischen und wissenschaftlichen Szenerie als »Gespenst«, »Krebsgeschwür« und »Volkskrankheit« verhandelt. Der Geburtenrückgang stand synonym für den »Volks-« und »Rassentod« schlechthin.[2]

Eine lebhafte Diskussion über diese neuartige Erscheinung entspann sich in der Öffentlichkeit seit etwa 1910 und wurde in einer Flut von Artikeln in der Tages- und Fachpresse, in Broschüren, Flugblättern, Vorträgen oder Resolutionen als Gefährdung des deutschen Nationalstaates gedeutet. Das Potential deutscher Arbeitskraft, die Kriegsfähigkeit und die Moral standen auf dem Spiel: »Meine Herren, nur das Volk wird auf absehbare Zeit sich einen Platz an der Sonne verschaffen, nur das Volk wird anderen

Völkern seinen Willen aufdrücken und in Wahrheit glücklich sein, welches über die meisten gescheiten Köpfe, über die meisten kräftigen Arme und über die meisten moralischen Werte verfügen wird« – so der Abgeordnete Baron Knigge (Deutschkonservative Partei) im Deutschen Reichstag 1913 –, »das Volk ist dem Untergange geweiht, wo die Frauen nicht mehr stolz darauf sind, Kindern das Leben geschenkt zu haben... Ich hoffe, meine Herren, daß nicht dermaleinst unsere Nachkommen uns den Vorwurf machen werden, ... daß wir es... unterlassen haben, dafür zu sorgen, daß auch in ferner Zukunft Deutschland groß, stark, gesund und wehrkräftig dasteht.«[3] Mit pathetischen Schlagworten wie »der große Tod des zwanzigsten Jahrhunderts«, »der weiße Tod«, »Todesernte des Friedens«, »Entvölkerungsgeißel«[4] wurde der Geburtenrückgang in dieser Debatte dramatisiert.

In solcher Diktion wurde gerade von den Politikern und Experten Untergangsstimmung erzeugt, die von statistischer Seite das Bevölkerungswachstum in Deutschland nicht wirklich bedroht sahen. Dieses übliche Argumentationsschema lieferten auch 1909 die drei Preußischen Minister für Handel und Gewerbe, Inneres und Kultur in der gerade begonnenen staatlichen Diskussion: »Mit dem früheren Reichskanzler sind wir der Ansicht, daß die ständige Abnahme der Geburtenziffer eine Erscheinung ist, die ernste Beachtung von seiten der Regierungen fordert und verdient. Zwar ist die jährliche Volksvermehrung im Deutschen Reiche noch immer sehr beträchtlich, aber es läßt sich nicht verkennen, daß sie im Laufe der Jahre mehr und mehr Folge der stark verminderten Sterblichkeit anstatt eines Zuwachses durch die Geburtenzahl geworden ist.« Es müsse von staatlichem Interesse sein, eine »Vermehrung der Volkeszahl durch starke Geburtenüberschüsse zur Sicherung der Zukunft unseres Volkes« wieder herzustellen.[5] Nicht die Bevölkerungszahl war das eigentliche Problem in dieser Debatte. Vielmehr gab die Tatsache, daß das langfristige prognostizierte Bevölkerungswachstum neuerdings nicht mehr exklusiv auf das bedingungslose Vielgebären von Frauen zurückging, sondern auch auf die nunmehr höhere Lebenserwartung, den eigentlichen Impuls für die spektakuläre Diskussion. Vor allem als kulturelles und am wenigsten als bevölkerungsstatistisches »Gespenst« wurde der Geburtenrückgang von Politikern und Wissenschaftlern problematisiert.

Betrug nämlich die Geburtenziffer im Deutschen Reich (jährliche Geburten auf 1000 Einwohner und Einwohnerinnen) im Zuge der Industrialisierung und der »Bevölkerungsexplosion« in den Jahren 1872/76 41,82 – sie entsprach etwa den heutigen Geburtenziffern der »Dritte-Welt-Länder« –, so war sie bis 1914 auf 26,8 zurückgegangen. Mitte der neunziger Jahre hatte der Geburtenrückgang in Deutschland eingesetzt.[6] Die sinkende Geburtenziffer – immer im Zusammenhang mit dem zuvor noch starken Bevölkerungswachstum betrachtet – entsprach dem, was in der heutigen Interpretation als modernes Gebärverhalten bezeichnet wird. Trotz aller Unterschiede zwischen den Schichten handelte es sich um ein Phänomen, das alle Gesellschaftsklassen erfaßt hatte.[7]

Vorausgegangen war im 19. Jahrhundert ein zuvor nie dagewesenes rapides Bevölkerungswachstum in allen Ländern, die sich im Industrialisierungsprozeß befanden. Innerhalb eines Jahrhunderts, zwischen 1800 und 1900, wuchs in Europa die Bevölkerung von 187 auf 447 Millionen Menschen an.[8] Schon 1800 war Europa im Zeichen frühkapitalistischer, populationistischer Politik der dichtest bevölkerte Teil der Welt. Eine hohe Bevölkerungszahl galt als größter Reichtum eines Staates. Nach vier Jahrhunderten der Stagnation setzte in Deutschland seit den 1770er Jahren die erste Phase des Bevölkerungswachstums ein. Sie war begleitet von hoher Kinder- und Säuglingssterblichkeit.[9] Bis 1910 hatte Deutschland rd. 51,4, Frankreich rd. 39,2, Großbritannien rd. 40,8, Italien rd. 34,6 und Rußland rd. 140 Millionen Einwohner und Einwohnerinnen (davon rd. 120 Millionen im europäischen Teil).[10]

Diese Entwicklung resultierte in erster Linie aus dem Anwachsen der unteren Bevölkerungsschichten. Fallende gutsherrliche Heiratsschranken, Agrarreformen und Gewerbefreiheit im Handwerksbereich zu Beginn des 19. Jahrhunderts hatten hier das Bevölkerungswachstum begünstigt. Die Entstehung des Industrieproletariats war folglich mit einer neuen demographischen Situation verbunden. Die Fruchtbarkeit von Frauen unterer Schichten zwischen dem 14. und 49. Lebensjahr wurde maximal ausgeschöpft, auch dadurch bedingt, daß es keine Verfügung über Verhütungswissen mehr gab.[11] Der in Deutschland seit Mitte der 1890er Jahre einsetzende Geburtenrückgang markiert eine demographische Umbruchsituation – den »demographischen Übergang«: 1872/73 lag die Sterblichkeitsziffer (jährlich Gestorbene auf 1000 Einwohner und Einwohnerinnen) bei 28,7 und sank bis 1914 auf 15,0.[12] Weil die seit den siebziger Jahren angestiegene, höhere Lebenserwartung die rückläufige Geburtenziffer auffing und die durchschnittliche Kinderzahl in keiner Schicht unter 2 lag, wuchs die Bevölkerung trotz des Geburtenrückgangs.[13]

Dem entsprachen auch zeitgenössische Untersuchungen: Statistiker konstatierten noch in der Volkszählung von 1910 die stärkste Bevölkerungszunahme seit der ersten Volkszählung des Deutschen Reiches vom 1. Dezember 1871.[14] Zur Debatte stand also nicht die Bevölkerungszahl, sondern die »Fruchtbarkeitsziffer« (Geburten auf 1000 Frauen im gebärfähigen Alter). Sie war Grundlage für die Errechnung des Geburtenrückgangs und entsprechende Untersuchungen ergaben, daß die »eheliche Fruchtbarkeitsziffer« (ehelich geborene Kinder auf 1000 verheiratete Frauen im gebärfähigen Alter) im Vergleich zu der allgemeinen Geburtenziffer am stärksten rückläufig war.[15]

Der Geburtenrückgang konnte auch nicht Folge einer sinkenden Heiratsziffer (Heiraten auf 1000 der Bevölkerung) sein – diese blieb bis 1914 relativ konstant.[16] Vielmehr spielte er sich in den Ehen ab, und genau dieses Faktum wurde in der bevölkerungspolitischen Diskussion zum Sakrileg. Die Phrase vom »Rassentod« bezog sich nur vordergründig auf die reale Bevölkerungsentwicklung. Nach der Devise, die Geburtenrate eines Volkes sei »Ergebnis seiner sexualen Instinkte, Sitten und Gebräuche sowie seiner sexuellen Moral«[17], wurde der Geburtenrückgang zur Metapher für die »Auflösung der Familie« und für die Auflösung »anderer Mächte, ... auf denen der Zusammenhalt der Nation beruht« – so der Göttinger Staatswissenschaftler Karl Oldenberg (1864–1936).[18] Von »Entsittlichung des ehelichen Zusammenlebens«, »Niedergang des Volkscharakters«, »sittlicher, wie völkischer Gefährdung des Deutschtums«, »Staatszersetzung« und »Selbstbefleckung« war die Rede.[19] Die »Frage der Fortpflanzung« sei »die bedeutsamste für die modernen Kulturvölker«, erklärte 1911 der Referent für Medizinalangelegenheiten im Preußischen Innenministerium Eduard Dietrich (1860–1947).[20] Diese Perspektive prägte die geburtenpolitische Debatte seit der Jahrhundertwende. Der Geburtenrückgang warf die Frage nach dem kulturellen und nationalen Selbstverständnis auf. Die politischen und wissenschaftlichen Reaktionen gründeten also am wenigsten auf einer echten Gefährdung des Bevölkerungswachstums.

Der Auftakt der geburtenpolitischen Debatte

Seit den 1890er Jahren wurde der Geburtenrückgang von unterschiedlichen Seiten unabhängig voneinander thematisiert: Statistiker registrierten fallende Geburtenraten, wobei vorerst unklar blieb, ob es sich dabei um eine vorübergehende Erscheinung handelte oder um einen Trend. Angesichts der bis dahin einzigartig hohen Geburtenziffern im Deutschen Reich (Höchststand 1876 mit 42,61) wurden sinkende Geburtenraten von Statistikern eher als Normalisierungsprozeß interpretiert. Die Volkszählung vom 1. Dezember 1900[21] deuteten Statistiker dann auch in diesem Sinne: Die »deutsche Bevölkerungsbewegung [habe] einen regelmäßigeren Charakter angenommen«. Sinkende Geburtenziffern nahm man gelassen hin: »Auch in der Folge waltet bis zum Jahre 1900 eine Neigung zur Abnahme vor. Doch ist keineswegs von einem allgemeinen Rückgang der Geburtenhäufigkeit in der Neuzeit zu sprechen: eine gleiche oder niedrigere Geburtenhäufigkeit wie 1900 ist wiederholt auch in früheren Jahren beobachtet worden.«[22] Statistische Bestandsaufnahmen auch der folgenden Jahre, in denen schon eine Tendenz zum Geburtenrückgang erkannt wurde, lösten noch keine alarmierenden Untergangsmeldungen aus.[23] Auch der Medizinalstatistiker Friedrich Prinzing (1854–1938) wertete 1901 die sinkende eheliche Geburtenziffer gegenüber der in den 70er Jahren »abnorm hohen« ehelichen Fruchtbarkeit positiv.[24] Eine Katastrophe – wie etwa für Frankreich behauptet – wurde von ihm in Deutschland nicht gesehen:

»Glücklicherweise bürgt uns der gesunde Sinn des deutschen Volkes dafür, daß diese Gefahr noch in sehr weiter Ferne liegt«.[25] Und das, obwohl in Sachsen schon in den 1890er Jahren sinkende Geburtenziffern statistisch als Trend festgestellt worden waren.[26] Anders als Statistiker registrierten Mediziner den Geburtenrückgang: sie beobachteten in ihrem beruflichen Alltag eine neue Tendenz zur Geburtenkontrolle, dem sogenannten Zweikindersystem. Die sozialdemokratische Zeitschrift *Die Neue Zeit* reagierte auf die sächsische Untersuchung mit der Meldung: Für das »Umsichgreifen des Zweikinder-Systems« sei »die Ausbreitung der medizinischen Kenntnisse« eigentliche Ursache.[27] Gemeint war das durch die moderne Medizin erforschte Wissen über den weiblichen Zyklus und die von Ärzten seit den 1880er Jahren neu entwickelten Verhütungstechniken für Frauen (Pessare, Intrauterinstifte, Scheidenspülungen etc).[28] Die Verbreitung schulmedizinischer Kenntnisse und eine expandierende Verhütungsmittelindustrie hatten neue Praktiken der Geburtenkontrolle populär gemacht.

Mit Blick auf Frankreich, wo der Geburtenrückgang bereits seit der Volkszählung von 1856 spektakulär diskutiert wurde[29], sahen Mediziner nun das »französische Zweikindersystem« über die Grenzen nach Deutschland wandern. Nicht »nur praeventiver Verkehr, sondern auch mehrfacher künstlicher Abort« vermerkte 1895 ein Arzt über seine Patientinnen aus höheren Schichten.[30] Galt bis in die neunziger Jahre das »französische Zweikindersystem« in Deutschland als »öffentliches Geheimnis der gebildeten Kreise«[31], so bilanzierte bereits im Jahre 1899 ein Arzt in der medizinischen Fachpresse, der »Praeventivverkehr« sei auf dem »Weg zur Volkssitte«.[32] Solche Meldungen häuften sich seit der Jahrhundertwende und leiteten die Debatte über den Geburtenrückgang ein.

Die ersten statistischen Wahrnehmungen der sinkenden Geburtenziffern waren noch nicht von sittlichen Bedenken begleitet. Die »Obszönität« des Geburtenrückgangs wurde erst durch staatliche Recherchen entdeckt: man stellte eine Zunahme »krimineller Abtreibungen« und einen entsprechenden »Schwarzmarkt« für Verhütungsmittel fest.

Die staatlichen Untersuchungen stützten sich auf zwei Gesetzestexte, die im Strafgesetzbuch für das Deutsche Reich vom 15. Mai 1871 verankert waren: die §§ 218–220 und der sogenannte Unzuchtparagraph 184. Die Abtreibung galt in den seit 1. Januar 1872 in Kraft getretenen §§ 218–220 als Tötungsdelikt[33] und war im Strafgesetz als »Verbrechen wider das Leben« rubriziert.[34] Ihre Strafverfolgung stellte sich jedoch als diffizil heraus. Ohne medizinische Diagnostik und ärztliche Kooperation mit polizeilichen Instanzen war sie kaum zu ermessen und strafrechtlich erst recht nicht erfaßbar.[35] Um ein Bild von der Situation zu gewinnen, beauftragte 1890 der Preußische Innenminister einen Mediziner, den Regierungs- und Medizinalrat Moritz Pistor (1835–1924), mit einer Expertise über mögliche »Maßregeln zur Verhütung der verbrecherischen Fruchtabtreibung«.[36] Pistor stellte in der Strafpraxis ein Mißverhältnis zu den realen Straftaten fest. Er zählte zwischen 1883 und 1890 auf 1058 Anzeigen ganze 179 Verurteilungen und sah diese Rechtspraxis in den dürftigen Beweismöglichkeiten begründet. Auf seine Anregung hin ordnete der Preußische Innenminister die Kooperation zwischen Frauenkliniken, Krankenhäusern und der Kriminalpolizei an.[37] Pistors Gutachten setzte die staatlichen Recherchen und eine neue Art der Strafverfolgung in Gang. Polizeibeamte, Klinikleiter, Universitätsprofessoren arbeiteten nun mit dem Preußischen Innenministerium zusammen. Dies war der Auftakt zu einer staatlichen Politik gegenüber dem sogenannten Abtreibungsgeschehen, obwohl hier noch gar kein Zusammenhang zur sinkenden Geburtenziffer gesehen wurde.

Der Handel und Verkauf von Kontrazeptiva fiel unter den Paragraphen »Verbrechen und Vergehen wider die Sittlichkeit«. Er trat am 1. Januar 1872 als § 184 RStGB in Kraft[38] und sollte die Verbreitung sowie den Verkauf »unzüchtiger Schriften, Abbildungen oder Darstellungen« mit Geldstrafe bis zu 100 Mark oder Gefängnis bis zu sechs Monaten unter Strafe stellen.[39] Mit diesem Gesetz hatte man zunächst nur Nacktfotos (»pornographische Bilddarstellungen«, »Schund- und Schmutzliteratur«) verbieten und die Prostitution bekämpfen wollen.[40] In der Rechtspraxis wurde es jedoch relativ schnell auf den Handel mit Verhütungsmitteln ausgedehnt. Seit den siebziger Jahren wurde der Kommerz mit Kondomen (»Pariser Gummi-Artikel«) polizeilich nach § 184 verfolgt[41], denn sie galten als »unzüchtig«. Diese Rechtsauffassung hatte man mit einem Reichsgerichtsurteil von 1881 legitimiert. Schriften und Gegenstände galten seitdem als »unzüchtig«, »wenn deren Inhalt das Scham- und Sittlichkeitsgefühl in geschlechtlicher Beziehung gröblich« verletzten.[42]

Im Juni 1900 wurde der § 184 RStGB im Rahmen einer Gesetzesmodifikation der §§ 180, 181, 184 und 362 – der sogenannten »lex Heinze« – in vier Tatbestände differenziert.[43] Absatz 3 bezog sich auf den Handel und die Verbreitung von Verhütungsmitteln, obwohl sie auch in diesem Gesetzestext noch nicht beim Namen genannt wurden: »Wer Gegenstände, die zu unzüchtigem Gebrauche bestimmt sind, an Orten, welchen dem Publikum zugänglich sind, ausstellt oder solche Gegenstände dem Publikum ankündigt oder anpreist«, wurde nun mit Gefängnis bis zu einem Jahr und einer Geldstrafe bis zu 1000 Mark Strafe verfolgt.[44] Dieser Passus war – obwohl gesetzestextlich nicht expliziert – eine Reaktion auf den expandierenden »Schwarzhandel« mit modernen Kontrazeptiva, die medizinisch-wissenschaftlich zum Schwangerschaftsabbruch entwickelt, aber der ärztlichen Kontrolle entzogen waren.[45] Diese Gesetzesinitiative war die erste staatliche Antwort auf die beobachtete Abtreibungspraxis und wurde damit zur Basis der staatlichen Initiativen gegen die private Geburtenkontrolle. Auf die 1890 begonnenen Untersuchungen zur »kriminellen Fruchtabtreibung« hin, hatten der Preußische Innenminister und der Preußische Kultusminister bereits 1896 die Werbung für Verhütungsmittel in Zeitungen oder Broschüren moniert und staatliche Schritte dagegen gefordert.[46] In einem Reichsgerichtsurteil von 1901 wurden Verhütungsmittel dann als »unsittliche Gummi-Artikel« unter den Rechtsbegriff der »Unzüchtigkeit« subsumiert, wobei man betonte, daß diese Kategorie für die eheliche und uneheliche Sexualität gleichermaßen zu gelten habe.[47]

Der Kampagne gegen die »kriminelle Fruchtabtreibung« und gegen den expandierenden Verhütungsmittelmarkt unterlag ein gemeinsames Motiv. Ohne daß sie zunächst gegen den statistisch erfaßten Geburtenrückgang gerichtet war, trug sie schon die Züge der geburtenpolitischen Debatte, in der es wesentlich um die Wiederherstellung der »Sittlichkeit« und um die ärztliche Regie über die Geburtenkontrolle gehen sollte.

Aus denselben Gründen kam auch der Passus gegen den Handel mit Verhütungsmitteln im »Entwurf eines Gesetzes gegen die Mißstände im Heilgewerbe« zustande, der vom Bundesrat ausgearbeitet und 1910 dem Reichstag vorgelegt wurde. Dieser Gesetzentwurf – auch als »Kurpfuschereigesetz« bezeichnet – brachte die öffentliche Diskussion über den Geburtenrückgang ins Rollen. Auch hier lag – wie schon in der Gesetzesnovelle des § 184 von 1900 – das gesetzgeberische Motiv nicht in erster Linie im Kampf gegen den Geburtenrückgang. Es war vielmehr in die ärztliche Standespolitik gegen die in Deutschland seit 1869 herrschende Kurierfreiheit für nicht approbierte Heilkundige eingebunden. Erstmals wurde hier jedoch das Verbot von Verhütungs- und Abtreibungsmitteln ausgesprochen und explizit mit dem Geburtenrückgang als einer »volksgefährdenden« Entwicklung begründet.[48]

Mit der wachsenden Zahl von Kurpfuschern und Kurpfuscherinnen – allein in Berlin war sie zwischen 1879 und 1907 von 28 auf 1349 angestiegen[49] – registrierte man den zunehmenden unkontrollierten Umgang mit Heilmethoden und den sogenannten Geheimmitteln. Um dieser Berufssparte das Handwerk zu legen, hatten ärztliche Standesorganisationen mit gesundheitspolitischen Argumenten diese Gesetzesinitiative und das exklusive Behandlungsrecht für die Schulmedizin gefordert. Die freie Ausübung der »Kurpfuscherei«[50] sollte qua Gesetz unter Kontrolle gebracht werden, nämlich mit einer Anmeldepflicht.[51] Die Heilkundigen entstammten vor allem dem Handwerk und der Dienstbotenschaft. Der Patientenkreis und das Behandlungsspektrum dieser sogenannten Kurpfuscher und Kurpfuscherinnen sollte eingeengt werden mit Verboten wie der Fernbehandlung von Menschen und Tieren oder dem Gebrauch von Betäubungsmitteln, verboten werden sollten auch die Hypnose, »mysthische« Verfahren wie das Handauflegen, die Behandlung von Geschlechtskrankheiten und eben die Geburtenkontrolle. Das Verbot des Handels mit »Gegenstände(n), die bei Menschen die Empfängnis verhüten oder die Schwangerschaft beseitigen sollen«[52], wurde damit begründet, daß diese Bestimmung zwar »über den eigentlichen Rahmen des Entwurfs« hinausgehe, »für diese Ausnahme ... volkswirtschaftliche Gründe« aber ausschlaggebend seien. Einen Sonderstatus hatte dieser Passus in dem Gesetzentwurf deshalb, weil *alle* Verhütungsmittel, auch solche, die nicht als gesundheitsschädlich definiert waren, wie Geheimmittel reglementiert werden sollten. Denn durch »die zahlreichen, im Verkehre befindlichen und zur Anwendung gelangenden Gegenstände dieser Art« – so die Begründung des Gesetzentwurfs – werde »nämlich nicht nur die *Volksgesundheit* geschädigt, sondern auch der *Geburtenhäufigkeit* erheblich entgegengewirkt«.[53]

Als der Gesetzentwurf im November 1910 im Reichstag zur Beratung kam, übernahm der Staatssekretär des Reichsinnenministeriums Clemens von Delbrück in seiner Eröffnungsrede diese geburtenpolitische Begründung wortwörtlich.[54] Damit waren die Weichen für eine Geburtenpolitik gestellt, die sich auf den Kampf gegen die private Geburtenkontrolle konzentrierte. Dieselbe verengte Sicht von Abtreibung, Geburtenkontrolle und Kurpfuscherei brachte z. B. der Abgeordnete Henning (Deutschkonservative Partei) in einer Reichstagsrede zum Ausdruck, als er das »Zweikindersystem« als ein »Produkt des Kurpfuschertums« deutete.[55] Das Kurpfuschertum bekam in der staatlichen Debatte eine Sündenbockfunktion.

Gesetzliche Maßnahmen gegen die private Geburtenkontrolle und ihren Markt wurden allerdings schon 1909, im Vorfeld des Gesetzentwurfs von den drei Preußischen Ministern für Handel und Gewerbe, Kultur und Inneres als nicht sehr effizient eingeschätzt. Die Minister meldeten Zweifel an, ob – wie noch von dem Reichskanzler (bis Juli 1909) Bernhard Ernst von Bülow vertreten – die »Benutzung einer Reihe sehr wirksamer und viel gebrauchter Mittel und Verfahren zur Verhütung der Mutterschaft ... sich weder durch eine Gesetzesvorschrift im Sinne der vom Fürsten Bülow in Anregung gebrachten noch durch eine andere, wie immer geartete Gesetzbestimmung verhüten lassen ... Ganz abgesehen davon, daß der heimliche Verkehr mit solchen Mitteln gar nicht zu verhindern sein wird, gibt es zahlreiche Wege zur

Umgehung des Verbots«. Trotz dieser Skepsis werde die Gesetzesinitiative von ihnen begrüßt, weil »sie nach außen hin einen sehr guten Eindruck« mache, und »da sie ein Zeichen für die Bemühungen der Regierung ist, auf dem Gebiete des Geschlechtslebens sich bemerkbar machende Mißstände zu beseitigen«.[56] Solche Worte kündigten einen Machtkampf an zwischen Staat und Frauen. Die Geburtenkontrolle war von staatlicher Seite zum »Mißstand« erklärt und mit Kriminalisierung beantwortet worden.

Der Gesetzentwurf wurde allerdings verschoben. Er kam wegen entstehender Interessenkollisionen mit der chemischen Industrie (Geheimmittelproduktion), der Presse (Reklameverbot von Geheimmitteln im Inseratenteil) und letztlich auch wegen der umstrittenen Definition der »Kurpfuscherei« und »Geheimmittel« im Reichstag nicht zur Verabschiedung.[57] Die staatliche Diskussion über die Bekämpfung des Geburtenrückgangs riß damit aber keineswegs ab. Im Gegenteil, sie hatte mit dem Gesetzentwurf »gegen die Mißstände im Heilgewerbe« gerade begonnen und setzte sich über die Zeit der Weimarer Republik bis in die nationalsozialistische Ära fort.

Festzuhalten ist, daß der Geburtenrückgang seit den 1890er Jahren zunächst aus zwei unterschiedlichen Perspektiven wahrgenommen wurde: Statistiker registrierten die sinkende eheliche Geburtenziffer und werteten diese Entwicklung positiv. Mediziner hatten bei den Frauen einen neuen Umgang mit ungewollten Schwangerschaften beobachtet und brachten diese Erscheinung auf den Begriff des »Zweikindersystems«. Es folgten anhand der §§ 218–220 und § 184 (Abs. 3) RStGB gesetzgeberische Initiativen, die zum einen die Geburtenkontrolle als »sittliches« Problem behandelten und zum anderen standespolitische ärztliche Interessen gegen die Kurierfreiheit beinhalteten.

Politiker und Wissenschaftler überlegen eine neue Geburtenpolitik

Analysen und Prognosen zum Geburtenrückgang sowie Strategien seiner politischen Bekämpfung durch den Staat wurden im Dialog mit wissenschaftlichen Fachkompetenzen entwickelt. Nationalökonomen, Statistiker, Juristen und Mediziner waren an der Konzeptualisierung geburtenpolitischer Strategien beteiligt, wobei sich in der Chronologie der bis zum Ersten Weltkrieg unternommenen Schritte zeigt, in welch enormem Maße Ärzte und ihre Standesorganisationen (Ärztekammern) von vornherein die Debatte dominierten.[58]

Auf Anregung des Preußischen Kultusministers im Jahre 1909 ließ der Innenminister 1911 ein medizinisches Gutachten zum Geburtenrückgang erstellen, genauer gesagt, »ob Anzeichen körperlicher Entartung in unserem Volke wahrzunehmen sind, aus denen sich schließen läßt, daß physische Ursachen an der Verminderung der Geburtenziffer mitwirken, und, im Falle der Bejahung dieser Frage, durch welche Maßnahmen man der Zeugungs- und Gebärfähigkeit beeinträchtigenden Degeneration entgegenwirken könnte«.[59]

Wie schon zwei Jahrzehnte zuvor zur Erforschung der »kriminellen Fruchtabtreibung«, so wurde auch jetzt der Medizinalrat Moritz Pistor vom Preußischen Innenministerium mit dieser Expertise beauftragt, zusammen mit dem Medizinprofessor und Personalreferenten der Preußischen Medizinalabteilung des Innenministeriums Eduard Dietrich. Dieses allererste Sachverständigengutachten über den Geburtenrückgang wurde von der *Erweiterten Wissenschaftlichen Deputation für das Medizinalwesen* im Oktober 1911 debattiert.

Zwei Dimensionen trafen hier aufeinander: der in den medizinischen Definitions- und Kompetenzbereich fallende Aspekt der »körperlichen Entartung« (»Degeneration«)[61] und die aktuelle Einschätzung einer staatlichen Geburtenpolitik aus medizinischer Perspektive. Auf der Verhandlung der *Wissenschaftlichen Deputation* im Oktober 1911 waren es die medizinischen Autoritäten

Preußens, die Politikern eine Interpretation des Geburtenrückgangs lieferten und politische Strategien vorlegten. Neben dem Innenminister von Dallwitz und dem Direktor der Preußischen Medizinalverwaltung, Medizinprofessor Martin Kirchner (1854–1925), nahmen die Mitglieder der *Wissenschaftlichen Deputation* und der Ärztekammern teil.

Kirchner betonte die Vielfältigkeit der Gründe für den Geburtenrückgang, erklärte jedoch die »immer weiter um sich greifende künstliche Beschränkung der Kinderzahl« zu seiner eigentlichen Ursache.[62] Die *Wissenschaftliche Deputation* einigte sich auf sechs Leitsätze, die eine erste wissenschaftliche Einschätzung der demographischen und sozialen Veränderungen liefern sollten. Weitere »fortlaufende amtliche Erhebungen über die Geburtenverhältnisse« wurden verlangt, um – so die Expertise – »die Frage der Fortpflanzung und Rassenerhaltung nach den verschiedenen Schichten« präzisieren zu können.[63] Die Referate Pistors und Dietrichs, ebenso wie die Leitsätze dienten der weiteren politischen Beurteilung des Geburtenrückgangs im Parlament[64] und wurden für nächste ministerielle Schritte herangezogen. Wie von der *Wissenschaftlichen Deputation* empfohlen, leitete man nun in Preußen eine über Jahre angelegte Untersuchung des Geburtenrückgangs ein.

Seit Januar 1912 wurde im Preußischen Innenministerium in Kooperation mit dem Landwirtschafts-, Handels- und Kultusministerium ein Runderlaß konzipiert[65], der die Preußischen Verwaltungsbehörden aufforderte, Material über die Ursachen des Geburtenrückgangs zu sammeln. Diesem Erlaß von 1912 wurden die Leitsätze beigelegt, um Landräte, Bürgermeister, Kreisschulinspektoren, Gewerbeaufsichts- und Medizinalbeamte, Provinzialmedizinalkollegien[66] und Ärztekammern mit der Materie vertraut zu machen.[67] Die höchsten staatlichen und polizeilichen Instanzen (Polizei-, Ober- und Regierungspräsidenten der Provinzen) wurden verpflichtet, in ihren Verwaltungsbereichen mit den Nachforschungen zu beginnen.

In erster Linie sollte statistisch und soziologisch überprüft werden, »ob Anzeichen vorliegen, die für eine Beschränkung der Zeugungs- und Gebärfähigkeit sprechen«. Für diesen Fragenkomplex wurden Kreisärzte verpflichtet, sich »unter Verwertung der Statistik über die allgemeine Bevölkerungsbewegung ihres Amtsbereichs und an Hand der ärztlichen Erfahrung zu äußern.« Hier wurde auf die medizinische Beurteilung besonders insistiert, d. h. Kreisärzte waren mit einer kriminalistischen Aufgabe betraut. An zweiter Stelle forderte das Preußische Innenministerium eine schichtenspezifische Aussage über den Geburtenrückgang und eine Reflexion darüber, »ob der Rückgang auf Entartung« beruhe, die wiederum durch berufsspezifische hygienische Verhältnisse (z. B. durch Intoxination bedingte Unfruchtbarkeit) bedingt sein könnte. Zur Aufklärung dieser Frage wurden Kreisärzte, Gewerbeaufsichtsbeamte und Vorstände der Krankenkassen um Kooperation gebeten. Die dritte Frage zielte in soziologischer Hinsicht auf Sitten und Lebensgewohnheiten, aus denen sich mögliche Motive der »gewollten Beschränkung der Kinder« ergeben konnten. Landräte, Ärzte, Geistliche, Lehrer, Standesbeamte und Anwälte kamen hier als Informanten in Betracht. Die Praxis der Geburtenkontrolle sei unter drei Aspekten zu untersuchen: in welchen Bevölkerungsschichten Geburtenkontrolle schon Tradition und in welchen Gruppen sie Novum sei; zweitens, ob sie von sozialen Interessen geleitet werde, wie z. B. »Abneigung gegen allzuviel Geburten, Bequemlichkeit und Luxus der Lebenshaltung, Berufstätigkeit der verheirateten Frau«, »Vergrößerung des Erbanteils, Ermöglichung einer besseren Erziehung«, und schließlich drittens, ob die zunehmende Geburtenkontrolle von der neomalthusianischen Bewegung[68] oder dem Verhütungsmittelmarkt manipuliert sei.[69]

Dieser letzte Aspekt interessierte vor dem Hintergrund des differenzierten Gebärverhaltens des Mittelstandes und der unteren Schichten. Hier wollte man herausfinden, ob das traditionelle »Zwei-bis-Dreikindersystem« der mittleren Schichten über die Propaganda einer Bewegung und die öffentliche Reklame für Verhütungsmittel in untere Schichten gelangt und auf diesem Wege zu einer Massenerscheinung geworden sei.[70] Eine 1912 diesbezüglich angeforderte Expertise vom Statistischen Landesamt ließ auf sich warten[71], weil für eine differenzierte statistische Analyse des Geburtenrückgangs Daten und Methoden (»statistische Zählkartenformulare«) noch fehlten.[72] Nicht zuletzt gab auch der Geburtenrückgang einen Impuls, das Instrumentarium der Statistik für solche politischen Zwecke zu verfeinern.[73]

1913 lag das von staatlichen, polizeilichen und medizinischen Instanzen umfangreich gesammelte Material vor: regionalstatistische Analysen des Gebärverhaltens, Zeitungsannoncen und Broschüren der Verhütungsmittelindustrie, Untersuchungen über die Ursachen des Geburtenrückgangs.[74] Das Fazit der breit angelegten Untersuchung lautete, daß »seit Jahren die Anzahl der Fehlgeburten in ständigem Wachsen begriffen sei«, »daß ein nicht geringer Teil der Fehlgeburten absichtlich herbeigeführt werde, und daß diese bedenkliche Erscheinung mit als Ursache für den zunehmenden Geburtenrückgang angesehen werden müsse«.[75]

Der Abtreibung wurde in der Auswertung die größte Beachtung geschenkt: Das Innenministerium leitete im Juli 1913 einen neuen Runderlaß[76] ein, in dem ab jetzt nur noch medizinische Instanzen angesprochen wurden. Die Ärztekammern sollten alle Fehlgeburten zwischen 1910 und 1913 ermitteln. Eine der vier Fragen lautete: »Haben Sie Grund zu der Annahme, daß ein Teil dieser Fehlgeburten von den Betroffenen mit Absicht bzw. mit Zustimmung der betreffenden weiblichen Personen herbeigeführt worden ist?«[77] Nicht zuletzt ging es auch darum, die Tabugrenze bei Frauen herauszufinden, die sich ja einem gesetzlich definierten Tötungsdelikt gegenübersahen, wenn sie sich um Hilfe für eine Abtreibung an die Ärzteschaft wandten.[78] Die Ärztekammern hatten ihr Zahlenmaterial zu kommentieren und Maßnahmen gegen die Abtreibung vorzuschlagen.

Diese ersten staatlichen Initiativen verdeutlichen die exponierte Position der Medizin bei der Entwicklung einer staatlichen Geburtenpolitik. In denselben Rahmen fiel auch die Schrift des Düsseldorfer Medizinalrats Jean Bornträger, der 1912 eine der ersten einschlägigen Publikationen unter dem Titel *Der Geburtenrückgang in Deutschland, seine Bewertung und Bekämpfung* in der vom Preußischen Innenministerium mitherausgegebenen Zeitschrift *Veröffentlichungen aus dem Gebiete der Medizinalverwaltung* vorlegte. Diese Schrift wurde zu einem viel zitierten Dokument in der politischen Diskussion.

Der Staat hatte den wichtigsten Anknüpfungspunkt für seine Politik gegen den Geburtenrückgang gefunden: die private Geburtenkontrolle. Noch bevor die staatliche Bestandsaufnahme des Geburtenrückgangs abgeschlossen war, reagierte man im September 1913 auf die bisherigen Erkenntnisse über die Abtreibungspraxis mit einer Verfügung des Preußischen Justizministers an alle Oberstaatsanwälte. Der Erlaß instruierte, daß »die Anklagebehörden in allen Fällen, in denen unter Verletzung des § 184 Ziff. 3 des Strafgesetzbuchs derartige Mittel vertrieben werden, mit größtem Nachdruck ... einschreiten« sollten[79], was auf eine strengere Strafverfolgung der Geburtenkontrolle hinauslief. Dieser Ministerialerlaß vom 20. September 1913 »betr. die Anpreisung und den Vertrieb empfängnisverhütender Mittel« wurde an die Regierungs- und Polizeipräsidenten mit dem Appell weitergeleitet, sich »für die Volksvermehrung und die Volksgesundheit«[80] zu engagieren.

Das Informationsmaterial und die spektakuläre Diskussion in der Tages- und Fachpresse dokumentierte das Preußische Innenministerium als *Denkschrift über die Ursachen des Geburtenrückganges und die dagegen vorgeschlagenen Maßnahmen* im Frühjahr 1914[81]. Im Zentrum der Denkschrift standen die Ursachen, wobei Recherchen über Abtreibungen, Geburtenkontrolle und den Verhütungsmittelmarkt die Interpretation des Geburtenrückgangs dominierten. Diese Gewichtung entsprach der Gesamtrichtung staatlicher Überlegungen, wonach die »wesentliche Ursache des Geburtenrückganges« – so die Denkschrift – auf »die enorme Verbreitung und ständige Anpreisung empfängnisverhütender Mittel«[82] zurückzuführen sei. Und dieser Tatbestand galt als »öffentlicher Skandal«.[83] Darüber hinaus wurde Geburtenrückgang unter wirtschaftlichen, sozialen und schließlich auch unter rassenhygienischen und eugenischen Aspekten soziologisch untersucht.

Zu den zentralen Erklärungsansätzen zählten hier Wohlstand, Verelendung, Frauenemanzipation, »Entartung« (Geschlechtskrankheiten, Alkoholismus, durch Arbeitsbedingungen verursachte Sterilität, Frauenerwerbsarbeit, Militäruntauglichkeit), Urbanisierung, Religions- und Parteizugehörigkeit. In der Reflexion über die Ursachen griff man neben den schon vorliegenden

Daten vor allem auf die Untersuchungen der Nationalökonomen Julius Wolf (1862–1937)[84], Karl Oldenberg (1864–1936)[85] und Siegfried Budge[86] zurück.[87]

Von Nationalökonomen kam die *Wohlstandstheorie* in die Debatte. Der Geburtenrückgang wurde mit der Transformation vom Agrar- zum Industrieland erklärt. Soziale Prozesse, wie z. B. die Urbanisierung und die damit einhergehend veränderten Mentalitäten, die zunehmende Absage an religiöse Werte und die in der Stadt sich durchsetzenden »materialistischen« Lebensweisen wurden nationalökonomisch gedeutet. Die Theorie, daß progressiver Wohlstand neue soziale Verhaltensweisen hervorbringe und zu verändertem Gebärverhalten führe, hatte 1877 der französische Statistiker und Mediziner Adolphe Bertillion (1853–1914) vorgelegt. Diese Hypothese wurde international gängig und in Deutschland von den Nationalökonomen Paul Mombert (geb. 1876), Lujo Brentano (1844–1931) und Julius Wolf aufgegriffen. Sie besagte, »daß mit steigendem Wohlstand und höherer sozialer Stellung die Fruchtbarkeit sinkt, und daß dieser Zusammenhang nicht nur innerhalb verschiedener Klassen sich zeigt, sondern auch innerhalb derselben Stände bei geringen Verschiedenheiten in den Wohlstandsverhältnissen vorhanden ist«.[88] Aber nicht Wohlstand an sich sei der eigentliche Faktor für »sinkende Fruchtbarkeit«, sondern die Tatsache, »daß mit dem Steigen desselben auf das Denken und Wollen des Menschen ein ganz bestimmter Einfluß in dem genannten Sinne ausgerichtet wird«.[89]

Mombert versuchte seine These zu beweisen, indem er Sparkasseneinlagen und Kinderzahlen korrelierte. Lujo Brentano[90] lieferte eine Variante der Wohlstandstheorie unter der Formel der »konkurrierenden Genüsse«, womit er der Malthusianischen Hypothese widersprach, die von einem stets konstanten sexuellen Trieb beim Menschen ausging. Brentano dagegen nahm wegen des sich erweiternden Spektrums der Konsummöglichkeiten bei zunehmendem Wohlstand eine allgemeine Moderation der sexuellen Bedürfnisse an: »Der Mensch bricht mit der Kindererzeugung da ab, wo die Mehrung der Kinderzahl ihm geringere Befriedigung schafft als andere Genüsse des Lebens, die ihm sonst unzugänglich würden, oder als die Befriedigung, die es ihm gewährt, daß seine Frau nicht dem Siechtum verfällt, daß er keine mit Krankheit behafteten Kinder auf die Welt setzt oder seinen Kindern eine bessere Ausrüstung für den Kampf ums Dasein zu verschaffen vermag.«[91] Brentano lieferte damit eine soziologische Erklärung des Geburtenrückgangs. Das neue Gebärverhalten wurde als rationale »Familienplanung« interpretiert.

Die These, daß Kinder nunmehr nach ökonomischen, rationalen Prinzipien geplant und ihre Zahl entsprechend reduziert würde, griff Julius Wolf auf und präsentierte ein ganzes Faktorenbündel, das den soziologischen Hintergrund des Geburtenrückgangs beleuchten sollte: gestiegener Wohlstand und Bildung, Intellektualisierung, Frauenemanzipation und -erwerbstätigkeit, rationale Kalkulation der Kinderzahl, Urbanisierung, Emanzipation von der Kirche, Verbreitung des Verhütungswissens, Abhängigkeit der Kinderzahl von Wirtschaftskonjunkturen etc. Prägnant hatte er ein vom Vernunftprinzip geleitetes neues Gebärverhalten als *Rationalisierung des Sexuallebens* begrifflich gefaßt und sein zum Klassiker avancierendes Buch auch mit diesem Titel überschrieben.[92]

In der staatlichen Bilanz wurde die *Urbanisierung* als ein zentraler Faktor für den Geburtenrückgang herausgestellt.[93] Die Tatsache, daß die Geburtenkontrolle in der Arbeiter- und Arbeiterinnenschaft populär geworden war, wurde als Produkt der städtischen Mentalität gedeutet.[94] Und diese Interpretation basierte auf der Beobachtung, daß in Deutschland ländliche Regionen höhere Geburtenziffern aufzuweisen hatten als städtische, obwohl sinkende Geburtenziffern als Tendenz überall zu registrieren waren.[95] Wolf berechnete in Städten einen dreimal höheren Rückgang gegenüber dem Lande.[96] Berlin bildete gewissermaßen die Metropole des Geburtenrückgangs und rangierte damit nach Paris an zweiter Stelle in Europa. Die eheliche Fruchtbarkeitsrate war zwischen 1871 und 1910 von 193,3 auf 90,5 gesunken.[97] Nach dem Motto: »Auf dem Lande sind die Kinder eine Kapitalanlage, in der Stadt sind sie ein Luxus«[98], glaubte man, daß Kinder in den Städten nicht mehr – wie noch zu Beginn der Industrialisierung – als Erwerbsquelle galten und nun umgekehrt die Geburtenbeschränkung aus wirtschaftlichem Kalkül praktiziert wurde.

Obwohl in dieser Deutung eine hohe wie eine niedrige Kinderzahl gleichermaßen ökonomisch begründbar waren, wurde paradoxerweise allein der Geburtenrückgang zur Metapher des egoistischen Prinzips, und der Urbanisierungsprozeß nostalgisch als moralische Verfallserscheinung beklagt: »Und zwar sind die Großstädte und Industriegebiete der Sitz des Übels. Hier herrscht die rationalistisch-individualistische Kultur, und zugleich sind Kinder hier unrentabel, auf dem Lande das Gegenteil.«[99]

Eine Moral des Geburtenrückgangs war entworfen: Hohe Geburtenzahlen wurden ohne Verweis auf die dazugehörigen hohen Mortalitätsraten mit »Kinderliebe« identifiziert, geringere standen für »Egoismus«, »Bequemlichkeit«, »Genußsucht« etc. Auch Moritz Pistor hatte 1911 vor der *Wissenschaftlichen Deputation* die sinkende Geburtenrate darauf zurückgeführt, daß »der steigende Luxus, die zunehmende Verweichlichung der Jugend, die Verwöhnung derselben und durch allerlei überflüssige Modedinge, namentlich für das weibliche Geschlecht, aber auch für Männer, z. B. neue Moden in Kleidern, Schmucksachen und dergleichen, ferner die steigende Genußsucht, besonders in den großen Städten hierbei nicht unerheblich mitwirken«.[100] »Opferbereitschaft«, »Anspruchslosigkeit« und »Arbeitsamkeit« hingegen stilisierte man zu Attributen eines bedingungslosen Vielgebärens – gewürdigt als Pflichtbewußtsein gegenüber nationalen Interessen: »Selbst die einfachsten Arbeiterhäuser habe ich gefunden: je zahlreicher die Kinderschar,« – schrieb Bornträger 1912 – »um so blanker der Tisch, um so freundlicher die Gesichter, um so besser schmeckten die trocknen Schnitten Brot am großen Familientisch. Der Mann brachte sein Geld nicht ins Wirtshaus, die Frau dachte nicht an teure Hüte und Kleider, sie vergaß sich selber fast vollständig, aber Friede und Freude herrschten in ihrem Hause.«[101]

Die Großstadt wurde nicht zuletzt auf Grund von Initiativen der Frauenbewegung zum Inbegriff einer »neuen Moral« oder wie Wolf es nannte zum »Hexenkessel« der »modernen Idee«.[102] Als »rationalistische Zersetzung« bezeichnete Oldenberg diese neue Lebensauffassung[103], die er politisch auf das Gedankengut der französischen Revolution und die Abkehr von religiösen Normen zurückführte. Eine *»neue Sexualmoral«* wurde beobachtet. Mit dem Geburtenrückgang schien sich ein neues Geschlechterverhältnis anzukündigen. Der »Typ der deutschen Hausfrau« sei »im Schwinden begriffen«, schrieb der Medizinalrat Graßl.[104] Solche Entwicklungen verhandelte man auch als »Intellektualisierung der Frau«[105]. *Frauenemanzipation* und Geburtenrückgang wurden als genuine Phänomene gedeutet: »Gibt es doch in wohlhabenden Kreisen schon junge Frauen, die offen aussprechen, wie glücklich sie sich schätzen, wenn ihnen Kindersegen versagt bleibt, wenn ihnen nicht durch die Unbequemlichkeiten einer Schwangerschaft und durch die Pflichten der Pflege eines Kindes die gesellschaftlichen Freuden der Saison, die Ausübung des Rodelsports oder andere Zerstreuungen gestört oder gar Form und Linien des Frauenkörpers beeinträchtigt werden. Daß derartige Beispiele einer Umwertung unserer sittlichen Begriffe über die Pflichten der Ehefrau, wie wir sie in unserem Gesellschaftsleben in zunehmendem Maße beobachten, nach unten wirken und im Mittelstande und schließlich auch in den unteren Schichten Nachahmung finden, ist nicht zu verwundern.«[106]

In keinem anderen Begründungszusammenhang wurden Bedürfnisse nach einer eigenen Lebensweise und politischer Emanzipation – Forderungen, die hier mit der Geburtenbeschränkung assoziiert wurden – so diffamiert, schlichtweg weil sie dem normativen Weiblichkeitskonzept widersprachen. Rodeln, das Aufsetzen teurer Hüte und schließlich die »Auswüchse und Überspanntheiten der modernen Frauenbewegung«[107] – das waren in der Rede der männlichen Öffentlichkeit Motive von Frauen für Geburtenbeschränkung. Und der sexuelle Aspekt des Geburtenrückgangs wurde folgendermaßen auf Frauen projiziert: »Die Frauenbewegung hat die Zungen gelöst, und alle Welt muß nun lesen, wie sexuell auch den Frauen ums Herz ist«.[108] Postulate der Frauenbewegung nach politischer Gleichberechtigung galten als »ehehemmend« und »ehefeindlich«[109]: »Die Bewegung erfolgt in besonderem Maße zugunsten der *ledigen* Frauen und reißt die verheirateten mit, stört die völlig zufriedenen und zertrümmert allmählich die guten Eheverhältnisse«. Bornträger führte den Geburtenrückgang erheblich auf den Einfluß der Frauenbewegung zurück.[110]

Bedürfnisse von Männern an einer Beschränkung der Kinderzahl bekamen demgegenüber per se einen sachlichen Status. Pistor z. B. malte sich einen »überlegenden rücksichtsvollen Mann« aus, der nach dem aristotelischen Grundsatz der »gegenseitigen Liebe und Achtung« handele, wenn er Geburtenkontrolle praktiziere. Ein solcher Mann »wird bestrebt sein« – so Pistor – »die Kinderzahl aus Liebe zur Frau und aus Nützlichkeitsgründen zu beschränken«.[111]

Ein immer wieder mit Frauenemanzipation und Frauenbewegung in Verbindung gebrachter Faktor war die *Frauenerwerbsarbeit:* »Was bei den Frauen der *oberen* Schicht die Genußsucht bewirkt, bringt bei den Frauen der *unteren* Schicht die wachsende Erwerbstätigkeit«, erklärte Wolf. »Außerhalb des Haushalts als Verdienerin tätig, hat die Frau der arbeitenden Klasse nicht die erforderliche Zeit, um Kinder, zumal in größerer Zahl, zur Welt zu bringen und aufzuziehen.«[112] Weil in den unteren Schichten der Geburtenrückgang zur Massenerscheinung geworden war, wurden die Frauenerwerbs- und speziell die Frauenfabrikarbeit ins Zentrum der Debatte gerückt und die absolute Zunahme der Zahl erwerbstätiger Frauen als unterstützende Begleiterscheinung des Geburtenrückgangs problematisiert.[113]

Wolf gab an, daß 70,3 % der erwerbstätigen Frauen im Jahre 1907 unverheiratet, also beinah ein Drittel verheiratet war.[114] Konnten Heim- und Landarbeiterinnen ihre Kinder während der Arbeit »nebenbei noch« ernähren und in ihrer Nähe sein, so waren Kinder von Fabrikarbeiterinnen der Verwahrlosung überlassen. »Wir haben in den Fabriken, wo die Frau den ganzen Tag über in der Fabrik beschäftigt ist, einen starken Abfall in der Kinderzahl bemerkt«, schrieb der Medizinalrat Graßl.[115] Die Tendenz zu steigender Frauenfabrikarbeit wurde deswegen bevölkerungspolitisch als »Gefahr für die Zukunft«[116] gewertet.

Im Zuge der Schuldzuweisungen wurde auch eine politische Partei, die SPD, für den Geburtenrückgang mitverantwortlich gemacht. Das Argument, sinkende Geburtenziffern in der Arbeiterinnenschaft korrespondierten mit *sozialdemokratischer Parteizugehörigkeit,* war gängig. Starke Geburtenrückgänge in Berliner Arbeiterinnenbezirken und in Sachsen – dem »roten Königreich«

– wurden auf den dortigen Einfluß der SPD zurückgeführt. Die Sozialdemokratie »konnte recht wohl jene sexuell ›aufgeklärten‹ Teile der Arbeiterschaft repräsentieren, die zur Verminderung der Kinderzahl am ›meisten‹ neigen«.[117] Im Reichstag entzündete sich wegen dieser »Beschuldigung der SPD« ein Konflikt zwischen links und rechts. Insbesondere die Zentrums-Partei und die Konservativen beriefen sich auf Julius Wolf. Der hatte behauptet, daß »die Provinzen mit der größten Zahl sozialdemokratischer Stimmen gleichzeitig jene mit der kleinsten Zahl Geburten sind und ... die Provinzen mit der kleinsten Zahl sozialdemokratischer Stimmen gleichzeitig jene mit der größten Geburtenfrequenz« seien.[118] Statistisch belegte er diese These mit folgendem Vergleich: Sachsen mit 48,5 % sozialdemokratischem Stimmenanteil hatte eine Geburtenrate von 30,9 und Bayern mit 20,9 % SPD-Stimmen eine Geburtenrate von 34,6.[119] Im Reichstag erklärte dann ein Parlamentarier von der Deutschkonservativen Partei: »Zentrum und Sozialdemokratie sind die beiden Extreme: Festhalten und Bruch mit der Tradition.«[120]

Die SPD verwies bei solchen Anschuldigungen auf die wirtschaftlichen Hintergründe wie Lebenshaltungskosten, die Wohnungsfrage, Säuglings- und Mutterschutz und erklärte diese zu den Ursachen des Geburtenrückgangs in den unteren Schichten. Der »verzweifelte wirtschaftliche Existenzkampf weiter Bevölkerungskreise spiegelt sich im Geburtenrückgang wider«[121] – so der SPD-Abgeordnete Dittmann. Die Sozialdemokratie knüpfte die geburtenpolitische Diskussion an sozialpolitische Forderungen und begründete sie mit einem gemeinsamen Ziel – der Geburtensteigerung: »Was wir für eine segensreiche Entwicklung unseres Vaterslandes zu wünschen haben, ist, daß die Bevölkerungszunahme nicht zurückgeht, sondern möglichst gesteigert wird«, erklärte der SPD-Abgeordnete Hoch.[122] Sinkende Geburtenziffern bei Arbeiterfrauen sah der SPD-Abgeordnete Büchner als unfreiwillige Antwort auf hohe Kindersterblichkeit und als Folge der Frauenfabrikarbeit, die gleichfalls durch die Finanzpolitik der Regierung erzwungen sei. »Karl Marx berichtet im ›Kapital‹, daß während der englischen Baumwollkrisis trotz der herrschenden Not die Kindersterblichkeit bei den Textilarbeitern abnahm, weil die Frauen ihren Kindern die Brust reichen konnten, wozu ihnen sonst die Zeit fehlte«.[123] Solche Argumentationsweisen waren typisch für die sozialistische Variante geburtenpolitischer Strategien, in der die »Nation« und die »Naturressource Frau« gleichermaßen ihre bevölkerungspolitische Pointe hatten.[124] Sozialdemokraten legten den Akzent auf die soziale Frage und erklärten sinkende Geburtenziffern bei Arbeiterfrauen mit einer Unfruchtbarkeit, die durch kapitalistische Arbeitsverhältnisse (Gifte, unzureichender Mutterschutz, etc.) bedingt sei. In der staatlichen Diskussion wurde dieser Erklärungsansatz mit dem Argument der allgemeinen Lohnsteigerung zurückgewiesen.[125] Um so mehr Beachtung fand dann die Frage nach dem Zusammenhang von Arbeitsbedingungen und Sterilität.

Dieser Erklärungsansatz, die körperlich bedingte Unfruchtbarkeit, kam aber nicht ursprünglich aus der sozialistischen Ecke, sondern stammte aus dem medizinischen Diskurs der »Entartungsfrage«.

Ob der Geburtenrückgang einer allgemeinen *»Entartung«* bzw. *»Rassendegeneration«* geschuldet war, hatten Pistor und Dietrich schon 1911 (s. o.) diskutiert. Der »Entartungsfrage« lag eine Normalitätsvorstellung von »natürlicher Fruchtbarkeit« zugrunde. So war z. B. Pistor der Ansicht, daß »eine normale gesunde Frau 6 bis 7, aber nicht selten bis zu 10 Kindern« gebäre.[126] Alle als organisch aufgefaßten, auf die »natürliche Fruchtbarkeit« reduzierend wirkenden Einflüsse wurden als »Entartung« definiert und folgende Faktoren in dieser bevölkerungspolitischen Debatte als solche diskutiert: durch Geschlechtskrankheiten bedingte Unfruchtbarkeit, Alkoholismus, Geisteskrankheiten, Epilepsie, Unterernährung, Stillunfähigkeit, auf die Fruchtbarkeit negativ wirkende Arbeitsplatzbedingungen, die gehäuft Fehl- und Totgeburten provozierten, »körperliche Minderwertigkeit der Frau, pathologische Zustände der Ehegatten, ungesunde Lebensbedingungen, besonders die Wohnverhältnisse in den großen Städten« – so Dietrich 1911 – in »allen diesen Fällen kann die Fortpflanzungsfähigkeit beeinträchtigt werden entweder mittelbar durch Mangel an Auslese oder unmittelbar durch Schwächung oder Vernichtung der Keimstoffe«.[127] Daß die Frage der »Entartung« im Kontext des Geburtenrückgangs staatliche Instanzen als erstes interessierte, lag darin begründet, daß die Entartungstheorie ein gängiges Interpretationsmuster für Sterilität bot. In dieser Lehre waren »Degeneration« und »Fortpflanzungsunfähigkeit« in einem unmittelbaren Wirkungszusammenhang erklärt. Der Degenerationsbegriff stammte aus der psychiatrischen und sozialhygienischen Krankheitslehre. »Entartete« – so schrieb lange vor der großen Diskussion über den Geburtenrückgang der Neurologe und Entartungstheoretiker Paul Julius Möbius (1853–1907)[128] 1903 – »taugen schlecht zur Vater- und Mutterschaft. Wo der gesunde unbefangene Geschlechtstrieb fehlt, da wird entweder die Zeugung vermieden oder eingeschränkt. Kommt es zur Ehe, so fehlen die Kinder, oder es werden nur ein bis zwei Kinder geboren... In dem Grade, wie die Geburtenziffer sinkt, sinkt die Lebenskraft eines Volkes.«[129]

Ob der Geburtenrückgang schlicht ein Phänomen der »Entartung« war, stellte sich als eine der ersten Fragen überhaupt. Den Grad der »Entartung« eines Volkes las man an der »Militärtauglichkeit« ab. Statistiken darüber fielen in den Bereich der Sozialhygiene.[130] In der großen Expertise von 1914 wurde die Medizinalstatistik nach einer Zunahme der Geschlechtskrankheiten, des Alkoholismus, der Irrenanstalten, der Frauenerwerbsarbeit, der »Militäruntauglichkeit«, sowie nach dem Durchschnittsalter der Zinn-, Hütten- und Bergarbeiter befragt. Mit dem Hinweis auf gesundheitspolitische Initiativen, wie z. B. Kampagnen gegen die Verbreitung der Geschlechtskrankheiten (die seit 1903 rückläufig waren[131]), die Erfolge der Anti-Alkoholbewegung, zunehmende Verbesserungen der Betriebshygiene und Ernährungsverhältnisse, das höhere Durchschnittsalter und die absolute Zunahme der »Militärtauglichen« ließ sich die Tendenz zur »Rassendegeneration« in der staatlichen Untersuchung des Geburtenrückgangs nicht bestätigen: »Eine zunehmende Entartung eines Volkes muß ihren Ausdruck in einer Steigerung oder mindestens in einem Gleichbleiben der Sterbeziffer finden; eine fortdauernde Abnahme der Sterbeziffer dagegen ... kann man als einen sicheren Beweis gegen die Entartung oder Rassenverschlechterung eines Volkes ansehen«.[132]

Ganz anders wurde der Zusammenhang von »Rassendegeneration« und Geburtenrückgang von *Rassenhygienikern und Eugenikern* gedeutet. Sie behaupteten eine »Überfruchtbarkeit«[133] bei den als »rassenbiologisch minderwertig« klassifizierten Menschen im häufig so genannten Lumpenproletariat.[134] Der erklärten »Vielgebärerei« unterer Schichten stellten Rassenhygieniker und Eugeniker eine »ungenügende Fortpflanzung der gesunden und tüchtigen Familien«[135] gegenüber. Das »Zweikindersystem« der Beamten und höherer Schichten bewirke auf Dauer eine allgemeine »Rassendegeneration«. Ärzte, Offiziere, Rechtsanwälte, Postbeamte, Millionäre, Kaufleute – sie alle würden sich »durch die Anwendung der Empfängnisverhütung am rechten Ort national und sozial und rassenhygienisch versündigen«, schrieb 1914 der Berliner Sozialhygieniker Alfred Grotjahn (1869–1931).[136] Diese Schichten gehörten »zu den besten und rüstigsten des Volkes« und seien »die verläßlichsten Stützen von Staat und Gesellschaft«.[137] Das schichtendifferenzierte Gebärverhalten wurde zum Kristallisationspunkt der »Rassendegeneration« und gleichzeitig zum Ansatzpunkt für die Forderung nach einer rassenhygienischen und eugenischen Geburtenpolitik.

In der staatlichen Diskussion wurde zwar das *differenzierte Gebärverhalten* ähnlich gewertet, aber nicht zwingend als »Entartung« interpretiert. Allerdings war es statistisch auch nicht exakt ermittelbar, weil Volkszählungen erst seit 1933 schichtenspezifisch durchgeführt wurden.[138] Man berief sich auf Tendenzen, die sich aus Regionalstudien (Runderlaß von 1912) hatten ablesen lassen.

So wurde in großbäuerlichen Schichten das »Zweikindersystem« registriert, hingegen im kleinbäuerlichen Milieu und im agrarischen Proletariat – insbesondere in den östlichen Provinzen – »Kinderreichtum« festgestellt. Diese Schichten stellten mit dem geringsten Geburtenrückgang »gewissermaßen noch das Rückgrat der Bevölkerungsvermehrung«[139] dar. Der Geburtenrückgang im Industrieproletariat, insbesondere bei Facharbeitern, wurde dagegen beklagt.[140] Die niedrigsten Geburtenraten registrierte man bei Beamten und Offizieren, zum Beispiel in den Provinzen Posen und Hannover, in der Rheinprovinz und im Hohenzollerschen Lande. Die These von der »Unterfrüchtigkeit« der

Beamten – so der Münchner Hygieneprofessor und Rassenhygieniker Max von Gruber (1853–1927) und auch Alfred Grotjahn[141] – stützte sich wesentlich auf eine Erhebung von 1912 über die Kinderzahl der männlichen Beamten bei der Reichspost und der Telegraphenverwaltung. Aus dieser einzig vorliegenden Studie über die Kinderzahl von Beamten ging hervor, daß mit höherem Status die Kinderzahl sank.[142] Julius Wolf stützte sich noch auf eine bayrische Berufszählung von 1895. Daraus ging hervor, daß im Verhältnis zu ihrem zahlenmäßigen Anteil an der Gesamtbevölkerung Arbeiter um 13 % »zuviel« Kinder hätten, Bürger an die 2 % »zu wenig« und Beamte mit 11 % im »Minus« ständen.[143]

In der staatlichen und medizinischen Diskussion wurde die geringe Kinderzahl der Beamten besonders mißbilligt. Der Professor für öffentliches Recht und Minister des Preußischen Abgeordnetenhauses (Freikonservative) Albert Lotz bedauerte in der Denkschrift von 1914 (veröffentlicht 1915) das »Zweikindersystem« der Beamten als Verlust für den Staat an den »trefflichsten, ihrer Aufgaben wohlbewußten Bürgern«.[144] Wie im rassenhygienischen und eugenischen Begründungszusammenhang auch, wurde mit dem »Wert« dieser Bevölkerungsschicht argumentiert und gerade das schichtenspezifische Gebärverhalten als gefährliche Erscheinung verstanden.

Außer der forcierten Strafverfolgung von Abtreibungen und der privaten Geburtenkontrolle blieben andere Maßnahmen zwar weiter auf dem Tisch, wurden aber politisch nicht verwirklicht. Hierzu zählten die »innere Kolonisation«, sozialpolitische Vergünstigungen für »kinderreiche« Familienväter, Verbesserung des Wohnungswesens, Bekämpfung der Geschlechtskrankheiten, »Verbesserungen der Sterblichkeitsverhältnisse« (insbesondere der Säuglingssterblichkeit) und schließlich »Bekämpfung der Unsittlichkeit, Unterstützung jeglicher Arbeit zur Förderung der Sittlichkeit, zur Hebung des Familienlebens«.[145] Ein weiter gefaßtes Spektrum an geburtenpolitischen Maßnahmen wurde erst später mit der Denkschrift von 1917 ausgearbeitet.

Konstitutiv für die politische Beurteilung des Geburtenrückgangs und der aus ihr hervorgegangenen Konzeptualisierung einer modernen, staatlichen Geburtenpolitik war der medizinische Diskurs. Innerhalb seines bevölkerungspolitischen Auftrags erfaßte er sozial-, geschlechter-, sexual- und sogar siedlungspolitische Dimensionen, die schließlich unter medikalisierten Paradigmen in staatliche Bevölkerungspolitik münden sollten.

Kapitel II
Rassenhygieniker und Eugeniker treten in die Öffentlichkeit

»Eine zahlreiche Bevölkerung ist die Grundlage des Wohlstandes und der Macht eines Landes, und die edelste Ernte, die ein Land bringt, ist die jährliche Geburtenernte. Es gibt darum in der Weltgeschichte ausdauernd nur fruchtbare Völker, geburtenreiche. Die geburtenarmen sind ausgestorben oder im Kampfe ums Dasein unterlegen... Eine Kopfzahl, die früher ein Volk für sich darstellte, ist heute Jahreszuwachs! Jeder Jahrgang sagen wir: ein neues Armeekorps, und dementsprechend wirtschaftliche Werte!«[1]

»Kampf ums Dasein«, »natürliche Auslese«, »Rasse« – diese Topoi waren schon vor dem Ersten Weltkrieg in aller Munde.[2] In solcher Diktion war die Bedeutung von Quantität und »Qualität« der Bevölkerung für Staat, Nation und Kriegsfähigkeit angesprochen, wobei solche Fragen ins Zentrum der neuen geburtenpolitischen Debatte rückten.

Die Vorstellungen von »Rasse«, »Nation«, »Auslese«, »Wehrkraft« hatten sich vor dem Hintergrund des Darwinismus präzisiert. Entsprechend wurde die darwinistische Terminologie in der geburtenpolitischen Diskussion seit 1910 zur Einschätzung und Beschreibung des Geburtenrückgangs übernommen. Außerdem wurden absolutistische Staatsvorstellungen des 18. Jahrhunderts wiederbelebt, nach denen die Menschenzahl eines Staates seine Macht verkörpere. Sie war mit der aus der gleichen Epoche stammenden, bevölkerungspolitisch eingesetzten »Medizinischen Polizei« verbunden, welche die praktische Seite kameralistischer bevölkerungspolitischer Ziele repräsentierte. Die »Medizinische

Polizei« war eine Instanz, die sich um die Reglementierung und Kontrolle von Ehelichkeit, Unehelichkeit, Schwangerschaft, Geburt und Mutterschaft bemühte.[3]

Exemplarisch für die Verknüpfung von medizinischen mit staatswissenschaftlichen Fragestellungen und das entsprechend weitgefaßte Spektrum der Bevölkerungspolitik erklärt 1890 Arthur Freiherr von Fircks, Nationalökonom und Mitglied des Preußischen Statistischen Landesamts: Gegenstand von Bevölkerungspolitik seien »Gesetze über das Erbrecht, die Eheschließung und Ehelösung, das Armenwesen, die Wehrpflicht, die Niederlassung, das Heimatrecht, die gewerbliche Thätigkeit, ... Handel und Verkehr, ... Erwerb bezw. Verlust der Staatsangehörigkeit, das Auswanderungswesen, die Einwanderung, ... Schutz der Frauen und jugendlichen Arbeiter gegen dauernde Schädigung ihrer Gesundheit durch übermäßige Anstrengung in gewerblicher Thätigkeit, die Verhütung der Verbreitung ansteckender Krankheiten, die Beschaffenheit der Wohn- und Arbeitsräume, die Hygiene der Wohnplätze und öffentlichen Verkehrsanstalten, die Begräbnisplätze, die Kontrolle der Nahrungs- und Genußmittel, die Versicherung gegen Unfall, die öffentlichen Kranken- und Siechenhäuser, die Fürsorge für Blinde, Taubstumme und Geisteskranke bezw. Idioten, die Sicherstellung der Arbeitnehmer gegen die durch Krankheit, Invalidität oder Alter veranlaßte Arbeitslosigkeit«.

Solche Faktoren wirkten auf »Eheschließungen und Ehelösungen, ... das Heiratsalter, die inneren Wanderungen sowie die Aus- und Einwanderung, die Lebenshaltung der Bevölkerung und deren Gesundheitsverhältnisse sowie die durch diese bedingte Häufigkeit der Sterbefälle, insbesondere die Höhe der Kindersterblichkeit, die Häufigkeit der Totgeburten, das Durchschnittsalter der Lebenden und Gestorbenen, ... Auch die Fruchtbarkeit der Ehen wird durch die Ehegesetzgebung und die auf die Erwerbsverhältnisse und Lebenshaltung einwirkenden Gesetze beeinflußt«.[4]

Sterblichkeit, Geburtlichkeit, Krankheit, Gesundheit – kurzum, alle demographischen Faktoren wurden hier Gegenstand von Bevölkerungspolitik. Weiter erklärte Fircks Bevölkerungspolitik zu einer staatlichen Pflicht – der Staat dürfe sich gegenüber demographischen Entwicklungen »nicht gleichgültig verhalten, sobald sie nachteilig sind für seine Macht, seine Selbständigkeit und die Erhaltung seines Volkes«.[5] Er erklärte: »Der Staat vermag die Naturgesetze nicht umzustoßen, aber er vermag hierbei regelnd einzugreifen«.[6]

Diese Definition entsprach der zeitgenössischen staatswissenschaftlichen Auffassung von Bevölkerungspolitik, die sich bis dahin per definitionem auf die Bevölkerungszahl bezog – und auch staatliche Fürsorge hatte man nur in diesem Sinne aufgefaßt. Erst seit der Jahrhundertwende kam aus der Sozialhygiene, Eugenik und Rassenhygiene zunehmend der Begriff der »Qualität« und mit ihm verknüpft der des »Volkskörpers« hinzu. Fircks hatte noch keinen biologischen Begriff von »Volk«, diese neue Dimension brachten erst Rassenhygieniker und Eugeniker in die Bevölkerungspolitik. Wo Fircks noch unumstößliche Naturgesetze konzedierte, sahen Rassenhygieniker und Eugeniker Notwendigkeiten für eine Politik mit »Blut«, »biologischen Kräften« und »Vererbung«.

Eine der ersten einschlägigen rassenhygienischen Definitionen von »Geburtenpolitik« legte 1910 der Mediziner Josef Graßl vor. Er postulierte anläßlich des Geburtenrückgangs eine »Geburtspolitik«, die in »degenerative« Tendenzen einzugreifen habe. Hier sprach er z. B. die private Geburtenkontrolle in höheren Schichten und die »ungehemmte« Vermehrung in unteren Schichten an, was in dem behaupteten Mißverhältnis auf die »Qualität« des Volkes negativ wirke: »Alle diese Wasserzweige am Lebensbaume eines Volkes müssen kurz geschnitten werden. Natürlich empfindet der abgesägte Ast dies schmerzlich. Aber es muß sein; denn wir wollen auch in Zukunft das sein, was wir in der Vergangenheit waren, ein biologisch starkes, intaktes Volk, und der Hebel muß da angesetzt werden, wo die größte Krankheit liegt, bei der oberen Schicht des Volkes. Gelingt es, die oberen Klassen zu ihrer Pflicht zurückzuführen, dann können wir auch in der Unterschicht positive Geburtspolitik treiben, und wir werden verhüten, daß fremde Völker sich wie ein flacher Keil zwischen Boden und artgleicher Unterschicht einschieben und die Lebensbedingungen des Deutschen Volkes bedrängen.«[7] »Geburtenpolitik«, verstanden als medizinischer Eingriff in einen »kranken« »Volkskörper«, wurde von Medizinern und der in Deutschland seit der Jahrhundertwende sich formierenden rassenhygienischen und eugenischen Bewegung propagiert.

1903 hatte der deutsche Rassenhygieniker und Mediziner Wilhelm Schallmayer (1857–1919) eine eugenische Definition von »qualitativer Bevölkerungspolitik« geliefert, worin er das Darwinsche Prinzip der »natürlichen Selektion« aufgriff. Darwin habe in seiner Abstammungslehre »den Wert und die Notwendigkeit einer ständigen Auslese« erkannt und ausgehend von einer »Auslesestörung« solle Bevölkerungspolitik »von ihr . . . sich . . . den Weg weisen lassen«. Es komme im »Kampf ums Dasein der Völker nicht bloß auf die Zahl, sondern auch auf die Qualität der Bevölkerung an, und deshalb ist auch eine qualitative oder auslesende Bevölkerungspolitik geboten«.[8]

Die Inhalte eugenischer bzw. rassenhygienischer Geburtenpolitik prägte auch der Sozialhygieniker Alfred Grotjahn. Was Schallmayer als »Auslesestörung« kennzeichnete, faßte Grotjahn 1910 unter den Begriff »Entartung«, gegen die er eine »rationelle Bemeisterung des Fortpflanzungsprozesses durch die menschliche Vernunft« setzen wollte. Er forderte eine Politik der »Beeinflussung des Fortpflanzungsgeschäftes, das wir nicht mehr der Naivität und dem Zufall überlassen dürfen, sondern durch eine sorgfältige generative Hygiene rationell gestalten müssen«. Es komme darauf an, »die minderwertigen Individuen durch die Maßnahmen der Geburtenprävention an der Erzeugung von unerwünschten Nachkommen zu hindern«.[9] Geburtenpolitik wurde hier als Selektionspolitik konzipiert und der Mensch in »minderwertig« und »höherwertig« kategorisiert.

Vor dem Ersten Weltkrieg hatte man die Begriffe »Bevölkerungs-« und »Geburtenpolitik» mehr oder weniger synonym verwendet. Der Terminus »Geburtenpolitik« kam mit der Diskussion über den Geburtenrückgang neu auf und war auch in Tageszeitungen als Überschrift zu lesen.[10] 1918 wollte der bekannte Rassenhygieniker der 20er und 30er Jahre, der Dermatologe Hermann Werner Siemens (1891–1969) den Begriff »Bevölkerungspolitik« wegen seines unspezifischen Inhalts durch »Geburtenpolitik« völlig ersetzen; dies sei der adäquate Ausdruck, »um alle Mittel, die sich zielbewußt gegen den Geburtenrückgang wenden, zusammenzufassen. Die Geburtenpolitik strebt danach, die fortschreitende, einer Katastrophe zutreibende Verminderung der ehelichen Geburten aufzuhalten, sie strebt danach, die eheliche Geburtenzahl zu vermehren. Bei dem Geburtenrückgang handelt es sich aber nicht nur um die Bedrohung unserer Volkzahl (Quantität), sondern auch um die Gefährdung der guten durchschnittlichen Beschaffenheit (Qualität) unseres Volkes«.[11]

Eugeniker und Rassenhygieniker waren tatsächlich aber nicht die einzigen, die eine »qualitative« Bevölkerungspoltik forderten. So proklamierten die Herausgeber der *Mitteilungen der Deutschen Gesellschaft für Bevölkerungs-Politik* in der ersten Nummer: »Der wertvollste Besitz eines Volkes sind seine starken Männer und seine gesunden Frauen. Das ist es, was in letzter Linie über Sein und Nichtsein eines Volkes entscheidet, und die heutige Zeit ... lehrt uns, daß es keine wichtigere Sorge für uns gibt, als die für eine körperlich und geistig hoffnungsvolle Nachkommenschaft.«[12]

Man kann sagen, alle damals aufkommenden bevölkerungspolitischen Vorstellungen waren geprägt von Gesellschaftsauffassungen, die im Rahmen dessen entwickelt wurden, was als »Biologismus des 19. Jahrhunderts« beschrieben ist. Die unterschiedlichsten Denkströmungen dieser Epoche waren davon erfaßt.[13] Biologistische Weltanschauungen hatten sich im Zuge des Aufstiegs der Naturwissenschaften im 19. Jahrhundert und ihrer damit gewonnenen gesellschaftlichen Definitionsmacht entwikkelt. Die Medizin, als eine Wissenschaft, die per se menschliche Natur kategorisierte, bekam in der Formulierung menschlicher und »gesellschaftlicher Natur« eine Schlüsselposition. Sie hatte diese Rolle als Wegbereiterin einer gesellschaftlichen Utopie im bevölkerungspolitischen Kontext für sich auch reklamiert: »Es wird einmal die Zeit kommen, wo die auf diesem Gebiet Sachkundigen ... dem Prometheus gleichen werden, den Goethe sagen läßt: ›Hier sitz' ich, forme Menschen nach meinem Bilde!‹« –

mit diesen Worten beendete Grotjahn 1910 seinen Vortrag über das *Problem der körperlichen Entartung im Lichte der sozialen Hygiene,* in dem er erstmals sein Konzept als »Rationalisierung der Fortpflanzung« proklamiert hatte.[14]

»Geburtenpolitik«, bisher einer neben anderen Bereichen von Gesellschaftspolitik, bekam nun einen totalitären Charakter, weil hier eine gesellschaftliche Utopie, der »neue Mensch«, angestrebt war. Durch eine Polarisierung von »Gesundheit« und »Krankheit« nach Prinzipien der Vernunft und Rationalität sollte er neu kreiert werden. »Mens sana in corpore sano« – so der Psychiatrieprofessor von der Charité Berlin, Hermann Senator (1834–1911), im Jahre 1904, in dem ersten einschlägigen medizinischen Standardwerk über die eugenische Bedeutung der Ehe.[15]

Als theoretischen Anknüpfungspunkt zog man die Darwinschen Selektionsprinzipien heran. »Wie nur auf gesundem Boden gesunde, kräftige Frucht gedeiht, so wurzelt eine gesunde, kräftige Nachkommenschaft in der Gesundheit und Kräftigkeit der Eltern und Voreltern. Diese uralte Wahrheit ist auch von altersher in der Landwirtschaft und Tierzucht gewürdigt und für den pflanzlichen und tierischen Nachwuchs in die richtige Tat umgesetzt worden«.[16] Diese Übertragung des Tierzüchtermodells auf die Entstehung menschlichen Lebens folgte in zweierlei Hinsicht einer medizinischen Weltanschauung: einerseits den naturwissenschaftlichen Theorien über »Vererbung«, zum anderen wurde aus dieser wissenschaftlichen Erkenntnis eine Gesellschaftsvorstellung abgeleitet, in der »Ärzte als Führer der Völker«[17] – so der Rassenhygieniker und Hygieneprofessor Max von Gruber 1909 – zu Staatspolitikern avancieren sollten.

Die wissenschaftliche Originalität der eugenischen und rassenhygienischen Bewegung

In seiner 1895 publizierten Schrift *Die Tüchtigkeit unsrer Rasse und der Schutz der Schwachen* gab der Arzt Alfred Ploetz (1860–1940)[18] einer naturwissenschaftlichen Lehre und Bewegung ihren Namen, die als wissenschaftliche Disziplin von 1909 bis 1945 an deutschen Universitäten gelehrt werden sollte: die »Rassenhygiene«.[19] Was in England der Mediziner und Anthropologe Sir Francis Galton (1822–1911) 1883[20] unter den Begriff »Eugenik« zusammengefaßt hatte, war gleichbedeutend mit dem Programm der »Rassenhygiene«, der »sexuellen Hygiene«, »Zeugungshygiene«, »Keimauslese«, »Vererbungshygiene« und »Fortpflanzungshygiene«.[21]

All diese Topoi bezeichnen ein und dasselbe: die nach naturwissenschaftlichen Erkenntnissen durch staatliche und medizinische Institutionen praktizierte Kontrolle über die »Fortpflanzung« erblicher Eigenschaften. »Fortpflanzung« und »Vererbung« von seelischen und körperlichen Eigenschaften innerhalb eines Ganzen, einer »Rasse«, standen im Zentrum der rassenhygienischen und eugenischen Lehre. »Rassenhygiene« und »Eugenik« etablierten sich als Oberbegriffe und wurden synonym verwendet.[22] Alfred Ploetz, im Nationalsozialismus als »Altmeister der deutschen Rassenhygiene«[23] gefeiert, bedauerte später seine Begriffsprägung[24], weil damit häufig eine rassistische Komponente assoziiert wurde, die nicht von ihm beabsichtigt gewesen war.

Nur am Rande interessierten er und andere Rassenhygieniker sich auch für die Anthropologie von Rassen. Ihnen ging es in erster Linie um Vererbungsvorgänge innerhalb einer Gesellschaft, um die »Hygiene einer Nation im engeren Sinne oder der gesammten menschlichen Rasse«.[25] Nicht als anthropologische Kategorie hatte er den Begriff »Rasse« eingeführt, sondern um »die Gesammtheit von Menschen im Hinblick auf ihre körperlichen und geistigen Eigenschaften«[26] zu beschreiben. Aus diesem Grund grenzten sich Rassenhygieniker anfänglich immer wieder explizit von der Rassenanthropologie ab. Der Mediziner Wilhelm Schallmayer (1857–1919) – einer der frühen Theoretiker der deutschen

Rassenhygiene – wehrte sich 1906 gegen die »Verquickung mit den wissenschaftlich gar wenig geläuterten Doktrinen ... der ›Arier‹- und ›Germanentheorie‹«[27] und glaubte, durch eine Vermeidung des Plurals in dem Wort »*Rasse*hygiene« der Begriffsverwirrung zukünftig entgehen zu können.[28] Andere wiederum ersetzten, um Mißverständnisse auszuschließen, »Rassenhygiene« gänzlich durch »Eugenik«.[29]

Der Sozialist Alfred Grotjahn (1869–1931), Repräsentant der deutschen Sozialen Medizin des 20. Jahrhunderts, plädierte 1918 für eine Eindeutschung: Auch wenn man sich zur »Rassenhygiene, wie Ploetz sie nennt« in ihren wichtigsten Aussagen, nämlich als *»objektive, für jede durch Generationen lebende Gruppe von Menschen gültige Wissenschaft«* bekenne, seien »ein für allemal diese unnötigen Fremdworte durch die Bezeichnung Fortpflanzungshygiene« zu ersetzen.[30] Ploetz führte die beiden Termini »System«- und »Vitalrasse« ein, um seinen Rassenbegriff zu differenzieren: mit »Systemrasse« meinte er die Spezies Mensch schlechthin, die er von der »Vitalrasse« als einer anthropologischen Kategorie unterschied.[31]

Zwar bewerteten auch Rassenhygieniker »Culturrassen« höher als die sogenannten Unzivilisierten und sprachen von der »Superiorität des Weissen über den Neger«[32], solche Kategorisierung war jedoch keineswegs Teil der rassenhygienischen und eugenischen Lehre und ist nicht mit der Theorie der Rassenanthropologie gleichzusetzen. Wollten nämlich Rassenhygieniker die sogenannte Rassetüchtigkeit (z. B. militärische Stärke, hohe Geburtenzahlen bei »gesunden« Frauen, Volksgesundheit, Kulturtüchtigkeit) im eigenen Land aufrechterhalten bzw. herstellen, so waren Rassenanthropologen auf die Bewertung und Hierarchisierung der »weißen«, »gelben« und »schwarzen« Rasse spezialisiert. Beiden Richtungen lag ein Menschenbild zugrunde, in dem aus biologischer Sicht unterschiedliche Wertigkeiten von menschlichem Leben behauptet wurden, aus ihnen folgten jedoch ganz verschiedene politische Konsequenzen.

Auch verfolgten die frühen Rassenhygieniker und Eugeniker keineswegs antisemitische Ziele, im Gegenteil, nicht wenige von ihnen waren Juden[33] – und manche wurden später selbst Opfer der nationalsozialistischen Rassenpolitik. Diese Tatsache blieb in der bisherigen Geschichtsschreibung der Rassenhygiene und Eugenik weitgehend unerwähnt. Solche Tabuisierung resultiert m. E. unter anderem aus einem historischen Vorurteil, wonach die Rassenhygiene beinahe ausschließlich im Rahmen der Historiographie des Nationalsozialismus interessierte; darüber hinaus wird damit eine Schuldproblematik verhandelt, die sich in der strengen Trennung von Opfern und Tätern neutralisieren soll. Für das Pogrom der Nazis gegen die jüdische Bevölkerung trifft diese Polarisierung unzweifelhaft zu. Sie kann aber nicht für die Zeit vor und nach der nationalsozialistischen Ära zum Allgemeingültigen erklärt werden. Solche Sichtweise würde nur – wenn auch ungewollt – auf eine zweite rassistische Variante zurückfallen, indem wiederum ein Menschenbild statuiert wird, das seine Substanz aus dem Schema »gut« (Opfer) und »böse« (Täter) schöpft.

Ploetz bewertete Juden als »hochstehende Culturrasse« und zählte sie zu den »Ariern«, die nach seiner Schätzung 44% der Erdbevölkerung ausmachten. Er sah eine »Veredelung der Rasse« durch »Vermischung« von »Nichtjuden mit Juden«: »Vermischung ähnlicher Rassen wird von fast allen Biologen als ein Mittel der Steigerung der Rassentüchtigkeit . . . anerkannt. Der ganze Antisemitismus ist ein Schlag in's Wasser.«[34] Rassenanthropologen hingegen behaupteten eine apriorische Ungleichheit der Rassen. Schallmayer disqualifizierte den anthropologischen »Rassetypus« als eine unwissenschaftliche Konstruktion. Von der Darwinschen Evolutionstheorie ausgehend, konzedierten Rassenhygieniker die Entwicklungsfähigkeit aller »Rassen«. Es sei wahrscheinlich, daß es »innerhalb einer *jeden* Rasse hervorragende Köpfe«[35] gebe, wenn auch in unterschiedlichem Umfange. Zwar seien Differenzen in der »Durchschnittsbegabung« zwischen einem »Neger« und einem »Europäer« möglich, noch »größer aber scheint mir die Differenz«, so Schallmayer, »zwischen der geistigen Begabung eines Schiller, Goethe, Shakespeare, eines Spinoza, Kant oder Nietzsche, eines Darwin, eines Rich. Wagner usw. einerseits und jenen geistig schwach begabten Bevölkerungsschichten andererseits«.[36]

Rassenhygieniker hielten sich in dieser Frage präzise an die Darwinschen Prinzipien der »Höherentwicklung«.[37] Ebenso in Anlehnung an Darwin[38] wendeten sich Schallmayer und Ploetz gegen die Sklaverei als Zeichen von »Barbarei« und »roher Instinkte«. Das »sittliche Bewußtsein« – verstanden als ein im Laufe des Zivilisationsprozesses erworbener Instinkt – nehme an den »Sklavenjagden gegen Neger und ähnliche(n) Gräueln ... Anstoß«.[39]

Beide Begriffe, »Rassenhygiene« und »Eugenik«, wurden über ihre etymologische Wortbedeutung hinaus erweitert. ›Rasse‹ stammt aus dem Arabischen und hat etwa die Bedeutung von ›Ursprung‹, ›Hygiene‹ aus dem Griechischen und kann mit ›Gesundheitslehre‹ übersetzt werden. Auch ›Eugenik‹ ist aus dem Griechischen entlehnt und hat die Bedeutung von ›edelgeboren‹, ›von edler Art‹.[40]

Wilhelm Schallmayer spitzte Eugenik auf ihren Vererbungsinhalt zu und gab ihr den Sinn von »Glücklichgeborensein, d. h. geboren mit günstigen Erbanlagen«.[41] Auch betonte er die in diesem Begriff enthaltene gesellschaftspolitische Forderung. Eugenik sollte nicht auf eine wissenschaftliche Lehre beschränkt sein, sondern, »will auch eine eugenische *Praxis* im Gefolge haben«.[42] »Rassenhygiene« definierte Ploetz als die »Lehre von der optimalen Erhaltung und Vervollkommnung der menschlichen Rasse«.[43] Das besondere der rassenhygienischen und eugenischen Idee war, daß sie einen expliziten Doppelcharakter beanspruchte: sie war zum einen an solide wissenschaftliche Erkenntnis gebunden und forderte zum anderen radikale politische Konsequenzen durch eine tiefgreifende medizinische Kontrolle des Gebärverhaltens, der Sexualität, der Geschlechterbeziehungen, des Heiratsverhaltens, also der im 19. Jahrhundert gerade erst zur Privatheit deklarierten Sphären von Ehe, Familie und Sexualität.

Die Formierung der rassenhygienischen und eugenischen Bewegung vollzog sich international in Westeuropa und den USA im späten 19. Jahrhundert. England galt als das »Mutterland« der Eugenik, weil der eugenische Diskurs in den sechziger Jahren dort bereits einsetzte. Auch hatte der »Vater der Eugenik« – Francis Galton – als erster für die Etablierung eugenischer Forschung an der Londoner Universität gesorgt.[44] Viele ihrer Anhänger und

Protagonisten waren Mediziner – darunter vor allem Psychiater, Gynäkologen, Hygieniker und Anthropologen – aber auch Zoologen, Biologen, Juristen, Nationalökonomen und Soziologen. Ihre akademische Herkunft – häufig waren sie Universitätsprofessoren[45] – läßt sich aus dem Gegenstand selbst erklären: Rassenhygiene, Eugenik, Sozialhygiene und auch die neomalthusianische Bewegung[46] bezogen sich auf die demographische Entwicklung des 19. Jahrhunderts – die sogenannte Bevölkerungsexplosion und den »demographischen Übergang» – und damit auch auf die im Zuge der Professionalisierung der Medizin neu gewonnenen gesellschaftlichen Aufgabenbereiche, die sich mit den Sterblichkeits- und Geburtlichkeitsverhältnissen befaßten. In diesem Zusammenhang wurde von Medizinern die Frage der »Fortpflanzung« und ihrer »Qualität« nunmehr vererbungstheoretisch gestellt.

Der schottische Geistliche Thomas Robert Malthus (1766–1834) hatte 1798 in seinem nationalökonomischen Klassiker *An Essay on the Principle of Population*[47] ein Bevölkerungsgesetz formuliert: Die Vermehrung der Bevölkerung verhalte sich zum arithmetischen Wachstum von Nahrungsmitteln geometrisch. Malthus prognostizierte eine Menschheitskatastrophe, wenn das Mißverhältnis von Naturressourcen und Bevölkerungszahl nicht durch sexuelle Enthaltsamkeit (moral restraint) kompensiert werde. Von diesem Denkansatz ausgehend begannen im späten 19. Jahrhundert Rassenhygieniker, Eugeniker, Sozialhygieniker und Neomalthusianisten[48] gleiche Prognosen unter dem Aspekt von »Qualität« aufzustellen. Wie schon Malthus strebten sie eine politische Lösung der »sozialen Frage« durch Geburtenkontrolle an. Alle diese Strömungen machten demographische Entwicklungen zum Anhaltspunkt ihrer Theorie und rollten die »soziale Frage« des 19. Jahrhunderts von seiten der »Fortpflanzung« auf.

War nämlich das rapide Bevölkerungswachstum im 19. Jahrhundert mit einer gesellschaftlichen Neustrukturierung verbunden – die unteren Schichten wurden zahlenmäßig zur gesellschaftlichen Mehrheit –, so wurde dieser Prozeß genuin mit dem Pauperismus als gesellschaftsbedrohlicher Erscheinung gesehen. Das Anwachsen des Industrieproletariats – heute noch von dem Bevölkerungshistoriker Wolfgang Köllmann als »Prozeß der Auswucherung des ›Pöbels‹«[49] bezeichnet, war begleitet von hoher Säuglings- und Kindersterblichkeit, unhygienischen beengten Wohnverhältnissen, Epidemien und Mangelkrankheiten.

Neue Krankheitsbilder traten auf: Lungentuberkulose, Berufskrankheiten wie etwa die sogenannte Schleiferkrankheit, am Arbeitsplatz verursachte Vergiftungen durch Blei, Arsen oder Quecksilber und der Lungenkrebs bei Bergarbeitern. Das Recht auf »Gesundheit« war eine Forderung der Revolution von 1848 und seitdem im Rahmen des medizinischen Diskurses ein wichtiger Aspekt der sogenannten Arbeiterfrage.

Die sogenannten Armenärzte setzten sich mit den Hygieneverhältnissen und den sozialen Ursachen der Massenverelendung auseinander und versuchten die Ätiologie von Krankheiten aus ihrem sozialen Ursprung heraus zu klären.[50] Die Ärzteschaft, die selbst erst im Professionalisierungsprozeß begriffen war[51] – zwischen 1850 und 1914 hatte sich die Zahl der Ärzte mehr als verdreifacht –, engagierte sich für staatliche Gesundheitspolitik, die schließlich mit dem Reichsimpfgesetz von 1874, der Gründung des Kaiserlichen Gesundheitsamtes im Jahre 1876 und der Bismarckschen Sozialgesetzgebung seit 1883 ihren Anfang nahm.

Zu den gesundheitspolitischen Initiativen, die eine »Lösung« der Massenverelendung anstrebten, gehörten: Seuchenbekämpfung (Pocken, Cholera, Typhus, Geschlechtskrankheiten), Stillpropaganda, Schutzimpfungen, Tuberkulosebekämpfung, Einrichtung von Lungenheilstätten, Gewerbe- und Schulhygiene, Kanalisierung der Städte und Verbesserung der Trinkwasserversorgung. Im Rahmen neuer sozialpolitischer und gleichermaßen ärztlicher Betätigungsfelder etablierten sich z. B. die Nahrungs- und Familienhygiene. Sie spielten für die gerade im Entstehen begriffene moderne Hausarbeit eine normierende Rolle. Aus solchen Bestrebungen entstand die »Volkshygienebewegung«, die sich an den Universitäten dann als Fachdisziplin unter dem Namen »Hygiene«, »Soziale Medizin« oder »Sozialhygiene« etablierte.

Hygienische Erkenntnisse insbesondere im Bereich der Bakteriologie und gezielte Kampagnen, strukturelle Veränderungen der Hausarbeit sowie das neue mütterliche Pflegeverhalten führten zu einer rückläufigen Säuglings- und Kindersterblichkeit und zu höherer Lebenserwartung, die sich seit den siebziger Jahren des 19. Jahrhunderts statistisch bemerkbar machte.[52] D. h. bei zunächst gleichbleibend hoher Geburtlichkeit[53] wurde das Bevölkerungswachstum noch potenziert. Neben hohen Geburtenzahlen, vor allem in den unteren Schichten, gewannen diese Generationen zunehmend auch Lebenschancen.

Diesem Phänomen widmeten sich Rassenhygieniker und Eugeniker seit den 1880er Jahren. Sie erklärten es zu einem neuen, von der Medizin selbst produzierten gesellschaftlichen Problem, indem sie die Frage nach dem »Wert« dieses Bevölkerungswachstums bzw. nach der »Qualität« der Menschen aufwarfen, die durch die moderne Medizin Lebenschancen hinzugewonnen hatten. »Krethi und Plethi heirathet lustig darauf los«[54] – beschrieb Ploetz die neue gesellschaftliche Situation, im rassenhygienischen Jargon ausgedrückt, den »Rassenprozeß«. Und der prominente Rassenhygieniker der 20er und 30er Jahre Hermann Werner Siemens beklagte diese Entwicklung als »Proletarisierung unseres Nachwuchses«.[55]

Beide meinten dasselbe: war in der Vergangenheit die physische Konstitution eines Menschen für seine Lebenschancen entscheidend – an frühzeitigem Tod respektive am Überleben bewies sich das von der Natur verliehene »Lebensrecht« –, so wurde diese Gesetzlichkeit durch neue sozial- und gesundheitspolitische Initiativen (Armenunterstützung, Krankenversicherung, Massenimpfungen) zunehmend aufgehoben. Der »Prozeß der Fortpflanzung« selbst wurde zum eigentlichen Regulativ, in ihm wurde durch Zeugung und Gebären das (Über-)leben eines Individuums bereits vorentschieden. Die »Fortpflanzung« übernahm in dieser Denkvorstellung die ursprüngliche Funktion des Lebenskampfes bzw. des Todes. Das »Lebensrecht« entschied sich bereits im »Zeugungsrecht« der vorherigen Generation und in der gesellschaftlichen Auseinandersetzung bestimmte der »Prozeß der Fortpflanzung« das Kräftespiel zwischen den Individuen in einer »Rasse«. »Krethi und Plethi heirathet lustig darauf los« hieß übersetzt, daß nun nicht mehr der von der Natur abverlangte Lebenskampf, sondern die »Fortpflanzung« die entscheidende Rolle im »Rassenprozeß« übernommen hatte, diese aber – und das war der Punkt –

nur noch einem Moment, nämlich der menschlichen Sexualität und damit einem Zufallsprodukt menschlicher Triebe überlassen blieb.

Resultat dieser »Willkür«, so Rassenhygieniker und Eugeniker, sei die Existenz von »untüchtigen Elementen«, »minderwertigem Menschenmaterial«, »schwächlichen, hässlichen oder sonst nicht passenden« »Ballastexistenzen«, »minderwertigem Gesindel«, »untauglichen Menschen«, »Verbrechern, Verseuchten, moralisch Schwachen«, »Bevölkerungsabschaum«, »Ehekrüppeln«, »Unbrauchbaren«, »Querulanten«, »für andauernde Arbeit Untauglichen«.[56] Häufig wurde im Militärjargon vom »Heer«, den »Rekruten« oder auch von der »Klasse der Minderwertigen« gesprochen.[57]

Seit Entstehung der Eugenik und Rassenhygiene bis zum Ersten Weltkrieg erweiterte sich der Kanon der klassifizierten »Minderwertigkeit«; dazu zählten: *soziale Abweichungen* wie Kriminalität, Kindsmord, Vagabundieren, Alkoholismus, Bettelei, »Arbeitsscheue«; *sexuelle Devianzen* wie uneheliche Mutterschaft, Prostitution, Hysterie, »moralischer Schwachsinn«, Onanie, Sittlichkeitsverbrechen, männliche und weibliche Homosexualität; *unheilbare Krankheiten* wie Epilepsie, angeborene Diabetes, Blind- oder Taubheit, Tuberkulose, Syphilis und schließlich *psychische Leiden* wie Schizophrenie, Neurasthenie, Imbezillität, Suizidneigung, manische Depression. Der Begriff der »Minderwertigkeit« war von Psychiatern wissenschaftlich begründet worden und an Vererbungs- und Konstitutionstheorien assoziiert, in denen sogenannte »Erbkrankheiten« als »Entartung« diagnostiziert wurden.

Die internationale rassenhygienische und eugenische Bewegung in Westeuropa und den USA war zum einen eine Reaktion auf die demographische Entwicklung während der Industrialisierungsphase und die damit einhergehenden Implikationen einer modernen Medizin mit neuen Anwendungsbereichen. Zum anderen versuchte sie, die »soziale Frage«, die seit Mitte des 19. Jahrhunderts kulminierte, nach medizinisch-naturwissenschaftlichen Möglichkeiten technokratisch zu lösen.[58]

Denn trotz aller medizinischen Erfolge, trotz der materiellen Lebensverbesserung in den Arbeiter- und Arbeiterinnenhaushalten und des gestiegenen Nettosozialprodukts seit den fünfziger Jahren[59] wuchsen Kriminalität, Prostitution und Alkoholismus, stiegen die Zahl psychisch leidender Menschen, die Selbstmordrate und die Zahl von Bettlern und Vagabunden kontinuierlich an.[60] All solche Erscheinungen – subsumiert unter die Begriffe »Minderwertigkeit« und »Entartung« – waren Gegenstand des rassenhygienischen und eugenischen Diskurses.

In diesem Entstehungszusammenhang unterschieden sich die Rassenhygiene und Eugenik elementar von anderen Rassentheorien. Sie widmeten sich nämlich ausschließlich den innenpolitischen und demographischen Entwicklungen (Geburtlichkeit und Sterblichkeit). Vermischungen beider Bewegungen kamen in den 20er Jahren auf, doch erst während des Nationalsozialismus führte dies auch zu einer theoretischen und politischen Synthese.

Eine weitaus engere Beziehung gab es zwischen der Rassen- und Sozialhygiene. Die Sozialhygiene – in ihren Anfängen und auch heute wieder als »soziale Medizin« bezeichnet – konsolidierte sich im Rahmen der allgemeinen Hygienebewegung seit Mitte des 19. Jahrhunderts.[61] In der historischen Bewertung galten sie häufig als der »medizinische Arm der sozialistischen Linken« und die Eugenik als »der medizinische Arm der Rechten«.[62] Ihr Mitbegründer, der Verfasser des im Jahre 1912 erschienenen Standardwerks *Soziale Pathologie,* Alfred Grotjahn[63], rückte den Entartungsbegriff und die Forderung nach staatlicher »Fortpflanzungshygiene« ins Zentrum seiner Theorie.

1904 hatte Grotjahn die Sozialhygiene definiert als die Lehre »von den Maßnahmen, die die Verallgemeinerung hygienischer Kultur unter der Gesamtheit von örtlich, zeitlich und gesellschaftlich zusammengehörigen Individuen und deren Nachkommen« bezwecken.[64] Grotjahn gelangte, wie Rassenhygieniker auch, in seiner gesellschaftlichen Interpretation von Krankheiten zu dem Primat der »Kollektivinteressen« gegenüber Individuen und deutete soziale Phänomene (z. B. Vagabundieren, Bettelei, Prostitution) vererbungstheoretisch. Seinem Konzept der »sozialen Prophylaxe« von Krankheiten legte er so auch eine Vererbungstheorie zugrunde[65], aus der er die Forderung nach staatlicher und medizinischer Geburtenkontrolle ableitete.

Seine Position machte in der Sozialhygiene Schule. Im *Handbuch der Sozialen Hygiene* von 1927 wurde auf Grotjahn zurückgegriffen. Darin hieß es, daß es »ein soziales Gebot« sei, »die Gesellschaft vor Individuen zu schützen, welche ihr durch psychische und physische Minderwertigkeit fortgesetzt Schaden bringen und zudem in der Vererbung der Defekte auch rassenhygienisch verderblich wirken.«[66]

In der heutigen medizinhistorischen Diskussion wird Grotjahn kontrovers bewertet. Als Sozialhygieniker hatte er Krankheiten gesellschaftlich hergeleitet und aus dieser Perspektive sozialpolitische Forderungen erhoben. Seine eugenische Position allerdings wird von seinen heutigen Anhängern oft konsequent verdrängt.[67] Sozialhygieniker verstanden die Eugenik als eines ihrer Teilgebiete[68], sie kooperierten mit Rassenhygienikern und trugen selbst zur eugenischen Begriffsbildung der »Entartung« und »Fortpflanzungshygiene« bei.

1918 würdigte Grotjahn den von Ploetz verfaßten rassenhygienischen Klassiker (1895): »Zum ersten Male in Deutschland wurde in diesem geistreichen Buche der Versuch gemacht, die gesamte menschliche Fortpflanzung unter der Einwirkung der Auslese, Anpassung und Zuchtwahl zu betrachten und die Ergebnisse zu einer selbständigen Wissenschaft, die Ploetz ›Rassenhygiene‹ nannte, zusammenzufassen«.[69] Was Rassenhygieniker und Sozialhygieniker unterschied, war nicht grundsätzlicher Natur, sondern auf methodische Fragen bezogen. Grotjahn kritisierte die deduktive Hypothesenbildung der Rassenhygiene und ihre strenge Orientierung an »den Objekten der Zoologie«: »Es dürfte richtiger sein, ... das Studium der körperlichen Entartung eines Bevölkerungskonglomerates von Menschen auf eine rein empirische Grundlage zu stellen, wozu gerade eine sozialpathologische Betrachtung zahlreiche Bausteine liefert, da sie, wie wir gesehen haben, überall auf den erblichen Faktor stößt.«[70]

Einen entscheidenden Impuls für die Theorie der Rassenhygiene gab neben der Bevölkerungsentwicklung auch der Darwinismus. Die von dem englischen Naturforscher Charles Robert Darwin (1809–1882) im Jahre 1859 veröffentlichten Gesetzlichkeiten der Evolution formten zunehmend den gesellschaftlichen

Fortschrittsbegriff, verbalisiert in den Formeln »Kampf ums Dasein«, »Sieg und Überleben der Tüchtigsten«, »Zerstörung der Mindertüchtigen«, »natürliche» und »geschlechtliche Zuchtwahl«.

Während Eugeniker sich mit ihrem Entartungsbegriff implizit auf den Darwinismus bezogen, machten Rassenhygieniker die Darwinschen Prinzipien radikal zur Grundlage ihres Gesellschaftsentwurfs, wenn sie erklärten, das »Selektionsprinzip» sei außer Kraft gesetzt und die »Klasse der Minderwertigen« deute auf ein neues Prinzip hin. Alfred Ploetz hatte hierfür 1895 in Deutschland den Begriff »Kontraselektion« geprägt[71]: »Wenn die natürliche Auslese der Schwachen doch in Form von allerlei Kinderkrankheiten, besonders Verdauungsstörungen und Entzündungen der Athmungsorgane in ihr Recht treten will, kommt der Arzt dazwischen und bereichert in vielen Fällen die Menschheit um eine schwache Constitution, die sich später oft nur selbst zur Last wird.«[72]

Die »Kontraselektion« wurde schließlich der Ausgangspunkt für die rassenhygienische Grundforderung nach staatlicher »Fortpflanzungs«-Kontrolle. Der Geburtenrückgang gewann für die Präzisierung und die politische Relevanz dieser Theorie eine um so größere Bedeutung, als nun die von vornherein schon unterstellte Behauptung, »Minderwertige« vermehrten sich in einem schnelleren Tempo als »Höherwertige«, in der rassenhygienischen Argumentation zu einer empirisch nachweisbaren Größe wurde. Was für die rassenhygienische Programmatik ursprünglich einen Nebenaspekt darstellte, nämlich die Annahme einer rückläufigen Geburtenziffer[73] in höheren Schichten, wurde von nun an zum Hauptpfeiler des eugenischen Engagements. Der Geburtenrückgang schuf somit einen Anknüpfungspunkt zur rassenhygienischen Doktrin der »Kontraselektion« und wurde dementsprechend zum sozialpolitischen Gegenstand dieser Bewegung.

Spielte die Darwinsche Selektionslehre eine Schlüsselrolle in der rassenhygienischen Weltanschauung, so hatten die Mendelschen Vererbungsgesetze zunächst gar keinen Einfluß auf das eugenische Gesellschaftskonzept. Im Gegensatz zu Darwins durchschlagender Wirkung auf das naturwissenschaftliche und philosophische

Denken – sein erstes Hauptwerk soll noch am Tage des Erscheinens mit 1200 Exemplaren vergriffen gewesen sein, und bis zum Tode Darwins waren rund 24 000 Exemplare verkauft[74] – wurde von den Arbeiten des Theologen und Naturforschers Gregor Johann Mendel (1822–1884) zunächst keine Notiz genommen.

1865 legte Mendel seine Forschungsergebnisse über Vererbung dem Brünner *Naturforschenden Verein* vor, ohne Resonanz.[75] Am Beispiel von Erbsen hatte er drei bis heute geltende Vererbungsgesetze aufgestellt. Um die Jahrhundertwende wurden die Mendelschen Gesetze u. a. von zwei Biologen, dem Holländer Hugo de Vries (1848–1935) und dem Deutschen Carl Erich Correns (1864–1933) unabhängig voneinander wiederentdeckt. Im Gegensatz zu Darwin, der sich auch mit der Vererbung von geistigen, seelischen und körperlichen Eigenschaften beim Menschen beschäftigte, galt sein Interesse einzig den experimentell und optisch nachweisbaren Vererbungsmerkmalen bei Pflanzen.

Darwin interessierte die Evolution auch unter dem Aspekt der Zivilisationsgeschichte, er verknüpfte seine Erkenntnisse aus der Tier- und Pflanzenwelt mit Kulturgeschichte.[76] Er maß der Vererbung eine große Bedeutung im Prozeß der menschlichen Evolution bei und spekulierte über die Vererbbarkeit von psychischen und sozialen Merkmalen, wobei er sich begeistert an dem Eugeniker Francis Galton orientierte. Mendel und Darwin sind in ihrer Bedeutung für die frühe rassenhygienische Theoriebildung inhaltlich nicht auf eine Stufe zu stellen.[77] Die enge Verflechtung von Genetik und Rassenhygiene erklärt sich eben aus dem Vererbungsparadigma. Nicht selten waren prominente Genetiker eugenisch engagiert oder beteiligten sich an der rassenhygienischen Diskussion – so z. B. Erwin Baur (1875–1933), Carl Erich Correns (1864–1933)[78], Erich von Tschermak-Seysenegg (1871–1962)[79], und auch der in den fünfziger Jahren berühmt gewordene Genetiker und Mitentdecker der »Doppel-Helix« Francis H. C. Crick (geb. 1916) wollte Erkenntnisse über Vererbung an eine eugenische Politik koppeln.[80]

Die politische Forderung nach »Fortpflanzungverboten« wurde mit den wissenschaftlichen Erkenntnissen über Vererbung begründet. Ploetz nannte es einmal »Gutzeugekunst«[81], was Eugenik praktisch anstrebe. Das »Zeugungsrecht« sollte einer medizinischen Diagnostik unterworfen werden, die von »wissenschaftlichen Fachleuten« zu formulieren war. Der Staat wurde aufgefordert, durch Institutionalisierung von »ärztlichen Heiratslizenzen« oder Eheverboten gesetzgeberisch initiativ zu werden. »Familienstammbäume« erhob man zum empirischen Instrumentarium der geplanten Selektionspolitik.

Daneben kam etwa seit 1910 im Zuge der Entwicklung neuer Operationstechniken die Forderung nach der rassenhygienischen Sterilisation auf. Auch die Zwangsasylierung »Minderwertiger« stand zur Debatte. Sterilisation, Kastration und Ehezeugnisse blieben jedoch als die rationelleren Mittel favorisiert.

Eugeniker entwarfen kein »Züchtungsprogramm« für »wertvolle« Menschen[82], sie konzentrierten sich ausdrücklich auf eine »negative Fortpflanzungsauslese« unter der Prämisse, »nicht die begabten Familien, sondern das Gesamtvolk sollte ... das Material bilden, aus dem das bessere künftige Geschlecht geschnitzt werden muß«.[83]

Auch bestand das rassenhygienische Zukunftsideal nicht etwa in der Wiederherstellung eines fiktiven »Natur«-Zustandes nach Darwinschem Modell, vielmehr war die Rationalisierung der menschlichen Zeugung durch den Menschen das Ziel. Die Utopie zielte gerade auf eine Transformation der »natürlichen« in die »künstliche« Auslese, indem »Minderwertige« über den medizinisch-staatlichen Eingriff (nach dem Motto: »die Verhütung ihrer Existenz sollte der Kriegsruf sein«[84]) im wahrsten Sinne des Wortes auszurotten waren. So forderte man – wie 1921 ein Referent des *Beirats für Rassenhygiene* im Preußischen *Ministerium für Volkswohlfahrt* sagte – einen »Ersatz der künstlich durch die Fortschritte der Medizin unwirksam gewordenen *natürlichen* Auslese durch eine *künstliche*, ebenfalls auf dem Fortschritte der Wissenschaft fest gegründete Präselektion«.[85]

Was zuvor nach rassenhygienischer und eugenischer Vorstellung das »Recht« der Natur war, nämlich »auszumerzen«, zu »selektieren« – sicherlich mimetisches Vorbild jeder rassenhygienischen Utopie –, sollte nun unter dem Rationalitätsparadigma in die Hände der Medizin gelegt werden. Das hieß, behauptete Naturprinzipien sollten in menschliche Handlungsanweisungen übersetzt werden. So gesehen handelt es sich um eine Bewegung, die nach Prinzipien der Vernunft die Emanzipation des Menschen von so definierter chaotisch grausamer Natur anstrebte: »Minderwertige« durften nach dieser Vorstellung erst gar nicht zur »Zeugung« gelangen, ihre Existenz galt es zu verhüten, womit das alte »Naturrecht« dementiert wurde: »Das allgemeine ›Menschenrecht‹ der Fortpflanzung«, so Schallmayer, »wird sich eine Einschränkung gefallen lassen müssen.«[86]

»Vererbung«, »Auslese« und »Entartung« – in diesen drei Schlüsselbegriffen läßt sich die rassenhygienische und eugenische Doktrin einschlägig zusammenfassen. Sie geht von vier zentralen Hypothesen aus: 1. von der Tatsache der »Kontraselektion« bzw. dem Phänomen der »Entartung«; 2. von einer Lebenswertvorstellung, in der körperliche, geistige und sexuelle Attribute definiert sind; 3. von der Vererbung seelischer, körperlicher und geschlechtlicher Eigenschaften, die für die »Qualität« einer »Rasse« konstitutiv seien und schließlich 4. von den sozial- und geburtenpolitischen Implikationen ihrer Erkenntnisse. Soviel zur argumentatorischen Basis, auf die Rassenhygieniker und Eugeniker ihr wissenschaftliches und politisches Engagement gründeten.

Professionalisierungsbestrebungen der Rassenhygiene und Eugenik vor dem Ersten Weltkrieg

Das wissenschaftliche Spektrum, in dem sich bis 1914 rassenhygienische Kategorien etabliert hatten, wird im folgenden illustriert. In den Anfängen erstreckten sich Aktivitäten von Rassenhygienikern auf Vereinsgründungen und publizistisches Engagement. Sie hielten Vorträge, meist als Mediziner vor einem wissenschaftlich-akademischen Hörerkreis, reichten Petitionen ein, gestalteten gesundheitspolitische Ausstellungen mit. Sie suchten ihr Publikum in erster Linie unter Wissenschaftlern, seit der geburtenpolitischen Debatte von 1910 auch zunehmend unter Politikern.

Erste Anzeichen für den Aufschwung dieser neuen Wissenschaft in Deutschland waren vielfältige eugenische und rassenhygienische sowie degenerationstheoretische Schriften, die in den 1890er Jahren »wie Pilze aus dem Boden schossen«.[87] Die Autoren hatten sich noch nicht organisiert – ihre Publikationen entstanden unabhängig voneinander, und die Resonanz darauf war unterschiedlich. Das Entscheidende aber war, daß sie aus dem ärztlichen und wissenschaftlichen Kontext heraus formuliert wurden. Verarbeitet wurde in dieser Literatur eine ganze Palette wissenschaftlicher und philosophischer Strömungen des 19. Jahrhunderts (z. B. Malthus, Marx, Darwin, Engels, Nietzsche, Schopenhauer, Thönnies, Schmoller u. a.).

Für den publizistischen Aufschwung sorgten seit 1900 auch zunehmend Preisausschreibungen unter rassenhygienischen Fragestellungen. Das bekannteste dieser Art wurde von dem Essener Großindustriellen Friedrich Alfred Krupp (1854–1902) gestiftet und im Januar 1900 veranstaltet. Die Frage lautete *Was lernen wir aus den Prinzipien der Descendenztheorie in Beziehung auf die innerpolitische Entwicklung und Gesetzgebung der Staaten?* und stammte von drei Universitätsprofessoren: dem Nationalökonomen Johannes Conrad (1839–1915), dem Geologen Eberhard Fraas (1862–1915) und dem Mediziner und Zoologen Ernst Haeckel (1834–1919). Aufgerufen waren »Wissenschaftler aus aller Welt«[88] und die ersten drei Preise mit 30000 Mark dotiert. 60 Arbeiten gingen ein und wurden der Jury – zusammengesetzt aus dem Nationalökonomen Conrad, dem Historiker Dietrich Schäfer und dem Stuttgarter Zoologen Heinrich Ernst Ziegler – präsentiert.[89] Die ersten zehn Arbeiten wurden außerdem in der von Ziegler, Conrad und Haekkel herausgegebenen Reihe *Natur und Staat – Beiträge zur naturwissenschaftlichen Gesellschaftslehre* veröffentlicht. Der erste Preis ging am 9. März 1903 an Wilhelm Schallmayer für sein 386-seitiges Werk *Vererbung und Auslese im Lebenslauf der Völker. Eine staatswissenschaftliche Studie auf Grund der neueren Biologie,* untertitelt »Das Beste ist, glücklich geboren zu sein«. Neben der Ploetzschen Schrift von 1895 avancierte dieses Buch zu den Klassikern der Rassenhygiene.[90]

Weniger bekannt, weil dürftiger dotiert, wurde die 1910 ausgeschriebene Preisaufgabe *Was kosten die schlechten Rassenelemente den Staat?*[91] in der Zeitschrift *Die Umschau – Wochenschrift für Fortschritte auf dem Gesamtgebiet der Wissenschaft und Technik, sowie ihre Beziehungen zu Literatur und Kunst.* 500 Mark waren von einem Leser der *Umschau* dafür gespendet worden. Die Zeitschrift richtete sich an das »gebildete Publikum« mit einer damaligen Auflage von 7000 Exemplaren. Herausgeber und Preisrichter war der Chemieprofessor Heinrich Bechhold. Neben ihm in der Jury saßen der Obermedizinalrat und Direktor des hygienischen Instituts der Universität München Max von Gruber und der Direktor des hygienischen Instituts der Prager Universität Ferdinand Hueppe (1852–1938). Man hatte dieses Preisausschreiben auch in der von dem Nationalökonomen Julius Wolf herausgegebenen soziologischen *Zeitschrift für Socialwissenschaft*[92] und in der *Psychiatrisch-Neurologischen Wochenschrift*[93] inseriert.

Die *Umschau* wiederholte das Preisausschreiben, denn 500 Mark erwiesen sich als zu gering. Der Titel lautete nun *Was kosten die schlechten Rassenelemente den Staat und die Gesellschaft?* Das Preisgeld konnte durch Spendenmittel auf 1200 Mark erhöht werden.[94] Außerdem hatte sich die Besetzung der Jury so verändert, daß anstelle von Ferdinand Hueppe der Charlottenburger Sozialhygieniker und Medizinalrat Adolf Gottstein (1857–1941) das Preisausschreiben leitete. Auch bei diesem zweiten Anlauf gingen jedoch nur fünf Bewerbungen ein, unter denen die Arbeit von Ludwig Jens[95], Beamter der Allgemeinen Armenanstalt in Hamburg, 1913 preisgekrönt wurde. Gefordert war u. a. eine Kalkulation der Gesamtkosten, »welche die Minderwertigen (Kranke, Krüppel usw.) in einem größeren Verwaltungsgebiete« verursacht hätten und »welchen (Anteil, A. B.) die *angeborene* oder *ererbte* körperliche, geistige und sittliche Minderwertigkeit an diesen Gesamtkosten der Kranken, Krüppel, Verbrecher, Erwerbsunfähigen usw.«[96] ausmachen würden. In seiner Studie ermittelte Jens für das Jahr 1906 insgesamt 9 783 534 Mark Ausgaben für die Stadt Hamburg, wozu er Kosten für »Schwachsinnige, taubstumme und blinde Kinder«, Zwangszöglinge, außerdem für die Armen- und Waisenpflege, für das Gefängniswesen, die öffentlichen Krankenhäuser, das Irrenwesen und schließlich für die Privatwohltätigkeiten rechnete. Zwar gab sich die Jury mit den Ergebnissen der eingegangenen Studien nicht zufrieden, weil »die Frage, was die angeborene und ererbte Minderwertigkeit den Staat koste, in keiner der Bewerbungsschriften beantwortet war«[97], doch wurde die Jens-Studie als solide Basis für zukünftige Berechnungen ausgezeichnet.[98]

Eine andere Ausschreibung, 1911 von der *Berliner Gesellschaft für Rassenhygiene* initiiert, stellte eine Frage nach dem schichtenspezifischen Gebärverhalten: *Bringt das materielle und soziale Aufsteigen den Familien Gefahren in rassenhygienischer Beziehung?*[99] Die volkswirtschaftliche Studie von Felix Theilhaber mit dem Untertitel *Dargelegt an der Entwicklung der Judenheit in Berlin*[100], war mit 400 Mark prämiert worden. Theilhaber zog seine Arbeit zurück. Die Preisfrage wurde erneut gestellt und dieses Mal mit 1200 Mark ausgeschrieben.[101] Neben dem Direktor der Medizinischen Universitätsklinik in Rostock, Friedrich Martius (1850–1923), befanden sich Alfred Ploetz und Max von Gruber in der Jury.

Ein frühes Forum auch für eugenische Veröffentlichungen, war die von den Rassenanthropologen Ludwig Woltmann (1871–1907) und Hans K. E. Buhmann seit 1902 herausgegebene *Politisch-Anthropologische Revue*. Mit dem Untertitel *Monatsschrift für das soziale und geistige Leben der Völker* legten die Herausgeber ihren Schwerpunkt auf die Erforschung der »Naturgeschichte der Menschheit«. Sie wollten eine Verbindung zwischen »Biologie und Anthropologie mit Hygiene, Erziehung und Politik« herstellen.[102] Hier war jedoch keine Rede von Vererbungsforschung und ihrer praktischen Anwendung bei »Minderwertigen«, wie es ja einer der großen Schwerpunkte der Rassenhygiene und Eugenik war.

Die rassenanthropologische Orientierung dieser Zeitschrift unterschied sich so auch klar von dem seit 1904 erscheinenden *Archiv für Rassen- und Gesellschaftsbiologie* mit dem Untertitel *Einschliesslich Rassen- und Gesellschafts-Hygiene. Zeitschrift für die Erforschung des Wesens von Rasse und Gesellschaft und ihren gegenseitigen Verhältnissen für die biologischen Bedingungen ihrer Erhaltung und Entwicklung, sowie die grundlegenden Probleme der Entwicklungslehre*. Herausgeber waren Alfred Ploetz, der Jenaer Jurist Anastasius Nordenholz (geb. 1862) und der Professor für Zoologie Ludwig Plate

PREISAUSSCHREIBEN

Ein Freund der „Umschau" hat derselben **fünfhundert Mark** zur Verfügung gestellt und es wurde beschlossen, diese Summe zu einem Preisausschreiben zu verwenden über das Thema:

„Was kosten die schlechten Rassenelemente den Staat?"

In allen Veröffentlichungen, welche sich mit der Verbesserung unsrer Rasse beschäftigen, wird darauf hingewiesen, welche Unsummen der Staat, die Kassen und der Privatmann direkt und indirekt für Irrenhäuser, Zuchthäuser, Kranke ausgeben, an Personen, die eigentlich nicht geboren sein sollten, die sich selbst und den Mitmenschen eine ständige Last sind, die infolge verfehlter Anschauungen mitgeschleppt werden und der Mitwelt wie eine Bleikugel an den Beinen hängen, die Tausende und Tausende tüchtiger Bürger von nützlicher Arbeit abwenden, um sie für sich selbst als Wärter, Beamte, Ärzte usw. in Anspruch zu nehmen. Wir arbeiten fast mehr für die gesellschaftlichen Krüppel, als für eine organisierte Aufzucht der guten gesunden Elemente!

Leider liegen für diese Tatsachen bisher keine kritischen, **zahlenmäßigen** Daten vor, die auf Grund eingehender statistischer Zusammenstellung aus einem ganzen Staat gewonnen sind. Erst durch eine wissenschaftliche Verarbeitung des in Betracht kommenden Materials und der sich daraus ergebenden Summen dürften weitere und zuständige Kreise von der eminenten Bedeutung dieser Frage überzeugt werden.

Deshalb wird der der „Umschau" zur Verfügung gestellte Betrag von M. 500.— für eine eingehende Untersuchung obengenannter Frage ausgesetzt, und haben sich die unten verzeichneten Herren bereit erklärt, das Preisrichteramt für die eingehenden Arbeiten zu übernehmen.

An der Preisbewerbung ist jeder berechtigt sich zu beteiligen, doch müssen die Bewerbungsarbeiten in **deutscher Sprache** eingereicht, bzw. muß eine **deutsche Übersetzung** beigefügt werden. — Die Bewerber haben ihre Arbeit mit einem **Kennwort** oder einem **Motto** zu versehen, der Name des Bewerbers darf nicht auf der Arbeit angegeben werden. Eine verschlossene Briefhülle, welche den Namen des Bewerbers enthält, muß das gleiche Kennwort oder Motto als Aufschrift tragen.

Die Bewerbungen sind spätestens **bis zum 1. Oktober 1910** einzureichen **bei der Redaktion der „Umschau"**. Es steht den Preisrichtern frei, auch später eingehende Manuskripte noch an der Preisbewerbung teilnehmen zu lassen, doch kann irgendeine bindende Zusage nicht gemacht werden.

Jeder wissenschaftlichen Untersuchung ist **das Resultat** in Form eines **zusammenfassenden, die Allgemeinheit interessierenden Aufsatzes von ca. 4 Druckseiten** im Format der „Umschau" der Preisbewerbungsarbeit beizufügen. Diese Zusammenfassung soll baldmöglichst nach Verkündung des Preisrichterspruchs in der Umschau veröffentlicht werden, während **das wissenschaftliche Material**, welches als Unterlage dient, **für sich in vollem Umfange publiziert** werden soll. Der preisgekrönte, zusammenfassende Aufsatz geht in den Besitz der „Umschau" über; das mit diesem preisgekrönte wissenschaftliche Material gelangt in den Besitz der „Umschau", oder, falls diese es wünscht, derjenigen Stelle, welche die Veröffentlichung veranlaßt.

Falls erforderlich kann der Preis auch geteilt werden, oder, wenn der Fall eintreten sollte, daß keine der Arbeiten den Beifall der Preisrichter findet, so kann auch eine zu bestimmende Persönlichkeit aufgefordert werden, die Untersuchung in der gewünschten Richtung auszuführen. Diejenigen Arbeiten, welche nicht preisgekrönt sind, gehen **nach Veröffentlichung des Preisrichterspruchs wieder in den unbeschränkten Besitz der Verfasser über**, sofern nicht das Preisrichterkollegium das Material gegen eine Vergütung eines Teiles des Preises zur weiteren Verwendung wünscht.

Dr. Bechhold	**Prof. Dr. v. Gruber**	**Prof. Dr. Hueppe**
Herausgeber der „Umschau", Frankfurt a. M.	Direktor des Hygienischen Instituts der Universität München.	Direktor des Hygienischen Instituts der Deutschen Universität Prag.

Anzeige in: Die Umschau 14 (1/1910), S. 21

(1862–1937). 1908 kamen noch der Münchner Psychiater Ernst Rüdin (1874–1952) und der Berliner Anthropologe Richard Thurnwald (1869–1954) dazu, 1913 wurde der Protagonist der deutschen Rassenhygiene Fritz Lenz (1887–1976) Mitredakteur.[103] In dieser Zeitschrift wollten die Herausgeber Fragen zu Familie und Volk wissenschaftlich fundieren.[104] Außerdem sollte sie ein Forum für Nachbardisziplinen wie Sozial- und Staatswissenschaften, Nationalökonomie, Anthropologie und Jurisprudenz bieten.[105] Charakteristisch für diese Zeitschrift war ihr Anspruch auf Wissenschaftlichkeit. Parteipolitisch neutral, stand sie Autoren aller Schattierungen offen und – wie Jürgen Kroll feststellt – handelte es sich dabei um »durchweg naturwissenschaftlich und medizinisch ausgebildete Adademiker«.[106] Gemessen an anderen wissenschaftlichen Fachschriften, lag die Auflagenhöhe des *Archivs* mit 1000 Exemplaren im guten Durchschnitt.[107]

Aus dem Umfeld dieser Zeitschrift heraus gründete sich ein Jahr später, am 22. Juni 1905, die *Gesellschaft für Rassenhygiene* in Berlin. Ihre Mitgliederzahl betrug im ersten Jahr zunächst nur 31, im vierten schon 200 und bis 1911 war sie auf über 500 angewachsen. Die Gesellschaft hatte wegen ihres enormen Anteils an Akademikern ein entsprechendes Sozialprestige.[108] Zu den Ehrenmitgliedern zählten die Schriftsteller Wilhelm Bölsche (1861–1939) und Gerhart Hauptmann (1862–1946), die Ärztin Agnes Bluhm (1862–1943), der Geograph Wilhelm Filchner (1877–1957), der Vererbungsforscher August Weismann (1834–1914), der Mediziner und Zoologe Ernst Haeckel oder auch der in die Medizingeschichte eingegangene Freiburger Professor für Gynäkologie Alfred Hegar (1830–1914).[109]

Die Gesellschaft setzte sich drei Hauptziele: Projektförderung innerhalb der eugenischen und rassenhygienischen Forschung (Vererbung, Stammbaumforschung, Demographie), Verbreitung des rassenhygienischen Gedankens und schließlich praktizierte Rassenhygiene in der eigenen eugenischen Lebensgestaltung.[110] 1907 verpflichteten sich die Mitglieder per Satzung auf eine »gesunde Fortpflanzung«.[111] Nicht einmal die Hälfte der Berliner Ortsgruppe war verheiratet. Jürgen Kroll fand heraus, daß bis 1910 von den 76 Mitgliedern dieser rassenhygienischen Vereinigung 40 ledig waren. »Daneben waren aber 15 Ehepaare, ein Vater mit Sohn sowie ein Ehepaar mit seinen beiden Töchtern als Vereinsmitglieder eingetragen.«[112] Seit 1909 trat die *Gesellschaft für Rassenhygiene* zunehmend in die Öffentlichkeit und expandierte durch die Gründung von Ortsgruppen in München, Freiburg und Stuttgart.[113] 1907 wurde die *Internationale Gesellschaft für Rassenhygiene* gegründet, und bis 1910 hatten sich Landesgruppen in Schweden, England, Holland, Norwegen und den USA gebildet.

Eine der *Gesellschaft für Rassenhygiene* nahestehende Vereinigung war der von Ernst Haeckel – einem Ehrenmitglied der *Gesellschaft* – im Jahre 1906 gegründete *Monistenbund*. Während erstere vorrangig im wissenschaftlichen und staatlichen Umkreis ihre Ansprechpartner suchte, trat der *Monistenbund* auch als Veranstalter populärer Vortragsabende auf.[114] Haeckel gehörte zu den ersten, die sich im Zuge ihrer Auseinandersetzung mit der Darwinschen Evolutionstheorie zu Rassenhygienikern entwickelten. Als einer der bekanntesten Kritiker des christlichen Schöpfungsglaubens und Vertreter der Darwinschen Abstammungslehre postulierte er eine neue, einheitliche Weltanschauung auf der Basis wissenschaftlicher Erkenntnis, den »Monismus«.[115] Das Besondere an Haeckel war, daß er durch seine Vorlesungen als Professor der Zoologie an der Jenaer Universität (seit 1865) das studentische Publikum[116] erreichen und gleichfalls mit seinem Buch *Die Welträthsel* in der organisierten Arbeiterbewegung Resonanz finden konnte. Obwohl sich Haeckel ganz im Gegensatz zu Ploetz und Schallmayer vom Sozialismus abgrenzte[117] – seine Gesellschaftsvorstellung sei »alles andere eher als sozialistisch!« und die Position der Eugenik »eine aristokratische«[118] –, wurde sein Buch in den Arbeiterbildungsvereinen »neben Marx und Engels ... eingehend studiert«.[119] Die *Welträthsel* wurden in 20 Sprachen übersetzt und erreichten bis 1914 eine Auflagenhöhe von über 300 000 Exemplaren.[120]

Eine weitere Zeitschrift mit eugenischer Ausrichtung war die seit 1906 von Alfred Grotjahn und seinem Freund, dem linksorientierten promovierten Schriftsteller Friedrich Kriegel, herausgegebene *Zeitschrift für soziale Medizin, Medizinalstatistik, Arbeitsversicherung, soziale Hygiene und die Grenzfragen der Medizin und*

Volkswirtschaft, 1911 umbenannt in *Archiv für soziale Hygiene.* Der Rassenhygieniker Ignaz Kaup wurde Mitherausgeber. Titeländerungen und häufige Wechsel der Herausgeber kennzeichnen mehrere Phasen dieser Zeitschrift mit jeweils anderen Schwerpunkten. Von 1913 bis in die 20er Jahre hinein übernahm der Medizinalstatistiker Emil Eugen Roesle (1875–1962) die Herausgeberschaft. Als Regierungsrat und Mitarbeiter des Kaiserlichen Gesundheitsamtes Berlin interessierte ihn vor allem der Geburtenrückgang, der auch immer mehr zum Gegenstand der eugenischen, rassenhygienischen wie demographischen Diskussion wurde. Entsprechend wurde diese Zeitschrift erneut umbenannt in *Archiv für soziale Hygiene und Demographie.* Roesle begründete die neue Schwerpunktbildung damit, daß nun auf Grund der neuen Aufgaben das »populationistische Moment« mehr in den Vordergrund zu stellen sei, während die »speziellen Teilgebiete« der sozialen Hygiene »wie Säuglings- und Jugendfürsorge, Schulhygiene, Rassenhygiene usw., die sich ohnehin alle bereits spezialisiert hatten, den bestehenden Fachzeitschriften überlassen bleiben«.[121]

Rassenhygiene war zwar nicht Hauptgegenstand dieser Zeitschrift, jedoch als Teilgebiet der Sozialhygiene thematisch integriert.[122]

Zeitschrift für soziale Hygiene nannte sich das Publikationsorgan (seit 1906) der am 16. Februar 1905 in Berlin gegründeten *Gesellschaft für soziale Medizin, Hygiene und Medizinalstatistik.*[123] Ihre Initiatoren waren erneut Alfred Grotjahn, der Mitarbeiter des Kaiserlichen Statistischen Amtes Professor Paul Mayet (1846–1919) und der Berliner Medizinprofessor Rudolf Lennhoff. Zu den Gründungsmitgliedern gehörten der Mediziner und Referent der Medizinalabteilung des Preußischen Kultusministeriums Eduard Dietrich und der Sozialhygieniker Adolf Gottstein (1857–1941) – Jurymitglied des Preisausschreibens: *Was kosten die schlechten Rassenelemente den Staat und die Gesellschaft?* (s. Anm. II 93–96). In ihren Anfängen zählte diese Gesellschaft 175 Mitglieder.[124]

Neben den klassischen Bereichen der sozialen Hygiene – Bekämpfung der Tuberkulose, Säuglingssterblichkeit, Alkoholismus, Geschlechtskrankheiten, Medizinalstatistik usw. – war Eugenik (z. B. Vererbung von »Minderwertigkeit«) eine akzeptierte

Forschungsrichtung und auch in den Versammlungen der Gesellschaft diskussionsfähig.[125] Die personelle Verflechtung einzelner engagierter Eugeniker mit der Preußischen Medizinalverwaltung oder dem Statistischen Amt hatte zur Folge, daß hier staatliche Institutionen mit eugenischen Interessen konfrontiert und vertraut gemacht wurden. Eduard Dietrich zum Beispiel war eine solche exponierte Figur. Er hatte in der Anfangsphase der staatlichen Diskussion über den Geburtenrückgang mit seiner Expertise vor der *Wissenschaftlichen Deputation* die neue Geburtenpolitik in die ministerielle Debatte getragen.[126]

Ein Beispiel für das Spektrum der Rassenhygiene und Eugenik im wissenschaftlichen Bereich lieferte die Sexualwissenschaft. Sie war von Beginn an von eugenischen Inhalten geprägt. Erwin J. Haeberle datiert ihre Anfänge historisch ins 19. Jahrhundert, wo »Sorge vor Übervölkerung, sexueller Psychopathie und Degeneration« sowie »biologische, medizinische, historische und anthropologische Forschungsarbeiten« – unter ihnen die von Darwin und Mendel[127] – den Anstoß für die Entstehung dieser medizinischen Disziplin gaben. Den Anfang machte der Wiener Psychiater Richard von Krafft-Ebing (1840–1902) mit seiner Schrift *Psychopathi'a Sexualis*. In Deutschland waren es vor allem der Berliner Dermatologe Iwan Bloch (1872–1922) – »Vater der Sexualwissenschaft«[128] –, der Berliner Neurologe und Sozialist Magnus Hirschfeld (1868–1935), die Berliner Ärzte Albert Moll (1862–1936) und Max Marcuse (1877–1963).

Aus dieser auch streng wissenschaftlich orientierten Strömung ging die am 21. Februar 1913 in Berlin – dem Zentrum der Sexualwissenschaft – gegründete *Ärztliche Gesellschaft für Sexualwissenschaft und Eugenik* hervor. Hier befand man sich in wissenschaftlichem Austausch und theoretischem Einverständnis mit dem italienischen Gerichtsmediziner und Begründer der Theorie vom »geborenen Verbrecher« Cesare Lombroso (1836–1909), dem englischen Sexualwissenschaftler und Eugeniker Havelock Ellis (1859–1939), dem Schweizer Psychiater und Verfechter der rassenhygienischen Sterilisation Auguste Forel (1848–1931) sowie Richard von Krafft-Ebing.[129]

Gegründet wurde die Berliner *Ärztliche Gesellschaft für Sexual-*

wissenschaft und Eugenik von 15 Initiatoren, nach einem Jahr zählte sie 102 Mitglieder.[130] Anfänglich organisierte man hauptsächlich Vorträge vor ärztlichem Publikum. Zum Beispiel sprach am 26. Juni 1914 Alfred Grotjahn im Rahmen des von dieser Gesellschaft veranstalteten »Kursus der Sexualwissenschaft für Ärzte« zu dem Thema *Eugenik und Rassenhygiene*. Daran hatten 250 Ärzte teilgenommen. Drei Vertreter des Reichsgesundheitsamtes waren geladen.[131] Ein Jahr nach Vereinsgründung (1. April 1914) wurde die *Zeitschrift für Sexualwissenschaft* – als das Organ der *Ärztlichen Gesellschaft für Sexualwissenschaft und Eugenik* – von Bloch, Hirschfeld und dem Medizinprofessor Albert Eulenburg (1840–1917) herausgegeben. Und auch dieses Blatt war ganz vom eugenischen Diskurs und der Mitautorenschaft berühmter Rassenhygieniker, wie z. B. Ernst Haeckel und Alfred Hegar, geprägt.[132]

Der eigentliche Einflußbereich der Rassenhygiene und Eugenik war jedoch die Universität. Seit 1909 wurde in Deutschland »Rassenhygiene« als Teil der medizinischen Ausbildung gelehrt, und zwar zunächst von Hygienikern, Anatomen, Anthropologen und Psychiatern. An der Berliner Universität veranstaltete 1912 erstmals der Psychiater Ewald Stier ein rassenhygienisches Seminar mit dem Titel »Die Geisteskrankheiten im Lichte der Soziologie und Rassenhygiene«. »Mit dem SS 1914 lag der Schwerpunkt rassenhygienischen Unterrichts jedoch ausschließlich bei dem Sozialhygieniker Alfred Grotjahn, der die Rassenhygiene als das Kernthema seiner sozialen Hygiene behandelte«[133], schreibt Maria Günther. Seit dem Sommersemester 1913 hatte er »Sozialhygienische Exkursionen« mit seinen Studenten durchgeführt und dabei auch Rassenhygiene thematisiert.[134] Grotjahn besetzte 1920 in Berlin die erste Professur für Soziale Hygiene an einer deutschen Hochschule.

Neben Berlin bildete München eine universitäre Hochburg der Rassenhygiene und Eugenik. An der dortigen Universität wirkten die Professoren Max von Gruber, der Sozialhygieniker Ignaz Kaup (1870–1944), der Psychiater Ernst Rüdin (1874–1952) und seit den frühen 20er Jahren Fritz Lenz (1887–1976), der den ersten deutschen Lehrstuhl für Rassenhygiene im Jahre 1923 besetzte. Ignaz Kaup begann 1913 den rassenhygienischen Unterricht an der Münchner Universität mit einer zweisemestrigen Vorlesung unter dem Titel *Rassenhygiene und gesundheitliche Wohlfahrtspflege*[135]. In diesem Seminar wurden u. a. die staatliche Einrichtung von »Arbeitskolonien« für »Minderwertige« und die »Vernichtung der Fortpflanzungsfähigkeit« zu Leitsätzen erhoben.[136] Seit 1909 hatten hier die ersten Lehrveranstaltungen der »Rassenhygiene« stattgefunden und wohlgemerkt – die künftigen Wissenschaftlergenerationen der 20er, 30er, 40er und 50er Jahre wurden in dieser Zeit an den medizinischen Fakultäten qualifiziert.

Der Einfluß der Rassenhygiene und Eugenik im wissenschaftlichen Bereich machte sich auch in den meistgelesenen medizinischen Zeitschriften geltend. Hierzu zählten die *Münchener medizinische Wochenschrift* und die *Deutsche medizinische Wochenschrift*. Erstere hatte 1906 eine Auflagenhöhe von 10 000 Exemplaren, bis 1914 war sie auf 14 000 gestiegen, und das bei einer Zahl von 34 136 approbierten Ärzten im Jahre 1913.[137] Auch die *Deutsche medizinische Wochenschrift* gehörte mit einer Auflage von 10 000 Exemplaren im Jahre 1914 zu den meistgelesenen Ärzteblättern. In beiden Zeitschriften wurden neueste Forschungsergebnisse, klinische Versuche (auch am Menschen) und eine internationale Zeitschriftenschau vorgestellt. Die *Deutsche medizinische Wochenschrift* erschien bereits seit 1875. 1901 tauchten erstmals die Begriffe »geistige Minderwertigkeit« und »erbliche Entartung« im Stichwortregister auf.[138] Seit 1909 häuften sich Artikel mit rassenhygienischer und eugenischer Ausrichtung oder die Rassenhygiene selbst wurde zur Diskussion gestellt.[139] Gleiche Tendenzen gab es in gynäkologischen, juristischen und psychiatrischen Fachzeitschriften. Unter der jeweils fachspezifischen Fragestellung wurden seit 1909 immer häufiger rassenhygienische und eugenische Forderungen in der Medizin erörtert. Zu solchen Zeitschriften zählten das *Zentralblatt für Gynäkologie* (Aufl. 2850), *Archiv für Geburtshilfe und Gynäkologie* (Aufl. 550), *Archiv für Kriminalanthropologie und Kriminalistik* (Aufl. 700), die *Zeitschrift für die gesamte Strafrechtsreform* (Aufl. 1000), *Psychiatrisch-Neurologische Wochenschrift* und *Neurologisches Zentralblatt*.

Auf der *Internationalen Dresdner Hygieneausstellung 1911* wurde der sozialpolitische Anspruch der Rassenhygiene einem breiten

Publikum vertraut gemacht, genauer gesagt: fünf Millionen Besuchern.[140] Die Ausstellung entstand in Kooperation mit dem Reichsgesundheitsamt, was sich auch auf die staatlichen Subventionen niederschlug. Zum Ehrenpräsidium der Ausstellung gehörten Reichskanzler Theobald von Bethmann Hollweg, Fürst Bernhard von Bülow, der Staatsminister Clemens von Delbrück, der Sächsische Minister Graf Vitzthum von Eckstädt und der Oberbürgermeister von Dresden.[141] Der Rassenhygieniker Max von Gruber war Mitglied des Direktoriums. Die Ausstellungsleitung hatte die *Internationale Gesellschaft für Rassenhygiene* in München um ein Konzept für die *Abteilung Rassenhygiene* gebeten.[142] Und Gruber, Ploetz, Rüdin sowie der Dresdner Professor für Tierzuchtlehre Mueller übernahmen deren Organisation, subventioniert vom Staatsministerium des Innern für Kirchen- und Schulangelegenheiten in München.

International renommierte Wissenschaftler (insgesamt 24 deutsche und 18 ausländische), zwei deutsche Ärztinnen und eine amerikanische Eugenikerin wurden mit der Konzeption der Abteilung beauftragt (u. a. Eugen Bleuler, Eugen Fischer, Josef Graßl, Paul Nitsche, Heinrich Schüle, Erich von Tschermack).[143] Die Rassenhygiene gewann mit ihrer dortigen Präsentation deutlich an Publizität. 1911 waren die 3000 Exemplare des rassenhygienischen Ausstellungskatalogs vergriffen, und noch im gleichen Jahr gab es eine Zweitauflage der 178-seitigen Zusammenstellung rassenhygienischer Forschung. Mehr als 200 Tafeln hatten Wissenschaftler für diese Abteilung zusammengestellt mit dem Anliegen, die »Notwendigkeit einer vernünftigen *Zuchtwahl* und der Rassenhygiene, d. h. der *Hygiene der lebendigen Vererbungssubstanz*, des ›Idioplasmas‹ oder ›Keimplasmas‹ ... den weitesten Kreisen zum Bewusstsein« zu bringen.[144]

Facettenreich wurden die praktischen Konsequenzen der Rassenhygiene und Eugenik demonstriert – angefangen mit einer wissenschaftlichen Erklärung der Zellteilung und der Mendelschen Gesetze über demographische Tafeln unter der Rubrik »Degeneration«[145] oder »Erwerbsarbeit und Fortpflanzungstätigkeit der Frau« bis hin zu praktischen »Fall«-Beispielen von Sterilisationen, offeriert unter dem Titel *Castration und Sterilisation von Gei-*

steskranken aus sozialen Gründen in den schweizerischen Anstalten Burghölzli-Zürich und Asyl Wil-St. Gallen. In der gleichen Halle befand sich die Abteilung *Alkoholismus*. Auch hier hatte u. a. Max von Gruber den Vorsitz neben den prominenten Professoren für Psychiatrie Emil Kraepelin (1856–1926) und Karl Moeli (1849–1919). Der rassenhygienische Aspekt kam also auch hier nicht zu kurz, unter den »wichtigsten Darstellungen über Alkoholschäden« befand sich das Stichwort *Degeneration der Rasse*.[146]

Nach dem Dresdner Vorbild konzipierte man später auch die *Ausstellung für Gesundheitspflege Stuttgart 1914*.[147] Sie wurde von der Stadt Stuttgart finanziert und fand ebenfalls in Kooperation mit dem Reichsgesundheitsamt statt. Man wollte »gesicherte Ergebnisse der Forschung und das in der öffentlichen Gesundheitspflege Erreichte«[148] präsentieren. Nicht nur dem »eigentlichen Fachmann, sondern auch dem Gebildeten« sollte in der »wissenschaftlichen Abteilung II« unter den Rubriken »Arbeit, Leibesübungen, Statistik, Rassenhygiene, Alkoholismus« diese »junge Wissenschaft« gezeigt werden. Rassenhygiene war hier in drei Fächer spezifiziert: »Familienforschung – Vererbung – Entartung«.[149] Nicht zuletzt das Stuttgarter Projekt illustriert die allmähliche Integration der Rassenhygiene auf der Ebene gesundheitspolitischer oder staatlich unterstützter Initiativen.

Als Forum für die Profilierung der Rassenhygiene und Eugenik dienten auch nationale und internationale wissenschaftliche Kongresse. Sie gingen durch die Tages- und Fachpresse und sorgten so für eine breite Öffentlichkeit. Dazu einige Beispiele: Ernst Rüdin forderte 1903 auf dem 9. Internationalen Antialkoholkongreß in Bremen die Sterilisation von Trinkern.[150] Die Teilnehmer reagierten mit Protesten. Als Rüdin 1907 gemeinsam mit dem Berliner Psychiater Otto Juliusburger diesen Vorschlag auf dem 11. Internationalen Kongreß in Stockholm wiederholte, konnte er schon mit einer positiveren Reaktion rechnen. »Seitdem verstummte die Forderung nicht mehr, ›die Quellen der Kriminellen am Ursprung zuzustopfen‹«[151], schrieb der katholische Theologe und Eugeniker Joseph Mayer retrospektiv in den zwanziger Jahren.

Auf dem 8. Internationalen Gefängniskongreß im Oktober 1910 in Washington etablierte sich die Lehre von der »Degeneration« als das durchgängige und unumstrittene psychiatrische Interpretationsmuster von Verbrechen. Die praktische Konsequenz einer solchen Diagnostik lautete Sterilisation und Kastration von sogenannten Degenerierten. Unter dem Stichwort »Entmannung für degenerierte Verbrecher« wurde den Kongreßteilnehmern noch vor Ort die operative Kastration an einem 25jährigen Mann vorexerziert. Die Indikation lautete: »unheilbar der Masturbation verfallen«.[152]

Ganz unter eugenischen Vorzeichen fand 1911 der 7. *Internationale Kongreß für Kriminalanthropologie* in Köln statt; hier wurden Zwangsasylierungen ebenso wie Sterilisierungen als Mittel zur »Bekämpfung der Degeneration«[153] diskutiert. Neben Wissenschaftlern aus Frankreich, Holland, Italien, Schweden, Ungarn u. a. nahmen auch Vertreter des Reichsjustizministeriums sowie der Preußischen und Badischen Ministerien teil.[154] Der Züricher Arzt Hans W. Maier empfahl die Sterilisation und die Einführung entsprechender gesetzlicher Grundlagen, der Gießener Professor Dannemann verlangte die »Entmündigung chronisch-krimineller als Mittel der sozialen Hygiene«.[155]

Einen internationalen Höhepunkt erreichte die eugenische und rassenhygienische Bewegung mit dem *1. Internationalen Kongreß für Eugenik* in London vom 24. bis zum 30. Juli 1912. Tagungsort war entsprechend der Provenienz der Veranstalter die Londoner Universität. Es kamen Gelehrte aus aller Welt.[156] »Sein Zweck« – so war im *Archiv für Rassen- und Gesellschaftsbiologie* zu lesen – bestehe darin, »die Ergebnisse der Untersuchungen der Einflüsse, die eine Rassenverbesserung oder -entartung herbeizuführen, weiteren Kreisen zugänglich zu machen«.[157] Heiratsgesetze und »die Sterilisierung gewisser Arten defekter, degenerierter und verbrecherischer Menschen«[158] – die »gesetzgeberische Aktion«[159] – standen als praktische Maßnahmen auf dem Programm des Eugenikkongresses. Die deutsche Tagespresse berichtete durchaus positiv über die noch junge aufstrebende Wissenschaft.[160] Im *Berliner Tageblatt* hieß es, daß »gerade in England das Problem, dem die Eugenie sich zuwendet, frühzeitig Beachtung fand, ist kein Wunder. England gibt für die untüchtigen Mitglieder der Nation, Geisteskranke, Schwachsinnige, Verbrecher, Trunkenbolde und verarmte jährlich 35 Millionen Pfund aus, das heißt täglich beinahe zwei Millionen Mark«.[161] Eine solche Argumentation implizierte die rassenhygienische und eugenische Prämisse, soziale Probleme seien als genetische, Armut und soziales Elend als »rassenphysiologische Phänomene«[162] zu deuten.

Im »Mutterland der Eugenik« war 1908 der erste Lehrstuhl für Eugenik an der Londoner Universität etabliert und von dem Schüler Francis Galtons, Karl Pearson (1857–1936), besetzt worden.[163] 1905 hatte Galton ein Laboratorium für Eugenik, das *Francis Galton Laboratory for National Eugenics,* eingerichtet und seit 1908 die Professur mit 900 000 Mk. aus seiner Stiftung[164] finanziert. Nach seinem Tode 1911 wurde die Eugenik an der Universität weiter ausgebaut. Das *Galton Laboratory* setzte sich von nun an vier Aufgaben, nämlich daß man »1. alles auf Eugenik bezügliche Material sammelt, 2. dasselbe ordnet und prüft, 3. durch eine Zentralstelle privaten und öffentlichen Behörden Informationen über die Vererbungsgesetze beim Menschen gibt und 4. für die Verbreitung der eugenischen Wissenschaft sorgt durch Herausgabe der Laboratory Memoirs«.[165]

Auch in den USA war 1910 eine ähnliche Forschungsanstalt, das *Eugenics Record Office*[166], eingerichtet worden. Unter Leitung von John David Starr und dem Vererbungsforscher Professor Charles B. Davenport (1866–1944) gründete man bei New York, in Cold Spring Harbor, eine eugenische Sektion »zum Sammeln und Aufarbeiten rassenhygienischer Daten, mit einer eigenen Schule zur Ausbildung von Fachgelehrten«[167]. Genealogie und Genetik bildeten den Schwerpunkt. »Die Studenten der Rassenhygiene (field workers) bringen ihre Ferien in Anstalten für Geisteskranke, Irrsinnige usw. zu, um dort praktische Studien zu treiben«.[168]

Um die Einrichtung eines internationalen Laboratoriums zu eugenischen Forschungszwecken – »to study the criminal, pauper and defective classes«[169] – bemühte sich zwischen 1906 und 1914 der amerikanische Psychiater Arthur McDonald aus Washington in Form von Eingaben an das Reichsinnenministerium. 1914 engagierte sich auch die amerikanische Botschaft in Berlin für das Projekt McDonalds. Dieser forderte die Ausbildung einer jungen

Wissenschaftlergeneration, die eugenische Forschung an Insassen von Hospitälern, Strafanstalten und Arbeitshäusern betreibe. Experimente an Kindern und Zwillingen unter genetischen und vererbungstheoretischen Aspekten schlug er u. a. als Schwerpunkte vor. Im Reichsjustizamt fanden McDonalds Vorschläge keine besondere Beachtung.[170]

Eine radikalere, wenn auch keineswegs seltene Forderung nach Zwangsasylierung von »Minderwertigen« wurde dem Reichsjustizamt 1909 in Form einer gedruckten Broschüre von 1905 als Petition unterbreitet. Darin hieß es:

»Wie man überall in der Natur durch Ausscheidung der schlechtesten Teile das Ganze bessert, so wäre es auch für die menschliche Gesellschaft gewiss ein grosser Gewinn, könnte sie ihre schlechten und nichtswürdigen Mitglieder abstossen ... Ich gehe nun von der Ansicht aus, dass ein gemeingefährlicher Mensch nicht nur zeitweilig, sondern ganz und gar abgeschieden werden muss ...

Dies lässt sich erreichen, wenn man sie auf einem ziemlich grossen Landstück ansiedelt, ... das kann mit Erfolg aber nur unter folgenden 4 unerlässlichen Bedingungen geschehen:

1) dass sie bis an ihr Lebensende dort bleiben.

2) dass alle, ob männlich oder weiblich, mit einem Brandmal auf der Stirn, in der Mitte unmittelbar über dem Platz zwischen den beiden Augen, für den Rest ihres Lebens gezeichnet werden; nur so werden sie wirklich abgeschieden, ihre Bewachung wird ausserordentlich erleichtert und ihr Entkommen fast unmöglich gemacht.

3) müssen alle ohne Ausnahme verschnitten werden, um ihnen die Möglichkeit der Fortpflanzung und des geschlechtlichen Verkehrs zu nehmen; man bedenke nur, wieviel Elend und Verbrechen die Entartung des Geschlechtslebens verursacht.«[171]

Neben Petitionen und Änderungsvorschlägen zur Strafrechtsreform (Abtreibung, Sterilisation) engagierten sich Eugeniker und Rassenhygieniker durch Mitgliedschaften und Vorträge in anderen sozialpolitischen Vereinen. Hierzu zwei Beispiele: An der Gründung der *Deutschen Gesellschaft für Soziologie* am 7. März 1909 waren neben Persönlichkeiten wie z. B. dem Soziologen Max Weber, dem Ökonomen Werner Sombart, dem Historiker Friedrich Meinecke oder dem Sozialdemokraten Eduard Bernstein auch Eugeniker und Rassenhygieniker beteiligt. Unter den 78 Gründungsmitgliedern – darunter vier Frauenrechtlerinnen (Elisabeth Gnauck-Kühne, Helene Simon, Marianne Weber und Helene Stöcker) – befanden sich auch hier wieder Alfred Ploetz, Wilhelm Schallmayer, Alfred Grotjahn, Friedrich Kriegel, Anastasius Nordenholz und der Sexualwissenschaftler und Eugeniker Albert Moll.

In der programmatischen Gründungsschrift wurden als soziologische Problemfelder unter anderem »Sozialhygiene und Sozialauslese«, »Die Rassenfrage«, »Darwinismus und Sozialwissenschaft« und »Soziologie des Verbrechens und der Abnormitäten überhaupt«[172] genannt. Auf dem 1. Deutschen Soziologentag in Frankfurt am Main 1910 (19.–22. Okt.) sprach Ploetz am 21. Oktober zu dem Thema: *Die Begriffe der Rasse und Gesellschaft und einige damit zusammenhängende Probleme*.[173] Trotz der heftigen Kritik, die vor allem von Weber geäußert wurde, erntete Ploetz auch Beifall.[174] Weber würdigte zwar die Rassenhygiene als ernstzunehmende Forschungsrichtung, kritisierte aber deren biologiezentrierte Sicht gesellschaftlicher Prozesse. Weber versprach sich dagegen »von den Herren Rassenbiologen ... exakte Nachweis(e) ganz bestimmter Einzelzusammenhänge, also deren ausschlaggebenden Wichtigkeit ganz konkreter Erbqualitäten für konkrete Einzelerscheinungen des gesellschaftlichen Lebens«.[175]

Fuß gefaßt hatten Rassenhygieniker und Eugeniker auch in einer Organisation der deutschen Frauenbewegung – dem 1905 gegründeten *Bund für Mutterschutz*. Dieser Bund war von der promovierten Philosophin Helene Stöcker (1869–1943), dem Sexualwissenschaftler und Eugeniker Max Marcuse, der Lehrerin und Vorsitzenden des Deutschen Lehrerinnenverbandes Maria Lischnewska und der Schriftstellerin Ruth Bré initiiert worden. Er brachte es innerhalb der ersten neun Monate auf 675 Mitglieder und expandierte relativ schnell auf 3726 Mitglieder im Jahre 1908, wovon 65% Frauen waren.[176]

Nach dem Gründungsaufruf von 1905 zu urteilen, waren viele sehr unterschiedliche Strömungen vertreten. Aber auch hier stößt man wieder auf die bekannten Namen: Unter den 54 Unterzeichnern und Unterzeichnerinnen befanden sich neben den Soziologen

Max Weber und Werner Sombart die Sexualwissenschaftler und Eugeniker Max Marcuse und Albert Eulenburg, die Rassenhygieniker Alfred Ploetz, Auguste Forel und Alfred Hegar, die Rassenanthropologen Ludwig Woltmann und der Prager Professor Christian von Ehrenfels (1859–1932), einer der radikalsten Propagandisten der polygamisch organisierten Menschenzüchtung.[177] Darüber hinaus engagierten sich auch die Ärzte und Eugeniker Alfred Grotjahn, Wilhelm Schallmayer, Felix Theilhaber, Hermann Rohleder und Johannes Rutgers im Bund.[178]

Auffällig war der hohe Anteil von Ärzten, 1905 im konstituierenden Ausschuß betrug er ganze 41,5 Prozent.[179] Im Zentrum der programmatischen Ziele des *Bundes für Mutterschutz* standen sexualreformerische Bestrebungen. Liebe, Ehe und Mutterschaft sollten in einer »Neuen Ethik« umbewertet werden. Sexualpolitisch sollte eine umfassende Umgestaltung geschlechtsspezifischer Rechtsnormen zugunsten der gesellschaftlichen Gleichstellung von Frauen und speziell von Müttern durchgesetzt werden. Hier waren Bereiche angesprochen wie die juridische Gleichstellung von Ehe- und Unehelichkeit, Geburtenregelung oder Alimentationspflicht von Vätern; an Stelle von Findelhäusern forderte der Bund staatlich eingerichtete und finanzierte Heime für nicht verheiratete Mütter mit ihren Kindern. Die Geldverdienerposition von Vätern und die strukturelle Ausgrenzung von Frauen aus der Öffentlichkeit wurden als Machtstragegie männlicher Politik gegen Frauen dekuvriert.[180]

Rassenhygienische und eugenische Ideen waren auch unter Frauenrechtlerinnen verbreitet. Helene Stöcker, eine der Begründerinnen dieser Bewegung, bekannte sich zu den Ideen Francis Galtons und verlangte die Institutionalisierung von Gesundheitsattesten vor der Ehe. Als Nietzsche-Anhängerin erklärte sie: »Wie der Mensch alle anderen Dinge seiner vernünftigen Einsicht unterworfen hat, so muss er auch immer mehr Herr werden über seine wichtigsten Angelegenheiten der Menschheit: die Schaffung eines neuen Menschen. Man wird Mittel finden müssen, um unheilbar Kranke oder Entartete an der Fortpflanzung zu verhindern.«[181]

Mit Stöckers Ideal des autonomen Individuums waren radikale

eugenische Konzepte jedoch nicht wirklich vereinbar. Wegen entsprechender Differenzen kam es 1905 zwischen Ploetz und dem *Bund für Mutterschutz* zum Konflikt, ausgelöst durch die unterschiedliche Bewertung der unehelichen Mutterschaft. Der Bund forderte nämlich Mutterschutz für alle Mütter, und nicht nur für solche, die nach rassenhygienischem Verständnis für »gesunden« Nachwuchs prädisponiert waren. Ploetz kam so schon 1905 zu der Schlußfolgerung, daß der »Bund irgendeinen rassenhygienischen Wert nicht beanspruchen« könne.[182]

Rassenhygiene und Eugenik sind weder national noch parteipolitisch eingrenzbar gewesen. Vielmehr gab es viele natur- und sozialwissenschaftliche Denkrichtungen, die an der Entstehung eines spezifischen Gesundheits- und Krankheitskategoriensystems beteiligt waren. Mit der Begrifflichkeit von »Minderwertigkeit« und »Entartung« hatte man den gemeinsamen Nenner gefunden. In Abhängigkeit fachspezifischer Forschungs- und Erkenntnisinteressen wurden anthropologische, psychiatrische, demographische, genetische, biologische, genealogische, kriminalistische, gynäkologische und zoologische Forschungen miteinander vermischt, und fanden so ihre Anknüpfung an das rassenhygienische und eugenische Konzept.

Das Aufkommen der rassenhygienischen und eugenischen Ideen seit der Jahrhundertwende war der radikalste, aber keineswegs der einzige Ausdruck einer neuen Weltanschauung, in der die Naturwissenschaften – darunter führend die Medizin – die Definition sozialer Prozesse übernommen hatte.[183] Der liberale und in der 1848er Revolution engagierte Arzt, Pathologe, Anthropologe und Hygieniker Rudolf Virchow (1821–1902), – »die repräsentativste Figur der Medizin des 19. Jahrhunderts«[184] –, hatte 1848 die Sätze geprägt: »Die Medizin ist eine soziale Wissenschaft, und die Politik ist weiter nichts als Medizin im großen.«[185] Und er beschrieb den Staat als »einen Organismus . . ., denn er besteht aus lebenden Bürgern; man kann umgekehrt den Organismus einen Staat, eine Gemeinschaft, eine Familie nennen, denn er besteht aus lebenden Gliedern gleicher Abstammung«.[186] Die Vorstellung vom »Volkskörper«, »Zellenstaat«, »Staatsorganismus«, vom »politischen« und »sozialen Körper« entsprach dem neuen Zeitgeist – der Maschinisierung des Menschen und der Gesellschaft. In ihr wurde eine Synthese von Medizin, Staat und Gesellschaft angestrebt. Individuen wurden als Teile einer großen Maschine vorgestellt und Menschen auf diese Weise Dingen gleichgemacht. »Störungen« sah man als mechanistisch lösbar an, indem man in den »Volkskörper« eine Reparaturwerkstatt einbauen wollte. Und der naturwissenschaftlichen Medizin war hierbei die reparierende (heilende) und wenn nötig, die aussondernde (vernichtende) Rolle zugedacht worden.[187]

Kapitel III
Die verweltlichte Theodizee und die rassenhygienische Erlösung

> Im allgemeinen wird der Säkularisierungsprozeß als der große Umbruch verstanden, in dem der Glaube an die Allmacht Gottes durch den Glauben an die Allmacht des Menschen abgelöst wird. In Wirklichkeit brachte er aber nur die Verlagerung der Allmacht aus dem Bereich des Idealen, Überirdischen auf das weltliche Leben. Die Renaissance und Reformation stellen keine Absage an die Allmacht Gottes dar, sondern vielmehr die Erfüllung der christlichen Botschaft. Der allmächtige, allwissende Mensch, dessen Bild von den ›Humanisten‹ der Renaissance entworfen wird, ist nicht Gegensatz, sondern Beweis Gottes.«[1]

Auch die Rassenhygiene und Eugenik waren Strömungen, die genau solchen Säkularisierungsprozeß repräsentierten, den Christina von Braun so treffend als »Erfüllung der christlichen Botschaft« charakterisiert hat. Das rassenhygienische Projekt verhieß einen vollendeten Glückszustand durch die permanente »Fortpflanzung« eines reinen, d. h. vom Logos geschaffenen, ewigen Lebens in Gestalt der »Rasse«. War im christlichen Glauben das ewige Leben mit Rettung der Seele auf das Jenseits verschoben, so wird hier nun die *Keimzelle* zur Trägerin irdischer Linearität, und unter der Voraussetzung ihrer naturwissenschaftlichen Pflege (»Erbpflege«) und Selektion im lebendigen (Volks-)Körper realitätsmächtig. Der paradiesische Endzustand im Dieseits wurde dabei in dem von Darwin vorgestellten Stufenleitersystem der Evolution verortet.

Die Rassenhygiene und Eugenik bauten ihr theoretisches Gerüst in vielerei Hinsicht auf dem Darwinismus auf. Er offerierte der rassenhygienischen Weltanschauung in ihrem Charakter als säkularisierte Theologie gleichsam mehrere Ansatzpunkte: Zum einen lieferte er eine naturwissenschaftliche Begründung einer gesetzmäßigen Natur. Er hatte der »Natur« eine vom Schöpfungsglauben losgelöste Logik gegeben, die nach Gesetzen der Selektion funktionierte. Und diese neue Naturordnung war universal auch als eine gesellschaftliche verstanden. Solcher Konstruktion von »Natur als Gesetz« und eben nicht »als göttliche Schöpfung« war eine Moral implizit: Grausamkeit, Vernichtung, Tod und Geburt bekamen im Darwinismus einen neuen teleologischen Inhalt, nämlich den des Fortschritts, der Höherentwicklung, der Evolution. Erst so ergab dieser Naturbegriff für den Biologismus als neuer Weltanschauung ohne Gott Sinn. Und solcher Biologismus zeichnete sich daher auch keineswegs durch eine schlichte Übertragung von Natur auf Gesellschaft aus. Vielmehr durch den Ordnungsgedanken, der chaotischer Natur Gesetze gab, sie damit überschaubar, ja in toto erklärbar und so auf Gesellschaft rekonstruierbar machte, wurde »Natur« als gesellschaftspolitisches Vorbild interessant. Weiter stellte der Darwinismus in seiner Bedeutung für den Säkularisierungsprozeß ein ethisches Fundament für die rassenhygienische Legitimation des (Menschen-)Opfers bereit. Die Theorie der »natürlichen Selektion« schrieb der Natur ein Gewaltmonopol zu, das im rassenhygienischen Kontext – im Sinne einer Humanisierung so beschriebener Natur – dieser zu entziehen bzw. vom Menschen anzueignen war. In der von Darwin gezeichneten naturalistischen Theodizee war das (Menschen-)Opfer als Funktionselement in das System der Höherentwicklung eingebettet. Diesen naturalistischen Tribut wollten Rassenhygieniker und Eugeniker rationalisieren, indem sie quasi »nur« noch am Kern der »Höherentwicklung«, also an der Keimzelle praktisch wurden. Das Medium für solche Bearbeitung von Natur lautete »Fortpflanzung«, Ziel war der »neue Mensch«. Darwin selbst hatte in seiner Theorie der »sexuellen Selektion« »Fortpflanzung« als ein maskulines Prinzip vorgestellt – allein männliche Natur sah er dazu befähigt, sich selbst im Sinne von »Höherentwicklung« und »Fortschritt« zu bearbeiten, und weiterzuzeugen. »Fortpflanzung« war schon im Darwinismus der rote Faden der Evolution. Darüber hinaus basierte die Evolutionstheorie auf einer Fortschrittsvorstellung, die in ihrer Tendenz als Prozeß vom »Niederen« zum »Höheren« begriffen war. In solcher Hierarchisierung von Geschichte verhieß »Zukunft« höchste Vollkommenheit. Zukunft als Höhepunkt der Evolution aufgefaßt, verbürgte eine paradiesische Versprechung.[2] Eine Entwicklung ins »Abwärts« hatte Darwin als Fehlentwicklung der Evolution, nämlich als Gesetzesverstoß prognostiziert. Und der Geburtenrückgang repräsentierte eine solche Gesetzesüberschreitung – er stellte schon in Darwins Augen »Zukunft« in Frage. Den Säkularisierungsbeitrag, den der Darwinismus geleistet hatte – und aus diesem Grunde repräsentierte er die ideologische Neuerung des 19. Jahrhunderts schlechthin – bestand in erster Linie darin, daß er eine neue Prophetie irdischer Vollkommenheit verkündete und – wie Christina von Braun sagt – die christliche Botschaft materialisierte.[3] Nicht zuletzt deshalb waren häufig gerade Materialisten auch Darwinisten, wenn nicht sogar Vertreter oder Sympathisanten der Rassenhygiene und Eugenik: Die Figur des Eugenikers und Sozialisten Alfred Grotjahn (1869–1931), oder die Bewegungen der Sexualreform[4], der Frauenemanzipation und der sozialistischen Medizin lieferten genug Beispiele für linke Strömungen, die soziale Modernisierung und eugenische Forderungen genuin verknüpften.[5] Auch der marxistische Theoretiker Karl Kautsky (1854–1938) hatte 1910 die Rassenhygiene zum Bestandteil der sozialistischen Utopie proklamiert.[6] Im folgenden geht es mir ausschließlich um die Darstellung, wie Rassenhygieniker inhaltliche Verbindungen zum Darwinismus herstellten. Sie bezeichneten sich teilweise auch als »Neodarwinisten«, »Darwinistische Soziologen«, »Sozialdarwinisten« oder schlicht als »Darwinisten«.[7] Wilhelm Schallmayer erklärte »die Geburt und ... (den) Siegeslauf der Darwinschen Deszendenztheorie« zum »bedeutendsten Ereignis« des 19. Jahrhunderts und Alfred Ploetz würdigte Darwin als denjenigen, der die »menschliche, überhaupt die gesammte organische Entwicklung ... unsrem Verständnis bisher am nächsten gebracht« habe.[8] Entsprechend dieser Wertschätzung des Darwinismus benutzten Rassenhygieniker die

Darwinsche Terminologie und bestimmte Konstruktionen als Basis für das rassenhygienische Theorem. Ich halte es daher für ein Verständnis der rassenhygienischen Philosophie für unerläßlich, die Aspekte des Darwinismus, auf die sich Rassenhygieniker konzentrierten, zu skizzieren. In der bisherigen Historiographie der Rassenhygiene ist eine solche Auseinandersetzung m. E. zu kurz gekommen. Der Zusammenhang von Darwinismus und Rassenhygiene wurde fast ausschließlich im Kontext des Nationalsozialismus thematisiert und unter dieser Fragestellung auch entsprechend anders beantwortet.[9] Ich konzentriere mich demgegenüber im folgenden auf eine ganz andere Perspektive, nämlich auf die Frage nach der säkularisierten Weltbildkonstruktion, die in der Epoche des Kaiserreichs an eine von politischen Konstellationen zunächst unabhängige, sich immer mehr durchsetzende naturwissenschaftliche Definitionsmacht über »richtiges« und »falsches« Leben assoziiert war. Am Schluß dieses Kapitels habe ich so auch die psychiatrische Degenerationslehre nachgezeichnet, denn sie hatte das Menschenbild der Rassenhygiene und Eugenik nach psychiatrisch-naturwissenschaftlichen Kriterien bereits entworfen.

Darwin: Die Rolle der »Fortpflanzung« in Natur und Gesellschaft

> »Wenn die verschiedenen ... und vielleicht noch andere für jetzt unbekannte Hemmnisse es nicht verhindern, dass die leichtsinnigen, lasterhaften und in anderer Weise untergeordneten Glieder der Gesellschaft sich in einem schnelleren Verhältnisse vermehren als die bessere Classe der Menschen, so wird die Nation rückschreiten, wie es in der Geschichte der Welt nur zu oft vorgekommen ist.«[10]

Nicht Schallmayer oder Ploetz, sondern Darwin selbst hatte aus seiner Selektionstheorie diese Folgerung gezogen. Damit antizipierte er den rassenhygienischen und eugenischen Gedanken der Kontraselektion und Entartung. Darwin hatte den Menschen als »das dominierendste Thier ... auf der Erde«[11] der Natur zugeordnet, und unter dieser Perspektive die menschliche Gesellschaft im Evolutions- bzw. Zivilisationsprozeß den Entwicklungsgesetzen der Tierwelt unterstellt.[12] Die menschliche Evolution stand in seinem zweiten Hauptwerk sogar im Zentrum, in *On the Origin of Species by Means of Natural Selection, or the Preservation of Favoured Races in the Struggle for Life* von 1859 und *The Descent of Man, and Selection in Relation to Sex* (1871) hatte Darwin Kampf, Vernichtung, Sieg, Selektion, Anpassung, Vererbung und »Fortpflanzung« als die ausschlaggebenden Faktoren für die Organisierung von Leben gedeutet.

Für das Verständnis der Rassenhygiene und Eugenik sind vor allem zwei Aspekte der Evolutionstheorie von Interesse[13]:

▷ Ohne die Theorie der »natürlichen Selektion« ist auch die »Kontraselektion« mit ihren impliziten Gesetzmäßigkeiten von »Fortpflanzung« und »Höherentwicklung« nicht denkbar. Darwin hatte die »natürliche Selektion« zum universal geltenden Gesetz erhoben. Für die frühe Rassenhygiene wurde es das wichtigste naturwissenschaftliche Theorem, auf das sie rekurrierte.[14]

▷ Darwin hatte in der Selektionstheorie die Verstrickung von Natur und Gesellschaft präjudiziert. Seine Theorie erlaubte eine radikale »Übertragung« auf gesellschaftliche Strukturen. Das Prinzip vom »Kampf ums Dasein« hatte Darwin aus seiner Beschäftigung mit der Malthusianischen Bevölkerungstheorie heraus entwickelt. In der von dem schottischen Geistlichen Thomas Robert Malthus (1766–1834) im Jahre 1798 vorgestellten »Überbevölkerungstheorie«[15] hatte Darwin – wie er selbst betonte – den Schlüssel für seine Theorie vom »Kampf ums Dasein« (»struggle for life«, »struggle for existence«) gefunden. »Hier hatte ich nun endlich eine Theorie, mit der ich arbeiten konnte«[16], schrieb er in seiner Autobiographie. Ansatz seiner Theorie war demnach eine historisch spezifische Bevölkerungsentwicklung – nämlich die des Frühkapitalismus. Den

Wirkungszusammenhang von »Fortpflanzung«, Leben und Tod leitete er aus dem Malthusianischen Bevölkerungsgesetz ab und projizierte sie als logisches System auf Natur zurück.[17] Damit konstruierte er eine »natürliche« Ordnung, die nach seinem eigenen universellen Verständnis vom »Kampf ums Dasein« die menschliche Gesellschaft von vornherein inbegriff. Darwins Selektionstheorie steht und fällt deswegen mit axiomatischen Aussagen zu Prinzipien der »Fortpflanzung«, die letztlich das rassenhygienische und eugenische Theorem elementar prägten und geburtenpolitische Konsequenzen logisch nahelegten.

Wilhelm Schallmayer beschrieb die Bedeutung der Darwinschen Theorie für die rassenhygienische Weltanschauung und meldete dabei gleichzeitig Skepsis an, wenn man solcher Natur freien Lauf ließe:

»Dieser gewaltige Daseinskampf, der den Siegern die Fortdauer in der Nachkommenschaft, den Unterliegenden das Erlöschen ihres Stammes bringt, hatte bis zu Darwin keinen einzigen Zuschauer gehabt. Seit Darwin hat der Mensch den Vorzug, nicht nur Teilnehmer, sondern auch Beobachter dieses großen Kampfes zu sein. Diese ungewohnte Zuschauerrolle, die uns Darwin verschaffte, wäre ein recht zweifelhafter Gewinn, sofern es sich nur um die ästhetischen Eindrücke des Erschauten handelt; denn ein Vergnügen ist es kaum, sich die unerbittliche Grausamkeit dieses endlosen Vernichtungskrieges der Natur gegen lebende Wesen und dieser unter sich vor Augen führen zu lassen. Man müßte wünschen, daß uns die Augen lieber nicht geöffnet worden wären, wenn uns dieses Zusehen nichts weiter als ein Schauspiel böte ... Aber wir würden keine denkenden Menschen sein, wenn uns dieses Zusehen nichts lehren würde, was uns im Kampfe selbst zum Vorteil gereichen kann.«[18]

Auch Ernst Haeckel deklarierte das Gesetz vom »Kampf ums Dasein« als »tragische Tatsache«.[19] Und selbst Darwin hatte das angststiftende Moment in seiner Beobachtung vom »Krieg der Natur«[20] angedeutet. Nur lag es ihm fern, Perspektiven menschlicher Handlungsspielräume anzubieten, die eine kollektive Bewältigung der menschlichen Involvierung im »grausame(n) und schonungslose(n) ›Kampf ums Dasein‹«[21] hätten eröffnen sollen. Erst Rassenhygieniker und Eugeniker begannen in ihrer Auseinandersetzung mit der Theorie vom »Kampf ums Dasein« – im rassenhygienischen Kontext nur noch verstanden als ein gesellschaftlicher Streit –, Gegenprinzipien zu entwerfen, die auf eine im wortwörtlichen Sinne humane Beherrschung des Daseinskampfes hinauslaufen sollten.

Die von Schallmayer angesprochene beängstigende Position des mitbetroffenen Zuschauers auf der Bühne der »unerbittliche(n) Grausamkeit dieses endlosen Vernichtungskrieges der Natur« mußte in eine – Distanz garantierende – Beherrscherposition verrückt werden.

»Natürliche Zuchtwahl ist die Folge des Kampfes ums Dasein, und dieser ist die Folge eines rapiden Verhältnisses der Vermehrung.«[22] Auf diesen Modus hatte Darwin die Gesetzlichkeit des Lebens gebracht. Grundlegend für seine Theorie war also die von Malthus für den Menschen behauptete und nun von Darwin auf Pflanzen und Tiere erweiterte Hypothese, daß »jedes organische Wesen« – so Darwin – »auf natürlichem Wege sich so stark vermehrt, daß, wenn es nicht der Zerstörung ausgesetzt wäre, die Erde bald von den Nachkommen eines einzigen Paares bedeckt sein würde. Selbst der langsam sich vermehrende Mensch verdoppelt in fünfundzwanzig Jahren seine Anzahl und in dieser Weise würde nach kaum einem Jahrtausend seine Nachkommenschaft, wörtlich genommen, auch nicht mehr Platz zum Stehen finden.«[23] Daraus folge einerseits die »naturnotwendige« Tötung (»Zerstörung«) von einem bestimmten Quantum alles Lebendigen, um Lebensraum zu schaffen. Zum anderen erweise sich das Prinzip der »Übervermehrung« als Motor für den »Kampf ums Dasein« und dieser wiederum als unentbehrliches Vehikel für »Höherentwicklung«. Je größer die Zahl derjenigen, die sich um Subsistenzmittel stritten, um so heftiger sei der Kampf. Dieser führe zu einem »Vernichtungs«- oder »Tilgungsprozeß« der »Schwächsten« (»Mindertüchtigen«), demgegenüber verfügten die Überlebenden – laut Darwin die »Sieger« und »Tüchtigsten« (»the fittest«) – über die höchsten Anpassungspotentiale. Sie seien dann diejenigen, die sich am Ende am meisten »fortpflanzten« und ihre im Kampf erworbenen Qualitäten an spätere Generationen weitervererbten.[24]

Die von Malthus geforderte Hemmung der »natürlichen Vermehrung« des Menschen durch Sexualverbote zur Verhinderung einer »Übervölkerungskatastrophe« sah Darwin im selbstregulierenden natürlichen Selektionsprinzip bereits gegeben. Der Daseinskampf sorge für das Aussterben von »Schwächlichen« und für die Dominanz von besser angepaßten Individuen und Arten. Dieses Prinzip stelle eine »natürliche« Balance zwischen Population und Nahrungsmitteln her.

Die Formel »Kampf ums Dasein« gebrauchte Darwin im metaphorischen Sinne. Sie schloß die Reproduktion einer ganzen Gattung ein. Darwin betonte, daß sie »die Abhängigkeit der Wesen voneinander und (was noch wichtiger ist) nicht nur das Leben des Individuums, sondern auch die Erhaltung der Nachkommen in sich schließt«.[25] Kampf war nach Darwin der Kardinalschlüssel für jede Veränderung und »Höherentwicklung« der Natur sowie aller organischen Wesen. Eine besondere Qualität sah Darwin darin, daß jener Kampf einen ständigen Anpassungsprozeß an jeweilige Umweltbedingungen (Lebensraum, Nahrung, Klima) fordere und denjenigen die größten Überlebenschancen biete, die sich im Konkurrenzstreit als die »Stärksten« und »Besten« erwiesen und als solche dann auch den »Fortpflanzungsprozeß« dominierten.

Der »Kampf ums Dasein« führe schließlich dazu, »daß jedes Wesen, das in irgend einer für ihn nützlichen Weise von den anderen abweicht, unter den komplizierten, oft veränderlichen Lebensbedingungen eine günstigere Aussicht zum Fortbestehen hat und daher von der *Natur zur Zucht erwählt* wird«.[26] Oder anders ausgedrückt: »Aus dem Kampf der Natur, aus Hunger und Tod geht daher das Höchste, was wir zu erfassen vermögen, die Produktion der höheren Tiere, direkt hervor.«[27] Dieses Prinzip, erklärte Darwin 1871 in *The Descent of Man, and Selection in Relation to Sex*, sei auch für den gesellschaftlichen »Fortschritt« gültig: »Wie jedes andere Thier ist auch der Mensch ohne Zweifel auf seinen gegenwärtigen hohen Zustand durch einen Kampf um die Existenz als Folge seiner rapiden Vervielfältigung gelangt, und wenn er noch höher fortschreiten soll, so muss er einem heftigen Kampfe ausgesetzt bleiben. Im andern Falle würde er in Indolenz versinken und höher begabte Menschen würden im Kampfe um's Leben nicht erfolgreicher sein als die weniger begabten. *Es darf daher unser natürliches Zunahmeverhältniss, obschon es zu vielen und offenbaren Uebeln führt, nicht durch Gesetze oder Gebräuche daran verhindert werden* (Hervorhebung, A. B.). Es muss für alle Menschen offene Concurrenz bestehen, und es dürfen die Fähigsten nicht durch Gesetze oder Gebräuche daran verhindert werden, den grössten Erfolg zu haben und die grösste Zahl von Nachkommen aufzuziehen.«[28]

Damit verpflichtete Darwin menschliches Gebärverhalten auf absolute Vermehrung. Ein Geburtenrückgang hätte den Garanten gesellschaftlichen Fortschritts – den »Kampf ums Dasein« – außer Kraft gesetzt. Entsprechend häufig rezipierten Rassenhygieniker in der Begründung der »Kontraselektion« dieses Zitat, um zu beweisen, daß sie nichts weiter als das Darwinsche Selektionsprinzip an die veränderte demographische Situation anpassen wollten.[29]

Die *Theorie der »natürlichen Selektion«*[30] hatte Darwin als präzisierende Formel für die evolutionäre Wirkung des »Kampfes ums Dasein« eingeführt. Aus ihm gingen, bei gleichzeitiger Vernichtung der »Schwächsten«, in der Kontinuität von »Fortpflanzung« und »Vererbung« die Anpassungsstärksten hervor. Eben der Selektionsprozeß bewirke Veränderung und »Höherentwicklung«: »Dieses Prinzip der Erhaltung oder das Überleben der Tüchtigsten habe ich natürliche Zuchtwahl genannt. Es führt zur Verbesserung jedes Geschöpfes«[31] und schließlich zum »Fortschritt der Organisation«.[32]

»Fortschritt« und »Höherentwicklung« beinhalteten nach dem Selektionsprinzip im wesentlichen fünf Elemente: Kampf, Vernichtung, Sieg, »Fortpflanzung« und »Vererbung«.[33] Darwin hatte diesen Vorgang »natürliche Zuchtwahl« (»natural selection«) genannt, wobei er die Natur als Züchterin verstand. Da er Natur jedoch nicht als Subjekt, sondern als rationalen Prozeß nach dem Nützlichkeitsprinzip zusammenwirkender Gesetzmäßigkeiten mit der Tendenz zur »Höherentwicklung« begriff, sprach er auch von

»unbewußter (natürlicher) Zuchtwahl«.[34] Trotzdem stellte Darwin die »natürliche Zuchtwahl« häufig wie ein ordnendes Subjekt von chaotischer Natur dar. Auch sprach er vom »Krieg der Natur«, die er an anderer Stelle auch als »vereinte Thätigkeit und Produkte vieler natürlichen Gesetze« versinnbildlichte und sie entsprechend seiner mechanistischen Naturanschauung schließlich als eine »Maschinerie des Lebens« beschrieb.[35]

Die Theorie der »natürlichen Selektion« bildete das Kernstück seiner Lehre.[36] In der *Abstammung des Menschen* führte Darwin den Prozeß der Zivilisation letztlich auf das Prinzip der »natürlichen Zuchtwahl« zurück, die in drei Etappen vonstatten gegangen sei: Aus der Organisation affenähnlicher Wesen erwachse Barbarei und aus ihr folge die Zivilisation.[37] Ein Veränderungsprozeß der Instinkte galt bei Darwin als Gradmesser für die Stufe des Zivilisationsprozesses. Auf der untersten Stufe konstatierte er für Mensch und Tier gleiche Instinkte: »Selbsterhaltung«, »geschlechtliche Liebe«, »Mutterliebe« und die Fähigkeit des Neugeborenen an der Brust zu saugen.[38] Die aus dem Zivilisationsprozeß durch »natürliche Selektion« zusätzlich hervorgegangenen Instinkte seien im wesentlichen »Sympathie« und »Moral«. Hierzu zählte er: Mut, Altruismus, Treue, Familienbedürfnis, Gewissen, Unrechts- und Rechtsbewußtsein, Ehrbedürfnis etc.[39]

Alle Veränderungen körperlicher, intellektueller und moralischer Eigenschaften seien Resultat der Selektion: »Es lässt sich nicht zweifeln, dass ein Stamm, welcher viele Glieder umfasst, die in einem hohen Grade den Geist des Patriotismus, der Treue, des Gehorsams, Muths und Sympathie besitzen ... über die meisten anderen Stämme den Sieg davontragen wird, und dies würde natürliche Zuchtwahl sein. Zu allen Zeiten haben über die ganze Erde einzelne Stämme andere verdrängt, und da die Moralität ein Element bei ihrem Erfolg ist, so wird die Stufe der Moralität und die Zahl gut begabter Menschen überall zuzunehmen und sich zu vergrössern streben.«[40] Moral wurde hier primär als Instanz des »Sieges« und des Kampfes verstanden.

Untergang und Aufstieg von Rassen, Völkern oder Individuen in einer Gesellschaft wurden von natur-logisch gewonnenen Durchsetzungspotentialen (körperlich, intellektuell, moralisch) abhängig gemacht. Darwin verabsolutierte das soziale Normensystem der konkurrenten kapitalistischen und männerdominierten Gesellschaft des 19. Jahrhunderts als natürliche Ordnung. So z. B. auch seine Sicht der Kolonisationsgeschichte Nordamerikas: »Wie es scheint, liegt in der Annahme sehr viel Wahres, dass der wunderbare Fortschritt der Vereinigten Staaten ebenso wie der Charakter des Volkes die Resultate natürlicher Zuchtwahl sind. Die energischeren, rastloseren und muthigeren Menschen aus allen Theilen Europas sind während der letzten zehn oder zwölf Generationen in jenes grosse Land eingewandert und haben dort den grössten Erfolg gehabt ... So dunkel das Problem des Fortschritts der Civilisation ist, so können wir wenigstens sehen, dass eine Nation, welche eine lange Zeit hindurch die grösste Zahl hoch intellectueller, tapferer, patriotischer und wohlwollender Männer erzeugte, im Allgemeinen über wenig begünstigte Nationen das Übergewicht erlangen wird.«[41]

Im Darwinismus gestaltete sich Kampf als verobjektiviertes Naturprinzip, so daß Grausamkeit, Herrschaft und Unterdrükkung als gesellschaftliche Phänomene erst gar nicht auftauchten, also unhinterfragbar wurden. Die göttlich-klerikale Ordnung war von der »natürlichen« Ordnung abgelöst, in der nur noch einzelne Individuen sowie ganze Arten im Rahmen einer rationalen, gesetzesmäßigen Natur agierten. Es gab kein Entrinnen aus dem gesellschaftlichen Todesspiel in der Arena rationaler, gesetzmäßiger »Natur«. Die »Besten« eroberten sich im Daseinskampf gesellschaftlichen Status und Raum. Aus dem Apodiktum eines a priori gültigen »Naturprinzips« waren die darin geforderten Menschenopfer moralisch gerechtfertigt. Dazu der Politikwissenschaftler Dolf Sternberger im Jahre 1938: Darwin »gibt die einfachste Theodizee. Denn deren uralte Haupt- und Grundfrage: wie das Unrecht und die Gewaltanwendung in die Welt gekommen sein können – diesen Knoten haut die Lehre von der natürlichen Zuchtwahl kurzweg durch: es ist überhaupt kein Unrecht in der Welt, sagt sie, da ja überall diejenigen, welche den Sieg davontragen, dadurch unwidersprechlich beweisen, daß sie die Fähigsten, die Stärksten, die am besten ›Angepaßten‹ und das heißt die Besten sind.«[42] Entscheidend sei, so Sternberger – »daß der Naturforscher Darwin und alle, die ihm nachfolgten, ... für die Sieger Partei ergriffen haben – was um so leichter war, als die Besiegten sich ja der Beobachtung und wissenschaftlichen Kenntnis durch Nichtexistenz entzogen«.[43]

Unter der Kapitelüberschrift *Natürliche Zuchtwahl in ihrem Einfluss auf civilisirte Nationen*[44] diskutierte Darwin schließlich störende Faktoren für die »natürliche Zuchtwahl« im Prozeß der Zivilisation. Damit griff er die in England aufgekommene Diskussion über die Möglichkeit einer »kontraselektorischen« Entwicklung auf und stützte sich dabei auf Francis Galton[45] – den »Vater der Eugenik« –, den Naturforscher und Evolutionstheoretiker Alfred Russel Wallace (1823–1913)[46] und den Schriftsteller William Greg.[47] Gefährdende Momente für den »natürlichen Ausleseprozeß« stellte er übereinstimmend mit den englischen Eugenikern angesichts veränderter demographischer Vorgänge (Heiratsverhalten, Sterblichkeitsverhältnisse, unterschiedliches Gebärverhalten in unteren und oberen Schichten), und ebenso in Hinsicht auf Besitzverhältnisse und die Primogenitur in Adelsfamilien fest.[48] Die Zivilisation hemme »auf viele Weisen die Wirksamkeit der natürlichen Zuchtwahl«.[49] Dabei hatte er vor allem die Anfänge einer wohlfahrtsstaatlichen Politik gegenüber den »an Körper und Geist Schwachen« im Auge. Während in barbarischen Gesellschaften solche Menschen »beseitigt« würden, – so Darwin – »thun wir civilisirte(n) Menschen alles nur Mögliche, um den Process dieser Beseitigung aufzuhalten. Wir bauen Zufluchtstätten für die Schwachsinnigen, für die Krüppel und die Kranken, wir erlassen soziale Armengesetze und unsere Aerzte strengen die grösste Geschicklichkeit an, das Leben eines Jeden bis zum letzten Moment zu erhalten. Es ist Grund vorhanden, anzunehmen, dass die Impfung Tausende erhalten hat, welche in Folge ihrer schwachen Constitution früher den Pocken erlegen wären. Hierdurch geschieht es, dass auch die schwächeren Glieder der civilisierten Gesellschaft ihre Art fortpflanzen. Niemand, welcher der Zucht domesticirter Thiere seine Aufmerksamkeit gewidmet hat, wird daran zweifeln, dass dies für die Rasse des Menschen im höchsten Grade schädlich sein muss. Es ist überraschend, wie bald ein Mangel an Sorgfalt oder eine unrecht geleitete Sorgfalt zur Degeneration einer domesticirten Rasse führt; aber mit Ausnahme des den Menschen betreffenden Falls ist kein Züchter so unwissend, dass er seine schlechtesten Thiere zur Nachzucht zulässt.«[50]

Armenfürsorge und die Entwicklung der modernen Medizin interpretierte Darwin als Ergebnis eines Sublimationsprozesses sozialer Instinkte, in diesem Falle der »Sympathie«. Für ihn waren – und hier unterschied er sich von der Rassenhygiene – sozial- und gesundheitspolitische Einrichtungen für »körperlich und geistig Schwache« selbst Produkt der »natürlichen Zuchtwahl«. Der »Sympathie«-Instinkt habe sich während der Entwicklung von der Barbarei zur Zivilisation in menschliche Natur eingeschrieben.

Und weil die Sublimierung »sozialer Instinkte« nach der Darwinschen Auffassung gerade mit zu den wichtigsten Entwicklungsergebnissen der menschlichen Evolution zählte, Darwin sie quasi als Realisierung der »natürlichen Selektion« verstand, negierte er auch menschliche Manipulationen. So verlangte er, daß auch entgegen der »zweifellos schlechte(n) Wirkung des Ueberlebenbleibens und Vermehrens der Schwachen«, diese Tatsache einfach »ohne weitere Klagen zu ertragen« sei.[51]

Trotz dieser ganz entscheidenden Differenz zum rassenhygienischen Programm, das gesellschaftliche Eingriffe forderte, blieb Darwins Position zweischneidig. Auch er erwog Geburtenverbote durch Heiratsbeschränkungen.[52] So berief er sich auf William Greg, der von zwei konträren »Fortpflanzungstypen« ausging. Das darin beschriebene Gebärverhalten sollte später im rassenhygienischen Konzept zum Angriffspunkt für eine neue Geburtenpolitik werden: »›der sorglose, schmutzige, nicht höher hinaus wollende Irländer vermehrt sich wie die Kaninchen; der frugale, vorsichtige, sich selbst achtende ehrgeizige Schotte, welcher streng in seiner Moralität, durchgeistigt in seinem Glauben und disciplinirt in seinem Wesen ist, verbringt die besten Jahre seines Lebens im Kampfe und im Stande des Cölibats zu, heirathet spät und hinterlässt nur wenig Nachkommen ... In dem ewigen Kampfe um's Dasein wird die untergeordnete und weniger begünstigte Rasse es sein, welche vorherrscht und zwar vorherrscht nicht kraft ihrer guten Eigenschaften, sondern kraft ihrer Fehler‹«.[53]

Darwin übernahm dieses Bild vom »degenerationsfördernden Kaninchentypus«, sah jedoch weiterhin in der permanent wirkenden »natürlichen Selektion« eine kompensierende Kraft gegen das Überleben solcher Menschen. Eine »geringe Beseitigung der schlechtesten Dispositionen« sei – so Darwin – »stets in Thätigkeit, selbst bei civilisirten Nationen. Uebelthäter werden hingerichtet oder auf lange Zeit gefangen gesetzt, so dass sie nicht ihre schlechten Eigenschaften in grösserer Menge fortpflanzen können. Melancholische und geisteskranke Personen werden in Gewahrsam gehalten oder begehen Selbstmord. Heftige und streitsüchtige Leute finden oft ein blutiges Ende ... Lüderliche Frauen haben wenig Kinder und lüderliche Männer heirathen selten; Beide leiden durch das Vorherrschen von Krankheiten.«[54] Hohe Mortalitätsraten in den städtischen »ärmsten Classen«, die Darwin als »unmässige, lüderliche und verbrecherische Classen« etikettierte[55], interpretierte er als Wirkung der »natürlichen Selektion«.

Letztlich blieb Darwin ambivalent und beantwortete die Frage, ob Menschen das Recht hätten, in solche Entwicklungen einzugreifen, an anderer Stelle auch so: »Es ist unmöglich, das Verhältniss, in welchem der Mensch an Zahl zuzunehmen strebt, nicht tief zu bedauern, – ob dies freilich weise ist, ist eine andere Frage, – denn dies führt ... bei civilisirten Nationen zu der grässlichsten Verarmung, zum Cölibat und zu den späten Heirathen der Klügeren. Da aber der Mensch unter denselben physischen Uebeln leidet, wie die niederen Thiere, so hat er kein Recht, eine Immunität diesen Uebeln gegenüber als eine Folge des Kampfes um's Dasein zu erwarten. Wäre er nicht der natürlichen Zuchtwahl unterlegen, so würde er zuversichtlich niemals den hohen Rang der Menschlichkeit erreicht haben.«[56]

Ohne Not – oder in diesem Falle »grässlichste Armut« – also kein »Fortschritt«, oder anders ausgedrückt, ohne »Schwache« keine »Sieger« – keine »Selektion«. Während »Schwache« in der Logik dieses Modells von »Höherentwicklung« geradezu zwingend gefordert sind – denn ohne Polarisation fände kein Selektionsprozeß statt –, plädierte Darwin an anderer Stelle wieder für Ehebeschränkungen nach eugenischen Kriterien: »Beide Geschlechter sollten sich der Heirath enthalten, wenn sie in irgend welchem Grade an Körper und Geist untergeordnet wären.«[57] Seine Hoffnung auf die Realisierbarkeit solcher Appelle setzte Darwin in die wissenschaftliche Erkenntnis der Vererbung. Ohne ein Konzept zur Durchführung von Heiratsbeschränkungen anzubieten – staatliche und medizinische Eingriffe waren für ihn kein Thema –, hielt er ihre Praktikabilität nur solange für »utopisch ... bis Gesetze der Vererbung durch und durch erkannt sind. Alles was uns diesem Ziele näher bringt, ist von Nutzen«.[58]

Theoreme wie der »Kampf ums Dasein« und die »natürliche Zuchtwahl« umfaßten drei Aspekte, die für die rassenhygienische Theorie konstitutiv wurden:

1. Darwin erklärte das Malthusianische Bevölkerungsgesetz zur Vorbedingung für zivilisatorischen »Fortschritt«. Der Streit um die Existenz, ausgelöst durch das disproportionale Verhältnis von Bevölkerung und Nahrung, entfalte die Dynamik für Kampf, dieser wiederum für »Selektion« und »Höherentwicklung«. Tiere unterlagen gleichen Lebens- und »Fortpflanzungs«-Gesetzen wie Menschen, Menschen denselben wie Tiere. Soziale Strukturen und Gesellschaftssysteme bis hin zu gewaltsamsten Auseinandersetzungen unter Menschen (z. B. Kriege, Hinrichtungen, Kolonisation) wurden ausschließlich unter dem Blickwinkel der »natürlichen Zuchtwahl« gedeutet. Sie unterlagen reinster Naturgesetzlichkeit. Gesellschaftliche Ordnung war identisch mit »natürlicher« Ordnung: Armut, Reichtum, Krankheit, Gesundheit, Kriminalität, Mortalität, Geburtlichkeit etc. Die Auseinandersetzung mit der englischen Eugenik und häufige Zitationen der Arbeiten Francis Galtons in der *Abstammung des Menschen* belegen, daß die Eugenik für Darwin im Rahmen seiner Theorie diskussionswürdig war.[59]

2. Seine Lebenswertvorstellung konnte von Rassenhygienikern unmittelbar übernommen werden. Das Religiöse transformierte sich in der naturwissenschaftlich-logischen Weltanschauung zu einem naturalisierten Menschenopfer, welches nun dem heilbringenden Fortschritt diente. »Unmässige, lüderliche, verbrecherische Classen«, »an Körper und Geist Schwache«, »untergeordnete Glieder der Gesellschaft« hatten als biologische Kategorien nur

den gesellschaftlichen Wert, als Opfer an der Aufrechterhaltung des Selektionsprinzips für »Höherentwicklung« zu wirken. War bei Darwin auch nicht vom »Lebensunwert« die Rede, so doch von »Untüchtigen«, »Mindertüchtigen«, die seinem Konzept der »natürlichen Auslese« zufolge, einem naturhaften »Eliminationsproceß«[60] zu opfern seien. Gesellschaftliche Instanzen und soziale Phänomene wie etwa Jurisprudenz und Psychiatrie, wie Mortalitätsverhältnisse, Gebärverhalten oder Krankheit waren für ihn nichts weiter als Ausdrucksformen der »natürlichen Zuchtwahl«.

3. Weiter präsentierte Darwin eine »Fortpflanzungstheorie«, in der die menschliche und tierische Entstehung von Leben auf eine unsinnliche, ja grausame Zeugungslogik reduziert war. »Fortpflanzung« behandelte er einzig im Kontext eines siegreichen Daseinskampfes. Für ihn galt dabei das Prinzip der »kämpfenden« und explizit »männlichen« Natur, die sich zweckorientiert fortpflanzte und verewigte. Zeugung gab es im Darwinismus nur unter dem Aspekt von Sieg und Vernichtung. Daß Darwin dem »Tod als Züchter« eine zentrale Rolle hatte zukommen lassen, wurde später von Rassenhygienikern als »geniale Idee»[61] gewürdigt.

Movens der Evolution: Die »sexuelle Zuchtwahl«

> »Leben heißt zeugen.«
> »Jeder belebte Körper ist vergänglich, aber bevor er zugrunde geht, hat er in sich die Kraft, die Form wieder zu erzeugen, die ihn zum Leben befähigt hat ... eine Rasse zeugt eine andere Rasse, eine Gattung eine andere Gattung.«[62]

Unter dem Aspekt der »Zeugung der Rasse« hatte Darwin den Begriff »sexuelle Auslese« eingeführt. Er präzisierte mit dieser Kategorie seine Fortpflanzungsvorstellung. Hatte er den »Kampf ums Dasein« noch geschlechtsneutral formuliert, so entpuppte sich das ganze Konzept von »Fortschritt« und »Höherentwicklung« spätestens mit dem Entwurf der »sexuellen Zuchtwahl« als androzentristische Idee. Mit der Kategorie der »sexuellen Zuchtwahl« wurden Bedingungskonstellationen und Chancen zur »Fortpflanzung« umrissen. Diese war schon im »natürlichen Selektions«-Modell Metapher für den aus dem »Kampf ums Dasein« hervorgegangenen Sieger. In der »sexuellen Auslese« gehe es um den »geschlechtlichen Kampf«[63], um »die Erhaltung der Spezies«[64], genau genommen, um den Streit unter Männern (Männchen) um die besten »Fortpflanzungschancen« für die höchste Nachkommenzahl. Medium dieses Streits waren Frauen (Weibchen), die als »Zuchtwahlobjekt« im männlichen Kampf um »Fortpflanzung« fungierten.[65] Darwin hatte den »Kampf zwischen den Männchen um den Besitz des Weibchens«[66] als ein für beinahe alle Tiere gültiges Naturprinzip behauptet. So spielte die »sexuelle Zuchtwahl« für ihn keineswegs eine Nebenrolle[67], im Gegenteil, er führte den Prozeß der Variabilität und Modifikation weitgehend – wie er sagte – auf die »geschlechtliche Zuchtwahl« als »die wirksamste« Selektionsweise[68] zurück.

In der »sexuellen Auslese« erstritten sich Männer (Männchen) mit den höchsten Kampfpotentialen das »Fortpflanzungs«-Recht, indem sie um körperliche und geistige Kapazitäten rivalisierten.[69] Weibchen (Frauen) befänden sich außerhalb dieses Streits, sie verhielten sich passiv. Daraufhin werde mit sinnlichen Reizen (Schönheit, Stimme, Geruch) um die Gunst der Weibchen (Frauen) geworben.[70] Der geschlechtliche Kampf sei kein so rigoroser, wie der der »natürlichen Zuchtwahl«, wo es um »Leben und Tod«[71] gehe. Diese Zuschreibung bekam später im rassenhygienischen Kontext der »sexuellen Zuchtwahl« eine zentrale Bedeutung; man konnte dieses »Selektionsprinzip« als die humanisierte Version des Daseinskampfes deuten und es als solches präferieren. Die »sexuelle Zuchtwahl« habe weniger den Charakter eines Vernichtungskrieges, sei jedoch einschlägig für die »Höherzüchtung«. Die für die »natürliche Zuchtwahl« entscheidenden Qualitäten wie »Muth«, »Kampfsucht«, »Kampflust«, »Ausdauer«, »Kraft und Größe«, »Waffen aller Art«[72] kämen hier zur Entwicklung. Auf diese Weise potenziere die »sexuelle Zuchtwahl« männliche »Stärke und Kampfvermögen«[73], während die »Schwächsten« auf der Strecke blieben, sich minimal »fortpflanzten« und ihre Eigenschaften entsprechend weniger an (männliche) Nachkommen »weitervererbten«.

Der aus dem »geschlechtlichen Kampf« hervorgegangene Sieger beweise schließlich seine Potenz in der höchsten Zahl seiner Nachkommen. Sieg stand in diesem Zusammenhang für höchste »Fortpflanzungspotenz« und für die Fähigkeit zur »Veredelung der natürlichen Rasse«: »so haben auch ... die stärkeren und siegreichsten Männchen oder diejenigen, welche mit den besten Waffen versehen sind, im Naturzustande den Sieg davon getragen und haben zur Veredelung der natürlichen Rasse oder Spezies geführt«[74].

Darwin ging davon aus, daß der männliche und der weibliche »Geschlechtscharakter« jeweils von Müttern auf Töchter und von Vätern auf Söhne übertragen würde; und wollte eben diese Hypothese mit dem Begriff der »sexuellen Auslese« hervorheben: »Denn die Männchen haben ihre jetzige Bildung nicht dadurch erreicht, dass sie zum Ueberleben in dem Kampfe um's Dasein besser ausgerüstet sind, sondern dadurch, dass sie einen Vortheil über andere Männchen erlangt und diesen Vortheil nur auf ihre männlichen Nachkommen überliefert haben. Es war gerade die Bedeutung dieses Unterschieds, welche mich dazu führte, diese Form der Zuchtwahl als geschlechtliche Zuchtwahl zu bezeichnen.«[75]

Die Essenz der »geschlechtlichen Auslese« sei eine permanente Steigerung der »Männlichkeit«, während Frauen (Weibchen) wegen des ausbleibenden Vehikels allen Fortschritts – des Kampfes – zur Stagnation neigten. Noch einmal: »Kampf« ist in diesem Modell der *einzige* Motor für Entwicklung, Modifikation und Variabilität. Die Konnotation von Kampf, männlicher Zeugung und Evolution stilisieren das maskuline Geschlecht zum eigentlichen Gebärer von Natur: Das Männchen (der Mann) ist es, welches durch Aktivität und im wortwörtlichen Sinne Aggression *(aggredi)* der Natur zu ihrem Fortschritt verhilft, ihr Zukunft gibt, ja, die ihre Existenz dem männlichen Geschlecht verdankt – wobei Natur und männliches Subjekt eins zu sein scheinen.

Die Neubildung von Arten, Variationsfähigkeit und schließlich die Evolution an sich waren im Darwinismus maskuline Prinzipien. Für das Tierreich galt, daß es das Männchen sei, »welches, mit seltenen Ausnahmen, hauptsächlich modificirt worden ist; denn das Weibchen bleibt den Jungen seiner eigenen Species und ebenso auch den andern Gliedern derselben Gruppen ähnlicher. Die Ursache davon scheint darin zu liegen, daß die Männchen beinahe aller Thiere stärkere Leidenschaften haben als die Weibchen. Daher sind es die Männchen, welche miteinander kämpfen und eifrig ihre Reize vor den Weibchen entfalten und diejenigen, welche siegreich aus solchen Streiten hervorgehen, überliefern ihre Superiorität ihren männlichen Nachkommen.«[76] Unter der Überschrift: »Allgemein ist nur das Männchen durch geschlechtliche Zuchtwahl modificirt«[77] hatte Darwin dieses Prinzip zum zentralen Charakteristikum der »sexuellen Auslese« erklärt. Im Evolutionsprozeß wie im individuellen Leben blieben die Weibchen auf dem Niveau ihrer Jungen (Kinder).

Dasselbe Modell unterstellte er der menschlichen Geschlechterordnung.[78] In dieser Konstruktion gab es zwei Argumentationsweisen: Der Mann in seiner Rolle als Kämpfer und Umwerber der Frau mit dem »Ziel« der »Fortpflanzung« sei Subjekt der Evolution. Frauen tendierten wegen ihrer Gebärfähigkeit und Mutterschaft zur Stagnation. Zum anderen machte Darwin das Gehirn zum Indikator für die menschliche Evolution. Die Gehirngröße galt als Ausdruck der erreichten Evolutionsstufe bzw. des kulturellen Niveaus. Darwin bezog sich dabei auf anthropologische Untersuchungen, in denen Gehirngröße und Schädelumfang (Phrenologie) als Indiz für kulturelle Leistungsfähigkeit gedeutet wurden, die sich auf solche Weise organisch materialisiert habe.[79] Er verarbeitete diese anthropologische Denkweise in seinem Evolutionsschema[80] und übernahm die Hypothese, »daß der Abstand der Geschlechter in Beziehung auf die Schädelhöhle mit der Vervollkommnung der Rasse zunimmt, so daß der Europäer weit mehr die Europäerin überragt, als der Neger die Negerin«.[81]

Rassismus und Sexismus werden in diesem Konzept gleichermaßen evident: die eine Hierarchie wird zwischen Rassen, genauer zwischen »zivilisierten« und »unzivilisierten« Männern, die andere zwischen Männern und Frauen naturwissenschaftlich begründet.

In der leiblichen und sozialen Verschiedenheit von Männern und Frauen erkannte Darwin männliche Überlegenheit: »Der Mann ist muthiger, kampflustiger und energischer als die Frau und hat einen erfinderischen Geist. Sein Gehirn ist absolut grösser.«[82] In diesem Männlichkeitskonzept korrespondierte u. a. Kampfeslust mit Gehirngröße – Allegorie des Geistes, der dazu befähigte, Geschichte zu machen, zu modifizieren, zu variieren und Natur zu bearbeiten. Darwin legte mit der Kategorie der »sexuellen Zuchtwahl« ein Männlichkeitsideal vor, das in letzter Konsequenz Fortschritt durch Vernichtung definierte: kriegerische Auseinandersetzungen – seien es individuelle, gesellschaftliche oder die zwischen Stämmen, Rassen, Völkern – bewirkten einen Höhepunkt von »Entwicklung« und männlicher Potenz gleichermaßen. Das maskuline Entwicklungsmodell beschrieb er so, daß »die stärksten und kühnsten Männer am besten in dem allgemeinen Kampfe um's Leben Erfolg hatten, ebenso wie sie am sichersten sich Frauen verschafften und so eine grosse Zahl von Nachkommen hinterliessen«.[83]

»Fortpflanzung« ist im Darwinismus eine Allegorie des Kampfes. Ihre sexuellen, sinnlichen, lebenserhaltenden und kreativen Aspekte bleiben ausgeblendet oder werden abgewertet. Eine Geringschätzung der weiblichen Fruchtbarkeit artikuliert Darwin zum einen durch die Überhöhung der Virilität, zum anderen durch die Verachtung weiblicher Kreativität: »Der hauptsächliche Unterschied in den intellectuellen Kräften der beiden Geschlechter zeigt sich darin, dass der Mann zu einer grösseren Höhe in Allem was er nur immer anfängt gelangt, als zu welcher sich die Frau erheben kann, mag es nun tiefes Nachdenken, Vernunft oder Einbildung oder bloss den Gebrauch der Sinne und Hände erfordern. Wenn eine Liste mit den ausgezeichnetsten Männern und eine zweite mit den ausgezeichnetsten Frauen in Poesie, Malerei, Sculptur, Musik ..., der Geschichte, Wissenschaft und Philosophie mit einem halben Dutzend Namen unter jedem Gegenstande angefertigt würden, so würden die beiden Listen keinen Vergleich miteinander aushalten.«[84]

Da Darwin aber dem Evolutionsprinzip – also der Veränderbarkeit durch Umwelt verpflichtet blieb, überlegte er hypothetisch, ob Frauen wohl durch Erziehung »dieselbe Höhe wie der Mann« erreichen könnten. Wegen der weiblichen Gebärfähigkeit bliebe solch eine Vision jedoch fiktiv: »Der ganze Körper der Frauen könnte indess nicht hierdurch *in die Höhe* gebracht werden, wenn nicht viele Generationen hindurch die Frauen ... verheirathet würden und Nachkommen in grösserer Anzahl erzeugten als andere Frauen.«[85] Weibliche Fruchtbarkeit unterlag per se (wegen des fehlenden Kampfes) einer Statik.[86] Nicht von gebärender Natur war die Rede, sondern vom »Brutgeschäft«[87], bei Männern sprach er vom »Fortpflanzungsgeschäft«.[88]

In zivilisierten Gesellschaften sei das Vehikel der »geschlechtlichen Zuchtwahl«, der Kampf um den »Besitz der Weiber«, abgeschwächt. Dieser Motor männlicher »Höherentwicklung« sei jedoch durch den gesellschaftlichen Kampf ums Dasein zurückgewonnen: zivilisierte Männer hätten »während der Mannbarkeit einen heftigen Kampf zu bestehen, um sich selbst und ihre Familien zu erhalten; dies wird dazu führen, die geistigen Kräfte auf ihrer Höhe zu erhalten oder selbst zu vergrößern und als Folge hiervon auch die jetzige Ungleichheit zwischen den Geschlechtern bedeutender zu machen.«[89]

Diese Geschlechtercharakterisierung entspricht ganz der seit Ende des 18. Jahrhunderts sich zunehmend durchsetzenden Geschlechterdefinition, in der die männliche Welt durch Rationalität, Öffentlichkeit, Wissenschaft, Ökonomie, Politik und Kultur repräsentiert war und die weibliche durch Emotionalität, Passivität und Subjektivität[90]; und dementsprechend war die bürgerliche Gesellschaft in der Tat auch strukturiert (Wissenschafts- und Politikverbot für Frauen, Status weiblicher Arbeit als »Liebesdienst« etc.). Darwin ging mit seinem Entwurf von der »sexuellen Auslese« allerdings einen Schritt weiter: Er hypostasierte »Fortpflanzung« zum männlichen Prinzip des »Fortschritts«. In dem Konzept der »sexuellen Zuchtwahl« hatte er das männliche Geschlecht, die Erzeuger der nächsten Generation, quasi neu erschaffen. Solche Gebärpotenz manifestierte sich vor allem in dem Transport »vererbter« Potentiale, welche fortschrittsschwanger

Der Neudruck von Darwins zweitem Hauptwerk ist 1986 im »Fourier Verlag« (Ausgabe der Syndikat Buchgesellschaft für Wissenschaft und Literatur) mit diesem Umschlagentwurf erschienen. Ein weißer Mann auf der höchsten Stufe der menschlichen Evolution, der seine Vorgänger in Körper- und Kopfgröße überragt, ganz im Sinne der Darwinschen Evolutionstheorie. Solches Layout vereinigt die sexistische und rassistische Perspektive der Darwinschen Lehre. Auf der anderen Seite des Umschlags ist schließlich zu lesen: »Im 19. Jahrhundert wurde die Entstehung und Verbundenheit aus und mit der Natur *erkannt:* heute – im 20. Jahrhundert – müssen wir lernen, daraus die Lehre zu ziehen und unser Leben mit den Gegebenheiten *dieser Natur* in Einklang zu bringen.« (Hervorhebung A.B.).

Zukunft und Evolution in Aussicht stellten. Das uralte, lineare patriarchale Zeugungsprinzip – zuvor im monotheistischen Gott repräsentiert – hatte durch seine Biologisierung nun die verweltlichte Version erreicht. Selbstredend blieben Frauen Objekte der »Selektion« und »Fortpflanzung« und in diesem Status nicht evolutionsfähig. Solche Zuordnung von männlichem und weiblichem gesellschaftlichen Sein innerhalb einer universalen Evolutionsvorstellung gab dem »Geschlechtscharakter« der bürgerlichen Gesellschaft eine zusätzliche Dimension: mit den Darwinschen Selektionsprinzipien war die Bedeutung von Krieg, gesellschaftlichem »Fortschritt«, »Fortpflanzung«, »Gesundheit«, »Krankheit«, Tod, Vater- und Mutterschaft einer neuen Ordnung ohne Gott, nämlich dem Bio-Logos zugeschrieben worden.

Der später rassenhygienisch proklamierte »Zeugungskampf« wurde aus dem Darwinismus abgeleitet. Er repräsentierte eine radikale Übertragung der »sexuellen Zuchtwahl« auf die menschliche Gesellschaft. Und in diesem Lebensentwurf wurde nicht nur ein Geschlecht umfassend entwertet, sondern unter der Prämisse »der Kampf (ist) der Vater aller Dinge« – so 1910 der bekannte Rassenhygieniker Fritz Lenz[91] – ebenso eine aggressive Männerkultur als naturwissenschaftlich-logisches Gesellschaftsmodell begründet, das als erste Denkstufe der »Herrenrassenideologie« gelten kann. Der Historiker George Mosse deutet an, daß die Theorie der »sexuellen Zuchtwahl« in der Tat eine rassistische Konsequenz nahelegte, weil Darwin »die Anzahl der Nachkommen, die ein Tier zeugen konnte, zum Maß für erfolgreiches Überleben« machte. »Eine solche wissenschaftliche Hypothese auf den Menschen angewandt konnte zu dem Schluß verleiten, daß die Fruchtbarkeit das rassische Überleben bestimme... Die Zeugung gesunder Nachkommen wurde zu einer fixen Idee des Rassismus. Der Darwinismus förderte nicht nur die Visionen von Rassenkämpfen, er führte auch ganz direkt zur Begründung der Rassenerbpflege (Eugenik).«[92]

Die Humanisierung von »grausamer Natur«: Der Mensch nimmt die Zuchtwahl in die Hand

> »Das humane Ideal möchte eben alle und jede schmerzhafte Ausjäte schmerzempfindender Menschen möglichst verhindern und andere Entwickelungs-Factoren an ihre Stelle setzen... Giebt es irgend einen Ausweg, der mit den als wahr erkannten darwinistischen Principien vereinbar ist? ... Solch ein Ausweg scheint sich in der That zu eröffnen durch das Bestreben, die Gesetze der Variation genauer zu erforschen und sie bewusst auf die Verbesserung der Devarianten, d. h. des Nachwuchses, anzuwenden. Je mehr wir im Stande sind, die Erzeugung schlechterer Devarianten zu verhüten, um so weniger brauchen wir den Kampf um's Dasein, um sie wieder auszujäten... Wenn der Mensch die Gesetze der Variabilität unter seine Macht beugte, dann wäre der Fortschritt gewährleistet, der Kampf um's Dasein ... wäre überflüssig zur Erhaltung der Kraft und Schönheit.«[93]

Rassenhygieniker und Eugeniker hatten – so wie hier auch von Ploetz erklärt – humanistische Ideale. Der Rückgriff auf den Humanismus in der rassenhygienischen Theorie ist um so ernster zu nehmen, als es sich um eine Bewegung handelt, deren Argumentationsweisen sich eben nicht durch die Erfahrungen mit der nationalsozialistischen Ära endgültig selbst disqualifiziert haben, sondern im humangenetischen Begründungszusammenhang aktueller denn je sind. Die seit den fünfziger Jahren im Aufschwung begriffene und mit weitreichenden Konsequenzen auf irdisches Leben wirkende Humangenetik, Reproduktionsmedizin und Gen-Technologie stützen sich auf den gleichen humanistischen Gedanken. Ihre Verfechter wollen menschliches Leiden (Krankheit) durch naturwissenschaftliche Beherrschung und Manipulation des Evolutionsgeschehens lösen.

Seit der ersten großen wissenschaftlichen Diskussion nach dem Zweiten Weltkrieg – dem sogenannten »Ciba-Symposium«, das 1962 in London unter dem Titel *Man and his Future* stattfand, ist der Begründungszusammenhang, es ginge um die Verbesserung menschlicher Existenz über die »qualitative« Veränderung menschlicher Erbanlagen, in der humangenetischen Rhetorik durchgängig. Das *Ciba-Symposium* bildete den Auftakt der öffentlichen naturwissenschaftlichen Auseinandersetzung nach dem Zweiten Weltkrieg, wo erneut eugenische Bevölkerungspolitik mit Hilfe und durch die Medizin postuliert wurde, und zwar mit den gleichen Versprechen der frühen Rassenhygiene und Eugenik: soziale Phänomene, wie etwa Weltbevölkerungsentwicklung, Hunger, Krankheit etc. werden als genetisch-biologisch gedeutet und sollen entsprechend unter naturwissenschaftlichen Prämissen gelöst werden. Auf dieser Tagung diskutierten 27 der berühmtesten Molekularbiologen, Genetiker, Zoologen, Physiker etc. – alle verstanden sich als Darwinisten. Viele unter ihnen waren auch maßgeblich an der Entwicklung der Gentechnologie beteiligt (z. B. der englische Physiker Francis H. C. Crick, geb. 1916). Sie erörterten erstmals die Verantwortung von Naturwissenschaftlern für einen Eingriff in die Evolution. Der prominente englische Biologe – damaliger Präsident der *Eugenics Society* und Empfänger mehrerer Darwin-Medaillen[94] – Sir Julian Huxley – konkretisierte in seinem einführenden Referat die »genetische Lösung« sozialer Probleme durch eugenische Bevölkerungspolitik.[95] Die Notwendigkeit, in die Evolution einzugreifen, begründete er damit, »daß die allgemeine Qualität der Weltbevölkerung nicht sehr hoch ist, daß sie sich zu verschlechtern beginnt und daß sie verbessert werden könnte und sollte. Die Verschlechterung ist auf genetische Defekte zurückzuführen, die damit behafteten Menschen wären infolge der Selektion verschwunden, hätte sie man nicht künstlich am Leben erhalten«.[96] Und weiter erklärte er unter der Überschrift *Verminderung von Qual und Leid durch Eugenik:* »Die Verbesserung der genetischen Qualität des Menschen durch eugenische Verfahren würde eine große Last an Leiden und Qual von den Schultern der Menschheit nehmen und zur Steigerung der Lebensfreude und der Tüchtigkeit beitragen.«[97] Zusammenfassend konkretisierte er, wie eugenische Bevölkerungspolitik aussehen solle: »Unsere gegenwärtige Zivilisation wirkt sich auf die Genetik immer ungünstiger aus. Um dieser Bedrohung zu begegnen, müssen wir unser genetisches Wissen voll anwenden und neue Verfahren der menschlichen Fortpflanzung entwickeln, wie etwa orale Verhütungsmittel und Vielfachbefruchtung durch tiefgekühlten Samen ausgewählter Spender. Schließlich könnten radikale eugenische Verbesserungen die Evolution des menschlichen Fortschritts mächtig vorantreiben.«[98]

In der Tat ging es Rassenhygienikern und Eugenikern zunächst nicht in erster Linie um die Vernichtung von menschlichem Leben, sondern, wie Ploetz sich auf dem 1. Deutschen Soziologentag 1910 ausdrückte, um die »Ausmerzung bloß von Keimzellen«.[99] Menschliches Dasein sollte gegen den »Kampf ums Dasein«, der ja einhellig als eine »grausame Tatsache« beschrieben war, immunisiert werden. Nach dem Motto: »Wenn keine Schwachen mehr erzeugt werden, brauchen sie auch nicht wieder ausgemerzt zu werden«[100], malte man sich eine rassenhygienische Utopie aus, in der das Prinzip der »natürlichen Selektion« quasi durch die zuvor betriebene »sexuelle Selektion« mit dem Effekt des genetischen Aussterbens von »Schwachen« ebenfalls hinfällig sein würde. Schließlich hatte schon Darwin die »sexuelle Auslese« als die weniger rigorose von der »natürlichen Auslese« unterschieden.

Dieser Prozeß der »Vervollkommnung der Rasse«[101] – auch als »Reinigungs«- und »Veredelungsprozeß« bezeichnet[102] – sollte über den Weg naturwissenschaftlichen Eingreifens in das allgemeine »Fortpflanzungs«-verhalten erreicht werden, um »die Gesetze der Variabilität allmählich soweit unter unsere Herrschaft zu zwingen, dass Noth und Elend unter den Menschen bis auf geringe Reste verschwinden können«.[103] Die »sexuelle Auslese« wollte man zunächst durch Heiratsgesetze und seit Beginn des 20. Jahrhunderts auch durch Sterilisation neu verwirklichen. Sie sollte eine »stetige Neuerzeugung von Menschen mit immer vollkommenerer Anpassung an ihre Umwelt, mit immer vollkommenerer Entfaltung, mit immer edlerer Mischung ihrer Erbanlagen«[104] bewirken, so daß letztlich »die schlechten Keimanlagen der Rasse ... zum Verschwinden und die guten zur Herrschaft«[105] gebracht würden.

Ausgehend von der Hypothese, daß die Gesetze der »natürlichen Selektion« schon lange nicht mehr den Ausleseeffekt erzielten, den Darwin ihnen zugeschrieben hatte, wurde der »sexuellen Zuchtwahl« nun die größte Bedeutung zur Realisierung der rassenhygienischen Erlösung beigemessen: »Der Mensch hat es allerdings in der Hand – je höher seine Kultur steigt, desto mehr – die natürliche Auslese, die durch Vernichtung entwickelter oder sich entwickelnder Individuen wirkt, mehr und mehr einzuschränken; aber diese Einschränkung verlangt – bei Strafe des Untergangs für die Gemeinwesen, welche das außer acht lassen – einen Ersatz auf dem Gebiet der geschlechtlichen Auslese, die allerdings weit weniger bitter ist, da sie sich darauf beschränkt, die Fortpflanzungskeime minderwertiger Individuen von der Entwicklung auszuschließen, jedenfalls aber eine gewisse Einschränkung des Glückes gegenwärtiger Individuen zu Gunsten künftiger Generationen mit sich bringt.«[106]

Im Rückgriff auf Darwin erklärten Rassenhygieniker »Fortpflanzung« zum Resultat eines jeden Auslesevorgangs, sie privilegierten aber die »sexuelle Zuchtwahl« gegenüber der »natürlichen« als die sanftere Methode zur »Vervollkommung der Rasse«. Auf diese Weise – nämlich als naturwissenschaftliche Kontrolle der »Fortpflanzung« – konnte der Auslesevorgang auf einen einzigen Akt verkürzt werden. »Fortpflanzung« war nicht mehr die Konsequenz des Selektionsprozesses.[107] War »Auslese« bei Darwin als ein naturhafter Prozeß verstanden, so wurde sie nun in einen vom Menschen plan- und rationalisierbaren Eingriff transformiert, »Fortpflanzungsauslese« bildete so den Ansatzpunkt rassenhygienischer Politik.

In Verbundenheit zum Darwinismus betonte Ploetz die metaphorische und auf »Fortpflanzung« ausgedehnte Bedeutung des Prinzips vom »Kampf ums Dasein«: »Es muss ausdrücklich bemerkt werden, dass das Wort ›Kampf um's Dasein‹ im Sinne Darwin's die Concurrenz in Bezug auf das Hinterlassen von Nachkommen einschliesst.«[108] In der rassenhygienischen Schlußfolgerung hieß das – wie 1923 der Professor für Dermatologie und bekannte Rassenhygieniker der zwanziger und dreißiger Jahre Hermann Werner Siemens (1891–1969) in seinem Lehrbuch für Vererbungspathologie schrieb: »Es ist Darwins unsterblicher Verdienst, als erster die entscheidende Bedeutung der Selektion für die Umwandlung der Rassen ... überzeugend dargelegt zu haben. Selektion ist aber nicht, wie vielfach noch angenommen wird, identisch mit der Tötung des Individuums. Ein frühzeitiger Tod ist nur eines der Mittel der Selektion. Das Wesen der Selektion liegt allein in dem Umstande, daß das ausgemerzte Individuum in der nächsten Generation nicht durch eine genügende Anzahl von Nachkommen vertreten ist ... *Jede Auslese* ist also letzten Endes eine Fruchtbarkeitsauslese«.[109]

»Fortpflanzungsauslese« statt »natürliche Auslese« – unter dieser Prämisse schien zum einen »Höherentwicklung« bzw. »Rassenvervollkommnung« garantiert, zum anderen der krude »Kampf ums Dasein« des Einzelindividuums um Leben und Tod zugunsten der Vorstellung vom »Volksganzen«, der »Rasse«, besänftigt. Die Darwinsche Konkurrenzgesellschaft wurde in der rassenhygienischen Utopie zu einem kooperativen Organismus transformiert, der sich nun aus einer »Vielfalt von ähnlich gestalteten Individuen« (Ploetz)[110] zusammensetzen sollte.

Aber auch hier unterschieden sich Rassenhygieniker von Darwin, wenn ihnen eine von menschlicher Hand betriebene Selektion, eine selbst kreierte Harmonie und Gleichheit von körperlichen, geistigen und psychischen Eigenschaften aller Gesellschaftsmitglieder vorschwebte. »Auslese« sei nun unter naturwissenschaftlicher Regie mit dem »Geist« bezwingbar: Die »Verbesserung unserer Glücksbedingungen« ließe sich – so Ploetz – durch das »Beherrschen unserer eigenen und äusseren Natur« realisieren. »Werkzeug und Waffe dafür ist unser Gehirn. Nur eine Steigerung seiner Anlagen von Geschlecht zu Geschlecht kann der Menschheit die nöthige Kraft geben, sich den umklammernden Armen des Elends zu entringen«.[111]

Das rassenhygienische Ziel war die Erzeugung von »gesunden, leistungsfähigen und glücklichen Menschen«[112], die »Vermehrung des Kapitals menschlicher Glücksfähigkeit«.[113] »Glücksfähigkeit«, »Gesundheit« und »Arbeitsfreudigkeit«[114] – so lauteten die drei Attribute, die auf Dauer in einem kollektiven »Vererbungsprozeß« durch »Fortpflanzungsauslese« herausfiltriert werden sollten.[115] In diesem biologischen Paradigma wurden »Glück«, »Gesundheit« und »Arbeitsfreude«, sprich die leibliche und soziale Realität eines Menschen, gänzlich als vererbungsbedingte Disposition gesetzt. Durch die »Beherrschung der Variabilität« schien menschliches Glück so tatsächlich naturwissenschaftlich erfüllbar, oder umgekehrt: menschliches Leiden – genetisch als »schlechte Keimzellenanlage« definiert (»Krankheit«, »Freudlosigkeit« und »Lebensmüdigkeit« etc.) – schien durch naturwissenschaftliche Erkenntnis und Praxis für immer verhinderbar.

Hier kristallisiert sich eine simplifizierende Vorstellung von menschlichem Sein – das über den Automatismus von »Vererbbarkeit« sozialer, physischer und psychischer Eigenschaften ein archaisches Menschenbild realisierbar zu machen versuchte; das »Gute« wurde vom »Bösen« abgespalten und das »Böse« konnte so durch die Medizin in ihrer Rolle als Heilsbringerin ganz einfach aus der Welt geschafft werden. Der »Menschenschlag mit glücklichem Temperament«[116] wurde als eine Gruppe definiert, die zum größten Teil gegen umweltliche Einflüsse resistent sei, die »selbst unter erbärmlichen Lebensbedingungen ihr heiteres Wesen nicht verlieren«[117] konnte.

Darwin hatte eine Theorie formuliert, die – so attraktiv seine neue Weltanschauung auch wirken mochte – zu Ende gedacht, in vielerlei Hinsicht einer sozialen Bewältigung bedurfte. Hier hatte der Mensch seine Sonderstellung[118] verloren, das Individuum war ohne göttlichen Schutz, ohne Versprechen auf paradiesische Unsterblichkeit in den »grausamen Vernichtungsprozeß der Natur« plaziert.[119] Mit der Deszendenztheorie waren die Welt entzaubert, Gott endgültig tot, religiöse Deutungen des Lebens und Sterbens zunehmend obsolet[120] und durch rationale Erklärungen ersetzt worden. Zudem hatte die Selektionstheorie den Menschen der »Grausamkeit der Natur« preisgegeben. Die rassenhygienische und eugenische Bewegung war zunächst nichts anderes als eine Bewältigung und Weiterentwicklung dieser neuen Daseinsphilosophie, indem sie die Darwinschen Prinzipien vom »Kampf ums Dasein« und der »sexuellen Auslese« umwertete und die Stellung des Menschen im »natürlichen Ausleseprozeß« in eine Beherrscherposition verschob. In der rassenhygienischen Doktrin wurden drei im Darwinismus verlorengegangene Mystifikationen des Lebens und des Todes wiedergewonnen:

Erstens wurde die Sonderstellung des Menschen zurückerobert, indem er seinen Objektstatus innerhalb des Systems der »Auslese« umkehrte und sich selbst zum Subjekt, zum »Schöpfer« dieser »Natur« machte. In der rassenhygienischen Theorie zentrierten sich Evolutionsvorstellungen auf eine Zukunft, in der der Mensch

– gleichbedeutend mit dem Mann – faktisch das Steuer der Evolution in die Hand nahm und den »Menschenschlag mit glücklichem Temperament« selbst kreierte. »Evolution« wurde so zur Metapher der für die Zukunft entworfenen »neuen Menschen«.[121]

Zweitens war mit der Vorstellung von »Rassenvervollkommnung«, die im Darwinismus verlorengegangene Paradies- und Ewigkeitsvorstellung der christlichen Religion restituiert. Diese Utopie einte »glückliche«, »gesunde« und »schöne« Menschen[122] – das sie verbindende Medium, das »Keimplasma«, versprach Ewigkeit. »Keimplasma« hieß die neue magische Zauberformel vor allem auch für die Naturwissenschaftler, die zu seiner wissenschaftlichen Erforschung beitrugen, wie z. B. August Weismann, Carl Erich Correns, Erwin Baur. Am Keimplasma entschied sich »Untergang« bzw. »Rassenvollkommenheit«, »Sterblichkeit bzw. Ewigkeit einer Rasse«. An der »Erbmasse«, dem »Strom des Lebens«[123] bewies sich die Kontinuität einer »Rasse«: »›Über das Angeborene hinaus führt kein Fortschritt‹! ›Die Keimstoffe sind mächtiger als alles.‹«[124]

Auch das Straf- und Sündensystem der abendländischen Religion war hier in ein naturwissenschaftliches transformiert. An die Stelle des Fluches aus dem Alten Testament setzte man expressis verbis die »hygienische Sünde«.[125] An solchen Menschen, die mit »Erbkrankheiten« geboren seien, »rächt sich die Sünde der Väter«[126] – schrieb der Internist und Rassenhygieniker Friedrich Martius (1850–1923). Schallmayer sah schließlich eine Analogie zum »Jüngsten Gericht«: Jede Politik eines Staates, die nicht »vom Standpunkt der auf Selektion aufgebauten Deszendenztheorie« ausgehe, werde eines Tages »vor dem Richterstuhl der natürlichen Auslese stets Verurteilung« finden und »diese Richterin, wenn sie auch scheinbar eine Zeit lang Nachsicht übt«, werde »ihre Urteile unbedingt tötlich vollstrecken«, nämlich dann, wenn sie »einen stärkeren Mitbewerber in der Konkurrenz um's Dasein gefunden«[127] habe.

Die »Gesamtkonstitution«, die »erbliche Tüchtigkeit einer Bevölkerung« konnte potentielle Ewigkeit gewähren: »Das Individuum besitzt in seinem Keimplasma etwas, was, wie Weismann ausführt, nicht zum Sterben, sondern nach menschlichen Begriffen zu unbegrenzter Fortdauer bestimmt ist... So wenig wie das Menschengeschlecht überhaupt, braucht also irgend ein Volk jemals zufolge innerer Gesetze unterzugehen. Das Aussterben einer Art oder eines Volkes ist niemals ein Alterstod... Der Alterstod kommt ausschließlich dem Individuum zu.«[128]

Der Darwinismus und die neue naturwissenschaftliche Erklärung der Welt hatten nur einen scheinbaren Utopieverlust mit sich gebracht: »Rasse«, »Erbe« und »Keimzelle« wurden die Metaphern für Einheit, soziale Harmonie und Unsterblichkeit. Francis Galton gab der eugenischen Bewegung explizit religiösen Impetus. Sie solle »gleich einer Religion, in das nationale Bewußtsein eingeführt werden«. »Die Ideale der Fortpflanzungs-Hygiene mögen mit der Zeit eine Art religiöser Weihe erhalten, aber ihre Einzelheiten müssen zuerst in fleißigem Studium ausgearbeitet werden.«[129] Deutsche Rassenhygieniker übernahmen dieses religiöse Pathos: »›Eine an Körper und Geist gleich gesunde Nation muß eine fixe Idee werden – eine von fast religiöser Stärke... – im Geiste der intellektuellen Oligarchie, die doch in letzter Linie die Massen und ihre Führer beherrscht‹«.[130] Solche Apotheose blieb jedoch um so mehr verdeckt, als es sich um eine Theorie handelte, die von reputierlichen Naturwissenschaftlern vertreten wurde und diese in dieser Profession gerade damit beschäftigt waren, den Menschen universal zu »entmystifizieren« und religiöse durch rationale Denksysteme zu ersetzen.

Drittens wurde mit der Idee vom »Volksganzen« das Individuum aus seiner Darwinschen Einzelkämpferposition befreit. Es bewegte sich – seiner Persönlichkeit allerdings beraubt – als Glied einer Kette im »Volkskörper«. Ob »minderwertig« oder »höherwertig«, beide Kategorien abstrahierten vom konkreten Menschen – er war einem Element gleichgemacht, dem Volksganzen geopfert und wurde nach seinem »Rassewert«, nach seiner »Erbqualität« als »Plus«- oder »Minusvariante«[131] beurteilt: »Das Volk ist die Summe der aufeinander folgenden, durch die Bande der Vererbung aufs engste aneinander gehefteten Generationen... *Biologisch stehen nicht die Individuen, sondern die Familienstämme Staat und Volk gegenüber.*«[132]

Wurde in dieser Vorstellung zwar das Individuum aufgegeben,

so wurde diesem damit gleichsam verheißen, nicht mehr alleine in den Lebenskampf involviert zu sein. Es agierte statt dessen im Schutze einer großen Maschinerie nicht mehr einzeln, sondern symbiotisch in einem Kooperativ des »Volkskörpers«. Wenn auch »unter persönlichen Opfern«, so existierte das Individuum doch »für das allgemeine Beste, im Dienste des höheren lebendigen Systems der Volksgemeinschaft«[133] – so der Berliner Universitätsprofessor für Anatomie Heinrich Poll (1877–1939), der 1921 vor dem *Beirat für Rassenhygiene*[134] des Preußischen *Ministeriums für Volkswohlfahrt* ein Resümee aus der eugenischen und rassenhygienischen Literatur seit der Jahrhundertwende zog.

Die religiöse Gemeinschaft, die im Daseinskampf verlustig gegangen war, hatte man mit der »Volksgemeinschaft« wiederhergestellt, nun aber unter naturwissenschaftlichen Prämissen. Infolgedessen wurde auch der »Kampf ums Dasein« unter dem Primat des »Volksganzen« vom Einzelindividuum auf die »Rasse«, auf den Existenzkampf mit anderen Völkern verlagert – allerdings am wenigsten im kriegerischen Sinne. Durch diese Verschiebung erhielt die rassenhygienische Theorie ihre nationalistische Dimension – also nicht, weil sie mit der rassenanthropologischen Argumentation verknüpft war, in der »Rassen« per se nach unterschiedlichen Wertigkeiten eingestuft wurden, sondern weil sich der »Kampf ums Dasein« weg vom Individuum auf Volk und Nation zentrierte.

Hatte man also die im Darwinismus zerstörte Sonderstellung des Menschen, das Ewigkeitsversprechen und die soziale Einheit und Harmonie gerettet, so basierte diese Neudefinition von menschlichem Sein in letzter Konsequenz doch auf einer ausgesprochenen Lebensverachtung. Auf der argumentativen Grundlage humanistischer Ideale schmiedete man Vernichtungspläne gegenüber Menschen, die man als »sozial untauglich« definiert hatte. Die geforderte Politik der (negativen) »Fortpflanzungsauslese« konnte sich nicht anders als mit Gewalt gegen Menschen (und eben nicht »bloß gegen Keimzellen«) richten, weil sie auf einer zerstückelten Körperauffassung beruhte.

Die Abspaltung des »Erbwerts« vom konkreten Individuum konnte selbstredend nicht eingehalten werden, und zwar auch nicht von denjenigen, die »Keimzellen«- statt »Personenauslese« gefordert hatten. Als das personifizierte Elend schlechthin erstreckte sich der »Keimzellenwert« im rassenhygienischen und eugenischen Menschenbild auf den »Lebenswert« insgesamt. Daß dieses Konzept von »Krankheit« und Andersartigkeit auf Lebensverachtung hinauslaufen mußte, liegt auch darin begründet, daß Rassenhygieniker und Eugeniker »Krankheit« bzw. körperliche, seelische und soziale Verschiedenheit nicht als einen unvermeidlichen Aspekt menschlicher Natur in ihrer ganzen Vielfältigkeit akzeptierten. Im Gegenteil: Krankheit, menschliches Leiden und das schlechthin als »anders« Wahrgenommene wurden auf Personen, Menschengruppen, Familien etc. projiziert, letztlich um eine Polarisation von »Gesunden«, »Starken« auf der einen und »Kranken«, »Schwachen« auf der anderen Seite zu gewinnen. Diese simplifizierende Vorstellung von Leben gab sich der Illusion hin, daß die naturwissenschaftlich verabsolutierte Existenz einer Gruppe von »Schwachen«, die »Reinheit«, »Gesundheit«, »Stärke« und Unverletzlichkeit der anderen Gruppe, der »Normalen« bewahrheite.

Um ihr Auslesekonzept moralisch vertretbar zu machen, forderten Rassenhygieniker und Eugeniker eine neue Ethik, die als erstes die Interessen des »Gesamtwohls«, vor allem die nächster Generationen, vor die Bedürfnisse einzelner in den Mittelpunkt zu stellen habe. Eine »Entwicklungsethik« auf dem Boden der Deszendenztheorie[135] bedeutete den Versuch, das Darwinsche Naturverständnis mit all den impliziten Rechtfertigungen eines Vernichtungsprinzips in der Weise auf die menschliche Gesellschaft zu übertragen, daß das Individuum teleologisch nur noch für die »Höherentwicklung« der »Rasse« lebte. Weil »in der ganzen Natur das individuelle Interesse ausnahmslos dem Interesse der Gattung untergeordnet ist«, so Schallmayer, und das »Individuum nur eine Funktion für die Gattung zu erfüllen habe«, sei dieses »Naturgesetz, die völlige Unterordnung des individuellen Interesses unter das der Gattung, ... auch für die menschliche Entwicklung«[136] gültig. Daraus leitete man ab, daß »die Interessen der gegenwärtig lebenden Generation nicht höher zu stellen sind als die aller künftigen, sondern eigentlich umgekehrt«. Mit dem Ruf nach »Opfersinn für die Gesamtheit« forderte man eine Ethik, auf deren Grundlage die »Fortpflanzung von Personen mit vererbbaren Krankheiten oder sonstigen Entartungsanlagen (als; A. B.) ein unverzeihliches Verbrechen«[137] zu bewerten und entsprechend zu kriminalisieren sei: »Wenn ein eugenisch ... unbrauchbarer Tuberkulöser seinen Geschlechtstrieb nicht beherrschen kann oder will, ... so kann vom Standpunkte des allgemeinen Besten ihm nicht zugebilligt werden, daß eine Produktion ihm noch vergütet wird, trotzdem sie ein Verbrechen am Ganzen darstellt«, schrieb Heinrich Poll 1921 für den *Beirat für Rassenhygiene.* Um die »Fortpflanzung« »Minderwertiger« moralisch zu bekämpfen, könne der »Begriff der ›Körperverletzung‹ ... – gleichnisweise – hier auf den Volkskörper übertragen und als Verbrechen gebrandmarkt ... werden«.[138]

Die »Erbanlage« – zum Grundelement gesellschaftlichen Seins erklärt – wurde zur Matrix des individuellen »Lebenswerts«: »Nach dem wissenschaftlich korrigierten Gerechtigkeitsideal gilt nicht jeder gleich, sondern verschieden je nach seinem Wert für das Gemeinwesen, wobei nicht nur seine soziale Brauchbarkeit, sondern auch sein Erbwert in Betracht kommt.«[139] Nach dem Motto »Gold zeugt im allgemeinen Gold, Silber Silber und Eisen wiederum Eisen«[140], postulierten Rassenhygieniker die neue Ethik. Das Humanitätsversprechen wurde auf künftige Generationen hin entworfen und sollte sich durch die Opferung der »Schwachen« einlösen. Max von Gruber sprach 1910 in seinem Vortrag vor der *Fachkommission für Gesundheitspflege der Zentralstelle für Volkswohlfahrt* von der »Verblendung des Gleichheitswahns«[141], von der sich eine neue Ethik loszusagen habe. »Die Gleichmachung der Ungleichen kann nur ein Ideal der Schwachen sein und würde naturnotwendig eine enorme Schwächung der sozialen Gesamtleistungen zur Folge haben.«[142]

Trotz dezidierter Abgrenzung von jeder Gleichheitsforderung, bezeugten nicht wenige Rassenhygieniker in ihrer Kritik an der kapitalistischen Ordnung eine Affinität für sozialistische Gesellschaftstheorien. Der von Alfred Ploetz verfaßte, erste rassenhygienische Klassiker widmete sich speziell dem Konflikt zwischen Darwinisten und Sozialisten. Ploetz wollte mit dieser Schrift einen

Beitrag zur theoretischen Annäherung beider Strömungen liefern[143], wie schon der Untertitel andeutete: *Ein Versuch über Rassenhygiene und ihr Verhältnis zu den humanen Idealen, besonders zum Socialismus*. Neben Plotz forderten noch andere Rassenhygieniker und Eugeniker eine Synthese von Rassenhygiene und Sozialismus. Hierzu zählten der englische Eugeniker Karl Pearson, der englische Naturforscher Alfred Russel Wallace – auf ihn stützte sich Ploetz[144] – und der Rassenanthropologe Ludwig Woltmann.[145] Für Pearson, schreibt George L. Mosse, »hieß ›Sozialismus‹ Evolution der Volksgemeinschaft durch Kampf. Auf diese Weise würde sich ein starker sozialer Instinkt entwickeln, und für die Effizienz und Bedeutung gesellschaftlich wertvoller Arbeit sollten Belohnungen gewährt werden. Pearson war Gegner des Klassenkampfes. Für ihn stand eine allmähliche, von einer Elite angeführte Entwicklung im Mittelpunkt. So definiert, war der Sozialismus dann doch gegen Individualismus und unangemessene Ansammlung von Reichtum.«[146]

Dasselbe Sozialismusverständnis findet sich auch bei Ploetz und Schallmayer. Was im Darwinismus schon angedeutet war, steuerten Rassenhygieniker als gesellschaftliche Utopie an: in der sozialistischen Leistungsgesellschaft würden unter rassenhygienischen Prämissen Erbrechte nicht mehr gelten. Der »Erbwert« eines Menschen sollte fortan seine Position innerhalb eines arbeitsteiligen »Organismus« bestimmen: »Jedes Individuum betritt den ökonomischen Kampfplatz mit keiner anderen Ausrüstung als seinen Fähigkeiten, im übrigen wird Jedem ein gleicher Antheil an den gesellschaftlichen Productionsmitteln gewährt.« Durch Verteilung von Krediten kann jeder »wirthschaften oder sich an grösseren Unternehmungen ... betheiligen..., ohne durch irgendwelche Privilegien von Classen oder Ständen an der Entfaltung seiner Fähigkeiten gehemmt zu werden. Unter solchen Umständen würde wohl manches Söhnchen reicher oder priviligierter Eltern einen schweren Stand haben.«[147]

Aber keine »Pöbelherrschaft«[148] – wie Schallmayer sich vom sozialistischen Klassenkampfkonzept abzugrenzen versuchte – war mit dieser Liaison von Sozialismus und Rassenhygiene gemeint, sondern eine auf Arbeitsteilung beruhende Ökonomie, in der nicht Klassenzugehörigkeit und Besitz, sondern der »Erbwert« die gesellschaftliche Statuierung begründeten. Die Leistungsfähigkeit eines Individuums wurde mit seiner »Fortpflanzungsqualität« identisch gesetzt. Mit dieser Vorstellung wollte man also keineswegs die Unterdrückungs- und Ausbeutungsverhältnisse, die zu sozialer Ungleichheit und Verelendung in den unteren Schichten führten, aufheben. Es ging ganz allein darum, das Abbild solcher Natur, wie sie im Darwinschen Konzept beschrieben war, gesellschaftlich zu verwirklichen. Die Mimese der »natürlichen Zuchtwahl«, wo die »Tüchtigsten« durch »Fortpflanzung« die Evolution gestalteten, motivierte Rassenhygieniker dazu, sozialistische Vorstellungen für die rassenhygienische Utopie aufzugreifen. Selbst Friedrich Engels wurde von Schallmayer im rassenhygienischen Begründungszusammenhang zur Verknüpfung von Sozialismus und Rassenhygiene angeführt. Er wollte beweisen, daß die sozialistische Theorie selbst den Gleichheitsprinzipien Grenzen setzte. Engels habe nämlich die »›proletarische Gleichheitsforderung‹« – so Schallmayer – auf die »›Abschaffung der Klassen‹« zugespitzt und geschrieben: »›Jede Gleichheitsforderung, die darüber hinausgeht, verläuft notwendig ins Absurde.‹«[149]

Rassenhygieniker und Eugeniker mit sozialistischem Selbstverständnis waren so gesehen zwar gegen kapitalistische Besitzverhältnisse, strebten dabei allerdings eine neue Klasse, den »neuen Adel«, an.[150] Er sollte »mit dem heutigen ganz wenig gemein« haben, – so Schallmayer – »schon deswegen, weil ungefähr das ganze Volk ihm angehören würde, und auch darum, weil er seine misratenen Glieder stets ausscheiden würde«.[151] Schallmayer und Ploetz wollten eine sozialistisch organisierte Leistungsgesellschaft, orientiert an der Darwinschen Naturkonstruktion, die »keinen individuellen Eigentumssinn« kannte, »sondern ein Verhalten, das sich den Idealen der Kommunisten mehr nähert als denen der Privatwirtschaft«.[152]

Auf der anderen Seite gab es auch Rassenhygieniker, die das genaue Gegenteil aus dem Darwinismus ableiteten. Ernst Haeckel war ein Repräsentant für diese konträre Deutung, ebenso Herbert Spencer (1820–1903) oder Heinrich Ziegler (1858–1925). Haeckel sah »gerade die Deszendenztheorie« als Beweis dafür, »daß die vom Sozialismus erstrebte Gleichheit der Individuen eine Unmöglichkeit« sei und »daß in den staatlichen Organisationsverbänden der Menschen wie der Tiere weder die Rechte und Pflichten noch die Güter und Genüsse aller Staatsglieder jemals gleich sein werden, noch jemals gleich sein können«.[153] Die Deszendenztheorie sei das »beste Gegengift gegen den bodenlosen Widersinn der sozialistischen Gleichmacherei«, so Haeckel. Und wenn diese Theorie eine politische Tendenz beinhalte, so könne diese »nur eine aristokratische sein, durchaus keine demokratische, und am wenigsten eine sozialistische«.[154]

Dieser Dissens in der Ausdeutung des Darwinismus blieb nur vordergründig. Letztlich ging es in beiden Positionen um dasselbe: um die Nachahmung und Beherrschung der Selektion, um die Konstruktion einer »natürlichen« Ordnung. Ob die Natur mehr nach sozialistischen oder mehr nach kapitalistischen Prinzipien organisiert sei – diese Frage resultierte keineswegs aus dem Motiv, soziale Ungleichheiten zu hinterfragen. Mehr oder weniger offen zeigten Rassenhygieniker und Eugeniker jeder Couleur auch ihre Verachtung dem »Pöbel« gegenüber.

Zum Beispiel verfaßte Ploetz 1894 einen Brief, der als entlastender Beleg während seiner politischen Überwachung in den neunziger Jahren diente: »Als Naturwissenschaftler glaube ich nicht an eine sprunghafte Entwicklung, noch an den Vortheil revolutionärer Umwälzungen. Und als Kulturmensch glaube ich nicht daran, dass ohne die heutigen Traeger der Kultur, die in den wohlhabenden Klassen verkörpert sind, ein wirklicher Kulturfortschritt zu Stande kommen sollte einzig durch das Proletariat, das eben doch einmal die unkultivierte Klasse ist, und nicht nur das, sondern die auch durch ihre *Anlage* vielleicht schon eine im ganzen niedere Klasse im naturwissenschaftlichen Sinn repräsentirt.«[155]

Die »Vererbung« war demnach für Klassenzugehörigkeit konstituiv und das eigentliche Kriterium für Armut, so daß »Minderwertigkeit« nur noch in den Arbeiterschichten gesucht wurde. So heißt es bei dem schwedischen Rassenhygieniker und Staatswissenschaftler Pontus Fahlbeck 1912: »Außer Krüppeln, Gebrechlichen und Idioten gibt es ... einen nicht unbedeutenden Stock Schwachbegabter in unserem Gemeinwesen. Diejenigen unter ihnen, die zu den niedrigeren Volksklassen gehören und nicht bei Angehörigen Aufnahme finden, werden stets ein Proletariat bilden. Aus ihnen rekrutieren sich die Vagabunden und Prostituierten und alle, die nicht arbeiten wollen oder sich nicht selber versorgen können, und deshalb in Not geraten und schließlich der Armenpflege zur Last fallen. Die Armut in dieser naturbestimmten Gestalt – und sie bildet nunmehr den Kern aller Armut in den westeuropäischen Gemeinwesen – ist eine physiologische Erscheinung.«[156]

»Minderwertigkeit« wurde in Arbeiterschichten und »Höherwertigkeit« in oberen Schichten angesiedelt. Soziale Schichten bildeten im rassenhygienischen Modell bio-logische Ordnungskategorien. Die Größe des Gehirns – in der bürgerlichen Gesellschaft des 19. Jahrhunderts ein Zeichen von »Höherwertigkeit« – galt als Maßstab für die Klassenzugehörigkeit. »Die Wissenschaftler könnten also ... den Anspruch erheben, dass sie als Stand das grösste Geistesorgan besitzen, dann folgen die Bürger, dann der Adel, schliesslich die Bedienten und die Landbauern«.[157] Die »auf generative Auslese gerichtete Bevölkerungspolitik« müsse sich auf die Zeugungsförderung bei Offizieren, Lehrern und Staatsbeamten konzentrieren, erklärte Schallmayer, weil grundsätzlich »höher stehende(n) Personen, insbesondere die höher gebildeten, durchschnittlich ... für die generativ wertvollsten anzusehen«[158] seien. Mit dieser Perspektive konnten und wollten Rassenhygieniker keineswegs sozialistische Forderungen einlösen, ging es ihnen doch vielmehr darum, eine »möglichst große Volkszahl, die zur Entfaltung sozialer und generativer Tüchtigkeit beitrage«[159], herzustellen. Nur sahen Schallmayer und Ploetz im politischen Spektrum des Kaiserreichs keine andere Partei »außer der sozialdemokratischen«, die »gegenwärtig ... zu ernstlichen Reformen auf diesem Gebiet geneigt«[160] sei.

In der rassenhygienisch-sozialistischen Leistungsgesellschaft sollten auch die moderne Medizin und die soziale Hygiene integriert werden. Im Rahmen der negativen »Fortpflanzungsauslese«, also in der Ablösung der »natürlichen« durch die »sexuelle Auslese«, versprach man sich eine durchaus positive Wirkung der sozialen Hygiene auf den »Rasseprozess«. War die moderne Medizin für das Phänomen »Kontraselektion« zunächst als verantwortlich erklärt worden, sollte sie im rassenhygienischen Zukunftsmodell als »rassedienliches« Instrument genutzt werden: »Da aber die natürliche Auslese ... durch die geschlechtliche oder Keimauslese vollständig ersetzt werden kann, und letztere sogar unvergleichlich leistungsfähiger ist als erstere, so ist vom Standpunkt des Keimdienstes nichts dagegen einzuwenden, daß kranken und schwächlichen Personen auch dann, wenn ihre Vererbungssubstanz primär (als Ursache) oder sekundär (als Folge) als beteiligt anzusehen ist, das Leben in jeder Weise erleichtert und verlängert werde, soweit es die Rücksicht auf das sozialistische Interesse irgend zuläßt.«[161] Es sei ein großer Irrtum, daß Rassenhygiene grundsätzlich auf sozialhygienische Bestrebungen verzichten wolle. Im Gegenteil, praktische »Fortpflanzungsauslese« beinhaltete auch gesundheitspolitische Maßnahmen gegen Infektionskrankheiten, Tuberkulose, Alkoholismus, Kindersterblichkeit etc. Kein ernsthafter »Entartungstheoretiker« könne Gegner der Hygiene sein.[162]

Ebenso wurden die Kranken-, Unfall- und Altersversicherung von Ploetz als »Errungenschaften der Culturländer« gerühmt; soziale Einrichtungen dieser Art seien die Garanten für »Erhaltung des gesunden, blühenden Lebens«.[163] Auch strebten Rassenhygieniker eine Verbesserung des Mutterschutzes gegen den – von ihnen vorerst nur in Frankreich beobachteten – Geburtenrückgang an.[164] Eugen Bleuler (1857–1939) – ein Schweizer Entartungstheoretiker und Psychiater – differenzierte die Wirkungen der modernen Medizin und der Hygiene für die Rassenhygiene: »Die letzteren kommen mehr oder weniger allen Individuen zugute und heben so das Niveau der Rasse, die ersteren aber fördern nur die Schwachen und müssen deshalb das Niveau heruntersetzen.«[165] Als Beispiel nannte er die aufgrund von Beckenenge an der Geburt sterbenden Frauen und wertete solche Frauenmortalität als Vorgang der »natürlichen Auslese« – denn, sie treffe »nur die Abnormen«. Und weiter: »Erhält die Kunsthilfe alle oder einen wesentlichen Teil dieser Frauen, so muss nach Gesetzen, welche die Beobachtung der Züchter von Tieren und Pflanzen längst sichergestellt hat, der Durchschnitt der Beckenweite sich vermindern, und die Geburtsschwierigkeiten mit allen ihren Leiden müssen erhöht werden, was eine Verschlechterung der Rasse bedeutet.«[166] Hygiene in Kombination mit (negativer) »Fortpflanzungsauslese« hingegen bildete eine gesundheitspolitische Richtlinie der Rassenhygiene.

Die rassenhygienische Utopie unterschied sich von der Politik, die aktuell zu ihrer Verwirklichung entworfen wurde. Stand hier nämlich die ausgesprochen vulgäre Vorstellung einer Gesellschaft im Vordergrund, in der Krankheit, Sterblichkeit, Verletzlichkeit – kurzum die schmerzliche Seite menschlicher Natur – auszurotten waren, so daß nur noch »gesunde«, »schöne«, »starke«, »glückliche« »Glieder« in einem harmonischen, unsterblichen Organismus existierten und so menschliche Natur tatsächlich überwindbar schien, ging es in der aktuellen Programmatik um so mehr um ein großangelegtes Opferritual durch die systematische »Ausmerzung« von »Elementen«. Eine Ethik, die gegen das Lebensrecht von »Minderwertigen« das der »Rasse« setzte, wurde insbesondere von Medizinern formuliert. Mit Phrasen wie: »Wir Gesunden haben die Macht; wo ihr Kranken und Schwächeren uns schadet, müßt ihr weichen«[167], oder: »Der Schutz der Starken vor der Herrschaft der Schwachen«[168] wurde ein »Ausmerzungssystem«[169] entworfen, das man als gesellschaftliche Prävention gegen »Krankheit«, »Verbrechen« und soziale Abweichungen postuliert und als »qualitative Bevölkerungspolitik«[170] vorstellte.

»Qualitative Geburtenpolitik« war gleichbedeutend mit »Ausmerze von Minderwertigen«, oder man kann auch sagen, rassenhygienische Ethik war nichts anderes als die säkularisierte Version des Menschenopfers, welches eine Erlösung von menschlichem Leiden und Schmerz verheißen sollte: »Es heißt nun die schlechtesten Fäden, ein Zehntel aller, zu fassen und abzuschneiden. Wenn jemand Beweise seiner Minderwertigkeit liefert und wenn dazu noch familiengeschichtliche Untersuchungen dartun, daß diese Minderwertigkeit auch in anderen Mitgliedern seiner Sippschaft vorkommt, so ist anzunehmen, daß in ihm ein schlechter Faden läuft: dieser muß ausgemerzt werden.«[171] Der Münchener Hygieneprofessor Ignaz Kaup (1870–1944) mahnte vor »falschen Gefühlsduseleien«.[172] Ein »Humanitätsdusel« – schrieb er – »sei nicht am Platze. Unsere gesunde Nachkommenschaft hat das Recht auf Schutz vor einem Verderb durch Keimschädlinge, und jede vorwärtstreibende Nation hat die Pflicht, den Ballast der Minderwertigenkosten möglichst zu vermindern«.[173]

Häufig wurde diese Ethik ökonomisch begründet mit dem Vorwurf »unproduktiver« Sozialausgaben, die »Minderwertige« durch ihre Pflegebedürftigkeit in Anspruch nähmen. Der linksliberale Reichstagsabgeordnete Heinz Potthoff (Fortschrittliche Volkspartei) schrieb 1911: »Die Begründung sozialer Tätigkeit auf Mitleid und Nächstenliebe führt unwillkürlich dazu, daß man Geld und Mühe da verwendet, wo das Elend am größten ist. Aber sozial richtig ist das nicht. Die Humanität in diesem Sinne ist zweifach unwirtschaftlich. Sie ist teuer: mit dem Gelde, mit dem man einen Krüppel erhält, kann man zwei gesunde Kinder hochbringen. Sie ist unproduktiv: die vom Mitleid gepflegten Elenden werden niemals das angewandte Kapital dem Volke zurückerstatten. So rührend daher die Versorgung von Idioten, Krüppeln oder anderen lebensunfähigen Elementen sein mag, man sollte nie übersehen, daß sie ein Luxus ist, und man sollte vor jeder größeren Aufwendung sich fragen, ob unser Volk sich diesen Luxus erlauben kann.«[174]

Die naturwissenschaftliche Ätiologie der »Vererbung« und die Forderung nach Kosteneinsparung durch Ausmerze wurden mit Familienstatistik und Genealogie verknüpft. Fiktive Kosten wurden anhand von »Familienstammbäumen« – verstanden als Vererbungskonglomerate – über Jahrhunderte zurückkalkuliert. Der »Stammbaum« der New Yorker Familien Yuke diente in der international geführten Diskussion unter Psychiatern, Juristen und Ärzten als beliebtes Beispiel. Kaum eine Schrift, in der »Fortpflanzungsauslese« postuliert wurde, ließ dieses Exempel einer Kosten-Nutzen-Rechnung aus. Bis zum Jahre 1770 wurden die »Stammbäume« der »Minderwertigen« – oder »dieser Brut«[175], wie Schallmayer die Yukes nannte – zurückverfolgt: »Der Stammvater ... war ein Trunkenbold und arbeitsscheu. 1200 seiner Nachkommen waren vor 1874 in Strafanstalten gewesen oder der Öffentlichkeit zur Last gefallen; ... keiner hatte in der Flotte oder im Heer gedient oder irgend etwas zum öffentlichen Wohle beigetragen. Dagegen hatte jeder der Gesellschaft etwa 4000 M. gekostet, alle zusammen etwa 5 Mill. M. 310 waren in Armenhäusern gewesen, zusammen 2300 Jahre; ... 50 waren Prostituierte, 7 Mörder gewesen und 60 gewohnheitsmäßige Diebe, von denen jeder durchschnittlich 12 Jahre im Gefängnis zubrachte, 130 waren mehr oder weniger oft wegen Verbrechen verurteilt.«[176]

Eines der zentralen Kriterien für den »Lebenswert« eines Menschen war seine Arbeitsfähigkeit. Sie galt als Leistung der Anpassungspotenz, die schon Darwin als zentrales Moment der Evolution herausgestellt hatte. Die Einteilung in »Voll«-, »Halb«-, »Viertel«- und »Teilparasiten« mag hier als ein Exempel für das rassenhygienische Kategoriensystem stehen, in dem Menschen nach ihrer sozialen »Verwendbarkeit«, nach ihrer »Erbmasse«, beurteilt wurden, wie z. B. von dem Lindauer Bezirksarzt Josef Graßl 1911: »Vollparasit ist, wer sich seine Lebensbedürfnisse nicht selber verdient, verdient hat oder verdienen wird. Parasit ist also, wer die ererbten Ansammlungen seiner Voreltern aufzehrt, Parasit ist auch der Kranke, der von der Allgemeinheit lebt. Der eine schuldig, der andere unschuldig; im Wesen aber beide gleich... Halb- und Viertelparasit ist, wer sich seine Lebensbedürfnisse nur teilweise verdient. Teilparasit ist jeder, der über seinen Stand lebt, ... sie alle zwingen die Allgemeinheit, die Produzenten, ihnen einen Teil ihrer Produkte abzutreten ohne jede persönliche Gegenleistung.«[177] Aus solchen menschenverachtenden Phrasen leitete sich die Forderung nach »auslesender«, »qualitativer Bevölkerungspolitik«[178] ab.

Bevölkerungspolitik wurde so gesehen eine politische Strategie, die auf einer auf die Spitze getriebenen Entwürdigung von als »krank« definierten Menschen durch Ärzte basierte, und sie war gleichfalls totalitär. Wissenschaftliche Erkenntnisse und ihre politische Anwendung waren im eugenischen Programm zuinnerst miteinander verbunden. Schon Galton hatte als »praktische Maßnahme« der »Fortpflanzungs-Hygiene« den Aufbau der Familienstatistik, Genealogie und Vererbungsforschung vorgeschlagen, um eine »Abschätzung der Durchschnitts-Beschaffenheit der Nachkommenschaft verheirateter Paare aus deren persönlichen und vorfahrlichen Daten«[179] zu gewinnen. Zu den statistischen

Aufgaben zählten »Versicherungsgesellschaftliche Daten«, die »von den Behörden zu verschaffen« seien.[180] Auf Basis solcher Daten hatte als nächster Schritt die »Staatsaktion« zu folgen.[181]

Die »Staatsaktion« wurde für künftige Zeiten propagiert: »Es muß die Zeit kommen« – so der Medizinprofessor Friedrich Martius 1910 –, »vielleicht erleben wir oder doch wenigstens die jüngeren unter uns sie noch, in der der Staat sich dazu aufrafft, in seinem eigensten Interesse, d. h. im Interesse seiner künftigen wirtschaftlichen, militärischen und kulturellen Leistungsfähigkeit gesetzliche Maßnahmen zu schaffen, die den bürgerlichen Ehekonsens ... abhängig machen von der Beibringung eines ärztlichen Zeugnisses.«[182] Man müsse »eindeutige Normativbestimmungen« definieren, »nach denen der hygienische Standesbeamte der Zukunft sich zu richten« habe.[183] Der Medizinalrat Josef Graßl erklärte die Ehe zum »stärksten Auslesefaktor«. Aus diesem Grunde sei sie im Sinne eines »Kulturinstituts« neuzugestalten: »Sie ist an die Stelle des Sieges des Männchens im Kampfe um den Besitz des Weibchens getreten. Und trotz aller Entartung der Ehe spielt doch beim Eingehen derselben die körperliche und geistige Eigenschaft der Brautpaare die größte Rolle. Sie ist ein Auslese-Institut.«[184]

Die Ehe wurde zum Ort der »sexuellen Auslese« und das heißt, Hauptansatzpunkt für die konkrete Selektion. Als primäres Kontrollinstrument der »Fortpflanzungsauslese« sollte sie das Zielobjekt rassenhygienischer Politik werden. Die Institutionalisierung von Heiratszeugnissen bildete eine der wichtigsten Forderungen im Rahmen »qualitativer« Bevölkerungspolitik. Diese Funktionszuweisung der Ehe als »Auslese-Institution« – die »biologische Eheschließungshygiene«, wie Martius das rassenhygienische Projekt nannte – war jedoch in den Anfängen der Rassenhygiene und Eugenik noch Zukunftsmusik. Und nach Ploetz sollte die »rassenhygienische Utopie« folgendermaßen komponiert sein: »Verfolgen wir ein junges Ehepaar, dem die Fortpflanzung auf Grund ihrer Qualitäten ... erlaubt war... Die Lebensführung der Gatten ist beherrscht von der Rücksicht auf die Erzeugung guter Kinder«. Die »Zeugung« werde »nicht irgend einem Zufall, einer angeheiterten Stunde überlassen, sondern geregelt nach den

Grundsätzen, die die Wissenschaft für Zeit und sonstige Bedingungen aufgestellt hat... Nach Beginn der Schwangerschaft wird die junge Mutter als eine höchst wichtige Persönlichkeit betrachtet, man gewährt ihr alle möglichen Mittel für ihr eigenes und das Gedeihen ihrer Leibesfrucht. Stellt es sich trotzdem heraus, dass das Neugeborene ein schwächliches oder missgestaltetes Kind ist, so wird ihm von dem Aerzte-Collegium, das über den Bürgerbrief der Gesellschaft entscheidet, ein sanfter Tod bereitet, sagen wir durch eine kleine Dose Morphium.«[185]

In diesem Konzept sind alle wesentlichen Aspekte der Eugenik und Rassenhygiene für ein politisches Programm zusammengefaßt: Die Auslese von »schwächlichen und defecten Individuen« wird zum naturalisierten gesellschaftlichen Prinzip erhoben. Entsprechend dieser Auffassung wird die »sexuelle Auslese« als politisches Regulativ an ein naturwissenschaftliches Metier – an die Medizin – verwiesen. Ihre Diagnostik ist Selektion, d. h. ein »Aerzte-Collegium« definiert den »biologischen« und, damit identisch, den gesellschaftlichen »Wert« eines Individuums. Der Staat als Organisator stellt das notwendige institutionelle Instrumentarium für die Politik der »Fortpflanzungsauslese« zur Verfügung und erhebt selbst die Rassenhygiene zum staatspolitischen Programm. »Institutionen zu finden und ins Leben zu rufen, welche sich in den Rahmen friedlicher Zivilisation einfügen und dabei dennoch der ingeniösen menschlichen Veranlagung zu ihrem generativen Recht verhelfen«[186], darauf richtete sich das Engagement der rassenhygienischen und eugenischen Bewegung.

Psychiater und »Gesellschaftsfeinde«

»Die Gesellschaft hat mit der Diskriminierung das soziale Mordinstrument entdeckt, mit dem man Menschen ohne Blutvergießen umbringen kann...«[187]

Hannah Arendt

1910 erstellte die oberste medizinische Gutachterinstanz Preußens – die *Wissenschaftliche Deputation für das Medizinalwesen*[188] im Preußischen Kultusministerium – ein sogenanntes Obergutachten über den »Geisteszustand« eines 22jährigen Mannes. Er war wegen Raubmordes angeklagt. Die Kommission[189] ermittelte die »Zurechnungsfähigkeit« des Angeklagten. Das Argumentationsschema dieser Expertise repräsentiert die damals gängige Sozialdiagnostik als psychiatrische Lehrmeinung. Ärztliche Stellungnahmen dieser Art liegen zahlreich vor. Sie belegen den medizinischen Einfluß auf die Rechtsprechung und die soziale Disziplinierungsfunktion, die der Psychiatrie zukam. Aus diesem Grund habe ich das Gutachten im folgenden ausführlich wiedergegeben.

Es besteht aus vier Teilen: Familienanamnese, Vorgeschichte des Angeklagten, Persönlichkeitsbeschreibung und gutachterliche Stellungnahme.[190] Unter der Überschrift *Vorgeschichte bis zur Strafhandlung* heißt es:

»Sein Großvater väterlicherseits soll in seiner Jugend eine Geistesstörung durchgemacht haben und auch später niemals ganz normal gewesen sein. Die Geschwister dieses Großvaters sollen sämtlich schwach begabt, zum Teil ›direkt einfältig‹ gewesen sein. Die Großmutter väterlicherseits war sehr reizbar und litt an Migräne. Von ihren Geschwistern waren zwei Sonderlinge, drei geisteskrank. Der Vater des Angeklagten ist ein bekannter Maler; er war stets sehr erregbar und jähzornig... Auch die Geschwister des Vaters sollen erregbar bzw. nervöse Defekte zeigen. Mütterlicherseits litt der Urgroßvater an Migräne und starb an Gehirnerweichung. Der Großvater mütterlicherseits, der ebenfalls an Migräne litt, soll – ebenso wie eine Schwester desselben – ein auffälliger Charakter gewesen sein. Eine andere Schwester und ein Bruder desselben starben vor kurzem nach langer Geisteskrankheit. Die Mutter leidet an Migräne, ebenso ihr ältester Bruder und ihr zweiter Sohn. Letzterer soll außerdem homosexuelle Neigungen haben. Ein Bruder der Mutter soll Epileptiker und Morfinist gewesen, außerdem ein Onkel und eine Tante des Angeklagten von der Mutterseite an Gehirnerweichung gestorben sein.«[191]

Soweit die klassische »Familienanamnese«, die in der gerichtsmedizinischen Diagnostik notorisch war, und die – so der Gerichtsmediziner Fritz Strassmann – dazu da sei, das »Vorhandensein etwaiger erblicher Belastung«[192] kennenzulernen. Der zu Untersuchende sei »als Glied einer Kette aufzufassen«, »und an dieser Kette gehen wir in die Vergangenheit zurück«. Hierbei sei nicht nur auf »ausgesprochene Geisteskrankheiten« zu achten, sondern auch »die Häufung anderer seelischer Abnormitäten, Neigungen zum Trunk, gehäufte Selbstmordversuche, Verschrobenheiten von Familienmitgliedern können wesentliche Fingerzeige geben«.[193]

Es folgt eine Beschreibung der Kindheit des Angeklagten:

»Der Angeklagte selbst soll wahrscheinlich frühgeboren sein... In seiner Kindheit soll er vielfach durch Schläge auf den Kopf gezüchtigt worden sein. Als Quintaner wurde er einmal mit dem Kopf so heftig gegen eine Steinmauer gestoßen, daß er ›blaß‹ und ›elend‹ nach Hause gebracht werden mußte; doch meinen die Eltern nicht, daß dieser Unfall dauernde Folgen gehabt hat... Schon von Kind auf war er blutarm und schwächlich. Über eigentliche Krampfanfälle in der Kindheit ist nichts bekannt. Dagegen zeigten sich schon sehr früh anderweitige nervöse Symptome... Als kleines Kind soll er viel Erbrechen gehabt haben, besonders wenn er Angst hatte oder erschrocken war.«[194]

Die »nervösen Symptome« werden aufgezählt: »Zuckungen um den Mundwinkel«, »Zähneknirschen«, »ängstlich, schreckhaft, empfindlich und zum Weinen geneigt«.[195] Solche »Symptome« galten als Krankheitsanzeichen für »entartete Kinder«.[196]

Die Entartungsliteratur dokumentiert Kindesmißhandlungen, die als Pädagogik durchweg legitimiert waren und teilweise von Psychiatern selbst praktiziert wurden. Erschütternd sind die von Psychiatern geschilderten Fälle, in denen Kinder wegen ihrer Reaktionen auf gewalttätige Disziplinierungen durch Erzieher in psychiatrischen Anstalten interniert wurden. Kindesmißhandlungen von »entarteten Kindern« werden in dieser Literatur respektlos als pädagogisch sinnvolle Züchtigungen vorgestellt. Wenn Kinder auf Verletzungen sensibel reagierten – also beispielsweise weinten, diese Beschädigung nicht hinnehmen oder vergessen wollten – dann galten solche Äußerungen wiederum als Symptome der »degenerierten«, weil »hypersensiblen« Persönlichkeit. Das in der psychiatrischen Diagnostik als »normal« erklärte Kind ertrug Erniedrigung, Verletzung und Schläge reuevoll und selbstbeherrscht. Obwohl ich diesen Aspekt hier nicht weiter behandeln will, ein Beispiel:

»12 Jahre alter Volksschüler. Unehelich geboren. Der Vater, der getrunken hat, ›wie ein Arbeitsmann trinkt‹, ist später ausgewandert. Die Mutter soll nervös sein. . . Am 18. Februar 1908 kam es in seiner Klasse am Ende der Stunde zu Ungezogenheiten der Schüler gegen den Zeichenlehrer. Dieser, der Patienten wohl für den Hauptschuldigen hielt, züchtigte ihn so heftig, daß er mit blutigem Ohr aus der Schule kam. Auf dem Heimweg von der Schule schimpfte Patient in ausfallender Weise hinter dem Lehrer her, drohte ihm auch damit, daß seine Mutter sich an den Schulinspektor wenden würde. Am nächsten Tage soll er sich mehrfach ›geschüttelt haben, als wenn er Frost hätte‹. Am 20. Februar erhielt er vom Rektor, dem er ausweichende und trotzige Antworten gab, abermals Prügel wegen derselben Sache. Er soll dann mit einer geschwollenen Backe aus der Schule gekommen sein. Er schwankte beim Gehen, konnte kaum reden, klagte über den Hals, mußte deshalb zu Bett gelegt werden. Bald darauf fing er an zu ›phantasieren‹, sah Gestalten, weiße Männer, griff Fliegen, behauptete, ein Mann spreche ihm etwas ins Ohr. Am 23. Februar fing er an zu toben, schlug mit den Händen gegen die Wand, schlug um sich, so daß er gehalten werden mußte, ›kannte keinen Menschen‹. Nach einigen Tagen sprach er wieder, erzählte, es ginge ein Rad, ein Leierkasten in seinem Kopf. Nach etwa 8 Tagen konnte er aufstehen, spielte auch wieder mit seinen Bohnen, kam aber zuweilen zur Mutter gelaufen, das Rad ginge wieder im Kopf; er warf sich auch zu Boden und schrie, der Leierkasten ginge im Kopf. Bisweilen tanzte er bald rechts, bald links herum, je nach dem das Rad herumginge. Der Schlaf war schlecht, bald aß er gar nicht, bald bestand Heißhunger, zuweilen näßte er auch ein. Später versuchte er mehrfach fortzulaufen, angeblich, um Heidelbeeren zu pflücken, war auch einmal 2 Tage verschwunden. Er sprach nun nicht mehr davon, daß ein Rad in seinem Kopf ginge, sondern

Kindliche Verbrecher-Typen.

Aus: Lombroso (1896, 3), Tafel 44

äußerte, es sei ihm, als wenn ihm Steine im Kopf ›herumrummelten‹. Die Mutter und die Geschwister wären ganz schwarz und hätten so große Augen; manchmal stieß er auch mit den Armen vor sich hin. Am 24. März wurde er zwangsweise der Schule zugeführt. Der Polizeibeamte brachte ihn nur mit Mühe hinein, da er schrie und hinausdrängte. Nach der ersten Stunde, in der er sich ruhig gehalten hatte, entlief er wieder und mußte zurückgeführt werden. In den folgenden Stunden beteiligte er sich am Unterricht. Seitdem war er nicht wieder in der Schule. Die Eltern bemerkten auch, daß er ›alles aus der Schule vergessen hatte‹. Am 4. April 1908 erfolgte seine Aufnahme in die Anstalt.«[197]

Schulisches Verhalten und jegliche Anpassungsleistung gegenüber Autoritäten wie Eltern, Lehrer oder Meister waren Kriterien zur Beurteilung von »Sittlichkeit« bzw. »moralischer Gesundheit« – verstanden als eine hirnorganische Kategorie.[198]

Der Angeklagte repräsentierte den Prototyp eines als »entartet« definierten Kindes:

»Familiensinn und Anhänglichkeit an seine Angehörigen fehlten ihm«. Statt dessen wird eine »Neigung zum Niederreißen, Zerstören, Vernichten« konstatiert. »Sein moralisches Verhalten gab schon sehr früh zu Klagen Anlaß. Besonders auffällig war seine Lügenhaftigkeit... Im Alter von 11 Jahren soll er einmal Geld aus dem Küchenportemonnaie genommen haben... Auf der Schule fälschte er in der Quinta ein Zeugnis, ... Der Angeklagte selbst hat dazu erklärt, daß er die Zensur aus Furcht vor Strafe, weil sie schlecht war, gefälscht hat... Um Näschereien zu kaufen, entwendete er Geld. Strafen und Ermahnungen waren ohne Wirkung... Seine Schulleistungen auf dem Gymnasium ... sollen anfangs ausreichend gewesen sein.«[199]

Eine weitere zentrale Rolle spielten die geschlechtlichen Beziehungen, sie wurden mit anderen sozialen Verhaltensweisen konfrontiert: Nach dem Schulwechsel des Angeklagten habe es »homosexuelle Beziehungen zu jungen Malern ... gegeben, welche der Vater durch Auffangen perverser Liebesbriefe entdeckt hatte.« »Auf dem Realgymnasium in Borna fing er eine Liebelei mit einem jungen Mädchen an... Immerhin erlangte er Ostern 1907 die Berechtigung zum Einjährig-Freiwilligen-Dienst.« Über seine

Rückreise nach einem Ferienaufenthalt bei seinem Onkel wird berichtet: »In Berlin ›kam es über ihn, erst zu einer Straßendirne zu gehen‹. ›Er wußte angeblich nicht, wie es kam‹. Dort kaufte er sich einen Revolver, mit dem er sich erschießen wollte.«[200]

Seine Sexualität wird als »pervers« eingestuft und als solche minuziös geschildert. Die Sexualität des Angeklagten wurde hier offensichtlich pornographisch und voyeuristisch von den Gutachtern in Szene gesetzt. Die als wissenschaftliche Expertise präsentierte Veröffentlichung der Intimsphäre könnte auch als Projektion der eigenen Bedürfnisse ausgelegt werden.

»Bezüglich seines Sexuallebens ist noch zu erwähnen, daß er nach eigener Angabe ... im 13. Lebensjahr von einem Bekannten das Onanieren gelernt und sich vom 15. Lebensjahr ab auch homosexuell betätigt hat und zwar, wie er behauptet, hauptsächlich als aktiver Päderast, indem er ›entweder anderen Personen in den After oder auch in den Mund koitierte‹. Den Referenten der Deputation hat er von mutueller Onanie vom 13. Jahr ab erzählt, zu der ihn zuerst ein 2–3 Jahre älterer Klassengenosse verführt habe. Seit ungefähr derselben Zeit will er auch jungen Stuten in die Geschlechtsteile koitiert haben oder sein Glied von einem Hund so lange habe lecken lassen, bis Samenerguß erfolgte... Den normalen Geschlechtsakt will er überhaupt nur zweimal in seinem Leben vollzogen haben und zwar ›ohne besondere Befriedigung‹ ...«

Um das Bild eines »Triebmenschen« abzurunden, wurde konstatiert: »Alkoholexzesse werden in Abrede gestellt..., Nikotinexzesse sind in erheblichem Maß vorgekommen.«[201] Als »forensisch bemerkenswerth« galten – so der prominente Wiener Professor für gerichtliche Medizin, Eduard Ritter von Hofmann – »die Fälle von angeborener Verschrobenheit und namentlich von angeborenem Defect des moralischen Fühlens, bei welchen trotz normaler Körperbildung und gut entwickelter männlicher Geschlechtsorgane der Geschlechtstrieb gegenüber dem Weibe entweder vollständig fehlt und selbst Abscheu gegen das weibliche Geschlecht besteht, oder die Geschlechtsempfindung eine durchaus verkehrte ist.«[202] All dies stellten »Symptome« der »entarteten Persönlichkeit« dar. Sie seien nichts anderes – so v. Hofmann – als »Aeusserungen von der angeborenen Organisation nervöser Centren«.[203] Das sexuelle

Verhalten wurde ein wesentliches Kriterium für die psychiatrische Beurteilung eines Menschen und seiner »Zurechnungsfähigkeit«.

Für solche Gutachten war ebenso die »Prüfung der Urteilskraft« obligat, z. B. in Form von Fragen »nach dem Unterschied zwischen Irrtum und Lüge«, nach dem »Sinn eines Sprichwortes« und zur Erklärung von »Begriffen, wie z. B. Dankbarkeit«[204]; oder – wie bei der psychiatrischen Prüfung der »sittlichen Anschauungen des zu Untersuchenden« – »Warum man nicht stehlen darf«.[205] Und ob er zwischen dem individuell motivierten und dem institutionellen Töten auf Befehl differenzieren könne: »Den Unterschied zwischen Mord und Tötung eines Feindes im Krieg gibt er folgendermaßen an: hier sei es ein einzelner, dort eine Nation; im Krieg sei kein Kläger da, also sei es erlaubt, einen anderen Menschen zu töten.«[206]

Wo die gesellschaftliche Logik nicht nachvollzogen oder gar als Lüge dekuvriert schien, deutete man Handlungen und Äußerungen als Krankheitsbild und etikettierte dieses mit Begriffen wie »Querulantenparanoia«, »Kerkerwahnsinn«, »politische Leidenschaft«, »moralischer Schwachsinn«, »Gesellschaftsfeindlichkeit« etc. »Wie heißt der Kaiser?«; »Zählen sie die Monatsnamen von rückwärts auf!«; »Wer war Bismarck?«; »Welcher Unterschied ist zwischen Irrtum und Lüge?«: »Wie lauten die zehn Gebote?«; »Was geschieht, wenn man falsch schwört?«; »Warum bringt man Geld auf die Sparkasse?«; »Zählen Sie die Monatsnamen auf!«; »Sprechen Sie: 175619«; »Sprechen Sie nach: Sächsische Schlepperschiffahrtsgesellschaft!«; »Warum feiern wir Weihnachten?«; »Wohin fließt die Spree?«; »Wann war die Schlacht bei Sedan?«; »Wie heißt der Bürgermeister von K.?«[207] – dieses Vexierspiel war zur medizinischen Überprüfung der »Zurechnungsfähigkeit« laut Lehrbuch für Gerichtsmedizin einzustudieren.

Bereits vorliegende Gutachten untermauerten die Diagnose des Gremiums: Hatte der Kreisarzt Dr. B. eine »gewisse Minderwertigkeit« und das Medizinal-Collegium der Provinz Westpreußen »geistige Minderwertigkeit« und »Gemeingefährlichkeit« attestiert, hieß es nun in der Expertise der Obergutachter[208],

»daß es sich um eine sogenannte hereditäre oder degenerative psychopathische Konstitution handelt, d. h. eine krankhafte seelische Veranlagung, die auf dem Boden schwerer erblicher Belastung zustande gekommen ist. . . Die Symptome der hereditären psychopathischen Konstitution sind bei ihm vollzählig vorhanden. Vor allem gehören hierher: Die Unregelmäßigkeit seiner intellektuellen Entwicklung, die Neigung zu Stimmungsschwankungen, die Impulsivität seiner Handlungen, Neigung zu einem leicht pathologisch gefärbten Mißtrauen, die gesteigerte suggestive Beeinflußbarkeit, die Zerstreutheit, die Unfähigkeit zu konzentrierter und konsequenter Arbeit u. a. m. Auch körperlich sind die Wirkungen der erblichen Belastung nicht zu verkennen. Hierher ist vor allem seine Migräne zu rechnen, deren ererbter Charakter . . . als feststehend betrachtet werden kann. Auch die von den Vorbegutachtern aufgezählten sogenannten körperlichen ›Degenerationszeichen‹ gehören hierher (z. B. abnorme Gaumenbildung). Ferner sind die vielfach erwähnten Zuckungen nichts anderes als tic-artige Bewegungen, wie sie speziell bei Erblichbelasteten sehr oft vorkommen. Auch die Beimischung einiger hysterischer Züge ist in solchen gewöhnlich: hierher rechnen wir . . . auch einige der oben angeführten psychischen Symptome (Zerstreutheit, Labilität der Stimmung). Diese Kombination der degenerativen Konstitution mit der hysterischen hat gar nichts Befremdendes, da die Hysterie sich gleichfalls vorzugsweise auf dem Boden einer schweren erblichen Belastung entwickelt. Mit dieser unserer Auffassung, wonach bei dem Angeklagten eine degenerative psychopathische Konstitution vorliegt, deckt sich übrigens auch die Ansicht derjenigen Vorbegutachter, welche bei dem Angeklagten eine ›geistige Minderwertigkeit‹ angenommen haben. Diese ›geistige Minderwertigkeit‹ ist nur ein unbestimmter Ausdruck für das, was wir bestimmter als erbliche psychopathische Konstitution bezeichnet haben.« »Wir gelangen zu folgenden Schlußsätzen: 1.) Der Angeklagte war weder zur Zeit der Strafhandlung noch ist er jetzt geisteskrank. Es handelt sich vielmehr um eine erbliche psychopathische Konstitution.«[209]

Diese Diagnose ist prototypisch für ein psychiatrisches »Krankheitsbild«, wie es seit den siebziger Jahren des 19. Jahrhunderts in der »Degenerationslehre« beschrieben wird.[210] »Es wäre unvernünftig, einen Menschen deshalb, weil ihm ein Fingerglied fehlt, nicht für gesund zu halten, aber normal ist er nicht.«[211] Der Psychiater Paul Julius Möbius (1853–1907) – durch seine Arbeiten zur Psychopathologie prominent geworden und in den zwanziger Jahren von dem Psychiatrieprofessor Emil Kraepelin (1865–1926) als einer der »hervorragendsten . . . deutschen Nervenärzte« gerühmt[212] – sprach hier einen Kernsatz der seit Mitte des 19. Jahrhunderts von Irrenärzten entwickelten Entartungslehre an.

In dieser Lehre ging es weniger um die Erklärung »echter Geisteskrankheiten«, als vielmehr um eine grundlegende Definition von »Normalität« und »Krankheit«. Nach der Devise, jegliches andere sei degeneriert, stand »Entartung« als Synonym für »Abnormität« und zwar in körperlicher, sozialer wie sexueller Hinsicht. »Entartete« bildeten einen bestimmten Menschentypus mit gehäuften »Abweichungen« in ihrer körperlichen Erscheinung und ihren sozialen Verhaltensweisen. Sie waren als »Kranke« definiert, aber nicht zwingend als »Geisteskranke«. »Das Gebiet der Abnormität ist sehr gross« – schrieb Möbius –, »denn streng genommen gehören wir alle ohne Ausnahme hinein und man wird überhaupt unter den Menschen die ideale Normalität vergeblich suchen. Will man nur von denen reden, die wesentliche Abnormitäten aufweisen, so braucht man einen neuen Begriff. Als solcher bietet sich der der Entartung an.«[213]

Die Entartungslehre beschränkte sich also keineswegs auf die Stigmatisierung von »Abweichungen«, sie beinhaltete ein Normalitätskonzept und bezog sich universell auf alle Menschen. Psychiater waren es, die sich im Rahmen der Degenerationslehre in toto um die Definition von Emotionalität, Sexualität, Arbeitsfähigkeit, Intellekt, Körperlichkeit, Moralität – kurz: um die Systematisierung sozialer, seelischer und körperlicher Eigenschaften in den Parametern von »Krankheit« und »Gesundheit« bemühten.

Der Begriff »Entartung«, gleichbedeutend mit »Degeneration« – von dem lateinischen Wort *degenere* abgeleitet und hier parallel aus dem französischen Sprachgebrauch übernommen –, bezog sich zunächst als medizinischer Terminus auf den Verfall von Zellen, Organen, Geweben und wurde erst in der Entartungslehre auf den ganzen Menschen erweitert. Im 18. Jahrhundert war er in der Zoologie und Botanik im Kontext von Züchtungen geläufig und implizierte hier auch die negative Bedeutung von »schlechter werden, sich verschlimmern«.[214] Seine ursprüngliche Definition deutet den Inhalt der späteren Degenerationstheorie an: »Ausartung« wurde im Konversationslexikon von 1825 beschrieben als »diejenige Veränderung fortgehender thierischer oder vegetabilischer Geschlechter, nach der sie Eigenheiten, die ihnen der Art nach zukommen, verlieren und dagegen andere annehmen, insofern sie zugleich gewisse Vorzüge dadurch einbüßen, oder sich verschlechtern. . . Wenn solche in mehreren Generationen wiederholt werden, indem die dadurch bewirkten Änderungen endlich erblich werden. In der Landwirtschaft, Gärtnerey und Viehzucht ist A. häufig unerwünscht und schwer zu vermeiden«.[215]

Unerwünscht war auch die von Psychiatern erfundene Gruppe der »Entarteten«, und zwar nicht nur deswegen, weil sie durch »Vererbung« ihre »degenerativen« Charkteristika kontinuierlich weitergaben und vermehrten, sondern auch – so der damals in der Irrenanstalt Illenau als Arzt tätige Richard von Krafft-Ebing (1841–1902) im Jahre 1868 – weil sie »ab ovo zum Bösen organisch praedestiniert«[216] seien.

Die Logik dieser Lehre speiste sich in erster Linie aus einer allgemein herrschenden psychiatrischen Hypothese, wonach »psychologische Auesserungen« – so der Psychiatrieprofessor Heinrich Schüle (1840–1916) 1878 – »an die Functionen des Nervensystems« angeknüpft seien.[217] Das Gehirn, das »Seelenorgan« par excellence, galt in seiner physiologischen Materialisierung als der Ursprung von Gefühlen und Verhaltensweisen, während individuelle und gesellschaftliche Erfahrungen für die Erklärungen von seelischen Leiden kaum eine Rolle spielten: »In dieser Thatsache liegt der Schlüssel zur Natur unserer Geistesstörungen: sie sind Hirnkrankheiten, sie sind Nervenleiden . . . und zwar in einer solchen unabtrennbaren Zugehörigkeit wie diese nur aus der *Wesens*gleichheit entstehen kann. . . Aus der nervösen Constitution der Mutter entwickelt sich eine Hysterie beim Kinde, aus dem habituellen Jähzorne des Vaters eine Epilepsie«.[218] Solche hirnzentrierte Perspektive blieb mit der Auffassung von der »Vererbbarkeit« psychischer, körperlicher, sexueller und sozialer Attribute verflochten. »Wir dürfen das geisteskranke Individuum nicht für sich allein, sondern nur in einer Kette seiner Abstammung erfassen.«[219]

»Erbkrankheiten« waren seit der zweiten Hälfte des 19. Jahrhunderts »Krankheiten«, »die sich von den Eltern auf die Kinder durch den Zeugungsakt fortpflanzen«.[220] Zeugungs- und Vererbungsvorgänge galten in der Schulmedizin dieser Zeit zwar noch als ungeklärt. Auf alle Fälle kamen aber Krankheiten, die von Geburt an oder solche, die in der Familie häufiger auftauchten, am ehesten für die Klassifikation als »Erbkrankheiten« in Betracht. Auf dieser Erkenntnisbasis entwickelte sich die psychiatrische Entartungslehre. Während das Spektrum an »Erbkrankheiten«, je nach Forschungsstand in anderen medizinischen Disziplinen (insbesondere durch Neuerkenntnisse in der Bakteriologie) dehnbar war – z. B. galten zunächst Tuberkulose, Gicht, Skrofulose, Würmer, Tetanus, Rachitis, Syphilis etc. als vererbbar[221] –, blieb die Gruppe der »Geisteskrankheiten« wie z. B. Epilepsie, Melancholie, Schizophrenie, Hysterie, Dementia praecox oder Schwachsinn konstant in diesem Kanon bestehen. Aus diesem Grund wurde vor allem in der Psychiatrie die »Entartung« zum festen Bestandteil der klinischen Diagnostik.

»Degeneration« war per definitionem an »Vererbung« geknüpft und folglich als medizinisch heilbare »Krankheit« indiskutabel. Durch die Fixierung auf das »Vererbungs«-Modell avancierte die Gruppe der »Degenerierten« zu einer Kategorie von »Kranken«, die, weil therapeuthisch nicht faßbar, im wortwörtlichen Sinne unbeherrschbar blieb. Man könnte auch sagen: weil für eine auf objektivierbaren Erkenntnismethoden beruhende Wissenschaft Erkrankungen der Seele rational unerklärbar blieben – was dem Ansehen der Psychiatrie des 19. Jahrhunderts einen schweren Stand verlieh –, fielen z. B. Epilepsie, Melancholie, Schizophrenie, Hysterie, Dementia praecox oder Schwachsinn am ehesten unter den Krankheitsbegriff der »Entartung«.

Darüber hinaus hatte das »Vererbungs«-Modell zur Konsequenz, daß die potentielle Nachkommenschaft von »Entarteten« ins medizinische Blickfeld geriet. »Degenerierte« waren so gesehen einerseits unheilbar »Kranke« und darüber hinaus potentielle Vermehrer ihrer eigenen »Spezies«. Ebenso wie »Vererbung« war auch »Fortpflanzung« in der Entartungslehre von vornherein thematisiert worden. Die Theorie der »hereditären Degeneration« problematisierte die »Fortpflanzung« »Entarteter«. So z. B. im *Handbuch der Geisteskrankheiten* von 1878: »Das Schlechte, das Unsittliche wirkt degenerierend, und zwar schliesst seine unselige Wirkung nicht im Einzelleben ab, sondern der verschlechternde

Einfluss vollendet sich erst in der psychischen Gesammtartung der Nachkommenschaft. ›Fortzeugend muss die böse That Böses gebähren.‹ Im Fluch der Hereditát wird es verwirklicht.«[222]

Wenn schon nicht therapeutisch beherrschbar, so schien das von Psychiatern behauptete Phänomen der »Degeneration« als Ganzes gesehen zumindest über die ärztliche Überwachung der »Fortpflanzung« kontrollierbar. Die »Vermehrung« von »Entarteten« hatte die Degenerationslehre als medizinisches Thema aufgebracht, wobei schon hier das Interesse der »Rasse« hervorgehoben wurde. Psychiater wie Schüle diskutierten zunächst unabhängig von der rassenhygienischen Bewegung – und schon früher – die ärztliche Kontrolle des Heiratsverhaltens und seit etwa 1900 die Sterilisation. »Im Schosse dieses einen Problems liegt vor allem die Zukunft eines ganzen Volkes wie des Einzelnen. Heirathen unter Blutsverwandten, Heirathen in hereditären Familien ... sind die Hauptgesichtspunkte, auf welche die Gesunderhaltung der bestehenden Generationen so wie der Nachkommen der Arzt und der Nationalökonom das fundamentalste Interesse hat.«[223]

Der französische Psychiater Benedict Augustin Morel (1809-1873) eröffnete im Jahre 1857 die international geführte Entartungsdiskussion unter Psychiatern mit seiner Schrift: *Traité des Dégénérescenses physiques, intellectuelles et morales des l'espèce humaine et des causes que produisent ces variétés maladives* (Paris 1857). »Vererbung« und »Konstitution« wurden hier für die Ätiologie bestimmter »Geisteskrankheiten« in den Mittelpunkt gestellt.[224] Morel listete anatomische Zeichen der »Entartung« auf, die später noch bedeutend erweitert wurden, wozu u. a. asymmetrisches Gesicht, henkelartige Ohren, unregelmäßige Stellung der Zähne, fliehende Stirn, Zuckungen im Gesicht, Gaumenasymmetrie, Klumpfußbildungen, Mißbildungen der Genitalien etc. zählten.[225]

Die Allegorie, »Geisteskranke« seien »entartete Früchte am Baume der Menschheit«[226], kombinierte Morel mit Vererbungstheorien und deren sozialen Zuschreibungen, wie sie schon in der Gallschen Hirnlehre zusammengefaßt waren. Morel übernahm die Lokalisationstheorie des Gehirnforschers (Franz Joseph Gall, 1758–1828).[227] Bei Morel kam die These hinzu, daß die Nachkommen von »Entarteten« progressiv mit jeder Generation eine

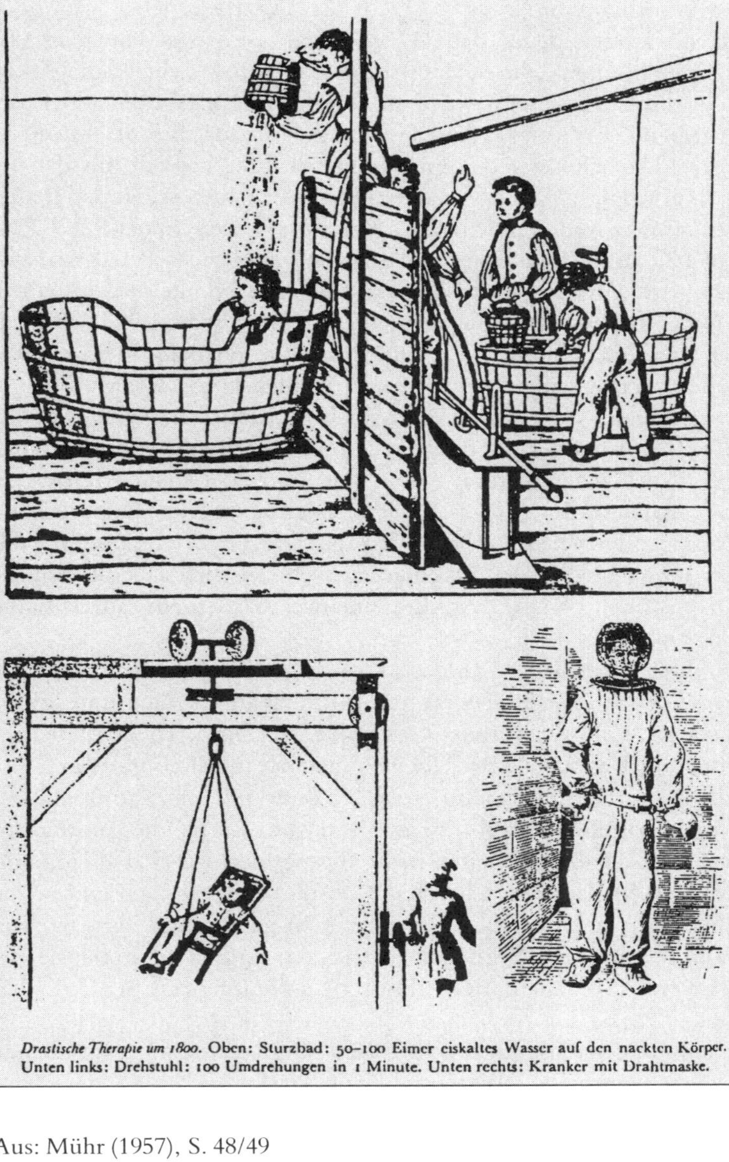

Drastische Therapie um 1800. Oben: Sturzbad: 50–100 Eimer eiskaltes Wasser auf den nackten Körper. Unten links: Drehstuhl: 100 Umdrehungen in 1 Minute. Unten rechts: Kranker mit Drahtmaske.

Aus: Mühr (1957), S. 48/49

»neue Abart« bildeten.[228] Die frühe Entartungslehre war noch davon ausgegangen, daß »Degenerierte« mit der Häufung von »Abnormitäten« durch Unfruchtbarkeit und Lebensunfähigkeit schließlich aussterben würden. (Dieser Grundsatz entsprach der späteren Darwinschen Aussage von der »natürlichen Selektion«.)

Der Aufschwung der Entartungslehre fiel zeitlich mit den ersten Einrichtungen von Lehrstühlen der Universitätspsychiatrie zusammen und stand im Zeichen einer neuen Epoche der Psychiatrie, die sich in dieser Zeit zu einer experimentellen Naturwissenschaft entwickelte.[229] Während »Geisteskranke« in der ersten Hälfte des 19. Jahrhunderts noch gefoltert wurden – sie galten als zu strafende Sünder[230] –, sollte jetzt nur noch nach humanistischen, ärztlich-therapeutischen Prinzipien behandelt werden. In Deutschland repräsentierte Wilhelm Griesinger (1817–1868)[231] diese Neuorientierung der Psychiatrie. Griesinger – Vorbild heutiger Psychiatriereformer – war aber auch der erste Irrenarzt in Deutschland, der Morels Entartungslehre aufgriff. Entsprechend der rasanten Verbreitung der Morelschen Theorie, hatte Griesinger schon 1861 in der Zweitauflage seines Lehrbuchs die erbliche Disposition von »Geisteskrankheiten« zu einem anerkannten Prinzip erhoben.[232]

Morels Annahme von der progressiven Degeneration, die sich von Generation zu Generation bis hin zu Imbezillität und Idiotie steigern könne, wertete Griesinger als eine Theorie, in der »unendlich viel Wahres«[233] liege. Auch der für die Entartungslehre klassische familienanamnestische Begründungszusammenhang wurde von ihm übernommen: »Man thut Recht, die Familienanlage zu Geisteskrankheiten nicht abgesondert für sich allein, sondern als Anlage zu schweren Gehirn- und Nervenkrankheiten überhaupt aufzufassen. Man sieht nicht ganz selten, dass in einer Familie einzelne Mitglieder an Irresein, andere an Epilepsie, an schwerer Spinalirritation, Hysterie, Neuralgieen u. dgl. leiden.«[234]

Zu »degenerativen« Symptomen zählte er Suizid, »auffallende Ueberspanntheit«, »Bizarrerie des Charakters«, »besondere Heftigkeit oder Leidenschaftlichkeit«, die in der Weise kulminieren könnten, »dass Charakterschwäche und eine excessive Leidenschaft, durch welche so häufig diese Forterbung vermittelt wird, bei einzelnen damit Behafteten unter einem Zusammenwirken unglücklicher Umstände verbrecherische Handlungen erzeugen kann, und so sehen wir zuweilen in solchen Familien Irresein, Selbstmord, Verbrechen, durch den innern Zusammenhang gewisser Charakteranlagen mit einander verbunden auf eine tief beklagenswerthe Weise wechseln.« Langsam und »erst allmählich« konstatierte Griesinger schließlich eine »Verschlechterung der *ganzen* Raçe«.[235]

Weiter präzisiert wurde die Entartungslehre wiederum von einem Repräsentanten der neuen Universitätspsychiatrie – von dem Wiener Psychiater und Sexualwissenschaftler Richard von Krafft-Ebing (1841–1902).[236] 1868 entwickelte er unter dem Begriff der »hereditär degenerativen Typen« eine psychiatrische Kategorie von Menschen, die im forensischen Kontext neu zu bewerten seien, weil sie als »verkannte Kranke«, nämlich als »schwere unheilbare Geisteskranke«, und nicht als »Verbrecher« vor dem Gesetz zu gelten hätten. Er verlangte eine strafrechtliche Neuregelung, wonach ein Arzt als Spezialist »auf die anthropologische Bedeutung dieser ungünstigen hereditären Disposition hinweisen und den Richter darüber belehren« solle, »dass derartige Menschen auf einem ganz anderen organischen Boden stehen, als normale Menschen«.[237]

Krafft-Ebing präsentierte im ganzen sechs Kategorien »hereditär degenerativer Typen«: Zur ersten – der »hereditär sittlichen Entartung« – zählte er »jene vom Zeugungskeim an mit dem Stempel des Krankhaften bezeichneten Individuen, jene Thunnichtgute, Tagdiebe, instinctiven Bösewichter, von Kindsbeinen an, die in früher Jugend der Schreck der Eltern, die Plage der Gespielen, später der Gegenstand des Entsetzens der Lehrer, Moralisten, im weitern Lebensgang in der bürgerlichen Gesellschaft unmöglich werden.«

Die zweite Gruppe beschrieb er als die »intellectuell tief Stehenden« und verstand darunter »die Gruppe der von Epileptischen, Trunksüchtigen oder seelengestörten Erzeugern abstammenden Idioten und Schwachsinnigen«. Sie hätten – so wie die erste Gruppe auch – häufig »perverse Triebe«.[238]

Den erstgenannten Kategorien konträr, kennzeichnete Krafft-Ebing die dritte Gruppe als »hereditäre Individuen«. Hier handelte es sich um Menschen aus Gelehrten- und Künstler-Kreisen. Ihnen wurden – allerdings nur vordergründig – Talente in Kunst und Wissenschaft zugeschrieben: »gewisse glänzende Geistesgaben«, »Witz und einen gewissen Scharfsinn«. Durch einseitige Ausprägungen ihrer Leistungen fehle es ihnen »an Uebersicht, an Ordnung, Besonnenheit, leitenden Gedanken, an klaren Zielen«. So käme es zu »überspannten Ansichten«, zu »Sonderbarkeiten, Tic's, Verschrobenheiten, eigenthümliche(n) Charakterzüge(n), Sonderbarkeiten der äusseren Erscheinung«. Ihr chaotisches Denken führe dazu, daß sie sich als »excentrische Weltreformatoren« und als »politische(n) und sociale(n) Schwärmer« engagierten. Zu allen Zeiten habe es sie gegeben, »jene unpraktischen Köpfe, die sich mit grossen Erfindungen tragen, die 99 mal unter 100 misslingen, oder bei Licht betrachtet, absurd sind«. Ihre Gesamtpersönlichkeit sei deswegen »abnorm«, weil ihnen innere Harmonie fehle. Letztlich sei die gesamte Persönlichkeit vom »Stempel der Verschrobenheit«, »Leidenschaftlichkeit«, »von auffallender Sinnlichkeit« und »sonstigen eigentümlichen Neigungen«[239] beherrscht.

Diese Kategorie macht den sozialdisziplinierenden Inhalt der Entartungslehre deutlich: Politischen und künstlerischen Äußerungen, die nicht in die gesellschaftliche Ordnung paßten, wurde Krankhaftigkeit bescheinigt. Sie wurden pathologisiert.

Zur vierten Gruppe zählte Krafft-Ebing die »Hereditarier«, »deren mangelhafte psychische Organisation sich zunächst darin ausspricht, dass auf die andern normalen Menschen ganz spurlos vorübergehende Gemüthsbewegungen und Eindrücke theils ganz andere und viel intensivere motorische Reactionen« aufträten.[240] Monomanien, »triebartige Handlungen« und Suizid – könnten als »hereditäre Psychosen« klassifiziert werden.

Ähnlich beschrieb er die fünfte Gruppe. Menschen, deren »gesammte psychische Constitution eine Schwelle niederer als das Niveau des psychischen Durchschnittsmenschen sei«, seien von intensiven körperlichen Symptombildungen gekennzeichnet und von körperlichen Affekten beherrscht. Hierzu zählte er Menschen, die »in fieberhaften Krankheiten leicht deliriren, die durch widrige Ereignisse gleich in die heftigsten und nachhaltigsten Schwankungen versetzt werden, deren Affekte äusserst heftig, plötzlich, nachhaltig sind, und leicht die physiologische Grenze überschreiten, jene Menschen, die durch geringfügige Ursachen psychisch erkranken«.[241]

Die sechste Gruppe schließlich definierte Krafft-Ebing als »tiefste psychische Entartung«: die »völlige Idiotie« und »völlige Geistesblöde«, die von »körperlichen Deformitäten, Sinnesfehlern, Schädelanomalien etc.«[242] gezeichnet sei.

Diese »Entartungstypen« fassen die in den folgenden Jahrzehnten verfaßten Schriften zum »degenerativen Irresein« zusammen. Eine gravierende Modifikation dieses Theorems fand nur da statt, wo sich der Haß von Psychiatern gegenüber ihren Patienten und Patientinnen noch in Vernichtungspläne potenzierte.

1884 hatte in Italien der prominente Turiner Psychiater und Gerichtsmediziner Cesare Lombroso (1836–1909) – ein »Liberaler und Gelegenheitssozialist«[243] – die Entartungslehre mit einer Theorie vom »geborenen Verbrecher« *(Uomo delinquente)* verbunden. Seine Bücher wurden international berühmt und mit hohen Auflagen in viele Sprachen übersetzt. Lombroso beschrieb hier eine besondere Spezies Mensch. Er verknüpfte anthropologische mit psychischen und sozialen Besonderheiten und konstruierte sie zu einer speziellen Varietät – dem »geborenen Verbrecher«. Er unterstellte solchen »Menschentypen« atavistische Kennzeichen, nämlich wiederauftretende Merkmale aus früheren Entwicklungsstadien der menschlichen Evolution. Kinder, »Wilde« und Frauen standen demzufolge mit dem geistigen und moralischen Niveau des »geborenen Verbrechers« auf einer Stufe.[244] Lapidar faßte Lombroso u. a. Epilepsie, Prostitution, Kriminalität und Anarchismus in ein »Krankheitsbild«, was ihm von anderen Entartungstheoretikern den Vorwurf der Unwissenschaftlichkeit einhandelte.

Wie schon Krafft-Ebing strafreformerische Konsequenzen gefordert hatte, plädierte auch Lombroso für eine Anpassung des Strafrechts an die psychiatrische Diagnostik. Menschen, denen gerichtsmedizinisch »degeneratives Irresein« attestiert wurde, hät-

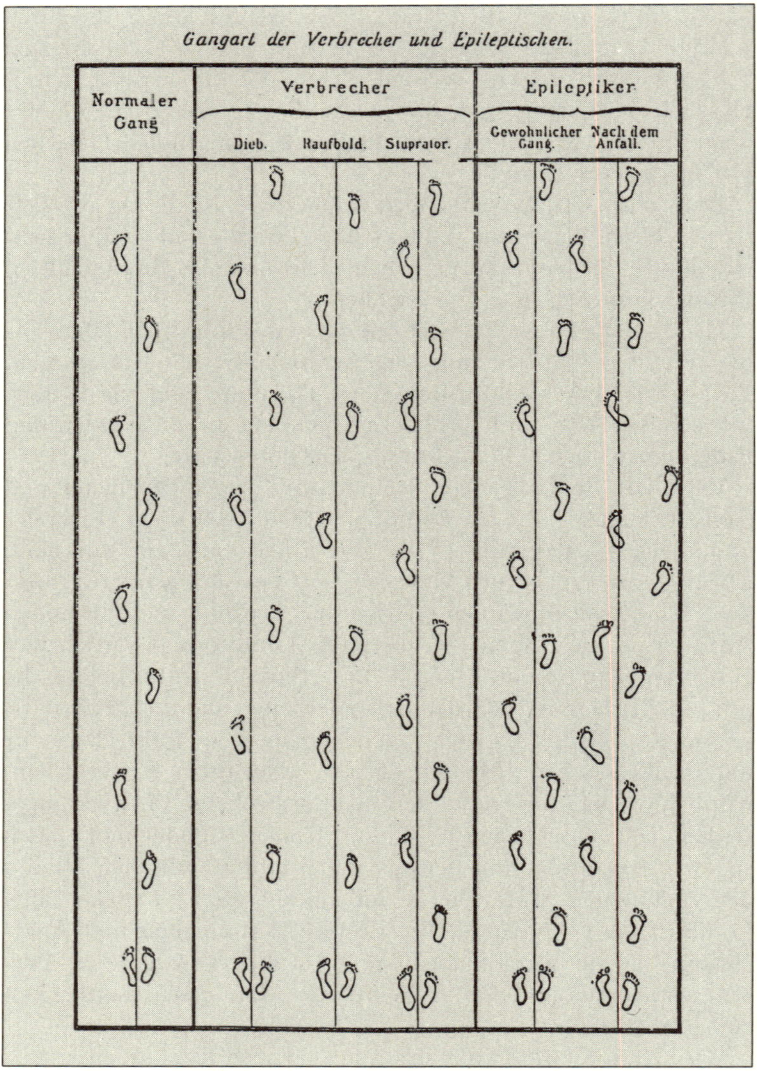

Aus: Lombroso (1890, 2), S. 413

ten als »Kranke« zu gelten und seien nicht nach einer vorübergehenden Haftverbüßung der Gesellschaft wieder freizugeben. Da ihre »Anlage« den Impuls für ihr »kriminelles« Verhalten gebe, sei jede Strafe effektlos. Zu den »geborenen Verbrechern« zählte er vor allem »Gewohnheitsverbrecher«, Diebe. Das weibliche Pendant zum männlichen hereditären »Verbrechertypus« sei die Prostituierte und die Kindsmörderin. Wie viele andere Entartungstheoretiker postulierte auch er eine lebenslängliche Internierung, Deportationen und eine Ausdehnung der Todesstrafe.[245]

In Frankreich sorgte seit 1870 der prominente Pariser Psychiater Valentin Magnan (1835–1916), eine bedeutsame Figur der französischen Psychiatrie[246], für die Verbreitung der Entartungslehre. Er wiederum stellte die Impulsivität als Grundzug von »Degnerierten« heraus. In der Schweiz zählte der nicht minder bekannte Universitätsprofessor, Sexualwissenschaftler und Direktor der Irrenanstalt Zürich-Burghölzli, Auguste Forel (1848–1931), zu den Vertretern der Entartungslehre. Forel veröffentlichte 1907 einen Beitrag zur Degenerationslehre und bezeichnete im Untertitel dieser Schrift die »Entarteten« als »Soziale Plage«.

Auch Forel verlangte eine strafrechtliche Revision, um der »Degeneration der Rasse« entgegenzuwirken: »wenn man, wie ich, Gelegenheit gehabt hat, eine ganze Anzahl Kinder zu studieren, die so schon von ihrer Jugend an durch eine von Alkoholismus, geistigen Abnormitäten oder Verbrechen belastete Aszendenz degeneriert sind, und man sie so unvermeidlich zu Gewohnheitsverbrechern werden sieht, wird man da noch die Notwendigkeit leugnen können, alle diese Ungeheuer in eine dauernde Unfähigkeit, Schaden zu stiften, zu versetzen, indem man sie so menschlich, als ihr Zustand es erlaubt, behandelt und beschäftigt. Unsere Altvorderen hatten ein einfacheres und radikaleres System. Bei der ersten, oft nicht einmal besonders schweren Tat hängten sie die Schuldigen ohne viele Umstände auf. In gewissen Beziehungen war das menschlicher, weil dies schnell ausgeführt wurde. . . Aber im grossen und ganzen verhinderte man die Wiedererzeugung der schlechten Brut. Die allzu einseitige, schwache, feige und blinde Humanität unserer gegenwärtigen Gesellschaft begnügt sich im Gegenteil zu oft damit, freizusprechen und laufen zu lassen, ohne den Mut zu haben, Präventivmassregeln zu ergreifen, die sich immer dringender notwendig machen gegen das Verbrechen und seine Ursachen, wie gegen die Degeneration der Rasse.«[247] Auch der Schüler Forels, Eugen Bleuler (1857–1939)[248], lieferte in der Schweiz mehrere publizistische Beiträge zur Theorie vom »geborenen Verbrecher«.

In Deutschland häuften sich Publikationen zu Vererbungs- und Entartungstheorien in psychiatrischen Fachzeitschriften. Zum Beispiel hatte der Direktor der Staatsirrenanstalt Zwiefalten, Julius Ludwig August Koch (1841–1908)[249] in seinem *Leitfaden der Psychiatrie* (1888) erstmals ein Kapitel unter dem Titel *Psychopathische Minderwertigkeiten* zusammengefaßt. Er hatte damit den Oberbegriff der »Psychopathie« aufgebracht, der in den folgenden Jahrzehnten zum Prototyp von »Entartung« stilisiert wurde.[250]

An der Ausformulierung der Entartungslehre in Deutschland war auch der – bereits an anderer Stelle zitierte – prominente Psychiatrieprofessor und Direktor der Illenauer Irrenanstalt, Heinrich Schüle (1840–1916), maßgeblich beteiligt.[251] 1878 hatte Schüle in einem Lehrbuch die Theorie vom »moralischen Schwachsinn« entwickelt. Er wollte die ärztliche Kontrolle über das Heiratsverhalten von »Entarteten«, um »die ganze schwere Folgekette der hereditären Entartung« unterbinden zu können.[252] Auch 1904, auf der Jahresversammlung des *Deutschen Vereins für Psychiatrie,* machte er unter dem Aspekt der »Erblichkeit« die Eheschließung von »ethisch degenerierten Individuen«, Epileptikern und Hysterikern, chronischen Alkoholisten »mit stark moralischem Defekt« zum Thema und forderte ärztliche Heiratsverbote.[253] In der Diskussion über »Entartung« profilierte sich auch der Psychiater und Anstaltsarzt in Hubertusburg, Paul Naecke (1851–1913)[254], mit umfangreichen Veröffentlichungen (insgesamt 146) zur Sterilisation und Kastration von »Entarteten«. In seiner Schrift von 1900 *Die Kastrationen bei gewissen Klassen von Degenerierten als ein wirksamer socialer Schutz*[255] hatte er das rassenhygienische Programm der »Fortpflanzungshygiene« und die psychiatrische Entartungslehre miteinander verknüpft und betonte die spezielle Funktion des Irrenarztes bei der sozialen Prophylaxe der allgemeinen »Degeneration«.[256]

Er stellte »Fortpflanzungshygiene« mittels »Heiratsverbot«, »Einsperrung der Entarteten, solange sie zeugungsfähig sind«, »Einschränkung der Zeugung durch bekannte anticonceptionelle Mittel«[257] und schließlich die »Castration« zur Debatte. Die Kastration wertete er als die »einfachste, billigste Art«, um »einen wahrhaft socialen Schutz auszuüben«.[258] Er rezipierte neben der ausländischen psychiatrischen Sterilisationsliteratur auch die des deutschen Psychiaters Paul Julius Möbius, der im brieflichen Dialog die Sterilisation und Kastration als die geeigneten Instrumentarien gegen »Entartung« nahegelegt hatte. Was ihre Realisierbarkeit betraf, kommentierte Möbius: »Freilich glaube ich nicht, dass wir es erleben werden.«[259]

Möbius hatte zur Entartungsdiskussion in Deutschland entscheidend beigetragen, sein Schwerpunkt lag auf der Differenzierung von männlicher und weiblicher »Degeneration«. Unter Titeln wie *Entartung und Geschlecht, Entartung und Kinderliebe, Entartung und Kopfgrösse, Ueber den Physiologischen Schwachsinn des Weibes*[260] hatte Möbius ein systematisches Männlichkeits- und Weiblichkeitskonzept entwickelt. Da »Entartete« auch weniger »fortpflanzungs-«, dafür aber um so mehr sinnlichkeitsorientiert seien, betonte er: »In dem Grade, wie die Geburtenziffer sinkt, sinkt die Lebenskraft eines Volkes.«[261]

1915 schließlich überschrieb Emil Kraepelin (1856–1926) – einer der prominentesten und einflußreichsten deutschen Psychiater des zwanzigsten Jahrhunderts – in seinem Lehrbuch ein ganzes Kapitel prägnant mit dem Titel *Die Gesellschaftsfeinde (Antisozialen)*[262] und schilderte darin eine psychiatrische Kategorie von »Kranken« und »Psychopathen«, deren gemeinsames Symptom in der angeborenen Anpassungsunfähigkeit an gesellschaftliche Normen bestehen sollte. Schon in seinen noch Ende des 19. Jahrhunderts verfaßten Lehrbüchern hatte er die Theorie vom »geborenen Verbrecher« rezipiert und das Vokabular sowie die Diagnostik der Entartungslehre unter den kommenden Psychiatergenerationen populär gemacht.[263]

Verfechter der Entartungslehre verstanden sich als Darwinisten. Dazu der Medizinhistoriker Erwin Ackerknecht: »Sie (die Degenerationslehre, A. B.) trat fast gleichzeitig mit dem Darwinismus auf und erreichte dadurch, daß sie mit demselben auf einen gemeinsamen Nenner gebracht werden konnte, eine unerhörte Popularität... Wie anziehend die Degenerationshypothese auch gewesen sein mag, ohne ihre Verkoppelung mit dem eine Zeitlang allmächtigen Darwinismus hätte sie es nie zu so großer Bedeutung bringen können.«[264] Entsprechend assoziierten Entartungstheoretiker »Vererbung« und »Anpassungsfähigkeit« an ein bestimmtes »Krankheits«- bzw. »Gesundheitsbild«. Die expandierende Psychiatrie und damit verbundene Kostensteigerungen wurden als allgemeines »Entartungsphänomen« interpretiert. Die Irrenanstalten wuchsen in ihrer Zahl enorm: 1877 zählte man 93 öffentliche und 114 private Anstalten in Deutschland. 1902 waren es 191 öffentliche und 234 private und bis zum Ersten Weltkrieg stiegen sie auf 226 öffentliche und 320 private an.[265]

Die überfüllten Anstalten vermittelten oberflächlich das Bild einer neuen, modernen klinischen Psychiatrie, die ihren Patienten »Heilung« und »Pflege« versprach. Architektonisch repräsentativ waren sie »immer größer und immer mehr geworden, und auch äußerlich prächtiger, Kasernen, Fabriken oder riesigen Schulen gleichend, mit gewaltigen und stolzen technischen Ausstattungen, Maschinen, zyklopischen Zentralheizungsanlagen, respektgebietenden Dampfwäschereien, eigenen Tiefbrunnen«.[266]

Mit dem Selbstverständnis der naturwissenschaftlichen Organmedizin breiteten sich in der psychiatrischen Lehre lokalistisches Denken und auf »Vererbung« fixierte Erklärungen für die Entstehung von »Geisteskrankheiten« aus. Die Perspektive für die gesamte »Rasse« gewann eine um so größere Bedeutung, je mehr die »Vererbung« bei gleichzeitiger Untherapierbarkeit der seelischen »Krankheiten« in den Vordergrund gerückt wurde. So betonte 1909 der Psychiater Luther, daß ein wesentlicher Konsens in der Definition von »Entartung« gefunden worden sei und zitierte einen Kollegen, der sie als »die Summe der minderwertigen Variationen des Menschen auf geistigem und körperlichem Gebiet« klassifizierte, und zwar, »minderwertig oft vom Standpunkt des Individuums, stets im Hinblick auf die Rasse«.[267]

Die große Resonanz auf die Entartungslehre unter Psychiatern entsprach also ganz dem damals herrschenden darwinistischen

Zeitgeist.[268] »Von dem Geiste Darwins beeinflußt erblickten sie, (die Irrenärzte des 19. Jahrhunderts; A. B.) in der erblichen Übertragung die hauptsächliche, ja fast einzige Ursache aller geistigen Störungen und erhoben bald die erbliche Bedingtheit zum klassifikatorischen Gesichtspunkte für die nosologische Bewertung der klinischen Symptome«[269], so der Rassenhygieniker und Psychiater der Illenauer Klinik, Hans Roemer 1912. Und der Merzinger Anstaltsarzt Oskar Hermann brachte diese Perspektive in seinen Vorlesungen über »psychopathische Minderwertigkeiten beim Kinde« im Jahre 1910 so auf den Nenner: »Der Kampf um's Dasein erfordert eine vollwertige psychische Kraft, und diese fehlt dem Entarteten.«[270] Das Darwinistische Anpassungsprinzip spielte in der Entartungstheorie eine wesentliche Rolle, nämlich bei der Beurteilung der psychischen Potenzen eines Menschen. »Der Mangel an Anpassungsfähigkeit ist eine der auffallendsten Eigenthümlichkeiten der Entarteten«[271], schrieb 1893 der Arzt und Lombroso-Schüler Max Nordau (1849–1923), der in Deutschland mit seinem zweibändigen Werk unter dem Titel *Entartung* die Degenerationslehre mitverbreitete.[272]

Nach dem Motto, »Entartete« seien alle »aus demselben Teig geknetet«[273] oder »Mohrenwäsche bleibt Mohrenwäsche«[274], konzentrierte sich die Grundaussage der Degenerationslehre auf die erbliche Disposition.

Die rasanten Entwicklungen und Neuentdeckungen des 19. Jahrhunderts, jene Umwälzungen, die den Menschen neue psychische Leistungen abverlangten und einen bisher nicht dagewesenen Anpassungsdruck erforderten, wurden in der Degenerationslehre durchaus problematisiert.[275] Psychische Erkrankungen in diesem Ausmaß seien historisch neu, und zwar keineswegs, weil man »die neuen Nervenkrankheiten nicht bemerkte« – so Nordau – sondern, »weil sie früher nicht vorkamen«. Die Entwicklung der Großstädte, die Steigerung der Arbeitsintensität, der Schulzwang für Kinder und eine neue Pädagogik, die züchtigte und disziplinierte, neue Transportmittel und die Verbreitung neuer Medien – all das wurde für die Entstehung der »Entartung« als Massenphänomen mit in Erwägung gezogen, jedoch in den Hintergrund gedrängt.

Trotz der Problematisierung der neuen gesellschaftlichen Situation, beschränkte sich die Entartungslehre auf eine Polarisierung von »Normalität« und »Anomalie«, wobei man die im Darwinismus gelieferte Rechtfertigung von Gewalt gegenüber »Mindertüchtigen« für dieses medizinische Konzept als seine ethische Legitimation einholte. Die »Besseren« standen als Synonym für Normalität, die »minder Tüchtigen« als diejenigen, die – aus welchen Gründen auch immer – zur gesellschaftlichen Anpassung nicht in der Lage oder bereit waren. Als solche wurden sie zu einer besonderen Spezies Mensch mit erblicher Disposition stigmatisiert.[276]

Die Tatsache, daß sich unter organisierten Rassenhygienikern und Eugenikern viele Psychiater befanden und der theoretische Fundus der rassenhygienischen Doktrinen zu einem großen Teil auf dem psychiatrischen Krankheits- und Normalitätskonzept beruhte, verdeutlicht die theoretischen Konsequenzen eines medizinischen Denksystems, das paradigmatisch eine den »Kranken« degradierende und menschenverachtende Diagnostik integriert hatte. Das psychiatrische Vokabular einer medizinischen Zunft gegenüber ihren Patienten und Patientinnen verrät den Vernichtungswillen, der sich nicht nur auf die Bekämpfung von so definierten »Krankheitssymptomen« erstreckte, sondern auf deviante Menschen schlechthin. Die Intention des Heilens geriet hier nicht nur nebenbei aus dem Blickfeld, sondern wurde ganz offen diffamiert und verkehrt: »Zahllose Verbrecher, die früher in großen Massen im Namen des Gesetzes oder kurzer Hand durch Selbsthilfe des Volkes gehängt oder sonst unschädlich gemacht wurden« – schrieb 1910 der Münchener Psychiater und Kraepelin-Schüler Ernst Rüdin (1874–1952)[277] –, »werden jetzt, wenn sie geisteskrank sind, zum Range liebevoll behandelter Kranker erhoben oder, wenn sie Verbrecher im Sinne des Gesetzes sind, einfach eingesperrt. Zahlreiche andere sogenannte ›Narren‹ ließ man früher jämmerlich verkommen. Wie viele hat man früher als Hexen usw. verbrannt? Jetzt nimmt man sich all dieser Menschen, ich moralisiere natürlich nicht, sondern ich konstatiere nur, liebevoll an und verlängert ihnen das Leben oder hilft ihnen über ihre Krise hinweg, um sie möglichst bald als geheilt und gebessert dem freien Leben wieder zurückzugeben... Die üblen Folgen dieser

Sachlage sind denn auch bereits von bedeutenden Psychiatern erkannt und anerkannt.«[278]

Aber nicht nur Rüdin, bei dem rassenhygienische Gesinnung und sein Selbstverständnis als Psychiater identisch waren und der schon einer späteren Psychiatergeneration angehörte, bekannte sich offen zu einer Vernichtungspolitik gegenüber »Geisteskranken«. Psychiatern, die von der Rassenhygiene völlig unberührt waren, jedoch das Entartungskonzept theoretisch mitbegründet hatten, entstammte diese Radikalität. Wenn der Historiker George L. Mosse schreibt, daß sich Cesare Lombroso mit dem Postulat einer strafrechtlich weitgefaßten Todesstrafe radikaler gezeigt habe als die eugenische und rassenhygienische Bewegung[279], so trifft diese Feststellung für das Krankheitsverständnis, das seit Mitte des 19. Jahrhunderts die psychiatrische Nosologie beherrschte, insgesamt zu. Die rassenhygienische Diktion und ihr Vokabular der »Minderwertigkeit« war elementar von der psychiatrischen Entartungslehre geprägt, die nach dem Darwinschen Anpassungskonzept »Schwache« und »Starke« in bestimmte Krankheitsgruppen sortierte.

Das Spezifische an der rassenhygienischen Theorie wiederum war ihr politisches Engagement für die rassenhygienische Utopie, die durch die Politik der »Fortpflanzungsauslese« durchgesetzt werden sollte. Jedoch die Idee der »Euthanasie« – entideologisiert als *Patientenmord* zu bezeichnen – kam aus der psychiatrischen Diskussion und spielte in der rassenhygienischen und eugenischen zunächst kaum eine Rolle.[280]

Das psychiatrische Menschenbild offenbarte sich in der klinischen Diagnostik in Etiketten wie »psychopathische Minderwertigkeit«, »degeneratives Irresein«, »moralischer Schwachsinn«, »hereditäre Degeneration«, »epileptische Entartung«. Patienten wurden als »gesellschaftsfeindliche Ich-Süchtige«, »schädliche Raubtiere«, »wilde Tiere«, »Krokodile der Geselschaft«, »menschliche Ungeheuer«, »Scheusale, deren sich die Menschheit zu schämen hat«[281], bezeichnet. Solche Eskalation der Menschenverachtung basierte auf dem Grundgedanken der Entartungslehre, wonach »jedem gesunden Menschen ein normaler, jedem psychisch Leidenden ein abnormer . . . Charakter zuzuschreiben«[289] sei.

Alexander Mitscherlich schreibt zur Problematik der psychiatrischen Therapiekonzepte: »Der Geisteskranke, der die Konventionen seiner Gesellschaft nicht einhält, hat in der christlichen Zivilisation lange eine Behandlung erfahren, die sich nicht von der des Verbrechers unterschied. Diese Sitten haben sich bis zu den erst in jüngster Zeit entwickelten erregungsdämpfenden Drogen (die immer noch keine kausale Therapie darstellen) nur wenig gemildert: Quälen, Erwecken von Todesangst, technisch perfektionierter Elektroschock. Das verwundert nicht, solange man sich bewußt bleibt, wie wehrlos die meisten Individuen den Verhaltens- und Urteilsnormen ausgeliefert sind, mit denen ihre Gesellschaft Angst vor irrationalem Unglück abwehrt. Dies gilt auch für das Individuum in der Rolle des Forschers, der sich hier zur Bekämpfung der Angst des Materialismus als Glauben oder Ideologie bedient.«[283]

Wesentlich – und zugleich politisch gefährlich – war dabei, daß Psychiater soziale Abweichungen zu einem Krankheitsbild konstruierten und ihnen empirisch nachweisbare, organische Qualitäten zuordneten. Der Kriminelle, die Prostituierte, der Bettler, der Alkoholiker usw. – sie alle wurden in dieser Lehre als »Kranke« manifestiert, und damit ihrer Verantwortlichkeit, ihres Geistes und ihrer Gesellschaftsfähigkeit beraubt: »Seine Anlage drängt ihn dazu, da sie sich mit der Gesellschaftsordnung nicht verträgt« – so Hermann.[284] Nach der Devise, es handele sich um »Stiefkinder der Natur«, maßen sich Psychiater eine Definitionsmacht über Menschen an, wie sie kein Politiker, kein Jurist und kein Theologe jemals zu beanspruchen vermochte, weil sie als Naturwissenschaftler unter den Vorzeichen von Wertneutralität und Objektivität über den Körper und Geist von Menschen im umfassendsten Sinne urteilten und richteten.

Der Psychiater der Berliner Irrenanstalt Buch, Carl Birnbaum, erklärte 1909, daß »zu einer gerechten, objektiven Bewertung ihrer (der »Entarteten«, A. B.) Geistesverfassung einzig und allein eine naturwissenschaftlich-psychologische Betrachtungsweise angebracht« sei – »denn ihre kriminellen Neigungen beruhen auf abnormer Anlage«.[285] Es sei »Sache der Psychiatrie« – so Möbius – »aus dem Verhalten eines Menschen auf die Normalität oder

Abnormität seines Geisteszustandes zu schliessen.«[286] Die medizinisch-psychiatrische Diagnostik präsentierte sich unverhüllt als Medium sozialer Disziplinierung. Der auch von Michel Foucault für das 19. Jahrhundert konstatierte Beginn medizinischer Wertsetzung von gesellschaftlichen Normen[287], kristallisierte sich am deutlichsten in der psychiatrischen Entartungslehre. Denn Psychiater urteilten hier expressis verbis nach einem medizinischen Code totalitär über menschliches Sein, darüber wie ein Mensch fühlte, arbeitete, dachte, liebte, aussah. In ihrer naturwissenschaftlichen Kompetenz legitimiert, beurteilten sie gesellschaftliches Verhalten – oder im Duktus der Objektivität ausgedrückt: Sie stellten »Diagnosen«.

Obwohl die praktischen Konsequenzen des psychiatrischen Konzepts von »Geisteskrankheit« auf die alltägliche Erfahrung in Irrenanstalten hier nicht mein Thema sind, soll ein psychiatrisch eingesperrter Mann zu Wort kommen, der gegen die institutionelle Gewalt der Psychiatrie protestierte. 1903 schrieb er diesen Appell. Er dokumentiert einen der unzähligen überlieferten Versuche psychiatrisch internierter Menschen, sich mit Petitionen an Ministerien zu wenden, um gegen das ihnen zugefügte Unrecht anzukämpfen. Sie protestierten mit dem Risiko, einmal mehr als »querulatorische Paranoiker« eingestuft und bestraft zu werden:

»Die Begriffsverwirrung, die jetzt in der ganzen zivilisierten Welt zu Tage tritt, erklärt auch die traurige Tatsache, daß eine Irrlehre der schlimmsten Art sich ausbreiten und unser ganzes Gesellschaftsleben überwuchern konnte. Ich meine hier die Psychiatrie, die tatsächlich die in feste Formen gebrachte Weltanschauung eines wahnsinnigen Menschen ist. Denn sie widerstrebt der Vernunft, rottet alles geistige Leben im Menschen aus und verwandelt den gesunden Menschen in einen willenlosen, müßigen und lasterhaften Idioten. Die Psychiater bilden eine religiöse Sekte ... und üben wie diese ihre verbrecherische Kunst im Geheimen aus. Sie sind um so gefährlicher, als sie, als Aerzte verkappt, sich der Rechtsprechung in den christlichen Staaten bemächtigt haben. Sie haben es verstanden, ihre Werkstätten unter den Schutz des Staates zu stellen... Es ist ihnen dadurch möglich geworden, ihr verbrecherisches Treiben vor den Augen der Welt zu verbergen, da sie jeden, der einen Einblick in ihren Betrieb getan, darin festhielten, bis er nicht mehr fähig war, das Geheimnis zu verraten. Da die Psychiater die Richter beherrschen, weil sie die Macht haben, jeden Menschen ohne Richterspruch seiner Freiheit zu berauben, so ist es dem gewöhnlichen Menschen unmöglich, gegen diese Verbrecherbande vorzugehen, weil er keinen Richter findet, der sich von dieser Bevormundung frei machen kann.«[288]

Unter dem Anschein von »Therapie« – was aus dem Griechischen (*therapia*) übersetzt soviel wie »Pflege«, »Dienst« heißt – setzte sich eine psychiatrische Maxime durch, wonach es menschliche Triebhaftigkeit zu bändigen galt. War die bis ins 19. Jahrhundert hinein herrschende, religiöse Auffassung von der Sündhaftigkeit seelischer und körperlicher Abweichungen mit dem damit verbundenen Strafsystem im Zuge der naturwissenschaftlichen Diagnostik und »Therapie« obsolet geworden, so blieb das Strafbedürfnis in der psychiatrischen Medizin dem religiösen dennoch verhaftet. Es wurde mit den Mitteln der Chirurgie und operativen Gynäkologie (Sterilisation, Kastration) modernisiert und rationalisiert. Solche psychiatrischen Entwicklungen lieferten wesentliche Aspekte des rassenhygienischen Menschenbildes und instruierten bereits Heiratsverbote und »Fortpflanzungs«-Kontrolle.

Kapitel IV
Die Verstaatlichung und Medikalisierung der weiblichen Fruchtbarkeit

> »In einer Zeit aber, da nicht nur die farbigen Völker, sondern auch die Slaven sich im Verhältnis zu den germanischen und romanischen Herrenvölkern unverhältnismäßig vermehren, ... muß jede Behauptung, welcher der Geburtenverhütung gute Seiten nachrühmt, sofort genau untersucht und, falls sie sich wie wohl stets, als unhaltbar erweist, bestimmt bekämpft werden.«[1]

Mit diesen Sätzen erteilte einer der entschiedensten Verfechter des pronatalistischen Kurses – der Düsseldorfer Regierungs- und Medizinalrat Jean Bornträger (1851–1927) – Eugenikern und Rassenhygienikern eine Absage. »Rassische Überfremdung«, Schwäche im »Kampf ums Dasein« oder Kriegsunfähigkeit, »Entsittlichung« – das waren die drei von Pronatalisten und Staatsvertretern heraufbeschworenen Gefahren des Geburtenrückgangs, die sie durch die rassenhygienische Bestrebung der »negativen Fortpflanzungskontrolle« noch potenziert sahen.[2]

Die Argumentation von Eugenikern, Rassenhygienikern und Pronatalisten war jedoch nur vordergründig so konträr. Selbst Bornträger, der exponierteste Verfechter pronatalistischer Forderungen, ging davon aus, daß »auch fernerhin und immer systematischer Geisteskranke, Idioten, Epileptische, Trunksüchtige, Vagabunden, Verbrecher, Insoziale, auch Schwertuberkulose und dergleichen in Anstalten« unterzubringen und »von der Fortpflanzung dauernd oder zeitweise« auszuschließen seien.[3] Was beide Positionen einte, war ihr politisches Konzept gegen die »willkürliche Geburtenbeschränkung« und die behaupteten Gefahren für Nation und Staat. Was sie voneinander trennte, war die rassenhygienische Forderung nach »negativer Fortpflanzungsauslese«.[4]

In der »willkürlichen Geburtenkontrolle« erkannten Eugeniker und Rassenhygieniker gleichermaßen eine »Entsittlichung«, die Gefährdung der Maxime vom »Kampf ums Dasein«, und außerdem fürchtete man eine drohende slawische und polnische »Überlegenheit« im Bevölkerungsanteil. So sprach Grotjahn 1912 von der »Überwucherung durch Nachbarländer«[5] und äußerte Besorgnis über »die größere Fruchtbarkeit der von Slaven bewohnten Gebietsteile innerhalb des Deutschen Reiches«, denn das »beobachtete Vorrücken der polnischen Sprache ist nicht zum wenigsten auf diese größere Fruchtbarkeit der Polen zurückzuführen«.[6] Vom »Standpunkt des Herrenvolkes« geurteilt – so Grotjahn 1914 – sei es schon immer so gewesen, »daß die unkultiviertere fremdsprachliche Unterschicht durch ihre hohe Fruchtbarkeit schließlich unter der dünnen Oberschicht eine größere Ausbreitung gewonnen hat, als dieser willkommen sein konnte«[7].

Solchen rassistischen Deklarationen aus dem Munde eines fortschrittlichen Sozialhygienikers lagen die Vorstellung vom »Kampf ums Dasein« unter Völkern und Rassen und die aus dem Evolutionsmodell stammenden Aussagen über »Fortpflanzung«, »Sieg« und »Untergang« zugrunde. So verkündete Max von Gruber: »Unsere Feinde wissen: Nur wenn der Deutsche sich selbst tötet, ist er umzubringen!«[8] Die unbegrenzte Vermehrung als Vorbedingung für Kampf wurde in diesem Denkschema zum Garanten der nationalen Existenz, zur Kraft gegen nationalen Untergang und schließlich – wie z. B. von dem Sexualwissenschaftler und Eugeniker Max Marcuse im Januar 1914 ausgedrückt – zum Machtfaktor »für den Kriegsfall«.[9] Die Bevölkerungszahl der Nation wurde im wahrsten Sinne des Wortes – »als stärkste Waffe ... eines Volkes zur Behauptung und Sicherung seiner Existenz«[10] deklamiert. Die Bevölkerung wurde hier nicht als eine Gruppe von konkreten, lebendigen Individuen gedacht, sondern metaphorisch als eine abstrakte Masse, die funktional für staatliche Macht verfügbar war. Einzig aus dieser Idee speiste sich das von Wissenschaftlern und Politikern erhobene Postulat, daß Frauen mehr Kinder gebären sollten. Vor, während und nach dem Ersten Weltkrieg galt diese Prämisse als nationaler Machtfaktor, dessen Logik in solchen Phrasen kulminierte: »Schlimmer als die Todesernte des

Krieges, ist die Todesernte des Friedens«.[11] Und der Zentrums-Abgeordnete von Steinaecker beklagte vor dem Preußischen Parlament im Februar 1914 mehr die hypothetischen Verluste der nationalen Bevölkerungszahl durch den Geburtenrückgang als die durch einen Krieg geforderten Toten und Leiden:

»Meine Herren, es wird einst auch der Tag kommen, wo unser deutsches Volk, unser Vaterland untergeht. Dann möchte ich aber wünschen, daß die Geschichte einst schreibt, daß das der ehrenvollste Tag des deutschen und preußischen Volkes gewesen ist. Dann mögen lieber unter den Schlägen übermächtiger Feinde seine Waffen zersplittern und unser Volk auf diese Weise vernichtet werden. Das ist besser, als wenn die Geschichte schreiben würde: das deutsche Volk ging langsam an einem krebsartigen Geschwür zugrunde.«[12]

Bevölkerungsverluste durch einen blutigen Männerkrieg waren in solchem Denken nichts weiter als der Tribut des »Kampfes ums Dasein«, sie dienten dem Fortschritt und nationaler Überlegenheit.

»Fortpflanzung« hatte hier einzig eine zweckorientierte Bedeutung für Kampf bzw. Krieg und war nur in der arbeitsteiligen Vorstellung der »sexuellen Auslese« von gebärenden Frauen und kämpfenden Männern sinnstiftend. In der Logik des Prinzips der »sexuellen Zuchtwahl« erklärten Politiker und Wissenschaftler, daß die »Wehrpflicht der Männer ... dem Mutterschaftsdienst der Frauen« entspreche.[13] Der Geburtenrückgang war also per se die Negation dieser gesellschaftlichen Prämisse: »Ein Volk, dessen Frauen nicht mehr gebären wollen und dessen Männer sich in Friedensligen und Internationalität zusammentun, nach ›Schiedsgerichten‹ rufen und ›sich des Kampfes enthalten‹ wollen und dessen beide Geschlechter sich vor allem bequem ›ausleben‹ wollen, in dem endlich maßgebliche und unmaßgebliche Kreise die *Sittlichkeit* ... auf ›Gummiartikeln‹ aufzubauen sich bemühen, ein solches Volk wäre unweigerlich reif für den Untergang.«[14]

Zusammengefaßt vereinigte das Prinzip vom »Kampf ums Dasein«, nach dem ein Volk bei nicht maximaler Bevölkerungsvermehrung nicht mehr kultur- bzw. evolutionsfähig und dann dem

Untergang geweiht war, Pronatalisten, Eugeniker und Rassenhygieniker in ihrer Phalanx gegen das »Zweikindersystem«. Das rassenhygienische Interesse an Steigerung der »Qualität« und Quantität der Bevölkerung war Basis für den gemeinsamen Kampf von Ärzten und staatlichen Institutionen gegen die »willkürliche Geburtenbeschränkung« und die sogenannte Abtreibungsseuche.

»Unterdrückung der Propaganda des ›Zweikindersystems‹, Unterdrückung des Verkehrs mit Mitteln zur Konzeptionsverhütung, Bestrafung der Beihilfe zur Fruchtabtreibung« – forderte der Rassenhygieniker Max von Gruber, und weiter: »Drakonisch muss gegen die Beihilfe der Abtreibung der Leibesfrucht vorgegangen werden. Jene Fälle, wo der ärztliche Eingriff angezeigt ist, sind wissenschaftlich genau festzusetzen und unter wirksame sachverständige Kontrolle zu stellen.«[15] Die praktische Einlösung hatte zum einen die staatliche Verfolgung abtreibender Frauen – nicht selten deren Tod – zur Konsequenz. Zum anderen leiteten sich daraus zwei Kategorien der Abtreibung ab: der von Frauen praktizierte »kriminelle Abort« und die von Ärzten vorgenommene »künstliche Schwangerschaftsunterbrechung«.

Was Gruber hier vorschlug, nämlich die unterschiedliche Bewertung von ärztlicher und nicht-ärztlicher Abtreibung, war ein Ergebnis der geburtenpolitischen Diskussion vor dem Ersten Weltkrieg. Diese Unterscheidung kündigte eine historisch neu aufkommende Bewertung an: die Diskussion um einen Indikationskatalog, in dem die Kriminalisierung von abtreibenden Frauen einerseits und die staatliche Kompetenzzuschreibung gegenüber Medizinern andererseits verrechtlicht werden sollten. In dieser Debatte reklamierten Gynäkologen für sich das Recht auf Abtreibung – ihre exklusive Macht über die weibliche Gebärfähigkeit, und zwar auch ganz unabhängig von rassenhygienischen und eugenischen Interessen.

Die Geburtenkontrolle »muß nur dem Arzte vorbehalten sein« – so der Krefelder Kreisarzt Berger 1911.[16] Als »tiefstes Geheimnis der Ärzte« sollte jedes Verhütungswissen der medizinischen Zunft[17] vorbehalten bleiben. Max Hirsch (1877–1948) – vor und nach dem Ersten Weltkrieg einer der engagiertesten Frauenärzte für die politische Implementierung eugenischer Sterilisation und Abtreibung[18] – erklärte den Unterschied zwischen einer ärztlichen und einer privaten Abtreibung so: »Äußerlich ist der Vorgang ganz gleich. Auf die innere Qualität kommt es an. Absicht und Zweck unterscheiden den Arzt vom Verbrecher.« Aus dieser Definition folgerte er eine neue terminologische Handhabung: »therapeutischer oder medizinischer Abortus für den ärztlichen Eingriff, Fruchtabtreibung für das Verbrechen. Der Ausdruck ›künstlicher Abort‹ sei fortan neutral und sage nichts über die Motive«.[19]

Zunächst noch unabhängig von der geburtenpolitischen Diskussion forderten Gynäkologen seit der Jahrhundertwende im Rahmen der Revision des Reichsstrafgesetzbuches immer nachdrücklicher ihre Entbindung von den §§ 218–220 StGB. Einen Indikationskatalog gab es damals noch nicht. In der gerade begonnenen staatlichen Debatte um Abtreibung und Geburtenkontrolle fanden Gynäkologen nun Gelegenheit, dieses standespolitische Interesse in den staatlichen Kampf gegen die »kriminelle Fruchtabtreibung« einzubinden und sich die Verfügung über die weibliche Gebärfähigkeit juristisch und praktisch anzueignen.

Der Geburtenrückgang bot für Gynäkologen die Chance, die eigene Abtreibungspraxis durch ihre Verwissenschaftlichung von der privaten abzugrenzen und eine moderne Rechtsauffassung zur medizinischen Indikation der Abtreibung auf der einen Seite und ihrer Kriminalisierung auf der anderen Seite zu etablieren. Die Synthese von Staat und Medizin stellte sich über die gemeinsame Bekämpfung der »kriminellen Abtreibung« her, zumal staatliche Instanzen für die Ausarbeitung der politischen Bekämpfungsstrategien gegen die ›willkürliche Geburtenbeschränkung‹ Ärzte als Experten heranzogen.[20] Die pro domo Politik der Mediziner bekam durch diese Autorisation eine zuvor nie dagewesene Chance, auf ministerielle Entscheidungsebenen vorzustoßen, und zwar ohne, daß sie als Standespolitik unbedingt artikuliert werden mußte. Rassenhygienische geburtenpolitische Vorstellungen, die in ärztlichen Kreisen am stärksten verbreitet waren, gelangten auf diese Weise in politische Machtbereiche. In der neuen Auslegung und angestrebten Einführung von Indikationen kristallisierte sich der Beginn einer Geschlechterpolitik, die durch Medikalisierung und Kriminalisierung der weiblichen Gebärfähigkeit Ärzten gesellschaftliche Macht über die Definition von »Tötung«, (»ungeborenem«) Leben und schließlich vom »Lebenswert« eines Menschen weitgehend übereignete.

Politiker und Mediziner bekämpfen die unsittlichen Eingriffe in »weibliche Natur«

Neue Erkenntnisse und Methoden der modernen, in der schulmedizinischen Forschung entwickelten Geburtenkontrolle hatten seit der Jahrhundertwende zwei Anwendungsbereiche: In Kliniken wurde aus therapeutischen, teilweise schon aus eugenischen und sozialen Gründen abgetrieben, und man erprobte Geburtenpräventation an Frauen. Eine andere Praxis der Geburtenkontrolle spielte sich hinter verschlossenen Türen ab, weil sie durch die §§ 218–219 und den § 184, Ziffer 3 RStGB kriminalisiert war. Obgleich diese Sphäre von der ärztlichen Anwendung zum größten Teil losgelöst blieb, ist sie doch aus der wissenschaftlichen Entwicklung von Verhütungsmitteln entstanden und daher von ihr entscheidend mitgeprägt gewesen.

Wie in der staatlichen Untersuchung des Geburtenrückgangs hinsichtlich der Entstehungsgeschichte der massenhaften »kriminellen Fruchtabtreibung« rückblickend festgestellt wurde, hatten Broschüren – ihre Verfasser waren meist Mediziner und Anhänger der neomalthusianischen Idee – eine enorme Wirkung auf die Verbreitung des wissenschaftlichen modernen Verhütungswissens und die Ankurbelung eines Marktes mit Präparaten, Instrumenten und Mitteln der Zeugungsverhütung.[21] Der Flensburger Frauenarzt Wilhelm Peter Johann Mensinga war in Deutschland einer der ersten und berühmtesten Verfechter der neomalthusianischen Auffassung, wonach eine Lösung sozialen Elends in den unteren Schichten durch Geburtenkontrolle angestrebt wurde. In seinen an Ärzte gerichteten Publikationen, die Mensinga seit den 1870er Jahren unter dem Pseudonym *C. Hasse* schrieb, erklärte er es zu seiner Lebensaufgabe, »die Wege zu weisen, wie man der Ehenot vorbeugen, den Menschen ein Lebensglück erhalten könne. Denn ich sehe in jeder Frau, jeder Mutter eine Märtyrerin für das Vaterland, deren schweren Beruf ich nach Kräften zu erleichtern strebe, also daß sie furchtlos für die Zukunft, liebevoll in der Gegenwart, glücklich nach der Vergangenheit sei und bleibe«.[22]

In Anlehnung an Malthus erklärten Neomalthusianer Pauperismus, Krankheit und Armut in unteren Schichten mit Kinderreichtum, nur distanzierten sie sich von der Malthusianischen Forderung nach sexueller Enthaltsamkeit. Im Gegenteil, als Teil der »Gesundheit« zählten sie eheliche Sexualität zu den menschlichen Grundbedürfnissen und engagierten sich – im Rahmen ihres medikalisierten Verständnisses vom »Geschlechtstrieb« – für die Entwicklung der Geburtenkontrolle.

Seit den 1880er Jahren kam eine Reihe solcher neomalthusianischen Schriften auf, in denen Ärzte die »künstliche Beschränkung der Kinderzahl« bei Armut und Krankheit als »sittliche Pflicht« proklamierten und neue Techniken der Geburtenkontrolle (Pessare, Kondome, Schwämmchen, Coitus interruptus etc.) genau erklärten. Ähnlich wie Mensinga publizierte auch der Arzt Arnold Meyerhof unter einem Pseudonym *(Hans Ferdy)*.[23] Insbesondere Ärztinnen erhoben in Anlehnung an Neomalthusianisten die selbstentschiedene Elternschaft als Vorbedingung für eigenverantwortliche Vater- und Mutterschaft zum Menschenrecht: »Jeder Mensch, ob Mann oder Frau, hat das moralische Recht, die Elternschaft abzulehnen« – so die Münchner praktische Ärztin Adams-Lehmann in ihrem Gesundheitsbuch aus dem Jahre 1900.[24]

Neomalthusianisch gesinnte Ärzte und Ärztinnen beharrten auf der selbstverantwortlichen Mutter- und Vaterschaft – darin unterschieden sie sich, ebenso wie in der negativen Deutung der Bevölkerungsvermehrung von der rassenhygienischen und eugenischen Idee.[25] Aber gemäß der Devise »Gesunde Mütter, gesunde Kinder!«[26] wurden Eltern auf den freiwilligen, gewissermaßen internalisierten Verzicht auf Kinder mittels Geburtenkontrolle im Falle von »erblicher Belastung«, Krankheit und sozialem Elend geradezu moralisch zwangsverpflichtet.[27] Zwar richtete sich gerade die neomalthusianische Argumentation pro Geburtenkontrolle gegen den körperlichen und psychischen Verschleiß von Frauen durch die »Vielgebärerei«, aber auch hier ging es um »höhere« Ziele, gebunden an »Rasse« und Volk.

Frauen wurden als »Nährboden« für die nächste Generation – den es allerdings zu pflegen und nicht auszubeuten galt – für die »Gesundheit« des »Volkskörpers« neu bewertet: »Frauen bis zur Erschöpfung gebären zu lassen, entspricht nicht mehr unserem ... philantropischen Zeitalter«, so Mensinga. »In der rationellen Tierzucht würde man ein solches Verfahren für Wahnsinn, für Tierquälerei erklären.«[28] Mensinga wandte sich gegen ein »Raub-System auf dem Körper der Frau« und verglich es mit dem Verhalten eines Bauern, »der ohne Rücksicht einen gepachteten Acker Jahr für Jahr aussaugt, ohne sich verpflichtet zu fühlen, der zunehmenden Verschlechterung des Landes, durch geeignete Maßregeln entgegen zu arbeiten«.[29]

Mit solchen Analogien aus der Landwirtschaft und Tierzucht propagierten Neomalthusianer die Geburtenkontrolle und griffen auch rassenhygienische Argumente auf: »Das Wort ›Zuchtwahl‹, das beim Haustier ja von ungeheurer, durchschlagender Bedeutung ist, möchte man so gerne auch beim Menschen anwenden, man weiß es nur nicht recht anzufangen. Man möchte so gerne das ungeeignete Gebärmaterial ausmerzen. Ich habe mich den bestehenden Verhältnissen anpassend, so meine eigene Praxis allmählich heraus- und herangebildet und ich glaube, daß man fortschreitend in dieser Bahn wesentliche Vorteile, sowohl für die *Familie* wie für den *Staat* zu erreichen vermag, ohne erst vieles umzustürzen. Es sind einfache Grundsätze. Wenn eine bis dahin gesunde widerstandsfähige Frau fünf gesunde Kinder gebiert, nährt, ernährt und groß zieht, so genügt sie damit ihrer staatlichen Verpflichtung voll und ganz.«[30]

Zeitgenössische Konstitutionstheorien über die Vererbbarkeit von Melancholie, Depression, Tuberkulose, Psychose, Epilepsie etc. prägten die neomalthusianische Propaganda ebenso wie die Vorstellung vom Arzt als dem Experten für »Indikation« und »Diagnose« zur Geburtenkontrolle bei armen und kranken Frauen.[31] Mensinga arbeitete 1905 einen exemplarischen »Gesundheitspaß« aus, in dem auch eugenische Kriterien für die »Indikation« der Geburtenkontrolle aufgelistet waren.[32] Hinter dem Neomalthusianismus mit seinem Grundgedanken, daß eugenische Normen vom Einzelindividuum zu verinnerlichen seien, verbarg sich nichts anderes als die demokratische Version der eugenischen und rassenhygienischen »Fortschritts«-Idee, die genauso unter dem naturwissenschaftlich-medizinischen Paradigma die soziale Frage durch Geburtenkontrolle und Beherrschung der weiblichen Fruchtbarkeit aus der Welt zu schaffen suchte.[33] Nicht für »Laienhand«, sondern für den ärztlichen Spezialisten hatte Mensinga ein Okklusivpessar entwickelt – das sogenannte Mensinga-Pessar –, das er bis 1882 vier Jahre lang an seinen Patientinnen erprobt hatte, bevor er es in seinen gebrauchsanleitenden Schriften anderen Ärzten empfahl.[34] Mensinga hielt im übrigen einen »Mißbrauch durch Laienhand« – wie er es nannte – für ausgeschlossen, weil sich allein der »kundige Arzt« in der Anatomie des weiblichen Körpers auskenne, »andernfalls bei Unkunde des Baues des Beckens sowie seiner Weichteile durch unverständige Hand ... Gesundheits- und Lebensgefahr herbeigeführt« werden könnten.[35]

Der angenommene Abschreckungseffekt durch Gesundheitsrisiken und Lebensgefahr bei nicht fachmännischer Anwendung der Verhütungsmittel erwies sich als falsch. De facto kurbelte die neomalthusianische ärztliche »Fachliteratur«, die an das politische Postulat der ärztlichen Indikation geknüpft war[36], die Entwicklung von Verhütungsmitteln und ihre Verbreitung auf dem Schwarzmarkt an. Produktion und Markt waren der ärztlichen Kontrolle entzogen und gehorchten allein den Profitinteressen. Mensinga selbst hatte beispielsweise in seiner Broschüre den Instrumentenmacher W. Eskildsen in Flensburg bekanntgemacht, der die Mensinga-Pessarien als Sortiment à 5 Stück zu 12,50 Mark herstellte und frei verkaufte.[37]

Seit den 1880er Jahren wurden durch eine Fülle von Broschüren nach dem Vorbild Mensingas unter Titeln wie *Liebe ohne Kinder, Weisheit in der Fortpflanzung, Liebe ohne Folgen* die medizinisch entwickelten Verhütungsmittel von industrieller Seite aus popularisiert[38]: Scheidenspülungen, Abtreibungsinstrumente, Flüssigkeiten und schließlich Kondome wurden hier mit präzisen Ge-

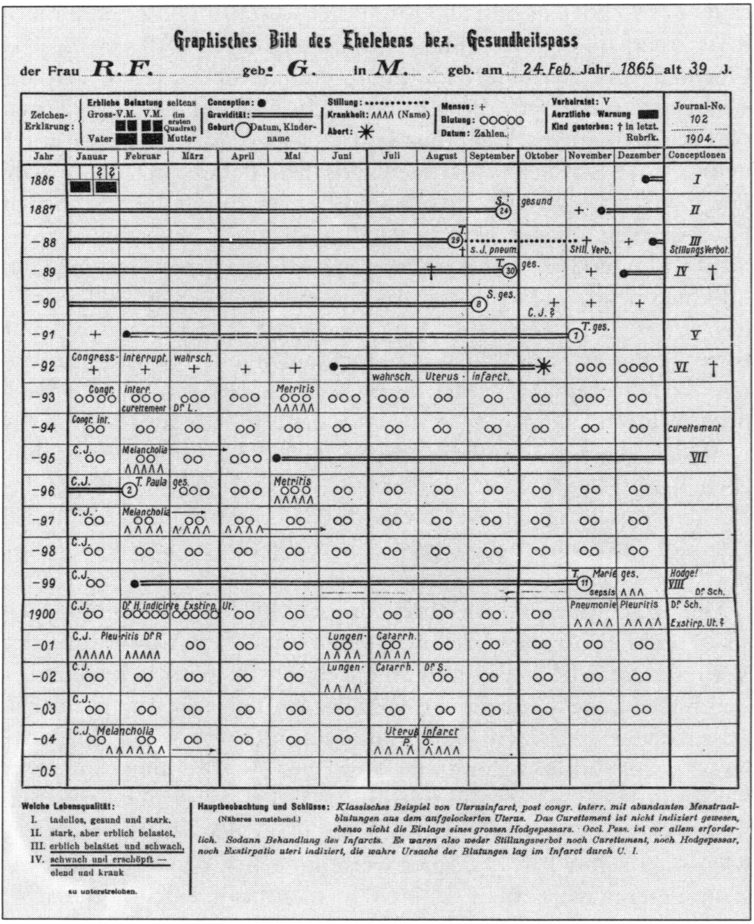

Mensinga (1905), S. 38f.

brauchsanweisungen vorgestellt. Die Produzenten von Verhütungsmitteln, Instrumenten, chemischen Präparaten, Kondomen etc. imitierten in ihrer Reklame die neomalthusianische Fachliteratur.

»Dr. med. X« oder »Hebamme X« tauchten als Autoren auf, um wissenschaftliche Solidität vorzutäuschen. Die ersten Kapitel behandelten meist den sozialhygienischen und individuellen Nutzen der Geburtenkontrolle. Bevölkerungsstatistik, finanzieller Ruin, Krankheit, Gebärmutterknick, Siechtum und schnelles Altern bei Frauen, Beeinträchtigung von Sexualität und »Eheglück« durch hohe Kinderzahlen bildeten das übliche Argumentationsarsenal der industriellen Reklame, die von der ärztlich-neomalthusianischen Literatur kaum noch unterscheidbar war.[39]

Diese irreführenden Werbepraktiken boten für die Hersteller der Produkte eine Möglichkeit, den § 184 (Abs. 3, seit 1900) StGB zu umgehen, wonach ja nur der öffentliche Handel und die Reklame von Verhütungsmitteln, nicht aber fachwissenschaftliche Literatur und die industrielle Produktion selbst unter Strafe standen.[40] Unter dieser Rechtsnorm breitete sich ein »Schwarzmarkt« für neue Verhütungstechniken aus. Bei steigender Nachfrage erschienen seit etwa 1900[41] immer mehr Präparate mit dem Etikett »konzeptionsverhütend«, die zwar Profitinteressen sättigten, aber nicht unbedingt wirksam oder sogar lebensgefährlich und körperverletzend waren: Tees, Pastillen, chemische Produkte zum Einführen in die Scheide, Intrauterinstifte aus Aluminium, Glas, Gummi, Elfenbein, Silber etc., sogenannte Mutterspritzen und Gummiballons für Injektionen in die Gebärmutter, Apparate für Scheidenspülungen, sogenannte Scheidenpulverbläser, Schwämmchen aus Gummi oder Seide, die vor den Muttermund gelegt wurden, Kondome aus Gummi und aus Fisch- oder Schweinsblasen.

Abgesehen vom Kondom wurden Verhütungsmittel nur für Frauen konstruiert. Der größte Teil der Reklame richtete sich dementsprechend auch an Frauen: Ihnen wurde im neomalthusianischen Jargon suggeriert, gerade sie seien die Subjekte der Befreiung vom sozialen Elend; darüber hinaus appellierten Markentitel wie z. B. *Frauendusche Rationell, Ladies Friend, For the Malthusian,*

Mensinga-Pessar, angeboten in einem Werbeprospekt der Firma »Helvetia«, in: ZStAM, Rep. VIII B, Nr. 2006, Bl. 99

Paradieskugel, Frauenglück und *Pudi de Paris* an die Rationalität, Erotik oder Intelligenz – kurzum an die »moderne Frau«.[42]

In diesen Annoncen kündigte sich das Leitbild der zwanziger Jahre an – »die neue Frau«. Dieses Weiblichkeitskonzept ging nicht mehr in dem traditionellen Frauenbild der kindertriebhaften, asexuellen, fertilen Mutter auf. Mütter und Ehefrauen, die in diesen Reklamen stilisiert wurden, hatten erotische Bedürfnisse. Die Trennung von Sexualität und »Fortpflanzung« manifestierte sich in diesen Annoncen als historisches Novum. Nur so hatte die Verhütungsmittelindustrie eine Chance, ihre Produkte zum Verkaufsschlager werden zu lassen – Geburtenkontrolle für Frauen wurde durch diese Trennung überhaupt erst sinnstiftend. Die in den Reklamen und in der neomalthusianischen Propaganda anvisierte Trennung von Sexualität und »Fortpflanzung« blieb jedoch von der Idee, Sinnlichkeit und Mutterschaft einander integrieren zu wollen, weit entfernt; denn – abgesehen von den nicht zufällig potentiell mörderischen Effekten und Konstruktionen der neuen Geburtenkontrolltechniken – war Verhütung vom ersten Moment ihrer Popularisierung an medikalisiert und für eugenische (neomalthusianische) Ziele instrumentalisiert.[43]

In Zeitungsinseraten stets unter der Rubrik *Für die Reinlichkeitserhaltung, Hygienische Bedarfsartikel* oder als *Menstruationsmittel ge-*

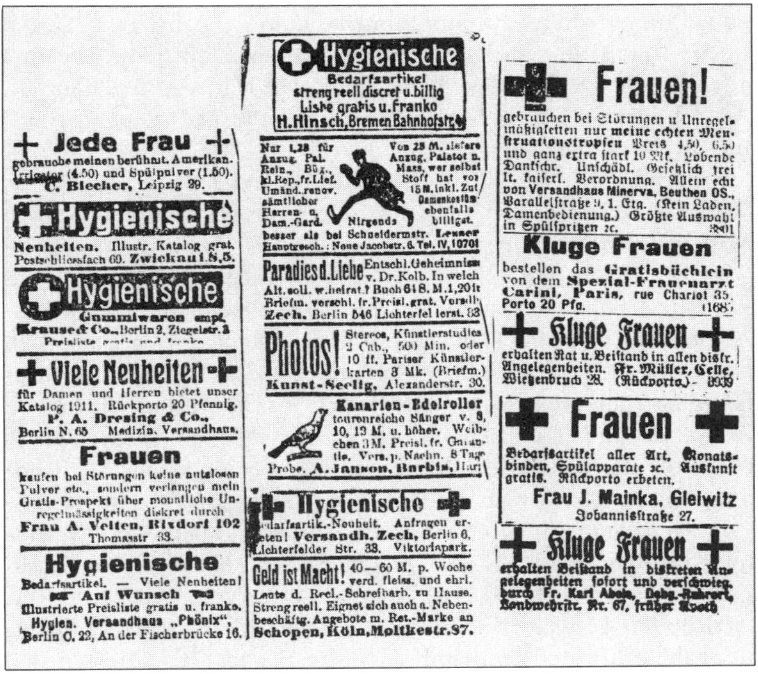

Sammlung von Annoncen aus Zeitungen für die Bestellung von Katalogen, in: ZStAM, Rep. 76 VIII B, Nr. 2006, Bl. 361

gen Periodenstörung und *Blutstockung* annonciert, wurden Kataloge für Verhütungsmittel diskret angeboten, um nicht nach § 184 (Abs. 3) StGB straffällig zu werden. Auf Anforderung bekam man sie dann mit Preislisten und Gebrauchsanweisungen ins Haus geschickt. Der Verkauf lief unterderhand, aber in Schaufenstern von Friseuren, Apothekern, Drogisten, Bandagisten und auf dem Lande von Hausierern, insbesondere von Hausiererinnen, wurden sie auch offen angeboten.

Es war eine übliche Praxis der Fabrikanten und Händler, Werbeprospekte für Verhütungsmittel an frisch Verheiratete und an Ehepaare nach Geburt des ersten Kindes zu schicken. Die Adressen dieser Zielgruppe ließen sich durch Einsichtnahme ins Eheschließungsregister bei Standesämtern ermitteln. Sogar das Beschaffen solcher Adressen für die Versandhäuser wurde durch extra eingerichtete Annoncenbüros kommerzialisiert.[44] Gegen solche Praktiken wurde 1912 eine Verfügung an Standesbeamte erlassen. Sie verbot eine Weitergabe der Daten von Geburten, Aufgeboten und Eheschließungen an die Presse.[45] Und dennoch mußte man feststellen:

»Seitdem sich aber auch der Hausierhandel dieser gangbaren Waren bemächtigt hat, werden die konzeptionsverhindernden Mittel auch in einsam gelegenen Landkreisen, ja bis in die abgelegensten Ortschaften verbreitet und von den Hausierern, die sich vor den drohenden Konflikten mit den Polizeiorganen zu schützen wissen, Haus bei Haus empfohlen. Manche größeren Firmen beschäftigen sogar weibliche Reisende für den Vertrieb der empfängnisverhütenden Mittel und lassen ihre nach Tausenden von Frauen zählende Kundschaft durch jene weiblichen Agenten besuchen, die den Frauen die Mittel ins Haus bringen, ihre Anwendung zeigen und immer wieder für Ersatz sorgen«.[46]

Auch in Städten hatte man einen fahrenden Handel mit Verhütungsmitteln registriert. So meldeten die *Hannoverschen Tages-Nachrichten* am 9. 8. 1913: »Ein ganzes Heer von sachgemäß ›unterrichteten‹ Hausiererinnen wandert in den Grosstädten treppauf, treppab, um unter allerhand Vorwänden und Deckadressen den Frauen und Müttern die bekannten Mittel zur Verhütung der Empfängnis anzubieten.« In der Provinz Brandenburg hatten

Mutterspritzen in einer Schaufensterauslage einer Berliner Drogerie, in: ZStAM, Rep. 76 VIII B, Nr. 1998, Bl. 312

Hausierer von Konfektionsfirmen ihren Kundinnen bei Verkauf ihrer Ware Verhütungsmittel gratis verteilt, um das Geschäft anzukurbeln.[47] Ein anderer Händler aus Berlin-Friedenau animierte an die 4500 Hebammen, ihre Klientel mit Werbeprospekten zu versorgen.[48] Auch Ärzte befanden sich unter der Zielgruppe. Hier warb man mit eugenischen Inhalten: »Moderne sozialhygienische Bestrebungen haben den Arzt vor Fragen gestellt... Hierher gehört auch das aus sozialen und pathologischen Gründen von der wissenschaftlichen Medizin anerkannte Vorgehen gegen die Häufigkeit der Gravidität: die Verhütung der Gravidität«, so die Einleitung eines Werbeprospekts für Ärzte.[49] 1912 warb diese Münchner Firma bei Ärzten für die Vaginaltablette »Semori«[50]: Die »aus rein egoistischen Motiven« begründete Anwendung antikonzeptioneller Mittel sei zu unterdrücken, hieß es in diesem wissenschaftlich aufgemachten Werbeprospekt. Einzig im »Interesse der gewerblichen, kulturellen, politischen Zukunft des Volkes« solle jede Indikation bzw. Kontraindikation »nur vom Arzt angeführt und ausgeführt« werden.[51] Und weiter: »Neben dem rein individuellen muss der Arzt sein Augenmerk auch auf das soziale und rassenhygienische Interesse richten; denn es ist doch ein recht zweifelhafter Gewinn an Menschenmaterial, wenn Geisteskranke oder auch nur Geistesschwache, wenn verbrecherisch, antisozial veranlagte, dem Alkoholismus ergebene, syphilitische oder sonst an erblichen Krankheiten leidende Individuen sich vermehren!«[52]

So paßte sich die Verhütungsmittelindustrie an die Interessen ihrer jeweiligen Klientel an. Am häufigsten richtete man sich aber an Frauen. Die »willkürliche Geburtenbeschränkung« hielt den Absatzmarkt in Gang. Werbetexte, in denen Sicherheit und medizinische Ausgewiesenheit erklärt wurden, waren üblich:

»Schutzmittel zum Gebrauch für Damen. Protecteur pour dames. Damen Präservativ (Mutterschutz) aus Gummi, sogen. Mensingapessar. Nach Ansicht der renommierten Frauenärzte Hasse und Mensinga ist dieses aus allerfeinstem Patentgummi hergestellte Pessar ein sehr sicheres Mittel für Frauen.«[53]

Der autonome Gebrauch, sogar der von Intrauterinpessaren, wurde als unproblematisch vermittelt und die »geschickte Frauenhand« hier nun ins Feld geführt. Auf diese Weise wurden Tausende von Frauen unter dem Werbeversprechen medizinischer Sachkenntnis und körperlicher Unversehrtheit in den Tod geschickt.[54] De facto hatten nämlich nur solche Mittel den gewünschten Effekt, die durch Material und Konstruktion so aggressiv wirkten, daß sie einen Abort provozierten.

Am gebräuchlichsten waren Injektionen von toxisch und ätzend wirkenden Flüssigkeiten in die Gebärmutter[55] mit Mutterspritzen, Irrigatoren, Scheidenpulverbläsern und Ballonspritzen. Wie eine Befragung von 250 Ärzten des niederrheinisch-westfälischen Industriebezirks ergab, waren auch die lebensgefährlich konstruierten Intrauterinpessare verbreitet[56], außerdem Instrumente, die für andere Zwecke verkauft, hergestellt oder vom Arzt verschrieben waren (z. B. Klistierspritzen und Irrigatoren), alle nur irgendwie erfolgversprechenden Mittel wurden gekauft oder aus der Küche beschafft: Soda, Essig, Senfmehl, aber auch Gifte wie z. B. Arsen, Phosphor, Schwefelsäure etc.[57] Die Injektionen in die Gebärmutter mit Toxinen, Säuren oder Laugen wirkten wehenerregend und provozierten so einen Abort. Perforationen der Gebärmutter, Scheide und Harnblase, Bauchfellentzündungen, Blutvergiftungen, Luftembolien waren häufige Folgen solcher Praktiken.

Im Gegensatz zur verbreiteten »kriminellen« Abtreibung zeigten staatliche Instanzen kein gesundheitspolitisches und deswegen auch kein statistisches Interesse an der Zahl der Todesopfer, die sich von Jahr zu Jahr mehrten. Erst in den zwanziger Jahren gab es im Rahmen der großen Bewegung gegen den § 218 StGB offizielle Schätzungen, wonach zwischen 10 000 und 20 000 Frauen jährlich an den Folgen einer Abtreibung starben und etwa 50 000 schwere Körperverletzungen davontrugen.[58] Allenfalls im Kontext der Bekämpfung des Geburtenrückgangs machten Ärzte auf Todesfälle aufmerksam und beklagten diese Situation als Schädigung der »Volksgesundheit«. Bei einer regionalen Untersuchung von 1914 wurden allein infolge der Anwendung eines einzigen Fabrikats, »Sterilett«[59], 113 Todesfälle innerhalb von fünf Jahren bekannt.[60]

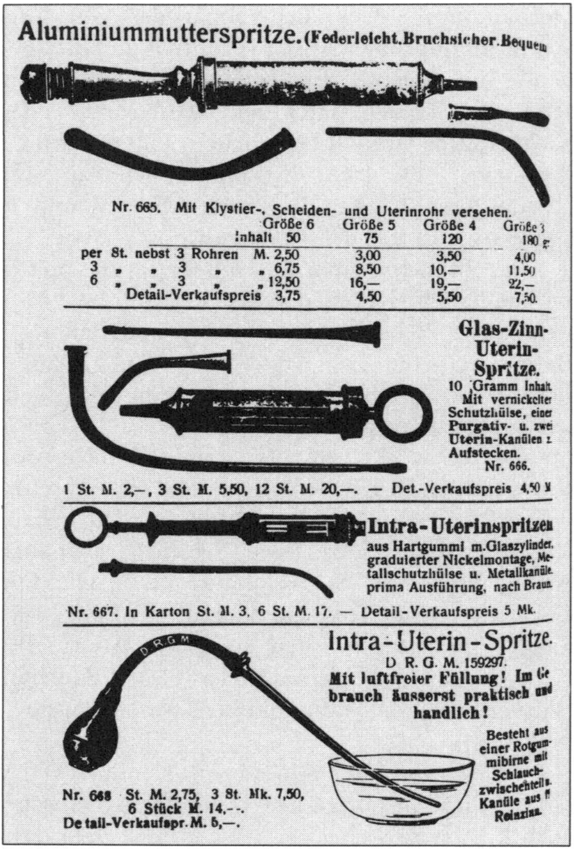

Aus dem Werbeprospekt der Dresdner Gummiwaren-Manufaktur, S. 40, in: ZStAM, Rep. 76 VIII B, Nr. 2007, Bl. 118

In einer Studie zur Abtreibung zählte im Jahre 1912 ein Arzt 49 Frauen, die wegen Mensesverzögerungen panische Abtreibungsversuche unternommen hatten und wegen Verletzungen in Kliniken eingewiesen wurden, ohne daß sie tatsächlich schwanger gewesen waren, 18 von den 49 Frauen waren gestorben.[61]

In dieser Untersuchung wurden typische Fälle solcher vermeintlichen Abtreibungen geschildert:

Aus dem Katalog der Dresdner Gummiwaren-Manufaktur, S. 13, 42, in: ZStAM, Rep. 76 VIII B, Nr. 2007, Bl. 119, 105

Eine 35jährige Arbeiterfrau machte nach Ausbleiben ihrer Periode einen Abtreibungsversuch. »Die durch den kriminellen Eingriff veranlaßten Blutungen führten die Frau zum Arzt. Dieser nahm, durch die Angabe der Frau, sie hätte abortiert, irre geleitet, eine natürlich resultatlose Abrasio vor. . . Da er bei der Operation Schwangerschaft ausschloß, konnte er sich das nachher eintretende Fieber nicht erklären und nahm bei dem raschen Verfall der Frau an, daß es sich um eine extragenitale Infektion, vielleicht um eine Phthise (Schwindsucht, A. B.) handle. . . Die wiederholten Schüttelfröste und die Entdeckung einer belegten Wunde am

Damm führten hier zur richtigen Diagnosestellung. Infolge dieses verschleppten Verlaufes ist es erklärlich, daß die Frau in einem Zustande zur Aufnahme in die Frauenklinik kam, in welchem an eine operative Therapie der bestehenden Septikopyämie nicht mehr zu denken war, da bereits Lunge und Nieren offenbar embolische Herde enthielten. Die schwere Allgemeinvergiftung des Körpers, die beginnende Blutdissolution machten den Gedanken an jeden Eingriff illusorisch. Hohe Temperatur (bis 41 Grad) und die gehäuften Invasionen von Infektionsmaterial ins Blut, kenntlich durch die sich täglich 2–3 mal wiederholenden Schüttelfröste, führten zu einem raschen Exitus (13 Tage nach der Aufnahme).

Die Sektion ergab, daß das bei dem künstlichen Eingriff eingeführte Instrument vom Damm aus nach rechts vorn und oben eingedrungen war und sich einen Weg zwischen Vagina und Blase gebahnt hatte.«[62]

Unabhängig davon, ob Frauen eine reale oder auch nur eine eingebildete Schwangerschaft ablehnten, sie waren mit einer Rechtslage konfrontiert, die lebensgefährliche Situationen überhaupt erst herstellte und sie gleichfalls strukturierte. Bereits der Versuch, wenn auch mit untauglichen Mitteln, wie z. B. dem Trinken von Rotwein, oder auch eine nur vermeintliche Abtreibung – alle Fälle waren strafbar und wurden tatsächlich nach § 218 StGB geahndet. Jeder Gedanke an einen Schwangerschaftsabbruch erinnerte an Bauchschmerzen, Blut und Zuchthaus. Die Bereitschaft von Frauen, ihr Leben aufs Spiel zu setzen oder zumindest körperverletzende Qualen in Kauf zu nehmen, hat sich unter dem Damoklesschwert der §§ 218, 184 (Abs. 3) StGB und der mechanischen Verhütungsinstrumente als Strukturelement der modernen Geburtenkontrolle herausgebildet. In Abhängigkeit von der wissenschaftlichen Entwicklung der Anti-Baby-Pille, Spirale und der neuesten Praktiken der Reproduktionsgynäkologie, haben Frauen diese Toleranz bis heute nicht aufgegeben.[63] Im Gegenteil, die Expertenrolle der Gynäkologie für Sexualität, Verhütung und den Körper der Frau hat sich vertieft und trifft nun mehr oder weniger alle Frauen von ihrer Pubertät bis ins hohe Alter.

Kleine Zeitungsnotizen meldeten immer wieder den Tod von Frauen als Folge von Abtreibungen. Die gerichtsmedizinische Literatur und Polizeiakten weisen eine Fülle von Obduktionsberichten auf, die solche Fälle dokumentieren.[64] Ein Beispiel:

»... Anna W. wurde am 24. November 1908 tot in ihrer Küche aufgefunden. Sie war über einem Eimer zusammengestürzt, auf dem sie vorher offenbar gesessen hatte, und hielt noch eine Ballonspritze mit langem, spitz zulaufendem Ansatzrohr, mit der sie sich vorher jedenfalls eine Einspritzung gemacht hatte, in der Hand. Die Spritze war ihr zugesandt worden von der Angeschuldigten, die schon einmal wegen Verstoßes gegen den § 218 bestraft worden war, auch entsprechende Annoncen neuerdings erlassen hatte. Die Spritze war von einem Briefe der B. begleitet, der sich bei der Verstorbenen fand und wörtlich lautete: ›Wertes Fräulein! Anbei übersende ich Ihnen die Mutterspritze. Sie nehmen auf 1 Liter gut warmes Wasser 1 Teelöffel Holzessig, dann füllen Sie die Spritze und führen sie in die Gebärmutter ein. Selbige finden Sie im Geschlechtsteil mehr nach links, aber das Rohr dürfen sie nicht weiter als ½ cm im Muttermund einführen. Sollten Sie nicht zurechtkommen, dann kommen Sie, wenn Sie ausgehen, zu mir, daß ich es selbst Ihnen noch einmal erkläre. Bitte den Brief verbrennen.‹«[65]

Ängste vor Schmerzen, körperlichen und seelischen Beschädigungen, vor Strafverfolgung, Zuchthaus und schließlich dem eigenen Tod gehörten zu der Gratwanderung zwischen Staat, Polizei und einer Industrie, die ihre Artikel unter Etiketten wie »Frauenglück«, »Gloria« etc. als unkomplizierte Geburtenkontrolle für die »Frau von Welt« verkaufte. Die historisch neu gebotene Chance für Frauen, mittels der modernen Geburtenkontrolle die eigene Gebärfähigkeit nun selbst beherrschen zu können, bedeutete faktisch ein riskantes Spiel mit dem Tod. Ein solches neuartiges Emanzipations(sonder)angebot hatte nicht zufällig diesen Haken – die Negation und Aggression gegenüber der weiblichen Gebärpotenz konnte man bereits den Konstruktionen der Verhütungsmittel ansehen. Dazu Christina von Braun: »Die Kontrazeptiva, die das Industriezeitalter entwickelt hat, stehen nicht im Gegensatz zum Reproduktionszwang. Sie bilden vielmehr dessen Ergänzung. Sie sind ein Symptom dafür, daß der Kampf des Logos gegen die Mutter zu einem Ende gekommen ist: Der Logos hat sein Ziel erreicht. So wie er das Sexualwesen Frau besiegt hat, hat er auch das Sexualwesen Mutter bezwungen. Der Logos hat bewirkt, daß *sein* Wunsch – der Verzicht der Mutter auf Reproduktion – zu *ihrem* Wunsch geworden ist. Deshalb überläßt er der Frau großzügig die Entscheidungsfreiheit über die Mutterschaft.«[66]

Hatte solche Großzügigkeit zwar einen allzu bitteren Beigeschmack, so blühte dennoch das Geschäft mit den mörderischen Abtreibungs- und Verhütungsmitteln: Eine einzige Hausiererin konnte innerhalb von sechs Monaten 900 Mutterspritzen verkaufen.[67] Von einem Händler aus Duisburg wurde berichtet, daß er mit seinem monatlichen Verkauf von 400 bis 500 Mutterspritzen einen jährlichen Umsatz von 75 000 Mark verbuche.[68] Ein anderer verkündete seinem Unterhändler: »Das Geld liegt in diesen Dingen auf der Straße.« Mit Verhütungsmitteln sei das größte Geschäft zu machen.[69] Die Mutterspritze kostete je nach Material (Silber, Aluminium, Ebonit, Zinn etc.) zwischen 2,50 und 22 Mark. Während Kondome am billigsten waren – ein Dutzend kostete zwischen 60 Pfennig und 10 Mark –, zahlten Frauen für Irrigatoren, Scheidenpulverbläser mit den jeweiligen Flüssigkeiten und Pulvern oder Pessare mit den dazugehörigen Einführinstrumenten zwischen 5 und 45 Mark.[70]

Für Frauen unterer Schichten, aber auch für nichtverdienende Frauen höherer Schichten, die über kein eigenes Geld verfügten und auf Unterstützung des Mannes angewiesen waren, handelte es sich um beträchtliche Summen. Für Arbeiterinnen waren 45 Mark ein ganzer Monatslohn (durchschnittlicher Männerarbeiterlohn 70–100 Mark, Frauenlöhne etwa die Hälfte). Sie griffen möglichst auf die billigsten Fabrikate zurück oder verzichteten völlig auf kommerzielle Produkte und sprangen statt dessen von Schränken und Leitern, schleppten schwere Lasten oder ließen sich sogar in den Bauch treten, um zu »kippen«, wie es im Volksmund hieß. Der selbst vorgenommene Eihautstich mit Strick- und Haarnadeln, Federkielen, Bleistiften und anderen spitzen Gegenständen gehörte zu den üblichen Praktiken. Und solche Methoden waren am gefährlichsten. Hirsch berichtete über die Häufigkeit von verletzten Uteruswänden, Durchbohrungen und Zerreißungen, lokalen und allgemeinen Infektionen, die mit der Durchstechung der Fruchtblase beinahe obligatorisch verbunden waren.[71]

»Wenn auch ... ein grosser Teil der Frauen die Fruchtabtreibung mit eigener Hand an sich vornimmt« – schrieb Hirsch –, »so haben doch auch die gewerbsmässigen Fruchtabtreiber alle Hände voll zu tun.«[72] Mit den gleichen Profitinteressen wie die Verhütungsmittelindustrie spezialisierten sich Menschen aus den Berufsgruppen der Kurpfuscher, Hebammen und der Ärzte auf dieses Geschäft, – doch das war letztlich die kommerzialisierte Version derselben Tortur, denn ihr Handwerkszeug rekrutierte sich genauso aus Ballon- und Mutterspritzen, Intrauterinpessaren usw. Wollten Frauen eine Abtreibung von fremder Hand, zahlten sie bei Hebammen und Kurpfuschern um die 100 Mark, bei Ärzten das Doppelte bis Vierfache.[73] Auch hier handelte es sich, in Relation zu den durchschnittlichen Löhnen unterer Einkommensklassen, um hohe Summen.

Darüber hinaus war der kommerzielle Eingriff, wie schon erwähnt, keineswegs ungefährlicher. Die kriminalisierten Bedingungen diktierten das Verhalten aller Beteiligten, lieferten Frauen den ausbeuterischen Interessen der Abtreibungsprofis in extrem demütigender Weise aus und erzeugten devote Verhaltensweisen. Ein Gerichtsmediziner beschrieb eine solche Situation: »Die verbrecherische Operation scheut das Licht und soll möglichst schnell vorgenommen werden; die Schwangere soll auch von der Manipulation wenig sehen; somit fehlt oft Zeit und Gelegenheit zu gründlicher Desinfektion. . . Wendet sich nun eine Schwangere auf eine Annonce hin an eine derartige Helferin, so wird sie nicht immer ›auf Anhieb‹ ihr Ziel erreichen. Meist empfängt sie eine gleichgültige, indifferente Tinktur, dann einen Tee, ein Pulver; die Mittel wirken nicht, die Angst der Schwangeren wird größer, sie will die Frucht los sein und verspricht höhere und größere Entschädigung . . . wenn nun . . . die Willfährigkeit der Schwangeren aufs höchste gestiegen ist, dann kommt die Einspritzung. . . In der Regel muß sich die Schwangere auf zwei Stühle setzen, . . . die Abtreiberin kniet sich davor, führt die Spitze der Spritze an einem Finger entlang in die Gebärmutter und entleert dorthin die Flüssigkeit.«[74] In der staatlichen und medizinischen Diskussion wurde die kommerzialisierte Variante der »kriminellen Fruchtabtreibung« auf »das Treiben« der Kurpfuscher, sogenannter Engelmacherinnen und Hebammen zurückgeführt, während die ärztliche Abtreibungspraxis mehr oder weniger tabuisiert blieb und anfänglich staatliche Maßnahmen gegen sie überhaupt nicht zur Debatte standen.

Die Solidarität unter Frauen, die »Hilfe einer erfahrenen Freundin oder einer gewissenlosen Hebamme« – so der Kriminologe und Psychiater Gustav Aschaffenburg[75] – galt als besonders gefährlich. Nicht zuletzt aus diesem Grund wurde häufig die »verbrecherische Fruchtabtreibung« als »Monopol der Hebammen« beklagt[76] und gegen abtreibende Hebammen Stimmung gemacht. Man sprach zum Beispiel von »minderwertigen Elementen des Hebammenstandes«[77], die ihre berufliche Kenntnis »in den Dienst dieser antinationalen Sache«[78] stellten.

Wurde auf der einen Seite das »schändliche Gewerbe« der Hebammen nicht nur mißbilligt – ihr ganzer Berufsstand wurde diffamiert –, so gab es gleichzeitig die Bestrebung, sie für den Kampf gegen den Geburtenrückgang als Komplizinnen des Staates zu gewinnen. Schließlich saßen sie genauso wie Ärzte an der »Quelle« des »Abtreibungsgeschehens«.[79] Ein Ansatzpunkt für diese Politik schien in der Verbesserung ihrer sozialen Situation zu liegen – sie arbeiteten nämlich am Rande des Existenzminimums, teilweise sogar mit einem Jahreseinkommen von nur 200 Mark[80]: »Denn wirtschaftliche Not wird auch manche Hebamme dem immer häufiger werdenden Drängen ihrer Klientel nach Beseitigung der Leibesfrucht gefügiger machen... So kommt es denn, dass manche Hebamme ihre Entbindungspraxis selbst vernichtet und schliesslich nur noch von verbrecherischer Fruchtabtreibung lebt.«[81]

Zum anderen forderte man im Rahmen der Hebammenreform, die seit der Jahrhundertwende im Gespräch war und bei der es um eine Anpassung der Hebammenkunst an die hygienischen und wissenschaftlichen Standards der modernen Medizin gehen sollte, diese Profession unter ärztlicher Kontrolle zu bringen.[82] »Sorgfältige Rekrutierung der Hebammen unter Berücksichtigung von Vorbildung, Befähigung und Charakter, Verlängerung der Ausbildungszeit, Ablegung einer Prüfung, Wiederholung dieser in bestimmten Zeiträumen, staatliche Anstellung der Hebammen mit Gehalt nicht unter 1000 M., Pensionsberechtigung, Kontrolle der Hebammen durch Kreisärzte«[83] – all das waren Überlegungen zu einer wirksamen Geburtenpolitik, die mit den ärztlichen standespolitischen Interessen korrespondierte.

Während es bei den Hebammen vor allem um die Kontrolle

durch die medizinische Zunft ging, wurde die Frage der Kurpfuscherei radikaler gestellt. Die seit 1869 in allen Bundesstaaten eingeführte Kurierfreiheit sollte 1910 für nicht approbierte Personen mit dem Gesetzentwurf »gegen Mißstände im Heilgewerbe«[84] grundsätzlich eingeschränkt werden. Dieser Gesetzentwurf war genauso wie die Hebammenreform Folge der ärztlichen Professionalisierungsbestrebungen und der Organisierung einer staatlichen Gesundheitsadministration, und beide waren nicht direkt gegen den Geburtenrückgang formuliert worden. Hingegen wurde der Zusammenhang von steigenden Zahlen der nicht approbierten Heilberuflichen und der zunehmenden Abtreibungen in der medizinischen Diskussion und in dem Gesetzentwurf überstrapaziert. So hieß es in seiner Begründung:

»Die unheilvolle Rolle, die die Kurpfuscher bei dem Verbrechen der Abtreibung und der Tötung keimenden Lebens spielen, dürfte so bekannt sein, daß ein bloßer Hinweis darauf genügt. Daß die Abtreibung unter Umständen der ungewollte Erfolg einer zu anderen Zwecken eingeleiteten Behandlung sein kann, beweist u. a. die am 6. Dezember 1904 seitens des Landgerichts in Bochum ausgesprochene Verurteilung einer Frau zu 2 Jahren Gefängnis wegen fahrlässiger Körperverletzung durch Herbeiführung einer Fehlgeburt infolge falsch angewandter Massage.«[85]

Und der Gynäkologe Hirsch: »In der Bekämpfung des Kurpfuschertums ist gewiss ein Mittel gegeben, das Handwerk der gewerbsmässigen Fruchtabtreiber einzuschränken«.[86] Entsprechend wurde die Strafverfolgung nach den §§ 218–220 StGB auf Kurpfuscher, Hebammen und abtreibende Frauen konzentriert.

Die jährlichen Verurteilungen nahmen seit der Diskussion über den Geburtenrückgang eklatant zu: von 191 im Jahre 1882 stiegen sie bis 1910 auf 976 und bis 1914 nochmal auf 1775. Im Vergleich zu anderen Bundesstaaten rangierte Preußen mit der Zahl der jährlichen Verurteilungen nach den §§ 218–220 StGB mit Abstand an erster Stelle. Es folgten Sachsen, Bayern, Baden und Württemberg. So wie Berlin eine Metropole der kommerziellen Abtreibung war, gab es auch hier seit 1894 (nach Preußen) die meisten Verurteilungen. Die Zunahme der Verurteilungen nach den §§ 218–220 StGB wird auch an den folgenden Statistiken deutlich:

Es wurden verurteilt:

Jahre	Individuen
1885–1894	2754
1895–1904	4628
1905–1914	10238

Tabelle in: Lewin (1922), S. 25

Der Anteil der Männer an den verurteilten Personen – die »berufsmäßigen Abtreiber oder Schwängerer«, wie es in einem Handbuch des Mediziners Lewin hieß[87] – schwankte zwischen einem Viertel und einem Fünftel. Im Durchschnitt kam in den 30 Jahren zwischen 1884 und 1914 auf neun verurteilte Frauen ein Mann.[88] Noch höher war der Anteil an Frauen im Jugendlichenalter zwischen 12 und 18 Jahren. Hier standen fast nur noch Frauen unter Anklage (siehe gegenüberliegende Tab.).

Unter Katholiken und Katholikinnen hatte im Laufe der Jahrzehnte die Verurteilungsrate zugenommen. Dagegen blieb sie bei Protestanten und Protestantinnen, Juden und Jüdinnen im Verhältnis relativ gleich:

Die Religion der wegen Abtreibung verurteilten Personen.

	Evangelisch	Katholisch	Jüdisch		Evangelisch	Katholisch	Jüdisch
1883	115	49	2	1899	277	115	—
1884	190	65	3	1900	285	120	6
1885	170	73	—	1901	316	136	4
1886	148	77	1	1902	411	142	4
1887	162	61	3	1903	433	139	2
1888	136	78	2	1904	459	168	6
1889	193	74	1	1905	394	149	3
1890	157	83	3	1906	407	189	11
1891	231	50	6	1907	471	176	5
1892	221	102	7	1908	584	210	3
1893	202	108	3	1909	724	294	4
1894	294	105	2	1910	662	306	4
1895	280	76	5	1911	683	333	5
1896	295	102	5	1912	663	308	4
1897	356	100	1	1913	1040	461	12
1898	260	114	2	1914	1255	482	4

Tabelle in: ebd., S. 27

Alter und Geschlecht der wegen Abtreibung Verurteilten.

Jahr	Jugendliche von 12 bis unter 18 Jahren		Erwachsene von 18 und mehr Jahren	
	Gesamtzahl	Davon weiblich	Gesamtzahl	Davon weiblich
1884	10	9	248	201
1885	3	2	240	204
1886	12	11	214	168
1887	7	7	219	177
1888	10	10	206	161
1889	12	12	256	209
1890	12	12	231	189
1891	12	12	275	216
1892	10	10	320	257
1893	16	15	297	242
1894	22	20	380	301
1895	13	12	348	290
1896	20	20	383	308
1897	21	20	437	356
1898	31	28	345	284
1899	27	27	368	285
1900	24	24	387	308
1901	26	26	431	332
1902	31	30	527	410
1903	34	33	541	431
1904	34	34	600	463
1905	28	28	521	387
1906	49	48	560	425
1907	41	39	615	460
1908	57	55	742	591
1909	52	52	975	770
1910	65	62	908	692
1911	80	73	948	741
1912	78	76	1240	956
1913	102	94	1416	1041
1914	92	87	1663	1263

Tabelle in: Lewin (1922), S. 26

Nach § 218, also nach dem so definierten Delikt der »Tötung der Leibesfrucht durch die Schwangere oder mit Einwilligung der Schwangeren durch Dritte« ohne Entgelt, erfolgten die meisten

Verurteilungen im Zuge der Strafverfolgung nach §§ 218–220 StGB: z. B. wurden im Jahre 1902 von 558 Verurteilten 521 nach § 218 bestraft, und diese Relation blieb konstant. 1913 entfielen von 1518 Verurteilungen 1467 auf den § 218.[89]

Verurteilungen nach § 218 StGB

Jahr	Verurteilungen	Jahr	Verurteilungen
1902	521	1908	773
1903	546	1909	997
1904	600	1910	949
1905	532	1911	985
1906	578	1912	1262
1907	636	1913	1467

Fiel einerseits in der Strafverfolgung das Hauptgewicht auf die private Abtreibungspraxis der Frauen, so wurde dieses Delikt keineswegs mit der Höchststrafe, Zuchthaus bis zu fünf Jahren, voll ausgeschöpft. 44,2 Prozent der Verurteilungen nach § 218 zwischen 1902 und 1910 wurden mit Strafen zwischen einem Jahr und drei Monaten Gefängnis, also nach mildernden Umständen, belegt. Von den 6232 Verurteilungen nach § 218 zwischen 1902 und 1910 wurden folgende Strafen (in Prozenten) verhängt[90]:

Strafen nach § 218 StGB

Zuchthaus von	5 Jahren und mehr	0,1	
	2 bis unter 5 Jahren	1,5	
	weniger als 2 Jahren	2,7	11,2 %
Gefängnis von	2 Jahren und mehr	1,0	
	1 bis unter 2 Jahren	5,9	
	3 bis unter 12 Monaten	37,5	
	1 bis unter 3 Monaten	44,2	81,7 %
	8 bis unter 30 Tagen	6,0	
	4 bis unter 8 Tagen	0,8	7,1 %
	weniger als 4 Tagen	0,3	
hierunter Ehrverlust			4,8 %
Polizeiaufsicht			0,1 %

Zwischen 1909 und 1913 wurden folgende Strafen nach § 218 verhängt[91]:

Strafen nach § 218 StGB

Jahr	Zahl der Verurteilten	Zuchthaus	Gefängnis über 1 Jahr	Gefängnis von 3 bis 12 Monaten	Gefängnis unter 3 Monaten
1909	997	34	38	316	609
1910	949	34	64	332	519
1911	985	39	56	351	539
1912	1262	35	69	461	697
1913	1467	45	83	570	769

Die Beihilfe zur »Tötung der Leibesfrucht« gegen Entgelt – die sogenannte Lohnabtreibung –, worauf nach § 219 Zuchthaus bis zu zehn Jahren stand, wurde zwar erheblich seltener, dafür aber härter als die private Abtreibung bestraft[92]:

Verurteilungen nach § 219 StGB

Jahr	Verurteilungen	Jahr	Verurteilungen
1902	35	1908	25
1903	27	1909	32
1904	33	1910	26
1905	15	1911	41
1906	29	1912	54
1907	17	1913	47

Zu den insgesamt 239 Verurteilungen nach § 219 zwischen 1902 und 1910 wurden folgende Strafen (nach Prozenten) verhängt[93]:

Zuchthaus	von 5 Jahren und mehr	12,1	
	2 bis unter 5 Jahren	54,0	90,4 %
	weniger als 2 Jahren	24,3	
Gefängnis	von 2 Jahren und mehr	0,8	
	1 bis unter 2 Jahren	4,2	
	3 bis unter 12 Monaten	4,2	6,6 %
	1 bis unter 3 Monaten	0,4	
hierunter Ehrverlust			62,3 %
Polizeiaufsicht			2,1 %

Zwischen 1909 und 1913 wurden folgende Strafen nach § 219 verhängt[94]:

Jahr	Zahl der Verurteilten	Zuchthaus	Gefängnis über 1 Jahr	Gefängnis von 3 bis 12 Monaten	Gefängnis unter 3 Monaten
1909	32	30	1	1	–
1910	26	23	2	1	–
1911	41	39	1	1	–
1912	54	43	6	5	–
1913	47	39	2	5	1

Verurteilungen nach § 220 – die »Tötung der Leibesfrucht ohne Wissen und Willen der Schwangeren durch Dritte« – blieben am seltensten. Dieses Delikt war mit Zuchthaus nicht unter zwei Jahren belegt, bei Tod der schwangeren Frau nicht unter zehn Jahren. Hier handelte es sich um eine Straftat, die am ehesten Ärzte betraf, weil sie ohne Narkose kaum möglich war. Entgegen der tatsächlichen Entwicklung bis 1910 nahm ihre Strafverfolgung sogar eher ab als zu.[95] Bei den insgesamt 15 Verurteilungen zwischen 1901 und 1910 wurden folgende Strafen verhängt[96]:

Strafen nach § 220 StGB

Zuchthaus	von 5 Jahren und mehr	5 Verurteilungen
	2 bis unter 5 Jahren	5 Verurteilungen
	weniger als 2 Jahren	1 Verurteilung
Gefängnis	von 1 bis unter 2 Jahren	4 Verurteilungen
hierunter Ehrverlust		9 Verurteilungen

Die Statistiken zeigen, daß sich die Strafverfolgung auf den §218, die private Abtreibungspraxis, konzentrierte. D. h. unter Anklage standen in erster Linie Frauen.[97] Dieser Paragraph bekam allerdings immer mehr Symbolcharakter, die Abtreibungspraxis von Frauen wurde allmählich zum Massenphänomen und mit dem Gesetz gar nicht mehr greifbar. Die dem §218 zugrunde gelegte Rechtsnorm stand zunehmend in Diskrepanz zu einer gesellschaftlichen Realität, die von Juristen, Medizinern und Politikern so beschrieben wurde, daß »mindestens die Hälfte aller Frauen des in geordneten Verhältnissen lebenden Arbeiterstandes und des kleinen Beamtentums einmal oder mehrfach Kinder abgetrieben haben.

Im Mittelstand müßten sogar drei Viertel aller Frauen ins Gefängnis geworfen werden, wollte man jede wegen des gedachten Verbrechens bestrafen, und in den begüterten Kreisen ist fast jede vorkommende Frühgeburt schlechthin als künstliche Abtreibung anzusehen«.[98]

Eine konsequente Strafverfolgung der Abtreibung hätte in der Tat diesen Paragraphen ad absurdum geführt, doch wurde allein mit seiner Aufrechterhaltung die Moral gegen abtreibende Frauen hochstilisiert. Sie blieben durch das so definierte Tötungsdelikt als Mörderinnen kriminalisiert, außerdem wurde ihnen konstitutionelle »Abnormität« bescheinigt: Frauen, die abtrieben und durch wiederholte Fehlgeburten auffielen, seien »häufig hochfieberhafter Natur, oft und zugegeben kriminell«, hieß es in der Denkschrift von 1915.[99] Reformvorschläge von Frauenrechtlerinnen, die im Rahmen der Revision des Strafgesetzbuches ein neues rechtliches Verständnis zu Fragen der Abtreibung forderten und erklärten, daß die Frau »eine freie persönliche Herrin ihres Körpers sein« dürfe, wurden 1910 von einem Gerichtsmediziner so kommentiert: »Man kann ... stark bezweifeln, ob deutsche Frauen und Mütter in dieser Kommission gesessen und mit gesunden Sinnen mitberaten haben ... Es kann kein Zweifel sein, daß die Fruchtabtreibung im allgemeinen unter Strafe gestellt werden muß«.[100]

Die Zuchthausdrohung und die gleichzeitig zweischneidige Laisser-faire-Politik des Staates gegenüber der mörderischen Abtreibungsindustrie kamen einem inszenierten Zerstörungsprozeß gleich, in dem Frauen die Subjekte ihrer eigenen Hinrichtung wurden. Eine offizielle Verfolgung wurde beinahe hinfällig. Über das aus solcher Politik resultierende Massengrab von Frauen war das staatliche Forum durchaus im Bilde. Mit dem Angst- und Abschreckungseffekt des Abtreibungsparagraphen wurde kalkuliert. Denn die Kriminalstatistik hatte über ein Jahrzehnt gezeigt, daß das Delikt des § 218 trotz seiner kontinuierlichen Zunahme seit der Jahrhundertwende in der Rechtsprechung nicht mehr als zuchthauswürdiges Verbrechen galt: Zwischen 1902 und 1910 wurden nur 4,3 % aller nach § 218 Verurteilten mit Zuchthaus bestraft. Im Rahmen der Strafrechtsreform, in der auch eine Änderung der §§ 218–220 StGB zur Debatte stand[101], hatten Ärzte darauf hingewiesen, »daß die unverhältnismäßig hohe Zahl von Todesfällen infolge vollendeter oder versuchter Abtreibung zum großen Teil darauf zurückzuführen sei, daß die hohe Strafdrohung des geltenden Rechts ... die Frauen abschrecke, rechtzeitig einen Arzt aufzusuchen«.[102]

Die Zuchthausdrohung wurde mit den behaupteten Gefahren des Geburtenrückgangs, also bevölkerungspolitisch und nicht mehr strafrechtlich begründet: »Seit längerer Zeit sinke die Zahl der Geburten ständig. Trotz der Zunahme der Bevölkerung sei in Deutschland die Geburtenhäufigkeit konstant geblieben« – so eine Erklärung der Strafrechtskommission. »Dies beruhe zum nicht geringen Teile darauf, daß die Abtreibung immer häufiger geworden sei. Der Anreiz zur Abtreibung werde um so stärker sein, je mehr man die Strafdrohungen abschwäche. Es handle sich hier um eine Frage, die für die Erhaltung der Volkskraft, insbesondere der Wehrkraft von hoher Bedeutung sei.«[103]

Allerdings sollte in dem Vorentwurf der Strafrechtskommission von 1912 (1. Lesung) das Strafrecht der allgemeinen Rechtspraxis so angepaßt werden[104], daß die im § 218 angedrohte Zuchthausstrafe nur noch in »besonders schweren Fällen« geltend gemacht, auf keinen Fall aber auf sie verzichtet werden sollte. An der Strafbarkeit des Abtreibungsversuchs wurde festgehalten, ebenso wie an den zehn Jahren Zuchthaus für die sogenannte Lohnabtreibung. Die Abtreibung ohne Wissen und Einwilligung der schwangeren Frau blieb in diesem Vorentwurf mit zwei Jahren Zuchthaus belegt.[105]

In dieser ausweglos selbstmörderischen Situation, die immerhin mindestens 10000 Frauen jährlich das Leben kostete, spielte die Allianz von Staat und Medizin eine wesentliche Rolle. Seit den allerersten staatlichen Nachforschungen über Abtreibung wurden Mediziner und die Institution Klinik in einen Apparat der Überwachung von abtreibenden Frauen eingebunden. Krankenhäuser waren die letzten Anlaufstellen für Frauen mit schweren Verletzungen, Vergiftungen, Entzündungen: »75 bis 80 Prozent der in Frauenkliniken zu Behandlung kommenden Aborte« seien »kriminell«, schätzten die prominenten Gynäkologieprofessoren Johann Veit (1852–1917), Direktor der Universitätsfrauenklinik in Halle, und Robert Olshausen (1835–1915).[106] Die Zunahme der Abtreibungen wurde dort anhand der steigenden Fehlgeburtenrate wahrgenommen.[107] Immer mehr Frauen »mit starkem Blutverlust und Fieber verbundenem Verlauf, Abgang frischer, meist zertrümmerter Eihäute und Früchte, die eine Entwicklung von 2 bis 4 Monaten zeigen«[108], wurden mit dem Verdacht auf »kriminellen Abort« registriert.

Mediziner beklagten ein mangelndes Rechtsbewußtsein von Frauen, legten Schätzungen über die Abtreibungrate vor und kooperierten mit Behörden gegen die »willkürliche Geburtenbeschränkung«: »verschärfte Strafen, Anzeigepflicht und genaue Erhebungen bei jedem Abortus«[109] – lauteten die Forderungen aus den Reihen der Schulmediziner.

Die Untersuchungen und Schätzungen von Dunkelziffern waren allein an politische Ziele gekoppelt, die Wahrnehmung der massenhaften Abtreibungspraxis gab nicht etwa den Impuls für ein Dementi des § 218, geschweige denn zu einer Reflexion über Möglichkeiten einer freien, persönlichen Handhabung der Geburtenkontrolle. Der ärztliche Diskurs beinhaltete ein Weiblichkeitsbild, das Mutterschaft und nationale Werte einander verpflichtete. Nicht das beobachtete Elend, sondern das Verhalten der Frauen löste die Empörung aus: »Nach Rechnung des Kreisarztes in Kiel, der die Zahl der im Jahre 1911 in Kiel wirklich vorgekommenen

Aborte auf mindestens 2000 schätzt, wird ungefähr der dritte Teil der Schwangerschaften vorzeitig unterbrochen, während 2 Frauenärzte in Altona nicht zu hoch zu schätzen glauben, wenn sie annehmen, daß in den Städten, den Hochburgen der Abtreibung, ca. 50 % aller Schwangerschaften abgetrieben werden. Die Ärzte erklärten übereinstimmend, daß auch die Frauen der sozial höher stehenden Bevölkerungsschichten nicht vor Herbeiführung des künstlichen Aborts zurückschrecken und daß vielen Frauen der Schritt vom Präventivverkehr bis zum Verbrechen gegen das keimende Leben leicht und unbedenklich erscheint.«[110]

Die Relation von Fehl- bzw. Totgeburten und sogenannten Normalgeburten war das Barometer für Schätzungen zur Dunkelziffer der Abtreibungen. Die Spanne der vor dem Ersten Weltkrieg genannten Zahlen lag zwischen 100 000 und 500 000 jährlichen Abtreibungen im Deutschen Reich. Für Berlin wurde eine Zahl zwischen 8000 und 10 000 angegeben.[111] Um die Dunkelziffer zu präzisieren, hatte das Preußische Innenministerium 1913 per Erlaß die Preußischen Ärztekammern aufgefordert, eine Fehlgeburtenstatistik vorzulegen. Rund 11 500 Mediziner wurden um Material gebeten, wovon 2515 Ärzte – also nur 21,7 % – »brauchbare« Informationen lieferten.[112] Um so engagierter zeigten sich Direktoren von Frauenkliniken: »60 der bedeutendsten Frauenärzte Deutschlands« – wie es in der Denkschrift hieß[113] – teilten privatim dem Innenministerium eine Statistik über die Quote der zwischen 1910 und 1912 in den Kliniken registrierten Fehlgeburten mit. Die »kriminellen Eingriffe« wurden hier auf 90 % geschätzt.[114] Die anhand ansteigender Fehlgeburten in Kliniken beobachtete Zunahme von Abtreibungen war von den Ärztekammern bestätigt worden.

Solche Entwicklungen wurden weder vom Staat noch von der Ärzteschaft toleriert. Das »Abtreiben der Leibesfrucht« sei eine »ständig zunehmende Gefahr für das Wohl unseres Volkes« – hieß es in einer Petition von prominenten Gynäkologieprofessoren 1910.[115] Mit der Forderung nach »Schutz der Ungeborenen«[116] sollten die Produktion, der Import, der Handel und vor allem der private Gebrauch von Verhütungs- und Abtreibungsinstrumenten in staatliche und medizinische Hände gebracht werden. »Die Verhütungsmittel versagen recht oft, und wenn alles – auch widerwillig – Gezeugte (abgesehen von Krankheitsfällen) zur Geburt käme, dann würde unsere Geburtenziffer um viele Prozente wieder emporgehen«.[117]

In dieser Intention wurde im Februar 1914 ein Gesetzentwurf »betreffend den Verkehr mit Mitteln zur Verhinderung von Geburten« eingebracht, der von Reichstagsabgeordneten aller großen Parteien (Zentrum, Deutschkonservative Partei, Nationalliberale Partei, Deutsche Reichspartei) außer der Sozialdemokratischen unterstützt wurde.[118] Darin wurde eine gesetzliche Reglementierung aller Gegenstände, »die zur Beseitigung der Schwangerschaft bestimmt« seien, verlangt. Der Bundesrat sollte solche Beschränkungen anordnen.[119]

Wie viele andere Gesetzesinitiativen vor dem Ersten Weltkrieg kam auch dieser Entwurf nicht zur Verabschiedung. Er sagt aber etwas über die Tendenz der staatlichen Überlegungen: Die Schulmedizin bekam ein grundsätzliches Recht auf ärztlich indizierte Geburtenkontrolle zugestanden, und Ärzte wurden als die primären Experten der Geburtenpolitik autorisiert. So konnte beispielsweise die *Gesellschaft für Geburtshilfe und Gynäkologie* in Berlin ihre Kompetenz für die Ausarbeitung staatlicher Strategien gegen den Geburtenrückgang durch eine Expertise zum Gesetzentwurf von 1914 unter Beweis stellen. Prominente Gynäkologieprofessoren wie z. B. Paul Straßmann (1866–1949) oder der Direktor der Frauenklinik der Berliner Charité, Ernst Bumm (1858–1925), hatten das Gutachten unterschrieben und auf der unterschiedlichen Bewertung von schulmedizinischen »Gegenständen, die zur Beseitigung der Schwangerschaft bestimmt sind«, z. B. Metalldilatatoren (Erweiterer), Cürette, Kornzangen, Laminariastifte und privat angewendeten Instrumenten, z. B. Sterilett und Mutterspritze, bestanden.[120]

Auf dem Markt frei käufliche Instrumente sollten durch ärztliche Rezeptpflicht »dem freien Verkehr entzogen«, aber nicht grundsätzlich verboten werden, »da es gewisse rein ärztliche Anzeigen gibt, bei denen diese Gegenstände zur Behandlung von Krankheiten ... von Ärzten gebraucht werden und nützliche

Dienste tun«.[121] Weiter wollte man Kondome aus dem gesetzlichen Verbot ausschließen, weil sie präventiv gegen die Weiterverbreitung von Geschlechtskrankheiten gesundheitspolitisch genutzt werden könnten.[122] Genausowenig sollten Occlusiv-Pessare und die chemischen Ovale verboten werden, »weil es eine Reihe von Krankheitszuständen gibt, in denen der Arzt aus pflichtgemäßer Erwägung, um erneute Schwangerschaft zu verhüten, diese Pessare verwendet«.[123]

Schließlich wurde die »Wiedereinbringung des Gesetzes zur Bekämpfung der Mißstände im Heilgewerbe« von 1910 gefordert, weil es die Verkaufsverbote beinhaltete: Nach dem Gesetzentwurf sollte nämlich die »Behandlung von Frauenleiden und Geschlechtskrankheiten durch Nichtärzte« strafbar sein. Es sei »das gewissenlose Treiben von Pfuschern und Pfuscherinnen«, das die »Abtreibung sowohl wie die Neigung der Bevölkerung zu antikonzeptionellen Maßnahmen in hohem Grade« fördere.[124]

Das standespolitische Engagement der Ärzteschaft richtete sich darauf, die Gebärfähigkeit naturwissenschaftlich-medizinischen Paradigmen zu unterwerfen und sie so beherrschbar zu machen. Denn Mediziner waren weit davon entfernt, die Geburtenkontrolle grundsätzlich abzulehnen. Solche Beherrschungslogik mußte zwangsläufig in eine (nur scheinbar) schizophrene Politik münden – nämlich in den Gebärzwang für Frauen und die ärztliche Kompetenzzuschreibung für Abtreibungen durch den Staat. Sie manifestierte sich am deutlichsten in den beiden neuen Kategorien des Aborts: einerseits die »verbrecherische Fruchtabtreibung« und andererseits die »künstliche Schwangerschaftsunterbrechung« – also jenes therapeutische Terrain der Gynäkologie, das in der staatlichen Diskussion außerhalb der geburtenfördernden Erwägungen stand und juridisch ganz neu bewertet wurde.

Chirurgische Reinigungsrituale: »künstliche Schwangerschaftsunterbrechungen« und Sterilisationen/Kastrationen in Irrenanstalten und Frauenkliniken

> »Die Zukunft des deutschen Volkes ist aufs schwerste bedroht. Das Deutsche Reich kann sein Volkstum und die Unabhängigkeit seiner Entwicklung auf die Dauer nur bewahren, wenn es ohne Verzug und mit der größten Energie daran geht, seine innere und äußere Politik sowie das ganze Leben des Volkes in rassenhygienischem Sinne zu gestalten. Am dringendsten sind Maßnahmen zur Förderung der Fortpflanzung der gesunden und tüchtigen Familien.«[125]

Als ersten Leitsatz »zur Geburtenfrage« forderte die *Deutsche Gesellschaft für Rassenhygiene* 1914 die »Gesetzliche Regelung des Vorgehens in solchen Fällen, wo Unterbrechung der Schwangerschaft und Unfruchtbarmachung ärztlich geboten erscheint«.[126] »Förderung der Fortpflanzung der gesunden und tüchtigen Familien« war im rassenhygienischen Programm ohne »negative Fortpflanzungsauslese«, ohne Sterilisations- und Abtreibungspolitik gegenüber »Minderwertigen« undenkbar. Das Postulat nach Legalisierung der ärztlichen Abtreibung und Unfruchtbarmachung korrespondierte mit der allgemeinen medizinischen Forderung nach legislativer Einführung eines ärztlichen Berufsrechts. Die sogenannte künstliche Schwangerschaftsunterbrechung und auch andere »nach den Regeln der ärztlichen Kunst« vorzunehmende Eingriffe und Operationen galten rechtlich noch als »Körperverletzung«. Hierzu zählten auch die Sterilisation und Kastration. Solche Operationen waren rechtlich nicht ganz abgesichert, was von Medizinern als Gesetzeslücke kritisiert wurde. Die standesrechtliche Debatte um eine Strafrechtsänderung zugunsten von Ärzten entstand vor dem Hintergrund der therapeutischen Sterilisations-, Kastrations- und Abtreibungspraxis.

Die Abtreibung war nach den §§ 218–220 StGB ohne Ausnahme verboten und galt auch für Ärzte als Tötungsdelikt. Der Würzburger Rechtswissenschaftler Friedrich Oetker erklärte 1914: »Da das Abtreibungsverbot das Leben der Frucht schützen will, so sind die Abtreibungsverbrechen zu den Tötungsdelikten zu stellen.«[127] Dieser Rechtsgrundsatz ging vom »Schutz des werdenden Menschen« oder vom »Schutz des Ungeborenen«[128] aus. Auch war häufig vom »keimenden« oder »embryonalen Leben« die Rede. Die Vorstellung vom »embryonalen Leben«, aus der sich für die Abtreibung die juridische Definition der »Tötung« ableitete, ging aus einem Perspektivwechsel der wissenschaftlichen Ansicht über die Fruchtabtreibung seit Mitte des 18. Jahrhunderts hervor. Bis ins 18. Jahrhundert hinein galt juridisch noch die Auffassung von der Fruchtbeseelung, die mit der ersten Kindsbewegung (etwa im fünften Monat) datiert wurde.[129] Der Fetus wurde erst dann als »lebendig« angesehen und die Abtreibung eines »foetus formatus und animatus«, eines »lebendigen Kindes«, ab diesem Stadium als »Tötungsdelikt« bestraft.[130]

Im Zuge der Erforschung der weiblichen Fruchtbarkeit und auch neuer Abtreibungstechniken durch die akademische Frauenheilkunde – z. B. zur Rettung der Mutter bei engem Becken – nahmen Ärzte im 19. Jahrhundert eine Neudefinition vom »Leben« der Frucht im Leib der Frau vor und behaupteten seinen Beginn mit dem Zeitpunkt der Zeugung.[131] »Dachte man früher, ›es sey die Frucht im Mutterleibe kein Mensch, sondern bloß ein Theil der mütterlichen Eingeweide‹, blieb die Mutter das Subjekt, jetzt aber, als ›das‹ Kind allzeit und schon gleich nach der Empfängnis für beseelt und belebt galt, wurde das ›Kind‹ in der Gebärmutter zu einem unabhängigen Wesen und die Mutter tendenziell zum untergeordneten Halteorgan.«[132] Dieser langwierige Perspektivwechsel kulminierte dann in der Verrechtlichung der Auffassung von der »Tötung« der Leibesfrucht, als der § 218 mit der Reichgründung 1871 im ersten Deutschen Strafgesetzbuch verankert wurde. Der Rechtsstatus des Embryos und Fetus stützte sich auf die wissenschaftliche Argumentation vom »embryonalen Leben«. Strafrechtler erläuterten den § 218: »Objekt der Abtreibung ist die lebende Frucht des weiblichen Schoßes, gleichgültig in welchem Stadium.«[133] Das Tötungsdelikt war damit für jede Abtreibung vom Moment der Zeugung an gegeben. Diese rechtliche Ausdeutung spiegelt die zeitgenössische lexikalische Definition von Embryo und Fetus wider.[134]

Sind die Protagonisten der juridischen Umdeutung des Tötungsbegriffs im § 218 in erster Linie Mediziner gewesen, so waren es nun wiederum Ärzte, die bereits seit 1902 exklusiv für ihre Profession einen anderen Rechtsbegriff als den der Tötung forderten. Anlaß war die bevorstehende, seit 1906 begonnene und bis in die 40er Jahre laufende Revision des Reichsstrafgesetzbuches. Im Februar 1905 wurde von einer Kommission der Ärztekammer der Provinz Brandenburg und der Stadt Berlin ein zusätzlicher Passus für die Strafrechtsreform der §§ 219–220 StGB vorgeschlagen: »Die von einem approbierten Arzte in Ausübung seines Berufs nach den Regeln der ärztlichen Wissenschaft zur Abwendung von Gefahr für Leben und Gesundheit vorgenommene Entfernung der Frucht aus dem Mutterleibe fällt nicht unter den Begriff der Abtreibung bezw. Tötung.«[135]

Weiter forderten Ärzte im Rahmen der Strafrechtsreform, den Begriff »Abtreibung« im medizinischen Kontext durch den Terminus »Unterbrechung der Schwangerschaft« zu ersetzen, um die zwei Kategorien der Abtreibung strafrechtlich voneinander abgrenzen zu können, oder anders ausgedrückt, »weil unter diesem Worte (»Abtreibung«, A. B.) allgemein die unerlaubten Manipulationen verstanden würden«.[136] Der Jurist Oetker 1914 zu dieser Problematik: »Die große Mehrheit der Kriminalisten hält an der Strafbarkeit der Abtreibung fest. Ebenso mit großer Bestimmtheit hervorragende Gynäkologen und Gerichtsärzte, obwohl doch die Mediziner versucht sein könnten, um für die Abtreibung aus medizinischer Indikation die volle, bei dem Mangel gesetzlicher Bestimmungen darüber nicht gewährleistete Rechtssicherheit zu erlangen, die radikale Aufhebung des Abtreibungsverbots zu befürworten.«[137]

Keineswegs dachten Mediziner in ihrem Engagement für die Einführung der »künstlichen Schwangerschaftsunterbrechung« als neuer Rechtskategorie an eine radikale Aufhebung des Abtreibungsverbots. Im Gegenteil, ihre Forderung nach einer Neudefiniton der ärztlichen Abtreibung war geradezu verknüpft mit der Kampfansage gegen die »kriminelle Fruchtabtreibung«. In der Debatte über den Geburtenrückgang trat keine andere Zunft so engagiert dafür ein, jede Abtreibung, die nicht von einem Mediziner durchgeführt worden war, als »Sünde gegen die Natur« zu normieren.

1910 richteten berühmte Gynäkologieprofessoren und Kliniker eine Petition an das Reichsjustizamt, worin die Legitimation des »künstlichen Abortus« postuliert wurde. Aus dem theologischen Auftrag der Ärzte als Polizisten und »Hüter der Natur« leitete sich hier genauso der Inhalt der »künstlichen« wie der »kriminellen Abtreibung« ab: »Alles, was gegen die Gesetze der Natur ist, muß von den Jüngern der Heilkunst als gefährlich und verwerflich betrachtet werden. Ein Abortus, der keine medizinische Indikation hat, muß von den Gynäkologen als wahres Verbrechen erachtet werden. Wir Ärzte können niemals mit reinem Gewissen für Straflosigkeit der Abtreibung eintreten; denn sie ist, wenn nicht die Rettung des mütterlichen Lebens in Frage kommt, eine Sünde gegen die Natur.«[138] Die konträren Ethikauffassungen über die private und ärztliche Abtreibung beriefen sich also nicht etwa auf das Faktum des Aborts, sondern auf die Verschiedenheit der Subjekte und ihrer Motive.

Äußerlich sei der Vorgang gleich – hatte Max Hirsch erklärt –, auf die innere Qualität komme es an. Der Arzt wolle damit Leben und Gesundheit der Frau schützen. Solches Diktum erzeuge schließlich einen »objektiven Zweck der Operation« – so Hirsch: »Die Tötung der Leibesfrucht ist nur das Mittel zu diesem Zweck und wird durch ihn geheiligt.«[139] Darüber hinaus wurde auch das »Volkswohl«, das Interesse des Ganzen, zur Begründung des »künstlichen Abortus« ins Feld geführt: »Nicht aus egoistischen Gründen ... verlangen wir Ärzte eine gesetzliche Regelung dieser Materie ... Sehr triftige Gründe des Volkswohls diktieren eine spezielle Gesetzgebung.«[140] Die Autoren dieser Petition (1910) hatten einen Gesetzesvorschlag ausgearbeitet, der auf ein grundsätzliches ärztliches Berufsrecht auf Abtreibung hinauslaufen sollte:

»Die Unterbrechung der Schwangerschaft durch den Arzt ist

straflos, wenn sie mit Einwilligung der Schwangeren oder ihres gesetzlichen Vertreters zur Verhütung einer nicht geringen Gefahr für deren Leib und Leben nach den Regeln der ärztlichen Kunst unternommen wird.«[141] Solche Gesetzesvorschläge wurden tatsächlich Gegenstand der Beratungen der Strafrechtskommission zwischen 1909 und 1914.[142] Aus den ärztlichen Initiativen resultierte zunächst ein zusätzlicher Passus, der 1912 im Vorentwurf der Strafrechtsreform (1. Lesung; § 217 VE faßte die §§ 218–220 StGB zusammen) eingefügt wurde: »Die Tötung der Frucht ist straflos, wenn sie ein Arzt nach den Regeln der Kunst mit Einwilligung der Schwangeren vornimmt, um von ihr eine auf andere Weise nicht zu beseitigende erhebliche Gefahr für Leib und Leben abzuwenden.«[143]

Abgesehen davon, daß durch den Krieg die Vorentwürfe nicht mehr zur parlamentarischen Beratung kamen – erst 1926 wurde der § 218 StGB reformiert[144], hatte man diesen Passus noch in der 1. Lesung mit dem Hinweis auf den sogenannten Notstandsparagraphen (§ 54 StGB) wieder gestrichen. Er erklärte eine strafbare Handlung für legal, wenn sie aus Notwehr, zur Rettung aus einer gegenwärtigen Gefahr für Leib und Leben des Täters oder eines Angehörigen begangen wurde. Der Paragraph wurde im Vorentwurf erweitert: Unter gleichen Bedingungen blieb die Handlung auch bei Eingreifen eines Dritten straffrei (Vorentwurf § 67).

Die Strafrechtskommission hatte so zunächst die Einführung eines Berufsrechts für Ärzte auf Abtreibung umgangen. Indirekt aber wurde der ärztlichen Abtreibung unter der Bedingung, daß die Frau einwilligte oder Notstand bestände, der Freipaß gegeben. Ärzte, die eine medizinische Indikation forderten, gaben sich mit diesem Kompromiß nicht zufrieden. Sie sahen das »schädliche Treiben des Kurpfuschertums« durch § 67 im Vorentwurf erst recht geschützt.[145] Ihnen ging es um mehr als um eine indirekte Befreiung vom Abtreibungsverbot. Sie wollten ein generalisiertes Berufsrecht, das ihnen als approbierten Ärzten einen Sonderstatus geben sollte. Mindestens genauso vehement wurde in der Strafrechtsreform eine standesrechtliche Suspension von den §§ 223, 224, 226 und 228 StGB verlangt, in denen die Delikte der »Körperverletzung« definiert waren. Sie tangierten den ärztlichen Eingriff und konnten genauso wie die Abtreibung zum strafrechtlichen Risiko werden.

Die Rechtsunsicherheit bestand vor allem für spontane Operationen, die ohne vorherige Einwilligung der Patientinnen durchgeführt wurden. Der § 223 StGB belegte eine »vorsätzliche, körperliche Mißhandlung« mit Gefängnis bis zu drei Jahren. § 224 StGB betraf die Rubrik »schwere Körperverletzung« und bezog sich auf den Verlust eines »wichtigen Gliedes des Körpers«. Hierzu zählte neben Sehvermögen, Gehör und Sprechvermögen eben auch die Zeugungsfähigkeit.[146]

Sterilisation und Kastration galten also nach § 224 StGB als strafbar. Wurde der Tod durch eine Körperverletzung verursacht, drohte nach § 226 StGB Zuchthaus nicht unter drei Jahren oder Gefängnis.[147] Der Ärztestand sah sich potentiell kriminalisiert, weil die operative und therapeutische Praxis in gewisser Weise immer als »Körperverletzung« ausgelegt werden konnte. Die Ärztekammern monierten, daß durch die Rechtslage Mediziner teilweise gezwungen seien, »auf der Verbrecherbank Platz zu nehmen« und daß »die Entwicklung der Medizin in beengende Fesseln« gebracht sei.[148]

Die Preußischen Ärztekammern – in ihrem Engagement für eine Änderung des Strafrechts Sprachrohr der ärztlichen Forderungen – formulierten vor diesem rechtlichen Hintergrund einen Passus für die Körperverletzungsparagraphen, der eine solche Handlung für straflos erklärte, »wenn sie a) von einem approbierten Arzte in Ausübung seines Berufs innerhalb der Regeln der ärztlichen Wissenschaft begangen wird und nicht in bewußtem Widerspruch steht mit der freien Willensbestimmung desjenigen, an welchem die Handlung begangen wird, oder seines gesetzlichen Vertreters«. Die gleiche Forderung sollte gelten, wenn eine Operation »zur Rettung eines Anderen aus einer gegenwärtigen, auf ungefährlichere Weise nicht zu beseitigenden Gefahr für Leib und Leben bestimmt« sei.[149]

In dieser Gesetzesdebatte wurde die Verurteilung eines Gynäkologen nach § 224 StGB durch das Oberlandesgericht Dresden im Jahre 1899 angeführt. Seine Bestrafung degradierte in den Augen der Ärzte ihren gesamten Berufsstand. Der Arzt hatte einer Frau während der ihr angekündigten und auch von ihr gebilligten Ausschabung außerdem beide Tuben und Ovarien herausgeschnitten, weil er die Organe während der Narkose als krank diagnostiziert hatte.[150] Dieser in der wissenschaftlichen und standespolitischen Debatte häufig zitierte Fall einer Sterilisation ohne Einwilligung der Patientin, verdeutlicht die damals noch ungeklärte Indikationsproblematik, die sich aus dem Spektrum der zeitgenössischen Diagnostik ergab: Ärztekammern forderten die Einführung des ärztlichen Berufsrechts ohne präzise Indikationsvorstellung – maßgeblich waren der Heilzweck und die Einhaltung der »Regeln der ärztlichen Kunst«.[151]

De facto gewannen genau solche standespolitischen Forderungen den eugenischen und rassenhygienischen Indikationen an Boden hinzu, weil sie im Rahmen der zeitgenössischen, vor allem der psychiatrischen Krankheitslehre medizinisch durchaus vertretbar waren. Und genau in diesem Kontext wurde die Forderung nach Einführung der »künstlichen Schwangerschaftsunterbrechung« und »künstlicher Unfruchtbarmachung« in der bevölkerungspolitischen Diskussion brisant – Abtreibung und Sterilisation wurden immer mehr in ein und demselben rechtspolitischen Kontext debattiert.

»Von zwei Seiten aus dringen die Methoden der Unfruchtbarmachung auf operativem Gebiet vor« – resümierte Grotjahn 1914 –, »einmal in der Frauenheilkunde aus medizinischen Gründen und sodann von der Irrenheilkunde aus eugenischen Rücksichten mit dem Ziele der Vermeidung von Nachkommen verbrecherischer Irren.«[152] In der Tat gab es zunächst zwei voneinander unabhängige Strömungen, die sich erst während des Krieges zu einer gemeinsamen Debatte verdichteten. Während Psychiater seit den 1870er Jahren die Kastration von »Degenerierten« als Mittel zur »Verhütung defekter Nachkommenschaft« forderten[153], entzündete sich in Deutschland die gynäkologische Diskussion zur Indikationsproblematik an der Erprobung neuer Operationstechniken seit den 1890er Jahren. Das Spezifische an dieser Debatte war, daß nur die wenigsten Verfechter der rassenhygienischen Indikation ihre Position auch als Vertreter der organisierten Rassenhygienik und Eugenik publizierten. Vielmehr präsentierten sie in wissenschaftlichen Fachschriften als Psychiater, Gynäkologen, Chirurgen, Kriminalpsychologen, Kliniker und als Juristen Lehrmeinungen und beteiligten sich an der standespolitischen Debatte, in der es zunächst nur um eine Verrechtlichung der »medizinischen« Indikation ging.

Die rassenhygienische Indikationsforderung entstammte zu allererst dem psychiatrischen Diskurs. In der engeren Auslegung der medizinischen Indikation stand zwar genauso die Frage zur Debatte, ob »auch die Bewahrung vor geistiger Störung oder vor Verschlimmerung bestehender Psychose«[154] als begründete *Lebensgefahr* der Frau zu gelten habe. Die explizite rassenhygienische bzw. »sozialpolitische« Indikation unterschied sich aber von dem medizinisch begründeten Indikationsvorschlag dadurch, daß sie Kategorien der »erblichen Disposition« und »Minderwertigkeit« einführte. An der psychiatrischen Entartungslehre orientiert, wurde die Erblichkeit der »psychopathischen«, »neuropathischen« Konstitution mit der Prognose der »Degeneration der Rasse« in die Abtreibungs- und Sterilisationsdiskussion aufgenommen und als psychiatrische Indikation präzisiert. Während des Krieges kam schließlich ein Indikationsmodell zur Diskussion, das die Aspekte der medizinischen und rassenhygienischen Forderungen vereinigte. Ärzten sollte die Sterilisation erlaubt sein:

»1. zu direkten Heilzwecken am Individuum. Dabei ist die Erörterung am wichtigsten, inwieweit bei weiblichen Individuen die Entfernung der Ovarien als Heilmittel bei Neurosen und Psychosen anzusehen ist;
2. zur Verhütung der Schwangerschaft, um die Frau vor einer Gefahr für Leben und Gesundheit zu bewahren;
3. aus sozialpolitischen oder rassenhygienischen Gründen, um
   a) einen verbrecherischen oder krankhaften Trieb, insbesondere Geschlechtstrieb zu beseitigen oder herabzusetzen und
   b) um einen verbrecherischen oder degenerierten oder geisteskranken (mit einem Worte rassehygienisch betrachtet minderwertigen) Nachwuchs zu verhüten.«[155]

Dieses Indikationsmodell war ein Ergebnis der medizinwissenschaftlichen Indikationsdebatte, die, vorangetrieben durch den Geburtenrückgang, in die bevölkerungspolitische Diskussion vor dem Ersten Weltkrieg mündete.

Seit etwa 1907 erschien in Deutschland immer häufiger medizinwissenschaftliche Literatur unter Titeln wie: *Über medizinische Schutzmaßnahmen (Kastration, Sterilisation) gegen Verbrechen und andere soziale Übel, mit besonderer Berücksichtigung der amerikanischen Gesetzgebung.*[156] Nordamerikanische Sterilisationsgesetzgebungen wurden als vorbildliche Initiativen gegen Verbrechen und Krankheit proklamiert.[157] In Europa spielte die Schweiz die Vorreiterrolle für die rassenhygienische Sterilisation und Kastration, weil hier zwar ohne gesetzliche Grundlage, aber offiziell in psychiatrischen Anstalten unter rassenhygienischen Indikationsstellungen Menschen unfruchtbar operiert werden konnten.

Ob auf der *Internationalen Dresdner Hygieneausstellung 1911* oder vor anderem wissenschaftlichen Publikum – die Sterilisations- und Kastrationspraxis in den Anstalten Burghölzli-Zürich und Wil-St. Gallen wurde als progressive Sozialpolitik präsentiert. Der prominente Psychiatrieprofessor und Entartungstheoretiker Auguste Forel (1848–1931) sollte im Jahre 1892 mit der Kastration an einer Patientin – von ihm als »psychisch krankes Scheusal«[158] beschrieben – Schule machen. In der Dresdner *Internationalen Hygieneausstellung* wurden auf einer Schautafel mit dem Titel *Castration und Sterilisation von Geisteskranken aus sozialen Gründen in den schweizerischen Anstalten Burghölzli-Zürich und Asyl Wil-St. Gallen* insgesamt 17, überwiegend an Frauen vorgenommene Sterilisationen und Kastrationen vorgestellt. Ein Beispiel:

> »MORALISCHE IMBECILLITÄT. In der Schule moralisch defekt, in der Ehe unmöglich, Trinkerin, untreu, Scheidung, schließlich bevormundet, stets sexuell excedierend. 1903 unehelich gravid, in Irrenanstalt interniert, zu sexuellen Excessen entweichend. Februar 1906 mit 35 Jhr. *sterilisiert.* (Doppelseitige Entfernung der Eileiter).
>
> Seither kann sie in der Familie gehalten werden.«[159]

In dieser beginnenden wissenschaftlichen Sterilisationsdebatte wurde häufig auch einer der frühesten Propagandisten der Zwangssterilisation in Deutschland, der Psychiater Paul Naecke (1851–1913), rezipiert.[160] Naecke hatte 1909 unter dem Titel *Die ersten Kastrationen aus sozialen Gründen auf europäischem Boden* die schweizerischen Praktiken als vorbildhaft bezeichnet und über 4 Kastrationen berichtet: von einem 32jährigen homosexuellen Mann, einem 31jährigen Mann mit der Diagnose »psychisch abnorm. Hang zur Tierquälerei, zur Lüge, zu ruchlosen Streichen«, einer 36jährigen Frau »mit angeborenem Schwachsinn, zeitweise Aufregungszuständen und übermäßiger Libido« und einer 25jährigen Frau, die unter Epilepsie litt und wegen »Tobsuchtsanfällen und ausgesprochener Nymphomanie«[161] kastriert wurde.

Schriften der organisierten Rassenhygiene und die fachwissenschaftliche Literatur zum Thema *Sterilisation* waren häufig im Tenor und vom Vokabular her nicht mehr unterscheidbar: »Die Aufnahme der Kastration unter die Straf- resp. Schutzmittel der Gesellschaft gegen Verbrechen würde indes keinen Rückfall in die frühere Barbarei ... bedeuten. Wo der Schutz der Gesellschaft in Betracht kommt, darf nicht die Schablone gehandhabt werden, da müssen auch sentimentale Rücksichten zurücktreten. Die Kastration kann bei dem heutigen Stande der Chirurgie schmerzlos und ohne Lebensgefahr für den Operierten ausgeführt werden.«[162]

Die nordamerikanischen Sterilisationsgesetze wurden als Fortschritt sozialer Modernisierung und als »kriminalpolitische Neuerung«[163] gefeiert. Innovativ waren sie vor allem aus einem Grunde: Die Kastration wurde aus ihrem traditionellen Inhalt, der Strafe, herausgelöst und unter naturwissenschaftlichen Paradigmen in ein »Heilmittel« transformiert. Statt hingerichtet, wurde nun »gereinigt«, und zwar im wahrsten Sinne des Wortes steril, keimfrei gemacht; statt gestraft, wurde mit der Technik und dem Instrumentarium der modernen Medizin geheilt. Die Option des Patienten war das Entscheidende. Diesen Konsens stellte man durch das Arzt-Patient-Verhältnis her.

Die moderne Sterilisationspraxis setzte in Europa und in den Vereinigten Staaten im 19. Jahrhundert ein; zunächst wurden Männer in Strafanstalten von Gefängnisärzten unfruchtbar operiert und Frauen in psychiatrischen Krankenhäusern und Frauenkliniken mit solch favorisierten Diagnosen wie »Hysterie«, »menstruelles Irresein«, »Hystero-Epilepsie«.[164] Insassen von Gefängnissen, »Verrückte«, Hysterikerinnen und im weitesten Sinne alle Frauen – das verrückte Geschlecht – hatten nämlich eines gemeinsam: Sie widersprachen der herrschenden Logik.[165] In den unterschiedlichsten Epochen und Kulturen (Indien, Ägypten, China) hatte man die Kastration vor allem gegenüber Männern als Strafmittel eingesetzt – im Altertum, um die Unterlegenheit des Feindes zu demonstrieren, um sexuell Deviante zu disziplinieren, und im Mittelalter sogar als Strafe bei Diebstahl.[166] Nun verlagerte sich dieses interkulturelle und originäre Strafmittel im 19. Jahrhundert als Therapeutikum in die Kliniken.

Die wissenschaftliche Propaganda seit der Jahrhundertwende distanzierte sich von dem Strafmotiv: »Das Wesen der Strafe erfordert ..., daß sie von dem Betroffenen als Übel empfunden wird« – erklärte der Jurist Friedrich Ludwig Gerngroß in seiner Dissertation von 1913 mit dem Titel *Sterilisation und Kastration als Hilfsmittel im Kampfe gegen das Verbrechen*.[167] Er betrachtete Kastration und Sterilisation als »sichernde Maßnahme«: »Die Aufgabe der Strafe ist Repression, die der sichernden Maßnahme Prävention. Aus dem Rechtsgrund und aus dem Zweck der sichernden Maßnahme ergibt sich, daß sie das tunlichst vermeiden muß, was die Strafe erstrebt: für den Betroffenen ein Übel zu sein«. Und schließlich widerstrebe »ein derartiges Strafmittel unseren heutigen ethischen Anschauungen«.[168]

Solche Richtigstellungen blieben jedoch zweischneidig. Denn im medizinischen Jargon sprach man über Kastration und Sterilisation als »Verstümmelung«, »Verschneidung«, »Asexualisation«, »Geschlechtslosmachung«.[169] Die Begrifflichkeit verriet noch den Strafcharakter der operativen Unfruchtbarmachung. Gleichzeitig betonten Gynäkologen, Chirurgen, Psychiater und Rassenhygieniker die »frohe Stimmung bei den Operierten« – so in dem Lehrbuch für Gynäkologie aus dem Jahre 1897[170], um den psychischen Effekt der Sterilisation zu bagatellisieren bzw. um den Heilerfolg zu dokumentieren.

Indem die Unfruchtbarmachung als körperliches Strafmittel medikalisiert wurde, legitimierte man die »Verschneidung« von gesunden Organen z. B. mit dem Argument, daß damit eine »Heilung der Hysterie durch Kastration« – so der Psychiater Auguste Forel[171] – zu erreichen sei. Der Berliner Chirurg A. Kappis berichtete 1912 in der *Deutschen Medizinischen Wochenschrift* über die Sterilisationserfolge des amerikanischen Gefängnisarztes Harry A. Sharp, der als Mittel gegen »exzessive Masturbation« und als eugenische Maßnahme gegen »defekte Nachkommenschaft« zwischen 1899 und 1907 176 Insassen der Besserungsanstalt Indiana Reformatory in Jeffersonville illegal, aber öffentlich, sterilisiert hatte.[172] »Den ersten Anlaß zu dieser Operation gab ihm der Fall von exzessiver Onanie bei einem 19jährigen jungen Mann, der dringend von seinem Leiden befreit zu werden wünschte, 1899; und auf Grund des guten Erfolges hat Sharp seither ohne jeden Schaden für die Patienten, ohne jede Störung des Seelenlebens die Operation an Hunderten von Männern ausgeführt, und er betont in seiner Publikation, daß *alle* mit der Operation zufrieden waren und sich gegenseitig dazu aufmunterten, sich operieren zu lassen, daß auch der Geschlechtstrieb offenbar herabgesetzt war.«[173]

Der Sträfling ohne Widerständigkeit, ohne Empfindung der körperlichen und seelischen Verletzung, geriet hier in die Pose des um Heilung bittenden Patienten, der vom Arzt zu kurieren war, damit ihm sein Leiden genommen werde. Man verlangte einen neuen Typus der Devianz – Anderssein sollte selbst als Krankheit empfunden werden, um seiner eigenen Vernichtung zuzustimmen. Der Heilerstatus des Arztes mystifizierte die Tatsache, daß Geschlechtsorgane, die keineswegs krank waren, »verschnitten« und »verstümmelt« wurden, nämlich genau jene Organe, die leibliche, menschliche Triebhaftigkeit verkörperten. Ziel war die Destruktion der Zeugungsfähigkeit, die irreversibel das Verdikt »lebenslänglich« aussprach und nichts anderes als eine tiefgehende soziale Disziplinierung beinhaltete. Dr. Kappis veröffentlichte seine erste Sterilisation an einem Mann in der *Medizinischen Wochenschrift*, und zwar, weil er als Chirurg »den Psychiatern und Nervenärzten, den Juristen und Sozialpolitikern ... diesen Beitrag« liefern wollte[174]:

»Ein 25jähriger Student aus schwer erblich belasteter Familie – Mutter im Irrenhaus, Bruder durch Selbstmord geendet nach ähnlichen Erscheinungen, wie sie Patient jetzt zeigt – fragte bei mir an, ob es eine Operation gebe, um ihn von seiner *exzessiven Onanie*, unter der er geistig und körperlich schwer leide, zu befreien ... Er sei zu keiner geordneten geistigen Arbeit mehr fähig, ermüde sehr rasch, könne sich nicht konzentrieren und nicht auf das bevorstehende Examen vorbereiten, sein Gedächtnis habe in der letzten Zeit gelitten ... Der junge, muskelkräftige Mann war etwas blaß, machte August (1911) den Eindruck eines nervösen, scheuen Menschen mit unruhigem und unsicherem Blick, war sonst geistig vollkommen normal ... Patient wünschte dringend Kastration, da das Leben so wie jetzt für ihn nicht lebenswert sei ... Ich lehnte die Kastration rundweg ab, sprach schließlich von der Möglichkeit eines Nutzens durch die Vasektomie und schlug die Konsultation bei einem auf diesem Gebiete erfahrenen Nervenarzt vor, die am 7. September 1911 stattfand. Nach eingehender Befragung, Feststellung der Triebrichtung (aufs weibliche Geschlecht gerichtet) und genauer körperlicher Untersuchung kamen wir zu dem Resultat, daß mit den gewöhnlichen Behandlungsmethoden in diesem schweren Falle wohl nichts zu erreichen und deshalb der Versuch die Vasektomie vorzuschlagen sei, zumal uns – und auch dem Patienten – bei der schweren erblichen Belastung die Ausschaltung der Nachkommenschaft als wünschenswert erschien ... Nach Unterzeichnung eines entsprechenden Reverses wurde am 9. Oktober 1911 die Operation nach Skopomorphineinspritzung in Lokalanästhesie mit beiderseitigem kleinem Schnitt am Uebergang vom Skrotum in die Leistengegend und offener Freilegung des Ductus deferens vollkommen schmerzlos ausgeführt, je ein 1–2 cm langes Stück des Ductus deferens reseziert und die Haut primär vernäht ... In der ersten Zeit nach der Operation war die Stimmung des Patienten ausgezeichnet, die Onanie wurde vollkommen gelassen. Es erfolgte dann ein ganz leichter Rückfall – einmal pro Tag gegen vielemale früher –, allmählich hörte die Onanie ganz auf, der junge Mann trieb wieder Sport aller Art, wurde wieder lebensfroh und arbeitsfreudig, es war ein ganz anderer Mensch aus ihm geworden.«[175]

Inhalt und Intention der Sterilisation waren identisch mit der rassenhygienischen und eugenischen Philosophie: Diese Operation versprach Befriedung des Individuums wie der Gemeinschaft gleichermaßen. Soziale und individuelle Harmonie stellte sich über die Katharsis von Triebhaftigkeit, von menschlicher Natur, her. Die Hygienisierung, die letztlich Einheit von Individuum und Gesellschaft, soziale Harmonie anstrebte, wurde einzig über das Blutopfer, über den Weg körperlicher Destruktion erreichbar.

Indikationen für die »künstliche Schwangerschaftsunterbrechung und Unfruchtbarmachung« sollten nicht mehr an der Lebensrettung des Individuums orientiert sein, sondern der Arzt – zum »Pionier der Volkshygiene«[176] erklärt – sollte das Glück künftiger Generationen, »die Zukunft des Volkes« – so Max Hirsch – in die Hand nehmen. Er sollte kollektive Einheit durch Prophylaxe am »Volkskörper« produzieren – über das Medium des ärztlichen Eingriffs der Sterilisation und Abtreibung. Die rassenhygienische Indikation implizierte vor allem zwei Aspekte: Sie wollte in erster Linie die in der psychiatrischen Entartungslehre definierten »Erbkrankheiten« »auslesen«, und ihr Versprechen auf Erlösung basierte auf schulmedizinischem Wissen und Denken: »Den nationalen Interessen, auf welche so oft als Einwand hingewiesen wird, ist mit Erhaltung und Schonung des mütterlichen Lebens weit mehr gedient als mit einer Nachkommenschaft von Epileptikern, Geisteskranken, schweren Psychopathen und Trunksüchtigen, welche als lebenslängliches Inventar der Irrenhäuser, Siechenhäuser, Krüppelanstalten und Gefängnisse dem Staat und der menschlichen Gesellschaft große materielle und ideelle Opfer auferlegen und Kräfte konsumieren, welche zur Schaffung sozialer Werte nutzbar gemacht werden können... Daher wiederhole ich die Forderung, daß bei Entscheidung der Frage, ob gelegentlich anderer Operationen, sei es durch Extirpation der Ovarien oder Resektion der Tuben, sterilisiert werden soll oder nicht, und bei der Wahl der Operationsmethode (z. B. Myomenukleation oder Totalextirpation, korporealer oder cervikaler Kaiserschnitt) eugenischen Überlegungen ein gebührendes Gewicht zugemessen wird« – so 1913 Max Hirsch in der *Monatsschrift für Geburtshülfe und Gynäkologie*.[177]

Sterilisation und Abtreibung seien »am Platze« bei »Epilepsie, den chronischen Geisteskrankheiten, der Imbezillität, dem chronischen Alkoholismus und Morphinismus, den schwersten degenerativen Formen von Neurasthenie und Hysterie, den vorgeschrittenen Stadien der Tuberkulose, schweren Formen von Morbus Basedowii und Chorea, schwerer konstitutioneller Syphilis, bösartigen Anämien«.[178] Dieser Indikationskatalog entsprach der psychiatrischen Degenerationslehre und ihrer Forderung nach Unfruchtbarmachung »Entarteter«. Der Neurologe Paul Naecke hatte 1909 erklärt: »Das höchste Ziel der gesetzlichen Kastration wäre also eine Verbesserung der Rasse«.[179]

Der ärztliche Heilauftrag und das rassenhygienische Engagement wurden identisch. Dies machte die Rassen- und Sozialhygiene zu einem wissenschaftlichen Phänomen mit praktischen Konsequenzen, weil ihre Anhänger an den Hebeln der Macht saßen, an dem Ort, wo mit Hilfe des ärztlichen Handwerks das rassenhygienische Programm am Leib der Patienten und Patientinnen verwirklicht werden konnte. Soweit Rassenhygieniker als Ärzte tätig waren (wie häufig der Fall), konnten sie ihre Gesinnung im Rahmen schulmedizinischer Kompetenz ohne weiteres praktizieren.

Die rassenhygienische Indikation wurde an zwei Vorbedingungen geknüpft, die auf ihren diziplinierenden Inhalt verweisen: Die Sterilisandin bzw. der Sterilisand sollte nicht anstaltsbedürftig sein. Vordergründig sollten also »Minderwertige« durch die Operation rehabilitationsfähig werden. Weiter sollte die Indikation der Unfruchtbarmachung dann gegeben sein, wenn das Sexualverhalten des Patienten offenbar zur unkontrollierten Beteiligung »am Fortpflanzungsgeschäft«[180] führte. Die Sterilisation wurde so in der Tat zum rationellen Medium sozialer Kontrolle – allerdings mit einem zwiespältigen Straf- und Disziplinierungscharakter. »Rationell« war sie, weil »Minderwertige« ohne kostenverursachende Internierungen der Gesellschaft »frei« gegeben werden konnten, ohne daß sie die Ordnung gefährdeten.

Die »Verschneidung« blieb zunächst immerhin so abstrakt, daß die Operation Gesellschaftfähigkeit reinstaurierte und eine Versöhnung mit der gesellschaftlichen Ordnung anbot. Ja, das Heiratsverbot wurde hinfällig, Eheleute konnten nach der Operation unauffällig »ein geordnetes und geregeltes Leben führen, . . . ohne daß durch allzu reichen Kindersegen die Lebensbedingungen erschwert werden« – so der Verfechter der rassenhygienischen Indikation Friedrich Ludwig Gerngroß.[181] Als echtes sexuelles Disziplinierungsmittel hingegen war die Sterilisation wiederum nur eine Allegorie ihrer Absicht, ein Opferritual. Denn ihre eigentliche Intention, Triebhaftigkeit zu bannen, zu verstümmeln, oder – wie Naecke es auf den Punkt brachte – die »wilden Triebe zu verschneiden«[182], wurde nur soweit eingelöst, als die Sterilisation die Zeugungsfähigkeit vernichtete, also den sichtbarsten, inkarnierbaren Beweis sexueller Potenz, nicht aber das Wesen von Triebhaftigkeit an sich zerstörte. »Die Wirkung der Unfruchtbarmachung auf den Delinquenten ist unberechenbar. Manchem (namentlich Frauen) wird sie willkommen sein, daß sie die Möglichkeit gewährt, Ausschweifungen zu begehen, ohne irgendwelche Folgen befürchten zu müssen«, schrieb Gerngroß.[183]

Dieses Dilemma beschäftige Ärzte seit der ersten Stunde der Indikationsdebatte. Vor dem »sittlichen Mißbrauch« der Operation wurde gewarnt. Schon der Gynäkologieprofessor Ferdinand Alfred Kehrer (1837–1914), der die gynäkologische Indikationsdiskussion in den 1890er Jahren eingeleitet hatte, verlangte, »daß unsere Operation nicht dazu dienen soll, liebesbedürftigen Mädchen und Frauen den außerehelichen Sexualverkehr zu erleichtern«.[184] Gerngroß resümierte: ». . . viele fürchten, durch die Sterilisation würden die Frauen auf die Unzucht, der sie nun ohne Furcht vor unerwünschtem Nachwuchs nachgehen könnten, hingewiesen und so neue Krankheitsherde geschaffen. Jedoch die Angst vor Nachkommenschaft hat bisher wohl nur wenige davon abgehalten, sich zu prostituieren, zumal die ganze Lebensweise der Dirnen rasch Zeugungsunfähigkeit herbeiführt. Übrigens ließe sich nach Oberholzer diese Gefahr leicht dadurch beseitigen, daß man durch eine Operation die Scheide verenge, daß der Geschlechtsverkehr unmöglich wäre.«[185]

Die Paradoxie der Sterilisation als Instrument zur Kontrolle von Sexualität offenbarte sich da am deutlichsten, wo Homosexuelle, Prostituierte, sogenannte Onanisten et cetera mit an erster Stelle in der Skala der »Minderwertigen« rangierten und schließlich auch die ersten Sterilisationsopfer rassenhygienischer Indikationen wurden. Es handelte sich nämlich um eine Gruppe sexuell Devianter, deren Abweichung gerade darin bestand, daß ihre Sexualität nicht in Zeugung und Mutterschaft mündete, also von »Fortpflanzung« abgekoppelt war. Die Trennung von Sexualität und »Fortpflanzung« erklärte sexuelle Abweichungen überhaupt erst zur »Anomalie«. Die rassenhygienische Indikation sprach also ein Zeugungsverbot gegenüber Gruppen aus, die sich selbst der

»Fortpflanzung« enthielten. Die Sterilisation von Homosexuellen, Prostituierten und Onanisten bekam so die Funktion einer Stigmatisierung, die sich darin ausdrückte, daß »Minderwertige« der »Normalität« – also ihrer potentiellen, aber verweigerten, Zeugungsfähigkeit – physisch überhaupt erst beraubt wurden. Devianz wurde so durch das medizinische Zeremoniell der Sterilisation gezeichnet und verdoppelt, nicht aber verhindert.

Im Namen der Freiheit der Wissenschaft – so wie heutige Gentechnologen und Reproduktionsmediziner – konterten rassenhygienisch und eugenisch gesinnte Ärzte den gesetzlichen Beschränkungen: »Der wissenschaftlichen Begründung und Verfechtung eugenischer Prinzipien kann das Strafgesetz kein Hindernis in den Weg legen. Denn die Wissenschaft und ihre Lehre sind frei.«[186] Eugenik war hier keine Frage der Weltanschauung, sondern eine wissenschaftliche Entscheidung. Im medizinischen Begründungszusammenhang wurde sie nämlich als »wirksame Prophylaxe der Geisteskrankheiten« vertreten.[187] Von psychiatrischer Seite wurde die Einengung auf die medizinische Indikation am vehementesten unter dem eugenischen Kriterium des »Lebenswerts« in Frage gestellt. »Auch ohne Eugeniker strengster Observanz zu sein« – schrieb z. B. der Jenaer Psychiatrieprofessor Wilhelm Strohmayer –, sei zu bedenken, »daß bei aller gebotenen Pflicht, Leben zu erhalten, die ungeheure Zahl der Minderwertigen, an denen die Gesellschaft krankt, mindestens eine nüchterne Einwertung einer fötalen Existenz bedinge. Jedes Individuum ist ein Glied der Allgemeinheit, und wenn auch die Erwägung allein, daß das Neugeborene vielleicht ein Minderwertiger sein wird, uns keine Handhabe zu seiner Vernichtung geben darf, so müßte sie uns im konkreten Falle des Zweifels, ob wegen einer psychischen Erkrankung der Mutter die Unterbrechung der Schwangerschaft erlaubt sei, im Spiel der Motive zum Entschlusse verhelfen.«[188]

Die gynäkologische Indikationsdebatte seit den 1890er Jahren, die sich an der Frage nach medizinischen Gründen für die Operationen der Abtreibung, Sterilisation oder Kastration entzündete, wurde von dem Aufstieg der Rassenhygiene und Eugenik beeinflußt. Der Entwicklung von Sterilisations- und Kastrationsmethoden am weiblichen Körper gingen das Wissen um Asepsis und die Anwendung neuer Anästhesiemöglichkeiten in der modernen Medizin voraus. Die Kastration von Frauen kam in erster Linie mit dem Kaiserschnitt, der Ovarektomie wegen Tumoren und als Heilmittel gegen schwere Monatsblutungen auf.[189] Im 19. Jahrhundert galt sie als »Modeoperation«.[190]

»Kastration« und »Sterilisation« wurden in der beginnenden wissenschaftlichen Auseinandersetzung Ende des 19. Jahrhunderts begrifflich teilweise noch synonym verwendet, obwohl es sich um zwei verschiedene Operationen handelte.[191] Die Kastration bedeutet Entfernung oder Vernichtung der Keimdrüsen (bei Männern Hoden, bei Frauen Ovarien mit Entfernung der Gebärmutter). Bei beiden Geschlechtern hat die Kastration tiefgreifende körperliche und seelische Veränderungen zur Folge: Verlust der sexuellen Potenz, Veränderungen in Körperwachstum, Behaarung, Fettstoffwechsel etc. In dem *Lehrbuch für Operative Gynäkologie* von 1912 sind sie für Frauen beschrieben:

»In den ersten Monaten nach der Operation sind die vasomotorischen Störungen – Wallungen, fliegende Hitze – so stark, daß die Kranken oft mehrfach in einer Stunde von einer plötzlichen Röte im Gesicht übergossen werden. Das Ohrensausen, Herzklopfen kann sich so unangenehm geltend machen, daß dadurch der Schlaf in den ersten Wochen nach der Operation gestört wird. Die psychischen Veränderungen treten meistens erst einige Jahre nach der Kastration auf, trotzen dann allerdings oft jeder antinervösen Behandlung. Die trophischen Veränderungen am Uterus, an der Vagina und den äußeren Genitalien äußern sich in der Weise, daß der Uterus wenige Monate nach der Kastration zu schrumpfen beginnt und nach 1 bis 2 Jahren die Größe eines senil atrophischen Uterus annimmt; die Veränderungen an der Vagina und den äußeren Genitalien entsprechen den Veränderungen, welche wir bei der natürlichen Klimax sehen. Die Reibeisenform der Scheidenschleimhaut, durch die Faltungen der Columna rugarum bedingt, verschwindet und macht einer glatten, trockenen, spröden Schleimhaut Platz. Die großen Schamlippen verlieren ihre Fettunterpolsterung und werden ebenso wie die kleinen Schamlippen atrophisch. Ist die Frau v o r d e r e r s t e n Geburt kastriert, so kann der Scheidenkanal so eng werden, daß die Kohabitation unmöglich wird; bei mehrgebärenden Frauen ist die Veränderung des Scheidenlumens selten eine so erhebliche, doch kommen auch hier ganz bedeutende Verengerungen vor.

Die Voluptas und Libido ist gewöhnlich bald nach der Kastration verringert, doch ist sie bei manchen Frauen sogar vorübergehend gesteigert. Die Veränderungen im psychischen Verhalten der Frau bestehen im allgemeinen in Depressionszuständen; sie sind vielleicht nicht immer als eine direkte Reaktion auf den Ausfall der Ovarialfunktion zu beziehen, sondern oft zentralen Ursprungs. Die immer mehr und mehr erwachende Erkenntnis, besonders bei verheirateten Frauen, daß sie ›kein Weib mehr sind, weil ihnen die Menstruation fehlt‹, ferner die Gewißheit, daß sie nun für immer auf Nachkommenschaft verzichten müssen, wirkt depressiv auf den Gemütszustand der Frauen ein.«[192]

Die Kastration von Männern durch Entfernung der Hoden und des Penis – auch als »Entmannung« bezeichnet – kam im eugenischen und therapeutischen Kontext nicht zur Anwendung, sie wurde nur noch im Falle von Sittlichkeitsverbrechern als Strafmittel vertreten. Die Sterilisation von Frauen erfolgte in erster Linie unter Narkose, weil dazu ein Bauchschnitt nötig war. Dabei wurden die Tuben manipuliert (Durchschneidung, Zerquetschung, Durchbrennung, Knotung) oder die Gebärmutter entfernt (Hysterektomie), die Uterusschleimhaut verschorft oder auch die Ovarien mit Röntgen- und Radiumbestrahlung, allerdings ohne Bauchschnitt, verbrannt.

Die gynäkologische Kriegssprache der Operationsmethoden und die Vielfalt der Techniken verrieten die aggressive Vernichtungsabsicht der Operateure. Die weibliche Fruchtbarkeit wurde zum besonderen Angriffsobjekt männlicher Wissenschaft. Man registrierte allzu viele »Fehlschläge«[193], als daß man sich mit einer Operationstechnik zufriedengeben konnte. »Die Operationen sind ... aus Furcht vor einem Mißerfolg immer radikaler und eingreifender geworden« – resümierten die Gynäkologieprofessoren Albert Döderlein (1860–1941) und Bernhard Krönig (1863–1917) 1912.[194] »Es waren anfänglich Mißerfolge über Mißerfolge; die Natur hat immer wieder der menschlichen Kunst gespottet.«[195] In der Tat wurden Frauen immer wieder schwanger, trotzdem man den Kampf mit »kruder Natur« aufgenommen hatte, indem man »Manöver« zur »Ausrottung von Eierstöcken« veranstaltete, – obwohl man »Kanäle« und »Rohre« verkohlt, Tuben »durchquetscht«, die Gebärmutterschleimhaut verbrüht,

Ovarien »eliminiert«, »Tubentrichter versenkt«, »Stümpfe legiert«, »geätzt« und mit Drahtschlingen, Haken et cetera weibliche Genitale »unterstochen« hatte, um »Mißerfolge« und »Fehlschläge« zu verhindern.[196] In diesem Vernichtungsprogramm zur Beherrschung weiblicher Natur eroberten sich Gynäkologen eine besondere Position.

Die Sterilisation durch Röntgen- und Radiumbestrahlung wurde in Deutschland seit 1903 durchgeführt (Radium wurde erst 1898 und die Gammastrahlen 1900 entdeckt). 1910 erschien die erste wissenschaftliche Veröffentlichung von Karl Reifferscheid, der über seine Experimente an Frauen in der Bonner Frauenklinik berichtete.[197] Diese Sterilisationsmethode trug den Titel »unblutiges Verfahren«, teilweise auch »Radiumentkeimung.«[198] Mit einer Strahlendosis von mindestens 2000 bis 2500 mgreh (Milligramm-Element-Stunden)[199] wurde – im Medizinerjargon ausgedrückt – die »Zerstörung des ganzen Follikelapparates«[200] erreicht, abgesehen von sogenannten Nebenwirkungen wie Darm- und Hautverletzungen sowie Geschwürbildungen auf der Bauchdecke. Die Ovarien wurden versengt bzw. verbrannt. Der Münchner Kliniker Ludwig Nürnberger kommentierte diese »unblutige« Kastrationsmethode lakonisch: »Durch die schönen Untersuchungen Reifferscheidts wissen wir, daß nach intensiven Röntgenbestrahlungen eine irreparable Athrophie der Ovarien eintritt. Die Röntgensterilisation ist im Effekt also der operativen Kastration gleichzusetzen«.[201] Bei jungen Frauen sei diese Methode allerdings so schwerwiegend, räumte Nürnberger ein, »daß bei Arzt und Patientin keine rechte Befriedigung über die so teuer erkaufte Sterilisation aufkommt«.[202]

Während sich die Sterilisationsmethode für Männer hauptsächlich auf die Vasektomie beschränkte – unter Lokalanästhesie wurden die Samenleiter durchtrennt –, beförderte die Entwicklung der operativen Gynäkologie eine spektakuläre Zunahme verschiedenartiger Operationsmethoden für Frauen. Zwischen 1900 und 1934 hatte man an die hundert diverse Techniken erprobt. Waren es 1901 schon 10 Methoden, hatten sie sich bis 1917 auf 36 erweitert, und in den zwanziger Jahren erlebte die Sterilisationspraxis in Frauenkliniken einen so großen Aufschwung, daß bis zum *Gesetz*

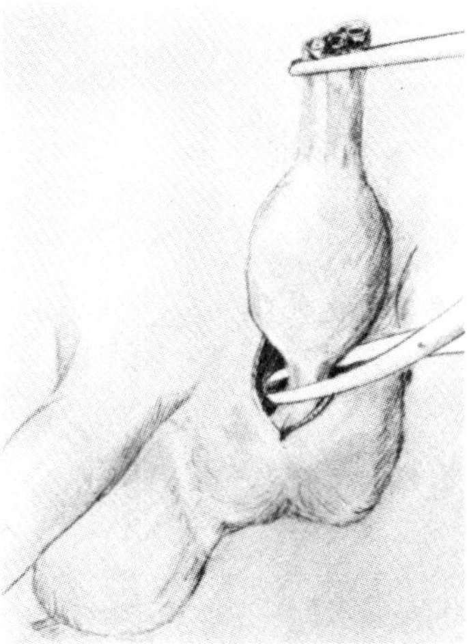

Abb. 1. Der Samenstrang ist in einzelnen Portionen unterbunden; der distale Stumpf wird mit einer Klemme gefaßt und an ihr der Hoden zur Wunde herausgezogen; das Lig. scrotale testis wird durchtrennt.

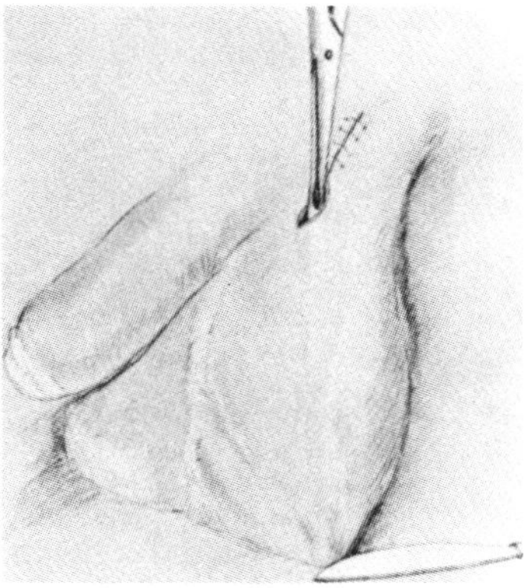

Abb. 2. Vor dem endgültigen Verschluß der Schnittwunde wird eine Kornzange zum distalen Punkt des Skrotums geführt und hier eine kleine Inzisionsöffnung zur Einführung des Drains angelegt.

Abb. 3. Doppelte Tubenquetschung und -unterbindung.

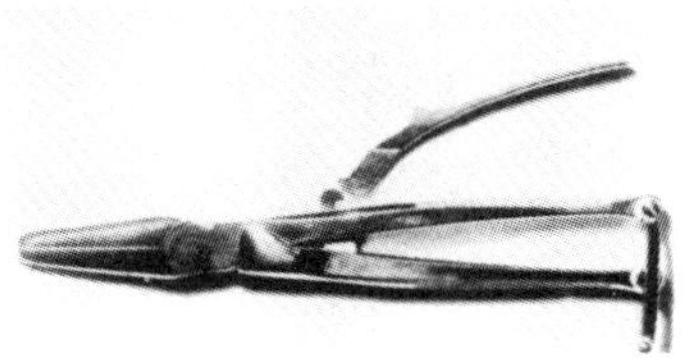

Abb. 4. Tubenquetsche nach Walthard.

Aus: Naujoks, Bolminghaus (1934), S. 11, 14, 26, 17

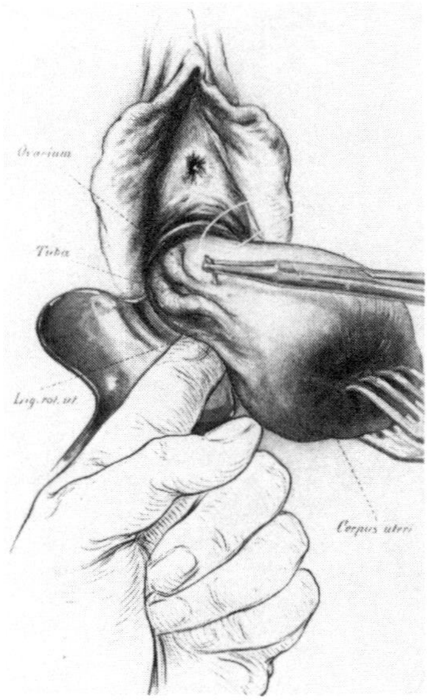

Abb. 174. Vaginale Totalexstirpation. Der Uterus ist aus dem vorderen Spalt herausgewälzt. Unter Deckung des linken Zeigefingers wird die erste Umstechung um das Lig. latum, Tube, Lig. rotund. und Lig. ovarii proprium geführt.

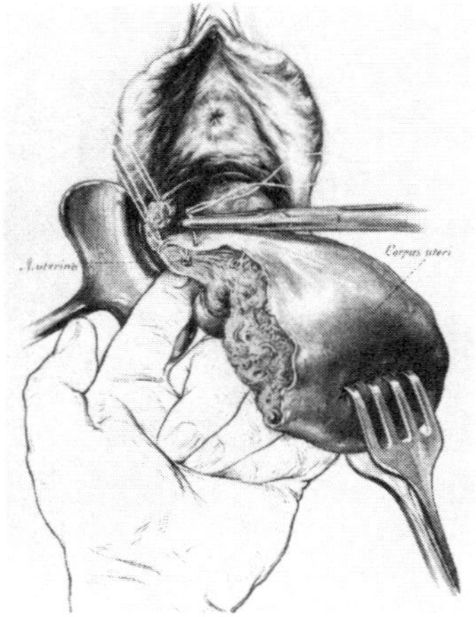

Abb. 175. Vaginale Totalexstirpation. Das Lig. latum und der obere Teil des Parametriums ist unterstochen. Unterstechung des unteren Teiles des Parametriums und des hinteren Scheidengewölbes.

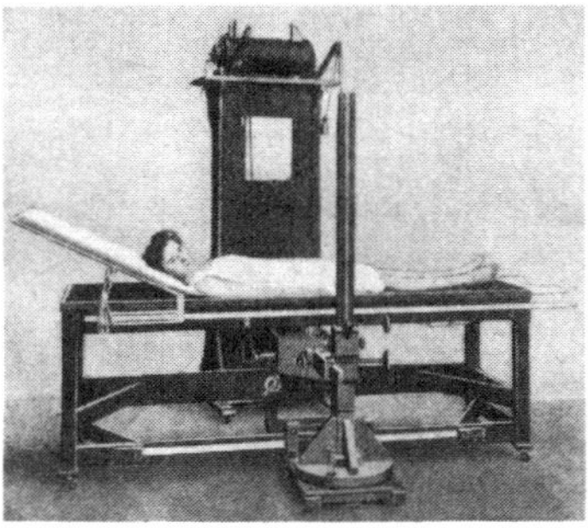

Fig. 111. Bestrahlung vom Rücken her nach Albers-Schönberg.

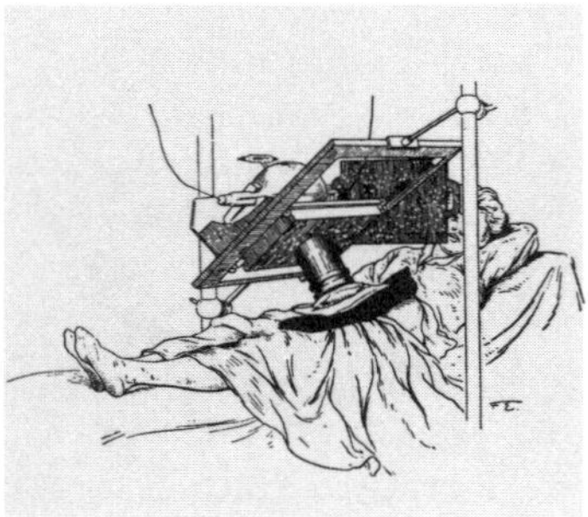

Fig. 112. Abdominale Bestrahlung nach Gauß.

Aus: Döderlein/Krönig (1912), S. 328, 329; unten: Runge (1921), S. 248, 249

zur Verhütung erbkranken Nachwuchses der Nazis vom 14. Juli 1933 an die hundert Techniken für die Durchführung der Massenzwangssterilisation unter der Herrschaft der Nationalsozialisten bereitstanden.[203]

Seit den Anfängen bis in die Ära hochentwickelter Techniken berichteten Gynäkologen über Mortalitätsraten, verursacht durch Kastrationen und Sterilisationen. Alfred Hegar (1830–1914) registrierte in seiner Klinik eine Sterbequote von 12,1 % zwischen 1872 und 1885. Sie sank nach seiner Angabe in den Folgejahren auf 4,3 %.[204] Rudolf Kaltenbach (1842–1893) errechnete 1886 den Prozentsatz der an einer bestimmten Technik gestorbenen Frauen nach Totalextirpationen mit 67,2 %.[205] In den 1880er und 90er Jahren schwankten die Todesquoten zwischen 6 und 34 %.[206] Mit Perfektionierung der Operationstechniken sank auch die Mortalitätsrate: Von den 81 994 Frauen, die nach dem *Gesetz zur Verhütung erbkranken Nachwuchses* zwischen 1934 und 1936 sterilisiert wurden, waren 367 (also 0,45 %) an dieser Operation gestorben.[207]

In Deutschland machte der prominente Freiburger Gynäkologieprofessor und Lehrbuchautor der *Operativen Gynäkologie* Alfred Hegar (1830–1914) den Anfang mit der Veröffentlichung seiner ersten vorgenommenen Kastration.[208] Im Juli 1872 hatte er eine Patientin wegen »unerträglicher Dysmenorrhoe und Ovarialneuralgien, wegen welcher die Kranke Morphinistin geworden war«[209], kastriert. Der Operationsbericht lautete: »Beide Eierstöcke sind entfernt worden. Beide zeigten Entartung des Stromas und kleincystische Follikeldegeneration. Der rechte enthielt eine hühnereigrosse folliculäre Cyste. Die Kranke starb an septischer Peritonitis.«[210] Aus heutiger medizinhistorischer Sicht stellt Joachim Müller fest: »In den folgenden Jahren wurde sie (die Kastration, A. B.) von Gynäkologen zunehmend häufiger vorgenommen, das Anwendungsgebiet erfuhr auch von Neurologen und Psychiatern eine Erweiterung und erstreckte sich vorübergehend auch auf Geisteskrankheiten, Epilepsie, Hysterie und ›Neurosen‹.«[211]

Die medizinische Diagnostik wandelte sich zwar, so daß man in der Tat von einer Zeiterscheinung sprechen kann. Oder man kann auch sagen – wie es in den späteren Jahren der Psychiater Strohmayer ausdrückte –, daß sich »der therapeutische Geschmack ... verändert«[212] hatte. Der Kreis der Sterilisations- und Kastrationsopfer blieb aber trotzdem der gleiche. Ging man nämlich im 19. Jahrhundert von einem genuinen Zusammenhang von »Geisteskrankheit« und Beschaffenheit der Genitale aus, also von der Vorstellung einer organischen Wechselbeziehung von Geist und Sexualität, und wurden aus diesem Grunde vor allem »Hysterikerinnen« und »Neurasthenikerinnen« kastriert, so wurde diese Lehrmeinung um die Jahrhundertwende aufgegeben.[213] »Gewiß war in dieser Beziehung gesündigt worden, aber es ist nicht angängig, Sünden, welche Jahrzehnte zurückliegen, immer wieder dem Gynäkologen vorzuwerfen«, kommentierte man 1907 im Lehrbuch für operative Gynäkologie die im 19. Jahrhundert exzessiv betriebene Kastrationspraxis an »Hysterikerinnen«.[214]

Lauteten die Diagnosen und »Krankengeschichten« im 19. Jahrhundert beispielsweise: »ein Fall von hochgrad. Hysterie, durch Castration geheilt«; »zwei Fälle hochgradigster nervöser Symptome. Castration, gewaltsame Dehnung und Excision der geschrumpften Bänder. Heilung noch nach 1 ¼ Jahren constatirt«; »nervöser Husten geheilt durch eine von Hegar wegen Fibrom und Neuralgie unternommene Castration«[215] – so änderte die um die Jahrhundertwende einsetzende Revision solcher Therapien nichts daran, daß »Hysterie«, Epilepsie, »Geistes«- und Nervenkrankheiten beinahe bruchlos in den diagnostischen Katalog der »Erbkrankheiten« oder in medizinische Indikationen übernommen wurden und diese Gruppen, jetzt nur mit anderen Begründungen, erneut unfruchtbar zu machen waren.

Die organische Erklärung wurde entweder verändert oder durch die vererbungstheoretische ersetzt, das »Anwendungsgebiet« blieb im Endeffekt dasselbe. Neben engem Becken gehörten »Hysterie« und »Neurasthenie« im 19. Jahrhundert nämlich zu den wichtigsten Indikationen. Seit Beginn des 20. Jahrhunderts wurde es in der gynäkologischen Praxis in erster Linie eine Frage der Interpretation, welche Krankheiten man unter die »medizinische Indikation« subsumierte, nicht zuletzt deswegen, weil es die Indikation als Rechtskategorie noch nicht gab. Hierunter konnten Herzkrankheiten, Lungentuberkulose, Nierenerkrankungen, Eklampsie genauso wie »Geisteskrankheiten« fallen.[216]

In Deutschland eröffnete im Jahre 1897 der Heidelberger Gynäkologieprofessor Ferdinand Alfred Kehrer (1837–1914) die gynäkologische Debatte über die Tubensterilisation und ihre Indikation. Im April 1896 hatte Kehrer eine 27jährige Frau sterilisiert. Er veröffentlichte diese Operation im *Centralblatt für Gynäkologie*. Die Tubensterilisation sei auf Bitte der Eheleute erfolgt, sie hätten ein effektives Verhütungsmittel verlangt, weil ihre sechs Kinder »rachitisch, idiotisch, zum Theil mit Enuresis behaftet gewesen seien«, »weil die Kräfte und Leistungsfähigkeit der Frau im Haushalt allmählich immer mehr . . . abgenommen habe« und schließlich, weil andere Kontrazeptiva bisher erfolglos geblieben seien. Seinen Schritt zur operativen Sterilisation kommentierte er so: »Der langjährige Hausarzt, mit dem ich eingehend den Fall besprach, war mit Rücksicht auf die konkreten Verhältnisse vollständig einverstanden mit meinem nunmehr gemachten Vorschlage, durch einen Operativeingriff (Tubendurchschneidung) weitere Konceptionen zu verhindern, zumal die Nachkommenschaft krank, ja theilweise blödsinnig ist.«[217] Die Option der Ehegatten sowie die Zustimmung eines anderen Arztes machte Kehrer zur Vorbedingung für die Sterilisation. Darüber hinaus hatte er Indikationsvorstellungen präzisiert, die dann in den Folgejahren als Grundlage eines ausdifferenzierten Indikationskataloges dienten:

»Ich denke dabei zunächst an schwere Formen chronischer Anämie, die, durch jede neue Schwangerschaft gesteigert, vorzeitigen Marasmus zur Folge gehabt haben. Ferner an Lungen- und Knochentuberkulose, zumal bei erblich Belasteten, wobei jede neue Schwangerschaft durch Schwächung der Konstitution einen immer besseren Nährboden für die Vermehrung der Tuberkelbacillen herstellt. Sodann an schwere, unheilbare Krankheiten des Centralnervensystems, an Herzfehler, bei denen die etwaige Kompensation in den Schwangerschaften verloren geht, an Induration einer Lunge und hochgradiges Lungenemphysem, an Magengeschwür, Magenerweiterung und Pylorusstenose, an organische Darmkrankheiten, an langjährige, jeder Behandlung trotzende Nephritis u. A. Endlich an Beckenverengungen zweiten und dritten Grades, bei denen die früheren Kinder zerstückelt oder todt geboren worden sind, die künstliche Frühgeburt ebenfalls erfolglos geblieben ist und der Kaiser- oder Schoßfugenschnitt die einzige Aussicht auf Erhaltung eines Kindes eröffnet – falls die Ehegatten diese letztere Operationen ablehnen.«[218]

In den zwanziger Jahren erläuterte der Tübinger Psychiatrieprofessor Robert Gaupp (1870–1953) retrospektiv die innovative Wirkung Kehrers: »Erst als Kehrer 1897 eine exakte und in der Hand eines geschulten Gynäkologen relativ ungefährliche Operationsmethode einführte, gewann das ganze Problem auch vom eugenischen Standpunkt eine gewisse Bedeutung.«[219] In der Tat beriefen sich Gynäkologen, genauso wie rassenhygienisch und eugenisch gesinnte Ärzte auf Kehrer, weil er mit diesem Artikel die medizinische Indikationsdebatte ausgelöst hatte. Medizinische, psychiatrische und in der Erbprognostik begründete Indikationen wurden seit diesem Zeitpunkt in einem Atemzug genannt.

Gleichfalls wurde von nun an die Sterilisation gegenüber der Abtreibung als die »rationellere« Methode favorisiert, wenn es um eine langfristige Geburtenkontrolle gehen sollte. Bereits Kehrer hatte die Effizienz der Tubensterilisation betont.[220] 1913 erschien unter dem Titel: *Schwangerschaftsunterbrechung und Sterilisation in einer Sitzung auf abdominalem Wege* ein Artikel, in dem die Tubensterilisation in Kombination mit der Abtreibung als neueste Operationstechnik vorgestellt wurde. Bei gegebener Indikation – so der Autor Hugo Sellheim – »kommen wir auch in die Lage, beiden Forderungen gleichzeitig genügen zu müssen: eine bestehende Schwangerschaft zu unterbrechen und eine weitere hintanzuhalten«.[221] Er hatte an 10 Frauen, die zwischen dem ersten und fünften Monat schwanger gewesen waren, diese Operation geübt und seine Erfahrungen der wissenschaftlichen Öffentlichkeit preisgegeben: »Die Operation ist in kurzer Zeit erledigt; sie erreicht die Entleerung des schwangeren Uterus sowie die Verhütung weiterer Konzeption prompt und sicher. Jeder Akt der Operation wird unter Leitung des Auges oder Tastsinnes durchgeführt.«[222] Auch unter diesem Aspekt begriffen sich Ärzte als »Rationalisierer der Fortpflanzung«.

Grundsätzlich etablierte sich Kehrers Indikationsvorschlag als

Lehrmeinung. Im *Lehrbuch für Operative Gynäkologie* von 1912 wurde in Anlehnung an ihn die Tubensterilisation bei »Nervenkrankheiten« als zweite große Kategorie (neben Beckenverengung und Tuberkulose) für indikationsfähig erachtet. Hierzu zählten Psychosen, Suizidgefährdung, »schwere Formen der Hysterie und Hypochondrie«.[223] Diese Indikation wurde noch mit der Krankheit selbst und nicht erbtheoretisch begründet: Eine Eskalation der Erkrankung durch die Schwangerschaft sollte durch Sterilisation oder »künstlichen Abort« verhindert werden. Bei Schwangerschaftspsychosen, deren Symptomatik mit Angst, »Wutausbrüchen gegen den Ehemann und ... Erlöschen aller sonstigen geistigen Interessen, des normalen Triebes zur Arbeit und zur Erfüllung der häuslichen Pflichten« beschrieben sei, tue eine »künstliche Schwangerschaftsunterbrechung« Wunder, erklärte Strohmayer. »In einem Fall wurde die Frau auf der Stelle ruhig und angstfrei und hat sich rasch in jeder Beziehung erholt.«[224] Die Sozialdiagnostik, die hier die operative Sterilisation oder Abtreibung begründete, belegt den Einfluß der Degenerationslehre auf die gynäkologische Indikationsstellung:

»Auch kommt die operative Sterilisierung der Frau als prophylaktische Maßnahme in Frage bei schweren funktionellen Nervenkrankheiten und Geistesstörungen, vor allem bei der Epilepsie. Wir wissen, daß die Heredität bei Nervenkrankheiten eine sehr große Rolle spielt: man nimmt im allgemeinen an, daß ein Drittel der Geisteskrankheiten durch Vererbung entsteht; Möbius erachtete die Zahl ein Drittel noch für zu klein und glaubt, daß in der Mehrzahl der Fälle von Nervosität Erblichkeit nachzuweisen ist. Möbius bemerkt bei der Behandlung der Nervosität, daß die durchgreifendste Maßregel zu ihrer Verhütung das Heiratsverbot nervös schwer kranker Personen sei. Die Warnung des Arztes in Ehen, welche zwischen zwei nervenkranken Personen geschlossen sind, sich des allzu großen Kindersegens zu enthalten, wird aber, wie Möbius mit Recht betont, meistens ein frommer Wunsch bleiben, da die Ehen nicht wegen des Wohles der zu erwartenden Kinder geschlossen werden. Wir erachten die Indikation zur operativen Sterilisierung in derartigen Fällen dann für gegeben, wenn aus der Ehe zweier hereditär nervös belasteter Personen schon einige Kinder hervorgegangen sind, welche früh die deutlichen Zeichen der Degeneration zeigen.«[225]

Bei der Präzisierung der medizinischen Indikation spielte die Lungentuberkulose eine herausragende Rolle. Diese Indikation war als »sozialpolitische Maßnahme« gedacht, »weil hierdurch verhindert wird, daß ›neue tuberkulöse Einheiten‹ geschaffen werden«.[226] Sie wurde von der Schichtenzugehörigkeit abhängig gemacht: Mit dem Argument, Frauen aus unteren Klassen seien nicht so leicht regenerationsfähig, wurde die »soziale Indikation« lungentuberkulöser Arbeiterinnen zu einer zentralen Forderung von Sozialhygienikern und Gynäkologen. Der Arzt Karl Hamburger – einer der herausragenden Verfechter dieser Position – begründete seine Indikationsvorstellung mit medizinisch-eugenischem Effizienzdenken: »Die Ergiebigkeit der Arbeiterehe sinkt regelmäßig mit steigender Konzeptionsziffer.«[227] Die Indikation der Sterilisation und Abtreibung bei tuberkulös erkrankten Frauen unterer Schichten galt hier als eine Strategie zur »Bekämpfung der Tuberkulose als Volkskrankheit«.[228]

Also schon vor dem Ersten Weltkrieg waren die Grenzen der sozialen, eugenischen und medizinischen Indikationen fließend. Während des Krieges wurde die gesamte Indikationsdebatte auf ihren bevölkerungspolitischen Inhalt hin zugespitzt. Die Indikationen des »künstlichen Abortus« und der »Unfruchtbarmachung« werden nun als Frage der Bevölkerungspolitik oder im eugenischen Kontext wortwörtlich als Maßnahmen zur »Rationalisierung der Fortpflanzung«[229] debattiert.

1918 erschien die in den zwanziger Jahren zum Standardwerk avancierte Schrift *Künstliche Fehlgeburt und künstliche Unfruchtbarkeit – ihre Indikation, Technik und Rechtslage. Ein Handbuch für Ärzte und Bevölkerungspolitiker.* Dieses Buch war von dem Berliner Neurologen Siegfried Placzek herausgegeben und in dem renommierten medizinischen *Georg Thieme Verlag* Leipzig verlegt worden. Zu den Autoren zählten prominente Medizinalräte, Professoren der Gynäkologie, Psychiatrie, Dermatologie, Rechtswissenschaft, Statistik. Der exponierte deutsche Rassenhygieniker Wilhelm Schallmayer hatte das einleitende Kapitel verfaßt: »Grundlinien der Vererbungslehre.«[230] Die Mendelschen Erbgesetze, die Theorie vom »moralischen Schwachsinn« oder die aus der genealogischen Forschung hervorgegangenen »Verbrecherstammbäume«

stellte Schallmayer als die wissenschaftlichen Grundlagen vor, auf welche die rassenhygienische Praxis der »Fortpflanzungsauslese« rekurriere. Auch der für seine rassenhygienischen Schriften bekannte österreichisch-ungarische Konsul Géza von Hoffmann kam zu Wort. Er berichtete über die praktischen Erfahrungen mit nordamerikanischen Sterilisationsgesetzgebungen.[231] Der Obermedizinalrat und Vortragende Rat im Preußischen Innenministerium Otto Krohne (1868–1928) legte unter dem Titel *Künstliche Fehlgeburt und künstliche Unfruchtbarkeit vom Standpunkte des Staatsinteresses* die regierungsoffizielle Position dar.[232]

Wie der Untertitel des Buches ankündigte, richtete sich dieses wissenschaftliche Standardwerk zum einen an den praktischen Kliniker und Arzt als Anleitung für die Indikationsstellung. Gleichzeitig wurde – wie schon im Vorwort zum »Doppelproblem« erklärt – die politisch praktische Bedeutung der »Volksvermehrung« unter der Frage der »qualitativen Weiterentwicklung und Höherzüchtung«[233] dargelegt. Diese Schrift faßte die seit der Jahrhundertwende geführte wissenschaftliche Diskussion über Abtreibung und Sterilisation zusammen und brachte sie unter dem Modus der »qualitativen Bevölkerungspolitik« auf den Punkt. Sie war lange vor dem Ersten Weltkrieg als »Werk geplant und entworfen«. Unabhängig vom Standpunkt eines »fanatischen Rassenhygieniker(s)« erscheine der Gedanke berechtigt, »daß eine einschränkungslose, allein quantitative Mehrung keineswegs erwünscht sein kann, sobald Geschöpfe ohne Wahl auch als wertloser Menschenballast entstehen und ungeheure, für das Volksganze besser verwendbare Werte entziehen dürfen«.[234] Solche Worte bezeugen, daß sich die Rassenhygiene im wissenschaftlichen Umfeld verbreitet hatte und nicht mehr nur als irgendeine Position bewertet werden konnte. Das wissenschaftliche Credo entsprach der »qualitativen« Geburtenpolitik und dem darwinistischen Zeitgeist in der akademischen Medizin, wie sie in den Operationen der Sterilisation, Kastration und der »künstlichen Schwangerschaftsunterbrechung« zur Durchführung »qualitativer« Geburtenpolitik praktisch wurden.

Unterschiedliche Perspektiven, Probleme und Interessen mündeten in die Diskussion über die §§ 218–220 und §§ 223 ff. StGB, aber eines war ihnen gemeinsam: Sie alle stammten aus dem naturwissenschaftlich-medizinischen Diskurs, waren von standespolitischen Interessen geleitet und kulminierten in der gesellschaftspolitischen Debatte über Bevölkerungspolitik, Geburtenrückgang, »Qualität« und Quantität und verdichteten sich zu Fragen nach »Lebenswert« versus »Lebensunwert«, »Verbrechen« versus »ärztliche Kunst«. Auf die Apotheose des approbierten Arztes gründete sich sozusagen erst das Prinzip Ethik. Ein solches medizinisches Selbstverständnis, verflochten mit dem Mythos von Wissenschaft als per se richtiger Entscheidungsdistanz, erlaubte – einschließlich des lebensfeindlichen maschinisierten Vokabulars – die Forderung nach Legalisierung der »künstlichen Schwangerschaftsunterbrechung« und »künstlichen Unfruchtbarmachung«. Die standespolitisch postulierte Terminologie verriet allerding den Mythos, den die »ärztliche Kunst« als rationale Weltanschauung vertrat. Ihre gesellschaftliche Machtposition versetzte Mediziner in die Lage, die zunächst von ihnen selbst als »Tötung« definierte Handlung in einen »Kunstakt« umzuwerten. Die gesamte Indikationsdebatte lief darauf hinaus, die Abtreibung und das Gebärverbot – von einem Mediziner vorgenommen und wissenschaftlich begründet – als »künstliche Schwangerschaftsunterbrechung« und »Unfruchtbarmachung« heilig zu sprechen.

Der »Fall Professor Henkel«

Ging es in der staatlichen, geburtenpolitischen Diskussion zwischen 1910 und 1914 primär um die Frage nach Eindämmung der unkontrollierten, privaten Abtreibungspraxis von Frauen, bekam diese Debatte mit dem spektakulären Prozeß gegen den Jenaer Universitätsprofessor für Gynäkologie und Direktor der Jenaer Frauenklinik, Max Henkel (1870–1941), im Jahre 1917 einen neuen Akzent. Nicht in einem Strafprozeß, sondern in einem Disziplinarverfahren wurden insgesamt 54 Abtreibungen verhandelt, von denen 31 mit Sterilisationen verbunden waren (13 Tubensterilisationen und 18 Totalextirpationen, also Kastrationen). Teilweise hatten diese Operationen – sie alle wurden zwischen 1910 und 1914 vorgenommen – zum Tod der Frauen geführt. Henkel bekam ein Verfahren, weil er sie jeweils ohne rechtliche Grundlage medizinisch, sozial oder rassenhygienisch begründet hatte.[235]

Dieser Prozeß endete zwar in zweiter Instanz mit einem Freispruch, er gab jedoch den Impuls für die staatliche Gesetzesinitiative, die auf eine administrative Kontrollierbarkeit der wissenschaftlichen Abtreibungs- und Sterilisationspraxis hinauslaufen sollte, indem sie teils verrechtlicht und teils staatlich reglementiert wurde. Am 4. Juli 1918 wurde der *Entwurf eines Gesetzes gegen Unfruchtbarmachung und Schwangerschaftsunterbrechung*[236] dem Reichstag vorgelegt.

Hatte die Preußische Regierung mit dem Runderlaß von 1912 (s. Kap. I)[237] zur Kenntnis genommen, daß sich unter Ärzten eine neue Indikationsvorstellung eingeschliffen hatte, die weit über die medizinische Begründung hinausging, so bestätigte dieser Prozeß nochmal aufs neue und auf spektakuläre Weise, daß Henkel kein Einzelfall war. Im Gesetzentwurf hieß es: »Es sind Fälle nachgewiesen worden, in denen schon eine unbedenkliche Steigerung der natürlichen, mit der Schwangerschaft verbundenen Störungen des Allgemeinbefindens, ein nervöses Leiden, ja sogar der bloße Verdacht eines Lungenleidens als hinreichend gegolten haben, um eine Unterbrechung der Schwangerschaft vorzunehmen ... Neben sozialen Gründen wurde auch die Befürchtung, daß infolge eines vererbbaren körperlichen oder geistigen Mangels des Vaters oder der Mutter ein minderwertiger Nachwuchs zur Welt kommen könnte, zu Unrecht als ausreichend für den gleichen Eingriff erachtet (›Rassenhygienische‹ oder ›eugenische Indikation‹).«[238] Zitiert wurde an dieser Stelle der Protagonist der rassenhygienischen Indikation Max Hirsch. Als staatliche Initiative gegen »Bevölkerungsverluste« durch die wissenschaftliche Abtreibung und Sterilisation wurde dieser Gesetzentwurf geburtenpolitisch begründet: »Die Bekämpfung des Geburtenrückganges ... erfordert besondere gesetzliche Maßnahmen gegen die Beseitigung der Zeugungs- und Gebärfähigkeit und gegen Schwangerschaftsunterbrechungen« – so der erste Satz.[239]

Der im Preußischen Innenministerium tätige Obermedizinalrat Otto Krohne (1868–1928) hatte 1914 aufgrund seiner Beobachtungen, wonach immer mehr Ärzte nach einer neuen Indikationsauffassung abtrieben und sterilisierten, eine Fragebogenaktion an 80 der »bedeutendsten Frauenärzte« Deutschlands gestartet. Universitätsprofessoren und Klinikdirektoren befragte Krohne nach Veränderungen in der ärztlichen Indikationsstellung.[240] Von 65 Gynäkologen bestätigten 45 einen Einstellungswandel in der Ärzteschaft. Die wissenschaftliche Prominenz gab gegenüber dem Staatsvertreter Indikationsstellungen wie Lungentuberkulose bei armen Frauen, aber genauso eugenische Motive offen zu: »Der eine, ein sehr bekannter Universitätslehrer und Gynäkologe, hat mir etwa folgendes geschrieben: ›er betrachte die außerordentliche Ausdehnung der ärztlichen Indikation zur Schwangerschaftsunterbrechung als ein großes Glück, denn das könne nur zur Rassenverbesserung dienen; und er wäre sogar der Ansicht, die Schwangerschaftsunterbrechung zur Rassenverbesserung müßte staatlich organisiert werden, jedenfalls müßte man auf diesem Gebiete viel freigiebiger sein als bisher.‹ Ein anderer Gynäkologe hat mir geschrieben: ›es wäre eine schon seit Jahren feststehende Tatsache, daß die Gynäkologen heute die Indikation viel weiter ausdehnten als früher und dabei in voller Absicht zur Rassenverbesserung auch schon bei leichteren Krankheiten vorgingen; lediglich die sogenannte soziale Indikation bilde heute ein Streitgebiet, über das keine volle Klarheit herrscht‹«, berichtete Krohne.[241]

Er setzte gegen die rassenhygienische Auffassung die Parole von der »Selbsterhaltung des Staates«. Der Staat sei »in höchstem Maße daran interessiert . . ., nicht allein die geborenen Kinder, sondern auch die tunlichst alle erst gezeugten menschlichen Früchte zu erhalten, und der deshalb das Recht hat, bei dieser Frage, die keineswegs – wie bei sonstigen ärztlichen Handlungen – nur die Interessen der Kranken und des Arztes berührt, entscheidend mitzusprechen«.[242] Der staatliche Kurs stand also zunächst in Diskrepanz zur wissenschaftlichen Auffassung. Aus diesem Grunde wurden im März 1916 von der *Erweiterten Medizinalwissenschaftlichen Deputation für das Medizinalwesen*[243] drei Leitsätze erarbeitet, die, vom Preußischen Innenministerium herausgegeben, als rechtliche Richtschnur für Ärzte gelten sollten. Lebensgefahr der Frau wurde hier als die einzige Indikation für eine »künstliche Schwangerschaftsunterbrechung« staatlich legitimiert. Die soziale und rassenhygienische Indikation galten als krimineller Eingriff und außerdem wurde empfohlen, vor der »künstlichen Schwangerschaftsunterbrechung« mehrere Ärzte zu konsultieren.[244] Der Henkel-Prozeß aktualisierte diese Richtlinien und brachte die staatliche Initiative gegen ärztliche Unfruchtbarmachung und Schwangerschaftsunterbrechung nun erst richtig in Gang.

Max Henkel hatte bis zu seiner ersten Anklage, im Februar 1915, eine glänzende Karriere hinter sich. Nach seinem medizinischen Staatsexamen 1896 arbeitete er in Hamburg-Eppendorf am Pathologischen Institut. Unter dem prominenten Gynäkologieprofessor Robert Olshausen (1835–1915) war Henkel seit 1900 als Oberarzt an der Universitätsfrauenklinik Berlin tätig. 1907 ging er als Ordinarius nach Greifswald, und seit 1910 lehrte er in Jena und leitete die dortige Frauenklinik.[245] Sein Renommee bezog Henkel nicht nur aus dieser Position, genauso trat er als Sachverständiger in Prozessen auf, er hielt beispielsweise auf dem *9. Internationalen Kongreß für Geburtshilfe und Gynäkologie* am 10. September 1912 in Leipzig einen Vortrag über den zervikalen, transperitonalen Kaiserschnitt. Er war Lehrbuchautor der gynäkologischen Diagnostik, Mitautor des Plazcek-Standardwerks und publizierte in medizinischen Fachschriften.[246]

Zusammengefaßt lauteten die Anklagepunkte gegen ihn folgendermaßen: In seiner Funktion als Klinikchef habe er erstens »blutige Eingriffe ohne genügend wissenschaftlich begründete Notwendigkeit teils selbst vorgenommen, teils durch seine Assistenten« ausführen lassen. Zweitens wurde er beschuldigt, »vermeidliche Kunstfehler begangen« und u. a. »durch mangelhaftes Verfahren zur Erzielung von Keimfreiheit (Asepsis) die Gesundheit von Leidenden fahrlässig gefährdet und geschädigt« zu haben. Drittens habe er »blutige Eingriffe ohne genügende Schonung des keimenden Lebens ausgeführt«. Viertens wurde ihm ein Verstoß gegen ärztliche ethische Grundsätze vorgeworfen, und fünftens schließlich machte man ihn für die außergewöhnlich hohe Mortalität auf der Säuglingsstation seiner Klinik verantwortlich.[247]

Der Einleitung dieses Disziplinarverfahrens 1915 ging schon im Februar desselben Jahres eine Anzeige wegen fahrlässiger Tötung gegen Henkel voraus. Der Leiter des Pathologischen Instituts in Jena, Professor Roesle, hatte sie anläßlich zweier Todesfälle erstattet.[248] Auf Gerichtsbeschluß vom 14. Juni 1915 wurde die Voruntersuchung sehr schnell eingestellt, weil der Berliner Universitätsprofessor Bier in seiner Begutachtung die Unschuld Henkels bescheinigt hatte.[249] Allerdings wurde auf Grund der Anklage von einigen Assistenten Henkels wegen weiterer Vorfälle in der Klinik das Disziplinarverfahren gegen ihn von der Disziplinarkammer des Großherzogtums Weimar im Jahre 1915 eingeleitet. Es kam nach zweijähriger Voruntersuchung zwischen dem 23. und 30. Oktober 1917 zur Verhandlung.

Der Prozeß ging durch die Tages- und Fachpresse und sorgte vor allem auch wegen einer Operation, die Henkel am 4. September 1911 durchgeführt hatte, für Schlagzeilen. An diesem Tage hatte Henkel hohen Besuch im Hause. Der Prinz zur Lippe, dessen Frau zu diesem Zeitpunkt als Patientin in der Klinik behandelt wurde, hatte Henkel darum gebeten, bei einer Operation zuschauen zu dürfen. In der Tagespresse konnte man diese Begebenheit, dokumentiert von journalistischen Prozeßbeobachtern, nachlesen: »Ein Assistenzarzt, der damals im Operationssaal anwesend war, gab folgende Schilderung: Plötzlich kam ein Zivilist in den Operationssaal, und Professor Henkel fragte Professor Busse: ›Ist nichts mehr zum Operieren da?‹ Professor Busse verneinte. Da sagte Professor Henkel: ›Sie haben doch noch einen Fall, bringen Sie den mal herein.‹ Professor Busse sagte, die Patientin habe gerade gefrühstückt, aber Professor Henkel meinte: ›Das macht nichts‹. Der Fall wurde dann vorbereitet und der Patientin der Magen ausgepumpt. Die Frau war sehr erregt darüber, daß sie plötzlich operiert werden sollte, und es gab eine sehr unangenehme Szene. Es wurde sehr schnell operiert, und alles schien sehr schön zu gehen. Plötzlich zupfte mich eine Schwester am Rock, und ich sah, wie die Frau in den letzten Zügen lag. Ich gab ihr noch ein paar Kampfer-Injektionen, aber es half nichts, sie starb. Der Prinz sagte zu Professor Henkel: ›Da haben sie ganz ausgezeichnet operiert.‹ ... Ich unterhielt mich über den Vorgang mit einem anderen Assistenzarzt, der mir etwas erwiderte, was mich völlig niederschlug. Er sagte nämlich: ›Henkel ist doch der größte Verbrecher.‹«[250]

Henkel galt als leidenschaftlicher Operateur. Um sein in der Tat sadistisches Operationspathos zu verdeutlichen, soll ein weiterer »Fall«, der damals verhandelt wurde, geschildert werden: 1911 wurde Frau Frenzel, im achten Monat schwanger, wegen des Verdachts auf Lungentuberkulose in die Frauenklinik eingewiesen. »In der Frauenklinik fand ein Assistent nichts an der Lunge. Trotzdem wurde bei der Frau ein Kaiserschnitt und eine amputatio uteri vorgenommen. Der herausgeschnittene Uterus bewegte sich, wurde jedoch nicht zur Rettung des achtmonatigen Kindes eröffnet, sondern auf Anordnung von Prof. Henkel in Formalin gelegt. Die Frau bekam Peritonitis und Pleuritis und ging am 12. Tage daran zugrunde.« (Bauch- und Brustfellentzündung)[251]

Als schwerstwiegende Vorwürfe gegen Henkel galten die Abtreibungen und Sterilisationen, bei denen er ein weitreichendes Spektrum von Indikationsstellungen zugrunde gelegt hatte.[252] In der Verurteilung Henkels fielen am meisten seine rassenhygienischen und sozialen Indikationen ins Gewicht. Die Begutachtung des Reichsgesundheitsamts lautete: »Hierunter zählt z. B. der von Zeugen vorgetragene Fall, in welchem bei einer Frau, die eine Verwandtenehe eingegangen war und bereits zwei verblödete Kinder geboren hatte, die dritte Schwangerschaft künstlich beseitigt werden mußte, ferner ein Fall, wo eine Schwangerschaft bei einer Frau unterbrochen wurde, weil sie bereits 11 schwere Geburten durchgemacht hatte, ferner Fälle, in denen die Schwangerschaftsunterbrechung wegen Neurasthenie und Hysterie und sogar wegen ›kalter Füße‹ erfolgt sein soll.«[253] Weiter hatte Henkel Abtreibungen und Sterilisationen bei Hyperemesis, Krampfadern, Nierenbeckenentzündungen, Herzleiden, »hysteroepileptischen Krämpfen«, Epilepsie, Lungentuberkulose etc. durchgeführt.[254]

Eine Reihe prominenter Sachverständiger wurde für den Prozeß herbeizitiert.[255] Henkel betrat die Rechtsarena als Stabsarzt und Leiter eines Feldlazaretts in Uniform mit dem Eisernen

Kreuz.[256] In selbstgerechter Pose verkündete er, der liberalen *Vossischen Zeitung* zufolge, »daß ihm das Wohl seiner Kranken stets am Herzen gelegen und daß er für die Frauenklinik große persönliche Opfer gebracht habe«.[257] Nach einwöchiger Verhandlung entschied das Gericht Henkel in drei Anklagepunkten für schuldig. Von zwei Vorwürfen wurde er freigesprochen[258], aber zu Strafversetzung und Übernahme der Verfahrenskosten verurteilt. Als Universitätsprofessor durfte er trotzdem weiterlehren. Am 20. Juli 1918 fällte in zweiter Instanz das Thüringische Oberverwaltungsgericht Jena auf Berufung von Henkel und der Staatsanwaltschaft das endgültige Urteil, den Freispruch.[259] Dieses Urteil stützte sich wesentlich auf das Gutachten des berühmten Gynäkologieprofessors und Direktors der Universitätsfrauenklinik der Charité Berlin, Ernst Bumm (1858–1925).

Die Urteilsbegründung und die Expertise von Ernst Bumm beinhalteten drei Rechtfertigungsschemata: Erstens war die Rede von der Freiheit der Wissenschaft – auf den Begriff gebracht: der »Lehrmeinung«; zweitens von der unbedingten Zubilligung menschlicher Irrtümer. Drittens wurde hier ein neuer Angeklagtetypus vorgestellt: der rechtsblinde Kollege, der ausschließlich nach bestem Gewissen gehandelt habe bzw. durch seine Operationskunst Frauen noch zu retten versuchte, welche von anderen Ärzten schon lange aufgegeben worden wären. Und schließlich wurden die Kläger – Assistenzärzte, die den Prozeß gegen Henkel in Gang gebracht hatten – selbst zu Beschuldigten.

Um Henkels Willkür wissenschaftlich zu rechtfertigen, wurden beispielsweise die Münchner Lehrbuchautoren und Professoren für operative Gynäkologie Albert Döderlein (1860–1941) und Bernhard Krönig (1863–1917) oder der Gynäkologe Max Hirsch als Vertreter einer bestimmten Lehrmeinung zitiert.[260] Für zwei Fälle, in denen Henkel wegen Lungentuberkulose die Totalextirpation im 8. Monat der Schwangerschaft indizierte (u. a. Frau Frenzel), räumte man ein, daß es sich »nur um eine wissenschaftliche Streitfrage, ob Abwarten oder Eingreifen, und wann eingegriffen wurde, die bloße Einleitung der Frühgeburt oder die gänzliche Entfernung des Gebärapparates das Gebotene gewesen wäre«[261], gehandelt habe.

Indem man nun die Verbrechen Henkels als wissenschaftlichen Positionenstreit verhandelte, wurden seine Taten automatisch legitimierbar. Dem Beschuldigten könne gar »kein Vorwurf daraus gemacht werden« – so die Begründung des Urteils auf Freispruch –, daß »er sich im Streit der Meinungen auf Grund seiner Überzeugung für das Eingreifen und für die Totalextirpation«[262] entschieden hatte.

Dieses Rechtfertigungschema entsprach der wissenschaftlichen Hybris. Die »künstliche Schwangerschaftsunterbrechung« und Unfruchtbarmachung waren, so gesehen, genuin wissenschaftliche Entscheidungen. Die Rolle der Justiz, »Recht« zu sprechen, wurde in diesem Falle an die Medizin abgegeben, was eine Selbstamnestie ohne weiteres möglich machte. So hieß es in der vorläufigen Urteilsbegründung, daß die Frage, »wann im einzelnen Falle das Leben oder die Gesundheit der Mutter als gefährdet oder bedroht anzusehen ist«, ganz allein von »der Medizinischen Wissenschaft« entscheidbar sei.[263]

So argumentierte auch Ernst Bumm. Er gelangte in seiner 39seitigen Expertise zu dem Schluß, daß »Professor Henkel in allen Fällen von Tuberkulose der ärztlichen Berufsehre und den Forderungen der Wissenschaft Genüge getan hat und ihn ein Verschulden wegen der Anzeigestellung der Schwangerschaftsunterbrechung nicht treffen kann«.[264] Dies galt laut Bumm auch für die Totalextirpation bei Frau Frenzel, die nur auf den Verdacht einer TB von Henkel operiert worden war. Insgesamt lautete seine Begutachtung für diesen »Fall«: »Wenn man den Fall vom Standpunkt des Anatomen mit voller Kenntnis des Verlaufes und des durch die Sektion aufgedeckten Verhaltens der Lungen betrachtet, so kann man natürlich sagen, daß die Operation unnötig war und die Anzeigestellung zu einem so schweren Eingriff bei Abwesenheit einer Lungentuberkulose eine Verfehlung des Operateurs darstellt. Dem Standpunkt des Arztes und Klinikers wird eine solche Anschauungsweise aber nicht gerecht. Dieser kann seine Behandlung nicht auf die vollkommene Kenntnis der tatsächlichen Verhältnisse stützen, sondern ist gezwungen zu helfen auf Grund der Anschauungen, die er sich von der Erkrankung nach seinen Untersuchungsergebnissen macht. Über die Unvollkommenheiten der medizinischen Diagnose braucht man kein Wort zu verlieren. Irrtümer kommen auf diesem Gebiete jedem vor.«[265]

Die Patientin, an den Folgen der Operation gestorben, interessierte weder als Mensch noch als Opfer. Auch Henkels »Operationswut« wurde von Bumm als eine »Richtung in der Gynäkologie« ausgelegt: »Dieses aktive Behandlungsprinzip hat, wie das ihm entgegengesetzte konservative Verfahren für die Kranken zwei Seiten. Eine günstige und eine ungünstige... Solange die Operationen gut ausgehen, hat niemand Anlaß zur Klage, die Kranken sind im Gegenteil befriedigt über die schnelle und gründliche Beseitigung ihrer Beschwerden, und auch die Gebärenden danken es dem Arzte, wenn er sie von den Qualen einer langdauernden Geburt mit der Zange erlöst. Wenn aber die Operation schlecht ausgeht und tödlich endet, dann tritt der Nachteil des aktiven Vorgehens zu Tage.« Im »Vertrauen auf seine Kunst« – so Bumm – habe Henkel »auch noch in aussichtslosen Fällen operiert. Er hat dadurch vielen Frauen die Gesundheit wiedergegeben und das Leben gerettet, aber naturgemäß auch Mißerfolge erlebt, die jetzt gegen ihn zeugen.«[266] Bumm mahnte vor zu harter Beurteilung, denn schließlich sei man »in allen Dingen des Lebens hinterher klüger als vorher«.[267]

Daß Henkel dem Prinzen eine obszöne Schauoperation geliefert hatte, die mit dem Tod der auf den Operationstisch gezwungenen Frau ausging, wurde in der Urteilsbegründung als »Entgleisung, die als Einzelerscheinung keinen moralischen Mangel im allgemeinen und keinen Verstoß gegen die ethischen Verpflichtungen des ärztlichen Berufs im besonderen bedeutet«[268], vom Tisch gewischt. Nicht aus Neugier habe laut Bumm der Prinz diese Operation sehen wollen, sondern aus einem »besonderen medizinischen Interesse heraus« wurde ihm dieses »Theatrum chirurgicum« – wie es in der *Vossischen Zeitung* treffend hieß[269] – geliefert. Zumal der Prinz »in den Kolonien schon ärztliche Hilfe zu leisten gezwungen war« – so Bumm – »sehe ich keinen Verstoß gegen die ärztliche Moral.[270] »Wissenschaft«, »Medizin«, »ärztliche Kunst« – das waren die neuen Zauberwörter, um ärztliches Handeln sakrosankt mit Macht auszustatten.

Henkels rassenhygienische und eugenische Indikationen für

Abtreibungen und Sterilisationen wurden neben dem Argument, sie hätten der Lehre der »operativen Gynäkologie« (Döderlein/Krönig) entsprochen, auch deswegen für straflos erklärt, weil »der Beschuldigte selbst, wie die Zeugenaussagen und seine Veröffentlichungen ergeben, die Unterbrechung aus rassenhygienischen Gründen ablehnt«.[271] Auf eine Begutachtung ganzer 47 Abtreibungen, die Henkel in seiner Privatpraxis durchgeführt hatte, verzichtete Bumm gänzlich, weil ihm das »Fehlen ausführlicher Begründungen in den Krankenblättern« diese nicht mehr rekonstruierbar machten und deswegen auch nicht beurteilungsfähig erschienen.[272]

Zeugen und Ankläger wurden in diesem Prozeß diffamiert, ihre Aussagen als »subjektiv« abqualifiziert, teilweise wurden die Ankläger selbst zu Angeklagten.[273] Beispielsweise erhob Bumm im »Fall Frenzel« gegen die Assistenzärzte folgenden Vorwurf: »Bedauerlich ist, daß zwei Assistenzärzte, welche Bewegungen in der Gebärmutter sahen und erzählten, daß das Unterbleiben der Eröffnung bei den anwesenden Ärzten Erstaunen erregte, sich nicht dazu bewogen fühlten, den Operateur auf die Bewegungen aufmerksam zu machen. Sie hätten dadurch den versehentlichen Fehler leicht verhindern können und haben sich durch die Unterlassung einer Pflichtverletzung schuldig gemacht. Wer bei einer Operation assistiert, ist verpflichtet, den Operateur auf etwaiges Versehen oder auf Zufälle, die ihm entgehen, hinzuweisen. Man muß einen Operateur bedauern, der gezwungen ist, mit Assistenten zu arbeiten, die ein Versehen oder einen Fehler zwar bemerken, sich darüber entrüsten, aber nichts davon sagen und ihm nachträglich Verantwortung aufbürden.«[274]

Kam Henkel in dieser Begutachtung, die für den Freispruch ausschlaggebend war, Standessolidarität zugute, wurde er in der politischen Beurteilung als schwarzes Schaf der Ärzteschaft stilisiert. Henkels Habitus in der Jenaer Klinik, seinen Operationsmethoden und seinen Indikationsstellungen wurde nun wiederum Singularität bescheinigt. Denn darüber war man sich im klaren[275]: Henkel hatte die gesamte Ärzteschaft in Mißkredit gebracht. »Der Fall Henkel, der glücklicherweise ein Unikum ist, kann uns keine Veranlassung geben, Maßnahmen vorzuschlagen, die auf eine schärfere Kontrolle hingehen oder in irgendeiner anderen Weise eine Erschwerung der Tätigkeit der Universitätslehrer bedeuten« – lautete eine Erklärung des Reichsgesundheitsrats, der im Dezember 1917 eine offizielle Einschätzung über den in erster Instanz befindlichen »Henkel-Prozeß« abzugeben hatte.[276] »Es sei zu befürchten, daß eine allgemeine schärfere Handhabung der Staatsaufsicht nach der bezeichneten Richtung die Freude an wissenschaftlicher Forschung sowie das Streben nach Auffindung und Erprobung neuer Operationsverfahren abschwächen, außerdem aber auch praktisch kaum durchführbar sein und Unschuldige unter dem an und für sich gewiß tadelnswerten Verhalten eines einzelnen leiden lassen würde« – so die Stellungnahme des Reichsgesundheitsrats.[277]

Vor einer Verallgemeinerung wurde gewarnt, man einigte sich auf neue Richtlinien, die schon vom Reichsgesundheitsamt in groben Zügen formuliert worden waren. Sie wurden als Gesetzentwurf »gegen Unfruchtbarmachung und Schwangerschaftsunterbrechung« im Juli 1918 vom Bundesrat verabschiedet und dann dem Reichstag als staatliche Reaktion auf den Henkel-Prozeß präsentiert.[278] In § 1 dieses Entwurfs sollte die medizinische Indikation als einziger Grund für die »Beseitigung der Zeugungs- und Gebärfähigkeit eines anderen oder der Tötung der Frucht einer Schwangeren«[279] legitimiert werden. Auch wurde die medizinische Indikation als Berufsrecht der ärztlichen Zunft verankert. § 2 verpflichtete zur Weiterleitung einer medizinischen Sterilisation oder Abtreibung an einen beamteten Arzt unter Angabe von Namen und Adresse der Patientin sowie der Diagnose. § 3 erklärte Abtreibungen und Sterilisationen für strafbar, wenn sie nicht nach § 1 erfolgten und belegte einen solchen Rechtsbruch mit drei Jahren Zuchthaus. (Bei mildernden Umständen Gefängnis nicht unter einem Monat.) Auch der Versuch wurde als kriminelle Handlung definiert. In § 4 wurde schließlich eine Geldstrafe bis zu 3000 Mark angedroht, wenn eine Anzeige an den beamteten Arzt unterblieb oder falsche Angaben gemacht würden.[280]

In diesem Gesetzentwurf blieb das staatliche Interesse an Kontrolle über die ärztliche Sterilisations- und Abtreibungspraxis mit standespolitischen Ambitionen vereinbar. Paradoxerweise war der

»Fall Henkel« »als Material für die Begründung eines Entwurfs ... verwertet«[281] worden. Mit der staatlichen Gesetzesinitiative hatte man einen ersten Schritt zur Verrechtlichung der medizinischen Indikation getan, die in letzter Konsequenz – weil von Ärzten selbst definiert – mehr oder weniger willkürlich interpretierbar blieb. Jede Indikation, ob sozial, medizinisch oder eugenisch begründet, kriminalisierte die *private* Abtreibung und Geburtenkontrolle, Staat und Medizin hatten sich auf eine Machtkoalition geeinigt, die sich aus einem Rechtsbündnis konstituierte, in dem der Staat Ärzte exklusiv für die Ausübung der Abtreibung autorisiert und der Wissenschaft die Definitionsmacht überlassen hatte.

Nach dem Prozeß in erster Instanz wurde eine anonyme Stellungnahme von einem der »angesehensten Berliner Gynäkologen« in der liberalen *Vossischen Zeitung* abgedruckt. Nicht als rassenhygienisches, sondern als philanthropisches Verhalten wurde Henkels Abtreibungs- und Sterilisationspraxis hier gewürdigt: »Es wird jetzt nur noch auf Quantität und nicht mehr auf Qualität gesehen. Aber alle Bürger, die den Staatsgedanken nicht nur mechanisch, sondern als etwas Ideelles erfassen, sollten jetzt erst recht darüber nachsinnen, wie man die natürliche Zuchtwahl durch eine künstliche Zuchtwahl zur Höherführung des Menschengeschlechts in körperlicher und geist'ger Hinsicht unterstützt. Daß dazu die Ausmerzung schädlicher, ja ungeeigneter Glieder gehört, ist selbstverständlich, und darum ist es, ohne jede Ironie gesprochen, nicht ein Zeichen niedriger Gesinnung, sondern ein Zeichen einer gewissen Philanthropie, wenn Henkel in seinen Indikationen über das Gesetz hier hinausging.«[282]

Als Bevölkerungspolitiker, und damit gleichbedeutend als Beherrscher von Leben und Tod, definierten sich Ärzte. In der Position der Geburtshelfer saßen sie – wie der Tübinger Gynäkologe Hugo Sellheim erkannte – »gewissermaßen an der Quelle alles Volkslebens«.[283] Der Fall Henkel, seine politische Verarbeitung und die geburtenpolitische Diskussion dokumentieren, daß es eine naturwissenschaftlich-ärztliche Strömung war, die Fortpflanzungsverbote als gesellschaftspolitisches Programm durch Operationen am Leib von Patienten und Patientinnen proklamierte, und daß für diese Idee keineswegs erst eine politische Bewegung, die Nationalsozialisten, auf den Plan treten mußte, um Ärzte als Agenten eines totalitären Herrschaftssystems zu »mißbrauchen«.

Gleichfalls lieferte der »Fall Professor Henkel« ein Lehrstück in der Geschichte des § 218 StGB. Hier wurden zwei ganz unterschiedliche gesellschaftliche Konstellationen ausgehandelt: der »ärztliche Kunstakt« und die »Tötung der Leibesfrucht«. Frauen wurden an den Pranger gestellt, wenn sie versuchten, Autonomie über ihre Natur zu gewinnen. Mediziner begannen in Allianz mit dem Staat einen Konkurrenzkampf mit Frauen aufzunehmen, in dem die Industrialisierbarkeit (etymolog. geht lat. *industria* auf Verfleißigung zurück) weiblicher Fruchtbarkeit ausgefochten wurde.

Die Geschichte des § 218 StGB spiegelt deswegen nicht nur eine Dimension weiblicher Selbstentfremdung wider, sondern ist mindestens ebenso lehrreich für den Auftakt eines radikal geführten Krieges gegen die Potenz von Frauen, Leben zu gebären. Diese Fähigkeit birgt die Möglichkeit in sich, Leben hervorzubringen, genauso, wie dieses Leben nicht entstehen zu lassen, es zu nehmen. Die von einer Frau erwünschte und durchgesetzte Abtreibung – und sei sie noch so brutal und selbstzerstörerisch – stellt so deutlich, wie nirgendwo sonst unter Beweis, daß sie solche Tötungsmacht originär besitzt und nutzen kann. Durch diese menschliche Fähigkeit unterscheidet sie sich gerade von der Natur eines Tieres. Sie ist in der Lage, über werdendes Leben eines potentiellen Gesellschaftsmitgliedes zu richten, und sie tut es. Das konnte nicht einmal der nationalsozialistische Staat mit Androhung der Todesstrafe verhindern.

Die Abtreibung ist in dieser Hinsicht ein Konkurrenzunternehmen zu einer Männergesellschaft, in der sich allein staatliche und wissenschaftliche Institutionen das Recht angeeignet haben, über Leben und Tod zu entscheiden. Der elektrische Stuhl, Krieg, juristische Definitionen von »fahrlässiger« und »vorsätzlicher« Tötung, eugenische, medizinische und soziale Indikationen für Abtreibungen, tiefgefrorene Feten und Embryonen, »künstliche« Lebensverlängerungen, auch gegen den Willen von Patientinnen und Patienten, »Euthanasie«, sind einige Beispiele von staatlicher

Tötungsmacht. Ohne daß dieser Tatbestand einer abtreibenden Frau bewußt sein muß, besteht aber genau hierin der Kern dessen, was eine Abtreibung in einer patriarchalen Gesellschaft zum Verbrechen macht. Die Moral, die eine abtreibende Frau zur Mörderin stempelt, gründet nicht etwa auf Respekt vor dem Leben – es wäre ein Irrtum, dies zu glauben und naiv, sich argumentativ darauf einzulassen –, vielmehr schöpft sie sich aus einer patriarchalen Kultur, die eine Beherrschbarkeit von Leben und Tod anstrebt.

Solche Okkupation der weiblichen Gebärpotenz hat im 20. Jahrhundert mit der Medikalisierung des Frauenleibs und seiner Fruchtbarkeit eine neue Dimension bekommen. Die Abtreibungsgesetze und ihre ganz spezifische Anbindung an medizinische Kompetenz haben sich als die tragende Säule des modernen Patriarchats profiliert, denn sie bilden die Basis für den Aneignungsprozeß der weiblichen Gebärfähigkeit durch den Logos – ideell per definitionem und realiter per Technik. Das Herrschaftssystem der Väter (Patriarchat), das per se und schon immer auf Abstrakta angewiesen war – z. B. indem Vaterschaft vergesetzlicht und Mutterschaft ohne männliche Assoziation zur Illegitimität verdammt wurde – ist mit dem vom Logos geschaffenen Frauenkörper im 20. Jahrhundert einen großen Schritt weitergekommen. Dagegen sind Politik- und Wissenschaftsverbote für Frauen stümperhafte Relikte aus dem 19. Jahrhundert. An eine Abschaffung der Abtreibungsgesetze ist daher gar nicht zu denken – sie stellen nämlich eine höchst zeitgemäße Erscheinung dar, die strukturell dem Patriarchat genauso angehört wie das Geld dem Kapitalismus. Reformen und Verschärfungen der Abtreibungsgesetze mögen zwar kommen und gehen, wie Adrienne Rich sagt – und zwar »immer im Rhythmus ökonomischer und militärischer Aggression, des Wunsches nach billiger Arbeitskraft oder nach größerem Konsum«[284] –, aber mit dem gründlichen Bau dieser Säule wurde gerade erst im 20. Jahrhundert begonnen. Eine Etappe in dieser Konstruktion ist mit der Forschung und Erprobung der Gen- und Reproduktionstechnologie erreicht.

Kapitel V
Geburtenrückgang, Sexualität und die Geschlechterdifferenz

In der geburtenpolitischen Debatte manifestierte sich ein Geschlechterkonflikt. Nach dem Motto, die »Hauptursache der beginnenden Entvölkerung liegt bei der Frau«[1], gab man Frauen die Schuld für den Geburtenrückgang und diffamierte sie in dieser Sündenbockrolle. Die geschlechterpolitische Brisanz der neuen Bevölkerungsentwicklung offenbarte sich am deutlichsten in den Reaktionen auf die private Abtreibungspraxis, die eine Konfrontation zwischen Frauen, Polizei, Justiz und Medizin provoziert hatte. Geburtenkontrolle stellte sich plötzlich als Politikum dar – ein Politikum, das als obszön galt. In ihrer neuen Expertenrolle für die Geschlechterfrage befragten Mediziner Frauen nach ihren Verhütungsmethoden und neuen sexuellen Praktiken. In diesem Kontext prägten sie den Begriff des »ehelichen Präventivverkehrs« und beobachteten ihn als historisches Novum.[2] Die sexuelle Sphäre war tangiert, denn der Geburtenrückgang kündigte in den Augen der Debattierenden einen von Frauen produzierten »Sittenverfall« an: »Wenn man weiß, absolut sicher weiß, durch welche widerwärtigen, das Schamgefühl und ganz besonders die weibliche Psyche aufs Gröblichste fortgesetzt beleidigenden, das Nervensystem ruinierenden Prozeduren diese ›Geburtenverhütung‹ bewerkstelligt wird, wie die Mutterschaft entwertet, das keimende Menschenleben aus rein materiellen Gründen tausend- und abertausendfach vernichtet und die Ehe, diese hehrste Gemeinschaft zweier Menschen und mit der Familie das Fundament der ganzen menschlichen Gesellschaftsordnung, entheiligt wird und die natürlichen Aufgaben der Frau genommen werden – wie kann man da auch nur einen Moment zweifeln, daß das Geburtenverhüten einen Niedergang der Sittlichkeit und damit einen

Niedergang der Nation überhaupt unweigerlich herbeiführen muß?«[3]

Phrasen wie »Entsittlichung des ehelichen Zusammenlebens«, »Niedergang des Volkscharakters«, »Selbstbefleckung« reihten sich in die Metaphorik des »Kulturtodes«, »des Niedergangs der Nation«, der »Degenerationserscheinung« ein, und an ihnen war abzulesen, daß eine elementare Säule der bürgerlichen Gesellschaft berührt wurde: das Konzept von Weiblichkeit.

Die Tatsache, daß der Geburtenrückgang auf bewußtes Handeln von Frauen zurückging und keineswegs mehr als Resultat eines naturwüchsigen Prozesses zu beschreiben war, dekuvrierte das Konzept »Frau als passive Natur«. Ein »Intellektualisierungsprozeß« von Frauen sei im Gange, hieß es häufig.[4] In der privaten Geburtenkontrolle wurde ein rationales Moment entdeckt, das mit der wissenschaftlichen und politischen Apologetik »weiblicher Natur« kollidierte.

Der »Muttertrieb« galt im 19. Jahrhundert[5] als die Essenz von Weiblichkeit schlechthin. Anthropologie und Psychiatrie hatten den »Muttertrieb« etwa Mitte des 19. Jahrhunderts wissenschaftlich als ein organisches Attribut von Frauen begründet. Als biologische Kategorie war er objektiviert, und aus ihm leitete sich die Geschlechterhierarchie in den gesellschaftlichen Entscheidungs- und Machtbereichen ab. Der Geburtenrückgang widerlegte das Dogma vom »Muttertrieb« quasi von selbst, weil er eines offenlegte: Frauen gehorchten nicht der ihnen unterstellten animalischen Natur, sondern entschieden als Menschen über ihre Gebärfähigkeit. In dieser neuen, scheinbar unsozialen Dimension weiblichen Gebärverhaltens wurde »Widerstand« so deutlich, daß es schließlich als »Gebärstreik« – also als bewußte politische Aktion – verhandelt wurde: »In der Tat kriegen die Deutschen von Jahr zu Jahr weniger Kinder. Die Damen streiken! Die Damen!«[6]

Geburtenkontrolle galt schon per Rechtsnorm nach § 184, Abs. 3 StGB als »unsittlich«. Ehefrauen erniedrigten sich zu »Privat-Prostituierten«, der eheliche Geschlechtsverkehr sei »entwürdigt«, die »widernatürlichen Neigungen« seien gegenüber dem »Fortpflanzungstrieb« zum Zuge gekommen, »Lüsternheit« und nicht mehr die »natürliche Funktion der Zeugung« dominierten die eheliche Sexualität, verkündeten Politiker und Wissenschaftler.[7]

Wenn Frauen massenhaft verhüteten, nahmen sie eine Trennung von Sexualität, »Fortpflanzung« und Mutterschaft vor. Diese Trennung hatte man bisher nur dem männlichen »Geschlechtscharakter«, durch die Dissoziation von institutionalisierter Vaterschaft auf der einen Seite und Sexualität ohne Zeugung auf der anderen Seite, zugestanden. Die Aufspaltung von Liebe, Zeugung und Sinnlichkeit war in den beiden Projektionsfiguren der Mutter und der Hure verkörpert: die Mutter als die Inkarnation »reiner«, asexueller, dafür aber fruchtbarer Natur wurde glorifiziert, die »unfruchtbare Hure« dagegen als Repräsentation von Erotik und Sinnlichkeit pathologisiert und sexuell als triebhaft denunziert. Die Aufspaltung der Frau in Mutter und Hure, in passiv-empfangende und entfesselte, in »normale« und »entartete« Natur, hatte in der sexualfeindlichen bürgerlichen Gesellschaft die Beherrschung eigener Triebhaftigkeit garantiert. Wenn Frauen durch Geburtenkontrolle diese Trennung in die Ehe verlagerten und damit ad absurdum führten, verletzten sie das Prinzip bürgerlicher Doppelmoral: »Fortpflanzung ohne Lust und Lust ohne Fortpflanzung.«[8]

Rassenhygieniker und Eugeniker nutzten einerseits die Normalitäts- und Anomalievorstellung von Weiblichkeit, in der Sinnlichkeit pathologisiert und auf den Begriff der »Entartung« gebracht war. Gleichzeitig benötigten sie ein neues Frauenbild. Schließlich war »rationelle Zuchtwahl« weder mit einem unbezwingbaren, naturhaften »Muttertrieb«, noch mit Liebesheiraten durchzusetzen.

Im folgenden wird die psychiatrische Entartungslehre – ihr immanenter »Geschlechtscharakter«, seine Verwissenschaftlichung und seine Implikationen von »Normalität« und »Abweichung« – behandelt. Auf dieses Konzept rekurrierte nämlich die von Rassenhygienikern und Eugenikern im geburtenpolitischen Zusammenhang neu aufgeworfene Entartungsfrage. Der in der Degenerationslehre enthaltene Lebensentwurf für Männer und Frauen wurde Grundlage für die rassenhygienische und eugenische Geschlechterdefinition, die, unter dem Vererbungsparadigma neu akzentuiert, in der Formel »Rationalisierung der Fortpflanzung« aufging.

Die »Gebärstreikdebatte« von 1913 – eine Diskussion in der Sozialdemokratie – illustriert den Umbruch von dem alten zu dem neu aufkommenden Frauenbild, von Modernisierung und tradierten Weiblichkeitsvorstellungen. Letztere wurden im Konzept »rationaler Menschenökonomie« partiell obsolet. Sozialistische Ärzte propagierten den »Gebärstreik« mit neomalthusianischen Argumenten, während die politische Führung der SPD an dem konventionellen Frauenbild der bürgerlichen Gesellschaft festhielt. Diese Debatte wird am Schluß dieses Kapitels erörtert, weil sie wesentliche Aspekte der geburtenpolitischen Diskussion vor dem Ersten Weltkrieg auffächerte und gleichzeitig den Geschlechterkonflikt in Szene setzte.

Die Rationalisierung der Triebe – Männliche und weibliche »Normalität« versus »Entartung«

In der psychiatrischen Lehre von »Normalität« und »Krankheit« gab es eine genauso festgelegte Vorstellung von Männlichkeit und Weiblichkeit wie in der Evolutionstheorie. »Je gesünder der Mensch ist, um so entschiedener ist er Mann oder Weib« – schrieb 1903 der Psychiater Paul Julius Möbius (1853–1907) in seiner Schriftenreihe *Zur Lehre von den Geschlechts-Unterschieden.*[9] Leidenschaftlichkeit, Triebunbeherrschtheit, Launenhaftigkeit, Reizbarkeit, Haltlosigkeit, Boshaftigkeit, Selbstsucht, Gefühlsbetontheit, Freiheitsdrang, Leistungsunfähigkeit – all das waren bereits unabhängig vom Geschlecht Charakteristika der »entarteten Persönlichkeit«.

In seiner Schrift *Ueber Entartung* forderte Möbius jedoch eine geschlechts- und altersspezifische Systematik zur Standardisierung von »Degenerierten«.[10] Geschlechtsneutral war allen als »entartet« eingestuften Menschen zunächst gemeinsam, daß sie quer zu sozialen Normen standen, sexuell deviant oder von leidenschaftlichen Gefühlen dominiert schienen. Schließlich schrieb man allen eine bestimmte Physiognomie zu, die mit dem Wort »häßlich« auf den Begriff gebracht wurde.

Umgekehrt galten Menschen als »normal«, wenn sie anpassungsfähig schienen, ihre Sexualität sichtbar in »Fortpflanzung« mündete, sie unter Regie ihres Verstandes lebten und schließlich, wenn sie einer Körpervorstellung entsprachen, die den Anforderungen der »sexuellen Zuchtwahl« genügte.

»Degenerierte« bildeten in dieser Konzeption eine »Rasse von Individuen«.[11] Ihnen wurden besondere anthropologische Merkmale – »körperliche Degenerationszeichen« – von Gesicht, Kopf, aber auch der Geschlechtsorgane unterstellt. Sie wurden vermessen, nach »Anomalien« untersucht und nach Schönheitskriterien bewertet. In *Meyers Konversations-Lexikon* von 1908 konnte man sie unter dem Stichwort »Entartungszeichen (Stigmata hereditatis)« nachlesen als »gewisse Entwickelungsfehler, die sich vorwiegend bei erblich belasteten Pesonen finden. Dahin gehören Verbildungen des Schädels (so daß z. B. das eine Auge tiefer steht als das andere), Asymmetrien in der Entwickelung der Ohren, abnorme Bildung der Zähne und der Kiefer, mangelhafte Ausbildung der Genitalien (z. B. Stehenbleiben des Uterus auf dem kindlichen Typus trotz eingetretener Geschlechtsreife)«.[12]

Die am häufigsten genannten »Entartungszeichen« des Gesichts waren : »Niedrige Stirn«, »unregelmässige Zahnstellung«, »schielende Augen«, »Asymmetrie des Gesichts«, »auffälliger Schiefstand der Nase«, »Vogelprofil«, »abstehende Ohren«, »Spitz- und Henkelohren«, »behaarte Stirn« usw.[13] Kopfform, Gehirngröße und -volumen bildeten ein bevorzugtes Sujet: »Steilheit und Kürze des Hinterhaupts«, »Schädelasymmetrien«, »schiefer Schädel«, »sehr geringe Entwicklung des Hinterhaupts«, »platte, sehr breite oder sonstwie verbildete Schädel« etc.[14]

»Mißbildungen der Geschlechtsteile«, »Penis klein und pueril«, »sehr großer Penis«, »angeborene Phimose«[15] – auch solche »Entartungszeichen« wurden notiert. In diesem Falle handelte es sich um eine Studie an 1214 inhaftierten Männern aus der Strafanstalt Waldheim, die der Irrenarzt Dr. Knecht erarbeitet hatte.

Um die »Inferiorität« von »Entarteten« äußerlich zu bestätigen, wurde ihnen zum einen animalisches Aussehen, »Tierähnlichkeit«[16], nachgesagt und zwar im Vokabular der Tierphysiognomie: »schnauzenähnlicher Oberkiefer«, »grobe breite Tatze«[17] etc. Zum anderen wurden sie als »Mongolen«- und »Negertypen« (z. B. bei vorspringenden Wangenknochen) mit rassistischen Ressentiments[18] beschrieben. Schon das von Lombroso behauptete atavistische Prinzip rückte Entartete in die Nähe von Tieren oder »unzivilisierten Wilden«.

Alles in allem seien »Entartete« »häßlich«, »verbildet und mißraten« – so Emil Kraepelin – und ähnelten »Modellen der Karikaturzeichnung«.[19] Möbius erkärte »Häßlichkeit« und »Schönheit« in den Parametern der »sexuellen Zuchtwahl«: »Wenn auch schön und normal sich nicht decken, so ist doch Normalität die Grundlage für Schönheit. Unbedenklich kann man behaupten, dass hässlich und entartet dasselbe sind, sofern wir im engeren Sinne krankhafte Bildungen ausschliessen. Ja, die Hässlichkeit dürfte das wichtigste Zeichen der Entartung sein, die in einer Jedem verständlichen Sprache ausgedrückte Warnung der Natur. Die Hässlichkeit ist das wirksamste Antaphrodisiacum: liebe diese Person nicht, denn du wirst mit ihr vereinigt die Art verschlechtern.«[20]

Die anthropologische Perspektive ging auf die Craniometrie und Phrenologie zurück, die sich mit der Sektion von Schädeln zu Beginn des 19. Jahrhunderts als psychiatrische und anthropologische Wissenschaft begründet hatten. Der Anatom und Gehirnforscher Franz Joseph Gall (1758–1828) teilte das menschliche Hirn in 27 einzelne Teile auf und lokalisierte in jedem Organ eine Charaktereigenschaft, bestimmte Triebe und Instinkte: das Organ des »Fortpflanzungstriebes«, der Kinder- und Elternliebe, des Mutes, des Raufsinns, des Würge(Mord-)Sinns, des Sinnes für Eigentum (»Diebesorgan«) etc.[21]

Das Gehirn erklärte er zum Sitz von Intelligenz, der Triebe und Begierden. Schädelhöhe und Gehirngröße machte er zum Indikator für Intelligenz. Gall begründete damit die im 19. Jahrhundert in extenso betriebene Hirn- und Schädelforschung, in der Männer- und Frauenköpfe, die Schädel von Weißen und Schwarzen sowie das Hirnvolumen, die Schädelkapazität, die Schädeloberflä-

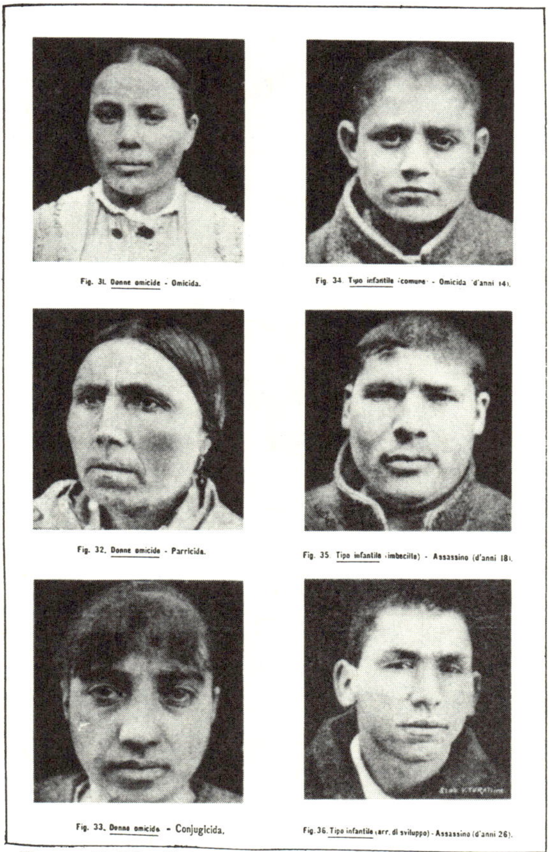

Fig. 31. Donne omicide - Omicida.

Fig. 34. Tipo infantile (comune) - Omicida (d'anni 14).

Fig. 32. Donne omicide - Parricida.

Fig. 35. Tipo infantile (imbecille) - Assassino (d'anni 18).

Fig. 33. Donne omicide - Conjugicida.

Fig. 36. Tipo infantile (arr. di sviluppo) - Assassino (d'anni 26).

Typen gefährlicher Verbrecher und Verbrecherinnen nach E. Ferri.

Aus: Lombroso (1896), Bd. 3, Tafel 31

che und die Hirnwindungen von berühmten Männern, Verbrechern oder Prostituierten ausgemessen und gewogen, männliche wie weibliche Charakteristika im Gehirn verortet oder organische Qualitäten mit einer bestimmten Zivilisationsstufe gleichgesetzt wurden.

Auch legte Gall den Grundstein für das Verständnis von »Gei-

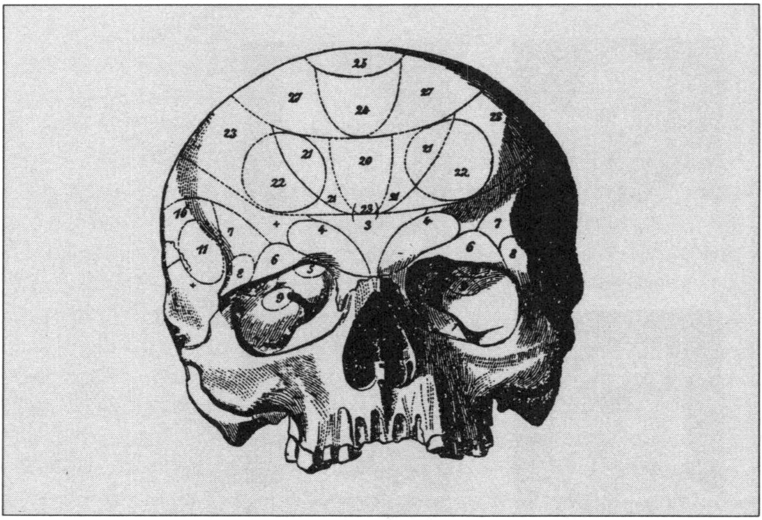

Galls Craniologie in: Das große Conversations-Lexicon (1851), S. 402

stes«-Krankheiten als »Gehirnkrankheiten«. Bei Verbrechern lokalisierte er im Gehirn einen bestimmten Würge- und Zerstörungssinn, den er bei Raubmördern, Gladiatoren und Preiskämpfern identifziert hatte. Am weiblichen Schädel fand er am Hinterhaupt eine besondere Ausprägung, die er als Zeichen der weiblichen »Häuslichkeit« deutete. Er zog eine Analogie zum Affenschädel, bei dem diese Ausprägung geschlechtsunspezifisch in seiner Eigenschaft als Herdentier auftrete.[22]

Auf der Gallschen Lokalisationstheorie konsolidierte sich eine anerkannte Hirnforschung, die von Psychiatern, Anthropologen und Anatomen betrieben wurde. Der Göttinger Gehirnanatom Rudolf Wagner (1805-1864) entwickelte differenzierte Untersuchungsmethoden der Hirnwindungen. Er führte die Volumenmessung des Gehirns ein, um zwei Lehrsätze von Gall zu überprü-

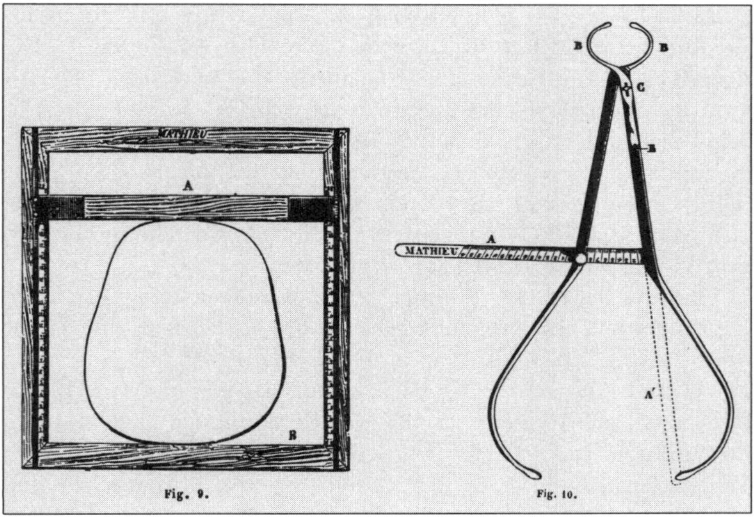

»Nouveaux Instruments Craniographiques«, Paul Broca (1871), S. 152, 153

fen: Wagner wollte mit solchen empirischen Hirnmessungen der Frage nachgehen, ob die Größe und die Schädelhöhe des Kopfes (Gehirn) ein Beweis für die geistige Potenz von Männern seien, und zweitens, ob die Oberfläche der Gehirnhälften des Großhirns bei intelligenten Männern zahlreichere Windungen und tiefere Furchen aufwiesen. Außerdem bestätigte er den aristotelischen Satz, wonach männliche Gehirne ein absolut größeres Gewicht als weibliche hätten.

Der Pariser Chirurg Paul Broca (1824–1880) entwickelte in seinen hirnanatomischen Forschungen die Fragestellung Galls weiter und wies 1861 im Rahmen dieser Studien das motorische Sprachzentrum nach.[23] Er untersuchte Zusammenhänge von Gehirn- und Kulturentwicklung und differenzierte Schädel nach Klassen-, Geschlechts- und Rassenzugehörigkeit.

Rassenhygieniker rezipierten später die Cranio- und Phrenologie und verwendeten die Ergebnisse der Hirnwägungen im Begründungszusammenhang der »natürlichen Selektion«. Heraus kam die Hypothese, das Gehirn bilde sich im »Kampf ums Dasein« aus und werde dabei größer.[24] In der rassenhygienischen Argumentation wurde beispielsweise auf die empirischen Schädelforschungen des Prager Kreisarztes und Anthropologen Heinrich Matiegka (1862–1941) sowie auf eine Untersuchung von Rudolf Virchow (1821–1902) zurückgegriffen.

Virchow hatte im Rahmen einer Untersuchung der 1870 gegründeten *Deutschen Anthropologischen Gesellschaft* eine große Studie über Schädelformen in Deutschland, differenziert nach Haar- und Augenfarbe sowie nach mosaischer und christlicher Religionszugehörigkeit, an über sechs Millionen Schulkindern durchführen lassen.[25] Es wurden empirische Untersuchungen vorgenommen, die nach der Korrelation von Hirngewicht und Geschlecht, Rasse, Geisteskrankheit, Intelligenz, Schädelform, Berufszugehörigkeit bei Männern u. a. fragten. Die Zahl solcher Hirnwägungen, die von solchen Erkenntnisinteressen geleitet in gerichtsmedizinischen Instituten, Militärspitälern, Krankenhäusern, Irrenanstalten und Siechenhäusern durchgeführt wurden, schätzte man 1902 auf über 10 000 bis zum Jahre 1885.[26]

Heinrich Matiegkas größere Untersuchungsreihe über Hirngewichte lieferte Rassenhygienikern gern zitiertes Material.[27] 1902 präsentierte er der *Königlichen Böhmischen Gesellschaft der Wissenschaften*[28] die Resultate seiner hirnanatomischen Forschungen, die er zwischen 1895 und 1900 durchgeführt hatte. Am wenigsten Hirngewicht hatte er bei Tagelöhnern mit durchschnittlich 1410 gr ermittelt. Weit unten rangierten Arbeiter mit 1435,5 gr; es folgten Geschäftsleute und Lehrer mit 1468,5 gr; am meisten Hirngewicht erreichten Studierende, Beamte und Ärzte mit durchschnittlich 1500 gr.[29]

Solche wissenschaftlichen Resultate fanden auch Aufnahme in *Meyers Konversations-Lexikon* von 1896 unter dem Stichwort »Gehirn« und »Schädellehre«, wobei Rassen- und Geschlechtsunterschiede im Kontext von Kultur- und Intelligenzfähigkeit begründet wurden:

»Das durchschnittliche Hirngewicht des Europäers beträgt für die Männer 1.326 g, für die Weiber 1.219 g.« Das mittlere Hirngewicht des »männlichen Negers« betrage dagegen »nur 1.244 g, dasjenige des Schimpansen 350–400 g.« »Entsprechend dem verschiedenen Grade der geistigen Entwickelung beim Anthropoiden, Naturmenschen und Kulturmenschen ist auch die Entwickelung der grauen Hirnsubstanz (Hirnrinde), die in der größern oder geringern Ausbildung der großen Windungszüge (Konvolutionen) und der kleinen Hirnwindungen (gyri) zum Ausdruck kommt, verschiedengradig. Rudolf Wagner hat an den Gehirnen von Gauß und Dirichlet nachgewiesen, daß das G. von geistig hervorragenden Männern charakterisiert ist durch die verwickelte Anordnung und Asymmetrie der Gyri beider Hirnhälften, wodurch unter Umständen ein Mindergewicht ausgeglichen werden kann. ... Beim Kulturmenschen (weniger bei Naturvölkern) hat das G. des Mannes vor demjenigen des Weibes sowohl das größere durchschnittliche Gewicht (...) als auch die bedeutendere Entwickelung der Hirnwindungen voraus. ... Während beim G. von Affen und unkultivierten Völkern (Neger- und Hottentottengehirne) die Interparietalfurche (die großen Scheitelwindungen voneinander trennende Vertiefung) mit der Sagittalebene (von vorn nach hinten durch den Körper gelegte Vertikalebene) einen nach vorn offen stehenden spitzen Winkel bildet, verfolgt nach Rüdinger die Interparietalfurche beim Europäer einen mehr der Richtung der Sagittalebene sich annähernden Verlauf. Bei geistig hervorragenden Männern (J. v. Liebig u. a.) soll das Wachstum und die gesteigerte Entwickelung mitunter sogar zur Folge haben, daß die Interparietalfurche mit der Sagittalebene einen nach hinten offen stehenden spitzen Winkel bildet.«[30]

Diese Wissenschaft fragte nicht einfach nach *Unterschieden* zwischen Rassen und Geschlechtern, sondern erwies sich als hierarchisch gedacht und in ein Bewertungssystem eingebunden, in dem der Geist längst zum höchsten Prinzip erhoben worden war. Solche originär psychiatrischen und anthropologischen Forschungen mit ihren impliziten Methodologien und Fragestellungen waren eingebettet in das dualistische Denksystem der cartesianischen Logik, die das philosophische Weltbild der Neuzeit entscheidend prägte[31]: Der Geist in seiner ihm zugeschriebenen Eigenschaft des abstrakten Logos wurde vom Körper abgespalten – wobei das Körperliche den Status geistloser Materie bekam und damit im Dienste rationaler Naturerkenntnis ehrfurchtlos zerstückelbar wurde.

Der Kopf avancierte hier nun zum Organ des Geistes, der Gefühle, Triebe und der Sexualität. Hirnvolumen, Hirngewicht, Schädelindex etc. stellten sich als Materialisation des Geistes dar – er wurde meßbar, faßbar und dadurch absolut wahrhaftig. Alle körperlichen und affektiven menschlichen Äußerungen, die nicht unter seiner Direktive zu stehen schienen, rangierten in der Skala der »Minderwertigkeit«. Nicht zufällig wurde im 19. Jahrhundert der Kopf zum Synonym des Geistes, zum bevorzugten Untersuchungsorgan für die Erklärung von Kultur, Geschlecht und Rasse, und genausowenig zufällig wurden in dem gleichen Jahrhundert seelische Leiden – also affektive Äußerungen – zu »Geistes«- bzw. »Kopfkrankheiten« erklärt.

Die Phrenologie und die Craniometrie boten den wissenschaftlichen Ausgangspunkt für eine Forschung, die nach physiologischen und organischen, also objektivierten Beweisen suchte, wobei sie den Geist zum obersten und zum ordnenden Prinzip gegen die innere und äußere menschliche Natur setzte, um Andersartigkeit, Sinnlichkeit, Geschlechtlichkeit, Widerständigkeit mit dem Konzept der »Minderwertigkeit« gesellschaftlich zu diskreditieren.

Esther Fischer-Homberger kommentiert den Bedeutungswandel in der medizinischen Auffassung von Organen: »Im Laufe des 17. und 18. Jahrhunderts steigt innerhalb des Organismus vielmehr das Nervensystem allmählich zum übergeordneten und dominanten, organisierenden System auf. Im 19. Jahrhundert etabliert sich schließlich das Gehirn als höchstes Organ der Organe innerhalb des Körpers. Nun ist es das Funktionieren dieses Körperteils, das die gesellschaftliche Position eines Menschen begründet oder doch rationalisiert: organisierende Vernunft, Wille, Intelligenz, Geist, geistige Schöpferkraft, geistige Überlegenheit im Kampf ums's Dasein.«[32]

Ein Organ – das Gehirn – wurde also zum Repräsentanten eines gesellschaftlichen Prinzips: der Rationalität, der organisierenden Vernunft, des Geistes. Dieses Prinzip galt a priori als männlich. Nach der Devise: »Der geistigen Überlegenheit des männlichen Geschlechts entspricht ein grösseres Hirngewicht«[33], gerieten anhand aufwendiger, wenn auch keineswegs besonders kluger empirischer Studien, die minimal gewichtigeren Gehirn- und größeren Kopfmaße zum Beweis für männliche Höherwertigkeit. Die Überhöhung des maskulinen Geschlechts wurde mit einer körperlichen Verschiedenheit begründet, die zwar nachweisbar, aber als Indiz für männliche Intelligenz absolut nichtssagend bleibt – es sei denn, man versteht solchen empirisch-naturwissenschaftlichen Forschungsbeitrag als eine theologische Botschaft, welche die potentielle Niederkunft des »Heiligen Geistes« im Kopf eines jeden abendländischen Mannes verkündete. Und in der Tat schien diese Mission so erfolgreich, daß viele spätere Frauengenerationen damit ihre Bekanntschaft im Biologieunterricht und anderswo zu machen hatten. Das Hirngewicht von Männern – also eine minimale organische und keineswegs essentielle leibliche Geschlechterdifferenz – galt als naturgesetzliche Entsprechung der sozialen, kulturellen und politischen Unterlegenheit von Frauen. Diese Verkündung eines Bio-Logos hatte den Effekt, daß im 19. Jahrhundert die Geschlechterhierarchie als Naturgesetz verobjektiviert wurde und sich dadurch jedem politischen Widerlegungsversuch zu entziehen vermochte.[34]

Die Argumentation, das »andere« (sozial, rassisch, geschlechtlich und leiblich) sei das »Minderwertige«, wurde in der Entartungslehre auf die Spitze getrieben. Das »andere« umfaßte »das weibliche Geschlecht« schlechthin, Kinder sowie Männer, die ihren Geist als Instrument der Triebkontrolle wegen ihrer »degenerativen Hirnanlage«[35] nicht zu nutzen vermochten. Der als männlich identifizierte Geist bildete den Kristallisationspunkt für einen Normalitäts- bzw. Entartungsbegriff, der die gesellschaftliche und gleichfalls eine naturalisierte Ordnung symbolisierte.

»Normalität« und »Abweichung« waren im männlichen und weiblichen »Geschlechtscharakter« unterschiedlich beantwortet. So erklärte der Psychiater Carl Birnbaum, »dass manche Charakterzüge beim weiblichen Geschlecht noch in die Breite des Normalen fallen, die beim reifen Manne als pathologisch gelten müssen, weil eben der weibliche Charakter mit seinem Überwiegen des Gefühls, seiner grösseren Labilität, Beeinflussbarkeit u. dergl. an sich schon mehr dem psychopathischen ähnelt«.[36] Das Spezifische dieses Gesundheitsbegriffs war, daß Bedürfnisse, Verhaltensweisen, körperliche und sexuelle Attribute, die der männlichen Norm zugeordnet waren, dem Weiblichkeitskonzept widersprachen und bei Frauen pathologisch gedeutet wurden. Mit anderen Worten: In der psychiatrischen Lehre wurde die »Normalität« des Mannes Spiegelbild für die Psychopathologie der Frau und umgekehrt, allerdings galt bereits die »Normalität« der Frau als potentiell pathologisch.[37]

Wenn nicht explizit vom »normalen Weibe« die Rede war – wie etwa in Lombrosos und Ferreros Standardwerk *Das Weib als Verbrecherin und Prostituirte* mit dem Untertitel *Gegründet auf eine Darstellung der Biologie und Psychologie des normalen Weibes* oder wie in der vielgelesenen Schrift von Möbius *Ueber den physiologischen Schwachsinn des Weibes*[38] –, dann wurden »Degenerations«-Typologien in erster Linie auf Männer zugeschnitten, zumal Männer »den Kämpfen des Lebens«[39] intensiver als Frauen ausgesetzt seien und aus diesem Grunde schon »Entartungserscheinungen« häufiger provoziert würden.

Dazu Lombroso: »Der Mann erbt, was der Kampf ums Dasein an Hass und Kampfeslust geschaffen hat, und damit erbt er oft die organischen Bedingungen des Verbrecherthums; seine angestrengte Geistesthätigkeit, die starke Inanspruchnahme des Denkorgans schafft den Boden für die als Genie auftretende Ueberreizung«.[40] Eine solche männliche »Normalität« war unter dem Geistesparadigma an die Gesetze des »Kampfes ums Dasein« geknüpft, also an Kampf, Anpassung und »Fortpflanzung«. Der »normale« Mann repräsentierte bereits durch seine Konstitution das Kampf- und Geistprinzip gleichermaßen: Er sei hoch gewachsen, nicht fettreich und muskulös, und sein Kopf sei groß, »eckig« und »gegliedert«.[41] Von emotionalen Impulsen unabhängig, »lacht und weint (er, A. B.) schwer«. Ihn interessierten die »objektiven« Dinge des Lebens, denn er »beobachtet geduldig, urtheilt langsamer und schärfer, er zählt und misst ... auf Grund seiner Beobachtungen verändert und erfindet er ... Alles Schlaffe, Weiche, Niedrige verachtet er, er ist stolz und will lieber hart als weich erscheinen«.[42] Denn – so Lombroso und Ferrero – »es sind zärtliche, sanfte Gefühle mit intensiver geistiger und muskulärer Aktivität und energischer Bethätigung der Kräfte unvereinbar«.[43]

Männer, die im Daseinskampf Gefühle äußerten – sprich Angst hatten –, galten als potentielle »Mindertüchtige«. Vom Darwinschen Prinzip abgeleitet, lautete die Devise für den »normalen Mann«, emphatisch bis zum Sieg, wenn nötig, bis zur Vernichtung zu kämpfen: »mitten im Kampfe ums Dasein stehend« – so Ferrero und Lombroso –, habe der Mann schon »immer die Aufgabe gehabt . . ., die Schwachen zu unterdrücken, sie auszumerzen zum Besten der Starken«.[44] So hatte bereits Darwin den »Kampf der Natur« skizziert und dabei die Formel geprägt, »daß im Krieg der Natur . . . keine Furcht gefühlt wird, daß der Tod gewöhnlich rasch erfolgt, und daß der Kräftigste, Gesündeste und Glücklichste die anderen überlebt und sich vermehrt«.[45] Dieses Bild wurde im wissenschaftlichen Diskurs zum Inbegriff des männlichen »Geschlechtscharakters«. Es zog sich wie ein Leitfaden durch die Entartungsliteratur und war nichts anderes als die Mimesis des aus dem »Krieg der Natur« hervorgegangenen Siegers – eine Maschine frei von Schmerz und Leid.

Die Persönlichkeit des »psychopathischen Minderwertigen« manifestierte sich in seiner »gesteigerten psychischen Erregbarkeit« - so ließ 1891 der Psychiater Julius Ludwig August Koch (1841–1908) verlauten. Er beschrieb die Symptomatik eines »psychopathisch Belasteten« »als ungesund *wehleidig,* weichlich *rührselig* und *mitleidig,* einfältig *ängstlich, schreckhaft* und *furchtsam,* dumm *empfindlich* und *übelnehmerisch,* übertrieben *reizbar* und *zornmütig,* stark *sinnlich erregbar,* als *phantastisch* und *schwärmerisch,* auch wohl als besonders *geistreich* und *witzig*«. Wie ausgeprägt solche Charaktereigenschaften seien, hänge davon ab, inwieweit *»die erregbare Phantasie solcher Naturen durch den Verstand gezügelt«* werde. Als Direktor der Zwiefacher Irrenanstalt berichtete Koch über solche Patienten: »Ich kenne hergehörige Individuen, welche bei jedem Schmerz jammern und weinen, vor jedem Schmerz zittern und namentlich dem kleinsten blutigen Eingriff, der an ihnen vorgenommen werden soll, mit unbändigem Grauen ausweichen . . . Daß solche Leute oft auch keine Operation an anderen und keine Leiche, oder wenn eine Leiche, dann doch kein Skelett sehen können, solche und ähnliche Dinge werden nicht überraschen.«[46]

Männer, die dem Diktat der Selbstbe*herr*schung nicht gehorchten und sich dem »Kampf ums Dasein« nicht emphatisch stellten, bewiesen männliche »Minderwertigkeit«. Weichheit, Verletzlichkeit, Labilität, Disharmonie, Haltlosigkeit, Ängstlichkeit, Selbstsucht, sexuelle Perversion, gesteigerte Erregbarkeit, Suizidgefahr, Emotionalität, Hysterie, Verschrobenheit, Infantilität, Melancholie, Maßlosigkeit – lauteten die Charakteristika der »entarteten Persönlichkeit«, wobei ein Attribut synonym für das andere stand. Kraepelin faßte die Symptome seiner Patienten *(Die Gesellschaftsfeinde)* zusammen und berichtete: »Schon als Kinder pflegen sie zu naschen, das ihnen in die Hand fallende Geld für Karusselfahren, den Besuch von Kinos, für Süßigkeiten, Zigaretten, Bier auszugeben. Sie sind anspruchsvoll, wollen überall dabei sein, sich nichts versagen, haben ›Lust, mal ein schöneres Leben zu führen‹, wie ein Kranker zur Begründung seiner von ihm begangenen Scheckfälschung erklärte. Sie fahren im Auto spazieren, rauchen stark, zechen die Nächte durch, treiben sich in Bordellen herum, halten andere frei, um sich aufzuspielen, machen prahlerische Geschenke, werfen das Geld sinnlos heraus ... Ein 16jähriger Kranker, der seinen Angehörigen wiederholt größere Beträge entwendete, fuhr im Expreßzug I. Klasse nach Wien und unternahm von Zürich aus für 110 Franken eine Wagenfahrt nach Luzern und der Axenstraße.«[47] Die nicht an den »Geist« gebundenen Bedürfnisse wurden als »primordial-instinktive Regungen«, als »psychopathisch-minderwertige Instinkte«[48] pathologisiert und als nichtmenschliche Triebe, also als nicht erziehbare »Natur« entwertet.

Eine der gängigsten Typisierungen von »Degenerierten« bestand darin, sie als »Triebmenschen« und entsprechend als »haltlose, unselbständige, willensschwache, arbeitsscheue, ... dem Alkoholismus ergebene Menschen, die in der Freiheit allen schlechten Einflüssen nachgehen«, zu charakterisieren.[49] Sie seien »Verlockungen der Umwelt widerstandslos« preisgegeben und »verführt zum Nichtsthun, zu Spiel, Trunk, sexuellen Ausschweifungen und schliesslich zu Verbrechen«.[50]

Die Persönlichkeit des »Entarteten« wurde auch auf den Nenner der »Ichsucht« gebracht. »Der Ich-Süchtige ist ein geistiger Robinson Crusoe, der in seiner Vorstellung allein auf einer Insel lebt« – schrieb Nordau –, »und er ist zugleich ein Schwächling, der sich nicht beherrschen kann.«[51] Das »kranke Ich« repräsentierte Abhängigkeit vom Körper. Das Bewußtsein des »Entarteten« sei »gebieterisch vom leiblichen Ich in Anspruch genommen«.[52] Von körperlichen und affektiven Impulsen dominiert, seien sie wie »ein schwankendes Rohr«.[53] Sie erhielten »keinen Überblick über den Zusammenhang der Lebensereignisse« – so Kraepelin –, denn sie »urteilen schief und einseitig«.[54] Subjektivität, Emotionalität oder Phantasie bezeichneten in der Entartungslehre Krankheitsbegriffe und kündigten den Verlust des Vernunftsprinzips an. Die Vergöttlichung des geistigen Prinzips verleugnete und pathologisierte menschliche Triebbedürfnisse, und sie markiert eine naturwissenschaftliche Kampfansage gegen einen wesentlichen Aspekt menschlicher Natur.

Die Sexualität von »Entarteten« bildete ein zentrales Sujet in der psychiatrischen Diskussion. Im Zuge der Triebentwertung war die als »normal« definierte Sexualität zerstückelt, funktionalisiert und einer Katharsis von Sinnlichkeit unterzogen worden. Als »normale Sexualität« galt ausschließlich eine Äußerung männlicher Leistungs- und Anpassungsfähigkeit, die durch Selbstbe*herr*schung vom Geist dirigiert wurde. Sie verausgabte sich im Darwinschen Sinne ausschließlich in »Fortpflanzung« als Resultat des »Kampfes ums Dasein«. Umgekehrt die Sexualität des »Entarteten«: »Die geschlechtlichen Begierden erwachen bei dem Kranken meist schon sehr früh. Manche onanieren in der Schule schamlos«, so Kraepelin, »verführen auch ihre Kameraden, treiben Schweinereien mit ihren Spielgenossinnen. Sehr bald, bisweilen bereits vor dem 12. und 10. Jahre und selbst noch früher, beginnt dann ein ausgedehnter und wahlloser geschlechtlicher Verkehr, der vielfach zum Mittelpunkt der Lebensinteressen wird.«[55] Triebverzicht – eine disziplinarische Leistung des Verstandes – wurde in der psychiatrischen Lehre zum Standard männlicher Normalität. In »Fallgeschichten« berichteten Psychiater über den Triebcharakter ihrer »degenerierten« Patienten:

»Ein Kranker *Mayers,* schwer erblich belastet, zeigte als ganz kleines Kind einen so elementaren Geschlechtstrieb, daß er in blutschänderischem Treiben mit seinen kleinen Geschwistern durchbrach. Dies und seine unbeeinflußbare Bosheit brachte ihn schon im 7. Lebensjahr in die Irrenanstalt. Hier blieb er, keinen Tag ohne einen schlechten Streich, bis zum 11. Lebensjahr. Dann wurde er, weil die Oberbehörde den querulierenden Eltern und Großeltern nachgab, entlassen.« Später wurde er wieder in die Irrenanstalt eingeliefert, und er wird als »praktisch veranlagt und recht geschickt« charakterisiert. Mit 18 Jahren aber »entwich er und trieb sich stehlend und – zeugend in Deutschland herum«.[56]

Potentiell alle Sexualpraktiken galten als »entartet«, sowie sie nicht an die »Erhaltung der Art« zweckgebunden waren: Onanie, Masturbation, Homosexualität, uneheliche Heterosexualität, Sodomie etc. Der »Entartete« habe »Begierden, die dem Zwecke des Triebes, nämlich der Erhaltung der Gattung, gerade zuwiderlaufen«.[57] Lustbefriedigung verkehrte in dieser Sexualvorstellung die »Fortpflanzung« – den einzigen sinnstiftenden Triebimpuls: »Als pervers muss jede Aeusserung des Geschlechtstriebs erklärt werden, die nicht den Zwecken der Natur, i. e. der Fortpflanzung entspricht.«[58] Diese Zeugungsobsession durchzog das gesamte Gesundheitskonzept: »Rechnet man auf 1.000 Seelen einen Verkehrten, so giebt das auf 50 Millionen 50.000 Männer, die sich der Zeugung enthalten«, schrieb Möbius, »die Onanisten, die Schwärmer, die Gleichgiltigen, die Emancipirten, die alle taugen schlecht zur Vater- und Mutterschaft.«[59]

Männliche Sexualität wurde in der wissenschaftlichen Wahrnehmung auf einen zerstückelten und mechanisierten Vorgang zugerichtet, indem sie als physiologisch momentane Triebabfuhr, als Ejakulation, dargestellt wurde. »Der entscheidende Vorgang der *Cohabitation* ist die Ejakulation«, erklärte Krafft-Ebing (Hervorhebung A. B.) aus sexualwissenschaftlicher Perspektive, und er sezierte Sexualität in organische, hirnreflektorische Abläufe: »Die Hirnrinde wirkt auf appercipirte oder reproducirte sinnliche Vorstellungen auf die Generationsorgane (Hyperämisierung, Samenbereitung, Erection, Ejakulation . . . Das Centrum erectionis . . . ist eine zwischen Gehirn und Genitalapparat eingeschaltete Zwischenstation.«[60] »Stationen«, »Geschlechtsapparate«, »Schaltzellen« – in solchem Vokabular wurde männliche Sexualität maschinisiert. Hirnreflexe und Ejakulation repräsentierten krude körperliche

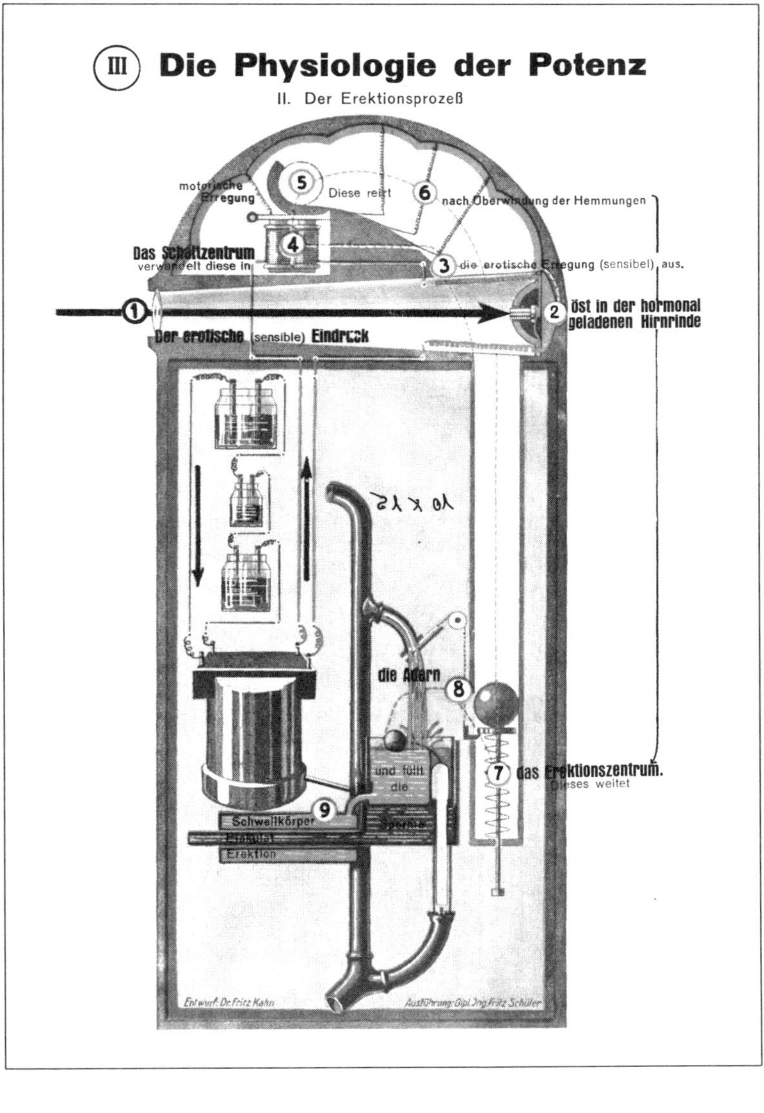

Aus: Magnus Hirschfeld, Richard Linsert, Liebesmittel. Eine Darstellung der geschlechtlichen Reizmittel »Aphrodisiaca«, Berlin 1930, S. 15

Mechanismen, die vom Geist als ihrem Hebel widerspruchslos ausgeführt wurden.

Männliche Libido erfuhr eine enorme Beschränkung zugunsten politischer, wissenschaftlicher und kultureller Ziele. Der Mensch (Mann) sei kein »willenloser Sklave seines Naturtriebes« mehr, schrieb Krafft-Ebing, sondern im Laufe der Zivilisation sei »der Trieb durchgeistigt« worden.[61] Die Vergeistigung des Triebes bzw. die »Emanzipation« von der Sinnlichkeit wurde in dieser Sexualvorstellung zur Vorbedingung für gesellschaftlichen »Fortschritt«, dessen Subjekt allein der Mann war: »Das Weib liebt mit seiner ganzen Seele«, erklärte Krafft-Ebing, während der Mann »seine Liebe temporär hinter anderen vitalen und socialen Interessen« zurückstelle.[62]

Männliche Libido zentrierte sich auf gesellschaftliche Interessen und bezog nur dort ihre Anerkennung. Es sei »unmöglich, dass dem gesunden Manne das Weib dauernd im Mittelpunkt der Dinge« stehe, schrieb Möbius, aus diesem Grunde wende er sich nach dem sexuellen Akt »wieder anderen Aufgaben des Lebens zu«.[63] Der Geist wurde zum Herrschaftsinstrument über das abgespaltene »Fremde«. Normalität bedeutete nichts weiter als eine Hirnleistung, die sich darin erschöpfte, Triebhaftigkeit durch den Geist stets in Schach zu halten. Umgekehrt wurde »Entartung« zur Hirnfehlleistung erklärt. Die »geistige Minderwertigkeit« entspreche einer «mangelhaften Entwicklung des Gehirns«.[64] Mit diesem Topos geriet Triebkontrolle als medikalisierte Kategorie zur gesellschaftspolitischen Prämisse von Normalität.

Den »Kampf gegen die Sinnlichkeit« als staatliche und kulturelle Aufgabe hatte Krafft-Ebing in seinem sexualwissenschaftlichen Klassiker proklamiert. »Die Erhaltung von Zucht und Sitte«, schrieb er, sei »eine der wichtigsten Existenzbedingungen für das staatliche Gemeinwesen«.[65] Eine Gesellschaft, in der Sittlichkeit der Entfesselung preisgegeben, sei todgeweiht: »Episoden des sittlichen Niedergangs im Leben der Völker fallen jeweils zusammen mit Zeiten der Verweichlichung, der Ueppigkeit und des Luxus ... Im Gefolge überhandnehmender Nervosität erscheint eine Steigerung der Sinnlichkeit und indem sie zu Ausschweifungen der Massen des Volkes führt, untergräbt sie die Grundpfeiler

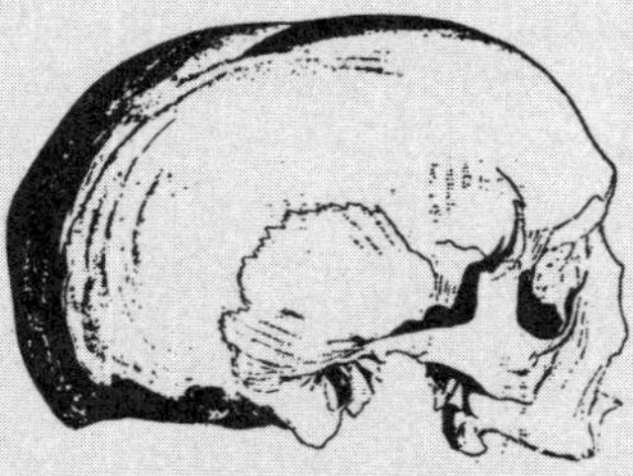

Fig. 1. Schädel eines französischen Abbé, der gar keine geschlechtlichen Beziehungen zum weiblichen Geschlechte unterhielt und dabei feminine Neigungen (Liebe zum Schmucke u. s. w.) zeigte. (Taf. XLVIII, bei Gall.) I bezeichnet immer das Organ des Geschlechtstriebes.

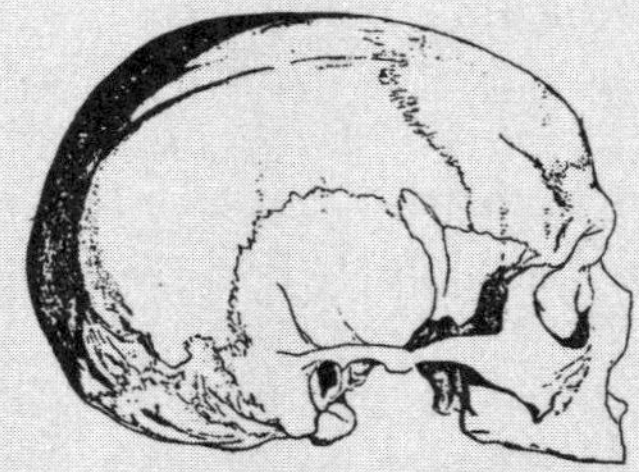

Fig. 2. Schädel eines Sprachlehrers, der geschlechtlich unersättlich war. (Taf. XXXIX, bei Gall.)

Aus: Möbius (1903 c), S. 53

der Gesellschaft, die Sittlichkeit und Reinheit des Familienlebens. Sind durch Ausschweifung, Ehebruch, Luxus jene unterwühlt, dann ist der Zerfall des Staatslebens, der materielle, moralische, politische Ruin eines solchen unvermeidlich. Warnende Beispiele in dieser Hinsicht sind der römische Staat, Griechenland, Frankreich unter seinem Louis. In solchen Zeiten des staatlichen und sittlichen Verfalls traten vielfach geradezu monströse Verirrungen des sexuellen Trieblebens auf, die jedoch zum Theil auf psycho- oder wenigsten neuro-pathologische Zustände in der Bevölkerung sich zurückführen lassen.«[66]

Die Gesellschaftsordnung stand durch »Entartete« auf dem Spiel – Kraepelin hatte das auf den Begriff der »Gesellschaftsfeindlichkeit« gebracht. Die Totalität, die dem Geist in diesem Konzept von Männlichkeit pars pro toto zugesprochen wurde, formulierte der Psychiatrieprofessor Auguste Forel prägnant: *»Das Gehirn ist der Mensch.«* Das Gehirn als das strukturierende Subjekt der Gesellschaftsordnung schlechthin: »Und doch ist es das Gehirn, sind es die Gesetze seines Lebens, die die sozialen Sitten leiten.«[67]

Der männliche Geist hatte also die gesellschaftliche Ordnung hervorgebracht, sie verkörperte sein Produkt, sie war der Ort des männlichen Daseinskampfes, und aus ihm ging sie hervor. Entsprechend konzentrierte sich männliche »Entartung« auf die wichtigsten gesellschaftlichen Bastionen: Militär, Recht und Sitte, Arbeit und politische Zugehörigkeiten. Im Zusammenspiel dieser gesellschaftlich-sozialen Lebensbereiche konstituierte sich männliche Normalität. War ein Mann als »Triebmensch« klassifiziert, so konnte er Deserteur, Dieb, »Perverser« und Anarchist in einer Person sein, und umgekehrt schloß »Entartung« den »aufrechten Soldaten«, den fleißigen Arbeiter, den gläubigen Christen etc. aus. Männliche »Entartung« zentrierte sich in beruflichen Sparten, die offenbar am wenigsten nach kämpferischen Potentialen und nach Ratio verlangten. Malerei, Kunst und Schriftstellerei waren entartungsverdächtig, genauso wie Lebensformen, die von Unregelmäßigkeit geprägt und gesellschaftlich ineffizient erschienen, mit einem Wort alle, die außerhalb des gesellschaftlichen Daseinskampfes standen. Vagabunden und Bettler rangierten hier an erster Stelle. Als politische Äußerung der »Entartung« galt der Anarchismus, weil er gegen die »bürgerliche Ordnung« formuliert war.

Hatte Lombroso als erster eine politische Bewegung, nämlich den Anarchismus, zu einem »Hirngespinst» von »Entarteten« erklärt, so machte die Pathologisierung von politischen Bewegungen auch in Deutschland Schule. Der »Entartete« sei »durch seine organische Beschaffenheit dazu verurtheilt, ein Pessimist und ein Jakobiner« zu sein, schrieb Nordau, und so sei es »denn auch bezeichnend, daß das alberne Auflehnungs-Bedürfniß dieser Art von Umstürzlern sich häufig gegen eingebildete Uebel wendet, kindische Ziele verfolgt oder geradezu weise und wohltätige Gesetze bekämpft. Da bilden sie einen ›Bund gegen das Grüßen und Hutabnehmen‹, dort widersetzen sie sich dem Impfzwang, ein andermal eifern sie gegen die Volkszählung ...«[68] Der Anarchist, Prototyp des politisch »Degenerierten«, wurde von Nordau so beschrieben: »Unzufriedenheit nun als Folge von Anpassungs-Unfähigkeit, Mangel an Mitgefühl mit den Nebenmenschen als Folge schwachen Vorstellungs-Vermögens und Zerstörungsdrang als Folge von geistiger Entwicklungshemmung geben zusammen den Anarchisten«.[69]

In ärztlichen Gutachten wurde schließlich auch politische Widerständigkeit pathologisiert. Ein Beispiel dafür ist die Expertise des Medizinalprofessors Martin Kirchner (1854–1925), der in seiner Funktion als Vorsitzender des Medizinalkollegiums der Provinz Brandenburg nach der Verhaftung und kurz vor der Erschießung Karl Liebknechts (1871–1919) einer Zeitungsmeldung zufolge erklärt haben soll, daß er Liebknecht nicht für zurechnungsfähig halte, »denn auch der Laie hat längst erkannt, daß dieser Apostel des Bolschewismus kein Mensch mit gesundem Geist mehr ist. Es ist deshalb nur zu bedauern, daß die Regierung, als sie Liebknecht aus dem Gefängnis holte, ihn nicht einer Pflegeanstalt übergeben hat«.[70] Und in den zwanziger Jahren erklärte der Sanitätsrat aus Halle, Georg Bonne, in seiner Schrift *Verbrechen als Krankheit* »Entartung«, gesellschaftlichen Zerfall und Bolschewismus zu Synomymen: »Es ist nun ganz klar, je mehr Egozentrische, je mehr asoziale Menschen wir im Staate besitzen, desto mehr besteht für diesen Staat die Gefahr der *Auflösung,* des Zerfalls, des Eintritts ins *Chaos,* des Bolschewismus.«[71]

Bei den »Streitsüchtigen«, den »Querulantenwahnsinnigen« (»Paranoia querulatoria«)[72] handelte es sich beispielsweise um eine zusätzliche Stigmatisierung von Patienten, die in Irrenanstalten um Menschenrechte kämpften, als Sträflinge in Gefängnissen protestierten oder sich überhaupt anti-autoritär verhielten: »Die Kranken erstatten Anzeige wegen geringfügiger Übertretungen, erheben in beleidigender Form schwere, unbeweisbare Anschuldigungen gegen ihre Vorgesetzten, beantragen Disziplinaruntersuchungen, sprechen von ›mehrfacher, öffentlicher, bewußter Verletzung der Wahrheit‹, benehmen sich grob und ungezogen, machen ihrem Groll bei jeder Gelegenheit rücksichtslos Luft.«[73] In Anstalten erkenne man sie am »Hetzen, Nörgeln, Sichbeschweren«. »Der Kranke glaubt, Schikanen zu bemerken, wo nichts derartiges vorliegt, er mißdeutet harmlose Fragen, ist mißtrauisch, widerspenstig, rücksichtslos, versteht harmlose Äußerungen im Sinne von Verhöhnung, Beleidigung und scheut kein Mittel, um sein vermeintlich verletztes Recht durchzufechten.«[74] Und der Psychiater Hegar zählte »Beamtenbeleidigung, Widerstand, Hausfriedensbruch, Sachbeschädigung, und Majestätsbeleidigung« zu Symptomen der »Paranoia querulatoria«.[75] Auch beobachtete man bei Querulanten häufig »militärische Gehorsamsverweigerung aus irgendwelchen überspannten Ideen heraus« oder mit den Worten des Psychiaters Birnbaum ausgedrückt: »Fahnenflucht aus phantastischen Motiven«.[76]

»Arbeitsscheue« – eine zentrale Typisierung des »Entarteten« – stand für den »Kriminellen« genauso wie für den Vagabunden, Bettler und Obdachlosen als Degenerationsmerkmal. Sie »wechseln ihre Stellen ... versuchen es bald in diesem, bald in jenem Berufe ... Die Kranken kommen zu keiner ernsthaften, ausdauernden Tätigkeit, erhalten keine fachgemäße Ausbildung, verlottern und verbummeln ... Überall erweisen sie sich als unbotmäßig, unzuverlässig und unbrauchbar zu selbständiger Arbeit; sie versäumen den Dienst, führen Aufträge nicht aus, verderben die Arbeit, machen Lumpereien und ›Viechereien‹.«[77]

Der Breslauer Psychiater und Privatdozent Karl Bonhoeffer (1868–1948) hatte 1901 eine psychiatrische Studie über 404 Obdachlose und Bettler vorgelegt. Unter der Fragestellung *»Welcher Art sind die Individuen, die immer wieder dem Bettel und der Obdachlosigkeit verfallen?«*[78] lieferte er der Entartungsliteratur eine wichtige Argumentationsgrundlage. Seine Sozialdiagnostik umfaßte Fragen nach schulischem Verhalten, Lehrstellenwechsel, Ausgaben für Schnaps, Militärtauglichkeit, nach dem Sinn der Reichstagswahlen, der Einwohnerzahl von Breslau, den Daten von *Schlachten,* nach dem Unterschied zwischen der SPD und den Konservativen etc.

Die Ergebnisse seiner Umfragen konfrontierte er mit körperlichen »Degenerationszeichen« der Untersuchten, wie z. B. Asymmetrie des Gesichts, Anomalien des Ohres, der Schädelform und mit Diagnosen von Epilepsie, hysterischen Lähmungserscheinungen, Imbecillität und Schwachsinn. Bonhoeffer präsentierte mit dieser Studie die klassische Sozialdiagnostik der Degenerationslehre: »Wir finden in dieser parasitären Bevölkerungsschicht einen Sammelort körperlich und psychisch schwach veranlagter Individuen.«[79] Er resümierte: »Die psychiatrische Analyse hat ergeben, daß nahezu die Hälfte *an angeborenen psychischen Defektzuständen* litt. 31 pCt. waren als angeborener Schwachsinn zu rubrizieren,

16 pCt. litten an Epilepsie und den dazu gehörigen psychischen Begleiterscheinungen.« Im Ganzen habe es sich um »körperlich minderwertiges Menschenmaterial«[80] gehandelt.

Eine andere Kategorie der »Entarteten« wurde, wie schon erwähnt, in künstlerischen Berufen geahndet. Valentin M. Magnan (1835–1916) hatte diese Gruppe zur »Dégénérecence supérieure« erklärt – »supérieure«, weil hier auch das Genie eingruppiert wurde. Disharmonie, einseitige Talente, Leidenschaftlichkeit, Tendenzen zum Pessimismus, Hysterie und Sensibilität zählten zu den Merkmalen der künstlerischen »Entartung«. Stilrichtungen, Denkströmungen, namhafte Künstler und Philosophen gehörten dazu: »Sie können bei einseitiger Überbegabung trotz aller psychopathischen Zeichen hochwichtige kulturelle Leistungen hervorbringen«, dennoch verrieten »viele Dichter, Künstler und Gelehrte Zeichen der Entartung«.[81] Nordau diagnostizierte ganze philosophische Schulen und Stilrichtungen, in denen Intuition und die Darstellung des Unbewußten einen essentiellen Inhalt bildeten, als »krank« und »entartet«: den Mystizismus, Impressionismus, Realismus, Symbolismus und den Buddhismus. Die Philosophen Arthur Schopenhauer und Eduard von Hartmann, der Komponist Richard Wagner, der russische Schriftsteller Leo Tolstoi, der französische Dichter Paul Verlaine und die Maler Gabriel Charles Rossetti und Edouard Manet waren laut Nordau »Entartete«.[82] Mit krankhaften »Reizungen der Sinnesnerven« erklärte er die aus dem Impressionismus hervorgegangene Stilrichtung des Pointillismus, aber auch wenn Maler die Farben Rot oder Violett bevorzugten, deutete dies auf pathologische Züge hin.[83]

Künstler neigten zur Gruppenbildung, so daß, wenn ein »Degenerierter ... unter der Wirkung einer Zwangsvorstellung irgend ein literarisches Dogma« verkünde, schließlich andere »Degenerierte, Hysteriker, Neurastheniker ... sich um ihn« scharten.[84] Kunst und Literatur seien von solchen Geistern beherrscht, bilanzierte Nordau: »Diese Krüppel bilden leider die große Mehrheit der berufsmäßigen Schriftsteller und Künstler und ihre ungezieferhaft wimmelnde Menge erdrückt oft genug das wahre, ursprüngliche Talent.«[85] Möbius sprach offen aus, was aus psychiatrischer Sicht Kunst schließlich so obszön machte: »Ein

Schriftsteller z. B., der sein ganzes Leben lang nur sexuelle Conflicte schildert, ein Maler, der immerfort nackte Weiber malt, sie müssen nicht mehr wie ein gesunder Mann fühlen, .. weil das Geschlechtliche einen übergroßen Raum im Leben einnimmt.«[86]

Frauen waren als Subjekte des »Geschlechtlichen« generell pathologisiert. Der Entartungsbegriff, der sich bei Männern nur auf bestimmte Gruppen konzentrierte, wurde für Frauen verallgemeinert. Als das »andere Geschlecht« standen sie außerhalb des Kampfprinzips. Frauen zählten sui generis zur »geistlosen«, »instinkthaften«, »dummen Natur«. Mit den Worten des Psychiaters Birnbaum ausgedrückt ähnelte ja »der weibliche Charakter ... an sich schon mehr dem psychopathischen«.[87] Möbius machte daraus einen Grundsatz, nämlich »dass das Weib während eines beträchtlichen Theiles seines Lebens als abnorm anzusehen ist«.[88]

Emotionalität, Dominanz von körperlichen Reaktionen, Hemmungslosigkeit, Irritabilität, Lügenhaftigkeit, Unverstand, Infantilismus, Tierähnlichkeit, Instabilität, häufiger Stimmungswechsel, Instinktbetontheit, Feigheit, Ängstlichkeit – solche Eigenschaften konstituierten weibliche Normalität.[89] Weibliche Krankhaftigkeit begründete sich auf demselben Normensystem, welches für männliche »Entartung« gültig war. Solche Weiblichkeitskonstruktion hatte eine weitreichende Dimension für Frauen, denn immerhin wurde hier ein ganzes Geschlecht gesellschaftlich für krank erklärt. Christina von Braun hat am Beispiel der Hysteriediskussion im 19. Jahrhundert diesen Weiblichkeitsentwurf auf den Begriff gebracht: »das normale Geschlecht ist männlich«.[90]

Unter der Dominanz des geistigen Prinzips wurden weibliche Gebärfähigkeit, Menstruation und Mutterschaft als *»körperliche«* Stigmata entwertet, ihres sozialen Inhalts beraubt und mit Verstandes- und Geistesfähigkeit als unvereinbar erklärt: *»Der Instinkt nun macht das Weib thierähnlich, unselbständig, sicher und heiter ...* Mit dieser Thierähnlichkeit hängen sehr viele weibliche Eigenthümlichkeiten zusammen. Zunächst der Mangel eigenen Urtheils ... Wie die Thiere seit undenklichen Zeiten immer dasselbe thun, so würde auch das menschliche Geschlecht, wenn es nur Weiber gäbe, in seinem Urzustande geblieben sein.« Dagegen aber: »Aller Fortschritt geht vom Manne aus.«[91] Die Frau wurde hier zur Inkarnation körperlicher, triebhafter, instinkthafter Natur, der sich das maskuline Prinzip gerade zu entziehen versuchte.[92]

Die »Krankheit Frau« war nichts anderes als die Widerspiegelung einer Männerkultur, in der alle schmerzhaften Aspekte menschlicher Natur auf das Geschlecht Frau und auf solche Gruppen projiziert wurden, die Sinnlichkeit, Emotionaliltät, Körperlichkeit, Triebhaftigkeit, Geschlechtlichkeit, Leidensfähigkeit und Sterblichkeit verkörperten, und zwar von einer Zunft, die ihren Heilauftrag als soziale Disziplinierung begriff und in eine Feinderklärung gegen menschliche Natur ummünzte. So war der Gegenstand, mit dem sich die psychiatrische Lehre befaßte, von vornherein zur krankhaften und auszumerzenden Seite menschlicher Natur erklärt worden: Das männliche Geschlecht wurde aus psychiatrischer Perspektive zu einer Utopie von »unverletzbarer Natur« stilisiert und die Frau demgegenüber als »verletzliche, triebbesessene Natur« verpönt.

Auch wenn Frauen an dem männlichen Normalitätsbegriff gemessen per se als krankhaft galten, teilte man sie zusätzlich in zwei Kategorien auf. So wie das Kampf- und Geistprinzip für Männer, galten »Kinderliebe« und »Mutterinstinkt« als Maxime weiblicher »Normalität«. Sie machten den universellen Wesensgehalt von Frauen aus. Entsprechend dem lokalistischen Modell der Entartungslehre wurde der »Mutterinstinkt« im Gehirn verortet und konstituierte weibliche »Gesundheit«. Der »weibliche Schwachsinn« sei, so Möbius, nicht nur ein physiologisches Faktum, »sondern auch ein physiologisches Postulat. Wollen wir ein Weib, das ganz seinen Mutterberuf erfüllt, so kann es nicht ein männliches Gehirn haben. Liesse es sich machen, dass die weiblichen Fähigkeiten den männlichen gleich entwickelt würden, so würden die Mutterorgane verkümmern und wir würden einen hässlichen und nutzlosen Zwitter vor uns haben. Jemand hat gesagt, man solle vom Weib nichts verlangen, als dass es ›gesund und dumm‹ sei. Das ist grob ausgedrückt, aber es liegt in dem Paradoxon eine Wahrheit. Uebermässige Gehirnthätigkeit macht das Weib nicht nur verkehrt, sondern auch krank«.[93]

Der weibliche Körper relativierte sich an männlicher Konstitution und wurde entsprechend in misogyner Rhetorik beschrieben:

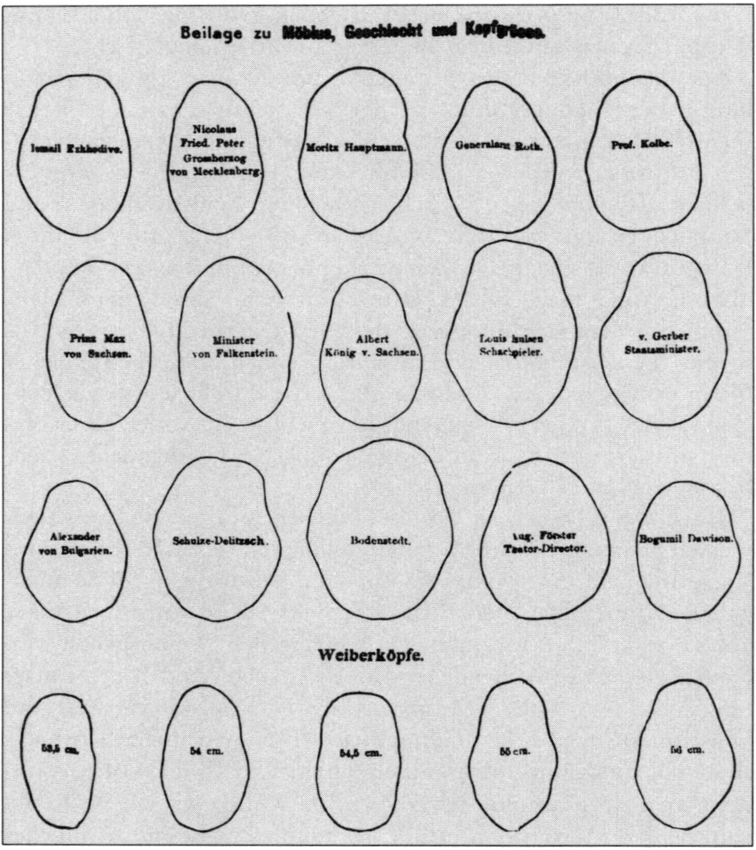

Aus: Möbius (1903c), S. 53

Die Frau sei kleiner, schwächer und fetter als der Mann, schrieb Möbius, ebenso sei der »Kopf... mit den langen Haaren... klein und rundlich«, »Bauch und Gesäß vorgewölbt, die Oberarme... cylindrisch, die dicken Oberschenkel stehen wegen der Größe des weiblichen Beckens schräger als beim Mann, sodass die Beine als Bewegungsorgane weniger tauglich« seien.[94] Lombroso und Ferrero stützten sich auf eine anthropologische Studie, in der physiologische Verwandtschaften zwischen Frauen, Kindern und Affen behauptet wurden – nämlich, »dass bei Frauen, sowie bei Affen und Kindern der Rumpf im Verhältnis zu den unteren Extremitäten länger als beim Manne« sei.[95] Das spätere Ergrauen der Haare und die Tatsache, daß Frauen weniger zur Glatzenbildung neigten, erklärten sie mit der »geringeren psychischen Aktivität des Weibes«.[96]

Die Hypothese vom »physiologischen Schwachsinn des Weibes« entwickelte sich aus dem phrenologischen Forschungsansatz. Im Sinne der Gallschen Lehre wurde komplementär zum »männlichen Fortpflanzungstrieb« der »weibliche Mutterinstinkt« im Stammhirn lokalisiert.[97] Bei sogenannten Rabenmüttern hatte Möbius dieses Organ als verkümmertes Relikt vorgefunden. Umgekehrt berichtete er von Frauen mit »Schwangerschaftswahn« und über krankhafte Vergrößerungen des mütterlichen Organs im Hirn schwarzer Frauen: »Im Wiener allgemeinen Krankenhause war eine schwerkranke Schwangere. Man sagte mir, sie habe ein ganz eigenthümliches Delirium, nämlich den Wahn, mit 6 Kindern schwanger zu sein. In Rücksicht auf meine Lehre bat ich die Aerzte, falls die Kranke stürbe, mir den Kopf zu überlassen. Sie starb. Wie gross war meine Freude, als ich an dem Kopfe ein ungewöhnlich grosses Organ der Kinderliebe fand! Die Hinterhautlappen reichten nicht nur weiter über das Kleinhirn hinaus als gewöhnlich, sondern sie waren abgerundet und sehr voluminös.«[98]

Diese Weiblichkeitsvorstellung, wonach das Weib zur Mutterschaft geboren sei[99], wurde mit der »sexuellen Zuchtwahl« naturgeschichtlich begründet: Was im Prozeß der »sexuellen Zuchtwahl« beim Mann zur Herausbildung geistiger und kämpferischer Potenzen führte, sollte für die Frau die Entwicklung des altruistischen Prinzips, des »Mitgefühls« – als das Merkmal zivilisierter Weiblichkeit – darstellen.[100] Weibliche Gefühls- und Mitleidsfähigkeit wurden auf den Selektionsprozeß zurückgeführt. »In der Gestalt des Kindes, des Greises, des Kranken und Verfolgten tritt uns überall Schwäche entgegen, die unser Mitleid wachruft. Nach dem Gesetz der Aehnlichkeits-Association muss also im Weibe bei jedem Anblick der Hülflosigkeit ein Wiederschein jener zärtlichen Gefühle aufwachen, die sie für ihre Kinder hegt; das Mitleid ist ein Spross der mütterlichen Liebe.«[101]

»Mutterliebe« galt nicht nur als »der Frauen grösstes Glück«[102], sondern machte sie angeblich auch wegen des Geburtsschmerzes gegenüber körperlichen Qualen unempfindlich. So berichteten Ferrero und Lombroso von einem ärztlichen Kollegen, »dass er neue Operationsmethoden immer zuerst an Frauen ausprobirt, die weniger sensibel und daher widerstandsfähiger wären; ›denn das Weib ... ist wie die Wilden ein Wesen niederer Art und besitzt grössere Widerstandsfähigkeit gegen Wunden‹«.[103] Frauen und »Wilde« wurden hier eklatant entwürdigt und zum Obejkt sadistischer wissenschaftlicher Bedürfnisse. Lombroso unterstellte der Frau ein naturhaftes Verlangen nach einer versklavten Position: Sie sei »Sklavin bei fast allen Völkern der Erde, dem Manne auf Gnade und Ungnade ergeben, ein schwaches Geschöpf«, und schließlich »unfähig zur Rebellion«.[104] Diese Geschlechterordnung war nichts weiter, als eine wissenschaftliche Erfindung – letztlich gegen die Lebendigkeit von Männern und Frauen formuliert.

»Normale« Sexualität unterlag einer Katharsis von sinnlicher Lust, denn Heterosexualität hatte nur ein Motiv: daß der »männliche Fortpflanzungstrieb« und der weibliche »Mutterinstinkt« in Funktion traten. Die Rationalisierung männlicher Sexualität stand komplementär zur Transformierung weiblicher Sexualität in das »mütterliche Gefühl«.

Lombroso und Ferrero vermuteten, »dass sich beim Weibe in das Glücksgefühl, das sie beim Wohlthun hat, ganz leise Lustempfindungen vonseiten der Geschlechtsorgane mischen«.[105] Der weiblichen Sexualität wurde sinnlich-sexuelle Potenz abgesprochen. Analog der männlichen erfuhr auch weibliche Sexualität eine »Vergeistigung«, indem sie vom leiblichen weg auf den emotionalen Bereich verschoben wurde: »Das Bedürfniss nach Liebe« sei bei Frauen intensiver als bei Männern, notierte Krafft-Ebing, vor allem aber sei »diese Liebe eine mehr geistige als sinnliche«.[106]

Die Geschlechterordnung – also der »männliche Fortpflanzungstrieb« und der »weibliche Mutterinstinkt« – stellte sich durch die Ehe dar. »Auf der Culturhöhe des gesellschaftlichen Lebens ist eine socialen sittlichen Interessen dienende sexuale Stellung des Weibes nur als Ehefrau denkbar«, so Krafft-Ebing.[107]

Die Frauenemanzipationsbewegung, die bürgerliche Rechte für Frauen einforderte und damit zwangsläufig das als männlich statuierte Geistesprinzip in Frage stellte, sowie die Prostitution, galten als prototypisch für weibliche »Entartung«. Intellektuelle Arbeit, z. B. das Universitätsstudium, bewertete Möbius als »Misshandlung des weiblichen Gehirns«.[108] Nach Emanzipation strebende Frauen fühlten »sich eben anders, weil sie zwitterhaft ... im Gegensatz zum Nur-Weib« seien.[109] So wie feministische Ziele *sexuell* konnotiert wurden, galt auch die Prostitution als sexuelle »Perversion«: Onanie, lesbische Beziehungen, Nymphomanie, Hysterie, Imbezillität, Schwachsinn stellten Entartungsäußerungen von Prostituierten dar.

In Anlehnung an Lombroso[110] übernahm Kraepelin den Begriff der »geborenen Prostituierten«: »Die Mädchen drängen sich schon als Kinder an Knaben heran, betasten sie, machen mit ihnen Koitusversuche; sie brüsten sich mit ihren geschlechtlichen Beziehungen, suchen überall mit Männern zusammenzukommen, treiben sich nachts herum, knüpfen zahllose ›Bekanntschaften‹ an, geben sich unbedenklich jedem hin«.[111] Kraepelin zitierte außerdem eine psychiatrische Studie über Prostituierte, wonach »ein Drittel der weiblichen Psychopathen sich gleichgeschlechtlich betätige«.[112]

Sexualbedürfnisse von kleinen Mädchen deutete man als frühe Symptome für weibliche »Abnormität«. Krafft-Ebing berichtete über die 8jährige Tochter eines »conträr Sexualen«, die »bereits *mutuelle* Masturbation treibt, eine sexuelle Handlung in diesem Alter«, diagnostizierte er, ließe eine »conträre Sexualempfindung« vermuten.[113] Er deutete die »Neigung sich in Herrengesellschaf-

Physiognomien von russischen Prostituirten.

Aus: Ferrero, Lombroso (1894), S. 336

ten zu bewegen, zu kokettieren, sich zu putzen, pomadisieren« als Symptome weiblicher Manien, die häufig mit »sexuellen Delirien« verbunden seien.[114]

Eine empirische Grundlage für die Diskussion über weibliche »Abnormität« hatte Bonhoeffer im Rahmen seiner Studie über Bettel- und Vagabundentum geliefert. 190 Prostituierte aus dem Breslauer Strafgefängnis hatte er nach den gleichen psychiatrischen Kriterien wie männliche Bettler und Obdachlose untersucht. Seine Ergebnisse veröffentlichte er 1903. Er wendete sich zwar gegen die Theorie Lombrosos von der »geborenen Prostituierten«, interpretierte aber Prostitution als das Symptom eines »psychischen Defektzustandes« und als eine »Äußerungsform der parasitären Neigung«.[115] Von den 190 Prostituierten hatte er 28 % als imbezill und leicht schwachsinnig, 3,1 % als idiotisch, 5,2 % als hysterisch, 7 % als epileptisch diagnostiziert. Ein Drittel bliebe zwar ohne pathologischen Befund, aber »Oberflächlichkeit, Interesselosigkeit, Kenntnisarmut, Lügenhaftigkeit fand sich auch unter diesen 60 als normal aufgeführten«.[116]

Bonhoeffer resümierte, daß »in diesen niedersten parasitären Bevölkerungsschichten ... die früh erworbenen oder angeborenen Defektzustände ein Drittel bis zwei Fünftel in der Gesamtheit ausmachen. Die Zahl ist bei den Prostituierten noch größer als bei den männlichen Parasiten. Das Plus kommt vor allem auf die größere Anzahl leicht Schwachsinniger und Hysterischer unter den Prostituierten«.[117] Diesem Beispiel folgten weitere Untersuchungen, die alle auf die gleiche Sozialdiagnostik hinausliefen:[118] Ehelosigkeit, »sexuelle Frühreife«, Hysterie, Widerspenstigkeit, Nymphomanie, »lesbische Veranlagung« wurden an soziale Abweichungen assoziiert. Das Krankheitsbild der weiblichen »psychopathischen Veranlagung« hatte jedoch grundsätzlich einen sexuellen und weniger einen sozialen Charakter.

Das Paradigma des »Fortpflanzungstriebes« reduzierte männliche Sexualität instrumentell auf »höhere« kulturelle Ziele. Die Entsprechung weiblicher Entfremdung bezog sich negativ auf das männliche Geistesprinzip, auf einen entwerteten »Frauenkörper«. Der weibliche Körper repräsentierte die Brutstätte männlichen Geistes – eine fleischliche, häßliche, dumme Hülle, abgespalten von jeglicher intellektuellen Potenz (und übrigens keinesfalls vergleichbar mit der puren männlichen Gebärmaschine eines »schnellen Brüters«). Die Pathologisierung und damit verbundene Entwertung des weiblichen Geschlechts verweist jedoch nur auf den Selbsthaß und die kulturelle Negation männlicher Sexualität, die hiermit mindestens genauso zur Impotenz verurteilt war wie die weibliche. Aber auch dieses Schema war kein historisches Novum, sondern in der christlichen Religion schon tief verwurzelt. Man kann es als eine moderne Version des Sündenfalls auffassen: die Sünde, wiederum auf die Frau projiziert, ist nun unter naturwissenschaftlichen Paradigmen in Pathologie umgemünzt. Die Opferung der männlichen, fleischlichen Sexualität – im christlichen Glauben durch die Kreuzigung des Körpers Christi vollbracht – wird nun von dem säkularisierten männlichen Geist persönlich und tagtäglich praktiziert, soweit dies seine biologische Konstitution erlaubt. Aus solch transformierter Männlichkeit folgte schließlich die Auferstehung eines ganz neuen, vorbildlichen maskulinen Sexualtypus – übrigens noch heute aktuell: potent nur als Maschine, die vom Kopf steuerbar, an- und ausschaltbar und gegenüber weiblicher Sexualität völlig autonom beziehungsweise autistisch funktioniert. Dieses Geschlechterkonzept, das in erster Linie auf den Prinzipien von Pathologie versus Normalität beruhte, kommentiert die Medizinhistorikerin Esther Fischer-Homberger: »Man könnte wohl sagen, daß es eine ›Krankheit weibliches Geschlecht‹ gar nicht gäbe, wenn ihre Entdecker sich über die Verwurzelung dieses Leidens in ihrer eigenen Beziehung zu Frauen und eigener Sexualität klar gewesen wären.«[119] Rassenhygieniker und Eugeniker, selbst häufig Psychiater oder Mediziner, übernahmen dieses Geschlechterkonzept in bestimmten Grundzügen und präzisierten es für eine neue Geburtenpolitik.

Geburtenkontrolle zwischen »Rassentod« und »Rassenveredelung«: die »rationalisierte Fortpflanzung«

> »Denn was für die Hygiene des neunzehnten Jahrhunderts, die im wesentlichen der Bekämpfung der akuten Volksseuchen galt, der Choleraschrecken war, das wird für die Hygiene des zwanzigsten Jahrhunderts das Gespenst des Geburtenrückganges werden: eine Zuchtrute für die Gegner des hygienischen Fortschrittes und ein Ansporn für die Lässigen ... Auch die Aschenbrödelstellung, die die soziale Hygiene als wissenschaftliche Disziplin noch einnimmt, dürfte unter dem Druck des Bevölkerungsrückganges aufhören. Die enge Verschwisterung der sozialen Hygiene mit der Eugenik wird nicht mehr angezweifelt werden können, da in der rationellen Geburtenregelung diese Verknüpfung als unlösbar offenbar wird.«[120]

Alfred Grotjahn zählte sich zu den Verfechtern des sozialen Fortschritts. Als progressive Kräfte hatten der Sozialhygieniker Grotjahn und der Begründer der »Sozialgynäkologie« Hirsch[121] den Geburtenrückgang zum Anlaß genommen, eine Gesellschaftsveränderung über den geburtenpolitischen Weg der »Rationalisierung der Fortpflanzung« zu proklamieren. Sie sahen im Geburtenrückgang eine historische Chance für die Schaffung eines »Fortpflanzungstypus«, der zum Leitbild eines »neuen Menschen«, einer neuen Gesellschaft werden sollte.[122] Ihnen ging es darum, die bereits populäre, private Geburtenkontrollpraxis der eugenischen Direktive zu unterwerfen und dem Geburtenrückgang die »Willkür« zu nehmen. »Die generative Prophylaxe, welche heute fast ausnahmslos von Laien geübt wird, ... kann nur dadurch ihrer Gefahren entkleidet werden, dass sie in den Behandlungsschatz der wissenschaftlichen Heilkunde aufgenommen wird.«[123]

Anknüpfungspunkt für die »Rationalisierung der Fortpflanzung« war daher die Entwicklung und Verbreitung von Verhütungsmitteln, die dem Geburtenrückgang bereits zugrunde lagen. Geburtenprävention sei »für eine rationelle Gestaltung des Artprozesses unerläßlich«, erklärte Grotjahn.[124] Das Rad der Geschichte sei nicht mehr zurückzudrehen: »Was wir jetzt durchmachen, ist der Übergang zu einer allgemeinen, allen Klassen gemeinsamen, humanen, in jeder Beziehung rationellen Regelung. Sie wird kommen, ob wir wollen oder nicht. Denn sie liegt im Zuge der Entwicklung.«[125]

In zweierlei Hinsicht schien Geburtenkontrolle für eugenische Politik effizient: sie sollte »auf der einen Seite die naive Produktion zahlreicher und minderwertiger, sich überstürzender, zur unpassenden Zeit erscheinender Früchte« verhindern »und auf der anderen Seite eine den Bevölkerungsauftrieb sichernde Anzahl rüstiger, vollwertiger, in richtigen Zeitabständen folgender, in der zur Aufzucht günstigsten Zeit geborener Kinder«[126] gewährleisten. Dieses Ziel stand unter einer Prämisse: Geburtenprävention »als Mittel der Eugenik und Rassenhygiene« konnte auf gar keinen Fall »dem subjektiven Belieben jedes Elternpaares freigegeben werden«[127], vielmehr hatte sie unter medizinischer Kontrolle zu stehen.

Der Geburtenrückgang wurde von Eugenikern zur Kulturfrage aufgeworfen. Gelänge die Durchsetzung des »rationalen Fortpflanzungstypus« – so Grotjahn –, »wird sich die Geburtenprävention aus einem Instrument des Gattungsselbstmordes, das sie gegenwärtig zu werden droht, in ein solches der Rassen- und Volksverbesserung umwandeln lassen«.[128] Die »Rationalisierung der Fortpflanzung« hatte Alfred Grotjahn 1912 erstmals als Geburtenprogramm entworfen.[129] Sexualität – nur noch zweckrational als »Fortpflanzung« gedacht – bekam eine neue Nuance: die Zeugung von »erbgesundem Nachwuchs«. Statt auf religiöse wurde sie nun auf naturwissenschaftliche Normen verpflichtet. Was die Rassenhygieniker Ploetz und Schallmayer schon ein Jahrzehnt vor der geburtenpolitischen Debatte unter den Begriff der »Kontraselektion« gefaßt hatten, spitzten Eugeniker wie Hirsch und Grotjahn als »Entartungsprozeß« auf den Geburtenrückgang zu.[130] Das Rationalisierungskonzept ging über das rassenhygienische Programm der »negativen Fortpflanzungsauslese« hinaus, weil es »Minderwertige« nicht nur durch geburtenpolitische Zwangsmaßnahmen von oben verhindern wollte, sondern es strebte darüber hinaus einen pädagogischen Umerziehungsprozeß vom »naiven« zum »rationalen« Fortpflanzungtypus an. Es ging ihnen um die Herstellung eines neuen Menschen, der die eugenische Norm selbst verinnerlicht hatte: »An die Stelle dieses fehlerhaften Gebärtypus, der wenig gute Nachkommen hervorbringt, aber zahlreiche minderwertige und der trotz dieses jammervollen Resultates ganz unverhältnismäßige Ansprüche an die Leistungsfähigkeit des mütterlichen Körpers stellt, muß ein anderer treten, der höchstens alle zwei Jahre ein Kind bietet. Das ist zu erzielen, wenn nach jeder Geburt für eine gewisse Zeit Präventivmittel zur Anwendung kommen. So mündet die Bekämpfung auch dieses Übelstandes in eine rationelle Diätetik des Geschlechtslebens mit Hilfe der Präventivmittel ein.«[131]

Zwei Tendenzen der Bevölkerungsentwicklung galt es nach eugenischen Prinzipien zu wenden: die »Überfruchtbarkeit« des »naiven Gebärtypus«, die zur »allgemeinen Verlumpung« führe[132] und die »willkürliche Geburtenbeschränkung« in den höheren Schichten. Grundsätzlich sei das »Zweikindersystem« zu verwerfen, da es die Bevölkerung auf den Aussterbestaat setzt und somit die Verneinung der Gesellschaft selbst bedeutet«.[133]

Rassenhygieniker und Eugeniker waren die ersten, die in ihrer Auseinandersetzung mit dem Geburtenrückgang ein »Gebär-Soll« für jede verheiratete deutsche Frau unter dem Aspekt der »Qualität« aufstellten. Der Rassenhygieniker und Lindauer Kreisarzt Josef Graßl machte 1910 eine solche Rechnung auf:

»Eine deutsche verheiratete Frau, deren Ehe in die geburtsfähige Zeit fällt, hat folgende Zahl von Kindern zu gebären:

1. 1 Kind als Ersatz für sich selbst,
2. 0,23 Kind vikariierend für ihre Schwester, die nicht zur Ehe kommt;
3. 0,3 Kind als notwendigen Überschuß als Ersatz für diejenigen Kinder, die vor Erlangung der Geschlechtsreife sterben;
4. 0,1 Kind vikariierend für diejenigen Frauen, die, obwohl verheiratet, aus anatomisch-physiologischen Gründen die angemessene Zahl von Kindern nicht gebären können.

1,63
Diese Ziffer multipliziert mit 2 als Ersatz für die männliche Hälfte, wobei Ziffer 4 wegfällt, dafür aber ein Plus für die höhere Sterblichkeit der Männer in Ansatz zu stellen ist.

Ziffer 2 und 3 lassen sich durch Kunst verringern und sind, wie oben ausgeführt, im Fallen begriffen; Ziffer 4 ist ebenfalls variabel, ist aber im Steigen begriffen.«[134]

Jede deutsche verheiratete Frau habe »sicher über 3 Kinder zu gebären«. Alfred Grotjahn übernahm die Kalkulation Graßls[135] und ergänzte 1912 dessen Modell um die Forderung, daß alle Eltern dazu verpflichtet seien, »eine Mindestzahl von drei Kindern über das fünfte Lebensjahr hinaus hochzubringen«. Bei »minderwertigem Nachwuchs« dürfe diese Mindestzahl jedoch nicht übertroffen werden. Jedes Elternpaar, »das sich durch besondere Rüstigkeit auszeichnet, hat das Recht, die Mindestzahl um das doppelte zu überschreiten«.[136]

Grotjahn errechnete, daß insgesamt »Frauen aller Stände, einen Bevölkerungsüberschuß von 10 v. Taus. durch ihre Gebärleistungen hervorzubringen« hätten.[137] In diesem Zusammenhang führte er den von dem Nationalökonomen Rudolf Goldscheid 1908 geprägten Begriff der »Menschenökonomie« an.[138] Auch Goldscheid hatte eine Bevölkerungspolitik unter dem Primat der »Qualität« gefordert: Die »Unterbevölkerung« sei dann keine Gefahr, wenn daraus politische Konsequenzen – eine »Umgestaltung des Gattungserneuerungsprozesses« – folgten, »und diese Konsequenz kann nicht anders lauten als: Menschenökonomie.«[139]

Auch Julius Wolf forderte mindestens 3,5 Kinder pro Ehe.[140] 1916 wurde auf die Logik der *Statistik* zurückgegriffen, wonach »wir 3,5 Kinder auf die fruchtbare Ehe brauchen, wenn die Bevölkerung auf der jetzt vorhandenen Höhe sich halten soll«. Mit der Prognose, daß »Ende des Jahrhunderts ... vielleicht noch mit 70 Millionen« zu rechnen sei, prophezeite der Autor: »Die gewaltige Aufgabe aber, welche nach unser aller Ueberzeugung bei dem Deutschtum und unserem Vaterlande in der Gesamtkultur der Welt beschieden ist, würde unerfüllt bleiben«.[141]

Die Durchsetzung der *Rationalisierung der Fortpflanzung* war ohne eine neue sozialstaatliche Ökonomie und Politik nicht denkbar: Forcierung des Stillens, Wöchnerinnen- und Mutterschaftsversicherung, steuerliche Begünstigungen von kinderreichen Familienvätern, Kinderprämien, Pensionen, deren Höhe an der Kinderzahl zu orientieren waren, Aufhebung von Heiratsbeschränkungen gegenüber Lehrerinnen, Offizieren und Beamten, Maßnahmen zur »inneren Kolonisation« (Siedlungspolitik) und gegen Landflucht, soziale Fürsorge, Elternschaftsversicherung, Wohnungspolitik zugunsten kinderreicher Familien – all diese Maßnahmen sollten der »Rationalisierung der Fortpflanzung« dienen. Grotjahn hatte sie zur »Rüstkammer der Waffen zur Bekämpfung des Geburtenrückganges« erklärt.[142]

»Fortpflanzung« und Vermehrung stellten sich für Rassenhygieniker schon Jahre vor der geburtenpolitischen Debatte in Deutschland als »Kampf«- und gleichermaßen als Kulturfrage dar: »Mit dem präventiven Geschlechtsverkehr erobert man sich den Erdball nicht« – zitierte Schallmayer den Rassenhygieniker Alexander Tille (1866–1912) und prognostizierte »bei allen westlichen Kulturvölkern« eine »verhängnisvolle Hemmung der Fruchtbarkeit«, falls sich die Tendenz zur »Vervollkommnung und Ausbreitung der antikonzeptionellen Technik«[143] tatsächlich durchsetze. Für »die Beherrschung der Variation« sah Ploetz allerdings die Chance, die »unleugbar zunehmende Praeventivpraxis für unsere rassenhygienischen Zwecke ausbeuten« zu können.[144] So war es Grotjahns Verdienst, daß er die Chancen der »Präventivpraxis« für die Eugenik präzisierte und auf die Formel brachte: »Gegen die unleugbar drohenden Schäden der Rationalisierung der Fortpflanzung gibt es nur ein Mittel: Noch mehr rationalisieren! Ganz statt halb rationalisieren! Und das führt zu einer Auslese unter den Völkern je nach Größe des Willens zum Kinde bei den einzelnen Volksgenossen und den Fähigkeiten der gesellschaftlichen Organe des Volkes . . . Die Regelung der Geburtenzahl ist die Feuerprobe, die in naher Zukunft jedes Kulturvolk zu bestehen hat.«[145]

»Rationelle Zuchtwahl«, »Diätetik des Geschlechtslebens«, »rationelle Fortpflanzungshygiene« – diese Formeln meinten alle dasselbe: Liebe und Sexualität waren auf naturwissenschaftliche

Regeln der Vererbungslehre neu zu verpflichten.[146] Sexualität und »Fortpflanzung« waren von allen Menschen, unabhängig von ihrer eugenischen Klassifikation, zu trennen. Solche Rationalisierung richtete sich gegen das kirchliche »Dogma der Liebe« – so Max Hirsch –, weil es ja »sogar Schwindsüchtigen, Aussätzigen und Syphilitikern die Ehe und Fortpflanzung« erlaube.[147] Die Lossprechung von der religiösen Vorstellung, der Mensch sei Gotteskreatur – seine Transformation in die naturwissenschaftliche Neuschöpfung eines perfekten, schönen, neuen Menschen –, war nur durch die Umkehrung der religiösen Norm einzulösen. Bildete die Einheit von Sexualität und »Fortpflanzung« ein Gebot im christlichen Glauben – gerade ihre Trennung erklärte die Sünde –, so verwirklichte sich der rationale Fortpflanzungsmythos nun, indem Zeugung, von Sexualität losgelöst, nur noch als wissenschaftlich exakt definierbarer Vorgang existenzberechtigt war und gleichermaßen industrialisierbar wurde.

Die göttliche Bestimmung der Geburt und Zeugung wurde nun durch die wissenschaftliche substituiert. Das Ziel war die Verinnerlichung wissenschaftlicher Normen, die sich in menschliche Natur wie in Instinkt einschreiben sollten, und zwar so, daß »einmal der Instinkt der Menschheit in solche Bahnen gelenkt sein wird, daß er die körperlich und geistig Minderwertigen, die zur Zeugung gesunder Nachkommenschaft Unfähigen verschmäht, so wie er sich heute gegenüber den nächsten Blutsverwandten und gegenüber den Angehörigen niederer Rassen ablehnend verhält«.[148] Die »Pflichten der Fortpflanzung« seien im »Bewußtsein als unverlierbares Eigentum« einzuprägen, verlangte Grotjahn, das »Gewissen jeder einzelnen geschlechtsreifen Person«[149] sei auf die »Regeln der Rationalisierung des Fortpflanzungsgeschäfts« zu präformieren. »Eine Grundforderung der Eugenik ist also, daß der Mensch für alles, was er tut, verantwortlich ist, in geschlechtlichen genauso gut wie in allen anderen Dingen«, lautete das Resümee in einem Bericht der Tagespresse über den *1. Internationalen Kongreß für Eugenik* in London im Jahre 1912.[150]

Aber auch wenn die »Fortpflanzungsregeln« nach Prinzipien der Rationalität von Männern und Frauen internalisiert sein würden, bedeutete dies jedoch keineswegs, daß die medizinische Führung jemals hinfällig sein würde. Bereits das Instrumentarium der »Fortpflanzungsauslese« – die »künstliche Schwangerschaftsunterbrechung« und Unfruchtbarmachung, die Asylierung und Geburtenprävention – gab vor, wer selektierte. Ärzte seien die »Anwälte der Geburtenregelung«, verkündete Grotjahn[151]: »Sollen die Gefahren der Geburtenregelung vermieden und sie selbst nur in segensreicher Form sich abspielen, so müssen der Bevölkerung als Nahrung für ihr Pflichtbewußtsein Richtlinien gezogen werden, die von der Wissenschaft und zwar von der Medizin und Hygiene auf der einen, der Volkswirtschaftslehre und den Sozialwissenschaften auf der anderen Seite gezogen werden.«[152]

Was Grotjahn mit der Geburtenkontrolle bezweckte, hatte Ploetz schon Ende des 19. Jahrhunderts als Utopie formuliert: Die Zeugung sei dann »nicht irgendeinem Zufall, einer angeheiterten Stunde überlassen, sondern geregelt nach den Grundsätzen, die die Wissenschaft... aufgestellt hat«. »Die Eltern, erzogen in strenger Achtung vor dem Wohl der Rasse, überlassen sich nicht lange rebellischen Gefühlen, sondern versuchen frisch und fröhlich ein zweites Mal, wenn ihnen dies nach ihrem Zeugniss über Fortpflanzungsbefähigung erlaubt ist.«[153]

Diese Strategie implizierte eine neue Variante von Sexualität und Geschlechtlichkeit. Rassenhygieniker und Eugeniker übernahmen den psychiatrischen Entartungsbegriff und knüpften an dem verwissenschaftlichten »Geschlechtscharakter« an. Männliche Sexualität war bereits unter rationalistische Formeln gestellt und mit dem Vernunftprinzip so fundamental entwertet, daß sie auf einen kruden Fortpflanzungsmechanismus reduziert blieb. In der »Rationalisierung der Fortpflanzung« wurde sie zusätzlich entsinnlicht. Das antagonistische Prinzip »Fortpflanzung ohne Lust und Lust ohne Fortpflanzung«, verkörpert in der Mutter und der Hure, sollte nun gänzlich neutralisiert werden. Der Konflikt zwischen Triebverzicht und Triebbefriedigung, der sich im Geschlechterkonzept der bürgerlichen Gesellschaft durch die Spaltung von Normalität und Abweichung noch formuliert hatte, war in der »Rationalisierung der Fortpflanzung« in toto aufzuheben, indem jede Differenz systematisch verschwinden sollte.

Der »Muttertrieb« wurde nun dem Vernunftprinzip unterstellt

und deswegen als Trieb hinfällig. Er wurde so gesehen obsolet und ersetzt durch ein »Fortpflanzungspflichtgefühl«, das sich nicht mehr auf die Frau, sondern geschlechtsneutral auf »die Eltern« projizierte.[154] Das eugenische Wunschkind kam ideologisch zur Welt um den Preis der Geschlechterdifferenz: Der »rationale Fortpflanzungstypus« – ein entsexualisiertes Individuum mit dem »Gesellschaftskörper« identifiziert – plante mit »Züchtungsinteresse« in bestimmten Zeitabständen (alle zwei Jahre) und unter dem Vorzeichen eines »Fortpflanzungspflichtgefühls« Kinder. Gelänge die Durchsetzung der »rationellen Geburtenregelung«, sei die »völlige Trennung des beabsichtigt folgenlosen von dem beabsichtigt fruchttragenden Geschlechtsverkehr verwirklicht..., die das gesamte geschlechtliche Leben zu sanieren berufen ist«.[155]

Diese Aufspaltung von »Fortpflanzung« und Erotik – die unerläßliche Vorbedingung für die »Rationalisierung der Fortpflanzung« – hatte nun für die »Erhaltung der Art« zwei Vorzüge: »einmal können wir nun alle vernünftigen Überlegungen der Eugenik in den Fortpflanzungsvorgang eingehen lassen, andererseits können Hemmungen der Fortpflanzung, die früher von dem Ansturm des gewaltigen Geschlechtstriebs spielend genommen wurden, jetzt genügen, den Willen zum Kinde zu erschlaffen oder wenigstens an seiner Betätigung zu hindern«.[156]

Ohne die Apologetik des Geschlechterentwurfs aus dem 19. Jahrhundert unbedingt zu revidieren, wurde sie unter Gesichtspunkten der Effizienz neu akzentuiert und anderen gesellschaftlichen Rationalisierungsprozessen angepaßt. Für die geschlechtliche Rationalisierung hieß dies in erster Linie, dem Vererbungsparadigma unterstellt zu werden, um gesellschaftliche Normalität effizient zu »produzieren« und umgekehrt um Devianz aussondern zu können. »Der Mann ist berufen zu kämpfen, zu schützen, zu erobern, zu erzeugen; die Frau zu empfangen, zu hüten, zu erhalten.«[157] Frauen wurden in ihrem eugenischen »Wert« nach der Konstitution, ihren mütterlichen Kapazitäten, nach Schönheit und Stillfähigkeit bemessen.[158] Die Prinzipien der »sexuellen Auslese« dienten als Matrix für den »Rassenwert« einer Frau, wozu ihr »Erbwert« und ihre »Aufzuchtsfähigkeiten« zur Mutterschaft zählten. Bei Männern basierte der »Erbwert« mehr denn je zuvor auf dem Geistes- und Kampfprinzip.

In ihrer Zuständigkeit für »die Erzeugung und Aufzucht eines zahlreichen, gesunden, kräftigen und tüchtigen Nachwuchses«[159] wurden Frauen in diesem Rationalisierungskonzept nun gegenüber der psychiatrischen Weiblichkeitsvorstellung aufgewertet und professionalisiert. Von der »Erhabenheit des Mutterberufs«[160] war jetzt die Rede. Die Frau galt als »Erhalterin der Nation«.[161] Dieser Modus entsprach ihrer Plazierung innerhalb des »Volkskörpers« und leitete sich aus der »sexuellen Auslese« ab: »An zwei Momenten kann man den Erfolg der Aufzucht, der Tauglichkeit der Nation, ermessen: an der Waffentauglichkeit und an der Gebärfähigkeit.«[162] Weibliche Fruchtbarkeit bildete das gleichwertige Äquivalent zum männlichen Kampfprinzip. Die »Naturhaftigkeit« der Frau – im 19. Jahrhundert noch Grund für ihre gesellschaftliche Ausgrenzung – wurde im rassenhygienischen und eugenischen Kontext gesellschaftsfähig. Die weibliche Fruchtbarkeit – wohlgemerkt im 19. Jahrhundert geradezu der Inbegriff für weibliche Dämonenhaftigkeit – hatte bis dahin per definitionem (»Hysterie«) das Prinzip »Frau als Krankheit« konstituiert. Wollten Eugniker Frauen von solch chaotischer »Natur« befreien, mußte dem ein neues Modell, nämlich das der geschlechtslosen Maschine entgegengesetzt werden, um weibliche Natur rationalisierbar, sprich beherrschbar, machen zu können.

Die Eugenik diente so auch als Strategie medizinischer Rationalisierungsversuche zur Herstellung einer geordneten weiblichen Natur. Unter dem gleichgebliebenen biologistischen Paradigma wurden Frauen in den »Volkskörper« nun tatsächlich integriert und kulturfähig: »Die Mütter, die ihrer Fortpflanzungspflicht nicht nur in Erfüllung des Mindestmaßes nachkommen, sondern dieses überschreiten, obgleich sie die technische Möglichkeit der Prävention kennen, sind die wahren Stützen der Gesellschaft, sind die eigentlichen Kulturträger, auf denen die Zukunft der Nation beruht.«[163] Und weiter: »Mütter, die mehr als drei Kinder über das fünfte Lebensjahr hinausbringen, werden sich als sozial, national und eugenisch besonders wertvoll fühlen lernen.«[164]

Die »Rationalisierung der Fortpflanzung« stellte nichts anderes dar als die naturwissenschaftliche Version eines Reinigungsrituals, das sich auf menschliche Triebhaftigkeit genauso wie auf unkontrollierbare, unheilbare Leiden richtete. Im psychiatrischen Entartungskonzept fanden sich Bevölkerungsgruppen vordefiniert, die gesellschaftliche Differenz par excellence repräsentierten: Vagabunden, Alkoholiker, Verbrecher, Prostituierte. Sie bildeten auch Grotjahns Angriffsziel.[165] Ihre Vernichtung garantierte einen »reinen Volkskörper«, eine »reine Rasse«. Soziale Harmonie war mit Überwindung von Geschlechtlichkeit, Sinnlichkeit, Triebhaftigkeit durch die »Rationalisierung der Fortpflanzung« zu gewinnen. »Rasse« und »Volkskörper« wurden Metaphern für überwundene menschliche Natur, in diesen Begriffen, »Rasse« und »reiner Volkskörper«, spiegelte sich säkularisierte Unsterblichkeit wider: »Nur das Volk, dem diese Regelung gelingt, wird seine Kultur mit der Sicherheit generativer Unsterblichkeit krönen können.«[166]

Gebärstreik in der Sozialdemokratie

> »Ein Gespenst geht um in Europa: das Gespenst des Gebärstreiks. Alle Mächte des alten Europa haben sich zu einer heiligen Hetzjagd gegen das Gespenst verbündet, der Papst und der Kaiser, Herr von Bethmann Hollweg und Poincaré, französische Imperialisten und deutsche Fortschrittler.«[167]

In Anlehnung an das *Kommunistische Manifest* polemisierte der Sozialdemokrat Ludwig Quessel 1913 – im Jahr der spektakulären »Gebärstreikdebatte« – gegen den »Gebärstreik«. In der Tat stiftete diese Diskussion politische Verwirrung, weil sie einen Geschlechterkampf heraufbeschwor. Quer durch das politische Spektrum reagierte man auf diesen Streitruf »hysterisch«. Mit ihrer pronatalistischen Position hatte die Sozialdemokratie gegenüber anderen Parteien einen schweren Stand. In parlamentarischen Debatten über die Gesetzentwürfe gegen den Geburtenrückgang geriet die SPD unter Beschuß, weil ja in ihren eigenen Reihen der

»Gebärstreik« als sozialistische Kampfparole proklamiert wurde. Ihre Verfechter hatten mit diesem Begriff provokativ das Gebärverhalten politisiert und die Geburtenverweigerung als Instrument des Klassenkampfes, als Strategie für den kulturellen Aufstieg der Arbeiterklasse propagiert.

Die Gebärstreikpropaganda warb mit einer Mischung aus neomalthusianischen und sozialistischen Ideen[168], die neomalthusianische Seite wurde von Ärzten vertreten. Im deutschen Sprachraum kam sie 1903 auf, mit der Schrift des Züricher Sozialisten und Arztes Fritz Brupbacher *Kindersegen – und kein Ende? Ein Wort an denkende Arbeiter.*[169] Brupbacher hatte den »Generalgebärstreik« ausgerufen.

Mit der neomalthusianischen Lehre konform, avancierte die Frau in dieser Propaganda zur Zentralfigur für die Lösung sozialen Elends durch Geburtenkontrolle. Unter sozialistischen Vorzeichen wurde die Gebärverweigerung als Machtinstrument gegen die Herrschenden statuiert: »Der Gedanke an die Gebärmutter, an die Schwangerschaft beherrscht schließlich ihre ganze Seele, alle ihre Gedankengänge . . . Die Frau ist dann eine herumwandelnde Gebärmutter, die mit der Gebärmutter denkt« – so Brupbacher, der hier ganz im Tenor Mensingas argumentierte. Eine spezifisch sozialistische Note gab Brupbacher dem Gebärstreik: »Es wäre doch gewiß töricht, dem Feinde in den herrschenden Klassen Soldaten zu gebären . . . Wir haben am Bestehen und Ausbau des Militarismus kein Interesse, ganz im Gegenteil, und deshalb lachen wir uns ins Fäustchen, wenn der Staat über Soldatenmangel jammert und dem Soldatenmangel nicht abzuhelfen weiß.«[170]

Die Gebärstreikidee stammte aus Frankreich. Die Pariserin Marie Huot hatte in den 1870er Jahren mit neomalthusianischem Enthusiasmus den Slogan »la grève des ventres« – den »Streik der Bäuche« – aufgebracht.[171] Und als »Gebärstreik« wurde er in französischen syndikalistischen Arbeiterorganisationen zum Kampfbegriff.[172] In Deutschland machten ihn die beiden Berliner Sozialdemokraten Alfred Bernstein (geb. 1858)[173] und Julius Moses (1868-1942)[174] populär.

Moses und Bernstein hatten seit 1910 im Rahmen des sozialdemokratischen *Berliner Hausarztvereins* in Frauenversammlungen über Verhütungsmittel und -methoden aufgeklärt. Mit ihren Kampagnen reagierten sie auf die seit 1910 einsetzende staatliche Politik gegen die »willkürliche Geburtenkontrolle, die durch Gesetzentwürfe mit dem Argument des drohenden »Rassentodes« einen restriktiven Kurs eingeschlagen hatte. Der Geburtenrückgang wurde von ihnen nun als Chance für die Durchsetzung sozialstaatlicher Maßnahmen wie Mutter- und Säuglingsschutz gesehen.

In ihren Veranstaltungen riefen Moses und Bernstein zum »Gebärstreik« auf, um gerade Frauen unterer Schichten ihre Macht gegenüber dem Staat zu verdeutlichen. Durch Gebärverweigerung könnten sie sich sozialpolitische Neuerungen selbst erobern. Bei anhaltendem Geburtenrückgang seien »die herrschenden Klassen am Ende ihres Lateins«[175], schrieb Moses, und Bernstein sagte in einer Rede: »Der Geburtenrückgang, wie er jetzt eingeleitet ist, der trifft den Kapitalismus an seinem Lebensmark. Wenn wir Ausbeutungsobjekte nicht rekrutieren, wenn wir das Heer nicht vermehren, dann ist der Kapitalismus am Ende.«[176] Den »Gebärstreik« bezeichnete Bernstein als »unblutige Methode« des Klassenkampfes, als »geschlechtliche Tat«: »Auf eine einfache, auf eine auf den ersten Blick als brutal imponierende Formel gebracht, lautet unsere moderne Anschauung – die Grundlage jeden sozialistischen Fortschritts –: Eure, der Arbeiter Stärke ruht in euren Geschlechtsorganen. Ihr Arbeiterfrauen, in deren Schoss unsere Zukunftshoffnungen ruhen, ihr Gedrückten und Geknebelten, ihr habt die Siegespalme in der Hand, wenn ihr euch weigert, weiter als Gebärmaschinen zu fungieren. Der Gebärstreik, der unblutige, er wird den Kapitalismus auf die Knie zwingen.«[177]

Bernstein hatte eine Broschüre zum Preis von 20 Pfennig mit dem Titel: *Wie fördern wir den kulturellen Rückgang der Geburten?*[178] verfaßt. Darin empfahl und erklärte der Arzt Methoden der Geburtenkontrolle – darunter Okklusivpessare, Scheidenspülungen, Kondome, die Abtreibung und die Sterilisation[179] – und animierte das »arbeitende Volk« mit sozialistischem Pathos zum »Gebärstreik«.

Auf das Engagement von Moses und Bernstein reagierte die SPD-Parteileitung im Juli 1913. Die Gebärstreikparole fand nämlich entgegen der parteioffiziellen Linie bei Arbeiterfrauen ein großes Echo. Am 31. Juli und am 7. August 1913 widmete die sozialdemokratische Parteizeitung *Vorwärts*[180] dem Thema »Gebärstreik« zwei Artikel. Die Faszination dieser Kampfformel wurde politisch abqualifiziert: »Gerade unter den Genossinnen findet man... Verteidiger für die Notwendigkeit des Gebärstreiks. Sie schildern lebhaft die Nöte einer Mutter mit acht Kindern, deren Berufs- und Hausarbeiten keine Zeit zum Besuch von Versammlungen... übrig lassen. Diese Beweisführung, die von Tausenden von Proletariermüttern mit dem ganzen Gefühl eigener bitterer Erfahrungen wiederholt wird, ist, so bestechend sie auch erscheinen mag, nichtsdestoweniger *falsch*. Nicht die geringe Kinderzahl ist der Weg zur sozialistischen Erkenntnis und Politik«.[181]

Eine weitere Kampagne gegen den »Gebärstreik« startete der Berliner SPD-Verbandsvorstand: Am 22. August 1913 inszenierte die Berliner SPD in dem Versammlungsraum der »Neuen Welt« eine Parteiveranstaltung unter dem Titel: *Gegen den Gebärstreik*. Genau dieser Diskussionsabend sollte in die Geschichte der SPD als »Gebärstreikdebatte» eingehen.[182]

Erstmals in der Geschichte der Arbeiterbewegung zeigten so viele Frauen emphatisches Interesse an einer Parteiversammlung. In der Berliner Tagespresse wurde die Überfüllung des Versammlungsraums mit rund 4000 Menschen kommentiert: »Schon lange vor Beginn der Versammlung war der große Saal bis auf den letzten Platz besetzt; besonders zahlreich hatten sich die Frauen eingefunden. Die Tische wurden entfernt, aber trotzdem konnten die Massen der Versammlungsbesucher nicht untergebracht werden und Hunderte mußten umkehren, nachdem der Saal wegen Überfüllung von der Polizei *gesperrt* worden war.«[183] Die Polizei schätzte die Zahl der versammelten Frauen auf etwa 2500.[184]

Die Stimmung im Saal war turbulent. Laut Polizeibericht kam es zu Tumulten. Der Diskussionsleiter Eugen Ernst hatte Schwierigkeiten, die Diskussion in Schach zu halten, weil immer wieder die Debatte »zum Gebrüll ausartete« – so der Kriminal-Schutzmann Gottmann in seinem Protokoll. Schließlich schrie Ernst »im wütenden Ton: ›Es ist nicht, als wenn hier Parteigenossen im Saal sind, sondern als wenn Vieh und Affen herumtoben‹«.[185]

Annonce in »Vorwärts« Nr. 213 vom 19. August 1913

Der SPD-Parteileitung ging es in erster Linie um die Beeinflussung von Frauen gegen den »Gebärstreik«, so polemisierte die weibliche Parteiprominenz, die Führerinnen der proletarischen Frauenbewegung, Clara Zetkin (1857–1933), Luise Zietz (1865–1922) und die sozialistische Theoretikerin und Politikerin Rosa Luxemburg (1871–1919), gegen die Geburtenverweigerung. Das lange vermißte politische Interesse von Frauen an Veranstaltungen der SPD wurde in diesem Falle nun keineswegs begrüßt.

Rosa Luxemburg wertete es als Indiz für die politische Rückständigkeit der Anhängerinnen des »Gebärstreiks«. Sie interpretierte die Popularität der Gebärstreikforderung damit, daß sie »an die *Oberflächlichkeit, Dummheit und Denkfaulheit* in den Massen«[186] appelliere. Clara Zetkin begründete die Ablehnung der Geburtenkontrolle in der SPD damit, daß eines der wichtigsten Potentiale der Arbeiterklasse die große Masse sei und vertrat damit die alte kameralistische Position: »Die Arbeiterklasse dürfe nicht vergessen, daß für ihren Befreiungskampf die große *Masse* von ausschlaggebender Bedeutung sei. Ein Blick in die Geschichte zeige, daß die aufstrebenden Klassen *nicht durch ihre Qualität,* sondern *durch ihre Masse* gesiegt hätten. Es sei der Kinderreichtum ein gesunder Reichtum gewesen.« Den Gebärstreik verurteilte Zetkin, die Zahl der »Soldaten für die Revolution« sei gefährdet, und statt »Feigheit und Kleinmut« forderte sie die »Klassenaktion«.[187]

Solche Argumentationen überzeugten das Publikum nicht: Die vorformulierte Resolution *Gegen den Gebärstreik* kam nicht zur Verabschiedung. Die Parteiveranstaltung hatte das Gegenteil ihrer ursprünglichen Intention erreicht. Der Konflikt zwischen Parteileitung und Frauen war nun erst richtig entbrannt. Am 28. August wurde eine Fortsetzungsveranstaltung wieder unter dem Motto *Gegen den Gebärstreik* einberufen.[188] Auch diese Versammlung war so gut besucht wie die vorherige, und wieder wurde der Saal wegen Überfüllung polizeilich gesperrt.[189] Am bedingungslosen Gebärzwang konnte nicht mehr festgehalten werden, weil allzu viele Parallelen zwischen der staatlichen Linie (Jean Bornträger) und der sozialistischen Position offensichtlich wurden.[190] Dieses Mal versuchte Luise Zietz den Konflikt zu besänftigen. Sie erklärte die Geburtenkontrolle zu einer privaten Entscheidung, die allerdings auf solchem Niveau keinen politischen Gehalt habe.

Auch mit dieser Veranstaltung scheiterte der Versuch, einen Konsens im Sinne der Partei zu finden. Die Sozialdemokratin Minna Güldner erklärte, die Genossinnen aus dem Berliner Norden seien mit der Position Zetkins zum »Gebärstreik« nicht einverstanden. Und eine andere Rednerin: »Genossin Zetkin hat nicht so recht in die Verhältnisse der Armen hineingesehen. Ich rate: streiken sie weiter. (Zustimmung)«[191]

Zum Thema Geburtenrückgang folgte nun in sozialdemokratischen Zeitschriften eine Reihe von Artikeln[192], in denen weiter entpolitisiert wurde. Seine Ursachen wurden auf kapitalistische Ausbeutung und dadurch verursachte körperliche Sterilität bei Arbeiterfrauen zurückgeführt. Der Geburtenrückgang war in den Augen der Autoren eine kapitalistische Dekadenzerscheinung[193], also als eine Bevölkerungsentwicklung bar menschlicher Bedürfnisse und Handlungen zu deuten. So erklärte Karl Kautsky, der Geburtenrückgang werde weitergehen, »solange die kapitalistische Ausbeutung der proletarischen Frau das Mutterglück verkümmert und ihr die Aufziehung gesunder Kinder zu einem freudigen Dasein fast unmöglich macht«.[194]

Große Resonanz und viel Beifall ernteten Bernstein und Moses auf dieser Gebärstreikversammlung.[195] Als politische Strategie gegen Verelendung im Subproletariat, gegen hohe Kinder- und Müttersterblichkeit und gegen Tuberkulose forderten sie Arbeiterfrauen zum sogenannten Zwei-Drei-Kindersystem auf. Im neomalthusianischen Sinne der Parole »Qualität statt Quantität«, wollten sie durch Geburtenkontrolle einen kulturellen Aufstieg der unteren Schichten erreichen: »Friedrich der Große hat gewissermaßen mit einer Handvoll Soldaten ganz Europa bezwungen. Es kommt eben nicht auf die Quantität, sondern auf die *Qualität* der Menschen an.«[196]

Diese Gebärstreikpropaganda entsprach einem männlichen Politik- und Emanzipationskonzept und sympathisierte letztlich mit der eugenischen Idee in all seinen praktischen Konsequenzen: »Und ist das Unerwünschte, die Schwangerschaft trotzdem eingetreten« – so schrieb Bernstein in der *Welt am Montag* –, »dann lautet die erlösende, eine bessere Zukunft garantierende Parole: Unterbrechung der Schwangerschaft und Unfruchtbarmachung der Frau. Von chirurgisch und aseptisch geschulter Hand ausgeführt, ist sowohl die Aborteinleitung, wie auch die Eileiterbeschneidung eine ungefährliche Operation ... Ihr Mediziner wollt die verwüstende Tuberkulose bekämpfen, dann macht den Schoß unfruchtbar, der, nur Elend gebärend, der Trägerin selbst Elend bringt. Ein Drittel meiner weiblichen Klientel – hört es und staunt! – muß nach meiner oberflächlichen Schätzung im Interesse der Arterhaltung, der menschlichen Zukunftsgestaltung der Fähigkeit beraubt werden, zu gebären ... Die Bekämpfung der Schwindsucht ... ist in eine greifbare Nähe gerückt. Hört es, ihr Elenden der Elendesten! Ich will eure Frauen, in deren Lungen der Schwindsuchtskeim wuchert, von der mörderischen Seuche befreien ... Stolze und schöne Menschen will ich aus euch machen, geistige Kraft und körperliche Elastizität soll aus euren Augen blitzen!«[197]

Den »Schoß unfruchtbar machen«, im Interesse der »Arterhaltung«, »stolze, schöne Menschen« mit »geistiger Kraft und körperlicher Elastizität« – solche Formeln trugen die Handschrift der Eugenik und Rassenhygiene und entsprachen einer zukunftsträchtigen progressiven Bewegung, die den »Neuen Menschen« und diesem Ziel immanent, die »Neue Frau«, anstrebte.

Die Faszination der Gebärstreikidee bei Arbeiterfrauen ging keineswegs auf die medizinisch-eugenische Intention ihrer Propagierer zurück, sondern erklärte sich wahrscheinlich aus einer einzigen Tatsache: das Private wurde durch diese Formel zum Politikum, der Gebärstreikbegriff dekuvrierte weibliche Macht, die gesellschaftlich als Ohmacht und »passive Natur« festgeschrieben war.

Wie verengt der Handlungsspielraum für Frauen selbst blieb, wenn sie ihre Interessen in der Öffentlichkeit artikulierten, verdeutlicht das Schicksal Alma Wartenbergs, einer sozialdemokratischen »Schlosserfrau« aus Altona. Sie wurde bekannt als die einzige Frau, die öffentlich den »Gebärstreik« propagierte. Etwa seit 1911 führte sie ähnliche Frauenveranstaltungen durch wie Moses und Bernstein, allerdings mit einer anderen Begründung: »Wenn der Staat auch noch soviel Gesetze gegen den Rückgang der Geburten schaffe, so müsse die Frau doch Herrin über ihren eigenen Körper bleiben. Das Recht, sich gegen Geburten zu schützen, stehe ihr selbst gegen den Willen ihres Ehemannes zu!«[198] Sie forderte das Recht auf eigene Lebensgestaltung für Frauen, ohne die Geburtenkontrolle an »höhere« Ziele zu binden.

Ihr Engagement für eine Entscheidungsfreiheit von Frauen, die vor dem Ehemann nicht Halt zu machen habe, brachte sie nicht nur mit der SPD, sondern auch mit der Justiz in Konflikt. Die Partei distanzierte sich von ihr, und wegen eines Lichtbildervortrages über Verhütungsmethoden wurde sie im Jahr 1913 vom Landgericht Nordhausen nach § 184 zu einer zweimonatigen Gefängnisstrafe verurteilt.[199] Alma Wartenberg stand nicht nur vor Gericht, sondern auch als Frau am Pranger der männlichen Öffentlichkeit. Charakteristisch für ihre Dämonsierung sind die Sätze des Zentrums-Abgeordneten von Steinaecker im Preußischen Parlament: »Können Sie es mir übelnehmen, wenn ich erkläre, daß diese Frau eigentlich gefährlicher ist als ein wildes Tier, das auf die menschliche Gesellschaft losgelassen wird, und daß die

Frau daran schuld ist, wenn die gesunde Sinnlichkeit, die sittlichen Grundlagen ihrer Genossinnen durchaus verdorben werden?«[200]

Das propagandistische Pathos der Gebärstreiklosung signalisierte den Geschlechterkampf. »Gebärstreik« war zu einem Reizwort geworden, das in der Tagespresse, im Parlament und in der SPD die geschlechterpolitische Dimension des Geburtenrückgangs und seine sexuelle Brisanz zutage förderte. Der Sozialdemokrat Quessel verkündete, schon »in seiner Häßlichkeit« wirke der Begriff »Gebärstreik« auf ihn wie ein gegen unser ästhetisches Empfinden geführter Peitschenschlag«.[201]

Wilhelm Pieck stiftete auf der Versammlung in der »Neuen Welt« Unruhe, als er sagte, daß Moses und Bernstein, »wenn sie konsequent sein wollten, . . . sie überhaupt für eine Beschränkung des Verkehrs« einzutreten hätten: »dann würde es sich empfehlen, einmal dafür zu wirken, daß fünf Monate lang jeder Verkehr unterbleibt«.[202] Auch war in der Münchner Illustrierte *Jugend* das Gedicht *Der Gebärstreik* zu lesen. Sein Autor zog eine Analogie zum Ehestreik der Lysistrata, die Heldin einer Komödie von Aristophanes (411 v. Chr.).[203] Kautsky berichtete über Gespräche, in denen Männer ein verletztes »Sittlichkeitsempfinden« äußerten: »Zu meinem Erstaunen wiesen meine Parteigenossen jede derartige Geburtenregelung schroff zurück. Viele, unter ihnen vor allem Liebknecht, bekämpften sie als unsittlich und widerlich.«[204]

Die Gebärstreikdebatte deutete den historischen Umbruch von der Prämisse des »Muttertriebes« im 19. Jahrhundert zur »neuen Sexualmoral« der zwanziger Jahre an. Im Gegensatz zu Eugenikern und Rassenhygienikern hatten Politiker für sich noch kein Arrangement mit der Geburtenkontrolle finden können, denn das hätte nicht zuletzt ein neues Frauenbild vorausgesetzt. Weibliche Sexualität, die sich nicht als Muttertrieb erwies, stand für gesellschaftlichen »Sittenverfall« und »Entartung«. Nicht zuletzt aus diesem Grunde wurde der Geburtenrückgang zum Synonym für »Unsittlichkeit« und den »Kulturtod«.

Ausblick

Die um die Jahrhundertwende populär gewordene Anwendung neuartiger Techniken zur Geburtenkontrolle brachte das Phänomen des Geburtenrückgangs hervor. Dieser setzte eine Bevölkerungspolitik in Gang, deren Konsequenzen (Eugenik, Abtreibungsverbot für Frauen, Legalisierung medizinischer Indikation) bis heute nicht an Aktualität eingebüßt haben. Bisweilen wurde der Konflikt zwischen Staat, Medizin und Frauen als »Gebärstreik«, »Geburtenkrieg« und »Krieg gegen Ungeborene« bezeichnet. Neuerdings wurden sogar Analogien gezogen zu Projekten grausamer Menschenvernichtungen wie z. B. Auschwitz, Hiroshima und Nagasaki.

Solche Auseinandersetzungen haben nicht dazu geführt, die Gebärfähigkeit und die Mutterschaft aus dem biologischen Status zu lösen, um sie grundsätzlich jeder gesellschaftlichen Idee von Ordnung zu entziehen. Denn der Biologismus war nichts anderes als ein patriarchales Ordnungsmodell, das mit Natur am wenigsten gemein hatte, oder mit den Worten Adornos ausgedrückt: »was überhaupt im bürgerlichen Verblendungszusammenhang Natur heißt, ist bloß das Wundmal gesellschaftlicher Verstümmelung.«[1]

Erst wenn das Gebären als soziale Handlung mit vielseitigen und auch geistigen Aspekten wahrgenommen wird, kann es möglich werden, die kreativen, genauso wie die destruktiven Seiten weiblicher Macht zu sehen (z. B. physische und psychische mütterliche Gewalt gegen Kinder), statt sie in biologische Kategorien zu verzerren. Der individuellen Verfügung über die Gebärpotenz müßte soweit gesellschaftlicher Respekt verschafft werden, daß auch die wissenschaftliche Beweisführung »Abtreibung = Tötung« nicht mehr darüber hinwegtäuschen kann, daß weibliche Natur per se die Macht des Tötens in sich birgt. Wenn solche weibliche Macht als gesellschaftliches Faktum Anerkennung finden würde, hätten Staat und Medizin gänzlich darauf zu verzichten, sie zu reglementieren, sei es durch ihre Nacheiferung qua aufwendiger und gewaltvoller Technik, sei es durch ihre Institutionalisierung.

Bleibt es aber dabei, daß die Gebärfähigkeit und Mutterschaft weiterhin auf biologische und in diesem Diktum auf wissenschaftliche und staatliche Normen verpflichtet werden, indem der weibliche Körper so weit medizinisch und juristisch zerstückelt wird, daß die Schwangerschaft aus dem Leib der Frau herausgerissen und erst dann »der Fetus« als Rechtsgut verhandelbar wird, so werden Frauen sich zwangsläufig weiter in diesem Spielraum von Gebärzwang und Gebärverweigerung bewegen. Aus solch entfremdeter Sicht trägt die Abtreibung den Charakter einer massenhaften Widerstandshandlung gegenüber einer Norm, nach der Kinder nicht mehr menschlich, sondern nur noch mechanisch geboren werden.

Emanzipationsbestrebungen von Frauen sitzen einer patriarchalen Fiktion auf, wenn sie sich in Gebärverweigerung erschöpfen, weil diese letztlich auf die Opferung der Gebärfähigkeit und der Mutterschaft hinauslaufen. Zugespitzt kann man sagen, daß die auch von Feministinnen so deklarierte Befreiung der Frau aus ihrem »biologischen Schicksal« dem alten Traum der patriarchalbürgerlichen Gesellschaft vollends entspricht. Solche Emanzipationsbestrebungen proklamieren nämlich die Befreiung von weiblicher Natur zum Preis ihrer Zerstörung und Deformation durch Negation. Frauenemanzipation kann sich nur darauf richten – wie Christine Woesler de Panafieu sagt –, weibliche Natur »von der gesellschaftlichen Bestimmung dieser Naturbestimmung zu befreien«.[2]

Bisherige Emanzipationsversuche, die sich einseitig auf die Abschaffung des Paragraphen 218 beschränkt haben (s. Theissen-Prozeß) – wobei schon die eugenische und medizinische Indikation weitgehend ausgeblendet blieben – reproduzieren dieses Dilemma und jonglieren zwischen Gebärzwang und Gebärverweigerung mit einer weitgehenden Ignoranz gegenüber dem zerstörerischen Instrumentarium der Geburtenkontrolltechniken. Sie haben sich auf die Gewaltorientiertheit des Rationalisierungsprozesses weiblicher Natur durch Medikalisierung und Maschinisierung von Frauen eingelassen. Dieser Rationalisierungsprozeß ist ohne die Erfindung moderner Verhütungsmittel und ihren medizinischen Einsatz undenkbar. Er hat mit der Öffnung des Leibes im 18. Jahrhundert begonnen, mit dem aufgeklärten Blick in das Leibesinnere der Frau, und er hat in der »Dritten Welt«, in den USA, in der Volksrepublik China, in der Sowjetunion oder hierzulande gleichermaßen gegriffen. Ziehen wir Bilanz, dann hat die Rationalisierung weiblicher Fruchtbarkeit mit immer neuen Varianten ein Massengrab von Frauen hervorgebracht: sei es der Mädchenmord in Indien mit Hilfe der Amniozentese, die Kriminalisierung des Gebärens durch Eugenik und Rassismus, Abtreibungsverbote et cetera, et cetera.

Erst in jüngster Zeit hat feministische Wissenskritik damit begonnen, die Aneignungsweisen von Wissen, also die methodischen Zugänge für die Gewinnung von Erkenntnis und ihre praktische Umsetzung durch Technik, selbst in Frage zu stellen. Für das Verhältnis von Gynäkologie und Frauen, das ein eminent körpernahes ist, könnte nach einer Erweiterung ganz anderer Erkenntnisweisen gesucht werden, die nicht auf Zerstückelung und Visualisierung des Körpers als Materie basieren und so auf Vernunft reduziert sind.[3] Die Utopie der freien Verfügung über die eigene Gebärfähigkeit setzt eine radikale Infragestellung der von Frauen selbst mitpraktizierten Behandlungsmethoden und Techniken der Geburtenkontrolle voraus.

Schon eine gynäkologische Untersuchung zwingt Frauen in die Horizontale und in eine beschämende, pornographische Position. Der sezierende, medizinische Blick ist eine kulturelle Repräsentation heutiger, moderner Körperwahrnehmung, die einen ganz bestimmten »Körper« wissenschaftlich erfunden hat, wie Barbara Duden sagt.[4] Ohne die Akzeptanz von Frauen gegenüber ihrer Verwissenschaftlichung und Objektivierung wäre auch die auf die Spitze getriebene Rationalisierung weiblicher Natur durch die Reproduktionsmedizin am Ende.

Erst die In-Vitro-Befruchtung – also eine Technik –, machte die Genmanipulation am Menschen überhaupt möglich. Mit aus diesem Grunde wurde sie erprobt, aber unter der Prämisse ›der Zweck heiligt die Mittel‹ als »Kinderwunscherfüllung« verkauft. Dazu Günther Anders: »Eigentliche Humanität beginnt aber erst dort, wo diese Unterscheidung sinnlos wird: wo Mittel sowohl wie Zwecke von Lebensstil und Sitte derart imprägniert sind, daß angesichts von Einzelstücken des Lebens oder der Welt gar nicht mehr erkannt, ja gar nicht mehr gefragt werden kann, ob es sich bei ihnen um ›Mittel‹ handele oder um ›Zwecke‹; erst dort, ›wo der Gang zum Brunnen so gut wie der Trunk‹.«[5]

1978 wurde der erste Retortenmensch, Louise Brown, in England geboren. Inzwischen hat sich diese Technik nicht nur generalisiert, sie wird in ihrer Perfektionierung auch immer obszöner: sechs Jahre später wurde in Australien der erste Mensch der Welt geboren, der vier Monate lang als tiefgefrorener Embryo in flüssigem Stickstoff bei minus 170 Grad Celsius überlebte, und als wissenschaftlicher Fortschritt gefeiert wurde.[6] George Devereux hat einmal gesagt, daß eine enthirnte Ratte, ihre Beinstummel, die durch das Labyrinth kriechen, wenig über die Ratte, dafür aber um so mehr über den Wissenschaftler aussagt, der sich dieses Experiment ausgedacht hat und es durchführt.[7]

Die systematische Ignoranz der Tatsache, daß vorgeburtliche Vorgänge elementare menschliche Erfahrungsquellen sind, weist auf die Einfältigkeit solcher Forschung hin. Auch wenn diese Technik kompliziert und intelligent sein mag, so noch lange nicht ihre implizite Auffassung von menschlichem Leben. Sie behandelt die Entstehung von menschlichem Leben als einen technisch-produzierbaren Akt, in dem Embryonen ebenso wie Frauen zum Rohstoff degradiert sind. Solche Verdinglichung ist Gewalt. Der Leib der Frauen wird dabei im wortwörtlichen Sinne ausgebeutet und malträtiert durch die hormonelle Herstellung von Superovulationen und ihrer medizinischen Ernte.

Hinter dem hybriden Fortschrittsversprechen, das sich gerade durch seine Harmonisierungsversuche bzw. durch das Negieren von Differenzen und Aporien nur wenig von der rassenhygienischen Utopie unterscheidet, steht das Bedürfnis nach Beherrschung und Aneignung weiblicher Natur und ihrer Mimesis durch selbst betriebene Selektion. Die Entwicklung der modernen

Geburtenkontrolltechniken, inklusive der neuen Zeugungstechnologien, waren nie als ›Befreiungskonzept‹ für Frauen gedacht, sondern zur Beherrschung, Disziplinierung und Rationalisierung weiblicher kreativer Natur und von Beginn an mit der Idee einer Selektion von medizinisch diagnostiziertem »lebenswerten« und »lebensunwerten« Leben gepaart. Dieser Gedanke wurde überhaupt erst durch die Verrechtlichung von Indikationen realistisch.

Die Geschichte der Rassenhygiene und Eugenik, die genau an diesem Punkt ihren Aufschwung nahm, ist weit mehr als eine Vorgeschichte des Nationalsozialismus. Auschwitz war der grausamste Höhepunkt, wo sich politischer und wissenschaftlicher Vernichtungswillen einten. Es war aber weder Beginn noch Schlußpunkt dessen. Heute kann es deswegen am wenigsten darum gehen, einzelne Humangenetiker zu »nazifizieren« und sie mit dem Neonazismus in Verbindung zu bringen. Diese Perspektive bagatellisiert die Humangenetik. Vielmehr geht es um eine fundamentale Auseinandersetzung mit dem lebensfeindlichen Kern einer ganzen Wissenschaftskultur und ihren Erkenntnismethoden. Sie hat sich darauf spezialisiert, Lebensprozesse bis in die kleinsten Teile zu zerstückeln, um aus solcher seperatistischen Erkennung von einseitigen Wahrheiten, eine einzige universale Wahrheit ohne Geheimnisse, eine Einheit ohne Fremdes, zu gewinnen.

Solche Wissenschaft hat sich seit Ende des 19. Jahrhunderts international konsolidiert als »Rassenhygiene« und »Eugenik«, seit etwa 1945 wird sie unter dem Etikett »Humangenetik« betrieben und weitergelehrt.[8] Ihre Utopie ist dieselbe geblieben. Es geht nach wie vor darum, die Vielfältigkeit des Lebens in seinen verletzlichen, sterblichen Aspekten verhindern zu wollen. Insofern bleibt sie eine Negation menschlicher Natur. Mit prometheischer Emphase verkündete kürzlich John Tooze, Sekretär der 1988 gegründeten *Human Genome Organization:* »Wir schreiben die Bibel des säkularen Humanismus.«[9]

Abkürzungen

ARGB	Archiv für Rassen- und Gesellschaftsbiologie
BAK	Bundesarchiv Koblenz
Ber. Wiss. Dep.	Bericht über die Verhandlungen der Erweiterten Wissenschaftlichen Deputation
Drucks. d. Reichtags	Drucksachen des Reichstags
Dtsch. med. W.	Deutsche medizinische Wochenschrift
Entsch. d. RG i. Strafs.	Entscheidungen des Reichsgerichts in Strafsachen
GE	Gesetzentwurf (Entwurf eines Gesetzes . . .)
GStA Berlin-Dahlem	Geheimes Staatsarchiv Berlin-Dahlem
KGA	Kaiserliches Gesundheitsamt
MdgA	Preußisches Ministerium der geistlichen, Unterrichts- und Medizinal-Angelegenheiten (Kultusministerium), Preußischer Minister der geistlichen, Unterrichts- und Medizinal-Angelegenheiten (Kultusminister)
MdI	Preußisches Innenministerium, Preußischer Innenminister
Med. rat	Medizinalrat
MfHuG	Preußisches Ministerium für Handel und Gewerbe, Preußischer Minister für Handel und Gewerbe
Mon. f. Geb. h. u. Gyn.	Monatsschrift für Geburtshülfe und Gynäkologie
Mon. schr. f. Krim. psych. u. Strafrechtsreform	Monatsschrift für Kriminalpsychologie und Strafrechtsreform
Münch. med. W.	Münchener Medizinische Wochenschrift
OWG	Oberverwaltungsgericht
Pol. Ber.	Polizeibericht
Pol. Präs.	Polizeipräsident

Prot.d.Str.Kom.	Protokolle der Strafrechtskommission
Psych.Neuro.W.	Psychiatrisch-Neurologische Wochenschrift
RE	Runderlaß
Reg.Präs.	Regierungspräsident
RGB	Reichsgesetzblatt
RGR	Reichsgesundheitsrat
RJA	Reichsjustizamt
RMdI	Reichsinnenministerium, Reichsinnenminister
Sex.Probl.	Sexual-Probleme. Zeitschrift für Sexualwissenschaft und Sexualpolitik
StAP (BLHA)	Staatsarchiv Potsdam (Brandenburgisches Landeshauptarchiv)
Stat.d.Dtsch.Reichs	Statistik des Deutsches Reichs
Stat.Jahrb.f.d.Dtsch.Reich	Statistisches Jahrbuch für das Deutsche Reich
Verh.d.Preuß.Abgeordn.	Verhandlungen des Preußischen Abgeordnetenhauses
Verh.d.Reichstags, Sten.Ber., Leg.Per., Sess.	Verhandlungen des Reichstags, Stenographische Berichte, Legislaturperiode, Session
Viertelj.f.gerichtl.Med.u.öffentl.San.	Vierteljahresschrift für gerichtliche Medizin und öffentliches Sanitätswesen
Vierteljh.z.Stat.Dtsch.Reiches	Vierteljahreshefte zur Statistik des Deutschen Reiches
Wiss.Dep.	Wissenschaftliche Deputation des Medizinalwesens
Zeitschr.d.Königl.Pr.Stat. Landesamtes	Zeitschrift des Königlich-Preußischen Statistischen Landesamtes
Zeitschr.f.d.ges.Staatswiss.	Zeitschrift für die gesamte Staatswissenschaft
Zeitschr.f.Geb.h.u.Gyn.	Zeitschrift für Geburtshülfe und Gynäkologie
Zeitschr.f.Soc.Wiss.	Zeitschrift für Socialwissenschaft
Zenbl.f.Gyn.	Zentralblatt für Gynäkologie
ZStAM (GStaM)	Zentrales Staatsarchiv, Dienststelle Merseburg (Stiftung Preußischer Kulturbesitz – Geheimes Staatsarchiv, Abteilung Merseburg)
ZStAP (BAP)	Zentrales Staatsarchiv Potsdam (Bundesarchiv, Abteilungen Potsdam)

Anmerkungen

Einleitung

1 Neusüß (1988), S. 10.
2 Weismann (1881), S. 22.
3 Vgl. hierzu genauer Fox Keller (1986); Merchant (1987); Lloyd (1985).
4 Vgl. Fischer-Homberger (1984), S 96.
5 von Braun (1985), S. 235.
6 Aus diesem Grund habe ich den Begriff »Fortpflanzung« im folgenden apostrophiert.
7 Vgl. Anm. I,6.
8 Vgl. genauso, Bock (1986), S. 66; Stephan (1982), S. XVI. Dort macht Stephan darauf aufmerksam, daß es sich allenfalls um »bad science ... but not pseudoscience« gehandelt habe.
9 Thomann (1985), S. 31.
10 Anders (1956), S. 281.
11 Neuere Forschungen behandelten diese Diskussion beinahe ausschließlich als Parteigeschichte. Vgl. so z. B. Linse (1972); Nemitz (1973); Roth (1978); Neumann (1978); Nadav (1985).
12 Das bisherige *Zentrale Staatsarchiv – Dienststelle Merseburg* heißt nun *Stiftung Preußischer Kulturbesitz – Geheimes Staatsarchiv, Abteilung Merseburg*. Für das Jahr 1993 ist beabsichtigt, den gesamten Aktenbestand an seinen alten Ort, nämlich nach Berlin in das *Geheime Staatsarchiv, Berlin-Dahlem* zurückzuführen. Die Akten des ehemaligen Zentralen Staatsarchivs Potsdam verbleiben dort, nur nennt es sich heute *Bundesarchiv, Abteilungen Potsdam*. Das ehemalige *Staatsarchiv Potsdam* wird nun unter dem Titel *Brandenburgisches Landeshauptarchiv* geführt. Diese Namensänderungen sind in den Text nicht eingearbeitet. Ich habe im Abkürzungs- und im Quellenverzeichnis jeweils in Klammern auf die neuen Bezeichnungen hingewiesen.

Kapitel I

1 Ballod (1914), S. 239.
2 Vgl. z. B. Verh. d. Preuß. Abgeordn., Sten. Ber., Bd. 2 (1914), S. 2783 (Rede des Zentrums-Abgeordneten v. Steinaecker), in: ebd., S. 2784 (Rede des preuß. Innenministers v. Dallwitz von der Deutschkonservativen Partei); Friedrich Naumann, Zur Geburtenfrage, in: Berliner Tageblatt vom 27. 2. 1914; Vorwärts vom 13. 10. 1913; aus medizinischer Sicht vgl. Bornträger (1912), 732, 792.
3 Verh. d. Reichstags, Sten. Ber., Bd. 287 (1913), S. 3300.
4 So z. B. der Staatswissenschaftler Karl Oldenberg (1915), S. 1, Bl. 249; Die Furcht vor dem

Kinde (1914), Bl. 184; der Medizinalrat Graßl (1914), S. 1.

5 MdI, MfHuG, MdgA vom 29. 12. 1909 an Reichskanzler von Bethmann Hollweg, in: ZStAM, Rep. 120, BB XV, Nr. 65, Bd. 1, Bl. 1. Vgl. genauso Dietrich, in Ber. Wiss-.Dep. (1911), S. 42f.; GE Nr. 535, Begründung des Entwurfs, S. 32.

6 Vgl. Stat. Jahrb. f. Dtsch. Reich 52 (1933), S. 27. Vgl. neuere statistische Untersuchungen des Geburtenrückgangs, in: Spree (1984), S. 50; ders. (1982); Hohorst (1982); ders. (1978); Knodel (1974); Coale, Watkins (1986); Castell (1981).

7 Vgl. Spree (1984), S. 50.

8 Vgl. dazu und für das Folgende Knodel (1974); Elster (1924) S. 687; Sombart (1921), S. 924ff., 1045ff.; Armengaud (1971), S. 129; Köllmann (1976), S. 9f.; Coale (1986), S. 1ff.

9 Im internationalen Maßstab war Frankreich – abgesehen von Rußland – zu Beginn des 19. Jahrhunderts bis in die 1840er Jahre der bevölkertste Staat in Europa. Seit Mitte des 19. Jahrhunderts übernahm Deutschland diese Vorreiterposition und hatte bis zur Reichsgründung, nach Rußland, die höchste Bevölkerungszahl in Europa.

10 Vgl. Köllmann (1976), S. 17.

11 Zentral für diese Bevölkerungsentwicklung war die vorausgegangene Ausrottung eines seitdem für immer verlorenen Verhütungswissens im Zuge der Hexenverbrennungen. Auf diesen Zusammenhang, ebenso wie auf den von Sexualmoral, Kapitalakkumulation und »Bevölkerungsexplosion« haben in der neueren Forschung erstmals 1979 die Soziologen Heinsohn, Steiger und Knieper aufmerksam gemacht. Sie vertreten die These, daß nicht die Industrialisierung, sondern die Ausrottung des Verhütungswissens die Bevölkerungsexplosion hervorbrachte. Die Durchsetzung der christlichen Moral sei ausschlaggebender Faktor für diese Bevölkerungsentwicklung gewesen. Bis heute ist dieser Zusammenhang nicht erforscht. Vgl. Heinsohn, Knieper, Steiger (1979), 84ff. Vgl. auch dies. (1985), 157ff.; Trallori (1983).

12 Vgl. Spree (1981), 30ff.; ders. (1979); Castell (1981); Imhof (1977).

13 Vgl. Spree (1984), S. 52.

14 Vgl. Ergebnisse der Volkszählung 1910, in: Stat. d. Dtsch. Reichs 240 (1915), S. 27. Die Bevölkerung sinkt erst dann absolut, wenn Frauen durchschnittlich weniger als 2 Kinder gebären. In der Bundesrepublik Deutschland ist dies seit 1972 der Fall und in Industrieländern überhaupt ein Phänomen jüngeren Datums.

15 Die Geburtenziffer nahm zwischen 1872 und 1910/11 von 39,60 auf 29,23 ab, die allgemeine Fruchtbarkeitsziffer sank in dem gleichen Zeitraum von 155,8 auf 115,8 und die eheliche von 286,6 auf 195,1. Vgl. Rahts (1913), S. 7, 3.

16 Vgl. Bewegung der Bevölkerung in den Jahren 1914 bis 1919, in: Stat. d. Dtsch. Reichs 276 (1922), S. 1.

17 Ehrenfels (1908), S. 191.
18 Oldenberg (1915), S. 7; vgl. genauso Denkschrift (1915), S. 75; *Die Post* vom 28. 9. 1911.
19 Diese Begriffe sind in der Literatur durchgängig und werden deshalb nicht gesondert ausgewiesen.
20 Dietrich, in: Ber.Wiss.Dep. (1911), S. 56f.
21 Die erste Volkszählung des Deutschen Reiches fand am 1. September 1871 statt. Seit 1875 wurden im fünfjährigen Turnus Volkszählungen in immer differenzierterer Form unternommen.
22 Ergebnisse der Volkszählung 1900, in: Stat.d.Dtsch.Reichs 150 (1903), S. 201.
23 Vgl. hierzu die Veröffentlichungen des Kaiserlichen Statistischen Amts der Vierteljahreshefte zur Statistik des Deutschen Reiches 13 ab 13. Jahrgang (1904); vgl. auch Kommentare von Statistikern, Oldenberg (1915), S. 321; Bewegung der Bevölkerung (Eheschließung, Geburten und Sterbefälle) im Jahre 1906, in: Vierteljh. z.Stat. d.Dtsch.Reiches 17 (1908), S. I.97. Vgl. außerdem zur Wahrnehmung des Geburtenrückgangs, Bewegung der Bevölkerung (Eheschließungen, Geburten und Sterbefälle) im Jahre 1903, in: ebd. 14 (1905), S. 225–342; Rahts (1913), 1 ff., 18 ff.
24 Prinzing (1901), S. 191f.
25 Ebd., S. 192.
26 Vgl. Geißler (1893), S. 79, 88; ders. (1894), S. 2: »Die meisten Städte zeigen eine kontinuierliche Abnahme der Geburtenfrequenz, die in Crimmitschau, Döbeln, Frankenberg, Glauchau, Meerane, Zittau und Zwickau am auffälligsten ist.« Und in seinem darauffolgenden Bericht stellte Geißler für das letzte Jahrfünft einen »allgemeine Neigung der Geburtenfrequenz« fest (ebd., S. 144).
27 *Die Neue Zeit.* Revue des geistigen und öffentlichen Lebens 13 (1894/95), Bd. 1, S. 59.
28 Vgl. hierzu im Text genauer Kap. IV.
29 Vgl. Ronsin (1980).
30 Ploetz (1895), S. 166.
31 Pistor, in: Ber.Wiss.Dep. (1911), S. 23.
32 Meyerhof (1899), S. 599. Meyerhof bezog sich vor allem auf eine große Studie der evangelischen Sittlichkeitsvereine, die Landpastoren über das Sexualverhalten der ländlichen Bevölkerung befragten. Vgl. Konferenz (1895/1896). Anlaß für diese Befragungen war die Prostitution in den Städten. Vgl. auch *Die Beschränkung der Bevölkerungszunahme* (1883).
33 Vgl. genauer zu dieser Definition und Rechtspraxis im Text Kap. IV.
34 Sie war in den einzelnen Bundesstaaten bis zur Reichsgründung strafrechtlich unterschiedlich geregelt. In Anlehnung an das Preußische Strafgesetzbuch vom 14. April 1851 (§§ 181–182) wurde im Reichsstrafgesetzbuch mit Zuchthausstrafe bis zu fünf Jahren belegt, wenn eine Frau »ihre Frucht vorsätzlich abtreibt oder im Mutterleibe tödtet«. § 218 RGB 24 (1871), S. 167f. Vgl. auch zur Preußischen und anderen Gesetzgebung vor 1871: Lewin (1922), S. 85ff.

Schon der Abtreibungsversuch, mit welchen Mitteln auch immer, war strafbar. Bei mildernden Umständen wurde Gefängnis nicht unter sechs Monaten angedroht. Die Hilfeleistung für eine Abtreibung wurde nach § 219 RStGB mit bis zu zehn Jahren Zuchthaus bestraft. Nach § 220 RStGB war die Durchführung einer Abtreibung ohne Wissen der schwangeren Frau mit Zuchthaus bis zu 2 Jahren unter Strafe gestellt. Bei Tod der schwangeren Frau drohte nach § 220 Zuchthaus nicht unter zehn Jahren oder lebenslänglich. Auch konnten bei diesem Delikt als Nebenstrafen der Verlust bürgerlicher Ehrenrechte nach § 32 RStGB sowie Polizeiaufsicht verhängt werden.

35 Aus diesem Grunde ist eine genaue historische Feststellung des Zeitpunktes für die Generalisierung von Geburtenkontrollpraktiken problematisch.

36 Vgl. das Schreiben Pistors v. 18. 11. 1890 an das Preuß. Innen- und Kultusministerium, in: ZStAM, Rep. 76 VIII B, Nr. 4320, Bd. 1, Bl. 153–156.

37 Vgl. ebd., Erlaß des MdI v. 16. 5. 1891 an Pol. Präs., Bl. 163; ebd., MdI v. 10. 3. 1891, Bl. 165–166.

38 Vgl. den Aktenvorgang ZStAM, Rep. 76 VIII B, Nr. 4320, *Die Beziehungen des Medizinalwesens zu dem Strafrecht,* Bd. 1, ab Bl. 37 ff. In dieser Akte befinden sich eine Reihe von Strafprozessen, in denen der Handel und das Annoncieren von Verhütungsmitteln nach § 184 verhandelt wurden.

39 Vgl. RGB 24 (1871), S. 162.

40 Vgl. hierzu Meyer-Renschhausen (1987); Konieczka (1986).

41 Vgl. z. B. Aktenvermerk MdgA v. 25. 1. 1881, in: ZStAM, Rep. 76 VIII B, Nr. 4320, Bd. 1, Bl. 94.

42 Entsch. d. RG. i. Strafs. 4 (1881), S. 89. Auf dieses Reichsgerichtsurteil stützte sich auch die Begründung des Gesetzentwurfs Nr. 713 aus dem Jahre 1892 für eine Gesetzesrevision des § 184. Vgl. GE Nr. 713, S. 13 f.

43 Den Anlaß für diese langwierige Gesetzesrevision gab die Ermordung eines Nachtpolizisten durch den Zuhälter Heinze und seine Ehefrau, eine Prostituierte. In diesem Berliner Mordprozeß von 1891 wurden gesetzliche Lücken in Fragen der Zuhälterei und der Prostitution festgestellt. Der erste Entwurf der »lex Heinze« zur Gesetzesverschärfung bezog sich auf die Unzuchtsparagraphen 180, 181, 184 und 362 RStGB, in denen Kuppelei, Pornographie etc. strafrechtlich geregelt waren. Er wurde am 29. Februar 1892 vom Bundesrat dem Reichstag zur Verabschiedung vorgelegt. In der Begründung des Entwurfs wurde auf den Heinze-Prozeß verwiesen. Vgl. GE Nr. 713, S. 6.

Die »lex Heinze« blieb aber nicht nur auf den Kuppeleiparagraphen beschränkt. Der Verkauf »unzüchtiger Schriften« sowie die Gefährdung von Arbeiterinnen durch ihre Arbeitgeber (Mißbrauch des Dienstverhältnisses) waren u. a. Gegenstand dieser Gesetzesmodifikation. Vgl. Reichskanzler vom 20. 10. 1898 an MdI, in: ZStAP,

30. 1., Nr. 5783, Bd. 5, Bl. 11 f.: *Die Abänderung von Vorschriften des Strafgesetzbuches gegen Sittlichkeitsvergehen.* Vgl. zur »lex Heinze«, die wegen ihrer weitgehenden Problematik (Prostitution, Geschlechtskrankheiten etc.) Gegenstand von jahrzehntelangen Gesetzesnovellen bis zum Jahre 1931 war, Aktenvorgänge ZStAP 30. 1, Nr. 5778–5794: *Abänderung von Vorschriften des Strafgesetzbuchs gegen Sittlichkeitsvergehen* (StGB §§ 180–184); Aschaffenburg (1899); Lenman (1973).

44 RGB 23 (1900), S. 302.

45 Im Januar 1898 war erstmals in dem Kommissionsbericht des Bundesrats zur Modifikation der »Unzuchtparagraphen« davon die Rede, daß in § 184, Abs. 3 auch »die sogenannten Präservativs unter diese Gegenstände des unzüchtigen Gebrauchs« subsumiert seien. (Ber. d. 9. Kom. über *Entwurf eines Gesetzes, betreffend Aenderungen und Ergänzungen des Strafgesetzbuchs.* Reichstag am 19. 1. 1898 zur Vorberatung vorgelegt, in: Drucks. d. Reichstags [1897/98], Nr. 191, S. 19). Noch präziser kam im März 1899 diese gesetzgeberische Absicht in dem Kommissionbericht des Bundesrats für diese Gesetzesnovelle zur Sprache. Nicht mehr nur die französischen Kondome sollten nun nach § 184, Abs. 3 geahndet werden, sondern »insbesondere das Ankündigen der sogenannten Präservativs, Sicherheitsovale u. s. w. in Barbier- und Friseurläden« war strafrechtlich zu verfolgen. (Ber. d. 11. Kom. über den *Entwurf eines Gesetzes, betreffend Aenderungen und Ergänzungen des Strafgesetzbuchs,* in: Drucks. d. Reichstags [1898/99], Nr. 312, S. 32. Vgl. weitere Gesetzesentwürfe und Verhandlungen zwischen 1892 bis 1899, in: Drucks. d. Reichstags (1892/93), Nr. 11; ebd. (1895/97), Nr. 618; ebd. (1897/98), Nr. 191; ebd. (1898/99), Nr. 31; ebd. (1898/99), Nr. 112; ebd., Nr. 124; Drucks. Verh. d. Bundesrats (1898), Nr. 160. Vgl. außerdem zu § 184, 3 Binding (1902), S. 217.

46 Vgl. MdgA u. MdI v. 10. 12. 1896 an die Reg. Präs., in: ZStAM, Rep. 76 VIII B, Nr. 4320, Bd. 1, Bl. 253.

47 Vgl. Entsch. d. RG. i. Strafs. 34 (1901), S. 365 ff. Als »Verbrechen und Vergehen wider die Sittlichkeit« waren die Doppelehe, Blutschande, Unzucht unter Mißbrauch eines Vertrauensverhältnisses, widernatürliche Unzucht, Unzucht mit Gewalt an Kindern, Notzucht, Verleitung zum Beischlaf durch Täuschung, Kuppelei und schließlich Ärgernis durch unzüchtige Handlungen und Verbreitung unzüchtiger Schriften rubriziert.

48 Dieser langwierig entstandene Gesetzentwurf lag – vom Reichsinnenministerium redaktionell bearbeitet und vom Bundesrat vorstrukturiert – 1908 dem Reichstag als *Entwurf eines Gesetzes betreffend die Ausübung der Heilkunde durch nichtapprobierte Personen und den Geheimmittelverkehr* vor. Seit 1904 fanden für seine Ausarbeitung im Reichsinnenministerium kommissarische Beratungen statt.

Vgl. hierzu die Aktenvorgänge BAK, R II/86, Rep. 319, Nr. 1492, Bd. 1 (darin: *Entwurf eines Gesetzes betr. die Ausübung der Heilkunde durch nichtapprobierte Personen und den Geheimmittelverkehr);* ZStAP, 15. 01, Nr. 9144, Bd. 1, *Maßregeln zur Bekämpfung des Kurpfuschertums;* BAK R 86/II, Rep. 319, Nr. 1682, Bd. 1 ff., Geheimmittel im allgemeinen. Vgl. zu den Kommissarischen Beratungen die *Aufzeichnung der am 12. Dez. 1904 im Reichsministerium des Innern, Kommissarische Verhandlungen über die Grundzüge des Gesetzes, betreffend die Bekämpfung der Kurpfuscherei,* in: BAK, R 86/II, Rep. 319, Nr. 1492, Bd. 1. Vgl. den Entwurf von 1908, abgedr. und kommentiert als *Der Entwurf des Kurpfuscherei- und Geheimmittelgesetzes* (1908).

49 Vgl. GE Nr. 535, S. 8.

50 Der Begriff »Kurpfuscher« war seit Mitte des 19. Jahrhunderts gebräuchlich und betraf Personen, die ohne schulmedizinisches Wissen und eine entsprechende Ausbildung kurierten.

51 Darüber hinaus sollten Heilkundige staatlich reglementiert werden, indem das Recht auf Auskunfterteilung über deren persönliche Verhältnisse und Führung eines Geschäftsbuches vom Bundesrat angeordnet werden konnte.

52 GE Nr. 535, S. 3.

53 Ebd., S. 32, Hervorhebung A. B.

54 Vgl. Verh. d. Reichstags, Sten-.Ber., Bd. 262 (1910), S. 3279.

55 Ebd., S. 3286.

56 MdI, MdgA, MfHuG v. 29. 12. 1909 an RMdI, in: ZStAM, Rep. 120 BB XV, Nr. 65, Bd. 1, Bl. 3.

57 Vgl. die Beratungen nach der 1. Lesung im Reichstag, in: Verh. d. Reichstags, Sten. Ber., Bd. 262 (1910), S. 3275 ff. und 3309 ff. Der Entwurf wurde mit Änderungsvorschlägen an eine Kommission überwiesen, die ihre Arbeit wegen Neuwahlen im Reichstag nicht zu Ende führte.

58 Zwar führten auch viele Vereine mit sozialpolitischen, religiösen und frauenrechtlerischen Motiven diese Diskussion. Sie schalteten sich in die staatliche Reflexion ein, formulierten Petitionen, Stellungnahmen etc. und kooperierten je nach Standpunkt mit Ministerien. Das Spektrum der Vereine und ihr Engagement können hier nicht extra dargestellt werden. Vgl. hierzu ZStAM, Rep. 76 VIII B, Nr. 2008, Bd. 1, *Nichtamtliche Äußerungen betr. den Geburtenrückgang.* Diese Akte besteht aus einer Sammlung von Vorschlägen, Initiativen etc. zur Frage des Geburtenrückgangs, die von Privatpersonen und Vereinen an das Preußische Innenministerium gerichtet waren.
Zu Vereinen, die sich vor dem Ersten Weltkrieg in der Frage des Geburtenrückgangs besonders engagiert haben, zählen z. B. der *Düsseldorfer Männer-Verein zur Bekämpfung der öffentlichen Unsittlichkeit,* der im Februar 1914 die Broschüre *Die Furcht vor dem Kinde* mit einer Auflage von 20 000 Exemplaren herausgegeben und dem Preußischen Innenministerium zur

Weiterleitung an die Standesämter vorgelegt hatte. Für die Legalisierung der Geburtenkontrolle engagierte sich der in Stuttgart ansässige *Sozial-Harmonische Verein,* der im Rahmen der neomalthusianischen Bewegung (vgl. Kap. IV) gegen »Überbevölkerung« die Kinderbeschränkung als sozialpolitisches Instrument gegen Verarmung und Massenkrankheiten zur politischen Leitlinie erhob. Auch eine für die Zeit während und nach dem Ersten Weltkrieg wichtige Vereinigung war die in Berlin am 26. Juli 1915 gegründete *Deutsche Gesellschaft für Bevölkerungs-Politik* (vgl. Anm. 84). Zur Position der katholischen Kirche vgl. z. B. Hirtenbrief (1913); Kaufmann (1916). Vgl. zur Einbeziehung der protestantischen Kirche in die staatliche Politik MdI v. 19. 3. 1914 an Präs. d. Evangelischen Ober-Kirchenrats in Charlottenburg, in: ZStAM, Rep. 76 VIII B, Nr. 1992, Bd. 1, Bl. 338–340; MdgA v. 19. 5. 1914, Bl. 389 ff.; Kübel (1913); Marcuse (1917), S. 116 ff.; vgl. auch Usborne (1987).

59 MdI, MdgA, MdHuG v. 29. 12. 1909 an RMdI, in: ZStAM, Rep. 120 BB XV, Nr. 65, Bd. 1, Bl. 2. Vgl. genauso Ber. Wiss-.Dep. (1911).

60 Die *Wissenschaftliche Deputation* hatte die Funktion, gutachterliche Stellungnahmen zu Fragen der öffentlichen Gesundheitspflege und gerichtliche Gutachten auf Anfragen der Gerichte in schwierigen Prozessen abzugeben. Sie war in Preußen 1803 mit 13 ordentlichen Mitgliedern etabliert worden und setzte sich bis 1920 aus 21 Medizinalbeamten zusammen. Seit 1911 wurde die *Wissenschaftliche Deputation* aus dem Preußischen Kultusministerium ins Preußische Innenministerium verlagert. Sie setzte sich aus Medizinalräten der Preußischen Medizinalabteilung im Ministerium, Fachgelehrten und Professoren der Medizinischen Fakultät der Universität Berlin zusammen – unter ihnen die berühmtesten Medizinprofessoren Preußens: z. B. der Psychiatrieprofessor, Medizinalrat und Direktor der städtischen Heil- und Pflegeanstalt Lichtenberg bei Berlin Karl Moeli (1849–1919), der Oberstabsarzt und Medizinprofessor Martin Kirchner (1854–1925), der 1911 zum Ministerialdirektor ernannt wurde, der seit 1901 in der Preußischen Medizinalabteilung Vortragende Rat und spätere Ministerialdirektor Eduard Dietrich, der Direktor des Instituts für Staatsarzneikunde, Professor für Gerichtsmedizin und Medizinalrat Fritz Strassmann, der Gynäkologieprofessor und Medizinalrat Robert Olshausen. Sie bestand bis 1921 und wurde von dem Preußischen Landesgesundheitsamt ersetzt. Neben Gutachtertätigkeiten hatte sie eine wissenschaftlich beratende Funktion für die Regierung. Alle ärztlichen Sachverständigen waren öffentlich angestellt und beamtete Ärzte. Bei schwierigen Fragen wurden Expertisen von Fachbehörden verlangt. Die erste Instanz war das *Medizinkollegium* der jeweiligen Provinz, das dem

Oberpräsidenten unterstellt war und vom lokalen amtierenden Regierungs- und Medizinalrat geleitet wurde. Es setzte sich aus Regierungs- und Medizinalräten zusammen, aus mehreren Universitätsprofessoren, anderen Autoritäten der gerichtlichen Medizin (Psychiatrie, Gynäkologie, Chirurgie), einem Apotheker und einem beamteten Tierarzt. Auch dieses Gremium hatte sich auf Anfragen der Oberpräsidenten gutachterlich und beratend zu allen Fragen der öffentlichen Gesundheitspflege und in komplizierten Prozessen zu äußern. Als zweite Instanz wurde die *Wissenschaftliche Deputation* für das Obergutachten autorisiert. Darüber hinaus wurden alle Wahnsinnserklärungen zur Revision obligatorisch an die Medizinalkollegien übergeben, diese hatten sie wiederum zur Supervision an die *Wissenschaftliche Deputation* weiterzuleiten. Vgl. zur Kompetenz und Geschichte dieser Instanz, 25 Jahre Preußische Medizinalverwaltung (1927), S. 63ff.; Redetzky (1949), S. 13ff.; Rapmund (1908), S. 44ff.

61 Vgl. zu dieser Begrifflichkeit im Text Kap. III.

62 Ber.Wiss.Dep. (1911), S. 2.

63 Ebd., S. 67.

64 Vgl. Verh.d.Reichstags, Sten. Ber., Bd. 287 (1913), S. 3530ff.

65 Vgl. ZStAM, Rep. 76, VIII B, Nr. 1998, Bd. 1, Bl. 16ff.

66 Vgl. zu ihrer Funktion Anm. 59.

67 Vgl. auch für das folgende den Runderlaß des MdI vom 1. April 1912, in: ZStAM, 15. 01, Nr. 9342, Bd. 1, Bl. 4–5.

68 Vgl. hierzu Kap. IV.

69 RE, ebd., Bl. 5.

70 Bis zum 1. Januar 1913 hatten die Berichte der Verwaltungsbehörden an die Oberpräsidenten zu gehen und bis zum 1. April 1913 bestellte der Preußische Innenminister die von den Regierungspräsidenten kommentierten Berichte, in denen nochmals gesondert die Provinzialmedizinalkollegien (vgl. zu ihrer Funktion Anm. 60) und Ärztekammern ihre Einschätzung den Regierungspräsidenten zu liefern hatten.

71 Vgl. MdI v. 23. 4. 1912 an Königl. Stat. Landesamt, in: ZStAM, Rep. 76 VIII B, Nr. 1998, Bd. 1, Bl. 91 f.

72 Stat. Landesamt v. 19. 4. 1913 an MdI, in: ebd., Bl. 243; vgl. dazu außerdem Preuß. Stat. Landesamt an MdI v. 23. 4. 1912, v. 20. 12. 1912; v. 19. 4. 1912; in: ebd., Bl. 108, 127, 243 f.

73 Die Entwicklung der Statistik (z. B. Volkszählungen) für die Untersuchung des Geburtenrückgangs und ihre Bedeutung für die praktische Geburtenpolitik kann hier nicht bearbeitet werden. Für den Zeitraum des Kaiserreichs liegen auch keine neueren Arbeiten vor. Für Österreich vgl. Bolognese-Leuchtenmüller (1987), S. 48ff. Für den Nationalsozialismus vgl. Aly, Roth (1984).

74 Vgl. die Aktenvorgänge ZStAM, Rep. 76 VIII B, Nr. 2006, Bd. 1 u. Nr. 2007, Bd. 2: *Die Berichte der Oberpräsidenten und Regierungspräsidenten auf den Runderlaß vom 1. April 1912 – M 2375 – betr. den Rückgang der Geburten und die Be-*

kämpfung der Rauch- und Rußplage.

75 Erlaß MdI v. 10. 7. 1913 an die Oberpräsidenten, in: ZStAM, Rep. 76 VIII B, Nr. 1998, Bd. 1, Bl. 241.

76 Vgl. ebd.

77 Ebd.

78 Um nicht das Arztgeheimnis zu verletzen, wurde in dem Runderlaß die Anonymität der eingeforderten Auskünfte verbürgt. Dieser Ministerialerlaß ist auch abgedr. in: Sex-Probl. 9 (1913), S. 705f.

79 RE des Preuß. Justizministers vom 1. Sept. 1913, in: GStA Berlin-Dahlem, Rep. 84a, Nr. 865, Bl. 1.

80 MdI v. 20. 9. 1913 an die Reg. u. Pol.Präs., in: ZStAM, Rep. 76 VIII B, Nr. 1998, Bd. 249.

81 In: ZStAM, 2.2.1., Nr. 24546, Bl. 65. Vgl. hierzu MdI v. 26. 7. 1915 an Staatsminister, in: ZStAP, 15.01, Nr. 9342, Bd. 1, Bl. 2. Diese Denkschrift war zwar schon 1914 fertiggestellt, durch den Krieg wurden die kommissarischen Beratungen jedoch verzögert. Sie begannen am 19. 10. 1915. Vgl. ebd. In diesen kommissarischen Beratungen ging es nun um konkrete Maßnahmen gegen den Geburtenrückgang. Sie wurden als zweite Denkschrift (1917) dokumentiert.

82 Denkschrift (1915), S. 36.

83 Ebd.

84 Julius Wolf zählte zum linken Flügel der Freikonservativen innerhalb der Nationalliberalen. Er hatte einen der ersten einschlägigen Klassiker zur Frage des Geburtenrückgangs verfaßt: *Der Geburtenrückgang. Die Rationalisierung des Sexuallebens in unserer Zeit* (1912). Diese Schrift – dem Statistiker und Nationalökonom Georg von Mayr »in Freundschaft und Verehrung« gewidmet – wurde zur Grundlage der staatlichen Untersuchung. Seit 1885 lehrte Wolf Wirtschafts-, Sozial- und Finanzwissenschaften an den Universitäten Zürich, Breslau und seit 1913 an der Technischen Hochschule Berlin. Seit 1889 war er Mitherausgeber der *Zeitschrift für Sozialwissenchaft* und der Zeitschrift *Volks- und Finanzwirtschaftliche Zeitfragen.* Als Mitbegründer und erster Vorsitzender der im Jahre 1915 gegründeten *Deutschen Gesellschaft für Bevölkerungs-Politik* kann Wolf zu den wichtigsten Nationalökonomen gezählt werden, die an der Ausarbeitung einer neuen Geburtenpolitik beteiligt waren. Motiv für die Gründung dieser Gesellschaft war das von ihr so erklärte »ernste Problem des Geburtenrückgangs« – wie es in dem Geleitwort ihrer ersten Nummer der *Mitteilugen der Deutschen Gesellschaft für Bevölkerungs-Politik* von 1915 hieß. Die Gesellschaft hatte es sich zur Aufgabe gemacht, die »Mittel moderner Bevölkerungspolitik zu erarbeiten«. (Seeberg [1916] S. 2 und vgl. Wolf [Manuskript]). Die *Deutsche Gesellschaft für Bevölkerungs-Politik* setzte sich aus Persönlichkeiten zusammen, die sich schon vor dem Ersten Weltkrieg professionell oder auch in vereinspolitischen Zusammenhängen mit dem Geburtenrückgang ausein-

andergesetzt hatten. Politiker, Professoren, Vereinsvertreter und Vertreterinnen der Frauenbewegung gehörten dieser Organisation und ihrem Vorstand an. So zum Beispiel Minna Bachem-Sieger, Paula Müller, Getrud Bäumer, Elisabeth Lüders; der Geh. Ober-Konsistorialrat Duske (Mitglied des evang. Oberkirchenrats); der Päpstliche Hausprälat und Generaldirektor des Volksvereins für das katholische Deutschland Pieper; der Berliner Professor für Pädiatrie Adalbert Czerny; der Würzburger Professor für Gynäkologie Hofmeier, der Breslauer Medizinalrat und Professor für Hygiene Max Neisser u. v. a.

85 *Oldenberg* war in den achtziger und neunziger Jahren Assistent von Gustav Schmoller und Autor vieler sozialpolitischer, volkswirtschaftlicher und bevölkerungspolitischer Schriften. Sein Aufsatz sowie spätere Schriften u. Vorträge wurden in der staatlichen geburtenpolitischen Debatte rezipiert. Vgl. ders. (1911).

86 *Budge* hatte als junger Nationalökonom in seiner Dissertation von 1912 den Geburtenrückgang aus nationalökonomischer Sicht neu bewertet. Vgl. ders. (1912), S. 166ff.

87 Vgl. zur Rezeption dieser Autoren in der staatlichen Diskussion Preuß. Stat. Landesamt v. 19. 4. 1913 an MdI, in: ZStAM, Rep. 76 VIII B, Nr. 1998, Bd. 1, Bl. 244; Denkschrift (1915), S. 10, 29ff., 50.

88 Mombert (1907), S. 162.

89 Ebd., S. 170.

90 Brentano war Mitbegründer des *Vereins für Sozialpolitik*. Seit 1871 lehrte er in Breslau, Straßburg, Wien, Leipzig und seit 1891 in München. Er war Vertreter des Wirtschaftsliberalismus und galt als »Kathedersozialist«.

91 Brentano (1909), S. 606.

92 Vgl. Wolf (1912). Zu dieser Begrifflichkeit: Marcuse (1918), S. 45ff. Eugeniker gaben diesem Modus einen programmatischen Akzent für eine eugenische Geburtenpolitik. Vgl. hierzu Kap. V.

93 Vgl. Pistor, in: Ber. Wiss. Dep. (1911), S. 23; Dietrich, ebd., S. 57; Oldenberg (1911), S. 346ff.; Wolf (1912), S. 66f.

94 Vgl. Denkschrift (1915), S. 24.

95 So fiel die Fruchtbarkeitsrate in den Städten seit 1876/1880 bis 1905/1910 von 160,64 auf 118,72, dagegen auf dem Lande im gleichen Zeitraum von 182,93 auf 169,88. Vgl. Wolf (1912), S. 72.

96 Vgl. ebd.

97 Vgl. Theilhaber (1913), S. 55.

98 Wolf (1912), S. 73.

99 Oldenberg (1915), S. 7.

100 Pistor, in: Ber. Wiss. Dep. (1911), S. 25; vgl. genauso Denkschrift (1915), S. 36; Lotz (1915), S. 79; Wolf (1912), S. 165.

101 Bornträger (1912), S. 786.

102 Wolf (1912), S. 144.

103 Oldenberg (1915), S. 6.

104 Graßl (1914), S. 111.

105 Ebd., S. 113; vgl. genauso Bornträger (1912), S. 726; Wolf (1912), S. 60ff., 166.

106 Denkschrift (1915), S. 36.

107 Ebd., S. 49.

108 Ebd., S. 68.

109 Bornträger (1912), S. 152.

110 Vgl. ebd.
111 Pistor, in: Ber.Wiss.Dep. (1911), S. 24f.
112 Wolf (1912), S. 62.
113 In Deutschland wuchs sie zwischen 1895 und 1910 von 5 264 393 auf 9 500 000 und 1911 waren 25 % der Arbeiter- und Arbeiterinnenschaft Frauen. Vgl. Denkschrift (1915), S. 22.
114 Vgl. Wolf (1912), S. 63.
115 Graßl (1914), S. 97.
116 Denkschrift (1915), S. 22.
117 Wolf (1912), S. 75, 101; vgl. Bornträger (1912), S. 653; Elster u. a. (1924), S. 645.
118 Wolf (1912), S. 75.
119 Vgl. ebd., S. 76. Als Ausnahme dieser »Regel« nannte er die Stadt Aachen, wo die Geburtenziffer 33,8 und der Stimmenanteil der Zentrums-Partei 86,1 aufwiesen.
120 Verh.d.Reichstags, Sten.Ber., Bd. 287 (1913), S. 3299f.; vgl. genauso Verh.d.Preuß.Abgeordn., Sten.Ber., Bd. 2 (1914), S. 2782: Rede des Abgeordn. von Steinaecker (Zentrum); Verh.d.Reichstags, Sten.Ber., Bd. 291 (1913), S. 6036: Rede des Abgeordn. Graf von Cramer (Konservative).
121 Verh.d.Reichstags, Sten.Ber. Bd. 287 (1913), S. 3454.
122 Ebd., S. 3017; vgl. genauso die Rede des Abgeordneten Fischer (SPD), in: ebd., Bd. 291 (1913), S. 6090.
123 Ebd., Bd. 284 (1912), S. 941.
124 Vgl. die wichtigsten Reichstagsdebatten zum Geburtenrückgang bis 1914, in denen die Parteienpositionen dargelegt sind, in: Verh.d.Reichstags, Sten.Ber., Bd. 262 (1909/10), S. 3300ff.; ebd., Bd. 287 (1912/14), S. 3454ff., 3530ff.; ebd., Bd. 291 (1913), S. 6026ff. u. 6078ff.; ebd., Bd. 291 (1914), S. 6480ff. u. 6658ff.; ebd., Bd. 292 (1914), S. 7168ff., ebd., Bd. 293 (1914), S. 8560ff. Zur Position der Sozialdemokratie vgl. Lewinsohn (1922); Unshelm (1924). Vgl. auch zu den Reichstagsdebatten Stürzbecher (1954).
125 Vgl. Denkschrift (1915), S. 29, 30.
126 Pistor, in: Ber.Wiss.Dep. (1911), S. 15.
127 Dietrich, in: ebd., S. 56.
128 Vgl. zur Entartungstheorie Kap. III.
129 Möbius (1903a), S. 38.
130 Vgl. zur Sozialhygiene im Text Kap. II.
131 Vgl. Denkschrift (1915), S. 20f.
132 Ebd., S. 23.
133 Vgl. z. B. Weinberg (1910), S. 688f.
134 Vgl. genauer im Text Kap. III. Vgl. dazu Gruber (1913), S. 5ff.; Marcuse (1918), S. 45ff.; Pistor, in: Ber.Wiss.Dep. (1911), S. 24.
135 Leitsätze der Deutschen Gesellschaft für Rassenhygiene (1914/15), S. 134.
136 Grotjahn (1921), S. 302. Vgl. zu Grotjahn Kap. II.
137 Ebd.
138 Vgl. Aly, Roth (1984); Berger (1912). Zur Entwicklung und Differenzierung der Statistik im Deutschen Kaiserreich vgl. Aktenvorgang ZStAM, Rep. 76 VIII B, Nr. 4369, *Die statistischen Behörden und die allgemeinen Statistiken über die Bewegung der Bevölkerung*.
139 Denkschrift (1915), S. 25.
140 Vgl. ebd., S. 25f.
141 Grotjahn (1921), S. 303; vgl. auch Gruber (1914a), S. 1026.

142 Vgl. Statistik, Bd. 301 (1912/13), Nr. 703, S. 7:

	Von den verheirateten, verwitweten oder geschiedenen höheren Beamten	mittleren Beamten	Unter-beamten
hatten keine Kinder	19,1 %	17,7 %	13,3 %
1 Kind	27,0 %	28,0 %	23,8 %
2 Kinder	29,7 %	27,4 %	23,7 %
3 "	14,8 %	14,9 %	15,5 %
4 "	6,0 %	6,5 %	9,6 %
5 "	2.1 %	3,0 %	6,0 %
6 und mehr Kinder	1,3 %	2,5 %	8,1 %

143 Vgl. Wolf (1912), S. 44. Die neuere Forschung deckt sich in den Ergebnissen im wesentlichen mit damals zeitgenössischen Untersuchungen. Danach hatte die ländliche Bevölkerung höhere Geburtenziffern als die nicht-agrarische Bevölkerung. Reinhard Spree schließt daraus, daß der Geburtenrückgang in der nicht-ländlichen Bevölkerung früher einsetzte, und zwar in schnellerem Tempo. (Vgl. Spree [1984], S. 51) Erst in den 20er Jahren glich sich die Geburtenrate der agrarischen Bevölkerung dem Niveau der nicht-ländlichen Bevölkerung an. (Vgl. ebd.) Spree hat die Reichsfamilienstatistik von 1905 ausgewertet und sie nach 43 Berufsgruppen spezifiziert. Hier ergab sich, daß ländliche Arbeiter- und Arbeiterinnenschichten um die Jahrhundertwende die höchste Kinderzahl, nämlich zwischen sechs und mehr Kindern, aufwiesen. Zwischen fünf und sechs Kinder wurden bei selbständigen Bauern, Bergarbeitern, Stein-, Glas- und Keramikarbeitern, Bau- und Hilfsarbeitern gezählt. Zwischen vier und fünf Kindern werden bei Selbständigen des Mittelstandes (Kaufleuten), Beamtengruppen der Lokführer, Zugschaffner usw. angegeben. Durchschnittlich hatten Angestellte, Freiberufliche, Offiziere, Richter, Staatsanwälte und Studienräte zwischen zwei und vier Kinder. Weniger als zwei Kinder registrierte man in keiner Berufsgruppe.
Die wenigsten Kinder hatten also Beamte, Angestellte und Freiberufliche, insb. Akademiker – die höchsten Kinderzahlen gab es in ländlichen und Arbeiterinnenschichten. Arbeiterinnen hatten durchschnittlich zwei Kinder mehr als Beamte (Angestellte). Seit den zwanziger Jahren hatte hier allerdings eine starke Annäherung stattgefunden. Die Zahlen »pendelten in sämtlichen Berufsgruppen zwischen ein und unter drei Kindern; maximaler Abstand 1,9 Kinder«. (Spree [1984], S. 53) Kritisch bemerkt sei, daß auch die heutige demographische Forschung am sozialen Status des Mannes orientiert ist und nur »männliche Fruchtbarkeitsstatistiken« errechnet.

144 Lotz, in: Denkschrift (1915), S. 79.

145 Denkschrift (1915), S. 52 und vgl. zur Ausführung dieser Maßnahmen S. 52 ff.

Kapitel II

1 Oldenberg (1915), Bl. 249.
2 Vgl. z. B. Grotjahn (1911); Eulenburg (1905), S. 353; Wolf (1912), S. 187; MdI 26. 7. 1914 an alle Staatsminister, in: ZStAP, 15.01, Nr. 9342, Bd. 1, Bl. 2.
3 Vgl. Frevert (1982), S. 181. Der Arzt Johann Peter Frank (1745–1821) gilt als theoretischer Begründer der »Medizinischen Polizei« und des öffentlichen Gesundheitswesens. Er war Verfasser des sechsbändigen Standardwerks: System einer vollständigen medizinischen Polizei (1779–1788, 1813, 1817–1819. Zu Frank vgl. Breyer (1983); Deppe (1975).
4 Fircks (1898), S. 286f.
5 Ebd., S. 286.
6 Ebd.
7 Graßl (1910), S. 195.
8 Schallmayer (1903), S. 336.
9 Grotjahn (1910), S. 169, 167.
10 Vgl. z. B. Geburtenpolitik – eine nationale Pflicht, in: *Deutsche Tageszeitung* v. 31. 12. 1912; Zur Frage der Geburtenpolitik, in: *Schlesische Zeitung* v. 9. 2. 1913, 3. Beil.
11 Siemens (1918a), S. 17; vgl. ders. (1916); ders. (1916/18).
12 Grandke (1916), S. 4.
13 Vgl. Mann (1973a).
14 Grotjahn (1910), S. 169.
15 Senator in: Noorden, Kaminer (1916), S. IX.
16 Ebd., S. X.
17 Gruber (1909), S. 2053.
18 Zur Person Alfred Ploetz vgl. Doeleke (1975).
19 Vgl. Graphische Darstellung der seit 1909 angekündigten Vorlesungen der Rassenhygiene, in: Günther (1982), S. 60f.
20 Vgl. Galton (1883), S. 24f. Anm. 1: »We greatly want a brief word to express the science of improving stock, which is by no means confined to questions of judicious mating, but which, especially in the case of man, takes cognizance of all influences that tend in however remote a degree to give to the more suitable races or straines of blood a better chance of prevailing speedily over the less suitable than they otherwise would have had. The word *eugenics* would sufficiently express the idea.« 1904 konkretisierte Galton die Deutung von »Eugenik« und faßte die Lehre vom »Wohlgeborensein« als »National Eugenics« (Vgl. Pearson [1924], S. 222). Hiermit unterstrich er den politischen Charakter der Eugenik. Zu Galton vgl. Pearson (1914–1930) zu Galtons Lehre vgl. Mosse (1978), S. 71ff.
21 Den Begriff »Fortpflanzungshygiene« führte Ploetz am Schluß seines Standardwerks ein, definiert als die »Lehre von der Beeinflussung der Variation der Keimzellen und ihrer künstlichen Auslese«. Ploetz (1895), S. 231.
22 Vgl. von zur Mühlen (1977), S. 87.
23 Rüdin (1940), S. 1.
24 Vgl. Doeleke (1975), S. 37, 120; Mann (1973b), S. 80f.
25 Ploetz (1895), S. 5.
26 Ebd., S. 2.
27 Schallmayer (1906), S. 331. Vgl. genauso Eugeniker: Grotjahn (1921), S. 153. Hirsch (1914), S. 215ff. Auf den Unterschied von Rassenhygiene und Eugenik wird in diesem Kapitel noch eingegangen.

28 Schallmayer (1906), S. 332.
29 Vgl. z. B. Grotjahn (1914/15), S. 160; Hirsch (1913), S. 561.
30 Grotjahn (1918), S. 397.
31 Vgl. Ploetz (1911), S. 5; ders. (1904).
32 Ders. (1895), S. 93.
33 Auf sehr verschiedene Weise haben die im Text genannten jüdischen Ärzte an der Formulierung und Praxis der Entartungstheorie, Eugenik oder Rassenhygiene mitgewirkt. Ihr Engagement ist näher im Text dargestellt: Alfred Bernstein, Adolf Gottstein, Max Hirsch, Otto Juliusburger, Magnus Hirschfeld, Cesare Lombroso, Max Marcuse, Albert Moll, Julius Moses, Max Nordau, Heinrich Poll, Hermann Senator, Felix Theilhaber.
34 Ploetz (1895), S. 141, 81, 142. Vgl. genauso Schallmayer (1903), S. 157.
35 Schallmayer (1903), S. 79.
36 Ebd.
37 Vgl. hierzu Kap. III.
38 Vgl. Darwin (1871, 1), S. 81.
39 Schallmayer (1903), S. 249; vgl. auch ders. (1910). Zum Verhältnis von Rassenanthropologie und Rassenhygiene vgl. Kroll (1983), S. 4ff.; Mosse (1978) S 73ff.; Conrad-Martius (1955), S. 131ff.
40 Vgl. Mann (1978), S. 105.
41 Schallmayer (1907), S. 11.
42 Ebd.
43 Ploetz (1895), S. 13.
44 Vgl. Mosse (1978), S. 70.
45 Zu dieser naturwissenschaftlichen Ausrichtung der Rassenhygiene und Eugenik vgl. Baader (1980), S. 43; Nowak (1978), S. 29; Kroll (1983), S. 21ff.
46 Vgl. Kap. IV.
47 Vgl. Malthus (1977).
48 Der Neomalthusianismus lehnte sich an Malthus an, jedoch mit dem Unterschied, daß die prognostizierte »Bevölkerungskatastrophe« nicht durch sexuelle Enthaltsamkeit, sondern durch die massenhafte Anwendung von Verhütungsmitteln verhindert werden sollte. In England hatte sich diese Bewegung 1877 mit der *Malthusian League* konstituiert. Ihr Präsident war der Mediziner Charles R. Drysdale. Diese Bewegung formierte sich international, und auch ihr gehörten in erster Linie Mediziner an. In Deutschland formierte sie sich in den 1880er Jahren. Seit 1900 fanden regelmäßig internationale Kongresse der Neomalthusianer statt. Weitere wurden 1905, 1910 und im Jahre 1911 in Dresden organisiert. Vgl. hierzu Glass (1967), S. 35ff.; ders. (1972); Trallori (1983), S. 15ff.
49 Köllmann (1976), S. 13.
50 Vgl. hierzu Lesky (1977); Deppe, Regus (1975).
51 Vgl. hierzu die Arbeiten von Spree und Frevert; Huerkamp (1980); Stürzbecher (1977); Neuhaus (1986); Göckenjan (1985); Conze (1976), S. 632ff.
52 Vgl. Spree (1981), S. 30ff.
53 Sie sanken seit den neunziger Jahren und machten sich zunächst statistisch durch die neuen Sterblichkeitsverhältnisse kaum bemerkbar.
54 Ploetz (1895), S. 149.
55 Siemens (1916/18). Vgl. genauso Gruber (1909), S. 2053. Gruber sprach hier von der »Verpöbelung auf generativem Wege«.
56 Weil diese Begrifflichkeit durch-

gängig ist, wird sie nicht extra ausgewiesen.

57 Selbst die Autoren Hans-Georg Güse und Norbert Schmacke bleiben in ihrer ideologiekritischen Geschichtsschreibung der Psychiatrie seit dem 19. Jahrhundert diesem Jargon treu und sprechen von dem »großen Heer der Geisteskranken« als historisch neuem Phänomen seit Mitte des 19. Jahrhunderts. (Güse, Schmacke [1976, 1], S. 53). Abgesehen von der Sprache, in der hier ein bestimmtes Kampfbild entworfen wird, ist die tatsächliche Zahl psychisch leidender Menschen zu dieser Zeit aus folgenden Gründen völlig ungeklärt: die Kategorie »geisteskrank« umfaßte sowohl seelisch leidende Menschen als auch solche, die gesellschaftlich nicht angepaßt waren (vgl. Degenerationslehre Kap. III). In dieser Eigenschaft wurden sie als »geisteskrank« zunehmend stigmatisiert; Psychiater führten die Expansion von Irrenanstalten seit Ende des 19. Jahrhunderts auf einen realen Anstieg psychisch Kranker zurück, ebenso erklärten zeitgenössische Ärzte diese Ausweitung der Psychiatrie auch damit, daß hier ein neuartiges Instrument sozialer Kontrolle und Disziplinierung gefunden worden war und gerade in dieser Funktion die Psychiatrie solch rapiden Aufschwung nahm.

58 Vgl. z. B. anders Gisela Bock. Sie vertritt die Auffassung, daß Rassenhyiene eine »Antwort auf den (Neo-)Malthusianismus, die sich verbreitende Geburtenkontrolle« gewesen sei. (Bock [1986], S. 42.) Vgl. konträr zu meiner These über den Neomalthusianismus als eugenische Bewegung Kap. IV.

59 Vgl. Fischer, Krengel, Wietog (1982), S. 104 ff.; Borchardt (1976).

60 Vgl. Kocka, Ritter (1982), S. 243 ff.

61 Vgl. Grotjahn (1902).

62 Weindling (1984b), S. 6.

63 Grotjahn (1915a).

64 Grotjahn (1904), S. 1026.

65 Vgl. Weindling (1984b), S. 15.

66 Gregor (1927), S. 424.

67 Vgl. hierzu zwei Sehweisen Tutzke (1959); ders. (1979); Nadav (1985b), S. 62 ff.; Roth (1984); Weindling (1984); Deppe (1983).

68 Vgl. z. B. Grotjahn (1921), S. 363.

69 Grotjahn (1918), S. 397; vgl. ebd., S. 439. Hier griff Grotjahn die Theorie der Kontraselektion als einen »wertvollen Gedanken« auf. Vgl. auch ders. (1921), S. 149.

70 Vgl. Grotjahn (1915a), S. 479. Vgl. genauso ders. (1912), S. 265. Vgl. aus rassenhygienischer Sicht Schallmayer (1905), S. 109 ff.

71 Vgl. Ploetz (1895), S. 61ff., 98 f., 144 ff.

72 Ebd., S. 150.

73 Nur in Frankreich war ein Trend zur Geburtenkontrolle eindeutig festgestellt worden.

74 Vgl. Querner (1973), S. 21.

75 Vgl. auch für das folgende Plesse, Rux (1982); Mann (1978), S. 103; Gregor Johann Mendel 1822–1884 (1965).

76 Vgl. hierzu ausführlich Kap. III.

77 Vgl. anderes Bock (1986), S. 36.

78 Baur und Correns waren seit

1920 im *Beirat für Rassenhygiene* im Preußischen Ministerium für Volkswohlfahrt tätig. Vgl. zur Funktion und Besetzung dieses Gremiums Anm. III, 134. Baur war Mitverfasser des rassenhygienischen und eugenischen Klassikers der zwanziger und dreißiger Jahre, Baur, Lenz, Fischer (1920–21; 1931; 1940).

79 Tschermak hatte in der Sektion *Rassenhygiene* der Dresdner Hygiene-Ausstellung 1911 mitgearbeitet. Vgl. Gruber, Rüdin (1911), S. 2f.

80 Vgl. zu Crick (Anm. III,94) über seine Teilnahme an dem bekannten *Ciba-Symposium,* auf dem sich die dort versammelten Wissenschaftler einhellig zur Eugenik bekannten und eine entsprechende Politik forderten, dieses Mal jedoch nicht mehr im herkömmlichen Sinne mit Hilfe von Sterilisation und Heiratsgesetzen, sondern in Form von Samenbanken und Genmanipulation.

81 Zit. n. Mann (1973a), S. 85.

82 Menschenzucht wurde von ihnen als unsolide Wissenschaft abqualifiziert. Vgl. hierzu Mann (1977). Vgl. anders Weingart (1985), S. 320ff.

83 A. Knaur, Rezension W. Schallmayer, Vererbung und Auslese in ihrer soziologischen und politischen Bedeutung, Jena ²1910, in: ARGB 9 (1912), S. 396; ebenso Martius (1910), S. 470ff.; Schallmayer (1903), S. 258: »Aber die Aufgabe, die eine am Menschen angewandte Zuchtwahl zu lösen hätte, wäre nicht die, eine neue Rasse zu züchten, sondern ... die Degenerierten ... von der Fortpflanzung auszuschließen«. Anders stellten sich Rassenanthropologen »Höherentwicklung« vor. Die radikalste züchterische Konzeption in Deutschland hatte Willibald Hentschel entwickelt. Er hatte die Fiktion von einem »deutschen Dorf« – die »Stätte rassischer Hochzucht«, die er »Mittgart« taufte. Die Monogamie sollte vollständig aufgehoben werden, statt dessen ging es nur noch um nackte »Menschenproduktion«: »Die auf Treue und Glauben gegründete Mittgart-Ehe währt so lange, bis sich die Frau in gesegneten Umständen befindet«. Hentschel errechnete auf »1000 Frauenwirtschaften« – wie er es nannte – einen »jährlichen Zufluß von 100000 neuen Menschen«. (Hentschel [1907], S. 610, 601, 608.)

84 Hiram M. Stanley (amerikanischer Schriftsteller), zit. n. Schallmayer (1903), S. 355.

85 Heinrich Poll, Bericht über die Berücksichtigung eugenischer Gesichtspunkte der Einkommensregulierung (Steuergesetze, Tarifverträge), in: ZStAM, Rep. 76 VIII B, Nr. 2072, Bl. 131. Vgl. zum *Beirat für Rassenhygiene* Anm. III,134.

86 Schallmayer (1903), S. 147.

87 Conrad-Martius (1955), S. 77.

88 Mann (1973b), S. 76.

89 Vgl. hierzu Kelly (1981), S. 107f.

90 1910 erschien es in der zweiten und 1920 in seiner vierten Auflage.

91 Preisaufgabe (1910), S. 21. Vgl. auch Bechhold vom 1. 3. 1911 an RMdI, in: ZStAP, 15.01, Nr. 9194, Bd. 4, Bl. 48ff.

92 Vgl. Zeitschr.f.Soc.wiss. N.F. 1 (1910), S. 122.
93 Vgl. »Was kosten die schlechten Rassenelemente den Staat?«, in: Psych.Neuro.W. 11 (1909/1910), S. 408f.
94 Vgl. Bechhold v. 18.3.11 an RMdI, in: ZStAP, 15.01, Nr. 9194, Bd. 4, Bl. 54.
95 Vgl. Jens (1913); Berichte über das Preisausschreiben, vgl. Kaup (1913); Rezension von Arthur Wollny in: ARGB 9 (1912), S. 790–792.
96 Annonce des Preisausschreibens. »Was kosten die schlechten Rassenelemente den Staat und die Gesellschaft?«, in«: ZStAP, 15.01, Nr. 9194, Bd. 4, Bl. 49.
97 Kaup (1913), S. 723.
98 Zur Minderwertigkeit zählte Jens »die durch Unterstützungen infolge Krankheit, Arbeitsscheu, Müßiggang, Trunksucht, Liederlichkeit usw.« zu Unterhaltenden. (Ebd. [1913], S. 723f.).
99 Vgl. Kroll (1983), S. 115 und ARGB 8 (1911), S. 275f.
100 Abgedr. in: ARGB 10 (1913), S. 67–92.
101 Vgl. ARGB 11 (1915/16), S. 136f.
102 Woltmann, Buhmann (1902), S. 497, 498.
103 Zu Fritz Lenz vgl. Rissom (1983)
104 Vgl. Vorwort der Herausgeber in: ARGB 1 (1904), S. III.
105 Vgl. ebd., S. III/IV.
106 Kroll (1983), S. 109. Vgl. auch Mann (1973b), S. 82.
107 1906 hatten andere Fachschriften wie z. B. das *Archiv für Geburtshilfe und Gynäkologie,* hrsg. v. Alfred Hegar, vergleichsweise eine Auflagenhöhe von 550; die *Monatsschrift für Psychiatrie und Neurologie,* hrsg. v. C. Wernicke, eine Aufl. von 500 Exemplaren; das *Zentralblatt für Gynäkologie,* hrsg. v. R. Fritsch, eine Auflage von 2850 Exemplaren.
108 Vgl. Zmarzlik (1963), S. 265.
109 Vgl. Mann (1973b), S. 82.
110 Vgl. Kroll (1983), S. 112.
111 Vgl. Martius (1910), S. 471f.
112 Kroll (1983), S. 113.
113 Bis 1930 hatten sich 16 Ortsgruppen und vier Gruppen in Österreich formiert. Vgl. Baader (1980), S. 48.
114 Vgl. Veranstaltung am 17. 12. 1910 in der *Neuen Welt* Berlin-Neukölln, aufgelistet in: ZStAM, Rep. 77, Tit. 435, Nr. 43, Beia. 2, Heft b – Sittenpolizei –, Bl. 31.
115 Zu Haeckel vgl. Baader (1980), S. 40f.
116 Vgl. Uschmann (1984), S. 101.
117 Vgl. ausführlicher im Text zur Beziehung von Rassenhygiene und Sozialismus Kap. III.
118 Haeckel (1981), S.103.
119 Baader (1980), S. 42.
120 Vgl. Zmarzlik (1963), S. 259.
121 Roesle (1914), S. 2.
122 Vgl. Schallmayer (1906); Gottsein (1907); Grotjahn (1911); Wilhelm (1914); Jens (1913); darin auch abgedruckt die Berichte der *Berliner Gesellschaft für Rassenhygiene.*
123 Vgl. hierzu Tutzke (1979), S. 30f.
124 Vgl. Sitzungsberichte (1906), S. 75.
125 Vgl. Sitzungsberichte (1908), (1909), (1911).
126 Vgl. Kap. I. Dietrich rezipierte in seinem Referat (Ber.Wiss.-

Dep. 1911) die einschlägige rassenhygienische Literatur. Vgl. auch Weindling (1985).
127 Haeberle (1983), S. 1.
128 Ebd.
129 Vgl. ebd., S. 2ff.; zu den einzelnen Personen mehr in Kap. III.
130 Vgl. Sitzungsberichte (1914), S. 33. In den 20er Jahren wurde sie zum Zentrum der großen sexualreformerischen Bewegung. Ihren politischen Aktivitäten, wie z. B. die Einrichtung der Sexualberatungsstellen in Berlin, lag ein eindeutig eugenisches Konzept zugrunde. Vgl. zur Sexualreformbewegung Grossmann (1984); von Soden (1988).
131 Vgl. Einladung zum »Kursus der Sexualwissenschaft« am 9.–26. Juni 1914, in: BAK, Rep. 319, R 86, Nr. 2371, Bl. 42, 39 f.
132 Vgl. Vorbemerkung der Herausgeber, in: Zeitschr. f. Sex.-wiss. 1 (1914), S. 1; Bloch (1914), S. 10. Hier erklärte Bloch »die Frage der Rassenveredelung oder besser Menschenveredelung« zum Bereich der Sexualwissenschaft.
133 Günther (1982), S. 65.
134 Vgl. ebd.
135 Ebd., S. 66.
136 Vgl. die in diesem Seminar formulierten Leitsätze in: Kaup (1913), S. 748.
137 Vgl. Spree (1981), S. 99.
138 Vgl. Dtsch.med.W. 27 (1901), S. XL; XLIV.
139 Vgl. z. B. die Artikel von Gruber (1909), (1914a); Kappis (1912); Juliusburger (1912); Koeppe (1905); Hegar (1913).
140 Vgl. Ausstellungskatalog für Gesundheitspflege Stuttgart 1914, in: ZStAP, 15.01, Nr. 11137, Bd. 8, Bl. 198, 202.
141 Vgl. Offizieller Katalog (o. J.), S. 5.
142 Vgl. ARGB 8 (1911), S. 397.
143 Von 31 Ärzten waren 9 Medizinprofessoren und 9 Psychiater, aber auch Biologen, Zoologen und zwei Statistiker nahmen daran teil. Unter ihnen waren u. a. der Züricher Psychiatrieprofessor und Direktor der Irrenheilanstalt Burghölzli-Zürich Eugen Bleuler (1857–1939), der Freiburger Professor für Anthropologie und Anatomie Eugen Fischer (1887–1967), der Lindauer Bezirksarzt Josef Grassl, der Dresdner Psychiater und Oberarzt der dortigen Irrenheilanstalt Paul Nitsche, der Jenaer Professor für Zoologie Ludwig Plate, der Psychiater der Irrenheilanstalt Illenau Hans Roemer, der berühmte Psychiatrieprofessor und Direktor der Illenauer Irrenheilanstalt Heinrich Schüle (1840–1916), der Wiener Professor für Pflanzenzüchtung Erich von Tschermack (1871–1962) und der Stuttgarter Professor für Zoologie Heinrich Ziegler. Vgl. Gruber, Rüdin, S. 1 ff.; Offizieller Katalog (o. J.), S. 260 f.
144 Ebd., S. 258.
145 Gruber, Rüdin (1911), S. 91 ff.
146 Vgl. Offizieller Katalog (o. J.), S. 255 f.
147 Vgl. Ausstellungskatalog in: ZStAP, 15.01, Nr. 11137, Bl. 196 ff.
148 Ebd., Bl. 202.
149 Ebd.
150 Vgl. Rüdin (1904).
151 Mayer (1927), S. 195.
152 Stammer (1911/1912), S. 13. Zur

Sterilisationspraxis vor dem Ersten Weltkrieg vgl. Kap. IV.

153 Berichtüber den VII. Internationalen Kongreß für Kriminalanthropologie (1911/1912), S. 741.

154 Vgl. ebd., S. 743.

155 Ebd., S. 740.

156 Vgl. Mann (1970), S. 106.

157 ARGB 9 (1912), S. 262.

158 Nach *National-Zeitung* v. 30. 7. 1912.

159 Nach *Berliner Tageblatt* v. 27. 7. 1912.

160 Vgl. ebd., *National-Zeitung* v. 30. 7. 1912 und Beil. v. 30. 7. 1912; *Frankfurter Zeitung* v. 2. 8. 1912.

161 Nach *Berliner Tageblatt* v. 27. 7. 1912.

162 *National-Zeitung* v. 30. 7. 1912, Beil.

163 Vgl. Mann (1970), S. 106 ff.

164 Vgl. Rohleder (1915/16), S. 17.

165 Ebd., S. 18; vgl. auch ARGB 8 (1911), S. 268 ff.

166 Vgl. ARGB 10 (1913), S. 385 f. u. 531 f.

167 Berliner Gesellschaft für Rassenhygiene. Was will die Rassenhygiene?, in: BAK, Rep. 319, R 86, Nr. 2371, Bl. 78.

168 Rohleder (1915/16), S. 19.

169 Arthur McDonald v. 26. 11. 1908 an RMdI, in: ZStAP, 30.1, Nr. 5990, Bd. 3, Bl. 7.

170 Vgl. RJA v. 9. 4. 1913 an Auswärtiges Amt, in: ZStAP, 30.1, Nr. 5590, Bd. 3, Bl. 114; vgl. außerdem ebd., Bl. 6–11, 25 ff., 91 ff., 133 ff.

171 Erhardt (1905), Bl. 20–24.

172 Einladung zum Beitritt zur *Deutschen Gesellschaft für Soziologie,* S. 4 ff., in: BAK, Rep. 319, R 86 II, Nr. 2306.

173 Vgl. Zeitschr. f. Soc. wiss. N. F. 1 (1910), S. 679.

174 Dazu Potthoff (1911), S. 86: »Und unter Zustimmung aller Anwesenden stellte der Versammlungsleiter am Schlusse fest, daß man von einem Zusammenwirken der ›Soziologen‹ mit den Biologen sich recht viel verspräche«; vgl. Kroll (1983), S. 117 f.

175 Geschäftsberichte und Diskussionsreden auf den deutschen soziologischen Tagungen (1910, 1912), abgdr. in: Weber (1924), S. 462; Vgl. den Bericht über diese Diskussion in: Schallmayer (1911).

176 Wittkopf (1982), S. 23.

177 Vgl. von Ehrenfels (1902/03); zur personellen Besetzung vgl. Gründungsaufruf (1904/05).

178 Vgl. Schlüpmann (1984), S. 34, Anm. 118.

179 Vgl. Wittkopf (1982), S. 24.

180 Vgl. hierzu ebd.; Schlüpmann (1984); Wickert, Hamburger, Linau (1982); vgl. außerdem Nowacki (1983); Zimmermann (1984); Allen (1985).

181 Stöcker (1905/06), S. 9. Vgl. auch Borgius (1905/06); Stöcker (1912), S. 594.

182 Ploetz (1905), S. 317, S. 164 ff.; vgl. zum Verhältnis von Rassenhygienikern und dem *Bund für Mutterschutz* Janssen-Jurreit (1979), S. 152 ff. Bisher wurde es in der historischen Frauenforschung versäumt, die Frauenbewegung in ihrer Verbindung zur Rassenhygiene und Eugenik historisch einzuordnen. So hat sich eine Kontroverse entwickelt zwischen den Einschätzungen, die Sexualreformbewegung sei nichts anderes als protofaschistische Frauenpolitik (vgl. Janssen-Jurreit) gewesen,

oder aber eugenische Konzepte innerhalb der Frauenbewegung hatten dem »Zeitgeist« (vgl. Wickert u. a.) entsprochen. Durch oberflächliche Betrachtungen der Rassenhygiene und Eugenik wurden sie häufig mit kolonialen und antisemitischen Ideologien gleichgesetzt, um sie schließlich von der Frauenbewegung abzugrenzen. (Vgl. Schlüpmann, S. 26) Schlüpmann gelangt infolgedessen zu der Einschätzung, daß sich im »eugenischen ›Qualitätsbegriff‹ ... die Stärke aufklärerischer Tradition im Bund« sogar kristallisiert habe (ebd. S. 28), ohne de facto diesen »Qualitätsbegriff« kritisch zu hinterfragen. Alle historischen Bewertungen haben häufig rückprojizierend die nationalsozialistische Rassenpolitik mit der Rassenhygiene im Kaiserreich identifiziert. (Vgl. z. B. Nowacki.)

183 Vgl. hierzu Schipperges (1968).

184 Firscher-Homberger (1977), S. 102.

185 Rudolf Virchow, *Der Armenarzt* (1848), Auszug abgedr. in: Deppe, Regus (1975), S. 175 f.

186 Rudolf Virchow, *Atome und Individuen.* Vortrag gehalten im wissenschaftlichen Vereine der Singakademie zu Berlin am 12. Februar 1859, in: Rudolf Virchow, *Drei Reden über Leben Kranksein,* ND München 1971, S. 50, zit. n. Regus (1975), S. 54.

187 Vgl. hierzu Weindling (1981); Mann (1975); Schlechta (1973).

Kapitel III

1 von Braun (1985), S. 232.

2 Diese Interpretation stammt von Christina von Braun. Vgl. ebd., S. 233 f.

3 Vgl. ebd., S. 234.

4 Vgl. hierzu genauer Kap. II.

5 Die bundesrepublikanische und die DDR-Geschichtsschreibung der Rassenhygiene haben sich zu einem großen Teil deswegen als verkürzt erwiesen, weil sie ihren Ausgangspunkt retrospektiv im Nationalsozialismus suchten und von diesem Blickwinkel aus zu immer wieder ähnlichen Schlußfolgerungen gelangten: Die Rassenhygiene wurde politisch dem sogenannten rechten Lager zugeordnet und als Ideologie des Imperialismus, Kapitalismus, des aufsteigenden Bürgertums, des Mittelstands usw. identifiziert. Meist ist diese politische Einordnung an die These der Pseudowissenschaftlichkeit und des Irrationalismus geknüpft. Solche politischen Klassifikationen ignorieren die gesellschaftliche Avantgarderolle, die Rassenhygieniker und Eugeniker für sich beanspruchten und in der Tat auch erfüllten. Vgl. z. B. Thomann (1985), S. 31 f.; Lukács (1974), S. 577; Jeschal (1980), S. 58. Zu Thesen der Pseudowissenschaftlichkeit vgl. z. B. von zur Mühlen (1977); Thomann (1985), S. 31; Erich Wulff, Vorwort zu Güse/Schmacke (1976), S. V; Mosse (1978), S. 83.

6 Vgl. Kautsky (1910), Kap. 17; vgl. außerdem zur Kontroverse Darwinismus und Marxismus: Bebel (1974), S. 7 ff., 289 ff.;

Lange (1879), S. 238; Ziegler (1894); Engels (1970), S. 63 ff.; Blaschko (1894); Woltmann (1899); Schmidt (1878); Schallmayer (1911). Auf diese Kontroverse kann nicht eingegangen werden. Vgl. genauer Marten (1983), S. 69 ff.; Steinberg (1972), S. 43 ff.; Groh (1981).

7 Schallmayer (1903), S. 96, 88; ders. (1912), S. 620 f., Anm. 3; Ploetz (1895), S. 175; Becher (1910), S. 137. Vgl. Darwin-Rezeption von Ploetz (1895), S. 15 ff.; vgl. auch ARGB 10 (1913), S. 831; ebd. 9 (1912), S. 263.

8 Schallmayer (1903), S. IX; Ploetz (1895), S. 15.

9 Vgl. Arbeiten, die Rassenhygiene stets mit Blick auf den Nationalsozialismus untersuchen; so z. B. Baader (1980); Bock (1986), S. 28 ff.; Thomann (1985); Conrad-Martius (1955); Nowak (1978); Klee (1985), S. 15; Lukács (^{2}1974), S. 577–662; Roth (1984). Mehr unter dem Blickwinkel der Rassenhygiene und Eugenik im wissenschaftshistorischen Kontext vgl. z. B. die Arbeiten von Mann (1969, 1973, 1975, 1977, 1978); Kroll (1983); Mosse (1978); Wehler (1973); Weindling (1984); Schmiedebach (1987); Usborne (1989).

10 Darwin (1871, 1), S. 154.

11 Ebd., S. 118.

12 Vgl. ebd., S. 117.

13 Im folgenden wird nicht auf die Vorläufer, die an der Entwicklung der Evolutionstheorie entscheidend mitgewirkt haben, eingegangen. Hierzu zählen u. a. Jean Baptiste de Lamarck (1744–1829), Leclerc de Buffon (1707–1788), Charles Lyell (1797–1875), Carl von Linné (1707–1778), Gotthold Reinhold Treviranus (1779–1864), Karl Ernst von Baer (1792–1876). Sie und viele andere hatten die Diskussion über die Evolution geführt und entsprechende Forschungen unternommen. Nur gilt Darwin als der erste, der die Evolutionstheorie als geschlossenes System zusammenfaßte. Vgl. hierzu Querner (1973); Schmitz (1983); Altner (1981); Mosse (1978), S. 23 ff.

14 Vgl. z. B. Schallmayer (1903), S. 2 ff., 94 ff., 151 ff., 213 ff., 336 ff.; Ploetz (1895), S. 16 ff., 41 ff., 114 ff.

15 Vgl. Malthus (1977).

16 Zit. in: Schmitz (1982), S. 93.

17 Vgl. Darwin (1859), S. 8, 27, 98; ders. (1871, 1), S. 113 ff.; ebd. 2, S. 340.

18 Schallmayer (1903), S. 95.

19 Haeckel (1981), S. 103.

20 Vgl. Darwin (1859), S. 114.

21 Haeckel (1981), S. 103.

22 Darwin (1871, 1), S. 157.

23 Ders. (1859), S. 98.

24 Zu Darwins Zeiten wurde über Vererbungsmechanismen noch spekuliert – sie galten als ungeklärt. Er vermutete aber eine Wechselbeziehung zwischen antrainierten Reaktionen im Lebenskampf und einem dadurch in Gang gesetzten Vererbungsprozeß. Vgl. Darwin, ebd., S. 35 ff.; ders. (1871, 1), S. 87, 95, 142, 247 ff. Psychische Eigenschaften beim Menschen dagegen klassifizierte Darwin als von der Umwelt unabhängige, angeborene Eigenschaften: »Ich bin geneigt, mit Francis Galton darin übereinzustimmen, daß

Erziehung und Umgebung nur eine geringe Wirkung auf den Geist eines jedes ausüben und daß die meisten unserer Eigenschaften angeboren sind.« Autobiographie, in: Schmitz (1982), S. 35; vgl. genauso Darwin (1871, 1), S. 33, 72, 87, 98 ff.; ebd. 2, S. 252, 347.

25 Darwin (1859), S. 97. Zur Begrifflichkeit vgl. Pörksen (1976).

26 Darwin (1859), S. 28.

27 Ebd., S. 659.

28 Darwin (1871, 2), S. 355.

29 Vgl. z. B. Ploetz (1895), S. 4; Schallmayer (1903), S. 336.

30 »Selektion« stammt aus dem Lateinischen und hat die Bedeutung von »Auswahl« oder »Auslese«. In den Übersetzungen wurden deswegen die Begriffe »natürliche Zuchtwahl«, »Auslese« oder »Selektion« synonym verwendet.

31 Darwin (1859), S. 177.

32 Ebd., S. 180.

33 Das Prinzip der *natürlichen Zuchtwahl* benannte Darwin seit der 5. Auflage der *Entstehung der Arten* (1869) mit der von dem englischen Philosophen Herbert Spencer (1820–1903) geprägten Formel »Überleben der Tüchtigsten« oder der »Passendsten«. Herbert Spencer war ein Vertreter der evolutionären Aufklärungsphilosophie, in der von einem allgemeingültigen Entwicklungsgesetz für Geschichte, Gesellschaft und Natur ausgegangen wurde. Auch hier wieder hatte Darwin eine sozialwissenschaftliche Kategorie in seiner Selektionstheorie verarbeitet. Vgl. Schmitz (1983), S. 194.

34 Vgl. zu seinem Naturbegriff Darwin (1859), S. 117.

35 Ebd., S. 120 f.

36 Um menschliche züchterische Aktivitäten gegenüber »Nutz«-Pflanzen und »Nutz«-Tieren von der *natürlichen Zuchtwahl* abzugrenzen, hatte Darwin zusätzlich den Begriff der *künstlichen Zuchtwahl* (»artificial selection«) eingeführt. Mit der Auffassung, daß die »natürliche Zuchtwahl ... des Menschen schwachen Bemühungen so unermeßlich überlegen ist, wie eben das Wirken der Natur dem der Kunst« und »die Produkte der Natur viel ›echter‹ im Charakter sind als die des Menschen«, so daß sie schließlich »den Stempel höherer Meisterschaft tragen« (ebd., S. 96, 120), maß Darwin der »natürlichen Zuchtwahl« eine ganz eigene, für den Menschen unerreichbare Effizienz bei. Nur kurz kam er auf die Möglichkeit von *künstlicher Zuchtwahl* von Menschen durch Menschen zu sprechen, hielt sie aber für abwegig, vgl. Darwin (1871, 1), S. 96.

37 Vgl. ebd., S. 92 ff.; ebd. 2, S. 277, 339 ff.

38 Ebd. 1, S. 30.

39 Vgl. ebd. 2, S. 342 ff.

40 Ebd. 1, S. 144.

41 Ebd. 1, S. 156.

42 Sternberger (1946), S. 96.

43 Ebd., S. 93.

44 Darwin (1871, 1), S. 145.

45 So z. B. auf die Schrift Galton (1869).

46 Vgl. zu Wallace Schmitz (1983), S. 202 ff.

47 Vgl. Darwin (1871, 1), S. 146.

48 Ebd., S. 146 ff.

49 Ebd., S. 148, 146.

50 Ebd., S. 146.

51 Vgl. ebd. 1, S. 147.

52 Vgl. ebd. 2, S. 354 f.
53 Ebd. 1, S. 151 f.
54 Ebd., S. 150.
55 Ebd., S. 152, 153.
56 Ebd., S. 157.
57 Ebd. 2, S. 354.
58 Ebd.
59 Vgl. ebd. 1, S. 89, 95, 145 ff., 151 ff.; ebd. 2, S. 304; Schmitz (1982), S. 35. 1894 berichtete Alfred Russel Wallace über Darwins Sicht kurz vor seinem Tode: »In einer meiner letzten Unterhaltungen mit Darwin sprach er sich sehr wenig hoffnungsvoll über die Zukunft der Menschheit aus, und zwar auf Grund der Beobachtung, daß in unserer modernen Civilisation eine natürliche Auslese nicht zu Stande komme und die Tüchtigen nicht überlebten.« (Wallace [1894], S. 10). Der Arzt und Sexualwissenschaftler Hermann Rohleder erklärte in einer Abhandlung über die Geschichte der Eugenik, daß der Gedanke der »Rassenveredlung« seine »wissenschaftliche Begründung ... durch den großen Naturforscher Charles Darwin« erfuhr und Darwin über die Arbeiten Galtons »sagte, daß er sich *nicht* erinnern könne, je in seinem Leben etwas Originelleres und Interessanteres gelesen zu haben«. (Rohleder, 1915/16, S. 17). So auch Nancy Stepan (1982), S. 210, Anm. 11: »Darwin, as is well known, was deeply impressed with Galton's arguments concerning the inheritance of mental qualities.«
60 Vgl. Darwin (1871, 1), S. 147.
61 Rudolf Goldscheid, *Darwin als Lebenselement unserer modernen Kultur,* Wien – Leipzig 1909, zit. n. Ludwig Plate, Rezension in: ARGB 7 (1910), S. 101; vgl. genauso Lenz (1910), S. 306 ff.
62 Mantegazza (1880), S. 3, 4.
63 Darwin (1871, 2), S. 350.
64 Ebd., S. 251.
65 Wie an kaum einer anderen Stelle sprang Darwin in der Beschreibung der »sexuellen Zuchtwahl« zwischen Mensch und Tier bzw. zwischen Weibchen und Frauen, Männchen und Männern. Aus diesem Grunde wird im folgenden die Ausdrucksweise aus dem jeweiligen Erklärungszusammenhang übernommen.
66 Darwin (1871, 2), S. 228; vgl. ebd., S. 353.
67 Vgl. anders Bock (1986), S. 30: Sie geht davon aus, Darwin habe diese Kategorie für die Erklärung »irrationaler Auslesefaktoren« eingeführt.
68 Darwin (1871, 2). S. 338.
69 Vgl. ebd., S. 286.
70 Hier sprach Darwin den Weibchen (Frauen) einen aktiven Part zu, weil sie auf sinnliche Reize reagierten und sich einen entsprechenden Partner wählten. Vgl. Darwin (1871, 2), S. 350.
71 Ebd., S. 246.
72 Ebd., S. 354.
73 Ebd. 1, S. 232.
74 Darwin (1871, 1), S. 228.
75 Ebd., S. 226; vgl. genauso ders. (1859), S. 126 ff.
76 Ebd., S. 240.
77 Ebd.
78 Vgl. ebd. 2, Kap. 19–21; S. 277 ff.
79 Der Hirnanatom Franz Gall (1758–1828) zählt zu den Begründern dieser Forschungsrichtung, in der zwischen der Schädelform eines Menschen

und dessen Intellekt und Emotionalität ein Zusammenhang behauptet wurde. Gall schuf die Grundlage für die damals aufkommende psychiatrische, lokalistische Erklärung der Ursachen von »Gehirnkrankheiten«. Vgl. hierzu im Text genauer Kap. V.

80 Vgl. ebd. 1, S. 29 ff., 149, 125 f.; ebd. 2, S. 354.

81 Darwin (1871, 2), S. 289, Anm. 24. Zit. n. Vogt, *Vorlesungen über den Menschen*, Bd. 1, S. 95. Darwin stützte sich auf die Anthropologen Welcker, Huschke und Vogt.

82 Ebd. 2, S. 277; vgl. auch ebd., S. 281 ff.

83 Ebd., S. 285. Darwin war Vater von zehn Kindern.

84 Ebd., S. 286.

85 Ebd., S. 289 (Hervorhebung A. B.).

86 Vgl. ebd. 1, S. 30 ff., 74, 230 ff.

87 Ebd., S. 231.

88 Die Frage, nach welchen Kriterien Männer sich »Frauen verschafften«, beantwortete Darwin folgendermaßen: »Auch darüber kann kein Zweifel bestehen, dass die kräftigsten, gesündesten und am besten genährten Weibchen im Mittel es dahin bringen, die grösste Zahl von Nachkommen aufzuziehen. Wie wir gesehen haben, sind allgemein die Männchen schon vor den Weibchen zum Fortpflanzungsgeschäft bereit; von den Männchen treiben nun die stärksten und bei einigen Species die am besten bewaffneten die schwächeren Männchen fort, und die ersteren werden sich dann mit den kräftigeren und am besten genährten Weibchen verbinden, da diese die ersten sind, welche zur Brut bereit sind. Derartige kräftige Paare werden sicher eine grössere Zahl von Nachkommen aufziehen, als die zurückgebliebenen Weibchen, welche unter der Voraussetzung, dass die Geschlechter numerisch gleich sind, gezwungen werden, sich mit den besiegten und weniger kräftigen Männchen zu paaren; und hier findet sich dann Alles was nöthig ist, um im Verlaufe aufeinander folgender Generationen die Grösse, Stärke und den Muth der Männchen zu erhöhen oder ihre Waffen zu verbessern.« (Ebd. 1, S. 230 f.)

89 Ebd. 2, S. 289.

90 Vgl. Hausen (1976).

91 Lenz (1910), S. 306.

92 Mosse (1978), S. 70.

93 Ploetz (1895), S. 224 f.

94 Vgl. Jungk, Mundt (1966), S. 424.

95 Vgl. Huxley (1966), S. 46.

96 Ebd., S. 47.

97 Ebd.

98 Ebd., S. 52; vgl. auch zum »Ciba-Symposium« Wagner (1969), S. 8 f.

99 Zit. n. Wilhelm Schallmayer in einem Bericht über das Ploetz-Referat auf dem Soziologentag, in: ders. (1911), S. 705; vgl. wörtlich Ploetz (1904), S. 26. Vgl. genauso Schallmayer (1907), S. 17: »Es besteht ... die Möglichkeit, die mittels der Kultur verhinderten *Personen*ausmerzungen zu ersetzen durch Ausmerzungen bloß ihrer Keime, d. h. durch Nicht*fortpflanzung* dieser minderwertigen Keime«.

100 Schallmayer (1911), S. 705.

101 Ploetz (1895), S. 114 ff.
102 Hegar (1911), S. 76.
103 Ploetz (1895), S. 239.
104 von Gruber (1918), S. 23.
105 Hegar (1911), S. 85.
106 Schallmayer (1903), S. 238; vgl. auch ebd., S. 2 f. Anm. 1.
107 Lenz (1910), S. 308; »Bezeichnet man mit Darwin die verschieden starke Vermehrung der Individuen als sexuelle Selektion, so ist also alles letzten Endes sexuelle Selektion, was ja sehr wichtig für die praktische Rassenhygiene ist.«
108 Ploetz (1895), S. 17; vgl. genauso Schallmayer (1903), S. 2.
109 Siemens (1923), S. 188; ebenso Schallmayer (1907), S. 17 f., 35; Ploetz (1904), S. 25 f.
110 Ebd., S. 5.
111 Ploetz (1895), S. 13; vgl. ebenso Schallmayer (1903), S. 247; Haeckel (1899), S. 13.
112 Potthoff (1911), S. 91; ebenso vgl. Ploetz (1910), S. 131.
113 Ploetz (1895), S. 13.
114 Vgl. Potthoff (1911), S. 90.
115 Vgl. auch Lenz (1910), S. 324.
116 Schallmayer (1903), S. 239.
117 Ebd.
118 Vgl. Mann (1978), S. 102.
119 Darwin selbst fühlte sich allerdings der Kirche weiterhin verbunden und protestierte gegen ihre Reaktion auf sein Werk als eine Verletzung des religiösen Weltbildes. Vgl. Darwin (1859), 15. Kap.
120 Vgl. Hüppauf (1984), S. 57.
121 Vgl. Benz (1962), S. 23; ders. (1961), S. 123 ff.
122 Dieser Schönheitsbegriff war der psychiatrischen Degenerationslehre übernommen. Vgl. Kap. V.
123 Wallace (1894), S. 10.
124 Max von Gruber, Einleitungsrede zur ersten öffentlichen Versammlung der Münchener Ortsgruppe der *Deutschen Gesellschaft für Rassenhygiene*. Zit. n. Siebert (1911), S. 208.
125 Martius (1910), S. 478.
126 Ebd.
127 Schallmayer (1903), S. 379.
128 Ebd., S. 176 f.
129 Galton (1905), S. 813 f.
130 Siebert (1911), S. 210; Siebert zitierte hier den Galton-Schüler Karl Pearson (1857–1936). Ebenso Schallmayer (1907), S. 38: »Ganz in diesem Sinne erhebt in England der hochbegabte und verdienstvolle Forscher Francis Galton an seinem Lebensabend eindringlichst die Forderung, die Eugenik müsse gleich einer Religion in das nationale Bewußtsein eingeführt werden. Galton ist auch der *Ueberzeugung*, daß das eugenetische Ideal starke Anwaltschaft habe, die Weihe einer nationalen Religion zu erhalten.«
131 von Gruber (1910), S. 226.
132 Ebd., S. 225 f.
133 Heinrich Poll, *Bericht über die Berücksichtigung eugenischer Gesichtspunkte bei der Einkommensregulierung* (Steuergesetze, Tarifverträge), verfaßt für die Beiratssitzung am 18. 6. 1921, in: ZStAM, Rep. 76 VIII B, Nr. 2072, Bl. 149.
134 Dieses im Jahre 1920 vom Preußischen Minister für Volkswohlfahrt konstituierte Gremium war mit 13 prominenten Wissenschaftlern besetzt. (Vgl. ZStAM, Rep. 76 VIII B, Nr. 2072, *Beirat für Rassenhygiene).* Im *Beirat für Rassenhygiene* arbeiteten der Universi-

tätsprofessor Max Westenhoefer vom Pathologischen Institut der Universitätsklinik Charité; der Mediziner und Botaniker Erwin Baur von der Landwirtschaftlichen Hochschule Potsdam; Ernst Bumm – Direktor der Universitätsfrauenklinik der Charité; der Medizinalrat Hans Virchow; der Geh. Regierungsrat und Anthropologe Felix von Luschan; der Genetiker Carl Erich Correns – seit 1914 Direktor des Forschungsinstituts für Biologie der *Kaiser-Wilhelm-Gesellschaft* in Berlin-Dahlem; der Direktor der Psychiatrischen Universitätsklinik Berlin und Geheimer Medizinalrat Karl Bonhoeffer; der Physiologe und Direktor des Physiologischen Instituts der Universität Halle, Emil Abderhalden; Emil Roesle vom Reichsgesundheitsamt; der Anatom Heinrich Poll; der Biologe Richard Goldschmidt sowie die Ärztin Agnes Bluhm und der Gynäkologe Max Hirsch. (Vgl. zur Besetzung des Beirats, ebd., Bl. 21 u. 72).

135 Vgl. Schallmayer (1903), S. 243.

136 Ebd., S. 242.

137 Ebd., S. 308, 309.

138 Poll (Anm. 133, in: ZStAM, Rep. VIII B, Nr. 2072, Bl. 133 f.

139 Schallmayer (1905), S. 72. Ebenso Poll im *Beirat für Rassenhygiene*: Gerechtigkeit gäbe es allenfalls, wenn »gleiche(n) Leistungen auch gleiche Rechte entsprechen«. »Deszendenzhygienisch ist aber die Zeugung eines asthenischen oder erbluetischen Kindes keine gleichwertige Leistung, wie die Erb- und Aufzucht Gesunder.« Poll, Anm. 133, Bl. 133.

140 von Hoffmann (1914/15), S. 175.

141 von Gruber (1910), S. 226.

142 Schallmayer (1903), S. 371.

143 Vgl. Ploetz (1895), S. 8 ff., 238 ff.

144 Vgl. ebd.

145 Vgl. Mosse (1978), S. 77.

146 Ebd.

147 Ploetz (1895), S. 146.

148 Schallmayer (1903), S. 371.

149 Friedrich Engels, *Herrn Dührings Umwälzung der Wissenschaft*, Zürich [2]1886, S. 84, zit. n. Schallmayer, ebd., S. 321, Anm. 2.

150 Schallmayer (1903), S. 258; vgl. genauso Poll, (Anm. 133), Bl. 140. Poll sprach von »hochwertiger Sonderklasse«. Vgl. ebd. zu Polls Sozialismusverständnis, Bl. 106.

151 Schallmayer, ebd.

152 Ebd., S. 83.

153 Haeckel (1981), S. 102.

154 Ebd., S. 103.

155 Ploetz, Brief v. 4. 8. 1894 an eine »Vertrauensperson«, deren Name weder aus dem Brief, noch aus der Akte hervorgeht, in: StAP, Pr. Br. Rep. 30 Berlin C, Pol.präs., Titel 94 Lit. P Nr. 692 (lfd. Nr. 12360), *Überwachung des sozialrevolutionären Bestrebungen verdächtigen Schriftstellers Dr. med. Alfred Julius Ploetz 1894–1913*. Es handelte sich um ein Antwortschreiben an einen Mann, der sich bei Ploetz über seine Erfahrungen aus einem Sozialexperiment deutscher Auswanderer in den USA erkundigen wollte. Ploetz wurde 1884 Mitbegründer einer sozialistischen Wirtschaftsgenossenschaft in Iowa unter dem Namen *Pacific*. Er verließ dieses Projekt aber noch im gleichen Jahre und kehrte nach Zürich

zurück. In diesem Schreiben bezeichnete er sein Engagement als »kleine Pacific Episode« und als »Verirrung des Herzens«. (Ebd., Bl. 5) In der Akte wird davon berichtet, daß Ploetz Mitarbeiter der sozialdemokratischen Zeitschrift *Der Sozialistische Akademiker. Organ der Sozialistischen Studirenden und Studirten deutscher Zunge* und »Zeichnender Redakteur für den politischen Theil der ›Welt am Montag‹« sei, daß er aber als »Sozialdemokrat ... sich bis jetzt in keiner Weise bemerkbar gemacht« habe (Pol. Ber. in: ebd., Bl. 7. Vgl. auch Pol. Ber. v. 16. 6. 1897 in: ebd., Bl. 9 ff. v. 2. 4. 1897). *Die Welt am Montag. Unabhängige Zeitung für Politik und Kultur* erschien erstmals 1895 und wurde von Ploetz und Felix Holländer herausgegeben.

156 Fahlbeck (1912), S. 44. Vgl. auch ähnliche sozialhygienische Wertungen des »Lumpenproletariats« in: Roth (1984), S. 38 ff.

157 Ploetz (1895), S. 175.

158 Schallmayer (1903), S. 338 f.

159 Ebd., S. 370.

160 Ebd.

161 Schallmayer (1905), S. 114.

162 Vgl. ebd., S. 109 ff.; ebenso Ploetz (1895), S. 194.

163 Ploetz (1895), S. 212.

164 Vgl. ebd., S. 75. Vgl. genauso Grotjahn (1921), S. 328 ff.

165 Bleuler (1904), S. 313.

166 Ebd.

167 A. Knaur, Rezension über Schallmayer, *Vererbung und Auslese in ihrer soziologischen und politischen Bedeutung,* Jena [2]1910, in: ARGB 9 (1912), S. 397 f.

168 Paulsen (1914/15), S. 169.

169 von Hoffmann (1914/15), S. 186.

170 Schallmayer (1903), S. 336 ff.

171 von Hoffmann (1914/15), S. 188.

172 Ploetz (1895).

173 Kaup (1913), S. 747; vgl. auch Ploetz (1895), S. 196 ff.: »Die Menschheit würde ewig auf Kosten der Gegenwart mit Schmerzen für die Zukunft sorgen« (ebd., S. 196 f.); Schallmayer (1903), S. 152 f.: »Unsere Humanität berücksichtigt ganz einseitig nur die unglücklichen Individuen der gegenwärtigen Generation und ist unglaublich gleichgültig oder blind für die Leiden, die sie mit ihrem selbstgefälligen Tun über Individuen der nächsten und späteren Generationen bringt.«

174 Potthoff (1911), S. 90.

175 Schallmayer (1903), S. 156.

176 Ziertmann (1909), S. 742. Vgl. diese verbreitete Beweisführung anhand der Familie Yuke bis in die 30er Jahre in dem Klassiker der nationalsozialistischen Rassenhygiene: Baur, Fischer, Lenz (1932), S. 123 f.

177 Graßl (1911), S. 188 f.

178 Schallmayer (1903), S. 336.

179 Galton (1905), S. 823.

180 Ebd.; vgl. ebenso Poll (Anm. 133), Bl. 148 f. Er plädierte für »familienkundlich besser ausgestaltete Volkszählung«, ebenso: »neue Geschlechtsregistratur, neue Ebenbürtigkeitsregeln, neue Familien- oder Hausgesetze: Nicht aber nach der sozialen Schicht, oder der Kaste, sondern nach genotypischen Wertigkeiten«.

181 Galton (1905), S. 823.

182 Martius (1910), S. 479.

183 Ebd., S. 480.

184 Graßl (1911), S. 180; vgl. genauso Schallmayer (1903),

S. 337 ff.; Ploetz (1895), S. 145, 215.

185 Ploetz (1895), S. 144.

186 von Ehrenfels (1911), S. 71.

187 Arendt (1986), S. 20.

188 Vgl. zur Funktion der *Wissenschaftlichen Deputation* Anm. I, 60. Rechtlich geregelt war die *»Zurechnungsfähigkeit«* in § 51 (RStGB): »Eine strafbare Handlung ist nicht vorhanden, wenn der Täter zur Zeit der Begehung der Handlung sich in einem Zustande von Bewußtlosigkeit oder krankhafter Störung der Geistesfähigkeit befand, durch welchen seine freie Willensbestimmung ausgeschlossen war.« (Vgl. zur Rechtsentwicklung dieses Paragraphen Güse, Schmacke [1976, 2], S. 190 ff.; zur damaligen Untersuchungsmethode der »Zurechnungsfähigkeit« vgl. Strassmann [1911], S. 239 ff.; von Hofmann [1909], S. 3 ff., 996 ff.; von Krafft-Ebing [1881], S. 1 ff., 228 ff., 330 ff.) Obwohl »Zurechnungsfähigkeit« ein juristischer Begriff war, lag die Kompetenz ihrer Beurteilung in den Händen von Ärzten. Medizinische Gutachten wurden nach § 73 der seit 1. 2. 1877 gültigen Strafprozeßordnung vom Richter zu folgenden Fragen eingeholt: Wenn es um die medizinische Begutachtung der Zeugungsfähigkeit ging, bei illegitimem (unehelichem) Geschlechtsverkehr, bei Kindsmord und Abtreibung, bei Körperverletzungen und Ermordungen und schließlich bei »fraglichem Geisteszustand« des betreffenden Angeklagten. (Vgl. v. Hofmann [1909], S. 46 ff.) Nach § 81 der deutschen Strafprozeßordnung konnte das Gericht den Angeklagten zum Zwecke der medizinischen Begutachtung seines »Geisteszustandes« für maximal 6 Wochen in eine Irrenanstalt einweisen: »§ 81. Zur Vorbereitung eines Gutachtens über den Geisteszustand des Angeschuldigten kann das Gericht auf Antrag eines Sachverständigen nach Anhörung des Verteidigers anordnen, daß der Angeschuldigte in eine öffentliche Irrenanstalt gebracht und dort beobachtet werde.«

189 Diese Kommission war besetzt mit dem Psychiatrieprofessor, Medizinalrat und Direktor der städtischen Heil- und Pflegeanstalt Herzberge bei Berlin Karl Moeli (1849–1919); dem Oberstabsarzt und Medizinprofessor Martin Kirchner (1854–1925), der 1911 zum Ministerialdirektor ernannt wurde; dem seit 1901 in der Preußischen Medizinalabteilung Vortragenden Rat und späteren Ministerialdirektor Eduard Dietrich; dem Direktor des Instituts für Staatsarzneikunde, Professor für Gerichtsmedizin und Medizinalrat Fritz Strassmann u. v. a.

190 Vgl. *Obergutachten betr. den Geisteszustand des Wirtschafteleven Georg Ulrich v. den Velden der Königl. Wissenschaftl. Deputation für das Medizinalwesen v. 15. November 1910,* in: ZStAM, Rep. 76 VIII B, Nr. 43, Bd. 3, Bl. 79–90; vgl. außerdem solche Diagnosen in dem Aktenvorgang *Die Obergutachten der Wissenschaftlichen Deputation für das Medizinalwesen in strafrechtlichen Angelegenheiten* (1910–1916), in:

ebd., Bl. 16 ff., 140 ff., Bl. 160, Bl. 310 ff.
191 Obergutachten, Ulrich, ebd., Bl. 79 f.
192 Strassmann (1911), S. 251.
193 Ebd.
194 Obergutachten, Ulrich (Anm. 190), Bl. 80.
195 Ebd.
196 Vgl. z. B. Stoltzner (1910); von Hofmann (1909), S. 939 f.; Hermann (1910); Kraepelin (1915), S. 2080 ff.
197 Luther (Oberarzt der Provinzialheilanstalt Lauenburg i. P.), (1909), S. 958 f.
198 Vgl. dazu Strassmann, der schulische Leistungen für die forensische Begutachtung als besonders aussagereich erachtete. (1911), S. 252.
199 Obergutachten Ulrich (Anm. 190), Bl. 80 f.
200 Ebd., Bl. 81 f.
201 Ebd., Bl. 84.
202 von Hofmann (1909), S. 51.
203 Ebd.; vgl. genauso ebd., S. 945 f.
204 Strassmann (1911), S. 267.
205 Ebd.
206 Obergutachten, Ulrich (Anm. 190, Bl. 91.
207 Strassmann (1911), S. 277, S. 375 f., S. 381 f.
208 Vgl. Obergutachten, Ulrich (Anm. 190), Bl. 92 ff.
209 Ebd., Bl. 94–97, 98.
210 Vgl. zur Diagnose und strafrechtlichen Konsequenz der »psychopathischen Minderwertigkeit« die Schrift des Medizinalrates und Berliner Kreisarztes Arthur Leppmann (1908), S. 529 ff.
211 Möbius (1900 b), S. 95.
212 Kraepelin (1924), S. 275.
213 Möbius (1900 b), S. 95.
214 Neuestes Konversations-Lexicon (1827, 5), S. 115.
215 Ebd. (1825, 1), S. 569; genauso die französische Definition: »*Dégénérer* (Jardinage) se dit d'un oignion inférieure de beauté à la mère qui l'a produit; une graine qui dégénere.« (Encyclopédie française, Bd. 4, Paris 1754)
216 von Krafft-Ebing (1868), S. 202.
217 Schüle (1878), S. 3.
218 Ebd., S. 251.
219 Ebd., S. 3.
220 R. Delorme, in: F. L. Meissner, C. Ch. Schmidt (Hg.), Encyclopädie der med. Wissenschaften, 13 Bde., Leipzig 1830–1849, Bd. 6, S. 123, zit. n. Semadeni (1960), S. 7 f.
221 Vgl. Semadeni (1960), S. 36 ff.
222 Schüle (1878), S. 266 f.; vgl. genauso von Krafft-Ebing (1868), S. 191; Möbius: ». . . ich würde sagen: entartet ist der, der vererbbare Abweichung vom Typus zeigt. Die Art ist eben das, was bei der Zeugung übertragen wird. Alle individuellen Abweichungen, die nicht übertragbar sind, verändern die Art nicht.« (Möbius [1900 b], S. 96.)
223 Schüle (1878), S. 269 f. Vgl. genauso zur psychiatrischen Diskussion über Sterilisation und Heiratsverbote Naecke (1900); Noorden, Kaminer ([1]1904); Aschaffenburg (1903), S. 186.
224 Vgl. zur Entartungslehre Burgener (1964); Semadeni (1960), S. 42 ff.; Mosse, S. 80 ff.; Wettley (1959). Zeitgenössische Darstellungen Müller (1899); aus rassenhygienischer Sicht: Roemer (1912).
225 Vgl. Schüle (1878), S. 255 ff.; Nordau (1892, 1), S. 29.
226 Burgener (1964), S. 4.
227 Zu Gall vgl. genauer Kap. V.

228 Benedict A. Morel, zit. und übers. n. Nordau (1892, 1), S. 27 f.

229 Vgl. Bodamer (1953), S. 512; Herzog (1985).

230 Zum Beispiel wurde der »Darwinsche Stuhl« dazu benutzt, »Geisteskranke« solange darin herumzudrehen, bis Blut aus Mund, Nase und Ohren austrat. Hungerkuren, die Ekel- und Schmerz-»Therapie«, schropfköpfige Haarseile, die durch die Nackenhaut gezogen wurden, um Eiterungen zu provozieren, blasenziehende Salben sowie kalte und heiße Duschen waren gängige »Behandlungs-« bzw. Strafmethoden. Vgl. hierzu Akkerknecht (1985), S. 38, 62; Herzog (1985), S. 65; Güse, Schmacke (1976, 1), S. 70 ff.

231 Zu Griesinger vgl. Kirchhoff (1924), S. 1–14; Güse, Schmacke (1976, 1), S. 37 ff.; Ackerknecht (1985), S. 63 ff.; Schipperges (1970), S. 279 ff.

232 Vgl. Griesinger (1861), S. 155 ff. Zur erblichen Disposition äußerte er sich so: ». . . ich glaube, man darf ohne Anstand behaupten, dass in der That kein Moment mächtiger ist als dieses« (ebd., S. 155). In der medizinhistorischen Geschichtsschreibung wird Griesinger als Repräsentant einer aufklärerischen Psychiatrie beschrieben. Klaus Dörner, Hans-Georg Güse und Norbert Schmacke plädieren für eine »Griesinger-Renaissance«, hauptsächlich deswegen, weil Griesinger – wie viele (natur-) wissenschaftliche Zeitgenossen auch – sich zu den humanistischen Idealen der 1848er Revolution bekannte. Humanistische Prinzipien forderte er auch in der Behandlung von »Geisteskranken«. Vgl. Dörner (1969), S. 361: Güse, Schmacke (1976, 1), S. 18, 45 ff.; dies. (1980), S. 88. Auch Griesinger war als Referent und Gutachter in der *Wissenschaftlichen Deputation* tätig und erstellte in einem Prozeß gegen einen Offizier die Diagnose: »hereditäre Disposition«. (Vgl. von Krafft-Ebing [1868], S. 188 f.) Güse und Schmacke kritisieren gerade psychiatrische Gutachtertätigkeiten als fragwürdige Allianz von Medizin und Staat. Sie können zwar keinen präzisen Zeitpunkt für den Beginn solcher psychiatrischer Gutachtertätigkeiten datieren, gehen aber davon aus, »daß erst mit der Somatisierung des psychiatrischen Krankheitsbegriffs, der Übernahme naturwissenschaftlicher Methoden und dem damit legitimierbaren Ausschließlichkeitsanspruch fachlicher Kompetenz (es) zur Gewohnheit wurde, die Psychiater zur wissenschaftlichen Begutachtung der ZF von Straftätern heranzuziehen« ([1976, 2], S. 213). Die Tatsache, daß Griesinger als Lehrbuchautor und als Gutachter an der wissenschaftlichen Popularisierung einer Diagnostik mitbeteiligt war, die sie selbst als »biologistisch« dekuvrieren, bleibt in ihrem Plädoyer für eine »Griesinger-Renaissance« ignoriert.

233 Vgl. Griesinger (1861), S. 157, S. 160.

234 Ebd., S. 157.

235 Ebd., S. 157, 158, S. 160; vgl. außerdem zu Griesingers Theorie der erblichen Disposition von Al-

koholismus, Onanie und Hysterie ebd., S. 155 ff., 173 ff., 206.
236 Zu von Krafft-Ebing vgl. Haeberle (1983); Wawerzonnek (1986); Fuchs (1924, 2).
237 von Krafft-Ebing (1868), S. 199, 211.
238 Ebd., S. 205, 206.
239 Ebd., S. 207, 208.
240 Ebd.
241 Ebd., S. 209.
242 Ebd. Vgl. auch von Krafft-Ebing (1881), S. 238.
243 Mosse (1978), S. 80.
244 Vgl. Lombroso (1890; 1894; 1896).
245 Vgl. Lombroso (1899), S. 399; vgl. die ins Deutsche übersetzten Schriften, Lombroso (1890–1896). Bd. 1 und 3 konzentrieren sich auf die Physiognomien von »Geborenen Verbrechern«; vgl. außerdem zu seiner Theorie Güse, Schmacke (1976, 2), S. 294 ff.; außerdem Ferrero, Lombroso (1894); Lombroso (1894); ders. (1902).
246 Vgl. Ackerknecht (1985), S. 55 f.
247 Forel (1907 a), S. 178 f.; vgl. außerdem sein Standardwerk, ders. (1907 b).
248 Bleuler war von 1886 bis 1898 als Direktor der Irrenanstalt Rheingau und von 1898 bis 1927 als Nachfolger Forels an der Irrenanstalt Burghölzli tätig. Außerdem lehrte er als Professor für Psychiatrie an der Universität Zürich. Vgl. Bleuler (1896); ders. (o. J.); zu Forel und Bleuler vgl. die würdigende und unkritische Darstellung Mühr (1957), S. 199 ff.
249 Zu Koch vgl. Gaupp (1924, 2). Vgl. Kochs Schriften ders., (1891–1893); ders. (1894 a); ders. (1894 b).
250 Vgl. Güse, Schmacke (1976, 1), S. 143 ff.; außerdem Baader (1984), S. 64.
251 Zu Schüle vgl. Fischer (1924, 2); Bastian (1981), S. 25.
252 Schüle (1878), S. 270. Vgl. ebd., zum Atavismus und »moralischen Irresein« S. 263, S. 22 f., 261 ff.
253 Schüle (1904), S. 761 f.; ebenso vgl. Fischer (1924, 2), S. 184.
254 Zu Naecke vgl. Friedlaender (1924, 2).
255 Vgl. außerdem: Naecke (1909); ders. (1908).
256 Vgl. Naecke (1900), S. 69.
257 Ebd., S. 73.
258 Ebd., S. 74.
259 Ebd., Anm. 2.
260 Vgl. zu dieser Literatur Kap. V.
261 Möbius (1903 a), S. 38.
262 Kraepelin (1915), S. 2076–2116. Vgl. auch zu Kraepelin: Ackerknecht (1985), S. 74 ff.; Güse, Schmacke (1976, 1) S. 101 ff.; Peters (1983); Neue Deutsche Biographie (1980), S. 639 f.
263 Vgl. Kraepelin (1896), S. 790, 800; zum »Entartungsirresein«: ebd., S. 187, 756 ff.; seine Position gegen die Ehe von »Geisteskranken« wegen »erblicher Belastung«: vgl. ebd., S. 256; S. 701 ff.: »epileptisches Irresein«; S. 728 ff.: »Hysterische Constitution«.
264 Ackerknecht (1985), S. 53.
265 Vgl. Güse, Schmacke (1980), S. 88 f.; Blasius (1986), S. 59 ff.; vgl. auch zu dieser Entwicklung die Akte: ZStAM, Rep 76 VIII B, Nr. 4341, *Die preußische Irrenanstaltsstatistik als Teil der Reichsmedizinalstatistik* (1874–1914).
266 Herzog (1985), S. 72 f.
267 Luther (1909), S. 949.
268 Vgl. zur Verknüpfung darwini-

stischer Prinzipien mit psychiatrischen Theorien Herzog (1985); Fischer-Homberger (1977), S. 109, 173; Güse, Schmacke (1976, 1), S. 21; ebd., Bd. 2, S. 209; Baader (1984), S. 65.

269 Roemer (1912), S. 292.

270 Hermann (1910), S. 65; vgl. auch Lombroso, der seinen ganzen Ansatz mit der Darwinschen Terminologie und den Darwinschen Prinzipien begründete: Lombroso (1894), S. 2 ff.; Ferrero, ders. (1894), S. 4 ff. Hier bezieht sich Lombroso auf Gesetze der »geschlechtlichen Zuchtwahl«; vgl. zur Rezeption Darwins bei Schüle: (1878), S. 248 ff., 264; vgl. Kraepelin als Rezipient Francis Galtons: (1896), S. 804; ders. (1909), S. 202 ff.

271 Nordau (1893, 2), S. 34.

272 Vgl. zu Nordau: Mosse (1978), S. 81 f. Zur Anpassungsfähigkeit vgl. Birnbaum (1909), S. 77; Forel (1892, 1), S. 2 ff.

273 Nordau (1893, 2,), S. 3.

274 Möbius (1903 a), S. 42.

275 Vgl. z. B. Nordau (1892, 1), S. 64.

276 Vgl.genauso Erhardt (1910), S. 670 ff. Ehrhardt problematisierte hier zwar die neuen pädagogischen Anforderungen (z. B. soziale Anpassung, Selbstdisziplinierung und schulische Leistungen) und zunehmende »körperliche Züchtigungen«, resümierte aber, daß die »wesentliche Ursache für geistige und nervöse Erkrankungen ... in der erblichen Belastung« liege. (Ebd., S. 686); vgl. zum Zusammenhang von Industrialisierung und ihrer Pädagogik: Dreßen (1982).

277 Seit 1928 war Rüdin Professor und Leiter der Münchener Genealogisch-demographischen Abteilung der *Deutschen Forschungsanstalt für Psychiatrie der Kaiser Wilhelm-Gesellschaft* (heutige Max Planck-Gesellschaft).

278 Rüdin (1910), S. 729. Vgl. genauso Hegar (1909), S. 128 f.: »Ich gebe zu, daß man bisweilen mit monströsen Persönlichkeiten zu tun hat, bei denen eine Diskussion darüber begreiflich wird, ob nicht für sie die schmerzlose Entfernung aus dem Dasein erlaubt werden sollte. Die Vorschläge sind in der Literatur nicht selten.« Vgl. genauso Möbius (1903 a), S. 39; Bleuler (1896), S. 74 f. Der Freiburger Psychiatrieprofessor Alfred Hoche (1865–1943) hatte sich mit der Forderung nach einem »sanften Tod« – der »Euthanasie« – bereits vor dem Ersten Weltkrieg einen Namen gemacht und gemeinsam mit dem Leipziger Juraprofessor Karl Binding (1841–1920) die Schrift *Die Freigabe der Vernichtung lebensunwerten Lebens. Ihr Maß und ihre Form* (Leipzig 1920) verfaßt, die erst nach dem Kriege erschien. Zu dieser Schrift vgl. Hafner, Winau (1974).

279 Vgl. Mosse (1978), S. 81.

280 Vgl. die Rezeption der Entartungslehre in der rassenhygienischen und eugenischen Theorie: Schallmayer (1903), S. 86 ff. *(von Krafft-Ebing, Lombroso, Ribot)*, S. 153 ff. *(Baer, Forel)*, S. 187 ff. *(Westergard)*; Ploetz (1895), S. 20 ff. (*Ribot*, 1876), S. 95. *(Kurella)*, S. 109 ff. *(Lombroso)*, S. 145 *(Kraepelin)*, 162 ff. *(Lombroso/Ferrero, Baer)*; Grot-

jahn (1915 a), S. 343, 382 *(Möbius)*, S. 360 ff. *(Kraepelin, Lombroso, Bonhoeffer, Gaupp)*, S. 492 *(Bleuler, Forel, Naecke)*.

281 Nordau (1893, 2) S. 42; Schulze (1904), S. 111; Forel (1907 b), S. 177; Kraepelin (1915), S. 2107; ebenso von Krafft-Ebing (1881), S. 129; ders. (1887) S. 200.

282 Koch (1900), S. 176.

283 Mitscherlich (1967), S. 145.

284 Hermann (1910), S. 66.

285 Birnbaum (1909), S. 83.

286 Möbius (1900 b), S. 102.

287 Vgl. dazu Foucault (1976); Attali (1981); Canguilhem (1977).

288 Dreves (1903), Bl. 130 f. Vgl. hierzu den gesamten Aktenvorgang in: ZStAP, 15.01, Nr. 11909, Bd. 1: *Das Irrenwesen*, (12. Aug. 1895 – 31. Dez. 1906). Darin sind zahlreiche Petitionen von betroffenen Menschen und Proteste von Ärzten gesammelt. Vgl. auch den Fall eines Psychiaters, gegen den Anzeige erstattet wurde, weil er eine »Hysterikerin« mehrfach körperlich »gezüchtigt« hatte, in: Rudeck (1902), S. 79. Psychiater deuteten Proteste von Patientinnen und Patienten als Krankheitsbild, so wurde z. B. der »Querulantenwahn« in solcher Diagnostik zur Pathologisierung von Widerständigkeit benutzt. »Die Kranken schreiben oder lassen sich schreiben Klagebriefe an Angehörige oder Beschwerden an Behörden.« (Luther [1909], S. 972). Zum Krankheitsbild des »Querulantenwahns« vgl. Kraepelin (1915), S. 2111 f.; Forel (1907 b), S. 169. Eine Frau, die auf Initiative ihres Mannes 8 Jahre in der Irrenanstalt interniert war und die ihre Erfahrungen auf Isolation in der Tobsuchtsabteilung in einer Broschüre mit dem Titel *Was ist Geisteskrankheit? – Selbsterlebtes in 7 Irrenanstalten* niederschrieb, wurde wegen dieser Schrift erneut psychiatrisch interniert und entmündigt, ihre Diagnose lautete: »Zustand der Geistesverwirrtheit«. (Vgl. Petition, Elisa Hegemann vom 22. Jan. 1900 u. Dr. Ernst Müller vom 18. Okt. 1900, in: ZStAP, 15.01, Nr. 11909, Bd. 1, Bl. 96 ff.) – Obwohl hier die Situation der psychiatrischen Behandlung nicht dargestellt werden kann, soll dennoch ein kleiner Ausschnitt aus einer Broschüre eines Patienten wiedergegeben werden: »Wird ein Mensch in das Staats-Irrenhaus gebracht, so wird er nach kurzem Verhör, ohne jegliche Untersuchung, in einen Wachsaal, in dem viele belegte Betten stehen, gebracht, von den Wächtern, Brüder genannt, bis aufs Hemd entkleidet, in ein Bett gelegt und ist nun auf Gnade und Ungnade den Brüdern übergeben. Er muß ganz ruhig liegen, darf nicht sprechen, hat überhaupt aufgehört, Mensch zu sein. Wird er ungeduldig, und setzt sich auf, so wird er gewaltsam niedergedrückt, wehrt er sich, so wird er in die Wanne gesteckt und in heißem Wasser so lange gebrüht, bis er ruhig geworden ist. Daß dabei mal ein Arm oder ein Bein verbrüht wird, läßt sich eben nicht vermeiden.« (Dreves [1902], Bl. 129, S. 4 f.) Eine Privatanstalt schilderte er so: »Das Haus war wie eine Menagerie mit Einzelkäfi-

gen eingerichtet, die etwa 3 qm groß sind. Die Aufnahme-Käfige haben ... Wände, Doppelthüren mit einem verglasten Guckloch von 1 × 10 cm und ein Fenster mit zolldicken, undurchsichtigen Glasscheiben, das fest verschlossen ist. Die Möbel bestehen aus einer Bettstelle von 2 pitchpine Bohlen mit Strohsack, Matratze, Kopfkissen und Decke, einem Schlafsopha und einem Nachtstuhl. In eine solche Zelle wird jeder Ankömmling, bis aufs Hemd entkleidet, eingesperrt und sich selbst überlassen. Das Futter wird ihm hineingeschoben und kann er dann sehen, wie er sich mit seinem Gott abfindet. Wenn die Wände erzählen könnten, die Menschen würden über deren Bericht schaudern! ... Aus dem Gesagten geht wohl zur Genüge hervor, daß in dieser Anstalt noch viel weniger wie in der Staatsanstalt ein geistig verwirrter Mensch zur Vernunft zurückgeführt werden kann, weil hier wie dort das Ziel der Behandlung nicht die Zurückführung des Menschen zur Vernunft, sondern die Stumpfmachung oder Auslöschung des göttlichen Geistes im Menschen erstrebt wird. Der denkende Mensch soll in eine willenlose Maschine umgewandelt werden.« (Ebd., Bl. 129, S. 8, 9.)

Kapitel IV

1 Bornträger (1913), S. 3 f.

2 Zur Argumentation der »Rassischen Überfremdung« von staatlicher Seite aus vgl. Pistor vor der *Wissenschaftlichen Deputation* (Ber. Wiss. Dep. [1911], S. 23; Oldenberg [1915], S. 9 f.). Schon zu Beginn der staatlichen Diskussion spielte dieser Aspekt eine Hauptrolle. Zum Beispiel wurde 1909 von den drei Preußischen Ministern für Handel und Gewerbe, Kultur und Inneres die rassische »Gefahr« des Geburtenrückgangs darin gesehen, »daß an dem Geburtenrückgang die Regierungsbezirke, in denen die polnische Bevölkerung überwiegt oder einen wesentlichen Volksbestandteil ausmacht, weniger als die mit annähernd rein deutscher Bevölkerung beteiligt sind, so daß die Besorgnis einer allmählichen Verschiebung der Verhältniszahl zwischen der Bevölkerung deutschen und polnischen Stammes zu Ungunsten des deutschen Volkesteils nicht von der Hand zu weisen ist.« (MdI, MdgAM, MfHuG v. 29. Dez. 1909 an RMdI, in: ZStAM, Rep. 120 BB XV, Nr. 65, Bd. 1, Bl. 1).

3 Bornträger (1913), S. 15.

4 Gleichzeitig protestierte Bornträger gegen die Praxis der Sterilisation als einen »unmoralischen und unerlaubten Eingriff«. (Ders. [1912], S. 780.)

5 Grotjahn (1915 a), S. 500 (1. Aufl. 1912).

6 Ders. (1921), S. 244 (1. Aufl. unverändert 1914).

7 Ebd., S. 246.

8 von Gruber (1914 a), S. 1033.

9 Marcuse (1914), S. 56.

10 von Gruber (1914 a), S. 1033.

11 So der Jesuitenpater Hermann Muckermann, zit. n. Korherr (1927), S. 3. Genauso der Theo-

logieprofessor und Reichstagsabgeordnete des Zentrums Fritz Hitze während des Krieges zum Geburtenrückgang: »Das ist jene schleichende, tückische Krankheit, welche unsern starken Volksorganismus zu zermürben und zu Siechtum und Tod führen drohte, ... Wenn diese Entwicklung ... nach dem Kriege von neuem einsetzt.., dann wäre alles Blut unserer Väter und Söhne umsonst geflossen«, Hitze (1922), S. 1 f.

12 Verh. d. Preuß. Abgeordn., Sten. Ber. (1914), Bd. 2, S. 2783.

13 Oldenberg (1915), S. 12. Vgl. genauso Grotjahn (1915); Marcuse (1918), S. 71. Die SPD vertrat diese Parole als sozialistische Version. Hier waren mehr »Soldaten für die Revolution« gefragt. Rede Klara Zetkins nach Vorwärts v. 24. 8. 1913; vgl. genauso Olberg (1913), S. 53.

14 Bornträger (1913), S. 15.

15 von Gruber (1914 a), S. 1040.

16 Berger (1911), S. 879.

17 Vgl. Hirsch (1914), S. 148.

18 Hirsch arbeitete seit 1901 als praktischer Arzt. 1906 begann er seine Facharztausbildung für Gynäkologie, Geburtshilfe und Chirurgie. Seit 1910 vertrat er die eugenische Indikation und publizierte seit dieser Zeit 229 Schriften hauptsächlich zu diesem Thema. Seit 1919 war er Mitglied des Preußischen Gesundheitsrates als Gutachter im *Beirat für Rassenhygiene*. 1923 wurde er Vorsitzender der *Ärztlichen Gesellschaft für Sexualwissenschaft und Konstitutionsforschung*, und seit 1928 arbeitete er als Mitglied des *Reichsausschusses für Bevölkerungsfragen*. 1933 erhielt er als Jude Praxisverbot. 1938 emigrierte er nach England, nachdem er im gleichen Jahr von den Nazis verhaftet worden war. Hirsch starb am 20. 5. 1948 in Birmingham. Zu seiner Person vgl. Lenning (1977); zu Schriften, in denen er seine eugenischen Forderungen formulierte, vgl. ders. (1910); ders. (1911); ders. (1913); ders. (1914), S. 180 ff.

19 Hirsch (1914), S. 168.

20 Vgl. hierzu im Text Kap. I.

21 Vgl. Reg. Präs. Schleswig vom 28. Dez. 1912 an MdI auf Erlaß vom 1. April 1912, S. 13, in: ZStAM, Rep. 76 VIII B, Nr. 2007, Bd. 2, Bl. 12; Denkschrift (1915), S. 36 ff. Pistor, in: Ber. Wiss. Dep. (1911), S. 8 f., 26.

22 Mensinga (1907), S. 25.

23 Vgl. Ferdy (1886); ders. (1886 b).

24 Adams-Lehmann (1900), S. 695. Vgl. genauso Zschommler (1891); Fischer-Dückelmann (1908), S. 251.

25 Vgl. hierzu *Bericht über den Internationalen Kongreß für Neomalthusianismus* (1911), S. 547. Ploetz kritiserte hier den Verzicht auf Quantität zugunsten der »Qualität« und bezeichnete diese bevölkerungspolitische Position als »Selbstkastration«.

26 Mensinga (1892, 1), S. 3.

27 Vgl. z. B. Adams-Lehmann (1900), S. 695.

28 Mensinga (1892, 1), S. 27, Anm.

29 Ebd., Bd. 2, S. 2 (Vorwort zur 5. Aufl.).

30 Mensinga (1905), S. 61 f.

31 Vgl. Ebd., S. 33 ff.; ders. (1892, 2), S. 36 ff.

32 Vgl. Mensinga (1905), S. 38/39.

33 So schreibt auch Atina Grossmann über die Sexualreformer der 20er Jahre, deren Bewegung aus dem Neomalthusianismus hervorging: »They understood issues of reproduction and sexuality, not in terms of women's individual rights, but in terms of class, state and social welfare. They also accepted the necessity and feasibility of establishing ›scientific‹ norms of ›fit‹ and ›unfit‹ in a motherhood-eugnics consensus with transgressed customary left/right political distinctions and emphasized the importance of healthy motherhood and offspring.« Grossmann (1984), S. II. Vgl. auch zur eugenischen Ausrichtung dieser Bewegung: ebd., S. 406 ff.

34 Vgl. Mensinga (1892, 2), graphische Darstellung letzte Seite. Mensinga hatte das Pessar an 12 Patientinnen ausgetestet, die sich freiwillig zur Verfügung gestellt hatten. Davon kamen 2 aus höheren Schichten, 4 aus der Mittelschicht und 6 aus dem »Kleinbürger(Arbeiter)-Stande«. (Vgl. ders., ebd., S. 4).

35 Ders. (1892, 1), S. 5 f.

36 Ferdy (1896 a), 5. Aufl., S. 7; vgl. genauso Adams-Lehmann (1900), S. 698 ff.

37 Vgl. Mensinga (1892, 2), S. 6, Anm.

38 Vgl. solche Broschüren Lesser (1896); Himes (1931); Wehr (o. J.).

39 Vgl. z. B. Möller (o. J.); Mosenthin (o. J.).

40 Vgl. zu diesem Paragraphen Kap. I.

41 Seit diesem Zeitpunkt finden sich in Akten Notizen, Anfragen etc. über die polizeiliche Registrierung solcher Mittel. Vgl. so z. B. Aktenvorgang: BAK, R 86/1685, Rep. 319, Bd. 1: *Antikonzeptionsmittel;* KGA v. 13. 4. 1901 an RMdI, *Betr. Anfrage der Polizeiverwaltung Dessau wegen eines empfängniswidrigen Mittels,* in: ZStAP, 15.01, Nr. 11109, Bd. 1, Bl. 121 f.; KGA v. 26. 1. 1902 (Liste von Geheimmitteln, die unter Verbot gestellt werden sollten), in: ZStAP, 15.01, Nr. 11093, Bd. 7, Bl. 52.

42 Vgl. Abbildungen.

43 Zum Leitbild der »Neuen Frau« der zwanziger Jahre vgl. Woesler de Parafieu (1983), Grossmann (1985); von Soden (1988), S. 44 ff. Vgl. genauer zu diesem Thema Kap. V.

44 Vgl. Kreuz-Zeitung vom 2. 1. 1914, Abendausg.; Denkschrift (1915), S. 37.

45 Vgl. MdI v. 25. 11. 1913 an Reg. Präs. Cöln, in: ZStAM, Rep. 76 VIII B, Nr. 1998, Bd. 1, Bl. 352.

46 Denkschrift (1915), S. 37 f.

47 Vgl. ebd., S. 37.

48 Vgl. ebd., S. 40.

49 In: ZStAM, Rep. 76, VIII B, Nr. 2006, Bd. 1, Bl. 80.

50 Diese Tablette war u. a. zusammengesetzt aus einem schaumbildenden (CO^2) Stoff, der nicht genannt ist, aus Formaldehyd, Resorcin und Hexamethylentetramin. Allein diese angegebenen starken Desinfektionsmittel lassen Gesundheitsschädigungen (z. B. Krebsgefahr) vermuten.

51 Werbeprospekt der Firma Luipold Werk: Dr. M. Wolfheim, in: ZStAM, Rep. 76 VIII B, Nr. 2006, Bd. 1, Bl. 91.

52 Ebd.

53 Aus einem Werbeprospekt, in:

ZStAM, Rep. 76 VIII B, Nr. 2007, Bl. 95.

54 Die Werbung für Kondome befand sich in denselben Katalogen unter der Sparte »Spezialitäten für den Herren«. Nur wurde hier weniger mit der »Klugheit« der Männer, als mit der sexuellen Freiheit geworben. Männer konnten nicht nur unkomplizierter und schmerzfrei verhüten, sondern Kondome waren aus gesundheitspolitischen Gründen gegen die Weiterverbreitung der Syphilis ärztlich gebilligt. Es entsprach der medizinischen Lehrmeinung, den Gebrauch von Kondomen zu fördern. Ich habe z. B. keinen Strafprozeß gefunden, in dem nach § 184, Abs. 3 der Verkauf von Präservativen verurteilt wurde. Die Produktion von Gummikondomen und den vielen neuen Instrumenten aus Hartgummi, die für Frauen konstruiert waren, begann mit der Entwicklung und Entdeckung der Kautschukvulkanisierung durch den amerikanischen Chemiker Charles Goodyear (1800–1860) im Jahre 1839. Seit 1852 wurde Hartgummi industriell hergestellt. In Großstädten Deutschlands, wie Berlin, Hamburg, München, Dresden gab es Versandhäuser, die mit solchen Katalogbestimmungen ihren Handel betrieben. So z. B. *Versandhaus Margonal Comp. GmbH* in Berlin, Lichterfelder Straße 33; die *Dresdner Gummiwaren-Manufaktur* in Dresden, Zwickauer Straße 58, das *Versandhaus Ernst Schaffer* in Hamburg 23, Auenstraße 37. Ihre Kataloge wurden im Rahmen des RE von 1912 im Preußischen Innenministerium gesammelt und befinden sich in: ZStAM, Rep. 76 VIII B, Nr. 2007, Bl. 93 ff.; ZStAM, Rep. 76 VIII B, Nr. 2002, Bl. 85 ff.

55 Vgl. so z. B. die Studie von Max Marcuse, der in seiner Berliner Praxis zwischen 1911 und 1913 100 Patientinnen, die wegen Haut- und Geschlechtskrankheiten zu ihm kamen, nach ihrer Geburtenkontrollpraxis befragte. In dieser Untersuchung kam heraus, daß Injektionen mit Flüssigkeiten und der coitus interruptus die häufigsten Verhütungspraktiken waren. Vgl. auch für das folgende ders. (1913); ders. (1917); ders. (1919); Polano (1917); Hirsch (1914), S. 5 ff.; Grotjahn (1921), S. 32 ff.; Aktenvorgang: BAK, R 86, Nr. 1685, Rep. 319; *Antikonzeptionsmittel. Zum Gebrauch und Wirkungsweise von Verhütungsmitteln*. Vgl. neuere Literatur Shorter (1984), S. 226 ff.

56 Vgl. Promemoria (Bl. 264).

57 Vgl. Hirsch (1914), S. 124, Anm. 2; vgl. außerdem Reuter (1933), S. 187 ff.; Hoffmann (1911), S. 484 ff.

58 Vgl. Schätzungen in den 20er Jahren Usborne (1986), S. 202; Höber (1928/29), S. 143.

59 Vgl. Abbildungen.

60 Vgl. Promemoria.

61 Vgl. Liebeck (1913), S. 773; vgl. auch zu solchen Abtreibungsversuchen Neugebauer (1912); Ehrenberg (1912).

62 Liebeck (1913), S. 771.

63 Hiermit sind die als »Nebenwirkungen« bekannten Gefahren der Anti-Baby-Pille wie z. B. Embolien, Herz- und Nieren-

erkrankungen, Krampfadern, Kopfschmerzen, Schlaganfälle oder durch die Spirale provozierte Perforationen der Gebärmutter, Eileiterentzündungen, Unfruchtbarkeit, starke Blutungen und Krämpfe gemeint. Die »Pille« und die Spirale stellen weltweit die heutigen modernen Standardverhütungsmittel dar.

64 Vgl. z. B. Reg. Präs. Marienwerder v. 25. 8. 1914 an MdI, in: ZStAM, Rep. 76 VIII B, Nr. 1998, Bd. 1, Bl. 401 f.; Pol. Präs. Berlin v. 14. 10. 1901 an MdgA u. MdI, in: ZStAM, Rep. 76 VIII B, Nr. 4321, Bd. 2, Bl. 91; Pol. Präs. Berlin v. 25. 10. 1902 an MdgA u. MdI, in: ebd., Bl. 104 ff.; Pol. Präs. Berlin v. 9. 12. 1903 an MdgA u. MdI, in: ebd., Bl. 115.

65 Hoffmann (1911), S. 508; vgl. auch: Fruchtabtreibungsversuche (1908), S. 432 f.

66 von Braun (1985), S. 230.

67 Vgl. Reg. Präs. Düsseldorf v. 22. 12. 1913 an MdI, in: ZStAM, Rep.76 VIII B, Nr. 1998, Bd. 1, Bl. 265.

68 Vgl. ebd.

69 Ebd.

70 Vgl. Kataloge (Anm. 54).

71 Vgl. Hirsch (1914), S. 11, 122.

72 Ebd., S. 141.

73 Vgl. Hoffmann (1911), S. 490. Die Preise von Ärzten für eine »kriminelle Fruchtabtreibung« sind wegen der Tabuisierung dieses Tatbestandes in der Literatur über den Geburtenrückgang genauso wenig wie von Gerichtsmedizinern aufgeführt. Den Preis für eine ärztliche Abtreibung (zwischen 200 und 400 Mark) habe ich im Juni 1981 in einem Interview mit einer Zeitzeugin erfahren. Sie war seit 1919 im Berliner Wedding als Fürsorgerin tätig und konnte mit Frauen, die bei Ärzten und Kurpfuschern abtreiben ließen, einen reichhaltigen Erfahrungsschatz gewinnen. Daß Ärzte im Kaiserreich aus Profitinteresse gegen Geld und nicht nur im wissenschaftlichen Kontext abgetrieben haben, geht aus den folgenden Prozeßakten der zwanziger Jahre hervor. Wegen Todesfällen kam es bei diesen Ärzten zur Anzeige, und ihre Abtreibungspraxis wurde bis in die Zeit des Kaiserreichs zurückverfolgt. Vgl. z. B. *Gewerbsmäßige Abtreibung und Beleidigung durch den Frauenarzt Dr. Georg Joachim aus Berlin-Lichterfelde West,* in: ZStAM, 2.5.1., Nr. 17093; *Abtreibung durch den Arzt Dr. Hans Baum aus Bad Münster am Stein,* in: ebd., Nr. 17097; *Abtreibung durch den Sanitätsrat Dr. Franz Bardenheuer aus Bochum u. a.* in: ebd., Nr. 17107.

74 Hoffmann (1911), S. 489 f.

75 Aschaffenburg (1903), S. 51.

76 Vgl. Hirsch (1914), S. 142; vgl. auch Denkschrift (1915), S. 45.

77 Reg. Präs. Schleswig v. 28. 12. 1912 an MdI auf RE v. 1. 4. 1912, in: ZStAM, Rep. 76 VIII B, Nr. 2007, Bl. 13.

78 Dietrich, in: Ber. Wiss. Dep. (1911), S. 61.

79 Vgl. Erlaß des Preußischen Innenministers v. 11. 12. 1913. Darin wurden Polizeibehörden und die Regierungspräsidenten der Provinzen aufgefordert, alle Kreisärzte anzuweisen, die Hebammentagebücher nach der Anzahl der Entbindungen von

1913 auszuwerten und die Zahl der darunter befindlichen Fehlgeburten zu ermitteln. Vgl. RE des MdI v. 11. 12. 1913 an Reg. Präs. u. Pol. Präs., in: ZStAM, Rep. 76 VIII B, Nr. 1998, Bd. 1, Bl. 257. Vgl. die daraus folgende Statistik in: ebd., Bl. 353 ff.

80 Vgl. Hahmann (1981), S. 7 und Stürzbecher (1954), S. 76.

81 Hirsch (1914), S. 142.

82 Vgl. zur Diskussion über die Hebammenreform Stürzbecher (1954), S. 55 ff. Hebammenpfuscherinnen waren Frauen, die ihr Handwerk häufig von ihren Müttern erlernt hatten. Sie wurden weder staatlich überwacht, noch von Ärzten ausgebildet. Ihre Zahl war in einzelnen Provinzen außerordentlich hoch. Da es zur Hebammenfrage keine neue Literatur gibt, vgl. außerdem zur Hebammenreform und zur Frage der Hebammenpfuscherinnen z. B. Aktenvorgänge STAP, Pr. Br., Rep. 3, 3 B Reg. Frankfurt/Oder I Med., Nr. 381, Bd. 4, *Nachprüfungen der Hebammen;* ZStAM, Rep. 76 VIII A, Nr. 908, *Sammlung der Berichte auf den Erlaß vom 2. Mai 1894 – M 622 – betr. die Hebammenpfuscherei.*

83 Hirsch (1914), S. 142 f. Vgl. genauso *Niederschrift über die Verhandlungen der Ministerialkommission vom 11. Februar 1916,* abgedr. in: Denkschrift (1917), S. 64 ff.

84 Vgl. hierzu Kap. I.

85 GE Nr. 535, S. 13. Vgl. genauso ebd., S. 27.

86 Hirsch (1914), S. 141.

87 Lewin (1922), S. 26.

88 Vgl. ebd.

89 Die folgenden Zahlen bis zum Jahre 1909 vgl. in: ZStAP, 30.1., Nr. 5959, Bd. 1, Bl. 55; ab 1911 vgl. Übersicht über die Zahl der, in den Jahren 1909 bis 1913 und 1919 bis 1926 wegen Abtreibung (§§ 218 und 219 StGB bzw. – seit der Novelle vom 18. Mai 1926, RGBl. I, S. 239 – § 218, Abs. 1 bis 4 StGB) angeklagten und verurteilten Personen, in: GStA-Dahlem, Rep. 84 a, Nr. 8232, Bl. 90.

90 Tabelle in: ZStAP, 30.1, Nr. 5959, Bd. 1, Bl. 55.

91 Tabelle in: GStA-Dahlem, Rep. 84 a, Nr. 8232, Bl. 90.

92 Tabelle bis 1910, in: ZStAP, 30. 1., Nr. 5959, Bd. 1, Bl. 56 und für die Jahre 1911 bis 1913 in: GStA-Dahlem, Rep. 84 a, Nr. 8232, Bl. 90.

93 Tabelle in: ZStAP, 30.1, Nr. 5959, Bd. 1, Bl. 56.

94 Tabelle in: GStA-Dahlem, Rep. 84 a, Nr. 8232, Bl. 90.

95 Tabelle in: ZStAP, 30.1, Nr. 5959, Bl. 56.

96 Tabelle in: ebd.

97 Bisher liegt keine Auswertung der Abtreibungsprozesse vor, so daß keinerlei Aussage über die Schichtenzugehörigkeit, die Art der Bestrafung und den Prozeßablauf gemacht werden kann. Annamarie Ryter hat Baseler Prozeßakten ausgewertet und dabei herausgefunden, daß die angeklagten Frauen alle aus unteren Schichten kamen und Fabrikarbeiterinnen, Glätterinnen, Kellnerinnen, Dienstmädchen und untere Angestellte waren, vgl. dies. (Wien o. J.).

98 Oskar Kresse, Der Geburtenrückgang in Deutschland o. O., 1912, S. 3, zit. n. Linse (1972), S. 225 f.

99 Denkschrift (1915), S. 46.
100 Verhandlungen der 4. Tagung der Deutschen Gesellschaft für gerichtliche Medizin am 21. Sept. 1910, S. 218; in: ZStAP, 30.1., Nr. 5881, Bd. 2, Bl. 370. Der Referent zitierte Julie Eichholtz, *Frauenforderungen zur Strafrechtsreform, Redikt und Reformvorschläge*. Vgl. auch zur feministischen Forderung nach radikaler Abschaffung der §§ 218–219 StGB, Jellinek (1908).
101 Vgl. genauer zur Strafrechtsreform in diesem Kap.
102 Prot. d. Str. kom., 1. Les, 142. Sitzg. v. 17. Juni 1912, S. 24, in: ZStAP, 30.1., Nr. 5925, Bd. 4, Bl. 239.
103 Ebd.
104 Vgl. zum Gang der Strafrechtskommission Anm. 142. Die Entwicklung und die einzelnen Diskussionspunkte der Strafrechtsreform können hier nicht detailliert dargestellt werden. Vgl. die Protokolle der Strafrechtskommission, 1. Les., 142., 143., 144. Sitzg. vom 17., 18., 19. Juni 1912, in: ZStAP, 30.1., Nr. 5925, Bd. 4, Bl. 234 ff. In diesen Sitzungen wurde eine Revision der §§ 218–220 – im Vorentwurf als § 217 zusammengefaßt – beraten.
105 Vgl. Anlage zum Prot. d. Str. kom., 1. Les. v. 6. 11. 1912, S. 8, in: ebd., Bl. 261.
106 Vgl. Pamphlet des Bundes zur Erhaltung und Mehrung der Volkskraft (1915), Bl. 426.
107 Vgl. Denkschrift (1915), S. 44.
108 Reg. Präs. Schleswig v. 28. 12. 1912 an MdI auf RE v. 1. 4. 1912, in: ZStAM, Rep. 76 VIII B, Nr. 2007, Bl. 9.
109 Notiz in: Zeitschrift für Medizinal-Beamte 22 (1909), S. 626; vgl. genauso Pamphlet (1915).
110 Reg. Präs. Schleswig v. 28. 12. 1912, in: ZStAM, Rep. 76 VIII B, Nr. 2007, Bl. 10; vgl. genauso Grotjahn (1921), S. 56.
111 Vgl. Mayer (1941), S. 22; Bornträger (1913), S. 16; Pamphlet (1915); Hirsch (1914), S. 123.
112 Vgl. Denkschrift (1915), S. 42.
113 Ebd., S. 43.
114 Vgl. ebd., S. 44.
115 Petition (1910), Bl. 212. Vgl. z. B. genauso Hirsch (1914), S. 120 ff.
116 Denkschrift (1915), S. 76.
117 Ebd.
118 Vgl. GE Nr. 1380 und seine Beratung Verh. d. Reichstags, Sten. Ber., Bd. 293, (1914), S. 8560 ff.
119 Bei Verletzung der vom Bundesrat auszusprechenden Verbote sollten im GE Nr. 1380 150 Mark Geldstrafe oder Haft angedroht werden. Gefängnis bis zu sechs Monaten oder Geldstrafe bis zu 1500 Mark drohte demjenigen, der »Gegenstände, die zur Verhütung der Empfängnis oder zur Beseitigung der Schwangerschaft bestimmt sind, öffentlich ankündigt oder anpreist« (ebd.). Die medizinische Zunft sollte von dieser gesetzlichen Reglementierung durch folgenden Passus untangiert bleiben: »Die Bestimmung findet keine Anwendung, soweit die Ankündigung oder Anpreisung in wissenschaftlichen Fachkreisen auf dem Gebiete der Medizin oder Pharmazie erfolgt« (ebd.).
120 Vgl. *Gutachten der Gesellschaft für Geburtshilfe und Gynäkologie zu Berlin*.

121 Ebd.
122 Ebd.
123 *Gutachten der Gesellschaft für Geburtshilfe und Gynäkologie zu Berlin.*
124 Ebd., vgl. genauso: *Resolution der Gynäkologischen Gesellschaft in Breslau an das Preußische Innenministerium im Februar 1912,* abgedr. in Denkschrift (1915), S. 78.
125 *Leitsätze der Deutschen Gesellschaft für Rassenhygiene zur Geburtenfrage* (1914/15), S. 134.
126 Ebd., S. 135.
127 Oetker (1914), S. 288.
128 Ebd., S. 268, 273.
129 Vgl. ebd., S. 287; Duden (1980), S. 112.
130 Vgl. zu älteren Rechtsauffassungen Lewin (1922), S. 85 ff. Zum Beispiel hieß es im »Codex Juris Bavarici criminalis (1751): »Th. 1, Cap. 3, § 20. Jenen, welche ihre lebendige Leibesfrucht nach halber Zeit der Schwangerschaft, und da sie von dem Leben des Kindes durch Rührung desselben, bereits genugsame Zeichen gehabt, durch Arzeney oder andere Mittel fürsetzlich oder boshafter Weis abtreiben und todt zur Welt bringen, werden mit dem Schwert bestrafft.« Zit. n. Lewin (1922), S. 92 f.
131 Vgl. Duden (1980), S. 119.
132 Ebd.
133 So die Rechtswissenschaftler Reinhard Frank und Joseph Oppenhoff, zit. n. Fritze (1905), S. 23, Bl. 213.
134 In der heutigen medizinischen und juristischen Terminologie orientiert sich der jeweilige Wortgebrauch an dem Entwicklungsstadium: bis zum 3. Schwangerschaftsmonat gilt der Begriff des Embryos, der Fetus ist mit dem 4. Schwangerschaftsmonat bis zum Zeitpunkt der Geburt definiert. Das Wort ›Embryo‹ stammt aus dem Griechischen und hat die Bedeutung von einem im Anfangsstadium der Entwicklung befindlichen ›Keim‹. ›Fetus‹ (früher Fötus) ist aus dem Lateinischen entlehnt und heißt übersetzt ›Frucht‹. – In *Meyer's Lexikon* von 1847 hieß es: »*Fötus* (Physiol.), wurde die Frucht des Menschen von vielen, vorzüglich älteren Anatomen und Physiologen von der Periode des Uterinallebens an genannt, in welcher die Placenta als ein gesondertes, selbständiges und von dem übrigen Chorion verschiedenes Gebilde wahrgenommen werden kann, also ungefähr von dem Anfange des vierten Monats der Schwangerschaft. Embryo dagegen hieß dieselbe vor diesem Zeitraume.« Von einer solchen Unterscheidung wurde in der weiteren Erklärung Abstand genommen: »Da jedoch das Erscheinen des Fruchtkuchens kein plötzliches ist, sondern das Resultat einer allmählig vorschreitenden Bildung, so muß natürlich diese Distinktion von ihrem Werthe verlieren, ja besonders deshalb vermieden werden, weil sie nur zu leicht die unrichtige Nebenvorstellung zu erzeugen im Stande ist, als sey vor diesem Zeitraume noch keine eigene Organisation vorhanden, um eine innige Wechselwirkung der Eihäute und des Uterus zu bewirken.« (Meyer's Conversations-Lexikon [1847], S. 666.)

Während in der gleichen Ausgabe der Begriff »Embryo« nur im botanischen Sinne erklärt und auf den menschlichen »Fötus« verwiesen war (vgl. ebd., Bd. 8, S. 509), wurde in den 1890er Jahren, genau umgekehrt, unter dem Stichwort »Fötus« auf den Begriff des »Embryos« verwiesen. (Vgl. ebd., [1897], S. 664 und ebd., Bd. 5, S. 731 ff.)

135 Zusammenstellung der seitens der Preußischen Ärztekammern zur Abänderung des Strafgesetzbuchs gemachten Vorschläge, S. 3, in: ZStAP, 30.1, Nr. 5890, Bd. 2, Bl. 84. Vgl. auch Alexander (1905), S. III. Dem Antrag schlossen sich die Ärztekammern der Provinzen Hannover, Hessen-Nassau, Pommern, Posen, Rheinprovinz, Sachsen, Schleswig-Holstein, Schlesien und Westfalen an.

136 Dieser Antrag wurde von dem Kommissionsmitglied Wilhelm Kahl (Berliner Juraprofessor und Doktor der Medizin) gestellt und kam zur Verhandlung. Prot. d. Str. Kom., 1. Les., 144. Sitzg. v. 19. 6. 1912, S. 1, in: ZStAP, 30.1, Nr. 5925, Bd. 4, Bl. 253.

137 Oetker (1914), S. 286.

138 Petition (1910) in: ZStAP, 30.1, Nr. 5881, Bl. 212. Unter den Unterzeichnern befanden sich prominente Gynäkologieprofessoren wie z. B. der Direktor der Frauenklinik der Charité Berlin Karl Franz, der Direktor der Universitätsfrauenklinik in Halle Johann Veit oder der Gynäkologieprofessor Ludwig Fraenkel.

139 Hirsch (1914), S. 168.

140 Petition (1910), Bl. 213.

141 Ebd.

142 Eingebracht wurde dieser Entwurf von dem Referenten und Kommissionsmitglied Ludwig Ebermayer im Mai 1912. Der Reichsgerichtsrat Ebermayer galt als Experte für medizinrechtliche Fragen. Vgl. Prot. d. Str. kom., 1. Les., Sitzg. v. 18. 5. 1912, Nr. B 482, in: ZStAP, 30.1., Nr. 5949. Vgl. außerdem Beratung dieses Entwurfs Prot. d. Str. kom., 1. Les., 144. Sitzg. v. 19. 6. 1912, S. 3, in: ZStaP, 30.1., Nr. 5925, Bd. 4, Bl. 254 ff. – Die Strafrechtsreform hatte folgenden Ablauf: Das Reichsjustizamt hatte am 1. 5. 1906 eine Kommission von Juristen beauftragt, einen Vorentwurf mit Begründung für eine vollständige Revision des Reichsstrafgesetzbuches auszuarbeiten. Die Arbeit dieser Kommission war nicht amtlich, weder die einzelnen Bundesregierungen noch das Reichsjustizamt haben zu den Resultaten Stellung genommen. 1909 lag ein Entwurf für die darauffolgenden zwei Lesungen der Strafrechtskommission vor. Die erste Lesung begann im Herbst 1910 und wurde von einer Kommission unter dem Vorsitz des Staatssekretärs des Reichsjustizamtes, dem Ministerialdirektor des Preußischen Innenministeriums durchgeführt. Sie setzte sich aus 15 Mitgliedern zusammen: aus praktizierenden Juristen der verschiedenen Bundesstaaten, einem Mitglied des Reichsjustizamtes, aus Universitätsprofessoren, 2 Rechtsanwälten, einem Arzt und aus Persönlichkeiten des soge-

nannten öffentlichen Lebens. Die 1. Lesung dauerte bis November 1913. Hier wurde der Vorentwurf im Groben formuliert. In der zweiten Lesung seit Februar 1913 wurden Detailfragen erörtert. Sie wurde durch den Krieg unterbrochen. Ein Gegenentwurf war 1911 von den Professoren für Strafrecht Wilhelm Kahl, Karl von Lilienthal, Franz von Liszt und Paul Goldschmidt vorgelegt worden. (Vgl. *Geschäftsordnung für die zum Zwecke der Revision des Strafgesetzbuches berufene Kommission*, in: ZStAP, 30.1., Nr. 5919, Bd. 1, Bl. 49 ff.); Würtenberger, Hall (1962), S. 770.

143 Strafrechtskommission (1913), S. 32, Bl. 255. Vgl. auch Anlage zum Prot. 1. Les. v. 6. 11. 1912, S. 8, in: ZStAP, 30.1., Nr. 5925, Bd. 4, Bl. 261. Die Beratungen der Strafrechtskommission können hier nicht im Einzelnen dargestellt werden. Zur gesamten Rechtsproblematik der medizinischen Abtreibung vgl. Lewin (1922), S. 129 ff.; Dörr (1928), S. 70 ff.; Ebermayer (1924), S. 245 ff.

144 Vgl. Usborne (1986), S. 194 ff.

145 Vgl. so z. B. Petition (1910), Bl. 213. Vgl. zu diesem Konflikt Ebermayer (1924), S. 126 ff., 245 ff.; ders. (1914), S. 12 f.; ders. (1914), S. 61; Straßmann (1910), S. 9. – Die Mehrheit der Kommissionsmitglieder ging von einem Gewohnheitsrecht der Ärzte aus, das sich unter der Bedingung der Einwilligung und einer akuten Lebensgefährdung der Patientin eingeschliffen hatte. Dieses Verfahren wurde in der Rechtspraxis durch die Urteile des Reichsgerichts bestätigt. Als Gewohnheitsrecht sei es zum einen älter als das Reichsstrafgesetzbuch und bis dato unberührt und werde so weiterhin fortbestehen, schätzte der Jurist Oetker. Vgl. Oetker (1914), S. 273. Zu dieser umstrittenen Frage vgl. die verschiedenen Rechtsauffassungen Fritze (1905), S. 24, Bl. 213; Lilienthal (1918), S. 392 f.

146 Auch Folgeerscheinungen wie »Siechtum, Lähmung oder Geisteskrankheit« wurden in diesem Paragraphen mit Zuchthaus bis zu fünf Jahren oder mit Gefängnis nicht unter einem Jahr belegt.

147 Vgl. §§ 223 ff., in: RGB 24 (1871), S. 168 f.

148 San. R. Hansberg in: Sitzung der Westfälischen Aerztekammer (1906), S. 12, 13, Bl. 80.

149 Zusammenstellung der seitens der Preußischen Ärztekammer zur Abänderung des Strafgesetzbuchs gemachten Vorschläge, S. 4 f., in: ZStAP, 30.1, Nr. 5890, Bd. 2, Bl. 84 f.

150 Vgl. Referat Hansberg in: Sitzung der Westfälischen Aerztekammer (1906), S. 10 f., Bl. 80. Genauso Kohlrausch (1932), S. 386. Vgl. das Urteil, zit. in: ebd., Anm. 1, S. 387.

151 Vgl. so z. B. ein eng gefaßtes Verständnis von der medizinischen Indikation Thorn (1910); Peters (1910).

152 Grotjahn (1921), S. 64.

153 Vgl. Kap. III.

154 Oetker (1914), S. 275, Anm. 28.

155 Strohmayer (1918), S. 215; vgl. z. B. genauso Müller-Schürich (1912), S. 628.

156 So der Münchener Neurologe Ludwig Loewenfeld (1910).
157 Vgl. z. B. Lederer (1908). – Zwischen 1907 und 1913 gab es in den USA bereits 12 Staaten, in denen Sterilisationsgesetze erlassen waren. Indiana war der erste Staat, in dem per Gesetz vom 9. März 1907 die rassenhygienische Zwangsunfruchtbarmachung von »unverbesserlichen Verbrechern, Idioten, Notzuchtverbrechern und Imbezillen« in staatlichen Anstalten legalisiert wurde. Übersicht der amerik. Gesetzgebung vgl. Blasbalg (1932); von Hoffmann (1913); ders. (1914/15); ders. (1918).
158 Zit. n. Müller (1985), S. 37.
159 von Gruber, Rüdin (1911), S. 88. Vgl. außerdem zur deutschen Diskussion über die Schweizer Sterilisationspraktiken z. B. Oberholzer (1911).
160 Zu Naecke vgl. Friedlaender (1924, 2) und Kap. III.
161 Naecke (1909), S. 227.
162 Loewenfeld (1910), S. 303.
163 Lederer (1908), S. 446.
164 Vgl. Hegar (1897), S. 362 ff.
165 Vgl. zur Geschichte der Hysterie Fischer-Homberger (1979), S. 32 ff., 106 ff.; von Braun (1985).
166 Vgl. Schultze (1913); Mayer (1927), S. 164 ff.; Hegar-Kaltenbach (1897), S. 357 ff.; Müller (1985), S. 11.
167 Gerngroß (1913), S. 17.
168 Ebd., S. 18.
169 Vgl. z. B. Hegar (1897), S. 381; Ziertmann (1909), S. 738; Müller (1985), S. 34.
170 Hegar (1897), S. 380.
171 Auguste Forel, in: Korrespondenzblatt für schweiz. Ärzte 16 (1886), S. 476–480, zit. n. Mayer (1927), S. 190.
172 Vgl. Müller (1985), S. 34; vgl. auch v. Hoffmann (1918), S. 423.
173 Kappis (1912), S. 1932.
174 Ebd., S. 1933.
175 Ebd., S. 1932 f.
176 Hirsch (1914), S. 212.
177 Hirsch (1913), S. 576 f.
178 Ebd., S. 575.
179 Naecke (1909), S. 228. Vgl. genauso Strohmayer (1918), S. 230.
180 Müller-Schürch (1912), S. 628.
181 Gerngroß (1913), S. 39.
182 Naecke (1900), S. 70, Anm. 1.
183 Gerngroß (1913), S. 12.
184 Kehrer (1897), S. 964 f.; vgl. genauso Döderlein/Krönig (1912), S. 342.
185 Gerngroß (1913), S. 12.
186 Hirsch (1913), S. 578 f.
187 Loewenfeld (1910), S. 309. Vgl. z. B. genauso Kappis (1912); Juliusburger (1912); Friedel (1913); Fraenkel (1914).
188 Strohmayer (1918), S. 170.
189 Vgl. zur genauen Entwicklung Döderlein/Krönig (1912), S. 341; Nürnberger (1917), S. 39 ff. Vgl. zur Entwicklung der akademischen Frauenheilkunde Fischer-Homberger (1984); Rich (1978), S. 119 ff.
190 Diesen Begriff gebrauchte der Gynäkologieprofessor Ferdinand Alfred Kehrer im Jahre 1897 (vgl. ders. [1887], S. 962).
191 Vgl. Müller (1985), S. 14. Im folgenden wird der Wortgebrauch jeweils aus den Quellen übernommen.
192 Döderlein/Krönig (1912), S. 145.
193 Vgl. Nürnberger (1917); er betitelte 1917 seinen Aufsatz mit diesem Begriff.
194 Döderlein/Krönig (1912), S. 341.

195 Mayer (1927), S. 233; vgl. auch Baier (1985), S. 117 ff.
196 Diese Terminologie ist durchgängig in der damaligen operativen Gynäkologieliteratur und wird deswegen nicht extra ausgewiesen.
197 Vgl. Müller (1985), S. 23; Reifferscheids Arbeit lautete: *Histologiche Studien über die Beeinflussung menschlicher und tierischer Ovarien durch Röntgenstrahlen*, in: Zentralblatt für Gynäkologie 34 (1/1910), S. 593–597.
198 Vgl. z. B. Mayer (1927), S. 162.
199 Vgl. Naujoks, Boeminghaus (1934), S. 32.
200 Mayer (1927), S. 162.
201 Nürnberger (1917), S. 40.
202 Ebd., S. 41. Vgl. außerdem zu dieser Methode ebd., S. 38 ff.; Runge (1921), S. 518 ff.
203 Vgl. Naujoks, Boeminghaus (1934), S. 21; Mayer (1927), S. 156.
204 Hegar (1897), S. 420.
205 Vgl. ebd., S. 486.
206 Vgl. Statistik ebd., S. 487.
207 Vgl. Müller (1985), S. 19.
208 Der Londoner Chirurg James Blundell machte sich seit 1819 mit seinen ersten Versuchen der Kastration und Sterilisation von Frauen als Mittel der Konzeptionsverhütung einen Namen. Vgl. Hegar (1897), S. 358; Müller (1985), S. 16.
209 Hegar (1897), S. 359.
210 Ebd.
211 Müller (1985), S. 12.
212 Strohmayer (1918, S. 217.
213 Vgl. Müller (1985), S. 12.
214 Döderlein/Krönig (1907), S. 607.
215 Hegar (1897), S. 364, 365.
216 Vgl. z. B. Henkel (1918), S. 121.
217 Kehrer (1897), S. 964.
218 Ebd., S. 965.
219 Gaupp (1926), S. 146.
220 Vgl. Kehrer (1897), S. 962; vgl. z. B. genauso Cramer (1904), S. 605; Döderlein/Krönig (1912), S. 348.
221 Sellheim (1913), S. 166.
222 Ebd., S. 170.
223 Döderlein/Krönig (1912), S. 344 ff.
224 Strohmayer (1918), S. 176.
225 Döderlein/Krönig (1912), S. 346.
226 Ebd., S. 348.
227 Hamburger (1908), S. 126.
228 Hellendall (1910), S. 2048. Vgl. genauso Döderlein, Krönig (1912), S. 348 ff.; Henkel (1918), S. 133 ff.
229 Vgl. so z. B. Nürnberger (1917), S. 33.
230 Vgl. Schallmayer (1918).
231 Vgl. von Hoffmann (1918).
232 Zu Krohne: Vgl. Weindling (1985), S. 48.
233 Vgl. Plazcek (1918), Vorwort, S. IV.
234 Ebd., S. III.
235 Vgl. Urteilsbegründung und Gutachten des Direktors der Königl. Universitätsfrauenklinik in Berlin Prof. Ernst Bumm vom 30. 5. 1918, in: ZStAP, 15. 01, Nr. 9346, Bd. 5, Bl. 204 f.
236 Vgl. GE Nr. 1717.
237 Vgl. auch Denkschrift (1915), S. 44 f.
238 GE Nr. 1717, S. 2505.
239 Ebd., S. 2504.
240 Vgl. Niederschrift Reichsgesundheitsrat (1917), S. 3, Bl. 31.
241 Ebd., S. 6, Bl. 32. Vgl. auch die Veröffentlichung dieser Umfrage in: Krohne (1917).
242 Ebd., S. 61 f.
243 Vgl. zu diesem Gremium Anm. I, 60.
244 Vgl. MdI v. 31. 3. 1917 an Reichskanzler, in: ZStAP, 15. 01, Nr. 9344, Bd. 3, Bl. 31–32.

245 Vgl. Niederschrift Reichsgesundheitsrat (1917), S. 25.

246 Vgl. *Vossische Zeitung* v. 31. 10. 1917, Morgenausg.; Programm des 6. Internationalen Kongresses für Geburtshilfe und Gynäkologie in Berlin vom 9. bis 13. September, in: ZStAP, 15. 01, Nr. 11136, Bd. 7, Bl. 212; Henkel (1905); ders. (1904); ders. (1909).

247 Zu den fünf Anklagepunkten vgl. Reichskanzler v. 20. 3. 1918 an alle Reg. d. Bundesstaates und an MdgA u. MdI, in: ZStAM,. Rep. 76 VIII B, Nr. 2017, Bl. 1. – Im folgenden werde ich exemplarisch anhand der Urteilsbegründung für den Freispruch und anhand des Gutachtens von Professor Ernst Bumm die wesentlichen Argumentationsweisen nachzeichnen, die zu diesem Urteil geführt haben. Sie charakterisieren den Prozeßverlauf. Auf das Gutachten Bumms stützte sich der Freispruch. Vgl. Sächs. Staatsministerium v. 30. 7. 1918 an Reichskanzler, in: BAK, R 86 II, Rep. 319, Nr. 2379. Zum Henkel-Prozeß vgl. auch Usborne (1989), Kap. III; Jeschal (1979), S. 91 ff.

248 Zwei Frauen waren kurz hintereinander nach einer Lumbalanästhesie an Meningitis gestorben.

249 Vgl. Niederschrift Reichsgesundheitsrat (1917), S. 22.

250 *Vossische Zeitung* v. 30. 10. 1917, Abendausg. Vgl. auch die Schilderung dieses medizinischen Verbrechens in Reichsgesundheitsrat (1917), S. 23 f.

251 Niederschrift Reichgesundheitsrat (1917), S. 23.

252 Vgl. KGA v. 13. 11. 1917 an RMdI, in: BAK, R 86 II, Rep. 319, Nr. 2379.

253 Niederschrift Reichsgesundheitsrat (1917), S. 2.

254 Vgl. Urteil OWG Jena v. 24. 7. 1918 (siehe Anm. 259), Bl. 263 ff.

255 So der Heidelberger Professor für Chirurgie Vincenz Czerny (1842–1916), der Jenaer Professor für Chirurgie Erich Lexer, der Würzburger Professor für Gynäkologie Max Hofmeier, die beiden Königsberger Gynäkologieprofessoren Winter und Puppe, der Jenaer Professor für Psychiatrie Otto Binswanger und der Berliner Professor für Gynäkologie Ludwig Blumenreich.

256 Vgl. *Vossische Zeitung* Nr. 54 v. 24. 10. 1917, Beil.

257 Ebd.

258 In den Anklagepunkten 1, 3 und 4 wurde er für schuldig, in 2 und 5 wurde er freigesprochen. Diese Urteilsbegründung war in den vorliegenden Aktenbeständen nicht vorhanden.

259 Vgl. Urteil des Thüringischen Oberverwaltungsgerichts in Jena vom 24. Juli 1918, in ZStAP, 15. 01, Nr. 9346, Bd. 5, Bl. 248–280 (auch in: BAK, R 86 II, Rep. 319, Nr. 2379).

260 Vgl. ebd., S. 26, Bl. 260.

261 Ebd., S. 55, Bl. 275

262 Ebd.

263 Vorläufige Urteilsbegründung, S. 4, in: BAK, R 86 II, Rep. 319, Nr. 2379, S. 4.

264 Ernst Bumm, Gutachten v. 30. 5. 1918, in: BAK, R 86 II, Rep. 319, Nr. 2379, S. 11.

265 Ebd., S. 25.

266 Ebd., S. 38

267 Ebd., S. 4.

268 Urteil vom 24. 7. 1918 (Anm. 259), S. 19, Bl. 257.

269 *Vossische Zeitung* Nr. 556 v. 31. 10. 1917, Morgenausg.
270 Bumm-Gutachten (Anm. 264), S. 36.
271 Urteilsbegründung vom 24. 7. 1918 (Anm. 258), S. 30, B. 262.
272 Bumm-Gutachten (Anm. 264), S. 16.
273 Vgl. ebd., S. 3, 15 und Urteilsbegründung (Anm. 259), S. 20, Bl. 257.
274 Bumm-Gutachten (Anm. 262), S. 28.
275 Vgl. z. B. Pressemitteilungen *Vossische Zeitung*, Nr. 551 v. 28. 10. 1917, 1. Beil.; Nr. 554 v. 30. 10. 1917, 1. Beil.; *Vorwärts*, Nr. 298 v. 30. 10. 1917; Nr. 299 v. 31. 10. 1917; *Frankfurter Zeitung*, Nr. 309 v. 8. 11. 1917; *Berliner Ärzte Korrespondenz*, Nr. 45 v. 10. 11. 1917; Herbst (1918).
276 Niederschrift Reichsgesundheitsrat (1917), S. 26, Bl. 42.
277 Im Reichsgesundheitsrat saß unter den insgesamt 18 Mitgliedern auch der Rassenhygieniker und Professor für Hygiene Max von Gruber. Als Sachverständige traten die Gynäkologieprofessoren Ernst Bumm, Albert Döderlein und Paul Zweifel (1848–1927), Leipzig, auf.
278 Vgl. GE Nr. 1717 und KGA v. 22. 2. 1918 an RMdI, in: ZStAP, 15. 01, Nr. 9346, Bd. 5, Bl. 27.
279 GE Nr. 1717, S. 2504.
280 Vgl. ebd.
281 KGA v. 21. 10. 1918 an RMdI, in ZStAP, 15. 01. Nr. 9346, Bl. 283.
282 *Vossische Zeitung*, Nr. 556 v. 31. 10. 1917, Morgenausg.
283 Sellheim (1917), S. 371.
284 Rich (1978), S. 261 f.

Kapitel V

1 Graßl (1914), S. 147.
2 Publiziert sind diese Interviews in den Arbeiten von Max Marcuse. Vgl. aus heutiger Perspektive Usborne (1988); dies. (1989); Bergmann (1987); Neuman (1978).
3 Bornträger (1913), S. 11. Vgl. genauso den Brief eines Arztes aus Warnemünde vom 21. 11. 1913 an MdI, in: ZStAM, Rep. 76 VIII B, Nr. 2008, Bd. 1, Bl. 150 f.; Denkschrift (1915), Anlage 1: Auszugsweise Äußerung des Polizei- und Frauenarztes Dr. Morsbach, Dortmund.
4 Vgl. Graßl (1914), S. 113; Bornträger (1914), S. 726; Wolf (1912) S. 60 ff., 166.
5 Vgl. zur Konzeption der »Geschlechtscharaktere« Hausen (1976); Woesler de Panafieu (1984); Wartmann (1980).
6 *Die Welt am Montag* v. 8. 7. 1912.
7 Bornträger (1914), S. 722; Pistor, in: Ber. Wiss. Dep. (1911), S. 22; Hirsch (1914), S. 149; vgl. z. B. im politischen Forum: Rede des Zentrum-Abgeordneten v. Steinaecker, in: Verh. d. Preuß. Abgeordn., Sten. Ber., Bd. 2 (1914), S. 2779.
8 Christine Woesler de Panafieu hat die Aufspaltung von Frauen in die beiden Figuren Mutter und Hure in diesem Modus umschrieben. Vgl. Woesler de Panafieu (1984), S. 253.
9 Möbius (1903a), S. 5.
10 Vgl. ders. (1900b), S. 103.
11 Schulze (1904), S. 111; vgl. ebenso Birnbaum (1909), S. 75.
12 Meyers Großes Konversations-Lexikon (1908), S. 830. Von Lombrosos Theorie über den

»Verbrecherschädel« wurde hier Abstand genommen.

13 Solche Beschreibungen sind in der Literatur durchgängig. Diese sind entnommen: Knecht (1884); vgl. genauso auch für das folgende Kraepelin (1915), S. 2099 ff.; Möbius (1900b), S. 112 ff.; von Krafft-Ebing (1895), S. 7; Ferrero, Lombroso (1894), S. 35 ff., S. 267 ff.; Hermann (1910), S. 90 f.; Bonhoeffer (1901), S. 40; Strassmann (1911), S. 377.

14 Vgl. hierzu bes. Kellner (1901); Möbius (1903); Bayerthal (Nervenarzt Worms; 1911).

15 Knecht (1884), S. 587, 604, 605; vgl. genauso von Krafft-Ebing (1895), S. 7; Hermann (1910), S. 90.

16 Knecht (1884), S. 593.

17 Koch (1894b), S. 10; Möbius (1900b), S. 115.

18 Vgl. z. B. Lombroso (1894, 1), S. 230; Kraepelin (1915), S. 2100; Knecht (1884), S. 590.

19 Vgl. Kraepelin (1915), S. 2099 f.

20 Möbius (1900b), S. 112. – Die physiognomische Erklärung war ambivalent. Z. B. hatte Lombroso diese »Degenerationszeichen« für Prostituierte – das weibliche Pendant zum männlichen »Verbrechertypus« – nur eingeschränkt behauptet. Zugleich gab es Degenerationstheoretiker wie Paul Naecke, die versuchten, diese empirisch zu widerlegen. (Vgl. Naecke [1894], S. 95 ff. und ebd., Tabelle I.) Lombroso hatte sich zur »Häßlichkeit« bzw. »Schönheit« von Prostituierten so geäußert: »... schließlich kann die Prostituierte ihr Metier nur dann mit Erfolg ausüben, wenn sie nur soviel und solche Anomalien besitzt, daß ihre Klientel nicht abgeschreckt wird ... ferner hat unsere oben gegebene Analyse der Schädel und Physiognomien gezeigt, daß beim Mangel äußerer Anomalien andere, weniger auffallende oder ganz verborgene um so zahlreicher sein können, wie gespaltener Gaumen, unregelmäßige Zahnstellung und anderes ... Ist aber einmal mit der Jugend die fettgepolsterte Rundheit der Haut dahin, so springen die massigen, eckigen Umrisse der Kiefer und Jochbeine in die Augen und lassen das Gesicht männlich und gröber als das eines Mannes erscheinen, die Runzeln vertiefen sich, und das einst fesselnde Gesicht zeigt unverhüllt seine entarteten Grundzüge«. (Ferrero, Lombroso [1894], S. 344.)

21 Vgl. Blöde (1806), S. 63 ff.; vgl. außerdem für das folgende zu Gall: Das große Conversationslexicon für die gebildeten Stände (1851), S. 401 ff. Gall (1810–1820); Ackerknecht (1985), S. 48 ff.; Lesky (1979). – Franz Joseph Gall war im Jahre 1758 in Tiefenbronn bei Pforzheim geboren und hatte seit den neunziger Jahren zunächst in Wien seine Schädellehre vorgestellt. Seit 1807 lebte und arbeitete er in Paris, wo er auch sein vierbändiges Hauptwerk verfaßte (Anatomie et physiologie). Seine Schriften wurden nach seinem Tode übersetzt und neu aufgelegt. Vgl. z. B. ders. (1833; ders. (1905).

22 Gall formulierte sechs Menschentypen, die in der Degenerationslehre später als Matrix für

Normalität und Abweichung dienten: 1. solche, die vernünftig, wahrhaft und gerecht seien; 2. Menschen, die von »niederen« tierischen Instinkten dominiert seien (leidenschaftlich, sinnlich); 3. Menschen, bei denen »niedere« und »höhere« Triebe repräsentiert seien (»Zweiseelenmenschen«); 4. solche, bei denen nur ein Talent besonders ausgeprägt sei; 5. solche, bei denen einzelne Fähigkeiten nur schwach oder gar nicht ausgebildet seien; und 6. sogenannte Durchschnittsmenschen, bei denen alle Kapazitäten mittelmäßig vorhanden seien.

23 Zu Broca vgl. Broca (1871); Paul Broca (1980); Fischer-Homberger (1977), S. 178. – Broca hatte Medizin studiert und gründete als Professor die Chirurgische Klinik in Paris. 1859 gründete er die *Anthropologische Gesellschaft* und im Jahre 1867 das anthropologische Laboratorium. Hier konstruierte er neue Apparate für exakte Messungsmethoden im Bereich der Phrenologie. 1872 richtete er die *Association française pour l'avancement des sciences* ein, 1880 wurde er Mitglied des Senats.

24 Vgl. z. B. Schallmayer (1903). S. 103, 130; Ploetz (1895), S. 95ff., 124ff., 173ff.; Bayerthal (1911); Bresciani-Turroni (1913). – Rassenanthropologen dagegen benutzten die Forschungsergebnisse der Phrenologie zur Beweisführung der Hypothese, daß Umfang, Gewicht und Größe des Gehirns die Überlegenheit der weißen gegenüber anderen Rassen beweise.

25 Virchows Projekt, diese Untersuchung an Rekruten zu unternehmen, scheiterte am Veto des Preußischen Kriegsministeriums. Statt dessen wurde die Erhebung mit Erlaubnis der Staatsregierungen an 6760000 Schulkindern vorgenommen. Nur die Hansestadt Hamburg hatte die Mitarbeit an diesem Projekt verweigert mit dem Argument, solche anthropologischen Untersuchungen verletzten das Prinzip der persönlichen Freiheit. Vgl. Virchow (1886), S. 275f.; vgl. auch Mosse (1978), S. 85ff.

26 Vgl. Matiegka (1902), S. 3.

27 Matiegka war seit 1891 Kreisarzt der Stadt Prag und lehrte seit 1897 Anthropologie an der Prager Karlsuniversität. 1908 wurde er dort Professor für Anthropologie. In den zwanziger Jahren betätigte er sich zudem als Herausgeber der Zeitschrift *Anthropologie*, 1921 wurde er Direktor des Anthropologischen Instituts an der Prager Karlsuniversität, und von 1929 bis 1930 besetzte er die Rektorenstelle der Karlsuniversität. Vgl. Anthropologie 10 (1932), S. 17f.

28 Die Gesellschaft wurde 1770 gegründet und trug seit 1781 diesen Namen. Sie war ein wichtiges wissenschaftliches Forum. Aus ihr gingen viele preisgekrönte naturwissenschaftliche Arbeiten hervor. Seit 1840 war sie in vier Sektionen unterteilt: in die mathematische, die naturwissenschaftliche, historische und in die patriotisch-philosophische. 1918 wurde sie umbenannt in *Tschechische Akademie der Wissenschaft*.

29 Vgl. Matiegka (1902), S. 44f.
30 Meyers Großes Konversations-Lexikon (1896), S. 215–217; vgl. genauso ebd. (1908), S. 472f.
31 Zum Zusammenhang des medizinischen und cartesianischen Weltbildes vgl. Capra (1983), S. 107ff.
32 Fischer-Homberger (1984), S. 97.
33 Matiegka (1902), S. 28.
34 Zu dieser Auffassung in der Craniologie vgl. Weingart (1985), S. 317. Vgl. ausführliche Literatur zum »Geschlechtscharakter« Theweleit (1980); von Braun (1985); Duden, Hausen (1979); Fox, Keller (1985).
35 Hermann (1900), S. 70.
36 Birnbaum (1909), S. 76; genauso Möbius (1900b), S. 103f.: »Z. B. ist die Kinderliebe ein wesentlicher Zug des weiblichen Geistes; wenn ein Mann kleine Kinder abscheulich findet, so erregt das keine Bedenken, thut es ein Weib, so ist es mit Bestimmtheit als entartet zu bezeichnen.«
37 Vgl. von Braun (1985), S. 26; Fischer-Homberger (1984), S. 92ff.
38 (1. Aufl. 1900, 12. Aufl. 1922) Hier ist die Aufl. von [4]1902 benutzt; vgl. außerdem die psychiatrische und anthropologische Literatur zur Normalität und Psychopathologie der Frau, ders. (1903b); ders. (1903a); ders. 1904); Ploss (1905); Naecke (1894); Woltmann (1902/03); Neisser (1915); Bonhoeffer (1903); Sichel (1913); Naecke (1910); Kisch (1904).
39 Kraepelin (1915), S. 2214.
40 Ferrero, Lombroso (1894), S. 118.
41 Möbius (1903a), S. 5.
42 Ebd., S. 5, 6.
43 Ferrero, Lombroso (1894), S. 118.
44 Ebd., S. 111.
45 Darwin (1859), S. 114.
46 Koch (1894), S. 18, 19, Hervorhebung im Text.
47 Kraepelin (1915), S. 2084.
48 Koch (1894), S. 34, 35. Vgl. genauso z. B. Hermann (1910), S. 66, 78.
49 Stengel (1909), S. 107.
50 Birnbaum (1909), S. 81, 82.
51 Nordau (1893,2), S. 23, 31. Vgl. genauso Birnbaum (1909), S. 86; Hermann (1910), S. 68.
52 Nordau (1893,2) S. 5.
53 Hermann (1910), S. 86.
54 Kraepelin (1915), S. 2077.
55 Ebd., S. 2084f. Vgl. genauso Hermann (1910) S. 125f.; Möbius (1900b), S. 104.
56 Hermann (1910), S. 123, 124.
57 Nordau (1893,2), S. 32. Vgl. genauso Cramer (1904), S. 1770; von Krafft-Ebing (1895), S. 203.
58 von Krafft-Ebing (1887), S. 37.
59 Möbius (1903a), S. 38. Vgl. genauso Bonhoeffer (1901), S. 23; Kraepelin (1915), S. 2096.
60 von Krafft-Ebing (1887), S. 16.
61 Ebd., S. 1, 3.
62 Ebd., S. 11, 10.
63 Möbius (1903a), S. 6.
64 Cramer (1904), S. 1769.
65 von Krafft-Ebing (1887), S. 128.
66 Ebd., S. 6.
67 Forel (1907b), S. 171, Hervorhebung A. B.
68 Nordau (1893,2), S. 38, 39.
69 Ebd., S. 40 Vgl. die von dem Psychiater Luther beschriebene Fallgeschichte eines »Degenerierten« mit »kommunistischen und anarchistischen Ideen«, Luther (1909), S. 976.
70 *Neue Zeit,* Nr. 10 v. 10. 1. 1919,

in: ZStAM, Rep. 76 VIII B, Nr. 118, *Die Obergutachten der Medizinalkollegien in straf- und zivilrechtlichen Angelegenheiten,* Bl. 121.

71 Bonne (1927), S. 14. Vgl. Sekundärliteratur zur »politischen Leidenschaft«, Herzog (1985), S. 73; Güse, Schmacke (1976,1), S. 175 ff.

72 Vgl. Kraepelin (1915), S. 2111 ff.

73 Ebd., S. 2112.

74 Hermann (1910), S. 79.

75 Hegar (1909), S. 125. Vgl. genauso Luther (1909), S. 972 ff.; Stengel (1909), S. 98 ff.

76 Birnbaum (1909), S. 79.

77 Kraepelin (1915), S. 2083 f.

78 Vgl. Bonhoeffer (1901), S. 2.

79 Ebd., S. 54.

80 Ebd., S. 22, 40.

81 Hermann (1910), S. 66.

82 Vgl. Nordau (1892,1), S. 29 ff.; (1893,2), S. 3.

83 Vgl. ebd., Bd. 1, S. 46 und S. 44 ff.

84 Ebd., S. 51.

85 Ebd.; vgl. zu dieser »Entartungs«-Gruppe Kraepelin (1915), S. 2077.

86 Möbius (1903a), S. 35.

87 Birnbaum (1909), S. 76.

88 Möbius (1900a), S. 26.

89 Vgl. ebd., S. 18 ff.; Ferrero, Lombroso (1894), S. 2 ff.; Kraepelin (1915), S. 2032.

90 von Braun (1985), S. 24.

91 Möbius (1900a), S. 17.

92 Vgl. dazu Fischer-Homberger (1984), S. 93.

93 Möbius (1900a), S. 23.

94 Möbius (1903a), S. 7.

95 Ferrero, Lombroso (1894), S. 20.

96 Ebd., S. 47.

97 Vgl. ebd., S. 104; Möbius (1904), S. 55.

98 Möbius (1904), S. 46.

99 Vgl. Ferrero, Lombroso (1894), S. 111.

100 Vgl. ebd., S. 113.

101 Ebd., S. 111.

102 Ebd., S. 115.

103 Ebd., S. 59.

104 Ebd., S. 114.

105 Ebd., S. 115.

106 von Krafft-Ebing (1887), S. 10 f.

107 Ebd., S. 12.

108 Vgl. Möbius (1900a), S. 25.

109 Ders. (1903a), S. 34.

110 Vgl. Ferrero, Lombroso (1894), S. 267 ff.

111 Kraepelin (1915), S. 2085.

112 Ebd.

113 von Krafft-Ebing (1887), S. 68; vgl. neuere Literatur Schwarz (1983); Kokula (1981).

114 von Krafft-Ebing (1887), S. 121.

115 Bonhoeffer (1903), S. 119.

116 Ebd., S. 112 f.

117 Ebd., S. 116 f.

118 Vgl. Müller (1908), S. 992 ff.; Stelzner (1911); Sichel (1913).

119 Fischer-Homberger (1984), S. 95.

120 Grotjahn (1914/15), S. 162 f.

121 Zu Hirsch vgl. Doeleke (1975).

122 Im folgenden konzentriere ich mich auf die Schriften Grotjahns und Hirschs als die Protagonisten des Rationalisierungskonzepts der »Fortpflanzung«.

123 Hirsch (1914), S. 182.

124 Grotjahn (1921), S. 149 f.

125 Ebd., S. 18.

126 Ebd., S. 150.

127 Ebd.

128 Grotjahn (1915a), S. 505.

129 Vgl. ebd., S. 486 ff.

130 »Entartung« definierte Grotjahn als »somatische oder psychische Verschlechterung der Nachkommen« (Grotjahn [1921], S. 144, Anm. 21). Grotjahn sah Entartungstendenzen bei einem »volle(n) Drittel der Gesamt-

bevölkerung« (ebd., S. 144), worunter er »Geisteskranke«, »Idioten«, Epileptiker, Trunksüchtige, Blinde, Taubstumme, Verkrüppelte, »Lungenkranke in vorgeschrittenem Stadium« (ebd.) zählte.

131 Grotjahn (1921), S. 163.

132 Ebd., S. 177.

133 Ebd., S. 287f.

134 Graßl (1910), S. 194. Vgl. zu seiner rassenhygienischen Position ders. (1911).

135 Vgl. Grotjahn (1921), S. 293.

136 Ders. (1915a), S. 674; vgl. auch ebd., S. 294.

137 Ders. (1921), S. 320.

138 Vgl. Goldscheid (1913), S. 7, Anm. Vgl. Grotjahn (1911), S. 239.

139 Goldscheid (1913), S. 10.

140 Vgl. Wolf (Manuskript o. J.), S. 5.

141 Grandke (1916), S. 5. – Solche Berechnungen trugen damals noch einen eindeutigen politischen Charakter. Inzwischen wurden sie durch die Entwicklung der Demographie verwissenschaftlicht: Prognosen und »Bestandserhaltungs«-Mathematik sind heute die wesentlichen Gegenstände der Bevölkerungswissenschaft. Die »Nettoreproduktionsrate« – einer der wichtigsten Indices der »Bestandserhaltung« – wird gleichzeitig dazu benutzt, politische Ziele statistisch-wissenschaftlich zu formulieren. Sie geht über andere Meßziffern (Geburten-, Fruchtbarkeitsziffer) hinaus, und ihr liegt die Frage zugrunde: »Genügt die Gebärleistung der gegenwärtig lebenden Frauen, um sich selbst zu reproduzieren, d. h. um so viel Mädchengeburten hervorzubringen, daß diese bei den gegebenen Sterbeverhältnissen ihre Mütter in der nächsten Generation ersetzen können?« – so in der Bevölkerungslehre von 1976 nachzulesen. (Schmid [1976], S. 171, zit. n. G. Mackenroth, Bevölkerungslehre, Berlin – Göttingen – Heidelberg 1953, S. 99f.). Die »Nettoreproduktionsrate« zeigt die durchschnittliche Zahl von Töchtern an, »die die Frauen eines hypothetischen Altersjahrgangs . . . gebären, wenn sich die gegenwärtigen altersspezifischen Fruchtbarkeitsraten nicht verändern. Dieser Index bezeichnet das künftige Fruchtbarkeitspotential«, so lautet die bevölkerungswissenschaftliche Definition dieser Meßziffer, und für die »Bestandserhaltung« sollte sie mindestens bei 1 liegen. (Wewer [1974], S. 8f.) Auch in einem heutigen Klassiker der Bevölkerungswissenschaft wurde für die Bundesrepublik Deutschland ausgerechnet, daß zur »Bestanderhaltung einer Generation . . . 2,3 Kinder pro Ehe notwendig« seien. (Bolte, Kappe, Schmid [1980], S. 19, Anm. 6.). Terminologie und Methodologie dieser Wissenschaft vermitteln das Bestreben, die Entstehung und das Gebären von menschlichem Leben zu rationalisieren, um solche sozialen Prozesse im wortwörtlichen Sinne berechenbar zu machen. Darüber hinaus sind die Objekte dieser Wissenschaft in erster Linie Frauen (Töchter und Mütter), die wiederum systematisch durch die geschlechtsneutrale Terminologie als Zahlenmaterial zumindest auf dem Pa-

pier zum Schweigen gebracht worden sind.

142 Grotjahn (1921), S. 362. Vgl. zur Begründung dieser staatlichen Maßnahmen für eugenische und rassenhygienische Politik, Grotjahn, ebd., S. 328 ff.; Hirsch (1914), S. 232; von Gruber (1914a), S. 1030 ff.

143 Schallmayer (1903), S. 329.

144 Ploetz (1895), S. 235; vgl. ebd., S. 167, 187.

145 Grotjahn (1915), S. 521.

146 Vgl. z. B. Hirsch (1914), S. 184.

147 Ebd., S. 183.

148 Ebd., S. 212.

149 Grotjahn (1921), S. 274, 364.

150 *Tageblatt* v. 27. 7. 1912.

151 Grotjahn (1921), S. 175.

152 Ebd., S. 273 f.

153 Ploetz (1895), S. 144.

154 Grotjahn (1921), S. 326.

155 Ebd., S. 296.

156 Ebd., S. 300.

157 von Gruber (1916), S. 17.

158 Vgl. z. B. Ploetz (1895), S. 222 ff.; Hirsch (1914), S. 239 ff.

159 von Gruber (1916), S. 25.

160 Ebd.

161 Graßl (1910), S. 194.

162 Ders. (1914/15), S. 325. Vgl. genauso Grotjahn (1915b), S. 3

163 Grotjahn (1915b), S. 24.

164 Ders. (1921). S. 319.

165 Vgl. ders. (1911), S. 78; ders. (1915a), S. 375.

166 Ders. (1921), S. 365.

167 Quessel (1913a), S. 1319.

168 Vgl. Linse (1972), S. 240.

169 Vgl. zu Brupbacher ebd., S. 238 ff. – Diese Broschüre soll bis in die zwanziger Jahre eine Auflagenhöhe von 500 000 Exemplaren erreicht haben. Die Erstauflage erschien mit 2000 Exemplaren und wurde in der Druckerei des *Volksrechts – Organ der Züricher Sozialistischen Partei* – aufgelegt. Weil diese Schrift nicht parteikonform war, mußte Brupbacher für die späteren Auflagen einen neuen Verleger finden. Bis etwa 1920 erschien sie im Münchner *Birk-Verlag* und wurde später von dem Berliner *Neuen deutschen Verlag* herausgegeben.

170 Zit. n. Linse (1972), S. 239, in: ebd., S. 20, 11, 12.

171 Vgl. Ronsin (1980), S. 44.

172 Vgl. Linse (1972), S. 241.

173 Alfred Bernstein wurde 1882 approbiert und ließ sich 1884 in Berlin als praktischer Arzt nieder. Seit 1892 Mitglied des sozialdemokratischen Lese- und Diskutierclubs »Karl Marx«, seit diesem Jahr der Polizei bekannt. 1896 bis 1917 SPD-Mitglied (danach USPD). Aktive Parteiarbeit: Redner auf Parteiversammlungen, Lehrer an der Berliner Sozialdemokratischen Arbeiterschule, Mitarbeiter im Berliner Arbeiterbildungsverein, seit 1902 sozialdemokratischer Stadtverordneter in Berlin, Mitglied der Waisendeputation. Seit 1905 offizieller Parteireferent, 1907 Kandidatur für den Reichstagswahlkreis Kottbus-Spremberg, 1913 Mitbegründer des sozialdemokratischen Ärztevereins. Nach Polizeiberichten gehörte Bernstein dem »radikalen Flügel« der Partei an. Vgl. hierzu: Pol. Dir. München v. 24. 5. 1913 an Pol. Präs. Berl., in: StAB, Pr.Br. Rep, 30 Berlin C., Pol. Präs., Tit. 95 Sect. 7, Lit. A Nr. 8b (lfd. Nr. 15798), Bl. 86–90; Polizeibericht über Bernstein v. 27. 7. 1915, Pol. Präs. Berl., Abtlg.

VII, Außendienst, 3. Kommissariat, in: ebd., Bl. 169–170; Polizeibericht über Bernstein v. 27. 11. 1917, Abtlg. VII, Außendienst, 3. Kommissariat, in: ebd., Bl. 216–217. Vgl. außerdem Linse (1972), S. 242, Anm. 264; Florian Tennstedt, Mitteilungen, in: IWK 22 (4/1986), S. 608.

174 Julius Moses war seit 1893 praktizierender Arzt im Berliner Norden. Bevor er Mitglied der SPD wurde, hatte er sich politisch bei den Freisinnigen engagiert. 1920–1924 Reichstagsabgeordneter der USPD, 1924–1932 Reichstagsabgeordneter der SPD, Mitglied des Reichsgesundheitsrats und des sozialdemokratischen Ärztevereins, zwischen 1923 und 1933 Herausgeber der Zeitschrift *Der Kassenarzt*. Als Jude wurde Moses im Alter von 74 Jahren 1942 nach Theresienstadt deportiert. Dort starb er noch im gleichen Jahr am 24. Sept. 1942. Zum Engagement und zur Person von Julius Moses vgl. Nadav (1985a); ders. (1985b); Nemitz (1974); ders. (1977); ders. (1981).

175 Moses, unveröffentlichtes Manuskript.

176 So wurde Alfred Bernstein zitiert im *Vorwärts* v. 31. 8. 1913, 3. Beil.

177 Bernstein (1913), S. 5.

178 Ebd. Vgl. zu Bernsteins Engagement durch Vorträge die Presseberichte im *Vorwärts* v. 7. 3. 1913; v. 14. 3. 1913, 5. Beil.; *Die Welt am Montag* vom 17. 3. 1913.

179 Vgl. Bernstein (1913), S. 13.

180 *Vorwärts* vom 31. 7. 1913; *Vorwärts* v. 7. 8. 1913, 3. Beil.

181 *Vorwärts* vom 31. 7. 1913.

182 Zur Geschichte der Gebärstreikdebatte vgl. Linse (1972); Nemitz (1973); die kommentierte Dokumentation von Karl Heinz Roth (1978); Neuman (1978); Niggemann (1981), S. 38ff; 271ff., Fischer (1981), S. 73ff.; Bergmann (1986).

183 *Berliner Volkszeitung* v. 23. 8. 1913, Abend-Ausg. Vgl. auch den Polizeibericht über die Gebärstreikdebatte Abtlg. VII, Exekutive, 3. Kommissariat v. 23. 8. 1913, in: StAP, Pr.Br. Rep. 30 Berlin C, Pol. Präs., Tit. 95 Sect. 7, Nr. 15856, Bl. 13–27; vgl. Presseberichte in: *Die Post* v. 24. 8. 1913; *Die Welt am Montag* v. 25. 6. 1913; *Vorwärts* v. 24. 8. 1913.

184 Vgl. Pol. Ber., ebd., Bl. 13.

185 Ebd., Bl. 15.

186 *Vorwärts* v. 24. 8. 1913.

187 Ebd. Hervorhebungen im Text.

188 Vgl. hierzu Polizeibericht, Abtlg. VII, Exekutive, 3. Kommissariat v. 30. 8. 1913, in: StAP, Pr.Br. Rep. 30 Berlin C. Pol. Präs., Tit. 95 Sect. 7, Nr. 15856, Bl. 33–38.

189 Vgl. ebd., Bl. 33.

190 Vgl. ebd., Bl. 39.

191 Zit. n.: *Vorwärts* v. 31. 8. 1913, 3. Beil.

192 Vgl. z. B. Kautsky (1913); Vogel (1913, I–IV); Bernstein (1913); Quessel (1913); Wurm (1913); Güldner, Zetkin (1913); Schlesinger, Wurm (1913); Eichhoff, Wulff (1913); Zeppler (1913); Olberg (1913).

193 Vgl. die Sozialdemokratische Position im Deutschen Reichstag, Kap. I.

194 Kautsky (1913).

195 Vgl. Polizeiberichte v. 23. u. 30. 8. 1913 (Anm. 183, 188).

196 So Bernstein laut *Frankfurter Zeitung* v. 30. 8. 1913, Abendausg.

197 Alfred Bernstein, Elend und Gebärstreik, in: *Die Welt am Montag* v. 17. 11. 1913, 1. Beil.

198 Diese Worte Alma Wartenbergs, die sie in einem Vortrag vor Frauen in Schraplau in der Provinz Sachsen am 28. 10. 1912 gesagt haben soll, wurden häufig zitiert, nachdem der Kreisarzt Dr. Rauch sie veröffentlicht hatte: vgl. Rauch (1913), S. 108.

199 Vgl.. Linse (1972), S. 236; vgl. auch *Berliner Volkszeitung* v. 16. 10. 1913; *Die Post* v. 8. 10. 1913, Abendausg.; Erste Staatsanwaltschaft Nordhausen vom 19. Mai 1913 an Pol. Präs. Berlin, in StAP, Pr. Br. Rep. 30 Berlin C, Pol. Präs., Tit. 95 Sect. 7, Nr. 15856, Bl. 107–108. Das Urteil des königlichen Landgerichts Nordhausen vom 17. September 1913 wurde auf Revision der Angeklagten vom Reichsgericht am 6. April 1914 aufgehoben, und am 17. Juni 1914 wurde Wartenberg vom Landgericht Nordhausen in einer neuen Hauptverhandlung freigesprochen. Vgl. *Abschrift des Reichsgerichtsurteils,* in: ebd., Bl. 117–123; Freispruch Wartenbergs vom 20. 8. 1914, in: ebd., Bl. 124f.

200 Verh. d. Preuß. Abgeordn., Sten. Ber., Bd. 2 (1914), S. 2782f. – Bereits 1908 wurde von einer Rednerin im *Bund für Mutterschutz* der »Gebärstreik« proklamiert. Im gleichen diffamierenden Tenor hatte man hierüber in der Presse berichtet: »Über den Gegenstand der Rede selbst bedarf es keiner Auseinandersetzung. Wenn irgenwo die Kluft zwischen Theorie und Praxis unüberbrückbar ist, so ist sie es in den Fragen des Sexuallebens. Wir können also der Matrone, die den neuen Streik proklamiert, die originelle Marotte gönnen; daß ihr selbst das Streiken nicht zu schwer fällt, dafür wird schon die Natur gesorgt haben. Aber der Fall beansprucht ein gewisses psychologisches Interesse. Denn was aus der Forderung der Dame spricht, ist im Grunde weiter nichts als der blinde Männerhaß eines unbefriedigten Weibes. In einer Zeit, wo unverheiratete ältere Damen die Welt über die Geheimnisse des ehelichen Lebens und der Säuglingserziehung belehren, wo andre Vertreterinnen holder Weiblichkeit auf die Gasse ziehen und die Kehrseite harmloser Schutzleute zu einem Felde für ihren Tatendrang machen, braucht man über nichts mehr zu erstaunen. Wäre es möglich, so würden diese Damen – wenigstens in den für die Öffentlichkeit gemünzten Erörterungen – den bösen Mann ganz ausschalten, besonders da, wo er bis zur Stunde leider noch nicht ganz zu entbehren ist: als Teilhaber in dem Geschäfte, als dessen Endzweck die Fortpflanzung der Menschheit gilt.« (In: *Die Grenzboten* 67 [1908], S. 396; vgl. auch Das neueste vom Bund für Mutterschutz, in: Sex. Probl. 4 [1908], S. 2189f.)

201 Quessel (1913b), S. 1609.

202 Wilhelm Pieck laut *Frankfurter Zeitung* v. 30. 8. 1913.

203 Vgl. *Jugend* 37 (1913), S. 1101.

Das Gedicht stammt aus der *Münchner Illustrierten Wochenschrift für Kunst und Leben.* Ihre Auflagenhöhe wird mit 88 000 angegeben.

204 Kautsky (1960), S. 390.

Ausblick

1 Adorno (1981), S. 120.

2 Woesler de Panafieu (1983), S. 73.

3 Vgl. Stopczyk (1988)

4 Vgl. Duden (1987), S. 7 ff.

5 Anders (1956), S. 100

6 Vgl. Das erste Kind aus einem tiefgefrorenen Embryo, in: *Frankfurter Rundschau* v. 12. 4. 1984

7 Vgl. Devereux (1976), S. 53

8 Um nur eines von vielen anderen Beispielen zu nennen: Der auch in diesem Buch vorgestellte, erste Lehrstuhlinhaber für Rassenhygiene in Deutschland (1923), Fritz Lenz (1887–1976) – in der Zeit des Nationalsozialismus arbeitete er als Leiter der Abteilung für menschliche Erblehre des Kaiser-Wilhelm-Instituts für Anthropologie, menschliche Erblehre und Eugenik in Berlin-Dahlem – lehrte von 1946 bis zu seiner Emeritierung als Professor für Humangenetik an der Göttinger Universität. Sein Sohn Widukind Lenz, Direktor des Instituts für Humangenetik der Universität Münster i. W., griff die Arbeiten seines Vaters auf und verarbeitete sie in Lehrbüchern der Medizinischen Genetik. Vgl. dazu weiterführend Müller-Hill (1984); Anna Bergmann, Gabriele Czarnowski, Annegret Ehmann, Menschen als Objekte humangenetischer Forschung und Politik im 20. Jahrhundert. Zur Geschichte des Kaiser Wilhelm-Instituts für Anthropologie, menschliche Erblehre und Eugenik in Berlin-Dahlem (1927–1945), in: Der Wert des Menschen (1989), S. 121–142.

9 Zit. n. Greffrath (1989), S. 14.

Quellen und Literatur

Ungedruckte Quellen

Bundesarchiv Koblenz
R 86 Reichsgesundheitsamt
Geheimes Staatsarchiv Berlin-Dahlem
Rep. 84 a Justizministerium (Preußen)
Staatsarchiv Potsdam (Brandenburgisches Landeshauptarchiv)
Pr. Br. Rep. 1 Oberpräsidium der Provinz Brandenburg
Pr. Br. Rep. 2 A Regierung Potsdam
Pr. Br. Rep. 3 B Regierung Frankfurt (Oder)
Pr. Br. Rep. 30 Berlin C Polizeipräsidium
Zentrales Staatsarchiv – Dienststelle Merseburg (Stiftung Preußischer Kulturbesitz – Geheimes Staatsarchiv, Abteilung Merseburg
Rep. 76 Ministerium der Geistlichen, Unterrichts- und Medizinangelegenheiten
Rep. 77 Ministerium des Innern
Rep. 120 Ministerium für Handel und Gewerbe
2.5.1 Justizministerium
2.2.1. Königliches Geheimes Zivilkabinett
Zentrales Staatsarchiv Potsdam (Bundesarchiv, Abteilungen Potsdam)
01.01 Reichstag
15.01 Reichsministerium des Innern
30.01 Reichsjustizamt
61 Re 1 Reichslandbund – Pressearchiv
Moses, Julius, Der Gebärstreik (Falsche Apostel!), unveröffentlichtes Manuskript aus dem Nachlaß, verwaltet von Dr. Kurt Nemitz, Bremen

Gedruckte Quellen

§§ 184, Reichsgesetzblatt 24 (1871), S. 162 und geänderte Fassung vom 25. Juni 1990 in: ebd. 23 (1900), S. 301 f.
§§ 218–220, Reichsgesetzblatt 24 (1871), S. 167 f.
§§ 223-226, Reichsgesetzblatt 24 (1871), S. 168 f.
Bericht über den VII. Internationalen Kongreß für Kriminalanthropologie zu Köln a. Rh. (9.–13. Okt. 1911), in: Mon.schr.f.Krim.psych.u.Strafrechtsreform 8 (1911/12), S. 732–744.
Bericht über den Internationalen Kongreß für Neomalthusianismus in Dresden vom 24.–27. September 1911, in: ARGB 8 (1911), S. 547.

Bericht über die Verhandlungen der Erweiterten Wissenschaftlichen Deputation für das Medizinalwesen vom 25. Oktober 1911, abgedr. in: Vierteljahresschrift für gerichtliche Medizin und öffentliches Sanitätswesen 43 (1912), 1. Suppl.H., S. 1–67.
Denkschrift über die Ursachen des Geburtenrückganges und die dagegen vorgeschlagenen Maßnahmen, Berlin 1915, in: ZStAM, 2.2.1., Nr. 24546, Bl. 65.
Denkschrift des Ministers des Innern über die Ergebnisse der Beratungen der Ministerialkommission für Geburtenrückgangsfrage, Berlin 1917, in: ZStAP, Reichkanzlei, Registratur, Bd. 4, Nr. 2073.
Die Beschränkung der Bevölkerungszunahme von socialen und ethischen Gesichtspunkten aus, beurteilt von einem Geistlichen, Leipzig 1883, in ZStAM, Rep. 76 VIII B, Nr. 4320, Bd. 1, Bl. 109–138.
Die Furcht vor dem Kinde. Ein Mahnruf an das deutsche Volk, hrsg. v. dem Düsseldorfer Männerverein zur Bekämpfung der öffentlichen Unsittlichkeit, Düsseldorf 1914, in: ZStAM, Rep. 76 VIII B, Nr. 2008, Bd. 1, Bl. 183–190.
Dreves, Ernst, Denkschrift über die Heil- und Pflege-Anstalt Lüneburg, Lüneburg 1903, in: ZStAP, 15.01, Nr. 11909, Bd. 1, Bl. 130.
Ders., Die Behandlung Geistes-Kranker – wie sie jetzt ist und wie sie sein sollte, Burgdamm 1902, in ebd., Bl. 111.
Drucks. d. Reichstags, 8. Leg.Per., 2. Sess. 1892/93, Bd. 1, Nr. 11.
Drucks. d. Reichstags, 9. Leg.Per., 4. Sess. 1895/97, Bd. 7, Nr. 618.
Drucks. d. Reichstags, 9. Leg.Per., 5. Sess. 1897/98, Bd. 4, Nr. 191.
Drucks. d. Reichstags, 10. Leg.Per., 1. Sess. 1898/99, Bd. 1, Nr. 31.
Drucks. d. Reichstags, 10. Leg.Per., 1. Sess. 1898/99, Bd. 3, Nr. 112.
Drucks. d. Reichstags, 10. Leg.Per., 1. Sess. 1898/99, Bd. 5, Nr. 312.
Drucks. zu den Verhandlungen des Bundesrats des Deutschen Reiches, Sess.1898, Bd. 2, Nr. 160.
Erhardt, W., Die Ausgeschiedenen. Ein Vorschlag zur Verbesserung der Menschheit, Wiesbaden 1905, in: ZStAP, 30.1, Nr. 5990, Bd. 3, Bl. 20–24.
Entscheidungen des Reichsgerichts in Strafsachen in Bezug auf § 184, Abs. 3: 34 (1901), S. 365–367 u. ebd., 4 (1881), S. 89.
Entwurf des Kurpfuscherei- und Geheimmittelgesetzes, abgedr. und kommentiert in: Der Zeitungsverlag. Fachblatt für das gesamte Zeitungswesen 9 (1908), S. 210–216.
Entwurf eines Gesetzes über Abänderung von Bestimmungen des Strafgesetzbuches, des Gerichtsverfassungsgesetzes und des Gesetzes vom 5. April 1888, betreffend die unter Ausschluß der Öffentlichkeit stattfindenden Gerichtsverhandlungen, vom Bundesrat am 29. Febr. 1892 vorgelegt, in: Drucks. d. Reichstags, 8. Leg.Per., 1. Sess. 1890/92, Bd. 9, Nr. 713.
Entwurf eines Gesetzes gegen die Mißstände im Heilgewerbe vom 18. Nov. 1910, in: Verh. d. Reichstags, Sten.Ber., Anlagen, 12. Leg.Per., 2. Sess. 1909/10, Bd. 277, Nr. 535, S. 2759.
Entwurf eines Gesetzes betreffend Änderung der §§ 56, 56 a der Gewerbeordnung vom 18. Nov. 1913, in Verh. d. Reichstags, Sten.Ber., Anlagen, 13. Leg.Per., 1. Sess. 1913/14, Bd. 303. Nr. 1179, S. 2373–2375.

Entwurf eines Gesetzes, betreffend den Verkehr mit Mitteln zur Verhinderung der Geburten vom 13. Febr. 1914, in: Verh. d. Reichstags, Sten.Ber., Anlagen, 13. Leg.Per., 1. Sess. 1914, Bd. 303, Nr. 1380, S. 2793f.

Entwurf eines Gesetzes gegen Unfruchtbarmachung und Schwangerschaftsunterbrechung vom 4. Juli 1918, in: Verh. d. Reichstags, Sten.Ber., Anlagen, 13. Leg.Per., 2. Sess. 1914/18, Bd. 325, Nr. 1717, S. 2504–2509.

Gründungsaufruf des Bundes für Mutterschutz, abgedr. in: Zeitschrift zur Bekämpfung der Geschlechtskrankheiten 3 (1904/05), S. 156–158.

Gutachten der Gesellschaft für Geburtshilfe und Gynäkologie zu Berlin zu dem im Reichstag eingegangenen Gesetzentwurf »betreffend den Verkehr mit Mitteln zur Verhinderung von Geburten«, in ZStAM, Rep. 76 VIII B, Nr. 2008, Bd. 1, Bl. 269.

Hirtenbrief der in Fulda versammelten Bischöfe vom 20. 8 1913, abgedr. in: ARGB 10 (1913), S. 827–829.

Konferenz der deutschen Sittlichkeitsvereine, Die geschlechtlichen sittlichen Verhältnisse der evangelischen Landbewohner im Deutschen Reiche, 2 Bde., Leipzig 1895 und 1896.

Leitsätze der Deutschen Gesellschaft für Rassenhygiene zur Geburtenfrage. Angenommen in der Delegiertenversammlung zu Jena am 6. u. 7. Juni 1914, abgedr. in: ARGB 11 (1914/15), S. 134–136.

Lotz, A., Der Rückgang der Geburten und das Beamtentum, abgedr. in: Denkschrift (1915), S. 79–81.

Niederschrift über die Sitzung des Reichsgesundheitsrats vom 21. Dez. 1917, betreffend die Einführung einer Anzeigenpflicht für Ärzte bei künstlicher Unterbrechung der Schwangerschaft, in: ZStAP, 15.01, Nr. 9346, Bd. 5, Bl. 30ff.

Pamphlet des Bundes zur Erhaltung und Mehrung der Volkskraft vom April 1915 an den Preußischen Innenminister, in: ZStAM, Rep. 76 VIII B, Nr. 1998, Bd. 1, Bl. 426.

Petition an das Kaiserliche Reichs-Justizamt: Die Notwendigkeit gesetzlicher Bestimmungen für den künstlichen Abortus betreffend (1910), in ZStAP, 30.1, Nr. 5881, Bl. 212f.

Preisaufgabe: Was kosten die schlechten Rassenelemente den Staat und die Gesellschaft?, in: Die Umschau 14 (1910), S. 21; auch abgedr. in: Zeitschr. f. Soc. Wiss. N.F. 1 (1910), S. 122; Psych. Neuro. W 11 (1909/1910), S. 408f.

Promemoria der Niederrheinisch-Westfälischen Gesellschaft für Gynäkologie und Geburtshülfe über die Gefahren der innerhalb der Gebärmutter angewendeten empfängnisverhütenden Mittel, in: ZStAM, Rep. 76 VIII B, Nr. 1998, Bl. 275.

Runderlaß des MdI vom 10. Juni 1913 an die Ärztekammern Preußens betr. Fruchtabtreibung und Geburtenrückgang, abgedr. in: Sex.Probl. 9 (1913), S. 705f.

Sitzungsberichte der Ärztlichen Gesellschaft für Sexualwissenschaft und Eugenik in Berlin, abgedr. in: Zeitschrift für Sexualwissenschaft 1 (1914), S. 33ff.

Sitzungsberichte der Gesellschaft für soziale Medizin, Hygiene und Medizinalstatistik, Sitzg. v. 16. 2. 1905, abgedr. in: Zeitschr. f. soz. Med. 1 (1906),

S. 75–94; Sitzg. v. 21. 4. 1909, abgedr. in: ebd. 5 (1910), S. 411–422; Sitzg. v. 18. 5. 1911, in: ebd. 6 (1912), S. 448–456.

Sitzung der Westfälischen Ärztekammer am 12. Jan. 1906. Antrag der Brandenburg-Berliner Ärztekammer betreffend Abänderungen des deutschen Strafgesetzbuches in Bezug auf die Heilkunde, in: ZStAP, 30.1, Nr. 5890, Bd. 2, Bl. 80.

Statistik über den Haus- und Familienstand und über die Kinderzahl der männlichen Beamten und Unterbeamten der Reichs-, Post und Telegraphenverwaltung. Zählung vom 1. Oktober 1912, abgedr. in: Verh. d. Reichstags, Sten. Ber., Anlagen, 13. Leg. Per., 1. Sess. 1912/13, Bd. 301, Nr. 703.

Strafrechtskommission. Beschlüsse 1. Lesung, Erstes Buch (Verbrechen und Vergehen). Besonderer Teil. Zweites Buch (Übertretungen). Allgemeiner Teil – Besonderer Teil, als Manuskript gedruckt, Berlin 1913, in: ZStAP, 30.1, Nr. 5808, Bd. 4, Bl. 255.

Verhandlung der Erweiterten Wissenschaftlichen Disputation für das Medizinalwesen am 25. Okt. 1911, in: ZStAM, Rep. 76 VIII B, Nr. 1998, Bd. 1, Bl. 1.

Verh. d. Preuß. Abgeordn., Sten. Ber., 22. Leg. Per., 2. Sess., Bd. 2, Sitzg. v. 10. u. 23. 4. 1914.

Verh. d. Reichstags, Sten. Ber., 12. Leg. Per., 2. Sess., Bd. 262, Sitzg. v. 30. 11. u. 1. 12. 1910.

Verh. d. Reichstags, Sten. Ber., 13. Leg. Per., 1. Sess., Bd. 284, Sitzg. v. 22. 3. 1912.

Verh. d. Reichstags, Sten. Ber., 13. Leg. Per., 1. Sess., Bd. 287, Sitzg. v. 16., 25., 28. 1. 1913 u. 1., 6. 2. 1913.

Verh. d. Reichstags, Sten. Ber., 13. Leg. Per., 1. Sess., Bd. 291, Sitzg. v. 27., 29. 11. 1913 u. 13., 21. 1. 1914.

Verh. d. Reichstags, Sten. Ber., 13. Leg. Per., 1. Sess., Bd. 292, Sitzg. v. 10. 2. 1914.

Verh. d. Reichstags, Sten. Ber., 13. Leg. Per., 1. Sess., Bd. 293, Sitzg. v. 8. 5. 1914.

Werbeprospekt der Firma Luipold Werk – Chemisch-pharmazeutische Fabrik: Dr. M. Wolfheim, Ueber ein neues Mittel zur Verhütung der Gravidität (= Sonderdruck aus: Der Frauenarzt (1912), H. 2), in: ZStAM, Rep. 76 VIII B, Nr. 2006, Bd. 1, Bl. 91 f.

Wolf, Julius, Die Mittel moderner Bevölkerungspolitik, als Manuskript gedruckt, o. J., in: ZStAM, Rep. 76 VIII B, Nr. 2002, Bd. 1, Bl. 17–22.

Benutzte Zeitschriften, Periodika und Zeitungen vor 1945

Allgemeine Zeitschrift für Psychiatrie und Psychisch-Gerichtliche Medizin
Archiv für Kriminal-Anthropologie und Kriminologie
Archiv für Rassen- und Gesellschaftsbiologie
Archiv für Socialwissenschaft und Socialpolitik
Berliner Neueste Nachrichten

Berliner Tageblatt
Concordia. Zeitschrift der Zentralstelle für Volkswohlfahrt
Der Tag
Deutsche Medizinische Wochenschrift
Deutsche Tageszeitung
Die Gleichheit
Die Neue Zeit
Die Post
Die Volksgesundheit. Zeitschrift des Verbandes der Vereine für Volksgesundheit
Die Welt am Montag. Unabhängige Zeitung für Politik und Kultur
Diskussion. Kultur-Parlament. Eine Monatsschrift für aktuelle Kulturfragen 5, 1913
Entscheidungen des Reichsgerichts in Strafsachen
Frankfurter Zeitung
Kreuzzeitung
Mitteilungen der Deutschen Gesellschaft für Bevölkerungspolitik 1, 1916
Monatsschrift für Geburtshülfe und Gynäkologie
Monatsschrift für Kriminalpsychologie und Strafrechtsreform
Monatsschrift für Kriminalpsychologie und Strafrechtsreform
Münchener Medizinische Wochenschrift
Politisch-Anthropologische Revue 1, 1902
Psychiatrisch-Neurologische Wochenschrift. Zentralblatt für das gesamte Irrenwesen
Reichsgesetzblatt
Sexual-Probleme. Zeitschrift für Sexualwissenschaft und Sexualpolitik
Sozialistische Monatshefte
Statistisches Jahrbuch für das Deutsche Reich
Veröffentlichungen aus dem Gebiete der Medizinalverwaltung
Vierteljahreshefte zur Statistik des Deutschen Reiches
Vierteljahresschrift für gerichtliche Medizin und öffentliches Sanitätswesen
Vorwärts
Zeitschrift des Könglich Preußischen Statistischen Landesamtes
Zeitschrift für die gesamte Neurologie und Psychiatrie
Zeitschrift für die gesamte Staatswissenschaft
Zeitschrift für die gesamte Strafrechtswissenschaft
Zeitschrift für Geburtshilfe und Gynäkologie
Zeitschrift für Kriminalpsychologie und Strafrechtsreform
Zeitschrift für Medizinalbeamte. Zentralblatt für das gesamte Gesundheitswesen 26, 1913
Zeitschrift für Sexualwissenschaft
Zeitschrift für Socialwissenschaft
Zeitschrift für soziale Medizin, Medizinalstatistik, Arbeitsversicherung, soziale Hygiene und die Grenzfragen der Medizin und Volkswirtschaft (ab: 1.1906–3.1908); Zeitschrift für soziale Medizin, Säuglingsfürsorge und Krankenhauswesen sowie die übrigen Grenzgebiete der Medizin und Volkswirtschaft (ab: 4.1909–5.1910); Archiv für soziale Hygiene mit be-

sonderer Berücksichtigung der Gewerbehygiene und Medizinalstatistik (ab: 6.1911–8.1913); Archiv für soziale Hygiene und Demographie (ab: 9.1913)
Zentralblatt für Gynäkologie

Veröffentlichungen vor 1945

Abel, Rudolf u. a. (Hg.), Das Preussische Medizinalwesen in den Jahren 1883–1908. Festschrift zur Feier des 25jährigen Bestehens des Preussischen Medizinalbeamten-Vereins, Berlin 1908.

Adams-Lehmann, Hope B., Die Gesundheit im Haus. Eine ärztliche Anleitung für das Verhalten der Frau und Mutter im täglichen Leben und bei Frauenkrankheiten, Stuttgart 1900.

Alexander, S. (Hg.), Beitrag zur Revision des deutschen Strafgesetzbuches in Beziehung auf die Ausübung der Heilkunde. Nach den Verhandlungen der Ärztekammer für die Provinz Brandenburg und den Stadtkreis Berlin, Berlin 1905.

Anton, Gabriel, Über die Formen der krankhaften moralischen Abartung, Langensalza 1912 (Beitr. zur Kinderforschung und Heilerziehung, H.99).

Aschaffenburg, Gustav, Das Verbrechen und seine Bekämpfung. Einleitung in die Kriminalpsychologie für Mediziner, Juristen und Soziologen. Ein Beitrag zur Reform der Strafgesetzgebung, Heidelberg 1903 (^{3}1923).

Ders., Zur »lex Heinze«, in: Zeitschr. f. Soc. wiss. 2 (1899), S. 275–277.

Ballod, Carl, Die Bevölkerungsbewegung der letzten Jahrzehnte in Preußen und in einigen wichtigen Staaten Europas, in: Zeitschr. d. Köngl. Pr. Stat. Landesamtes 54 (1914), S. 239–290.

Bayerthal, Ueber den gegenwärtigen Stand der Frage nach den Beziehungen zwischen Hirngröße und Intelligenz, in: ARGB 8 (1911), S. 765–771.

Baur, Erwin, Einführung in die experimentelle Vererbungslehre, Berlin 1911.

Ders., Lenz, Fritz, Fischer, Eugen, Menschliche Erblichkeitslehre und Rassenhygiene, Bd. 1: dies., Menschliche Erblichkeitslehre, München 1920; Bd. 2: Lenz, Fritz, Menschliche Auslese und Rassenhygiene (Eugenik), München 1921 (^{3}1931; ^{5}1940).

Becher, Erich, Theoretische Beiträge zum Darwinismus, in: ARGB 7 (1910), S. 137–158.

Berger, H., Studien zum Rückgang der Geburten, in: Zeitschrift für Medizinalbeamte 24 (1911), S. 875–881.

Berger, L., Untersuchungen über den Zusammenhang zwischen Beruf und Fruchtbarkeit unter besonderer Berücksichtigung des Königreichs Preußens, in: Zeitschr. d. Köngl. Pr. Stat. Landesamts 52 (1912), S. 225–250.

Bernstein, Alfred, Wie fördern wir den kulturellen Rückgang der Geburten? Ein Mahnruf an das arbeitende Volk, Berlin 1913.

Bernstein, Eduard, Geburtenrückgang, Nationalität und Kultur, in: Sozialistische Monatshefte 19 (1913), S. 1492–1499.

Binding, Karl, Hoche, Alfred, Die Freigabe der Vernichtung lebensunwerten Lebens. Ihr Maß und ihre Form, Leipzig 1920.

Binding, Karl, Lehrbuch des Geheimen Deutschen Strafrechts. Besonderer Teil, Bd. 1, Leipzig [2]1902 (ND Aalen 1969).
Birnbaum, Carl, Über psychopathische Persönlichkeiten. Eine psychopathologische Studie, Wiesbaden 1909 (= Grenzfragen des Nerven- und Seelenlebens, H. 64).
Blasbalg, Jenny, Ausländische und deutsche Gesetze und Gesetzentwürfe über Unfruchtbarmachung, in: Zeitschrift für die gesamte Strafrechtswissenschaft 52 (1932), S. 477–496.
Blaschko, Alfred, Natürliche Auslese und Klassentheilung, in: Die Neue Zeit 13 (1/1894), S. 615–624.
Bleuler, Eugen, Der geborene Verbrecher. Eine kritische Studie, München 1896.
Ders., Führen die Fortschritte der Medizin zur Entartung der Rasse?, in: Münch. Med. W. 51 (1/1904), S. 312f.
Ders., Die Lehre vom geborenen Verbrecher, in: Kriminalistisches 1, Vermischte Aufsätze o. J., S. 30–41.
Blöde, Karl August, F. J. Galls Lehre über die Verrichtungen des Gehirns, nach dessen zu Dresden gehaltenen Vorlesungen in einer faßlichen Ordnung mit gewissenhafter Treue, Dresden [10]1806 (verbess.).
Bloch, Iwan, Aufgaben und Ziele der Sexualwissenschaft, in: Zeitschr. f. Sex.wiss. 1 (1914), S. 2–11.
Bonhoeffer, Karl, Ein Beitrag zur Kenntnis des großstädtischen Bettel- und Vagabondentums. Eine psychiatrische Untersuchung, in: Zeitschrift für die gesamte Strafrechtswissenschaft 21 (1901), S. 1–65.
Ders., Zur Kenntnis des großstädtischen Bettel- und Vagabondentums. Zweiter Beitrag: Prostituierte, in: Zeitschrift für die gesamte Strafrechtswissenschaft 23 (1903), S. 106–120.
Bonne, Georg, Das Verbrechen als Krankheit. Seine Entstehung, Heilung und Verhütung, München 1927.
Borgius, Walter, Mutterschutz und Rassenhygiene, in: Mutterschutz. Zeitschrift für die Reform der sexuellen Ethik 1 (1905/1906), S. 207–212.
Bornträger, Jean, Bewirkt die Geburtenbeschränkung eine Rassenverbesserung?, Düsseldorf 1913.
Ders., Der Geburtenrückgang, seine Bewertung und Bekämpfung, in: Veröffentlichungen auf dem Gebiete der Medizinalverwaltung 1 (1912), S. 631–794.
Bresciani, Constantino, Über die Korrelation zwischen Körpergröße und Kopfindex, in: ARGB 10 (1913), S. 452–469.
Brentano, Lujo, Die Malthussche Lehre und die Bevölkerungsbewegung der letzten Dezennien, München 1909 (Abdruck aus den Abhandlungen der historischen Klasse der bayr. Akademie der Wissenschaften, S. 567–625).
Brupbacher, Fritz, Kindersegen – und kein Ende? Ein Wort an denkende Arbeiter, München 1903.
Budge, Siegfried, Das Malthus'sche Bevölkerungsgesetz und die theoretische Nationalökonomie der letzten Jahrzehnte, Inaug.Diss., Albert-Ludwigs-Universität, Freiburg i. Br. 1912, Karlsruhe 1912.
Correns, Carl, Über Vererbungsgesetze, in: Verhandlungen der Gesellschaft deutscher Naturforscher und Ärzte, Berlin 1905, S. 3–23.

Cramer, August, Die strafrechtliche Behandlung der geistig Minderwertigen, in: Münch. Med. W. 51 (2/1904), S. 1769–1772; S. 1832–1835.

Cramer, H., Ueber prophylaktische Sterilisierung der Frau, in: Münch. med. W. 51 (1/1904), S. 605–607.

Das große Conversations-Lexicon für die gebildeten Stände, hrsg. von I. Meyer, Bd. 7, Amsterdam – Paris – Philadelphia 1851.

Darwin, Charles Robert, Die Abstammung des Menschen und die geschlechtliche Zuchtwahl, 2 Bde., dtsch. Übers. v. J. Victor Carus, Stuttgart [2]1871 (Original: The Descent of Man, and the Selection in Relation to Sex, London 1871, 2 Bde.)

Ders., Die Entstehung der Arten durch natürliche Zuchtwahl oder die Erhaltung der bevorzugten Rassen im Kampfe ums Dasein, dtsch. Übers. v. David Heak, Leipzig, o. J. (Original: On the Origin of Species by Means of Natural Selection, or the Preservation of Favoured Races in the Struggle for Life, London 1859).

Döderlein, Albert (Hg.), Handbuch der Geburtshilfe. Wiesbaden 1917.

Ders., Krönig, Georg (Hg.), Operative Gynäkologie, Leipzig [2]1907 (umgearb.); Leipzig [3]1912 (umgearb.).

Dörr, Heinz, Die ärztliche Schwangerschaftsunterbrechung nach geltendem und künftigem Recht. Zugleich ein Beitrag zu den beiden Kernproblemen des Strafrechts, Rechtswidrigkeit und Schuld, Inaug. Diss. Freiburg i. Br., Breslau 1928.

Ebermayer, Ludwig, Arzt und Patient in der Rechtsprechung, Berlin 1924.

Ders., Der Entwurf eines deutschen Strafgesetzbuches. Nach den Beschlüssen der Strafrechtskommission systematisch bearbeitet, Berlin 1914 a.

Ders., Die Strafrechtsreform. Das Ergebnis der Arbeiten der Strafrechtskommission, Tübingen 1914 b.

Ehrenberg, Grete, Tentamen abortus provocandi deficiente graviditate, in: Zenbl. f. Gyn. 36 (2/1912), S. 1373f.

Ehrenfels, Christian v., Die gelbe Gefahr, in: Sex Probl. NF. 4 (1908), S. 185–205.

Ders., Leitziele der Rassenbewertung, in: ARGB 8 (1911), S. 59–71.

Ders., Zuchtwahl und Monogamie, in: Politisch-Anthropologische Revue 1 (1902/03), S. 611–619 u. Fortsetzg.: ebd., S. 689–703.

Ehrhardt, A., Über die Verhütung der Nervosität und der Geisteskrankheiten durch eine gesundheitsgemässe Erziehung der Kinder und der heranwachsenden Jugend, in: Deutsche Vierteljahresschrift für öffentliche Gesundheitspflege 42 (1910), S. 663–688.

Eichhoff, Luise, Wulff, Frieda, Zur Frage des Geburtenrückgangs, in: Die Gleichheit 24 (1913), S. 36–38.

Elster, Ludwig, Bevölkerungslehre und Bevölkerungspolitik, in: Ders., Weber, Adolf, Wieser, Friedrich (Hg.), Handwörterbuch der Staatswissenschaften, Bd. 2, Jena [4]1924 (umgearb.), S. 735 ff.

Elster, Ludwig, Der Bevölkerungsstand und die Bevölkerungsbewegung der neuesten Zeit bis zum Ausbruch des Weltkrieges, in: ebd., S. 687 ff.

Engels, Friedrich, Herrn Eugen Dührings Umwälzung der Wissenschaft, ND Berlin 1970 (Stuttgart [1]1894).

Eulenberg, Franz, Degeneration der gebildeten Klassen?, in: Zeitschrift für die gesamte Staatswissenschaft 61 (1905), S. 353–367.

Fahlbeck, Pontus, Der Neo-Malthusianismus in seinen Beziehungen zur Rassenbiologie und Rassenhygiene, in: ARGB 9 (1912), S. 30–48.

Ferdy, Hans (Pseudonym für A. Meyerhof), Die Mittel zur Verhütung der Conzeption. Eine Studie für praktische Ärzte und Geburtshelfer, Leipzig – Berlin – Neuwied 1886 a (^{3}1889; ^{4}1890).

Ders., Die Stellungnahme des Arztes gegenüber dem Verlangen nach Conceptions-Verhütung im Volke, Leipzig 1907.

Ders., Die künstliche Beschränkung der Kinderzahl als sittliche Pflicht, Leipzig ^{2}1886 b (^{4}1894).

Ders., Abnehmende Geburtenfrequenz und Präventivverkehr, in: Dtsch. med. W. 25 (1899), S. 597–599.

Ferrero, Guigliamo, Lombroso, Cesare, Das Weib als Verbrecherin und Prostituierte. Anthropologische Studien – Gegründet auf einer Darstellung der Biologie und Psychologie des normalen Weibes, dtsch. Übers. v. Hans Kurella, Leipzig 1894.

Fircks, Arthur Frh. von, Bevölkerungslehre und Bevölkerungspolitik, Leipzig 1898 (= Hand- und Lehrbuch der Staatswissenschaften, Bd. 6).

Fischer, Max, Heinrich Schüle (1840–1916), in: Kirchhoff (1924,2), S. 184–195.

Fischer-Dückelmann, Anna, Die Frau als Hausärztin. Ein ärztliches Nachschlagebuch der Gesundheitspflege und Heilkunde in der Familie mit besonderer Berücksichtigung der Frauen- und Kinderkrankheiten, Stuttgart 1908.

Forel, Auguste, Die sexuelle Frage. Eine naturwissenschaftliche, psychologische, hygienische und sozologische Studie für Gebildete, München ^{6}1907 a (^{1}1904; ^{12}1916).

Ders., Verbrechen und konstitutionelle Seelenabnormitäten. Die soziale Plage der Gleichgewichtslosen im Verhältnis zu ihrer verminderten Verantwortlichkeit, München 1907 b.

Fraenkel, Manfred, Nachweis der Vererbung erworbener Eigenschaften durch Röntgenstrahlen, in: Die Umschau in Wissenschaft und Technik 16 (52/1912), S. 1904 f.

Ders., Unfruchtbarmachung durch Röntgenstrahlen bei Verbrechern und Geisteskranken, Berlin 1914.

Frank, Johann Peter, System einer vollständigen medizinischen Polizei, Bd. 1–4: Mannheim 1779–1788; Bd. 5: Stuttgart 1813; Bd. 6: in: 3 Abt., Wien 1817–1819.

Friedel, Erwin, Die Sterilisierung Geisteskranker aus sozialer Indikation, in: Deutsch. med. W. 39 (1913), S. 946–948.

Friedlaender, Erich, Paul Naecke (1851–1913), in: Kirchhoff (1924,2), S. 266–269.

Fritze, O., Zusammenstellung der für die Ausübung des ärztlichen Berufes in Betracht kommenden Paragraphen des Reichs-Strafgesetzbuches, nebst der einschlägigen Indikatur und Literatur, als Anhang in: Alexander (1905), in: ZStAM, Rep. 76 VIII B, Nr. 4321, Bd. 2, Bl. 202 ff.

Fruchtabtreibungsversuche, in: Sex.Probl. 4 (1904), S. 432f.
Fuchs, Alfred, Richard Freiherr von Krafft-Ebing (1840–1092), in: Kirchhoff (1924,2). S. 173–183.
Gall, Franz Joseph, Anatomie et physiologie du système nerveux en général et du cerveau en particulière, 4 Bde., Paris 1810–1820.
Ders., Vollständige Geisteskunde oder auf Erfahrung gestützte Darstellung der geistigen und moralischen Fähigkeiten und ihren körperlichen Bedingungen – Ein unentbehrliches Handbuch für Erzieher, Aerzte, Rechtsgelehrte, Gesetzgeber, Polizeibeamte, Geistliche, Künstler, Eltern und Geschäftsleute, die Menschenkenntniß nöthig haben, Nürnberg ²1833.
Ders., Vorlesungen über die Verrichtungen des Gehirns und die Möglichkeit die Anlagen mehrerer Geistes- und Gemüthseigenschaften aus dem Baue des Schädels der Menschen und Thiere zu erkennen, hrsg. v. H. C. C. von Selpert, Berlin 1905.
Galton, Francis, Entwürfe zu einer Fortpflanzungs-Hygiene. Fortpflanzungs-Hygiene (Eugenik), Ihre Definition, ihr Zweck, ihre Ziele, aus dem Engl. übers. und abgedr. in: ARGB 2 (1905), S. 812–829.
Ders. Hereditary Genius – An Inquiry Into Its Laws and Consequences, London 1869.
Ders., Inquiries into Human Faculty and its Development, London 1883.
Gaupp, Robert, Die Unfruchtbarmachung geistig und sittlich Minderwertiger, Berlin 1925 (Sonderabdruck aus: Zeitschrift für die gesamte Neurologie und Psychiatrie 100 [1926], S. 139–181).
Ders., Julius Ludwig Koch (1841–1908), in: Kirchhoff (1924,2), S. 195–202.
Geißler, Arthur, Die Bewegung der Bevölkerung im Königreiche Sachsen während der Jahre 1891 bis 1892, in: Zeitschrift des Kgl. Sächsischen Bureaus 39 (1893), S. 75–101.
Ders., Die Fruchtbarkeits- und Sterblichkeitsverhältnisse in sämmtlichen Städten Sachsens während des Jahrfünfts 1886 bis 1890, in: ebd., 40 (1894), S. 1–139.
Gerngroß, Friedrich Ludwig, Sterilisation und Kastration als Hilfsmittel im Kampfe gegen das Verbrechen, Inaug.Diss. der juristischen Fakultät der Friedrich-Alexander-Universität zu Erlangen, München – Freising 1913.
Goldscheid, Rudolf, Frauenfrage und Menschenökonomie, Wien/Leipzig 1913.
Gottstein, Adolf, Die soziale Hygiene, ihre Methoden, Aufgaben und Ziele, in: Zeitschrift für Soziale Medizin 2 (1907), S. 100–135.
Ders., Schlossmann, Arthur, Teleky, Ludwig (Hg.), Handbuch der Sozialen Hygiene und Gesundheitsfürsorge, Berlin 1927 (= Gesundheitsfürsorge – soziale und private Versicherung, Bd. 4).
Grandke, H., Aufgaben der Bevölkerungspolitik, in: Mitteilungen der Deutschen Gesellschaft für Bevölkerungspolitik 1 (1916), S. 4–13.
Graßl, Josef, Die Bedeutung der Brustdrüse für die Rassenfrage, in: ARGB 11 (1914/15), S. 315–326.
Ders., Der Geburtenrückgang in Deutschland, seine Ursachen und seine Bedeutung, Kempten – München 1914.
Ders., Geburtspolitik, in: Concordia 17 (1910), S. 191–195.

Ders., Volkserneuerung, in: ARGB 8 (1911), S. 178–197.

Gregor, A., Die Fürsorge für moralisch Minderwertige, in: Gottstein, Adolf, Schlossmann, Arthur, Teleky, Ludwig (Hg.), Handbuch der Sozialen Hygiene und Gesundheitsfürsorge, Berlin 1927, S. 384–431.

Griesinger, Wilhelm, Die Pathologie und Therapie der psychischen Krankheiten für Aerzte und Studirende, Stuttgart [2]1861 (umgearb.).

Grotjahn, Alfred, Soziale Pathologie. Versuch einer Lehre von den sozialen Beziehungen der Krankheiten als Grundlage der sozialen Medizin und der sozialen Hygiene, Berlin [2]1915 a ([1]1912; [3]1923; übers. ins Russische: 1925/27).

Ders., Das Problem der Entartung, Vortrag, gehalten am 27. 10. 1909 vor der »Soziologischen Gesellschaft« in Wien, abgedr. in: Archiv für Soziale Hygiene 6 (1911), S. 62–86.

Ders., Das Problem der körperlichen Entartung im Lichte der sozialen Hygiene, Vortrag, geh. vor der Gesellschaft für soziale Medizin, Hygiene und Medizinalstatistik am 10. März 1910, abgedr. in: Halbmonatsschrift für Soziale Hygiene und Medizin 18 (1910), S. 164–169.

Ders., Der Geburtenrückgang im Lichte der sozialen Hygiene und der Eugenik, in: Zeitschrift für Sexualwissenschaft 1 (1914/15), S. 156–164.

Ders., Die hygienische Kultur im 19. Jahrhundert, Berlin 1902.

Ders., Geburten-Rückgang und Geburten-Regelung. Im Lichte der individuellen und sozialen Hygiene, Berlin [2]1921 ([1]1914).

Ders., Soziale Hygiene, Geburtenrückgang und das Problem der körperlichen Entartung, in: Gärtner, August (Hg.), Weyl's Handbuch der Hygiene, Erg. Bd., Leipzig [2]1918, S. 390–448.

Ders., Was ist und wozu treiben wir soziale Hygiene?, in: Hygienische Rundschau 14 (1904), S. 1017–1032.

Ders., Entartung, in: ders., Kaup, Ignaz (Hg.), Handwörterbuch der sozialen Hygiene, Leipzig 1912, S. 264–273.

Ders., Der Wehrbeitrag der deutschen Frau. Zeitgemäße Betrachtungen über Krieg und Geburtenrückgang, Bonn 1915 b (= Deutsche Kriegsschriften, H. 17).

Gruber, Max von, Die Bedeutung des Geburtenrückgangs für die Gesundheit des deutschen Volkes, in: Diskussion. Kultur – Parlament. Eine Monatsschrift für aktuelle Kulturfragen 5 (1913), S. 3–10.

Ders., Mädchenerziehung und Rassenhygiene. Vortrag, geh. vor der Generalversammlung des Verbandes zur Hebung hauswirtschaftlicher Frauenbildung am 4. Juli 1910, München 1916.

Ders., Organisation der Forschung und Sammlung von Materialien über die Entartungsfrage, in: Concordia. Zeitschrift der Zentralstelle für Volkswohlfahrt 17 (1910), S. 225–229.

Ders., Rassenhygiene, die wichtigste Aufgabe völkischer Innenpolitik, in: Deutschlands Erneuerung, Monatsschrift für das deutsche Volk 2 (1918), S. 17–32.

Ders., Rüdin, Ernst (Hg.), Fortpflanzung Vererbung, Rassenhygiene. Katalog der Gruppe Rassenhygiene der Internationalen Hygiene-Ausstellung 1911 in Dresden, München 1911.

Gruber, Max von, Ursachen und Bekämpfung des Geburtenrückgangs im Deutschen Reich, in: Münch.med.W. 61 (1914a), Beil. zu Nr. 18, S. 1025–1040.

Ders., Ursachen und Bekämpfung des Geburtenrückgangs im Deutschen Reiche, Braunschweig 1914b.

Ders., Vererbung, Auslese und Hygiene, in: Dtsch.med.W. 35 (1909), S. 1993–1996 u. Fortsetzg.: S. 2049–2053.

Güldner, Minna, Zetkin, Clara, Der Geburtenrückgang in Berlin, in: Die Gleichheit 23 (1913), S. 374f.

Gystrow, Ernst, Die Nachfrage beim Dirnenkauf. Ein Beitrag zur Psychologie der Prostituierenden, in: Die Neue Zeit 17 (2/1898), S. 297–304.

Haeckel, Ernst, Die Welträthsel. Gemeinverständliche Studien über monistische Philosophie, Bonn 1899.

Hamburger, Karl, Über den Zusammenhang zwischen Konzeptionsziffer und Kindersterblichkeit in (großstädtischen) Arbeiterkreisen, in: Zeitschrift für soziale Medizin 3 (1908), S. 121–143.

Haycraft, John B., Natürliche Auslese und Rassenverbesserung, dtsch. Übers. v. Hans Kurella, Leipzig 1895.

Hegar, Alfred, Die Wiederkehr des Gleichen und die Vervollkommung des Menschengeschlechts, in: ARGB 8 (1911), S. 72–85.

Ders. (Hg.), Operative Gynäkologie – mit Einschluß der gynäkologischen Untersuchungslehre, Stuttgart 41897.

Ders., Der Geschlechtstrieb. Eine social-medicinische Studie, Stuttgart 1894.

Hegar, August, Beitrag zur Frage der Sterilisierung aus rassenhygienischen Gründen, in: Münch. med. W. 60 (1913), S. 243–247.

Ders., Ueber die Unterbringung geisteskranker Rechtsbrecher, in: Allgemeine Zeitschrift für Psychiatrie und Psychisch-Gerichtliche Medizin 66 (1909), S. 109–143.

Hellendall, Hugo, Zur künstlichen Unterbrechung der Schwangerschaft bei Tuberkulose, in: Medizinische Klinik 6 (1910), S. 2048–2051.

Heller, Julius, Die ärztlich wichtigen Rechtsbeziehungen des ehelichen Geschlechtsverkehrs, Leipzig 1924 (= Monographien zur Frauenkunde und Konstitutionsforschung, H. 7).

Henkel, Max, Beitrag zur Geykosurie bei Frauen mit experimentellen Untersuchungen über ihre Ätiologie, in: Dtsch. med. W. 34 (1909), S. 2003–2005.

Ders., Ein neues Spekulum zur Anwendung in der kleinen Gynäkologie, in: Münch. med. W. 51 (2/1904), S. 1821–1829.

Ders., Gynäkologische Diagnostik. In zwanglosen Vorträgen für Studierende und Ärzte, Berlin 1905.

Ders., Künstliche Fehlgeburt und künstliche Unfruchtbarkeit vom Standpunkt der Gynäkologie, in: Placzek (1918), S. 121–166.

Herbst, Walter, Der Fall Henkel und die Laien, in: Die Neue Generation 14 (1918), S. 147–149.

Hentschel, Willibald, Varuna. Das Gesetz des aufsteigenden und sinkenden Lebens in der Geschichte, Leipzig 21907.

Hermann, Oskar, Grundlagen für das Verständnis krankhafter Seelenzustände (psychopathischer Minderwertigkeiten) beim Kinde in 30 Vorlesungen. Für die

Zwecke der Heilpädagogik, Jugendgerichte und Fürsorgeerziehung, Langensalza 1910 (= Beiträge zur Kinderforschung und Heilerziehung, H. 67).
Himes, Norman Edwin, A Guide of Birth Control Literature. A selected Bibliography in the Technique of Contraception and on the social Aspects of Birth Control, London 1931.
Hirsch, Max, Der Geburtenrückgang (Etwas über seine Ursachen und die gesetzgeberischen Maßnahmen zu seiner Bekämpfung), in: ARGB 8 (1911), S. 628–654.
Ders., Fruchtabtreibung und Präventivverkehr im Zusammenhang mit dem Geburtenrückgang. Eine medizinische, juristische und sozialpolitische Betrachtung, Würzburg 1914.
Ders., Schwangerschaftsverbot als therapeutisches Mittel, in: Sex.Probl. 6 (1910), S. 509–526.
Ders., Über die rassenhygienische Indikation in der gynäkologischen Praxis. Ein Beitrag zu den Beziehungen zwischen Gynäkologie und Rassenhygiene, in: Mon. f. Geb. u. Gyn. 38 (1913), S. 561–583.
Hitze, Franz, Geburtenrückgang und Sozialreform, Mönchen-Gladbach ^{2}1922 (= Ehe und Volksvermehrung, Bd. 3).
Hoche, Alfred, Vom Sterben, Jena 1919.
Höber, Josephine, Zweck, Erfahrungen und Ziele der Eheberatung, in: Die Frau 36 (1928/29), S. 142–148.
Hoffmann, Géza von, Das Sterilisationsprogramm in den Vereinigten Staaten von Nordamerika, in: ARGB 11 (1914/1915), S. 184–192.
Ders., Die Rassenhygiene in den Vereinigten Staaten von Nordamerika, München 1913.
Ders., Künstliche Unfruchtbarkeit nach den Erfahrungen in den Vereinigten Staaten, in: Placzek (1918), S. 413-435.
Ders., Rassenhygienische Gedanken bei Platon, in: ARGB 11 (1914/15), S. 174–183.
Hoffmann, H., Kap.: Sexuelle Fragen, in: Strassmann (1911), S. 429ff.
Hofmann, Eduard Ritter von, Lehrbuch der gerichtlichen Medicin mit gleichmässiger Berücksichtigung der deutschen und österreichischen Gesetzgebung, Wien – Leipzig ^{9}1909 (umgearb.) (^{1}1877; ^{11}1927).
Hofmeier, M. Die künstliche Unterbrechung der Schwangerschaft, in: Döderlein (1917), S. 13–37.
25 Jahre Preußische Medizinalverwaltung seit Erlaß des Kreisarztgesetzes 1901–1926, hrsg. v. der Medizinalabteilung des Preußischen Ministeriums für Volkswohlfahrt, Berlin 1927.
Jellinek, Camilla, Die Strafrechtsreform und die §§ 218 und 219 StGB, Heidelberg 1908.
Jens, Ludwig, Was kosten die schlechten Rassenelemente den Staat und die Gesellschaft, in: Archiv für soziale Hygiene und Demographie 8 (1913), S. 213–237; S. 265–322.
Juliusburger, Otto, Zur Frage der Kastration und Sterilisation von Verbrechern und Geisteskranken, in: Dtsch. med. W. 38 (1912), S. 417–419.
Kahl, Wilhelm, Der Arzt im Strafrecht, in: Zeitschrift für die gesamte Strafrechtswissenschaft 29 (1909), S. 351–371.

Kappis, A., Beitrag zur Sterilisierung von Degenerierten durch doppelseitige Durchtrennung des Ductus deferens (Vasektomie) mit Erhaltung der Geschlechtsdrüsen, in: Dtsch. med. W. 38 (2/1912), S. 1932f.

Kaufmann, Das Bevölkerungsproblem im Lichte der Katholischen Weltanschauung, in: Referate und Vorträge der Kriegstagung des Katholischen Frauenbundes Deutschlands 1916, Paderborn 1916, S. 48–54.

Kaup, Ignaz, Was kosten die minderwertigen Elemente den Staat und die Gesellschaft?, in: ARGB 10 (1913), S. 723–748.

Kautsky, Karl, Der Gebärstreik, in: Vorwärts v. 14. 9. 1913.

Ders., Vermehrung u. Entwicklung in Natur u. Gesellschaft, Stuttgart 1910.

Kehrer, Ferdinand Alfred, Sterilisation mittels Tubendurchschneidung nach vorderem Scheidenschnitt, in: Centralblatt für Gynäkologie 21 (1897), S. 961–965.

Ders., Über die tubare Sterilsation, in: Beiträge für Geburtshilfe und Gynäkologie 5 (1901), S. 188–204.

Kellner, Ueber Kopfmasse der Idioten, in: Allgemeine Zeitschrift für Psychiatrie und Psychisch-Gerichtliche Medizin 58 (1901), S. 61–78.

Kirchhoff, Theodor (Hg.), Deutsche Irrenärzte. Einzelbilder ihres Lebens und Wirkens, 2 Bde., Berlin 1921; 1924.

Ders., Wilhelm Griesinger, in: ders., (1924,2), S. 1–14.

Kisch, H., Das Geschlechtsleben des Weibes in physiologischer, pathologischer und hygienischer Beziehung, Berlin – Wien 1904.

Knecht, Adolf, Ueber die Verbreitung physischer Degeneration bei Verbrechern und die Beziehungen zwischen Degenerationszeichen und Neuropathien, in: Allgemeine Zeitschrift für Psychiatrie und Psychisch-Gerichtliche Medizin 40 (1884), S. 228–243.

Koch, Ludwig August, Abnorme Charaktere, Wiesbaden 1900 (= Grenzfragen des Nerven- und Seelenlebens, H. 5).

Ders., Die Bedeutung der psychopathischen Minderwertigkeit für den Militärdienst, Ravensburg 1894 a.

Ders., Die Frage nach dem geborenen Verbrecher, Ravensburg 1894 b.

Ders., Die psychopathischen Minderwertigkeiten, Bd. 1: Die angeborenen andauernden psychopathischen Minderwertigkeiten, Ravensburg 1891, Bd. 2: Die gemischten psychopathischen Minderwertigkeiten, Ravensburg 1892; Bd. 3: Die erworbenen andauernden psychopathischen Minderwertigkeiten, Ravensburg 1893.

Koeppe, Hans. Säuglingsmortalität und Auslese im Darwinschen Sinne, in: Münch. med. W. 52 (1905), S. 1547–1550.

Kohlrausch, Eduard, Sterilisation und Strafrecht, in: Zeitschrift für die gesamte Strafrechtswissenschaft 52 (1932), S. 383–404.

Konferenz der allgemeinen deutschen Sittlichkeitsvereine. Die geschlechtlichen sittlichen Verhältnisse der evangelischen Landbewohner im Deutschen Reiche, 2 Bde., Leipzig 1895–1896.

Korherr, Richard, Geburtenrückgang (= Süddeutsche Monatshefte, Sonderdruck ^{2}1927).

Kraepelin, Emil, Paul Julius Möbius (1873–1907), in: Kirchhoff (1924,2), S. 274–279.

Ders., Psychiatrie. Ein Lehrbuch für Studirende und Aerzte, Leipzig [5]1896 (umgearb.).

Ders., Psychiatrie. Ein Lehrbuch für Studirende und Ärzte, Bd. 4, Leipzig [8]1915.

Krafft-Ebing, Richard von, Die Erblichkeit der Seelenstörungen und ihre Bedeutung für die forensische Praxis, in: Friedreich's Blätter für gerichtliche Medicin 19 (1868), S. 188–211.

Ders., Lehrbuch der gerichtlichen Psychopathologie – mit Berücksichtigung der Gesetzgebung von Österreich, Deutschland und Frankreich, Stuttgart [2]1881 (umgearb.).

Ders., Nervosität und Neurasthenische Zustände, Wien 1895.

Ders., Psychopathia sexualis. Mit besonderer Berücksichtigung der conträren Sexualempfindung – eine klinisch forensische Studie, Stuttgart [2]1887 ([1]1886; [7]1903; [14]1912).

Krohne, Otto, Die Frage der Zulässigkeit der Unterbrechung der Schwangerschaft vom Standpunkt der ärztlichen Wissenschaft und Berufsehre, in: Mon. f. Geb. u. Gyn. 45 (1917), S. 56–67.

Kübel, Johannes, Wie hat sich die Kirche zu dem Rückgang der Geburten zu stellen?, in: Evangelische Freiheit. Monatsschrift für die kirchliche Praxis der gegenwärtigen Kultur 13 (1913) (= Separatdruck).

Lederer, Max, Die Kastration als sichernde Massnahme, in: Zeitschrift für die gesamte Strafrechtswissenschaft 28 (1909), S. 446–448.

Lenz, Fritz, Über die Verbreitung der Lues, speziell Berlin, und ihre Bedeutung als Faktor des Rassentodes, in: ARGB 7 (1910), S. 306–327.

Leppmann, Arthur, Gerichtliche Psychiatrie. Die gerichtliche Psychiatrie in bezug auf die Strafgesetzgebung, in: Rapmund (1908), S. 527 ff.

Lesser, A., Liebe ohne Kinder. Ein ärztlicher Ratgeber zur Verhütung der Empfängnis, Leipzig [3]1896.

Lewin, L. Die Fruchtabtreibung durch Gifte und andere Mittel. Ein Handbuch für Ärzte und Juristen, Berlin [3]1922 (umgearb.).

Lewinsohn, Richard, Die Stellung der deutschen Sozialdemokratie zur Bevölkerungsfrage, in: Schmollers Jahrbuch für Gesetzgebung und Volkswirtschaft im Deutschen Reiche 46 (1922), S. 191–237.

Liebeck, Adolf, Das Tentamen abortus provocandi deficiente graviditate und seine rechtliche Behandlung, in: Mon. f. Geb. u. Gyn. 37, (1913), S. 757–817.

Lilienthal, Karl von, Künstliche Fehlgeburt und künstliche Unfruchtbarkeit, ihre Indikation, Technik und Rechtsgrundlage, in: Placzek (1918), S. 391–411.

Loewenfeld, Ludwig, Über medizinische Schutzmaßnahmen (Kastration, Sterilisation) gegen Verbrechen und andere soziale Übel, mit besonderer Berücksichtigung der amerikanischen Gesetzgebung, in: Sex. Probl. 6 (1910), S. 300–327.

Lombroso, Cesare, Der Verbrecher in anthropologischer, ärztlicher und juristischer Beziehung, dtsch. Übers. v. Otto Fraenkel, 3 Bde., 1. Bd.: Hamburg [2]1894; 2. Bd.: Hamburg 1890; 3. Bd.: Hamburg 1896 (Original: L'Uomo delinquente in rapporto all'antropologia, giurisprudenza e alle discipline carcerane, 3 Bde., Torino 1884).

Ders., Die Ursachen und Bekämpfung des Verbrechens, dtsch. Übers. v. Hans Kurella, Berlin 1902.
Ders., Neue Fortschritte in den Verbrecherstudien, dtsch. Übers. v. Hans Merian, Gera 1899.
Longrad, J., Ueber »moral insanity«, in: Archiv für Psychiatrie und Nervenkrankheiten 43 (1908), S. 135–233.
Luther, Klinische Beiträge zur Frage des Degenerativen-Irreseins, in: Allgemeine Zeitschrift für Psychiatrie und Psychisch-Gerichtliche Medicin 66 (1909), S. 949–988.
Malthus, Robert Thomas, Das Bevölkerungsgesetz, hrsg. und dtsch. Übers. v. Christian M. Barth, München 1977 (Original: An Essay on the Principle of Population, London 1798).
Mantegazza, Paul, Die Physiologie der Liebe, dtsch. Übers. v. Willy Alexander Kastner, Leipzig o. J. (Original: Fisiologia dell'amore, Firenze 1880).
Marcuse, Max, Der eheliche Präventivverkehr. Seine Verbreitung, Verursachung und Methodik – Dargestellt und beleuchtet an 300 Ehen. Ein Beitrag zur Symptomatik und Ätiologie der Geburtenbeschränkung, Stuttgart 1917.
Ders., Die sexuologische Bedeutung der Zeugungs- und Empfängnisverhütung, Stuttgart 1919.
Ders., Wandlungen des Fortpflanzungs-Gedankens und -Willens, Bonn 1918.
Ders., Zur Frage der Verbreitung und Methodik der willkürlichen Geburtenbeschränkung in Berliner Proletarierkreisen, in: Sex.Probl. 9 (1913), S. 752–780.
Martius, Friedrich, Die Bedeutung der Vererbung für Krankheitsentstehung und Rassenerhaltung (Tier- und Menschenzüchtung), in: ARGB 7 (1910), S. 470–489.
Matiegka, Heinrich, Über das Hirngewicht, die Schädelkapacität und die Kopfform, sowie deren Beziehungen zur psychischen Thätigkeit des Menschen, in: Sitzungsberichte der Königl. Böhmischen Gesellschaft der Wissenschaften, Mathematisch-Naturwissenschaftliche Classe 20, Prag 1902.
Mayer, Joseph, Gesetzliche Unfruchtbarmachung Geisteskranker, Freiburg i. Br. 1927 (= Studien zur Katholischen Sozial- und Wirtschaftsethik, hrsg. v. Franz Keller, Bd. 3).
Mayer, Kurt, Das unbestrafte Verbrechen. Eine Untersuchung über die sog. Dunkelziffer in der Deutschen Kriminalstatistik, Leipzig 1941 (= Kriminalistische Abhandlungen, H. 47).
Mensinga, Wilhelm Peter Johann (Pseudonym C. Hasse), Fakultative Sterilität. Das Pessarium occlusivum und dessen Applikation, Bd. 2, Berlin – Neuwied [6]1892.
Ders, Facultative Sterilität. Beleuchtet vom prophylactischen und hygienischen Standpunkte für Ärzte und Geburtshelfer, Bd. 1, Berlin – Neuwied [6]1892.
Ders., Meine Lebensaufgabe, Neuwied – Leipzig 1907.
Ders., Vom Sichinachtnehmen (congressus interruptus – Zwangsverkehr). Studien aus 45jähriger Praxis für Ärzte, besonders Frauenärzte, Neuwied – Leipzig 1905.

Meyer, Ernst, Zur Frage des Geburtenrückganges, in: Die Gleichheit 24 (1913), S. 382–389.

Meyerhof, A., Abnehmende Geburtenfrequenz und Praeventivverkehr, in: Dtsch. med. W. 25 (1899), S. 597–599.

Meyer's Conversations-Lexicon, Bd. 8, Amsterdam – Paris – Philadelphia 1846; Bd. 10: 1847.

Meyers Großes Konversations-Lexikon, Bd. 1, Leipzig – Wien 1840; Bd. 10: 1847; Bd. 6: ^{5}1897; Bd. 5: ^{6}1908; Bd. 7: ^{5}1896; Bd. 7: ^{6}1908.

Möbius, Paul Julius, Geschlecht und Entartung, Halle a. S. 1903 a (= Beiträge zur Lehre von den Geschlechts-Unterschieden, H. 2).

Ders., Geschlecht und Kinderliebe, Halle a. S. 1904 (= Beiträge zur Lehre von den Geschlechts-Unterschieden, H. 3).

Ders., Geschlecht und Kopfgröße, Halle a. S. 1903 b (= Beiträge zur Lehre von Geschlechts-Unterschieden, H. 5).

Ders., Über die Wirkungen der Castration, Halle a. S. 1903 c.

Ders., Ueber den physiologischen Schwachsinn des Weibes, Halle a. S. 1900 a (^{4}1902; ^{12}1922), (= Sammlung zwangloser Abhandlungen aus dem Gebiete der Nerven- und Geisteskrankheiten, H. 3). Hierzu benutzte Ausgabe von 1902.

Ders., Ueber die Behandlung von Nervenkrankheiten und die Errichtung von Nervenheilstätten, Berlin 1896.

Ders., Ueber Entartung, Wiesbaden 1900 b (= Grenzfragen des Nerven- und Seelenlebens, H. 3).

Möller. Dr. med., Obturos. Nur für private Verbreitung an Eheleute bestimmt, Wien o. J., in: ZStAM, Rep. 76 VIII B, Nr. 2008, Bd. 1, Bl. 279–294.

Mombert, Paul, Studien zur Bevölkerungsbewegung in Deutschland in den letzten Jahrzehnten mit besonderer Berücksichtigung der ehelichen Fruchtbarkeit, Karlsruhe 1907.

Mosenthim, Emma, Der hygienische Frauenschutz. Kurze, rein sachliche Original-Abhandlung über die Mittel zur Verhütung der Conception, Berlin o. J., in: StAP, Pr. Br. Rep. 1, Oberpräs. Prov. Brandenburg Nr. 757, Bd. 2, Bl. 10.

Müller, Christian, Die Psyche der Prostituierten, Vortrag, geh. auf der 80. Versammlung Deutscher Naturforscher und Ärzte in Cöln am 23. Sept. 1908, in: Neurologisches Centralblatt 27 (1908), S. 992–994.

Müller, Erdmann, Ueber »Moral Insanity«, in: Archiv für Psychiatrie und Nervenkrankheiten 31 (1899), S. 325–377.

Müller, Karl Valentin, Arbeiterschaft und Rassenproblem, in: Gewerkschafts-Archiv 2 (3/1925), S. 249–256.

Ders., Gewerkschaften und Bevölkerungspolitik, in: ebd., 2 (2/1925), S. 205–213.

Müller-Schürch, Hermann E., Kastration und Sterilisation aus sozialer Indikation, in: Zeitschrift für die gesamte Strafrechtswissenschaft 33 (1912), S. 611–636.

Naecke, Paul, Die ersten Kastrationen aus sozialer Gründen auf europäischem Boden, in: Neurologisches Centralblatt 28 (1909), S. 226–234.

Ders., Die Kastration bei gewissen Klassen von Degenerirten als ein wirksamer socialer Schutz, in: Archiv für Kriminal-Anthropologie und Kriminalistik 3 (1900), S. 58–84.

Ders., Erblichkeit und Praedisposition beziehungsweise Degeneration bei der progressiven Paralyse der Irren; in: Archiv für Psychiatrie und Nervenkrankheiten 4, (1906), S. 295–366.

Ders., Über Kastration bei gewissen Entarteten, in: Archiv für Kriminal-Anthropologie und Kriminologie 31 (1908), S. 174–176.

Ders., Verschleierte Formen der Prostitution, in: Archiv für Kriminal-Anthropologie und Kriminalistik 36 (1910), S. 152f.

Der., Verbrechen und Wahnsinn beim Weibe – mit Ausblicken auf die Criminal-Anthropologie überhaupt, klinisch-statistische, anthropologisch-biologische und craniologische Untersuchungen, Wien – Leipzig 1894.

Naujoks, Hans, Boeminghaus, Hans, Die Technik der Sterilisierung und Kastration, Stuttgart 1934.

Neisser, Albert, Zur Vorgeschichte und Charakteristik der Prostituierten – mit besonderer Berücksichtigung der Minderjährigen und Minderwertigen, Leipzig 1915 (= Sonderabdruck aus der Zeitschrift für die Bekämpfung der Geschlechtskrankheiten 16, 1915).

Neuestes Konversations-Lexicon oder allgemeine deutsche Real-Encyclopädie für Gebildete Stände von einer Gesellschaft von Gelehrten, Bd. 1, Wien 1825; Bd. 5: 1827.

Neugebauer, Fr. von, Tentamen abortus provocandi deficiente graviditate, in: Zentralblatt für Gynäkologie 36 (1/1912), S. 100–104,

Noorden Carl von, Kaminer, S. (Hg.), Krankheiten und Ehe. Darstellungen der Beziehungen zwischen Gesundheitsstörungen und Ehegemeinschaft, Leipzig ^{2}1916 (umgearb.) (1. Auflage 1904 hrsg. v. Weiland H. Senator und S. Kaminer).

Nordau, Max, Entartung, 2 Bde., Berlin 1892–1893.

Nürnberger, Ludwig, Die sterilisierenden Operationen an den Tuben und ihre Fehlschläge, in: Sammlungen klinischer Vorträge N.F. 34 (1917), S. 33–114.

Oberholzer, Emil, Kastration und Sterilisation von Geisteskranken in der Schweiz, in: Juristisch-Psychiatrische Grenzfragen 8 (1911), S. 25–144.

Oetker, Friedrich, Die legislative Behandlung der Abtreibung, in: Mitteilungen der Internationalen Kriminalistischen Vereinigung 21 (1914), S. 264–320.

Offizieller Katalog der Internationalen Hygiene-Ausstellung Dresden. Mai bis Oktober 1911, Berlin o. J.

Olberg, Oda, Zur Stellung der Partei zum Gebärstreik, in: Die Neue Zeit 32 (1913), S. 47–55.

Oldenberg, Karl, Die Mehrung des Nachwuchses, Vortrag geh. auf der 8. Konferenz der *Zentralstelle für Volkswohlfahrt in Berlin* am 26.–28. 10. 1915: *Die Erhaltung und Mehrung der deutschen Volkskraft,* in Rep. 120 BB XV, Nr. 65, Bd. 1, Bl. 249–257.

Ders., Ueber den Rückgang der Geburten- und Sterbeziffer, in: Archiv für Sozialwissenschaft und Sozialpolitik 32 (1911), S. 319–377; Teil 2, in: ebd. 33, S. 401–499.

Paul Broca. Mémoires d'Anthropologie de Paul Broca, hrsg. v. Secrétaire Général de la Societé d'Anthropologie de Paris, Paris 1871.

Paulsen, J., Die Herrschaft der Schwachen und der Schutz der Starken in Deutschland, in: ARGB 9 (1912), S. 145–169.

Pearson, Karl, The Life Letters and Labours of Francis Galton, 4 Bde., 1. Bd.: Cambridge 1914; 2. Bd.: 1924; 3 a. Bd.: 1930; 3 b. Bd.: 1930.

Peters, Zur Frage der Notwendigkeit gesetzlicher Bestimmungen zum künstlichen Abortus, in: Zentralblatt für Gynäkologie 34 (1910), S. 721–727.

Placzek, Siegfried (Hg.), Künstliche Fehlgeburt und künstliche Unfruchtbarkeit, ihre Indikation, Technik und Rechtsgrundlage. Ein Handbuch für Ärzte und Bevölkerungspolitiker, Leipzig 1918.

Ploetz, Alfred, Bund für Mutterschutz, in: ARGB 2 (1905), S. 164–166 u. ebd., S. 317.

Ders., Die Begriffe Rasse und Gesellschaft und die davon abgeleiteten Disziplinen, in: ARGB 1 (1904), S. 2–26.

Ders., Die Tüchtigkeit unsrer Rasse und der Schutz der Schwachen. Ein Versuch üb. Rassen-Hygiene u. ihr Verhältnis z. d. humanen Idealen, bes. zum Socialismus, Berlin 1895 (= Grundlinien einer Rassen-Hygiene, Bd. 1).

Ders., Ziele und Aufgaben der Rassenhygiene, Braunschweig 1911.

Ploss, Heinrich, Das Weib in der Natur und Völkerkunde. Anthopologische Studien, 2 Bde., Leipzig ^{8}1905 (umgearb.).

Polano, Otto, Beitrag zur Frage der Geburtenbeschränkung, in Zeitschr. f. Geb. u. Gyn. 79 (1917), S. 567–578.

Potthoff, Heinz, Schutz der Schwachen?, in: ARGB 8 (1911), S. 86–91.

Prinzing, Friedrich, Die eheliche Fruchtbarkeit in Deutschland, in: Zeitschr. f. Soc.wiss. 4 (1901), S. 33–38; S. 90–100; S. 188–192.

Quessel, Ludwig, Die Ökonomie des Gebärstreiks, in: Sozialistische Monatshefte 19 (1913 a), S. 1319–1325.

Ders., Die Philosophie des Gebärstreiks, in: Sozialistische Monatshefte 19 (1913 b), S. 1609–1616.

Rapmund, Otto, Die Entwicklung des Preussischen Medizinal- und Gesundheitswesens während der Jahre 1883–1908 unter besonderer Berücksichtigung der Dienstobliegenheiten und amtlichen Stellung der Kreis- und Medizinalbeamten, in: Das Preussische Medizinal- und Gesundheitswesen in den Jahren 1883–1908. Festschrift des 25jährigen Bestehens des Preussischen Medizinalbeamten-Vereins. hrsg. v. dems., Berlin 1908, S. 44 ff.

Raths, Johannes, Bewegung der Bevölkerung (Eheschließungen, Geburten und Sterbefälle) im Jahre 1910; in: Stat. d. Dtsch. Reichs 246 (1913), S. 1 ff.

Rauch, Sozialdemokratie und Geburtenrückgang, in: Zschr. für Medizinalbeamte. Zentralblatt für das Gesamte Gesundheitswesen 26 (1913), S. 108.

Reuter, Fritz, Lehrbuch der gerichtlichen Medizin. Mit gleichmäßiger Berücksichtigung der deutschen und österreichischen Gesetzgebung und des gemeinsamen Entwurfs, Berlin – Wien 1933.

Roemer, Hans, Über psychiatrische Erblichkeitsforschung, in: ARGB 9 (1912), S. 292–329.

Roesle, Emil, Die Aufgaben des Archivs für soziale Hygiene und Demographie, in: Archiv für soziale Hygiene und Demographie 9 (1914), S. 1–5.

Rohleder, Hermann, Der heutige Stand der Eugenik, in: Zeitschr. f. Sex. wiss. 2 (1915/16), S. 17–28.
Roscher, Wilhelm, Grundlagen der Nationalökonomie. Ein Hand- und Lehrbuch für Geschäftsmänner und Studirende, Stuttgart [23]1900 ([1]1854).
Rudeck, Wilhelm, Medizin und Recht. Geschlechtsleben und Krankheiten in medizinisch-juristischer-kulturgeschichtlicher Bedeutung, Berlin [2]1902.
Rüdin, Ernst, Alfred Ploetz zum Gedächtnis, in: ARGB 34 (1940), S. 1–4.
Ders., Der Alkohol im Lebensprozeß der Rasse, in: Hähnel, Franziskus (Hg.), Bericht über den 9. Internationalen Antialkoholkongreß in Bremen 1903, Jena 1904, S. 94–109.
Ders., Über den Zusammenhang zwischen Geisteskrankheit und Kultur. in: ARGB 7 (1910), S. 722–748.
Rümelin, Gustav, Zur Übervölkerungsfrage, in: ders., Reden und Aufsätze, Freiburg i. Br. 1881, S. 568–624.
Runge, Ernst, Praktikum der gynäkologischen Strahlentherapie, nebst einem Anhang über die Verwendung der Röntgenstrahlen in der Geburtshilfe. Ein Lehrbuch für Frauenärzte, Röntgenologen und Studierende, Leipzig – München 1921.
Schallmayer, Wilhelm, »Die Begriffe Rasse und Gesellschaft«, in: Zeitschrift f. Soc.wiss. N. F. 2 (1911), S. 704–708.
Ders., Beiträge zu einer Nationalbiologie. Nebst einer Kritik der methodologischen Einwände und einem Anhang über wissenschaftliches Kritikerwesen, Jena 1905.
Ders., Die drohende körperliche Entartung der Kulturmenschheit, Neuwied 1891.
Ders., Gobineaus Rassenwerk und die moderne Gobineauschule, in: Zeitschr. f. Soc.wiss. N. F. 1 (1910), S. 553–572.
Ders., Grundlinien der Vererbungslehre, in: Placzek (1918), S. 1–48.
Ders., Sozialistische Entwicklungs- und Bevölkerungslehre, in: Zeitschr. f. Soc.wiss. N. F. 2 (1911), S. 511–530.
Ders., Über das Verhältnis der Individual- und Sozialhygiene zu den Zielen der generativen Hygiene, in: Zeitschrift für Soziale Medizin 1 (1906), S. 331–343.
Ders., Vererbung und Auslese als Faktoren zur Tüchtigkeit und Entartung der Völker, Berlin 1907 (= Flugschriften des Deutschen Monistenbundes, H. 5).
Ders., Vererbung und Auslese im Lebenslauf der Völker. Eine staatswissenschaftliche Studie auf Grund der neueren Biologie, Jena 1903 (= Natur und Staat. Beiträge zur naturwissenschaftlichen Gesellschaftslehre. Eine Sammlung der Preisschriften, Bd. 3).
Ders., Zur Besprechung meiner »Vererbung und Auslese«, in: ARGB 9 (1912), S. 617–623.
Schlesinger, Therese, Wurm, Mathilde, Der Geburtenrückgang in Berlin, in: Die Gleichheit 24 (1913), S. 6–8.
Schmidt, O., Darwinismus und Sozialdemokratie, Bonn 1878.
Schüle, Heinrich, Handbuch der Geisteskrankheiten, Leipzig 1878 ([2]1880; [3]1886).

Ders., Nochmals das Heiraten von früher Geisteskranken. Redebeitrag auf der Jahresversammlung des deutschen Vereins für Psychiatrie in Göttingen am 25.–27. April 1904, widergegeben in: Allgemeine Zeitschrift für Psychiatrie und Psychiatrisch-Gerichtliche Medizin 61 (1904), S. 761 f.

Schultze, Ernst, Die Strafe der Kastrierung, in: Zeitschrift für die gesamte Strafrechtswissenschaft 34 (1913), S. 663–671.

Schulze, Hans, Über moral insanity. Ein Beitrag zur Psychologie des moralischen Irreseins, in: Allgemeine Zeitschrift für Psychiatrie und Psychisch-Gerichtliche Medizin 61 (1904), S. 108–132.

Sellheim, Hugo, Fortpflanzungspflege!, in: Zeitschr. f. Geb. u. Gyn. 45 (1917), S. 371–388.

Ders., Schwangerschaftsunterbrechung und Sterilisation in einer Sitzung auf abdominalem Wege, in: Monatsschrift für Geburtshülfe und Gynäkologie 38 (1913), S. 166–170.

Sichel, Max, Der Geisteszustand der Prostituierten, in: Zeitschrift für die gesamte Neurologie und Psychiatrie 14 (1913), S. 445–482.

Siebert, F. Die Rassenidee und die liberale Weltanschauung, in: ARGB 8 (1911), S. 198–223.

Siemens, Hermann Werner, Bevölkerungspolitik oder Geburtenpolitik? in: Die Grenzboten 77 (1918 a), S. 15–19.

Ders., Die biologischen Grundlagen der Rassenhygiene und der Bevölkerungspolitik – Für Gebildete aller Berufe, München 1917.

Ders., Einführung in die Allgemeine und Spezielle Vererbungspathologie des Menschen. Ein Lehrbuch (. . .), Berlin [2]1923 (umgearb.) ([1]1920).

Ders., Deutsche Geburtenpolitik, in: Deutsche Politik 1 (1916), S. 1905–1912.

Ders., Die Proletarisierung unseres Nachwuchses, eine Gefahr unrassenhygienischer Bevölkerungspolitik, in: ARGB 12 (1916/18), S. 43–55.

Ders., Was ist Rassenhygiene?, in: Deutschlands Erneuerung 2 (1918 b), S. 280–282.

Seeberg, Zum Geleit, in: Mitteilungen der Deutschen Gesellschaft für Bevölkerungs-Politik 1 (1916), S. 2–4.

Sombart, Werner, Der moderne Kapitalismus. Historisch-systematische Darstellung des gesamteuropäischen Wirtschaftsleben von seinen Anfängen bis zur Gegenwart, 2 Bde., München – Leipzig [4]1921.

Sommer, Robert, Eine psychiatrische Abteilung des Reichsgesundheitsamtes, in: Psychiatrisch-Neurologische Wochenschrift 12 (1910/11), S. 295–298.

Ders., Ein Reichsinstitut für Familienforschung, Vererbungs- und Regenerationslehre, in: Die Grenzboten 71 (1912), S. 559–564.

Ders., Zur Frage einer Abteilung des Reichsgesundheitsamtes, in: Psychiatrisch-Neurologische Wochenschrift 13 (1911), S. 31–34.

Stammer, Georg, Gefängniskongreß und Gefängnisstudienreise in Amerika, in: Mon. schr. f. Krim.psych. u. Strafrechtsreform 8 (1911/12), S. 12–17.

Stelzner, Helene Friederike, Die psychopathischen Konstitutionen und ihre soziologische Bedeutung, Berlin 1911.

Stengel, Hermann, Über die Unterbringung geisteskranker Verbrecher, in: Allgemeine Zeitschrift für Psychiatrie und Psychisch-Gerichtliche Medicin 66 (1909), S. 82–108.

Stöcker, Helene, Der Kampf gegen den Geburtenrückgang in: Die Neue Generation 8 (1912), S. 589–602.
Dies., Zur Reform der sexuellen Ethik, in: Mutterschutz. Zeitschrift zur Reform der sexuellen Ethik 1 (1905/06), S. 3–26.
Stoltzner, W., Moralischer Schwachsinn im Kindesalter, in: Medizinische Klinik. Wochenschrift für praktische Ärzte 6 (1910), S. 167–169.
Strassmann, Fritz, Der Entwurf des Deutschen Strafgesetzbuches, in: Offizieller Bericht des Preußischen Medizinal-Beamten-Vereins für 1910 (= Sonderdruck).
Ders., (Hg.), Medizin und Strafrecht. Ein Handbuch für Juristen, Laienrichter und Ärzte, Berlin 1911 (= Encyklopädie der modernen Kriminalistik, Bd. 9).
Strohmayer, Wilhelm, Künstliche Fehlgeburt und künstliche Unfruchtbarkeit vom Standpunkt der Psychiatrie, in: Placzek (1918), S. 167–244.
Sudhoff, Karl, Kurzes Handbuch der Geschichte der Medizin, Berlin 1922.
Sury, Kurt von, Die Berechtigung der sozialen Indikation zur Sterilisation und ihre forensische Beurteilung, in: Viertelj. f. gerichtl. Med. u. öffentl. San. 43, 2. Suppl.H. (1912), S. 95–115.
Theilhaber, Felix A., Das sterile Berlin. Eine volkswirtschaftliche Studie, Berlin 1913.
Ders., Zum Preisausschreiben: bringt das materielle und soziale Aufsteigen den Familien Gefahren in rassenhygienischer Beziehung? Dargelegt an der Entwicklung der Judenheit in Berlin, in: ARGB 10 (1913), S. 67–92.
Thorn, Willy, Die Notwendigkeit gesetzlicher Bestimmungen für den künstlichen Abortus, in: Zenbl. f. Gyn. 34 (1910), S. 501–512.
Tille, Alexander, Deutsche Darwinisten als Sozialethiker, in: Die Zukunft 8 (1894), S. 510–521.
Ders., Charles Darwin und die Ethik, in: ebd., S. 302–314.
Unshelm, Erich, Geburtenrückgang und Sozialismus. Versuch einer Dogmengeschichte der sozialistischen Bevölkerungslehre, Leipzig 1924.
Virchow, Rudolf, Gesammtbericht über die von der deutschen anthropologischen Gesellschaft veranlassten Erhebungen über die Farbe der Haut, Haare und der Augen der Schulkinder in Deutschland, in: Archiv für Anthropologie 16 (1886), S. 275–475.
Vogel, Heinrich, Eine Ursache des Geburtenrückgangs, Teil I–IV, in: Die Gleichheit 24 (1913), S. 22f., S. 50–52, S. 372f., S. 406f. (Artikelserie v. 20. 8., 17. 9., 15. 10., 12. 11. 1913).
Wallace, Alfred Russell, Menschliche Auslese, in: Die Zukunft 8 (1894), S. 10–24.
Weber, Max, Ges. Aufsätze zur Soziologie und Sozialpolitik, Tübingen 1924.
Wehr, Carl, Die Ehe ohne Kinder. Die besten Mittel zur Beschränkung der Kinderzahl, Berlin o.J., in: ZStAM, Rep. 76 VIII B, Nr. 2008, Bd. 1, Bl. 25–41.
Weinberg, Q., Die rassenhygienische Bedeutung der Fruchtbarkeit, in: ARGB 7 (1910), S. 684–696.
Weismann, August, Ueber die Ewigkeit des Lebens, Freiburg 1881.
Wilhelm, Eugen, Beseitigung der Zeugungsfähigkeit und Körperverletzung

de lege lata und de lege feranda, in: Juristisch-Psychiatrische Grenzfragen 7 (1911), S. 1–70.
Ders., Die Rassenhygiene, in: Archiv für soziale Hygiene und Demographie 9 (1914), S. 328–343.
Wolf, Julius, Der Geburtenrückgang. Die Rationalisierung des Sexuallebens in unserer Zeit, Jena 1912.
Woltmann, Ludwig, Die Darwinsche Theorie und der Sozialismus, Düsseldorf 1899.
Ders., Die physische Entartung des modernen Weibes, in: Politisch-Anthropologische Revue 1 (1902/03), S. 522–531.
Ders., Politische Anthropologie, Leipzig 1936 (= Woltmanns Werk, hrsg. v. Otto Recke, Bd. 1).
Ders., Buhmann, Ludwig, Hans, K. E., Das Programm der Politisch-Anthropologischen Revue, in: Politisch-Anthropologische Revue 1 (1902/03), S. 497f.
Wurm, Mathilde, Der Geburtenrückgang in Berlin, in: Die Gleichheit 23 (1913), S. 338–340.
Zeppler, Wally, Geburtenbeschränkung, in: Sozialistische Monatashefte 19 (1913), S. 1644–1646.
Ziegler, Heinrich Ernst, Die Naturwissenschaft und die socialdemokratische Theorie, ihr Verhältnis dargelegt auf Grund der Werke von Darwin und Bebel, Stuttgart 1894.
Ziertmann, Paul, Unfruchtbarmachung sozial Minderwertiger, in: Mon. schr. f. Krim. psych. u. Strafrechtsreform 5 (1909). S. 734–743.
Zschommler, Malthusianismus, Verhütung der Empfängnis und ihre gesundheitlichen Folgen, Berlin 1891.

Veröffentlichungen nach 1945

Ackerknecht, Erwin, Kurze Geschichte der Psychiatrie, Stuttgart [3]1985 (umgearb.).
Adorno, Theodor, W., Minima Moralia. Reflexionen aus dem Geschädigten Leben, Frankfurt a. M. 1981 ([1]1951), S. 120.
Allen, Ann Taylor, Mothers of the »New Generation«. Adele Schreiber, Helene Stöcker and the Evolution of the German Idea of Motherhood, in: Signs 10 (1985), S. 418–438.
Altner, Günter (Hg.), Der Darwinismus – Die Geschichte einer Theorie, Darmstadt 1981 (= Wege der Forschung, Bd. 449).
Ders., Schöpfungsglaube und Entwicklungsgedanke in der protestantischen Theologie zwischen Ernst Haeckel und Teilhard de Chardin, Zürich 1965.
Aly, Götz, Roth, Karl Heinz, Die restlose Erfassung. Volkszählen, Identifizieren, Aussondern im Nationalsozialismus, Berlin 1984.
Anders, Günther, Die Antiquiertheit des Menschen. Über die Seele im Zeitalter der zweiten industriellen Revolution, Bd. 1, München 1956.
Arendt, Hannah, Elemente und Ursprünge totaler Herrschaft, München 1986 (Original: The Origins of Totalitarianism, New York 1951).

Dies., Zur Zeit – Politische Essays, hrsg. v. Marie Luise Knott, Berlin 1986 (Original: Wir Flüchtlinge 1943).

Armengaud, André, Die Bevölkerung Europas von 1700–1923; in: Cipolla, Carlo M., Borchardt, Knut (Hg.), Bevölkerungsgeschichte Europas, München 1971, S. 123–180.

Attali, Jacques, Die kannibalische Ordnung. Von der Magie zur Computermedizin, Frankfurt a. M. – New York 1981 (Original: L'ordre cannibale. Vie et mort de la medicine, Paris 1979).

Aubin, Hermann, Zorn, Wolfgang (Hg.), Handbuch der Deutschen Wirtschafts- und Sozialgeschichte, Bd. 2, Stuttgart 1976.

Baader, Gerhard, Die Medizin im Nationalsozialismus. Ihre Wurzeln und die erste Periode ihrer Realisierung 1933–1938; in: Pross (1984), S. 61–108 (= Stätten der Geschichte Berlins, Bd. 5).

Baader, Gerhard, Schultz, Ulrich (Hg.), Medizin und Nationalsozialismus. Tabuisierte Vergangenheit – Ungebrochene Tradition?, Berlin 1980 (= Dokumentation des Gesundheitstages Berlin 1980, Bd. 1).

Baader, Gerhard, Zur Ideologie des Sozialdarwinismus, in: ebd., S. 39–51.

Baier, Jutta, Bevölkerungspolitik auf Kosten von Frauen? Aufgezeigt am Beispiel der Sterilisation als bevölkerungspolitische Maßnahme zu Beginn des 20. Jahrhunderts, Dipl. Arb. FU Berlin 1985.

Bastian, Till, Von der Eugenik zu Euthanasie. Ein verdrängtes Kapitel aus der Geschichte der deutschen Psychiatrie, Bad Wörishofen 1981.

Benz, Ernst, Der Übermensch – Grundprobleme des heutigen Menschenbildes, in: Zeitschrift für Religions- und Geistesgeschichte 14 (1962), S. 19–35.

Ders., Theologie der Evolution im 19. Jahrhundert, in: Mann (1973 a), S. 43–72.

Bergmann, Anna, Frauen, Männer, Sexualität und Geburtenkontrolle. Zur »Gebärstreikdebatte« der SPD 1913, in: Hausen (1987), S. 83–110.

Dies., Von der »unbefleckten Empfängnis« zur »Rationalisierung des Geschlechtslebens«. Gedanken zur Debatte um den Geburtenrückgang vor dem Ersten Weltkrieg, in: Geyer-Kordesch, Kuhn (1986), S. 127–158.

Betzig, Laura L., Despotism and Differential Reproduction. A Darwian view of History, New York 1986.

Bickel, Cornelius, Tönnies' Kritik des Sozialdarwinismus: Immunität durch Philosophie. Die Auseinandersetzung mit der Krapp-Preisfrage von 1900, in: Carsten Klingemann (Hg.), Rassenmythos und Sozialwissenschaften in Deutschland, Opladen 1987, S. 172–211.

Blasius, Dirk, Der verwaltete Wahnsinn. Eine Sozialgeschichte des Irrenhauses, Frankfurt a. M. 1980.

Ders., Umgang mit Unheilbarem. Studien zur Sozialgeschichte der Psychiatrie, Bonn 1986.

Bock, Gisela, Zwangssterilisation im Nationalsozialismus. Studien zur Rassen- und Frauenpolitik, Opladen 1986.

Bodamer, Joachim, Zur Entstehung der Psychiatrie als Wissenschaft im 19. Jahrhundert. Eine geistesgeschichtliche Untersuchung, in: Fortschritte der Neurologie, Psychiatrie und ihre Grenzgebiete 21 (1953), S. 511–535.

Bolle, Fritz, Darwinismus und Zeitgeist, in: Zeitschrift für Religions- und Geistesgeschichte 14 (1962), S. 143–178.

Bolognese-Leuchtenmüller, Birgit, Bevölkerungsentwicklung und Berufsstruktur. Gesundheits- und Fürsorgewesen in Österreich 1750–1918, Wien 1987 (= Materialien zur Wirtschafts- und Sozialgeschichte, Bd. 1).

Bolte, Martin, Knappe, Dieter, Schmid, Josef, Bevölkerung, Theorie, Geschichte und Politik des Bevölkerungsprozesses, Opladen ⁴1980 (überarb.)

Borchardt, Knut, Wirtschaftliches Wachstum und Wechsellagen 1800–1914, in: Aubin, Zorn (1976), S. 198–275.

Braun, Christina von, Nicht ich: Logik, Lüge, Libido, Frankfurt a. M. 1985.

Breyer, Harald, Johann Peter Frank – »Fürst unter den Ärzten Europas«, Leipzig 1983.

Buess, Heinrich (Hg.), Franz Joseph Gall: 1758–1828 – Naturforscher und Anthropologe. Ausgewählte Texte, eingeleitet, übers. und kommentiert von Erna Lesky, Bern – Stuttgart – Wien 1979.

Burgener, Peter, Die Einflüsse des zeitgenössischen Denkens in Morels Begriff der »dégénérescence«, Diss. med. Universität Zürich 1964 (= Züricher medizingeschichtliche Abhandlungen, Nr. 16).

Canguilhelm, Georges, Das Normale und das Pathologische, Frankfurt a. M. – Berlin – Wien 1977.

Caplan, Arthur L., Jennings, Bruce (Hg.), Darwin, Marx and Freud. Their Influence in Moral Theory, New York 1984.

Capra, Fritjof, Wendezeit – Bausteine für ein neues Weltbild, Bern – München – Wien ⁶1983 (Original: The Turning Point, 1982).

Castel, Robert, Die psychiatrische Ordnung. Das goldene Zeitalter des Irrenwesens, Frankfurt a. M. 1979 (Original: L'ordre psychiatratrique, Paris 1976).

Castell, Adelheid, Unterschichten im »Demographischen Übergang«. Historische Bedingungen des Wandels der ehelichen Fruchtbarkeit und der Säuglingssterblichkeit, in: Mommsen, Hans, Schulz, Winfried (Hg.), Vom Elend der Handarbeit. Probleme historischer Unterschichtsforschung, Stuttgart 1981, S. 373–394 (= Geschichte und Gesellschaft, Bd. 24).

Cipolla, Carlo Maria, Borchard, Knut (Hg.), Bevölkerungsgeschichte Europas – Mittelalter bis Neuzeit, München 1971.

Coale, Ansley J., The Delice of Fertility in Europe since the Eighteenth Century as a Chapter in Demographic History, in: Ders., Watkins (1986), S. 1–30.

Ders., Watkins, Susan C. (Hg.), The Decline of Fertility in Europe. The Revised Proeceedings of a Conference on the Princeton European Fertility Project, Princeton, New Jersey 1986.

Coleman, David, Schofield, Roger (Hg.), The State of Population Theory. Forward from Malthus, Oxford 1986.

Conrad-Martius, Hedwig, Utopien der Menschenzüchtung. Der Sozialdarwinismus und seine Folgen, München 1955.

Conway, Jill, Stereotypes of Feminity in a Theory of Sexual Evolution, in: Victorian Studies 14 (1970), S. 47–62.

Conze, Werner, Sozialgeschichte 1850–1918, in: Aubin, Zorn (1976), S. 602–740.

Dies., Familien- als Geschlechterpolitik, in: Geyer-Kordesch, Kuhn (1986), S. 263–283.

Deppe, Hans-Ulrich, Vorsicht vor Alfred Grotjahn. Sozialhygiene und Eugenik, in: Argument-Sonderband, 1983.
Deppe, Hans-Ulrich, Regus, Michael (Hg.), Seminar: Medizin, Gesellschaft, Geschichte, Frankfurt a. M. 1975.
Devereux, George, Angst und Methode in den Verhaltenswissenschaften, Frankfurt a. M. – Berlin – Wien 1976 (Original: From Anxiesty of Method in the Behavioral Sciences, 1967).
Doeleke, Werner, Alfred Ploetz (1860–1940). Sozialdarwinist und Gesellschaftsbiologe, Med.Diss. Frankfurt a. M. 1975.
Dörner, Klaus (Hg.), Fortschritte der Psychiatrie im Umgang mit Menschen. Wert und Verwertung des Menschen im 20. Jahrhundert, Rehberg-Loccum 1985.
Ders., Bürger und Irre, Frankfurt a. M. 1969.
Dreßen, Wolfgang. Die pädagogische Maschine. Zur Geschichte des industrialisierten Bewußtseins in Preußen/Deutschland, Berlin 1982.
Duden, Barbara, Geschichte unter der Haut. Ein Eisenacher Arzt und seine Patientinnen um 1730, Stuttgart 1987.
Dies., »Keine Nachsicht gegen das schöne Geschlecht«, in: Paczensky, Susanne (Hg.), Wir sind keine Mörderinnen! Streitschrift gegen eine Ernüchterungskampagne, Reinbek bei Hamburg 1980, S. 109–126.
Dies., Hausen, Karin, Gesellschaftliche Arbeit – Geschlechtsspezifische Arbeitsteilung, in: Kuhn, Annette, Schneider, Gerhard (Hg.), Frauen in der Geschichte, Düsseldorf 1979, S. 11–33.
Emig, Brigitte, Die Veredelung des Arbeiters. Sozialdemokratie als Kulturbewegung, Frankfurt a. M. – New York 1980.
Peters, G. u. a. (Hg.), Emil Kraepelin – Lebenserinnerungen, Berlin – Heidelberg – New York – Tokyo 1983.
Ernst Haeckel, Biographie in Briefen. Zusammengestellt und erläutert von Georg Uschmann, Gütersloh 1984.
Fischer, Anna-E., »Dem Reich der Freiheit sollst Du Kinder gebären«. Der Antifeminismus der proletarischen Frauenbewegung im Spiegel der »Gleichheit«, 1891–1917, Frankfurt a. M. 1981.
Fischer, Wolfram, Krengel, Jochen, Wietog, Jutta, Sozialgeschichtliches Arbeitsbuch I. Materialien zur Statistik des Deutschen Bundes 1815–1870, München 1982.
Fischer-Homberger, Esther, Geschichte der Medizin, Berlin – Heidelberg – New York ^{2}1977.
Dies., Krankheit Frau. Zur Geschichte der Einbildungen, Darmstadt ^{2}1984 (umgearb.).
Flew, Anthony, G. N., The Philosophical Implications of Darwinism, in: Caplan, Jennings (1984), S. 3–33.
Foucault, Michel, Mikrophysik der Macht. Über Strafjustiz, Psychiatrie und Medizin, Berlin 1976.
Frevert, Ute, Frauen und Ärzte im späten 18. und frühen 19. Jahrhundert – Zur Sozialgeschichte eines Gewaltverhältnisses, in: Kuhn, Annette, Rüsen, Jörn (Hg.), Frauen in der Geschichte II, Düsseldorf 1982, S. 177–210.
Dies., »Fürsorgliche Belagerung« – Hygienebewegung und Arbeiterfrauen

im 19. und frühen 20. Jahrhundert, in: Geschichte und Gesellschaft 11 (4/1985), S. 420–446.

Dies., Krankheit als politisches Problem 1770–1880. Soziale Unterschichten in Preußen zwischen medizinischer Polizei und staatlicher Sozialversicherung, Göttingen 1984.

Glass, David V., Population, Policies and Movements in Europe, London ²1967.

Ders., Familienplanung in Westeuropa: Programme und Wirklichkeit, in: Köllmann, Marschalk (1972), S. 362–389.

Geyer-Kordesch, Johanna, Kuhn, Annette (Hg.), Frauenkörper – Medizin – Sexualität. Auf dem Wege zu einer neuen Sexmoral, Düsseldorf 1986.

Göckenjahn, Gerd, Kurieren und Staat machen – Gesundheit und Medizin in der bürgerlichen Welt, Frankfurt a. M. 1985.

Gordon, Linda, Woman's Body, Woman's Right. A Social History of Birth Control in America, New York 1977.

Greger Johann Mendel 1822–1884 – Texte und Quellen zu seinem Wirken und Leben, zusammengestellt und kommentiert von Jaroslav Křiženecký, Leipzig 1965 (= Lebensdarstellungen deutscher Naturforscher, Bd. 11).

Greffrath, Mathias, Der Traum vom perfekten Menschen – Biologen und Mediziner auf der Suche nach dem Bauplan des menschlichen Lebens, in: Die Zeit (17/1989), S. 13–17.

Groh, Dieter, Marx, Engels und Darwin: Naturgesetzliche Entwicklung der Revolution?, in: Altner (1981), S. 217–241.

Grossmann, Atina, Die »Neue Frau« und die Rationalisierung der Sexualität in der Weimarer Republik, in: Snitow, Ann, Stansell, Christine, Thompson, Sharon (Hg.), Die Politik des Begehrens. Sexualität, Pornographie und neuer Puritanismus in den USA, Berlin 1985 (Orig. 1983).

Dies., The New Woman, the New Family and the Rationalization of Sexuality: The Sex Reform Movement in Germany 1928 to 1933, Phil.Diss. Rutgers University, New Jersey 1984.

Günther, Maria, Die Institutionalisierung der Rassenhygiene an den deutschen Hochschulen vor 1933, Med.Diss. Mainz 1982.

Güse, Hans-Georg, Schmacke, Norbert, Psychiatrie zwischen bürgerlicher Revolution und Faschismus, 2 Bde., Kronberg 1976.

Dies., Psychiatrie und Faschismus, in: Baader, Schulz (1980), S. 86–94.

Haeberle, Erwin J., Anfänge der Sexualwissenschaft – Historische Dokumente, Berlin – New York 1983.

Haeckel, Ernst, Deszendenztheorie und Sozialdemokratie, abgedr. in: Altner (1981), S. 100–106.

Hafner, Karl-Heinz, Winau, Rolf, »Die Freigabe der Vernichtung unwerten Lebens«. Eine Untersuchung zu der Schrift von Karl Binding und Alfred Hoche, in: Medizinhistorisches Journal 9 (1974), S. 227–254.

Hahmann, Helga, Die Hebammen und ihre Berufsorganisationen. Ein geschichtlicher Überblick, Hannover 1981.

Halliday, R. J., Social Darwinism: A Definition, in: Victorian Studies 14 (1971), S. 389–405.

Hausen, Karin (Hg.), Frauen suchen ihre Geschichte ²1987.

Dies., Die Polarisierung der »Geschlechtscharaktere« – Eine Spiegelung der Dissoziation von Erwerbs- und Familienleben, in: Conze, Werner (Hg.), Sozialgeschichte der Familie in der Neuzeit Europas 1976, S. 363–393.

Heberer, Gerhard, Schwanitz, Franz (Hg.), Hundert Jahre Evolutionsforschung. Das wissenschaftliche Vermächtnis Charles Darwins, Stuttgart 1960.

Heinsohn, Gunnar, Knieper, Rolf, Die Vernichtung der weisen Frauen. Hexenverfolgung – Menschenproduktion – Kinderwelten – Bevölkerungswissenschaft. Beiträge zur Theorie und Geschichte der Bevölkerung und Kindheit, Herbstein 1985.

Heinsohn, Gunnar, Knieper, Rolf, Steiger, Otto, Menschenproduktion. Allgemeine Bevölkerungslehre der Neuzeit, Frankfurt a. M. 1979.

Herzog, Gunter, Gründerjahre der Psychiatrie, in: Dörner, Klaus (Hg.), Fortschritte der Psychiatrie im Umgang mit Menschen. Wert und Verwertung des Menschen im 20. Jahrhundert, Rehburg-Loccum 1985, S. 64–76.

Hohorst, Gerd, The Decline of Fertility once again: A Critical Note on Knodel's Book and Standardized Demographic Indexes, in: Historical Social Research – Historische Sozialforschung. Quantum Information 22 (1982), S. 50–62.

Ders., Wirtschaftswachstum und Bevölkerungsentwicklung in Preußen 1816 bis 1914, Inaug.Diss. Münster 1978.

Hohorst, Gerd, Kocka, Jürgen, Ritter, Gerhard A., Sozialgeschichtliches Arbeitsbuch II. Materialien zur Statistik des Kaiserreichs 1870–1914, München [2]1978.

Huerkamp, Claudia, Ärzte und Professionalisierung in Deutschland – Überlegungen zum Wandel des Ärzteberufes im 19. Jahrhundert, in: Geschichte und Gesellschaft 6, 1980, S. 349–382.

Dies., Spree, Reinhard, Arbeitsmarktstrategien der deutschen Ärzteschaft im späten 19. und frühen 20. Jahrhunderts, in: Pierenkemper, T., Tilly, R. (Hg.), Historische Arbeitsmarktforschung. Entstehung, Entwicklung und Probleme der Vermarktung von Arbeitskraft, Göttingen 1982, S. 77–116.

Hüppauf, Bernd, »Der Tod ist verschlungen in den Sieg« – Todesbilder aus dem Ersten Weltkrieg und der Nachkriegszeit, in: ders (Hg.), Ansichten vom Krieg. Vergleichende Studien zum Ersten Weltkrieg in Literatur und Gesellschaft, Königstein Ts. 1984, S. 55–91.

Huxley, Julian, Die Zukunft des Menschen – Aspekte der Evolution, in: Jungk, Mundt (1966), S. 31–52.

Imhof, Arthur Erwin, Mortalität in Berlin vom 18. bis 20. Jahrhundert, in: Berliner Statistik 8 (1977), S. 138–145.

Janssen-Jurreit, Marielouise, Nationalbiologie, Sexualreform und Geburtenrückgang – Über die Zusammenhänge von Bevölkerungspolitik und Frauenbewegung um die Jahrhundertwende, in: Dietze, Gabriele (Hg.), Die Überwindung der Sprachlosigkeit. Texte aus der neuen Frauenbewegung, Darmstadt – Neuwied 1979, S. 139–175.

Jeschal, Godwin, Politik und Wissenschaft deutscher Ärzte im Ersten Weltkrieg. Eine Untersuchung anhand der Fach- und Standespresse und der Protokolle des Reichstags, Würzburg 1979 (= Würzburger medizinhistorische Forschungen, Bd. 13).

Ders., Politik und Wissenschaft deutscher Ärzte im Ersten Weltkrieg, in: Baader, Schultz (1980), S. 56–63.

Jungk, Robert, Mundt, Hans Josef (Hg.), Modelle für eine neue Welt – Das umstrittene Experiment: Der Mensch. Siebenundzwanzig Wissenschaftler diskutieren die Elemente einer biologischen Revolution, München – Wien – Basel 1966 (Original: Man and his Future, London 1963).

Kautsky, Karl, Erinnerungen, Quellen und Untersuchungen zur Geschichte der deutschen und österreichischen Arbeiterbewegung, Bd. 3, Amsterdam 1960.

Keller, Evelyn Fox, Liebe, Macht und Erkenntnis. Männliche oder weibliche Wissenschaft?, München – Wien 1986 (Original: Reflections on Gender and Sciene, London 1985).

Kelly, Alfred, The Descent of Darwin: The Popularization of Darwinism in Germany, 1860–1914, Chapel Hill 1981.

Klee, Ernst, »Euthanasie« im NS-Staat. Die »Vernichtung lebensunwerten Lebens«, Frankfurt a. M. 1985.

Knodel, John E., The Decline of Fertility in Germany, 1871–1939; Princeton, New Jersey 1974.

Kocka, Jürgen, Ritter, Gerhard A. (Hg.), Deutsche Sozialgeschichte 1870–1914 – Dokumente und Skizzen, München ³1982.

Kokula, Ilse, Weibliche Homosexualität um 1900 in zeitgenössischen Texten, München 1981 (Anthologie).

Köllmann, Wolfgang, Bevölkerungsgeschichte 1800–1970, in: Aubin (1976), S. 9–50.

Ders., Marschalck, Peter (Hg.), Bevölkerungsgeschichte, Köln 1972 (= Neue Wissenschaftliche Bibliothek).

Kowieczka, Vera, Arten zu sprechen, Arten zu schweigen: Sozialdemokratie und Prostitution im deutschen Kaiserreich, in: Geyer-Kordesch, Kuhn (1986), S. 102–126.

Kroll, Jürgen, Die Entstehung und Institutionalisierung einer naturwissenschaftlichen Bewegung: Die Entwicklung der Eugenik/Rassenhygiene bis zum Jahre 1933, Phil.Diss. Tübingen 1983.

Kulke, Christine (Hg.), Rationalität und sinnliche Vernunft. Frauen in der patriarchalischen Realität, Berlin 1985.

La Mettrie, Julien Offray de, Der Mensch als Maschine, ND Leipzig 1984 (Original: L'homme maschine, 1747).

Lenman, Robin, Art, Society and the Law in Wilhelmine Germany: The »lex Heinze«, in: Oxford German Studies 8 (1973), S. 86–113.

Lenning, Robert, Max Hirsch: Sozialgynäkologie und Frauenheilkunde, Med.Diss. 1977.

Lenz, Fritz, Die soziologische Bedeutung der Selektion, in: Heberer, Gerhard, Schwanitz, Franz (Hg.), Hundert Jahre Evolutionsforschung. Das wissenschaftliche Vermächtnis Charles Darwins, Stuttgart 1960, S. 368–396.

Lesky, Erna (Hg.), Franz Joseph Gall: 1758–1828 – Naturforscher und Anthropologe. Ausgewählte Texte, Berlin – Stuttgart – Wien 1979.

Dies. (Hg.), Sozialmedizin. Entwicklung und Selbstverständnis, Darmstadt 1977 (= Wege und Forschung, Bd. 273).

Linse, Ulrich, Arbeiterschaft und Geburtenentwicklung im Deutschen Kaiserreich von 1871, in: Archiv für Sozialgeschichte 12 (1972), S. 205–271.

Lloyd, Genevieve, Das Patriarchat der Vernunft. »Männlich« und »weiblich« in der westlichen Philosophie, Bielefeld 1985 (Original: The Man of Reason. »Male« and »Female« in Western Philosophy, London 1984).

Lukács, Georg, Die Zerstörung der Vernunft. Georg Lukács Werke, Bd. 9, Darmstadt – Neuwied 1974.

Mackenroth, Gerhard, Bevölkerungslehre, Berlin – Göttingen – Heidelberg 1953.

Mann, Gunter (Hg.), Biologismus im 19. Jahrhundert. Vorträge eines Symposiums vom 30. bis 31. Oktober 1970 in Frankfurt am Main, Stuttgart 1973 a.

Ders., Biologie und Geschichte. Ansätze und Versuche zur biologistischen Theorie und Geschichte im 19. und beginnenden 20. Jahrhundert, in: Medizinhistorisches Journal 10 (1975), S. 281–306.

Ders., Biologie und der »Neue Mensch«. Denkstufen und Pläne zur Menschenzucht im Zweiten Kaiserreich, in: ders., Winau (1977), S. 172–188.

Ders., Medizin-biologische Ideen und Modelle in der Gesellschaftslehre des 19. Jahrhunderts, in: Medizinhistorisches Journal 4 (1969), S. 1–23.

Ders., Neue Wissenschaft im Rezeptionsbereich des Darwinismus: Eugenik – Rassenhygiene, in: Berichte zur Wissenschaftsgeschichte 1 (1978), S. 101–111.

Ders., Rassenhygiene – Sozialdarwinismus, in: ders. (Hg.), Biologismus im 19. Jahrhundert, Stuttgart 1973 b, S. 73–93.

Ders., Winau, Rolf (Hg.), Medizin, Naturwissenschaft, Technik und das Zweite Kaiserreich, Göttingen 1977 (= Studien zur Medizingeschichte des neunzehnten Jahrhunderts, Bd. 8).

Marten, Heinz-Georg, Sozialbiologismus – Biologische Grundpositionen der Ideengeschichte, Frankfurt a. M. – New York 1983.

Mette, Alexander, Winter, Irena (Hg.), Geschichte der Medizin – Einführung in ihre Grundzüge, Berlin 1968.

Meyer-Renschhausen, Elisabeth, Konturen und Entwicklung – Zur Morphologie der Frauenbewegung am Beispiel ihrer Geschichte in Bremen von ihren ersten Anfängen im frühen 19. Jahrhundert bis zum Ersten Weltkrieg mit Ausblicken in die Weimarer Zeit, Inaug.Diss. FU Berlin 1987.

Mitscherlich, Alexander, Die psychosomatische und die konventionelle Medizin, in: ders. (Hg.), Der Kranke in der modernen Gesellschaft, Köln – Berlin 1967, S. 140–152.

Ders., Mielke, Fred, Das Diktat der Menschenverachtung, Heidelberg 1947.

Mosse, George L., Rassismus. Ein Krankheitssymptom in der europäischen Geschichte des 19. und 20. Jahrhunderts, Königstein Ts. 1978 (Original: Towards the Final Solution. A History of European Racism, London 1978).

Mühlen, Patrik von zur, Rassenideologien. Geschichte und Hintergründe, Berlin – Bonn – Bad Godesberg 1977.

Mühr, Alfred, Das Wunder Menschenhirn. Die abenteuerliche Geschichte der Gehirnforschung, Freiburg i. Br. 1957.

Müller, Joachim, Sterilisation und Gesetzgebung bis 1933, Med.Diss., Husum 1985.

Müller-Hill, Benno, Tödliche Wissenschaft. Die Aussonderung von Juden, Zigeunern und Geisteskranken 1933–1945, Reinbek beim Hamburg 1984.

Nadav, Daniel S., Julius Moses (1868–1942) und die Politik der Sozialhygiene in Deutschland, Phil. Diss. Tel Aviv 1981, Gerlingen 1985 a.

Ders., Julius Moses, Kampf gegen das Abtreibungsgesetz während der Weimarer Republik, in: Jahrbuch des Instituts für Deutsche Geschichte 14 (1985 b), S. 261–276.

Nemitz, Kurt, Die Bemühungen zur Schaffung eines Reichsgesundheitsministeriums in der ersten Phase der Weimarer Republik 1918–1922, in: Medizinhistorisches Journal 16 (1981), S. 424–445.

Ders., Julius Moses und die Gebärstreik-Debatte 1913, in: Jahrbuch des Instituts für Deutsche Geschichte 2 (1973), S. 331–335.

Ders., Julius Moses, Weg zur Sozialdemokratie, in: Jahrbuch des Instituts für Deutsche Geschichte, Beih. 2, Tel Aviv 1977, S. 165–180.

Ders., Julius Moses – Nachlaß und Bibliographie, in: Internationale Wissenschaftliche Korrespondenz zur Geschichte der Arbeiterbewegung 10 (2/1974), S. 219–241.

Neue Deutsche Biographie, Bd. 12, hrsg. v. d. Historischen Kommission bei der Bayrischen Akademie der Wissenschaften, Berlin 1980.

Neuhaus, Rolf, Ärztekämpfe, Ärztestreiks, Sozialreformer. Sozialpolitische Konfliktregelung 1900 bis 1914, Berlin 1986.

Neusüß, Christel, Vom Gottesglauben der Physik, den Frauen und anderer Nebelhüllen, abgedr. in: Frankfurter Rundschau v. 12. 4. 1988, S. 10.

Neumann, Robert P., Working Class Birth Control in Wilhelmine Germany, in: Comparative Studies in Society and History 20 (1978), S. 408–428.

Nowacki, Bernd, Der Bund für Mutterschutz (1903–1933), Husum 1983 (= Abhandlungen zur Geschichte der Medizin und der Naturwissenschaften, H. 48).

Nowak, Kurt, »Euthanasie« und Sterilisierung im »Dritten Reich«. Die Konfrontation der evangelischen und katholischen Kirche mit dem »Gesetz zur Verhütung erbkranken Nachwuchses« und der »Euthanasie«-Aktion, Göttingen 1978 (= Arbeiten zur Geschichte des Kirchenkampfes, Bd. 12).

Paul Broca 1824–1880. Exposition 21, préparée par Catherine Lupovici, Monique Chapuis, Jacqueline Chapuis, Paris: 17 juin–1er juillet 1980.

Plesse, Werner, Rux, Dieter (Hg.), Biographien bedeutender Biologen. Eine Sammlung von Biographien, Berlin 21982.

Pommerin, Reiner, »Sterilisierung der Rheinlandbastarde«. Das Schicksal einer farbigen deutschen Minderheit 1918–1937, Düsseldorf 1979.

Pörksen, Uwe, Einige Aspekte einer Geschichte der Naturwissenschaftssprache und ihrer Einflüsse auf die Gemeinsprache, in: Moser, Hugo (Hg.), Sprachwandel und Sprachgeschichtsschreibung. Jahrbuch 1976 des Instituts für deutsche Sprache, Düsseldorf 1976, S. 145–166 (= Sprache der Gegenwart, Bd. 41).

Pross, Christian, Winau, Rolf (Hg.), Nicht mißhandeln. Das Krankenhaus Moabit, Berlin 1984 (= Stätten der Geschichte Berlins, Bd. 5).

Querner, Hans, Darwin, sein Werk und der Darwinismus, in: Mann (1973 a), S. 10–29.

Redetzky, Hermann von, Entwicklung, Vereinheitlichung und Demokratisierung des öffentlichen Gesundheitswesens, Berlin 1949.

Regus, Michael, Natur und Gesellschaft im Entwicklungsprozeß der Medizin als Wissenschaft, in: Deppe, ders. (1975), S. 29–73.

Rich, Adrienne, Von Frauen geboren. Mutterschaft als Erfahrung und Institution, München 1979 (Original: Of Women born, New York 1976).

Rissom, Renate, Fritz Lenz und die Rassenhygiene, Husum 1983 (= Abhandlungen zur Geschichte der Medizin und der Naturwissenschaften, H. 47).

Ryter, Annemarie, Abtreibung in Basel zu Beginn des Jahrhunderts, in: Die ungeschriebene Geschichte. Historische Frauenforschung, Dokumentation des 5. Historikerinnentreffens in Wien vom 16.–19. April 1984, hrsg. v. Beatrix Bechtel u. a., Wien o. J., S. 289–297.

Ronsin, Francis, La grève des ventres. Propagande néomalthusienne et baisse de la natalité en France, 19e–20e siècles, Paris 1980.

Roth, Karl Heinz, Kontroversen und Geburtenkontrolle am Vorabend des Ersten Weltkrieges. Eine Dokumentation zur Berliner »Gebärstreikdebatte« von 1913, in: Autonomie. Materialien gegen die Fabrikgesellschaft 9 (12/1978), S. 78–103.

Ders., Schein-Alternativen im Gesundheitswesen. Alfred Grotjahn (1869–1931) – Integrationsfigur etablierter Sozialmedizin und nationalsozialistischer »Rassenhygiene«, in ders. (Hg.), Erfassung und Vernichtung. Von der Sozialhygiene zum »Gesetz über Sterbehilfe«, Berlin 1984, S. 31–56.

Schipperges, Heinrich, Moderne Medizin im Spiegel der Geschichte, Stuttgart 1970.

Ders., Utopien der Medizin. Geschichte und Kritik der ärztlichen Ideologie des neunzehnten Jahrhunderts, Salzburg 1968.

Schlechta, Karl, Der Trend des Biologismus zur Weltanschauung im 19. Jahrhundert, in: Mann (1973 a), S. 1–9.

Schlüpmann, Heide, Radikalisierung der Philosophie. Die Nietzsche-Rezeption und die sexualpolitische Publizistik Helene Stöckers, in: Feministische Studien 3 (1/1984), S. 10–34.

Schmid, Josef, Einführung in die Bevölkerungssoziologie, Reinbek bei Hamburg 1976.

Schmiedebach, Heinz-Peter, Sozialdarwinismus, Biologismus, Pazifismus – Ärztestimmen zum Ersten Weltkrieg, in: Bleker, Johanna, ders. (Hg.), Medizin und Krieg. Vom Dilemma der Heilberufe 1865 bis 1985, Frankfurt a. M. 1987, S. 93–121.

Schmitz, Siegfried (Hg.), Charles Darwin – ein Leben. Autobiographie, Briefe, Dokumente, München 1982.

Ders., Charles Darwin. Leben – Werk – Wirkung, Düsseldorf 1983.

Schmuhl, Hans-Walter, Rassenhygiene, Nationalsozialismus, Euthanasie. Von der Verhütung zur Vernichtung »lebensunwerten Lebens«, 1890–1945, Göttingen 1987 (= Kritische Studien zur Geschichtswissenschaft, Bd. 75).

Schungel, Wilfried, Alexander Tille (1866–1912). Leben und Ideen eines Sozialdarwinisten, Husum 1980.

Schwarz, Gudrun, »Mannweiber« in Männertheorien, in: Hausen (1987), S. 64–82.

Semadeni, Helmut, Die Erbkrankheiten um 1850, Med. Diss. Universität Zürich, Zürich 1960.
Shorter, Edward, Der weibliche Körper als Schicksal. Zur Sozialgeschichte der Frau, München – Zürich 1984 (Original: A History of Women's Bodies, New York 1982).
Soden, Kristine von, Die Sexualberatungsstellen der Weimarer Republik 1919–1933, Berlin 1988 (= Stätten der Geschichte Berlins, Bd. 18).
Spree, Reinhard, Der Geburtenrückgang in Deutschland vor 1939. Verlauf und schichtspezifische Ausprägung, in: Demographische Informationen (1984), S. 49–68.
Ders., Soziale Ungleichheit vor Krankheit und Tod. Zur Sozialgeschichte des Gesundheitsbereichs im Deutschen Kaiserreich, Göttingen 1981.
Ders., Strukturierte soziale Ungleichheit im Reproduktionsbereich. Zur historischen Analyse ihrer Erscheinungsform in Deutschland 1870 bis 1913, in: Bergmann, Jürgen u. a. (Hg.), Geschichte als politische Wissenschaft, Stuttgart 1979, S. 55–115.
Ders., The German Petite Bourgeoisie and the Decline of Fertility: Some Statistical Evidence from the late 19th und early 20th Centuries, in: Historical Research – Historische Sozialforschung. Quantum Information 22 (1982), S. 15–49.
Steinberg, Josef, Sozialismus und deutsche Sozialdemokratie. Zur Ideologie der Partei vor dem 1. Weltkrieg, Bonn [3]1972.
Stephan, Nancy, The Idea of Race in Science: Great Britain 1800–1960, Oxford 1982.
Sternberger, Dolf, Panorama oder Ansichten vom 19. Jahrhundert, Hamburg [2]1946.
Stöhr, Irene, Fraueneinfluß oder Geschlechtsversöhnung? Zur »Sexualitätsdebatte« in der deutschen Frauenbewegung um 1900, in: Geyer-Kordesch, Kuhn (1986), S. 159–190.
Stopczyk, Annegret, Leibphilosophie oder die Kraft der inneren Bilder, in: TAZ v. 10. 12. 1988, S. 8f.
Stürzbecher, Manfred, Die Bekämpfung des Geburtenrückgangs und der Säuglingssterblichkeit im Spiegel der Reichstagsdebatten 1900–1930. Ein Beitrag zur Geschichte der Bevölkerungspolitik, Phil. Diss. FU Berlin 1954.
Ders., Die medizinische Versorgung und die Entstehung der Gesundheitsfürsorge zu Beginn des 20. Jahrhunderts in Deutschland, in: Winau, Mann (1977), S. 239–258.
Theweleit, Klaus, Männerphantasien, 2 Bde., Reinbek bei Hamburg 1980.
Thissen, Rudolf, Die Entwicklung der Terminologie auf dem Gebiet der Sozialhygiene und Sozialmedizin im deutschen Sprachgebiet bis 1930, Köln – Opladen 1969.
Thomann, Klaus-Dieter, Auf dem Weg in den Faschismus. Medizin in Deutschland vor der Jahrhundertwende bis 1933, in: Bromberger, Barbara, Mausbach, Hans, ders., Medizin, Faschismus und Widerstand – Drei Beiträge, Köln 1985, S. 15–185.
Tielsch, Elfriede Walesca, Die Abtreibungsethik in der menschlichen Frühge-

sellschaft, in: Bendkowski, Halina, Weißhaupt, Brigitte (Hg.), Was Philosophinnen denken, Zürich 1983, S. 224–242.

Dies., Du sollst gebären – Du darfst nicht gebären, in: Andreas-Grisebach, Manon, Weißhaupt Brigitte (Hg.), Was Philosophinnen denken II, Zürich 1986, S. 189–201.

Tilly, R. (Hg.), Historische Arbeitsmarktforschung, Göttingen 1982, S. 77–116 (= Kritische Studien zur Geschichtswissenschaft, Bd. 49).

Trallori, Lisbeth N., Vom Lieben und vom Töten. Zur Geschichte patriarchaler Fortpflanzungskontrolle, Wien 1983 (= Österreichische Texte zur Gesellschaftskritik, Bd. 17).

Tutzke, Dietrich, Alfred Grotjahn und die Sozialhygiene, Leipzig 1959.

Ders., Alfred Grotjahn, Leipzig 1979 (= Biographien Hervorragender Naturwissenschaftler, Techniker und Mediziner, Bd. 36).

Usborne, Cornelie, Abtreibung: Mord, Therapie oder weibliches Selbstbestimmungsrecht? Der § 218 im medizinischen Diskurs der Weimarer Republik, in: Geyer-Kordesch, Kuhn (1986), S. 192–236.

Dies., The Christian Churches and the Regulation of Sexuality in Weimar Germany (1918–1933), in: Obelkevich, Jim u. a. (Hg.), Disciplines of Faith: Studies in Religion, Politics and Patriarchy, London 1987.

Dies., »Pregnancy is the Woman's Active Service«. Pronatalism in Germany during the First World War, in: Wall, R., Winter, J. (Hg.), The Upheaval of War: Family, Work and Welfare in Europe 1914–1918, Cambridge 1988.

Uschmann, Georg, Ernst Haeckel, Biographie in Briefen, Gütersloh 1984.

Voss, Walter Friedrich, Psychopathie 1933–1945, Med.Diss. Christian-Albrechts-Universität Kiel, Kiel 1973.

Wagner, Friedrich (Hg.), Menschenzüchtung. Das Problem der genetischen Manipulierung des Menschen, München 1969.

Wagner, Fritz, Biologismus und Historismus im Deutschland des 19. Jahrhunderts, in: Mann (1973 a), S. 30–42.

Wartmann, Brigitte, Verdrängungen der Weiblichkeit aus der Geschichte. Bemerkungen zu einer »anderen« Produktivität der Frau, in: dies. (Hg.), Weiblich – Männlich. Kulturgeschichtliche Spuren einer verdrängten Weiblichkeit, Berlin 1980, S. 7–33.

Wawerzonnek, Marcus, Vom Geschlechtswahnsinn. Zur krankhaften Wollust, in: Psychologie Heute 13 (7/1986), S. 52–57.

Wehler, Hans-Ulrich, Sozialdarwinismus im expandierenden Industriestaat, in: Geiss, Imanuel, Wendt, Jürgen (Hg.), Deutschland in der Weltpolitik des 19. und 20. Jahrhunderts, Düsseldorf 1973, S. 133–142.

Weindling, Paul, Die Preußische Medizinalverwaltung und die »Rassenhygiene« 1905–1933, in: Thom, Achim, Spaar, Horst (Hg.), Medizin im Faschismus, Berlin 1985, S. 48–56.

Ders., Soziale Hygiene: Eugenik und medizinische Praxis – Der Fall Alfred Grotjahn, in: Das Argument. Krankheit und Ursachen, 1984, S. 6–20 (= Argument-Sonderband 119).

Ders., Theories of the Cell State in Imperial Germany, in: Webster, Charles (Hg.), Biology, Medicine and Society 1840–1940, Cambridge – New York – Melbourne 1981, S. 99–155.

Weingart, Peter, Eugenik – Eine angewandte Wissenschaft. Utopien der Menschenzüchtung zwischen Wissenschaftsentwicklung und Politik, in: Lundgreen, Peter (Hg.), Wissenschaft im Dritten Reich, Frankfurt a. M. 1985, S. 314–349.

Weiss, Sheila Faith, »Race Hygiene« and Rational Management of National Efficiency: Wilhelm Schallmayer and the Origins of German Eugenics, 1890–1920, Phil.Diss., John Hopkins University 1983.

Dies., The Race Hygiene Movement in Germany, in: Osiris 3 (1986), S. 193–236.

Wettley, A. Zur Problemgeschichte der dégénérescense, in: Sudhoffs Archiv 43 (1959), S. 193–212.

Wewer, Heinz, Bevölkerungswissenschaft – Instrument zur Bevölkerungskontrolle?, in: Aus Politik und Zeitgeschichte, Beil. zur Wochenzeitung *Das Parlament* 33/34 (1974), S. 3–23.

Wickert, Christl, Hamburger, Brigitte, Linau, Marie, Helene Stöcker and the Bund für Mutterschutz – The Society for the Protection of Motherhood, in: Womens's Studies 5 (1982), S. 611–618.

Wieser, Wolfgang, Das umstrittene Experiment: Der Mensch – Grenzen und Möglichkeiten wissenschaftlicher Prognosen, in: Jungk, Mundt (1966), S. 7–26.

Wittkopf, Barbara, Bevölkerungspolitische Bestrebungen im Deutschen Kaiserreich – Untersucht am Beispiel der Programm- und Organisationsgeschichte des Bundes für Mutterschutz 1904–1913, Wiss. Hausarb. Berlin TU 1982.

Woesler de Panafieu, Christine, Außen- und Innenaspekte weiblicher Körper, in: Klein, Michael (Hg.), Sport und Gesellschaft, Reinbek bei Hamburg 1983, S. 60–74.

Dies., Das Konzept von Weiblichkeit als Natur- und Maschinenkörper, in: Schaeffer-Hegel, Barbara, Wartmann, Brigitte (Hg.), Mythos Frau, Projektionen und Inszenierungen im Patriarchat, Berlin 1984, S. 244–268.

Würtenberger, Thomas, Hall, Jerome, Strafrecht, in: Staatslexikon. Recht – Wirtschaft – Gesellschaft, hrsg. v. der Görris-Gesellschaft, Bd. 7, Freiburg i. Br. [6]1962 (neu bearbeitet), S. 741–778.

Zimmermann, Susann, Weibliches Selbstbestimmungsrecht und auf »Qualität» abzielende Bevölkerungspolitik – Ein unverarbeiteter Zusammenhang in den Konzepten der frühen Sexualreform, in: Beiträge zur feministischen Theorie und Praxis 11, 21/22 (1988), S. 53–71.

Zmarzlik, Hans-Günter, Der Sozialdarwinismus in Deutschland als geschichtliches Problem, in: Vierteljahreshefte für Zeitgeschichte 11 (1963), S. 265–273.

Zwerenz, Ingrid, Die Geschichte des § 218, Frankfurt a. M. 1980.

Aktualisierte Literaturhinweise

Adams, Mark (Hg.), The Well-Born Science: Eugenics in Germany, France, Brazil and Russia, Oxford 1990.

Allen, Ann Taylor, Feminismus und Eugenik im historischen Kontext, in: Feministische Studien 9 (1/1991), S. 46–68.

Braun, Christina von, Die schamlose Schönheit des Vergangenen. Zum Verhältnis von Geschlecht und Geschichte, Frankfurt/M. 1989.

Byer, Doris, Rassenhygiene und Wohlfahrtspflege. Zur Entstehung eines sozialdemokratischen Machtdispositivs in Österreich bis 1934, Frankfurt/M. 1988.

Czarnowski, Gabriele, Das kontrollierte Paar. Ehe und Sexualität im Nationalsozialismus, Weinheim 1991.

Dies., Nationalsozialistische Frauenpolitik und Medizin – Der Zusammenhang von Zwangssterilisation und Sterilitätsforschung am Beispiel des Königsberger Universitätsgynäkologen Felix von Mikulicz-Radecki, in: Siegele-Wenschkewitz, Gerda Stuchlik (Hg.), Frauen im Faschismus in Europa – Der faschistische Körper, Pfaffenweiler 1990, S. 90–113.

Der Wert des Menschen. Medizin in Deutschland 1918–1945, hrsg. von der Ärztekammer Berlin in Zusammenarbeit mit der Bundesärztekammer, Redaktion: Christian Pross, Götz, Aly, Berlin 1989.

Dörner, Klaus, Tödliches Mitleid. Zur Frage der Unerträglichkeit des Lebens oder: die Soziale Frage: Entstehung – Medizinisierung – NS-Endlösung – heute – morgen, Gütersloh 1988.

Duden, Barbara, Der Frauenleib als öffentlicher Ort. Vom Mißbrauch des Begriffs Leben, Hamburg/Zürich 1991.

Dies., Der »Öffentliche Fötus« als Emblem für das Leben. Überlegungen zur Geschichte des modernen Körpers, in: Jahresbericht des Kulturwissenschaftlichen Instituts Essen 1991, S. 160–175.

Dies., Die »Geheimnisse« der Schwangeren und das Öffenlichkeitsinteresse der Medizin, in: Journal Geschichte 1 (1989), S. 48–55.

Fachschrift Medizin der Philipps-Universität Marburg: »Bis endlich der langersehnte Umschwung kam ...« – Von der Verantwortung der Medizin unter dem Nationalsozialismus, Marburg 1991.

Frei, Norbert (Hg.), Medizin und Gesundheitspolitik in der NS-Zeit, München 1991.

Geiss, Emanuel, Geschichte des Rassismus, Frankfurt/M. 1988.

Grell, Ursula, Karl Bonhoeffer und die Rassenhygiene, in: Totgeschwiegen. Die Geschichte der Karl-Bonhoeffer-Nervenklinik 1933–1945, hrsg. von der Arbeitsgruppe zur Erforschung der Karl-Bonhoeffer-Nervenklinik, Berlin 1988.

Hagemann, Karen (Hg.), Eine Frauensache. Alltagsleben und Geburtenpolitik 1919–1933, Pfaffenweiler 1991.

Honegger, Claudia, Die Ordnung der Geschlechter: Die Wissenschaften von Menschen und das Weib, 1750–1850, Frankfurt/M./New York 1991.

H. Kater, Michael, Doctors under Hitler, Chapel Hill 1990.

Lehner, Karin, Verpönte Eingriffe – Sozialdemokratische Reformbestrebungen zu den Abtreibungsbestimmungen in der Zwischenkriegszeit, Wien 1989.

Lifton, Robert Jay, Ärzte im Dritten Reich, Stuttgart 1988 (Original: The Nazi Doctors. Medical Killing and the Psychology of Genocide, New York 1986).

Mann, Gunter, Dumont, Franz (Hg.), Die Natur des Menschen: Probleme der physischen Anthropologie und Rassenkunde 1750–1850, Stuttgart/New York 1990.

Mosse, George L., Die Geschichte des Rassismus in Europa, Frankfurt/M. 1990 (erweiterte Ausgabe von: Towards the Final Solution. A History of European Racism, New York 1978).

Nadav, Daniel, Julius Moses und Alfred Grotjahn. Das Verhalten zweier sozialdemokratischer Ärzte zu Fragen der Eugenik und Bevölkerungspolitik, in: Der Wert des Menschen (1989), S. 143–152.

von Paczensky, Susanne, Sadrozinski, Renate (Hg.), § 218. Zu Lasten der Frauen. Neue Auskünfte zu einem alten Kampf, Reinbek bei Hamburg 1988.

Pick, Daniel, Faces of Degeneration, Cambridge 1989.

Proctor, Robert, Racial Hygiene. Medicine under the Nazis, London 1988.

Rühmann, Frank, Zum Verhältnis von Prävention und Sexualität – untersucht anhand von Konzepten zur Bekämpfung der Geschlechtskrankheiten der Deutschen Gesellschaft zur Bekämpfung der Geschlechtskrankheiten zwischen 1900 und 1933 (Manuskript 1989 aus dem Nachlaß von Frank Rühmann).

Schmuhl, Hans-Walter, Reformpsychiatrie und Massenmord, in Michael Print, Rainer Zietelmann (Hg.), Nationalsozialismus und Modernisierung, Darmstadt 1991, S. 239–266.

Schneider, William, Quantity into Quality, Cambridge 1990.

Schwartz, Michael, Sozialismus und Eugenik. Zur fälligen Revision eines Geschichtsbildes, in: IWK 25 (4/1989), S. 465.

Sieferle, Rolf Peter, Bevölkerungswachstum und Naturhaushalt. Studien zur Naturtheorie der klassischen Ökonomie, Frankfurt/M. 1990.

Treusch-Dieter, Gerburg, Von der sexuellen Rebellion zur Gen- und Reproduktionstechnologie, Tübingen 1990.

Usborne, Cornelie, Fertility Control und Population Policy in Germany 1910–1928, Phil. Diss. Open University, London 1989.

Dies., Die Stellung der Empfängnisverhütung in der Weimarer Gesundheits- und Bevölkerungspolitik, in: Jürgen Reulecke, Adelheid Gräfin zu Castell Rüdenhausen (Hg.), Zum Wandel von »Volksgesundheit« und kommunaler Gesundheitspolitik im 19. und frühen 20. Jahrhundert, Stuttgart 1991, S. 271–285.

Weindling, Paul, Health, Race and German Policits between National Unification and Nazism, 1870–1945, Cambridge 1989.

Weingart, Peter, Kroll, Jürgen, Bayertz, Kurt, Rasse, Blut und Gene. Geschichte der Eugenik und Rassenhygiene in Deutschland, Frankfurt/M. 1988.

Weiss, Sheila Faith, Die Rassenhygienische Bewegung in Deutschland, 1904–1933, in: Der Wert des Menschen (1989), S. 153–173.

Weß, Ludger (Hg.), Die Träume der Genetik. Gentechnische Utopien von sozialem Fortschritt, Nördlingen 1989 [= Schriften der Hamburger Stiftung für Sozialgeschichte des 20. Jahrhunderts, Band 6).

von Werlhof, Claudia, Männliche Natur und künstliches Geschlecht, Wien 1991.

Woycke, James, Birth Control in Germany 1871–1933, London 1988.

Wunderblock. Eine Geschichte der modernen Seele, hrsg. von den Wiener Festwochen, Wien 1989. (Darin besonders: Wolfgang Schmiedebach, Wilhelm Griesinger. Ein umstrittener Psychiater, S. 265 ff; Gerhard Swoboda, Emil Kraepelin. Die Krankheitseinheiten in der Psychiatrie, S. 309 ff.; Renate Hauser, Richard von Krafft-Ebing, Hypnose als Intervention, S. 317 ff.; Hugo Kupferschmidt, Krafft-Ebings »Psychopathia sexualis«, S. 481 ff.; Manfred Rösner, Eine prinzipielle Unmöglichkeit. Bemerkungen zu Otto Weiningers »Geschlecht und Charakter«, S. 497 ff.; Michael Sonntag, »Lebenskraft«. Die Biologie vor 1859, S. 541 ff; Gunter Mann, Biologismus. Vorstufen und Element einer Medizin im Nationalsozialismus, S. 551 ff.; Mario Portigliatti Barbos, Cesare Lombrosos deliquenter Mensch, S. 587 ff.; Peter Strasser, Die Bestie, Natur, S. 593 ff.; Franziska Lamott, Prof. Dr. Hans Gross gegen seinen Sohn. Zum Verhältnis von Wissenschaft und Subjektivität, S. 611 ff.).

Personenregister

AtV

Band 1278

Muse, Mutter, Megäre
Was Philosophen über Frauen denken

Herausgegeben von Annegret Stopczyk

271 Seiten
ISBN 3-7466-1278-0

Annegret Stopczyk stellt den Philosophen die Frage: »Und was denkst Du über Frauen?« Doch beim Lesen der Texte aus mehr als zwei Jahrtausenden erfährt man nicht nur etwas über die Frau, sondern auch etwas über die – ausschließlich männlichen – Autoren. Dieses Buch versammelt all jene Rollenideale, durch die philosophierende Männer sich selbst am liebsten erklärt wissen möchten. Doch diese Versuche enden leider allzu häufig in dem Schluß: »Was vernünftig ist, das ist wirklich; und was wirklich ist, das ist vernünftig.«

(G. W. F. Hegel)

AtV

Band 7505

Debbie Taylor

Ich bin so arm, so reich

Wie Frauen für ihre Kinder kämpfen

349 Seiten

ISBN 3-7466-7505-7

Debbie Taylor, eine englische Journalistin, hat eine sehr ungewöhnliche Weltreise unternommen. In sieben Ländern auf allen Kontinenten hat sie sieben bemerkenswerte Frauen getroffen, denen eines gemeinsam ist: Sie müssen ihre Kinder allein durchbringen. Die Frauen erzählen von ihren Sorgen, ihren Wünschen und ihrem stillen Glück – und sie bezeugen, wer ihre ärgsten Feinde sind: die Armut und die Ignoranz der Männer.

Sieben beeindruckende Reisen, sieben einfühlsame Porträts – ein faszinierendes Kaleidoskop über Frauen dieser Welt.

AtV

Band 1249 **Pascal Bruckner**

Ich leide, also bin ich
Die Krankheit der Moderne

Eine Streitschrift

Aus dem Französischen von Christiane Landgrebe

333 Seiten
ISBN 3-7466-1249-7

Wie ist es um den Fortbestand unserer Demokratie bestellt, wenn eine Mehrheit ihrer Bürger den Status des ständigen Opfers anstrebt und damit riskiert, die Stimme der wirklich Benachteiligten zum Schweigen zu bringen? In diesem Buch, das wochenlang auf Platz 1 der französischen Bestsellerliste war, hat Pascal Bruckner eine brillante Analyse unserer Gesellschaft erstellt.

»Zum Ende dieses Jahrhunderts hat der Rousseau'sche Grundsatz, an allem unschuldig zu sein, ungeahnte Dimensionen gewonnen, wie Pascal Bruckner in seinem Buch erhellend aufzeigt. Der Philosoph geht der Frage nach, ob wir nicht alle zu verzogenen Kindern geworden sind, die glauben, immer recht zu haben, und alle Verantwortung von sich weisen«

Le Figaro

AtV

Band 8513

Aufbau Thema

Herausgegeben von Wilhelm von Sternburg

Michael Emmrich

Der vermessene Mensch

Aufbruch ins Gen-Zeitalter

Originalausgabe

138 Seiten
ISBN 3-7466-8513-3

Gentests, künstliche Befruchtung und Organtransplantation sind heute jederzeit technisch möglich. Leben kann dadurch gerettet, aber auch in nie gekanntem Maß manipuliert werden. Die Keimbahn-Therapie schafft eine Basis für Nachkommen à la carte, und nicht einwilligungsfähige Personen kann man zu Ersatzteillagern für vollgültige Menschen degradieren. Die Bioethik-Konvention soll solche Probleme europaweit regeln. Michael Emmrich erörtert biologische und ethische Konsequenzen der im Bundestag bisher nicht ratifizierten Konvention.

AtV

Band 8509

Aufbau Thema
Herausgeber Wilhelm von Sternburg

Diether Döring
Soziale Sicherheit im Alter?

Rentenversicherung auf dem Prüfstand

Originalausgabe

132 Seiten
ISBN 3-7466-8509-5

Für 35 Millionen Versicherte in Deutschland stellt die gesetzliche Krankenversicherung den Kern ihrer Versorgung im Alter dar. Bereits heute sind die Rentenkassen durch Massenarbeitslosigkeit, früheren Ruhestand und steigende Lebenserwartung spürbar belastet, nach der Jahrtausendwende wird sich zudem die Altersstruktur kräftig verschieben. Wie läßt sich das Rentensystem weiterentwickeln? Wie kann seine Finanzierung verbessert werden?
Der Wirtschaftswissenschaftler Diether Döring untersucht die heftig umstrittenen Rentenreformpläne der Regierungskommission und zeigt Alternativen auf.

AtV

Band 8504

Aufbau Thema
Herausgegeben von Wilhelm von Sternburg

Rolf Dietrich Schwartz
Kapitalismus ohne Netz

Was hält die Gesellschaft noch zusammen?

Originalausgabe

104 Seiten
ISBN 3-7466-8504-4

In der Bundesrepublik hatte sich nach dem Zweiten Weltkrieg in Gestalt der sozialen Marktwirtschaft eine gebändigte Kapitalismus-Variante durchgesetzt. Unter dem Druck der gegenwärtigen ökonomischen Krise beginnt dieser Konsens zu zerbrechen.
Rolf Dietrich Schwartz, Bonner Korrespondent der »Frankfurter Rundschau«, verweist auf erschreckende historische Parallelen zwischen dem Sozialabbau heute und der Politik des »Kaputtsparens« in den 30er Jahren, die Hitlers Aufstieg begünstigte. Er prangert die unverfrorene Interessenpolitik zugunsten der Vermögenden an und entlarvt konservative Lösungsstrategien als irrational:
Der weltweit propagierte »Kapitalismus ohne Netz« droht, die demokratischen Institutionen und letztlich die gesamte Gesellschaft zu destabilisieren.

AtV

Band 8517

Aufbau Thema
Herausgegeben von Wilhelm Sternburg

Albrecht Müller
Mut zur Wende!

Plädoyer für eine neue Bürgerbewegung

Originalausgabe

124 Seiten
ISBN 3-7466-8517-6

Konzerngewinne schnellen in zweistelligen Raten auf Rekordhöhe, die Arbeitslosigkeit steigt, der im Grundgesetz verankerte Sozialstaat wird ausgehöhlt. Die Konzeptionslosigkeit der Regierung verschärft die Krisen. Eine wachsende Zahl von Bürgerinnen und Bürgern hofft auf eine politische Alternative. Dieses Potential muß genutzt werden zur Mobilisierung der parlamentarischen Opposition und zum Aufbau einer Gegenöffentlichkeit kritischer Bürger.

Albrecht Müllers kritische Analyse und Vorschläge sind ein Beitrag zur aktuellen Debatte um die Strategien für einen Machtwechsel in Bonn. Nachdem sogar Tony Blair vom dritten Weg spricht, finden die in diesem Buch entwickelten konkreten Gedanken zum eigenen Weg Europas überraschend einen fruchtbaren Boden.